आधुनिक कवि

(भारतेन्दु–अरुण कमल)

आधुनिक कविता

उन्नीसवीं शताब्दी के मध्य भाग से कविता एक नया मोड़ लेती है। भारतेन्दु हरिश्चंद्र का जन्म सन् 1850 में हुआ। यह ऐसा वर्ष है जब रीति-काल समाप्त होता है और एक नया युग प्रारंभ। भारतेन्दु इसी से आधुनिक युग के जनक कहलाते हैं। उन्नीसवीं शताब्दी के उत्तरार्द्ध में राजनीति, धर्म, विज्ञान, शिक्षा, समाज, सभी क्षेत्रों में आन्दोलन के लक्षण दृष्टिगोचर होते हैं। इसी काल में सिपाही-विद्रोह हुआ, इंडियन नेशनल कांग्रेस की स्थापना हुई, आर्य-समाज की नींव पड़ी, रेल, तार, डाक और सड़कों का जाल बिछा, विश्वविद्यालय खुले, विधवा-विवाह, बाल-विवाह, वृद्ध-विवाह और स्त्री-शिक्षा की समस्याओं पर गम्भीरता से विचार-विमर्श हुआ। इन परिस्थितियों का प्रभाव उस युग के कवियों-भारतेन्दु हरिश्चंद्र, बद्रीनारायण चौधरी 'प्रेमघन' और प्रतापनारायण मिश्र-की रचनाओं पर पड़ा। देश में नवीन चेतना की लहर व्याप्त हो गयी है, इसका आभास उस युग के काव्य से स्पष्ट मिलता है। कविता की भाषा यद्यपि प्रमुख रूप से ब्रज ही रही पर उस युग के गद्य-उपन्यास, नाटक, आलोचना, निबंध-में खड़ी बोली को स्वीकार कर लिया गया। यह इस बात का संकेत था कि गद्य और पद्य दोनों की भाषा बहुत दिन तक भिन्न न रह सकेगी-किसी दिन एक हो जायेगी। आगे चलकर ऐसा ही हुआ।

पिछले सौ वर्ष के हिन्दी-काव्य का काल-विभाजन हम इस प्रकार कर सकते हैं-

भारतेन्दु-युग	1850-1900
द्विवेदी-युग	1900-1915
छायावाद-युग	1915-1935
प्रगतिवाद-युग	1935-1943
प्रयोगवाद-युग	1943-

बीसवीं शताब्दी के प्रारंभ में आचार्य महावीरप्रसाद द्विवेदी एक ऐसे साहित्य-सेवी थे, जिन्होंने अपने युग के काव्य को गहराई से प्रभावित किया। सन् 1903 से 'सरस्वती' पत्रिका के संपादक के रूप में द्विवेदी जी ने हिंदी की अविस्मरणीय सेवा की। इसी से यह युग द्विवेदी-युग कहलाता है। इस युग की एक बहुत बड़ी विशेषता है-काव्य में खड़ी बोली का ग्रहण। राजनीति के क्षेत्र में इस युग में बंग-भंग के कारण स्वदेशी-आन्दोलन ने जोर पकड़ा। इसी युग में प्रथम महायुद्ध

आरंभ हुआ। धर्म में आर्य-समाज के अतिरिक्त थ्योसोफिकल सोसाइटी और रामकृष्ण मिशन आदि क्रियाशील रहे। कांग्रेस के सुधारवादी प्रयत्न चलते रहे। राज-भक्ति के स्थान पर देश-भक्ति की भावना कुछ तीव्र हुई। अछूतों और किसानों की दीन दशा की ओर लोगों का ध्यान वेग से आकर्षित हुआ। इन परिस्थितियों से प्रभावित होकर इस युग के कवियों में मैथिलीशरण गुप्त, अयोध्या सिंह उपाध्याय, गोपालशरण सिंह, गयाप्रसाद शुक्ल, 'सनेही' और नाथूराम शंकर शर्मा आदि ने खड़ी-बोली-काव्य के विकास में महत्वपूर्ण योग दिया।

सन् 1915 से आधुनिक काव्य फिर एक नयी दिशा की ओर मुड़ता है और 1935 तक एक धारा में बँधकर चलता है। इस युग में भारतेन्दु बाबू हरिश्चंद्र अथवा महावीर प्रसाद द्विवेदी की भाँति कोई एक ऐसा व्यक्ति नहीं है जो सब पर छा जाय और अन्य व्यक्ति उससे प्रेरणा ग्रहण करें। इसी से इस काल का नामकरण किसी व्यक्ति के नाम पर न होकर एक प्रमुख प्रवृत्ति के नाम पर हुआ है। बीस वर्ष के इस काल को छायावाद-काल कहते हैं। यह काल खड़ी-बोली-कविता का स्वर्ण-युग है। राजनीति के क्षेत्र में महात्मा गांधी का अवतरण इस युग को अत्यधिक महत्त्वपूर्ण घटना है। इसी युग में असहयोग आन्दोलन और सविनय अवज्ञा आन्दोलन चले, जिन्होंने आगे चलकर ब्रिटिश साम्राज्य की नींव हिला दी। लेकिन जिन कवियों के कारण यह युग प्रसिद्ध हुआ उनकी दृष्टि राजनीतिक से अधिक दार्शनिक, सांस्कृतिक और मानवतावादी थी। गांधीवाद के वे समर्थक और पोषक तो अवश्य रहे, पर यह 'वाद'अपनी सीमा में उन्हें बाँधकर नहीं रख सका। छायावाद के ये चार आलोक-स्तम्भ हैं-जयशंकर 'प्रसाद', सूर्यकांत त्रिपाठी 'निराला', सुमित्रानन्दन पंत और महादेवी वर्मा।

सन् 1935 से आगे के कुछ वर्ष प्रगतिवाद-युग के वर्ष हैं। प्रगतिवाद मार्क्सवादी दर्शन के आधार पर चलता है। ऐसा समझना चाहिये कि राजनीति में जो मार्क्सवाद है, काव्य में वही प्रगतिवाद। प्रगतिवाद मार्क्सवाद का साहित्यिक संस्करण है। यों इस वाद ने छायावाद और उत्तर-छायावाद-काल के कुछ कवियों को भी प्रभावित किया जैसे पंत, निराला, नरेन्द्र शर्मा और अंचल को, पर ये मूलतः कम्यूनिस्ट लेखक नहीं हैं। शुद्ध प्रगतिवादी कवियों के ही नाम हमें लेने हों तो हम नागार्जुन, केदारनाथ अग्रवाल, शिवमंगल सिंह 'सुमन' और गजानन माधव मुक्तिबोध आदि के नाम लेंगे। खेद की बात है कि इस काव्य का विकास जैसा होना चाहिए था, विशेष कारणों से, वैसा नहीं हो पाया।

प्रयोगवादी काव्य का इतिहास 'तार सप्तक' (1943) के प्रकाशन के साथ प्रारम्भ होता है। इस नये आन्दोलन का नेतृत्व श्री सच्चिदानन्द 'अज्ञेय' ने किया। तार सप्तक की परम्परा में उन्होंने दूसरा सप्तक (1951) और तीसरा सप्तक (1959) का संपादन कर इस प्रवृत्ति को बल प्रदान किया। प्रगतिवादी कविता पर जैसे मार्क्स का प्रभाव है, वैसे ही प्रयोगवादी कविता पर फ्रायड का। प्रयोगवादी

कविता में भावना की अपेक्षा बौद्धिकता का प्राधान्य है। कहीं-कहीं तो यह काव्य आवश्यकता से अधिक बौद्धिक और शुष्क हो उठा है। जटिल भी यह कम नहीं। इस कविता के दुर्बोध होने का मुख्य कारण यह है कि कवि सामान्य भाव-बोध से संतुष्ट न होकर अवचेतन और अचेतन की गहरी अंधेरी घाटियों में उतरता है। कला की दृष्टि से प्रयोगवादी रचनाएँ अब गद्य और बातचीत के स्तर पर उतर आयी है। अज्ञेय के अतिरिक्त इसके अन्य कवियों में कुँवरनारायण, सर्वेश्वरदयाल सक्सेना, लक्ष्मीकांत वर्मा, गिरिजाकुमार माथुर, वीरेन्द्रकुमार जैन और केदारनाथ सिंह आदि को समझना चाहिए।

प्रगतिवाद और प्रयोगवाद के समानान्तर बहने वाली उत्तर-छायावाद-काल की एक और प्रवृत्ति है जिसे नया गीति-काव्य कह सकते हैं। इस धारा का आरंभ हरिवंशराय 'बच्च्न' से समझना चाहिए। छायावाद की अलौकिकता और सूक्ष्मता के प्रति विद्रोह करने वालों में 'बच्चन' प्रमुख है। छायावाद की अति भावुकता, अशरीरी कल्पना और स्वप्नमय विचारों का अंत अकेले 'बच्चन' की मांसल भावना, ठोस कल्पना और व्यावहारिक विचार-पद्धति ने किया। इस धारा के कवियों को हम नए गीतिकार इसलिए कहते हैं कि प्रगतिवादियों और प्रयोगवादियों की भाँति इन्होंने भी नए युग की नयी चेतना को आत्मसात् किया। अपने क्षेत्र में इन्होंने नए विषय, नयी भावनाएँ, नए विचार और नयी अभिव्यंजनाएँ दीं। 'बच्चन' के अतिरिक्त नए गीतकारों में नरेन्द्र शर्मा, रामेश्वर शुक्ल 'अंचल', शंभूनाथ सिंह, सुमित्राकुमारी सिन्हा और गिरिधर गोपाल आदि ने बड़ी प्रसिद्धि प्राप्त की।

बीसवीं शताब्दी पिछले नौ सौ वर्ष की तुलना में इसलिए भिन्न दिखाई देती है कि इसमें काव्य के विषय और टेकनीक दोनों में आमूल परिवर्तन हो गया। आधुनिक कविता में भाव और कला संबंधी इतने मौलिक परिवर्तन हुए कि सबका ठीक-से लेखा-जोखा लेना कठिन काम हो गया है।

आधुनिक कविता में सबसे क्रांतिकारी परिवर्तन हुआ प्रकृति-वर्णन के क्षेत्र में। वीरगाथा-काल में प्रकृति प्राय: उपेक्षा का विषय रही। संतों और सूफियों ने उसे आध्यात्मिक संकेतों के लिए ग्रहण किया। भक्तों ने उसे उपदेश और व्यंग्य का माध्यम बनाया। रीति-काल में उद्दीपन और अलंकरण के लिए उसे स्वीकार किया गया। आश्चर्य का विषय है कि जिस देश में प्रकृति का वैभव कण-कण में बिखरा पड़ा हो, वहाँ के कवि स्वतंत्र रूप से उसके सौंदर्य का वर्णन नहीं कर पाए। आधुनिक युग की विशेषता यह है कि इसमें 'प्रकृति वर्णन' का एक स्वतन्त्र विषय ही बन बैठा। मनुष्य से भिन्न उसकी स्वतन्त्र सत्ता घोषित हुई। आकाश, समुद्र, पर्वत, पृथ्वी, पक्षी, फूल, सरोवर, झरने, वर्षा, बसंत, पतझर, ग्रीष्म, छाया, चाँदनी, उषा, संध्या आदि पर सैकड़ों कविताएँ लिखी गयीं। इस युग में प्रकृति को इतने रूपों में देखा गया, जितने रूपों में पिछले एक हजार वर्षों में कुल मिलाकर भी नहीं देखा गया था। सभी कवि प्रकृति-वर्णन की अपनी-अपनी विशेषताएँ

लेकर आए। इनमें प्रकृति के रम्य दृश्यों के वर्णन के लिए पंत और उसके उपेक्षित सामान्य वर्णनों के लिए गुरुभक्तसिंह ने अपने-अपने क्षेत्र चुने। उपाध्याय जी सरल यथार्थवादी वर्णनात्मक दृश्यों तथा गुप्त जी और गोपालशरणसिंह ग्रामीण चित्रों के लिए प्रसिद्ध रहे। प्रसाद और महादेवी की दृष्टि प्रकृति के वैभवशाली पक्ष पर अधिक रही। निराला ने प्रकृति के शृंगारी और विद्रोही रूप को चुना। यों इस युग के प्रायः सभी कवियों ने प्रकृति को चेतना से युक्त देखा है।

दूसरा परिवर्तन प्रणय की भावना में दृष्टिगोचर हुआ। प्रेम में व्यक्तिवादी स्वर इतना तीव्र कभी नहीं हुआ था। वीरगाथा-काल में कवियों ने आश्रयदाताओं के प्रेम का वर्णन तो किया है, पर अपने हृदय की चिन्ता करते वे नहीं दिखाई देते। भक्ति-काल में जीवन केवल पूजा का फूल बनकर रह गया। रीति-युग में भी अपने हृदय की बात कम कही गयी है-कही भी गयी है तो राधा-कृष्ण के प्रेम की ओट में, जिसका कहना न कहना बराबर है। व्यक्तिगत प्रेम की चर्चा भारतेन्दु और द्विवेदी-युग में भी नहीं के बराबर हुई। लेकिन छायावादी-युग के प्रारंभ होते ही व्यक्तिपरक रचनाओं की भरमार हो उठी। 'प्रसाद' के आँसू और पंत की 'ग्रंथि' प्रेम की पीड़ा की बड़ी तीखी पुकारें है। अपनी प्रिया को संबोधित 'निराला' की स्फुट रचनाएँ भी कम मार्मिक नहीं। ऐसी ही करुण मधुर कृतियाँ 'बच्चन' की 'निशा निमंत्रण' 'सतरंगिनी' और 'मिलन-यामिनी' है। इनके अतिरिक्त भगवतीचरण वर्मा, रामकुमार वर्मा, नवीन, नरेन्द्र शर्मा, तारा पांडेय, अंचल, चन्द्रमुखी ओझा 'सुधा' और 'नीरज' आदि की रचनाओं में प्रेम की अक्षय निधि रक्षित है। प्रयोगवाद के व्यापक प्रचार के बीच भी लौकिक प्रेम की पुकार कभी मंद नहीं पड़ी। पत्र-पत्रिकाओं में प्रेम-संबंधी ऐसी मार्मिक रचनाएँ पढ़ने को मिल जाती हैं कि कभी तो हृदय-कमल की पंखुड़ियाँ एकदम खिल उठती है और कभी मन सहसा-उदासी में डूब जाता है। रूप और प्रतिभा के सम्पर्क से इन नवयुवक कवियों ने प्रेरणा ग्रहण कर काव्य का जो दान दिया है, आगे आने वाले युग में ही उसका उचित मूल्यांकन हो सकेगा।

राष्ट्रीय-भावना का विकास जैसा इस युग में हुआ, वैसा पहले कभी नहीं हुआ था। सिपाही-विद्रोह के शान्त होने पर देश में कुछ दिन शांति छा गयी थी, पर यह शांति ऊपरी थी। किसी भी देश के स्वतन्त्र-चेता कवि विदेशी शासन का समर्थन हृदय से नहीं कर सकते। हरिश्चंद्र-युग में इसी से राजभक्ति और देश-भक्ति साथ-साथ चलती है। धीरे-धीरे अंग्रेजी-शासन के प्रति असंतोष का स्वर तीव्र होता चला जाता है। द्विवेदी-युग में मातृभूमि के प्रति अनुराग स्पष्ट रूप से उमड़ता दिखाई देता है। श्रीधर पाठक, रामनरेश त्रिपाठी, मैथिलीशरण गुप्त आदि ने स्वदेश-वंदन में रचनाएँ लिखीं। सन् 1921 में महात्मा गाँधी के देश की बागडोर सँभालते ही देश प्रेम को एक दिशा मिली। देश में राष्ट्र-प्रेम की एक लहर उठी जिसमें पं० माखनलाल चतुर्वेदी, पं० बालकृष्ण शर्मा 'नीवन', सुभद्राकुमारी चौहान

और सोहनलाल द्विवेदी ने अपनी साहस-वाणी सुनायी । इनमें गुप्त जी चतुर्वेदी जी, नवीन जी तथा श्रीमती चौहान को जेल की यात्राएँ भी करनी पड़ीं ।

आधुनिक युग एक प्रकार से 'वादों' का युग है । बीसवीं शताब्दी में जिन साहित्यिक वादों का प्रचार हुआ, उनमें छायावाद, रहस्यवाद, प्रगतिवाद और प्रयोगवाद मुख्य है ।

छायावाद बीसवीं शताब्दी का सबसे विवादग्रस्त वाद हैं प्रारंभ में आधुनिक कविता का मजाक उड़ाने के लिए इस शब्द का प्रयोग किया गया । पर यह शब्द कुछ ऐसा प्रचार पा गया कि विशेष अर्थ का द्योतक बन बैठा । यही कारण है कि प्रारंभ में इसकी जो व्याख्याएँ की गयीं, वे बहुत अनिश्चित ढंग की थीं । सबसे पहले इस शब्द से यह आशय ग्रहण किया गया कि जो समझ में न आये, उसे छायावाद कहते हैं । लेखकों का एक वर्ग ऐसा भी था जो मनोविकारों पर लिखी गयी रचनाओं को छायावाद के अंतर्गत मानता था । मनोविकार एक तो वैसे ही सूक्ष्म होते हैं और जब उनकी अभिव्यक्ति व्यंजनात्मक शैली में की गयी, तो वे और भी दुर्बोध हो उठे । दुर्भाग्य से इस दुरूहता को छायावाद का लक्षण माना जाने लगा । कुछ आलोचकों ने सूक्ष्म भावनाओं से युक्त समस्त आधुनिक-काव्य को छायावाद की संज्ञा दी । हिन्दी के कई आलोचक छायावाद को शैली का एक भेद मानते रहे । उनकी दृष्टि से केवल ऐसी रचनाओं को छायावद की संज्ञा मिलनी चाहिए जिनमें अमूर्त उपमानों, लाक्षणिक प्रयोगों, चित्रमयी भाषा, अप्रस्तुत विधान और प्रतीक शैली का आधिक्य हो । इन सारी व्याख्याओं को आगे चलकर अस्वीकार कर दिया गया ।

छायावाद प्रकृति-वर्णन का एक प्रकार है । आधुनिक-युग में प्रकृति को एक नयी ही दृष्टि से देखा गया । कवियों ने उसकी स्वतन्त्र सत्ता घोषित की, उसके व्यक्तित्व को स्वीकार किया, उसे चेतन माना और इसके साथ ही उसे भावों के आदान-प्रदान के योग्य समझा । इन विशेषताओं को ध्यान में रखते हुए यह कहा जा सकता है कि प्रकृति में चेतना की अनुभूति को छायावाद कहते हैं । छायावाद में प्रकृति के जीवन का चित्रण बिल्कुल वैसे ही होता है, जैसे सामान्य नर-नारी के जीवन का ।

जैसे छायावाद प्रकृति-वर्णन का एक प्रकार है, वैसे ही रहस्यवाद प्रेम-वर्णन का । व्यक्ति का प्रेम या तो लौकिक वस्तु के प्रति होगा या अलौकिक तत्व के । अलौकिक में भी भावना या तो सगुण का आश्रय लेकर चलेगी जैसे तुलसी और सूर की या निर्गुण का जैसे कबीर और जायसी की । अतः प्रेम जब ब्रह्म के प्रति व्यक्त होता है तो उसकी संज्ञा रहस्यवाद होती है । इस प्रकार काव्य में आत्मा-परमात्मा के पारस्परिक प्रणय-व्यापार को रहस्यवाद कहते हैं । आधुनिक रहस्यवाद में ईश्वर की कल्पना कहीं पुरुष रूप में हुई है, कहीं नारी रूप में और कहीं उसे आलोक के रूप में भी देखा गया है । प्रवृत्तियों के अनुसार आज के

रहस्यवादियों को हम निम्नलिाित वर्गों में विभाजित कर सकते हैं-

दार्शनिक रहस्यवादी—	निराला ।
प्रकृतिमूलक रहस्यवादी—	सुमित्रानंदन पंत ।
प्रणयमूलक रहस्यवादी—	महादेवी, प्रसाद ।
विविध—	रामकुमार वर्मा, माखनलाल चतुर्वेदी, नवीन आदि ।

रहस्यवादी कवि का प्रेम एक ओर सामान्य प्रेम से भिन्न है, क्योंकि वह लौकिक के प्रति न होकर अलौकिक के प्रति होता है, वह भक्त की भावना से अवतार भिन्न है, क्योंकि वह किसी अवतार अथवा देवी-देवता के प्रति न होकर सृष्टि के संचालक के प्रति होता है, वह छायावादी प्रेम से भिन्न है, क्योंकि वह प्रकृति के प्रति न होकर, ब्रह्म के प्रति होता है और वह अध्यात्म-वृत्ति से भिन्न है, क्योंकि अध्यात्मवाद बुद्धि-व्यापार है, उसके लिए परम तत्व का प्रणयी होना-आवश्यक नहीं है ।

पीछे कह चुके हैं कि द्विवेदी-युग में काव्य के लिए ब्रजभाषा के स्थान पर खड़ी बोली को स्वीकार किया गया । भाषा के अतिरिक्त दूसरा परिवर्तन छंदों के क्षेत्र में हुआ । चौपाई और वरवै को छोड़कर प्राचीन कवियों में दोहे, कवित और सवैयों की भरमार रही । कबीर, सूर और मीरा ने राग-रागिनियों के आधार पर पद्य लिखे । इधर इन छंदों का चलन बहुत कम हो गया । कवित्त-सवैयों को पकड़े रहने का आग्रह द्विवेदी-युग के कवियों में ठाकुर गोपालशरणसिंह में ही अधिक पाया जाता है । उपाध्याय जी ने संस्कृत के वर्ण वृत्तों में अपना प्रसिद्ध प्रबंध-काव्य 'प्रिय-प्रवास' लिखा । दूसरी ओर मात्रिक छंदों पर सबसे अधिक अधिकार श्री मैथिलीशरण गुप्त ने प्रदर्शित किया । छायावाद युग में प्रगीतों (Lyrics) का अधिक प्रचार हुआ । गीति-काव्य के लेखकों में प्रसाद, निराला, पंत, महादेवी, रामकुमार, दिनकर, बच्चन और नरेन्द्र शर्मा को बड़ी ख्याति मिली । ग्राम्य गीतों की टेक और लय लेकर भी हमारे कुछ कवियों ने बहुत ही मधुर गीतों की रचना की है । इधर उर्दू गजलों और सिनेमा-संगीत का अशुभ प्रभाव हमारे कुछ नवयुवक कवियों पर पड़ता दिखाई दे रहा है ।

कोरे चमत्कार-विधायक अलंकारों का प्रयोग जान-बूझकर आज कोई नहीं करता । जो अलंकार स्वयं आ जाते हैं, उन्हें आ जाने दिया जाता है । अलंकारों में उपमा, रूपक, उत्प्रेक्षा, अन्योक्ति और समासोक्ति की अधिकता है । आज की कविता में प्रतीकों का प्रयोग बहुत होता है । कवि बात सीधी न कहकर किसी प्रतीक के माध्यम से कहता है । इसके अतिरिक्त अमूर्त वस्तु को मूर्त्त रूप देने, शब्दों के लाक्षणिक प्रयोग करने, सूक्ष्म भावनाओं का मानवीकरण करने में बीसवीं शताब्दी का कवि विशेष रुचि रखता है ।

आधुनिक युग गीतों का युग अवश्य है, पर प्रबंधों की ओर से उपेक्षा हुई हो, ऐसी बात नहीं है। प्रबंध के क्षेत्र में उपाध्याय जी का प्रिय-प्रवास, गुप्त जी का साकेत और प्रसाद की कामायनी खड़ी-बोली-काव्य की समृद्धि के परिचायक ग्रंथ हैं। नूरजहाँ नामक एक प्रेम-परक ऐतिहासिक प्रबंधकाव्य अत्यंत सरस शैली में गुरुभक्तसिंह ने लिखा। पं० श्यामनारायण पांडेय के दो प्रबंध-काव्य-हल्दीघाटी और जौहर-प्रकाशित हुए। दोनों राजपूत-काल से संबंध रखते हैं और वीर रस से सराबोर हैं। प्रबंध-काव्यों में इधर 'दिनकर' के कुरुक्षेत्र रामकुमार वर्मा के एकलव्य और 'नवीन' की उर्मिला को भी अच्छी ख्याति मिली। खंड-काव्यों में प्रसाद का आँसू, निराला का तुलसीदास, पंत की ग्रंथि तथा गुप्त जी की पंचवटी ने भी पाठकों का ध्यान समय-समय पर आकर्षित किया है। कहने की आवश्यकता नहीं कि इन सभी प्रबन्ध-काव्यों में आधुनिकता का पुट किसी न किसी रूप में विद्यमान है। इन्हें पढ़कर लगता है कि ये बीसवीं शताब्दी की ही देन हो सकते हैं।

—मानव

पागल रे, वह मिलता है कब
उसको तो देते ही हैं सब
आँसू के कन-कन से लेकर
यह विश्व लिए है ऋण उधार,
तू क्यों फिर उठता है पुकार
मुझको न मिला रे कभी प्यार।

प्रसाद जी शिव के उपासक थे, पर फिर भी [illegible] पदार्पण किया। इस समय आर्य समाज का जोर था [illegible] कारण मूर्ति पूजा से लोगों का विश्वास कम हो रहा था। [illegible] होते हुए भी एक ओर तो उनके गीति-काव्य में [illegible] आदर का भाव पाया जाता है, दूसरे भक्ति-भावना की [illegible] हुई है। प्रसाद के अनुसार भक्ति का लक्ष्य व्यक्ति की तुष्टि नहीं, वरन् उसका सेवापरायण होना है। भक्ति का प्रभाव होना चाहिए यह कि मनुष्य अधिक से अधिक मानवीय तत्वों से युक्त हो। इस मानवीयता के तत्व हैं करुणा और सेवा। जीव में आनंद की उपलब्धि करुणा, सेवा और प्रेम के प्रसार से ही होगी—

प्रार्थना और तपस्या क्यों?
पुजारी किसकी है यह भक्ति?
डरा है तू निज पापों से,
इसी से करता निज अपमान।
दुखी पर करुणा क्षण भर हो
प्रार्थना पहरों के बदले,
मुझे विश्वास है कि वह सत्य,
करेगा आकर तब सम्मान।

प्रेम-पथिक, महाराणा का महत्व और आँसू प्रसाद के तीन खंड-काव्य हैं।

'प्रेम-पथिक' एक प्रेम गाथा है जिसके नायक-नायिका किशोर और चमेली हैं। दोनों एक दूसरे के प्रति आकर्षित हैं। चमेली के पिता जब उसका विवाह अन्यत्र कर देते हैं तो किशोर निराश होकर संन्यास ले लेता है। चमेली दुर्भाग्य से विधवा होकर एक कुटिया में रहने लगती है। यहीं एक रात को संन्यासी के रूप में किशोर से उसकी भेंट होती है। इसके उपरांत दोनों एक दूसरे को पहचान कर साथ-साथ रहने लगते हैं।

ग्रंथ में कहानी बहुत संक्षिप्त-सी है, पर उसके माध्यम से जो संदेश दिया है वह पर्याप्त महत्वपूर्ण है। कवि का कहना है कि सृष्टि में इसी परम सुन्दर की सुन्दरता बिखरी हुई है। भावना यदि नारी के सौंदर्य पर टिक जाती है तो मोह है पर यदि वही सौंदर्य [illegible] की ओर संकेत करता प्रतीत होता है तो वह प्रेम [illegible]

भूमिका

छायावाद के बाद 1936 में प्रगतिवाद का प्रवर्तन हुआ और 1943 में प्रयोगवाद का। प्रगतिवादी साहित्य मार्क्स के सिद्धान्तों से प्रभावित साहित्य है। यह धारा जनवादी साहित्य या प्रगतिवादी साहित्य के नाम पर आज भी चल रही है। यह केवल साहित्यिक धारा नहीं है बल्कि राजनीति से भी इसका गहरा लगाव है। चूँकि आज की मानवीय संस्कृति में राजनीति की प्रमुख भूमिका है, इसलिए प्रगतिवादी कविता आज की प्रमुख प्रवृत्ति के रूप में मान्य है। स्वतन्त्रता के बाद राजनीतिक, सामाजिक एवं आर्थिक क्षेत्र में उल्लेखनीय परिवर्तन हुए हैं। पिछड़े, गरीब एवं उपेक्षित लोगों के आर्थिक एवं सामाजिक उत्थान का दायित्व लोकतांत्रिक प्रणाली से निर्मित सरकारों के ऊपर आ गया है। राजनीति में पुराने राजाओं सामंतों तथा सेठ साहूकारों का वर्चस्व बढ़ता गया। सामान्य व्यक्तियों की राजनीतिक भूमिका अपेक्षा से बहुत कम रही। निचले तबके के जो नेता राजनीतिक दृष्टि से सफल हुए वे भी अपने समकक्ष लोगों के उत्थान में न लगकर निजी स्वार्थ के लिए राष्ट्रीय आर्थिक संसाधनों का शोषण करने लगे। राजनीति में भाई-भतीजावाद, क्षेत्रवाद, जातिवाद, सम्प्रदायवाद और धनबल एवं बाहुबल हावी होते गये। फलस्वरूप आम आदमी को जीवनयापन के लिए, अति आवश्यक साधनों को जुटाने में भी, घोर कठिनाई होने लगी। गरीबों और अमीरों के बीच का अन्तराल बढ़ता गया। शोषण के नये-नये तरीके ईजाद किये गये। जन की पक्षधरता करने वाली कविता और कवि के सामने और बड़ा दायित्व आ गया। उसे केवल पूँजीपतियों के खिलाफ ही नहीं बल्कि सामान्य जन को पीड़ित करने वाले अनेक पक्षों के विरुद्ध भी मोर्चा लेना पड़ा। प्रगतिवादी या जनवादी रचनाकार एक ओर सत्ता की दुर्बलताओं और विडम्बनाओं के विरुद्ध अपने शब्दों को हथियार के रूप में इस्तेमाल करते दिखाई देते हैं तो दूसरी ओर, औद्योगीकरण एवं व्यवसायीकरण के कारण मनुष्य की सूखती हुई संवेदना एवं अमानवीयता के यथार्थ को अंकित करके मानवीय चेतना को जगाने की चेष्टा करते हैं। मजदूरों, किसानों, दलितों और स्त्रियों की समस्याओं और उनके नये संघर्षों को कविता में निरूपित करने की चेष्टा अधिकांश रचनाकार करते हैं। मुक्तिबोध, नागार्जुन, केदारनाथ अग्रवाल आदि कवि आरम्भ से ही गरीबी एवं अव्यवस्था के विरुद्ध अपनी आवाज बुलन्द करते रहे। इनकी रचनाओं में लोकजीवन, लोकसंस्कृति, श्रमजनित प्रकृति के सौन्दर्य का

चित्रण प्रभावशाली ढंग से हुआ है। 1965 तक प्रगतिवादी कविता में पूँजीवादी व्यवस्था के प्रति आक्रोश की अभिव्यक्ति हुई और सत्ता की दमनकारी नीतियों का विरोध हुआ। आरम्भ में रूस के गुणगान भी खूब हुए। सोवियत रूस के विघटन के बाद प्रशंसा का स्वर पूरी तरह दब गया। उत्तर आधुनिकता में उभरने वाले नव-उपनिवेशवाद, नव पूँजीवाद से उभरने वाली प्रवृत्तियों की ओर कवियों का ध्यान आकर्षित हुआ। हिन्दी कविता में धूमिल के आगमन के बाद से सामाजिक एवं राजनीतिक यथार्थ के चित्रण में तल्खी आयी। धूमिल ने कविता के मुहावरे को ही नहीं बल्कि व्याकरण को भी परिवर्तित किया। अपनी खीझ, आक्रोश एवं मानसिक उत्तेजना को व्यक्त करने के लिए उन्होंने भाषा के अभिजात्य को चुनौती दी। भदेस भनिति के द्वारा समाज के नग्न यथार्थ को उद्घाटित करके इन्होंने हिन्दी कविता की परम्परा में नया मोड़ ला दिया। इसके बाद लीलाधर जगूड़ी, मंगलेश डबराल आदि कवियों ने इसी परम्परा में नये प्रतीकों और बिम्बों के जरिये उपेक्षित, तिरस्कृत लोगों के जीवन के यथार्थ को शब्दबद्ध किया। अरुण कमल सुशिक्षित एवं सुसंस्कृत स्वभाव के कवि हैं। इनमें गाली-गलौज की भाषा तो नहीं है, लेकिन यथार्थ को प्रत्यक्ष करने की शिष्ट एवं धारदार भाषा इनके पास अवश्य है। वरिष्ठ कवियों में चन्द्रकान्त देवताले, श्रीकांत वर्मा के नाम इस संदर्भ में उल्लेखनीय हैं। चन्द्रकान्त देवताले ने आदिवासी महिलाओं के जीवन को नजदीक से देखा है और मजदूरों के संघर्ष को परखा है। वे अपनी मध्यवर्गीय सोच के साथ गरीबों की दुनिया में प्रवेश करते हैं और तद्नुरूप उनके जीवन के मर्म को उद्घाटित करते हैं। 1962 के बाद हिन्दी कविता में अनेक आंदोलन उभरकर आये। जिनमें सनातन सर्वोदयी कविता, अ-कविता, ऐन्टी कविता आदि उल्लेखनीय है। इन काव्यान्दोलनों की समाप्ति भले ही थोड़े समय में हो गयी हो, लेकिन इनका प्रभाव समकालीन रचनाकारों में किसी न किसी रूप में बना रहा। अकविता ने भोगवाद व्यक्तिवाद या वीभत्स यौनवाद को प्रमुखता दी। श्रीकान्त वर्मा पर अकविता का कुछ न कुछ प्रभाव है।

प्रयोगवाद के प्रवर्तक अज्ञेय ने भारतेन्दु की तरह कोई मंडल नहीं बनाया। उन्होंने प्रत्येक कवि को यह छूट दी कि वह अपने-अपने तरीके से मानवीय सच्चाई को समझे और उसे अपनी भाषा में व्यक्त करें। अज्ञेय का कहना है कि प्रयोग अपने आप में इष्ट नहीं है वह साधन है और दोहरा साधन है। क्योंकि एक तो यह उस सत्य को जानने का साधन है जिसे कवि प्रेषित करता है, दूसरे वह उस प्रेषण की क्रिया को और उसके साधनों को जानने का भी साधन है अर्थात् प्रयोग द्वारा कवि अपने सत्य को अच्छी तरह जान सकता है और अच्छी तरह पहचान सकता है। प्रयोगवाद यद्यपि नई कविता संज्ञा के प्रचलन के बाद समाप्त हो गया, लेकिन प्रयोग की प्रक्रिया समाप्त नहीं हुई, हो भी नहीं सकती क्योंकि प्रयोग कविता में नवीनता लाने की सतत् और शाश्वत प्रक्रिया है। नई कविता

को वैचारिक एवं रचनात्मक तरीके से प्रतिष्ठित करने वाले प्रमुख कवियों में डॉ० जगदीश गुप्त, लक्ष्मीकान्त वर्मा, धर्मवीर भारती, भवानी प्रसाद मिश्र, रघुवीर सहाय, श्री नरेश मेहता, विजयदेव नारायण साही, सर्वेश्वरदयाल सक्सेना, शमशेर बहादुर सिंह के नाम उल्लेखनीय हैं। सप्तकों के माध्यम से हिन्दी कविता के प्रस्थान को आसानी से समझा जा सकता है। तारसप्तक, दूसरा सप्तक और तीसरा सप्तक में संकलित कवियों को हिन्दी जगत में विशेष ख्याति मिली। चौथा सप्तक जिसका प्रकाशन 1979 में हुआ में संकलित कवियों को पूर्ववर्तियों की तुलना में कम महत्व मिला। इसका प्रमुख कारण है कि हिन्दी के प्रतिष्ठित समीक्षक मार्क्सवादी विचारधारा से जुड़े हुए हैं, प्रगतिवादी या जनवादी मंचों से जुड़े हुए कवियों की रचनाओं को वे जितना महत्व देते हैं उतना अन्य कवियों को नहीं, बल्कि उन्हें काव्य जगत के दायरे से भी बाहर रखना चाहते हैं। पहले संकेत किया जा चुका है कि सामाजिक और आर्थिक क्षेत्र की नवीन बनावट में व्यक्तिवादी या भाववादी या कलावादी काव्य प्रवृत्तियाँ स्वतः अप्रासंगिक हो गयी हैं।

औद्योगीकरण एवं उपभोक्तावादी संस्कृति का प्रभाव केवल निम्नवर्ग पर ही नहीं बल्कि सम्पूर्ण मानवीय समाज पर है। धर्म की अमानवीय व्याख्या, स्वार्थपरकता, अर्थलोलुपता, विज्ञान के द्वारा विकसित विनाश के विभिन्न साधन आदि के कारण सम्पूर्ण मनुष्यता के लिए ही संकट पैदा हो गया है। अतः मनुष्य को बचाना सबके लिए प्राथमिक दायित्व है। अभी भी मनुष्य जीवन और मृत्यु के अनेक प्रश्नों से टकरा रहा है। परिवर्तन की गति इतनी तेज है कि यह आशंका होने लगती है कि मनुष्य मनुष्य की पहचान कराने वाले लक्षण ही न लुप्त हो जायें। अशोक बाजपेयी ऐसे रचनाकार हैं जो मनुष्यता के व्यापक प्रश्नों से टकराते हैं और नई परिस्थितियों में मानवीय सभ्यता को रचना के माध्यम से स्थापित करते हैं।

नयी कविता से जुड़े अनेक कवियों ने अपनी निजी अनुभूति और शिल्प के द्वारा रचनात्मक ऊँचाई हासिल की। उनकी रचनाधर्मिता को काव्यधारा के दायरे में पूरी तरह नहीं समझा जा सकता है, बल्कि उनका अलग-अलग विवेचन अपेक्षित है।

प्रस्तुत पुस्तक में नयी कविता से लेकर बीसवीं सदी के अन्तिम दशक तक के कवियों में से प्रतिनिधि रचनाओं को चयनित करके उनकी काव्य संवेदना और रचनाशिल्प पर विचार किया गया है। ये कवि एक तरह से हिन्दी कविता के प्रस्थान बिन्दु हैं, जिन्हें मिलाकर बीसवीं शताब्दी के उत्तरार्द्ध की काव्य प्रवृत्तियों को प्रत्यक्ष किया जा सकता है।

—रामकिशोर शर्मा

में भी आकर्षण उत्पन्न हुआ। उन दोनों के एक दूसरे की ओर खिंचकर मिल जाने से अणु उत्पन्न हुए। फिर जैसे गृहस्थी के आंगन में बच्चों की संख्या बढ़ती चली जाती है वैसे ही शून्य में अणु भरते चले गए। [illegible] सृष्टि का विकास हुआ। धीरे-धीरे उस पर वनस्पति, कीट, पतंगे, पशु-पक्षी नर-नारी का जन्म हुआ। कहने की आवश्यकता नहीं कि सृष्टि-प्रक्रिया के इस विवेचन में प्रसाद जी सांख्य दर्शन से प्रभावित हैं।

'रहस्य' शीर्षक सर्ग में श्रद्धा ने मनु को इच्छा का, कर्म का और ज्ञान का उज्ज्वल तीन लोक दिखलाए हैं और उनके समन्वय में जीवन का वास्तविक सुख माना है। केवल इच्छा पाप है [illegible] केवल कर्म अंधा है इस पर विवेक का नियंत्रण रहना चाहिए। केवल ज्ञान संसार में विरक्ति फैलाने वाला है, क्योंकि ज्ञानी जब इच्छाओं का तिरस्कार करेंगे तब संसार का विकास कैसे होगा?

मनु एक दीर्घकाय स्वस्थ व्यक्ति हैं, पुरुष हैं। स्वभाव से वे चिंतनशील हैं और सिद्धांत से घोर व्यक्तिवादी या स्वार्थी। वे सब कुछ अपने ही लिए देखना चाहते हैं। अहं और उच्छृंखलता से उनके चरित्र का निर्माण हुआ। जीवन के कटु अनुभवों ने उनके अहं को जब नष्ट कर दिया, तब उन्हें वास्तविक आनंद की झलक दिखाई दी। श्रद्धा नारी का आदर्श रूप है। उसका निर्माण करुणा, कोमलता से हुआ है। स्नेह की वह देवी है, दया और त्याग का वह प्रसार करती है, करुणा का मार्ग दिखलाती है। उस में विश्वासघाती मनु को दोबारा अपनाया जाना नारी-हृदय की अनंत क्षमा का परिचय देता है। इड़ा आकर्षक है, प्रेरणामयी है। वह मनुष्य को [illegible] से मनु के अहं को धक्का लगता है, जिससे उनका हृदय कोमल होकर श्रद्धा की उत्सर्ग भावना से पिघलता है।

प्रकृति को लेकर 'कामायनी' में प्रसाद की विशेषता है उसके भयंकर विनाशकारी स्वरूप को चित्रित करना। 'चिंता' सर्ग में प्रलय के माध्यम से प्रकृति के दुर्दमनीय स्वरूप का चित्रण चमत्कृत करने वाला है। दूसरी दिशा में सांध्य प्रभात और ज्योत्स्ना चर्चित रजनी के अनेक कोमल चित्र भी कामायनी के कवि ने अंकित किए हैं। स्वतंत्र स्थलों में हिमालय के वर्णन अधिक हैं।

दार्शनिक दृष्टि से कामायनी में 'आनंदवाद' की प्रतिष्ठा हुई है। प्रसाद अपने जीवन में शिव के उपासक थे। कामायनी में जिस पारमार्थिक सत्ता की ओर संकेत किया गया है वे भगवान शंकर ही हैं। प्रसाद जी ने इस कथानक को इसलिए उठाया है कि उसमें शैव-मत के दार्शनिक पक्ष का विवेचन हो सके। इसके लिए उन्होंने शैव-मत में स्वीकृत 'समरसता' के सिद्धांत को सामने रखा है। कामायनी में शिव, 'समरसता' और 'आनंद' शब्दों का उल्लेख अनेक स्थलों पर बार-बार

अनुक्रम

●

भारतेन्दु हरिश्चंद्र

भारतेन्दु हरिश्चंद्र का जन्म काशी में 9 सितम्बर सन् 1850 को हुआ । जाति के ये अग्रवाल वैश्य थे । इनके पिता का नाम गोपालचंद्र उर्फ गिरिधर दास था और माँ का पार्वती । गोकुलचंद्र नाम के इनके एक छोटे भाई थे । हरिश्चंद्र इतिहास-प्रसिद्ध सेठ अमीचंद के वंशज थे ।

बचपन में इन्हें हिंदी की शिक्षा पं० ईश्वरदत्त, उर्दू की मौलवी ताजअली और अंग्रेजी की शिवप्रसाद सितारेहिंद से मिली । कुछ दिन ये क्वींस कालेज के भी विद्यार्थी रहे । भारतेन्दु ने अल्प आयु में ही एक दोहे की रचना कर अपने कवि पिता को चकित किया था। सन् 1864 में इन्होंने अपने परिवार के साथ जगन्नाथपुरी की यात्रा की और इसके उपरांत इनका विद्यार्थी-जीवन समाप्त हो गया ।

जब ये पाँच वर्ष के थे तो इनकी मां का तथा जब दस वर्ष के हुए तो पिता का देहान्त हो गया । सन् 1883 में इनका विवाह हुआ । पत्नी का नाम मन्ना देवी था जिससे ये कुछ खिंचे-खिंचे से रहते थे । भारतेन्दु की विद्यावती नाम की एक पुत्री थी जिसके पुत्र बाबू ब्रजरत्नदास हुए । माधवी और मल्लिका नाम की हरिश्चंद्र की दो प्रेमिकाएँ थीं । माधवी एक क्षत्री की लड़की थी जो मुसलमान हो गयी थी । उसे शुद्ध कराकर इन्होंने अपने साथ रखा । मल्लिका इनके पड़ोस में रहने वाली एक बंगाली कवयित्री थी । इनके अतिरिक्त नृत्य-गान के लिए काशी की वेश्याएँ भी आती रहती थीं । भारतेन्दु रसिक जीव थे ।

भारतेन्दु ने समाज और साहित्य दोनों के लिए बहुत कुछ किया । उन्होंने तीन पत्रिकाएँ निकालीं-सन् 1868 में 'कवि-वचन-सुधा', सन् 1873 में हरिश्चंद्र मैगेजीन जिसका नाम आगे चलकर 'हरिश्चंद्र चंद्रिका' हो गया और सन् 1874 में 'बाला बोधिनी ।' इसके अतिरिक्त इन्होंने अपने चारों ओर लेखकों का एक मंडल तैयार कर लिया था जिसमें उस युग के प्रसिद्ध साहित्यकारों में हम पं० बदरीनारायण चौधरी 'प्रेमघन' पं० प्रतापनारायण मिश्र, पं० बालकृष्ण भट्ट, पं० अंबिकादत्त व्यास, पं० राधाकृष्ण गोस्वामी, डॉ० जगमोहनसिंह और लाला श्रीनिवासदास के नाम ले सकते हैं । इनमें से प्रतापनारायण मिश्र ने 'ब्राह्मण', उपाध्याय बदरीनारायण चौधरी ने 'आनन्द कादंबिनी' और बालकृष्ण भट्ट ने 'हिंदी प्रदीप' का स्वतंत्र रूप से संपादन किया ।

सन् 1873 में भारतेन्दु ने 'पेनी रीडिंग' नाम से एक गोष्ठी स्थापित कीं उसी वर्ष 'तदीय समाज' नाम की एक सभा की नींव डाली। शिक्षा प्रसार के लिए इन्होंनें एक स्कूल खोला जो 'चौखंभा स्कूल' के नाम से जाना जाता था। वही स्कूल अब उन्नति करते-करते 'हरिश्चंद्र डिग्री कालेज' हो गया है।

भारतेन्दु ने कलकत्ता, लाहौर, मंसूरी, बुलंदशहर और अजमेर आदि दूर-दूर स्थानों की यात्राएँ करके अपने अनुभव में वृद्धि की। प्रयाग ये दो बार आए। यहाँ की 'हिंदी-वर्द्धिनी-सभा में कविता में इन्होंने जो व्याख्यान दिया, उससे इनका हिंदी-प्रेम टपकता हैं

राजा शिवप्रसाद अंग्रेज-शासकों के कृपा-भाजन थे। हिंदुस्तानी के पक्षपाती होने के कारण भारतेन्दु से उनकी नहीं पटती थी। सरकार की ओर से जब उन्हें 'सितारेहिंद' की पदवी मिली, तो पत्रकारों और लेखकों का क्षुब्ध होना स्वाभाविक था। अतः सन् 1880 में 'सार-सुधानिधि' नामक पत्रिका में प्रस्ताव किया गया कि इनहें 'भारतेन्दु' के नाम से संबोधित किया जाय और इस प्रकार जनता ने इन्हें 'सितारे' की तुलना में 'इंदु' बना दिया। भारतेन्दु की हिंदी-सेवा को देखते हुए यह सम्मान उपयुक्त ही था।

भारतेन्दु स्वभाव से अपव्ययी थे। जब इनके छोटे भाई गोकुलचंद्र वयस्क हुए, तो उन्होंने बँटवारे के लिए आग्रह किया। अपने हिस्से का यह बहुत कुछ पहले ही उड़ा चुके थे। अतः इस बँटवारे में इनके हाथ बहुत कम लगा। जीवन के अंतिम दिनों में अर्थ का इन्हें अभाव रहा। धीरे-धीरे स्वास्थ्य गिरने लगा। पहले इन्हें खाँसी और ज्वर का प्रकोप हुआ और फिर क्षय के लक्षण प्रकट होने लगे। अंत में 25 जनवरी सन् 1885 को इनका स्वर्गवास हो गया।

भारतेन्दु हरिश्चंद्र की समस्त कविताएँ अब नागरी-प्रचारिणी-सभा काशी द्वारा भारतेन्दु-ग्रंथावली भाग 2 के रूप में संकलित मिलती हैं। उनकी कुछ प्रसिद्ध रचनाओं के शीर्षक इस प्रकार हैं-कृष्ण चरित्र, रामलीला, जैन कुतूहल, उत्तरार्द्ध भक्तमाल, प्रेम-मालिका, प्रेम-सरोवर, प्रेमाश्रु वर्णन, प्रेम-माधुरी, प्रेम-तरंग, प्रेम-प्रलाप, विनय प्रेम पचासा, प्रबोधिनी, विजय वल्लरी, विजयिनी विजय पताका, वर्षा विनोद, उर्दू का स्थापना, नए जमाने की मुकरी और सतसई श्रृंगार।

भारतेन्दु ने वैष्णव घराने में जन्म लिया था और वे वल्लभाचार्य द्वारा प्रचारित सम्प्रदाय के अनुयायी थे। यही कारण है कि हृदय से भक्त होने के कारण कृष्ण की समस्त लीलाओं का वर्णन उन्होंने बड़े अनुराग से किया हैं इस दृष्टि से वे विद्यापति, सूर और अन्य कृष्ण-भक्तों के परम्परा में आते हैं। कृष्ण के चरित्र-गान के साथ हरिश्चंद्र ने कृष्ण-भक्तों की भी अनुराग-पूर्वक चर्चा की है। नाभा जी की 'भक्त-माल' के अनुकरण पर उन्होंने 'उत्तर भक्त-माल' की रचना की। इसमें उन्होंनें अपने वंश के उल्लेख के साथ कृष्ण-भक्त आचार्यों का गुणगान किया

है तथा अपने समय तक जिन हिंदू-मुसलमान कृष्ण-भक्तों की चर्चा उन्होंने सुनी थी, उनका परिचय भी दिया हैं इसी ग्रंथ में भारतेन्दु का वह छप्पय है जिसमें यह प्रसिद्ध पंक्ति आती है-इन मुसलमान हरिजनन पै कोटिन हिंदुन वारियै ।

हरिश्चंद्र ने यद्यपि कृष्ण की लीला का गान किया है, फिर भी किसी प्रकार की साम्प्रदायिक कट्टरता उनमें नहीं पायी जाती है । सभी अवतारों की वंदना उन्होंने समान भाव से की है । यह दूसरी बात है कि उनका विशेष झुकाव कृष्ण लीला की ओर है और उसका कारण यह है कि वह उनके मन और प्रवृत्ति के अधिक अनुकूल था । दीनता भी प्राचीन भक्तों की-सी हरिश्चन्द्र के काव्य में पायी जाती है । उसी के साथ उलाहना एवं ताना देना भी बना हुआ हैं प्राचीन भक्तों के समान वे अजामिल, गजराज, गीध, गनिका, सुग्रीव, सुदामा आदि की चर्चा करते हुए पूछते हैः क्या हम इस कोटि में नहीं है? भगवान के अनुग्रह को हरिश्चन्द्र ने अनेक स्थानों पर स्वीकार किया है । मन के प्रति उनका वैसा ही दृष्टिकोण है, जैसा अन्य भक्तों का । शरीर की अशुद्धता और मन के विकारों का प्रसंग उठाते हुए उन्होंने वैराग्य की दृढ़ता के लिए सांसारिक सुख की निस्सारता प्रदर्शित की है ।

राधा-कृष्ण-काव्य में एक स्थल ऐसा है जहाँ भक्ति और श्रृंगार एक हो जाते हैं, अर्थात् जहाँ यह निर्णय करना कठिन है कि इस रचना को भक्ति के अंतर्गत लें अथवा श्रृंगार के । यद्यपि भारतेन्दु ने एक स्थल पर राधा को माता और कृष्ण को पिता कहा है, परन्तु जहाँ उन्होंने राधा-कृष्ण के मिलन का वर्णन किया है, वहाँ लेखनी को बहुत ढील दे दी है । कहीं राधा के वक्ष की सुन्दरता का वर्णन करते हुए कृष्ण की गोदी में वे उन्हें देखते हैं, कहीं फूलों की सेज और पाँवड़े बिछाकर राधा को कृष्ण की प्रतीक्षा करते पाते हैं, कहीं निकुंज में दोनों गले में बाँह डाले बैठे हैं, कहीं मुख-से-मुख मिलाए ऊँची अटारी में बिछे पलंग पर पौढ़े हैं । यहीं तक नहीं, इधर राधा-कृष्ण रति-श्रम से श्रमित हैं, उधर समस्त क्रियाओं का अवलोकन करती हुई सखी पास बैठी पंखा झूला रही है । सखियों का सकुचाना तो दूर, वे उस 'संगम के गुन' मधुर स्वर से गा रही है और आगे बढ़िए तो एक सखी ऐसी भी है जो ओट में होकर 'सुरत-सुख' देखती है । इस प्रकार राधा-कृष्ण के इस प्रेम-चित्रण में वासना का प्राधान्य है, यहाँ तक कि अनेक स्थलों पर अश्लीलता आ गयी है ।

गोपी-कृष्ण प्रेम के कुछ उदाहरण लीजिए-

(1)

नव कुंजन बैठे पिया नंदलाल जू जानत हैं सब कोक-कला ।
दिन में तहाँ दूती भुराइ कैलाई, महा छवि-धाम नई अबला ।
जब धाय गही 'हरिचंद' पिया तब बोली अजू तुम मोहि छला ।
मोहिं लाज लगै, बलि पाँव परौं, दिन ही हहा ऐसी न कीजै लला ॥

(2)

ऊधो जू सूधो गहो वह मारग, ज्ञान की तेरे जहौं गुदरी है ।
कोऊ नहीं सिख मानिहै हधौं, इक श्याम की प्रीति प्रतीति खरी है ।
ये ब्रजबाला सबै इक सी, 'हरिचंद' जू मंडली ही बिगरी है।
एक जो होय तो ज्ञान सिखाइए, कूप ही में यहाँ भाँग परी है।

(3)

पहले ही जाय मिले गुन में, श्रवन फेरि,
रूप-सुधा मधि कीनो नैनहू पयान है!
हँसनि, नटनि, चितवनि, मुसुकानि, सुधराई,
रसिकाई मिलि मति पय पान है ।
मोहि-मोहि मोहन-मई री मन मेरो भयो
'हरिचंद' भेद ना परत कछु जान है ।
कान्ह भये प्रानमय, प्रान भये कान्हमय,
हिय में न जानी परै कान्ह है कि प्रान है ।

हरिश्चंद्र का जीवन एक प्रकार से प्रेम का जीवन था । उनके शब्द-शब्द से प्रेम टपकता है । अनेक प्रकार से प्रेम की व्याख्या उन्होंने की और उसकी महत्ता का प्रतिपादन किया । रसिकता और पीड़ा का विचित्र संयोग भारतेन्दु के प्रेम-सम्बन्धी कवित-सवैयों में पाया जाता है । रीति-काल के मस्त प्रेमी-कवियों की-सी सरसता और कोमलता उनमें पायी जाती है । इन रचनाओं की मार्मिकता के मूल में एक प्रकार की अतृप्ति की भावना है जो एक ओर अनन्यता और दूसरी ओर की लापरवाही से उत्पन्न होती है । प्रेम में बहुत-कुछ पाकर भी हरिश्चंद्र का हृदय पूर्ण रूप से कभी संतुष्ट नही हुआ, इसी से संयोग की अपेक्षा वियोग-सम्बन्धी उनकी रचनाएँ अधिक प्रभावशाली हुई हैं—

(1)

जानि सुजान मैं प्रीति करी सहिकै जग की बहु भाँति हँसाई ।
त्यों 'हरिचंदजू' जो-जो कहौ सो करयो चुप है करि कोटि उपाई ।
सोऊ नहीं निबही उनसों उन तोरत बार कछू न लगाई ।
साँची भई कहनावति वा अरी ऊँची दुकान की फीकी मिठाई ।।

(2)

पिय प्यारे बिना यह माधुरी मूरति औरन को अब पेखिये का ।
सुख छाँड़ि कै संगम को तुमरे इन तुच्छन को अब लेखिये का ।

'हरिचंद जू' हीरन कौ ***बेवहार कै*** *काँचन को लै परेखिये* ***का।***
जिन आँखिन में तुव रूप बस्यो उन आँखिन सों अब देखिये का।

(3)

इन दुखियान को न चैन सपने हूँ मिल्यौ
तासों सदा व्याकुल बिकल अकुलायँगी।
प्यारे 'हरिचंद जू' की बीती जानि औध, प्रान
चाहत चले पै ये तो संग न समायँगी।
देख्यों एक बारहू न नैन भरि तोहि या तें
जौन-जौन लोक जैहें तहाँ पछतायँगी।
बिना प्रान-प्यारे भये दरस तुम्हारे हाय,
मरेहू पै आँखें ये खुली ही रहि जायँगी।

भारतेन्दु हरिश्चंद्र की कुछ रचनाएँ उनकी राजभत्ति की परिचायिका है। 14 दिसम्बर 1861 को महारानी विक्टोरिया के पति एलबर्ट की मृत्यु हुई। उस समय भारतेन्दु ने 'अलवरत वर्णन अंतर्लापिका' लिखी। सन् 1869 में विक्टोरिया के द्वितीय पुत्र ड्यूक ऑव एडिन्बरा भारतवर्ष आए। हरिश्चंद्र ने 'श्री राजकुमार-सुस्वागत-पत्र' लिखा। सन् 1871 के नवम्बर मास में प्रिंस ऑव वेल्स टाइफायड से बीमार रहे। हरिश्चंद्र ने 'श्रीमान् प्रिंस-ऑव वेल्स के पीड़ित होने पर' कविता लिखी। सन् 1874 में ड्यूक ऑव एडिन्बरा का विवाह रूस की राजकुमारी ग्रांड डचेज मेरी के साथ हुआ। हरिश्चंद्र ने 'मुँह दिखावनी' लिखी। सन् 1875 में प्रिंस ऑव वेल्स (सम्राट एडवर्ड सप्तम) भारत आए। कवि ने 'श्री राजकुमार-शुभागमन वर्णन' द्वारा उनका स्वागत किया। सन् 1877 में हरिश्चंद्र ने 'मानसोपायन' की रचना की जिसमें राजकुमार के प्रति विनय है। यहीं तक नहीं, सन् 1884 में लार्ड रिपन की प्रशंसा में 'रिपनाष्टक भी लिखा। आज इस भावना को हम बिल्कुल नहीं समझ पाते-उल्टे विरक्ति होती है, परन्तु भारतेन्दु ने अँगरेजों के शासन को देशवासियों के लिए कल्याणकारी समझ कर ही प्रशंसा के योग्य समझा होगा। भारतवर्ष के लिए यदि कोई भी उपकार का काम करता था, तो भारतेन्दु का हृदय उसके लिए उमड़ने लगता था। सम्राट एडवर्ड सप्तम के आगमन पर आह्लाद से पूर्ण कुछ दोहे देखिए-

स्वागत-स्वागत धन्य तुम भावी राजधिराज।
भई सनाया भूमि यह परसि चरन तुब आज॥
साँचहु भारत में बढ़्यो अचरज सहित अमंद।
निरखत पच्छिम सों उदित आज अपूरब चंद॥
जिमि रघुवर आए अवध, जिमि रजनी लह चंद।
तिमि आगमन कुमार के कासी लह्यो अनंद॥

घर-घर में मनु सुत भयो घर-घर में मनु ब्याह।
घर-घर बाढ़ी संपदा तुब आगम नर-नाह ॥

भारतेन्दु हरिश्चंद्र भक्त थे, श्रृंगारी थे, प्रेमी थे, राजभक्त भी, परन्तु उनमें एक प्रवृत्ति और भी प्रमुख रूप से पायी जाती है और वह है देश-भक्ति की। अँग्रेजी-शासन का स्वागत उन्होंने इसलिए किया कि वे समझते थे कि मुसलमानी-शासन में हिंदुओं पर जो अत्याचार हुए थे, वे अब बंद हो जायेंगे। पर धीरे-धीरे उनका यह भ्रम दूर हुआ और उन्हें पता चला कि अनेक मार्गों से देश का धन विदेश जा रहा है। अत: जीवन के अंत में हल्के ढंग से व्यंग्य द्वारा उन्होंने अँग्रेजी-शासन की निंदा भी की। सन् 1882 में अँग्रेजों की मिस्र में विजय पर भारतेन्दु ने 'विजयिनी-विजय-पताका' शीर्षक रचना लिखी। इस विजय में भारतीयों का बड़ा सहयोग था। आर्य शब्द का उच्चारण ही भारतेन्दु के शरीर को रोमांचित कर जाता था। उनकी दृष्टि में भीष्म, अर्जुन, भीम, पुरू, रघु, अज, चंद्रगुप्त, पृथ्वीराज, हम्मीर आदि सदैव घूमते रहते थे। इस विजय के सुख से वे पुलकित हो उठे और भारत की तत्कालीन हीनावस्था उन्हें खटकने लगी। अतः देश की गरिमा फिर से लौट आवे, यह भावना उनकी रचनाओं में कई रूपों में प्रकट हुई है। 'प्रबोधिनी' में कृष्ण को संबोधित करते हुए वे कहते है-

सीखत कोउ न कला, उदर भरि जीवत केवल।
पसु समाज सब अन्न खात पीअत गंगा जल ॥
धन विदेस चलि जात तऊ जिय होत न चंचल।
जड़ समान ह्वै रहत अकिल हत रच न सकल कल।
जीवन विदेस की वस्तु लै ता बिनु कछु नहिं कर सकत।
जागो-जागो अब साँवरे सब कोउ रुख तुमरो तकत ॥

प्रकृति को उद्दीपन के रूप में हरिश्चंद्र ने स्वीकार किया है। प्रकृति का एक उपयोग वह है जहाँ वे राधा-कृष्ण के मिलन में वातावरण के रूप में उसे ग्रहण करते हैं। महान् भावज्ञ और विलक्षण भावमयी की भेंट है, अतः वातारवण एकदम रम्य है। शीतल पवन बह रहा है, सुगंध छायी हुई है और निकुंजों या महल के झरोखों से चाँदनी छनकर आ रही हैं यह वातावरण निश्चित रूप से भाव का उद्दीपक है। कहीं-कहीं हरिश्चंद्र ने ऐसी कल्पना की है कि राधा-कृष्ण के सुख-विधान के लिए जो सम्भव है, वह प्रकृति अपनी ओर से करती है। प्रकृति को राधा-कृष्ण के सम्पर्क में ही प्रायः कवि ने देखा है। नए वृक्ष हैं, नए पत्ते, नए फूल। वहाँ कुंजों में कोकिल कूक रही है, मयूर नृत्य कर रहे हैं, पपीहा पी-पी पुकार रहा है, पर साथ ही वह राधा-माधव की क्रीड़ाभूमि भी है। वर्षा का वर्णन हरिश्चंद्र ने बहुत किया हैं बसंत का भी वर्णन कहीं-कहीं है। पर है वह उद्दीपनकारी ही। उन्होंने बारहमासे भी कई लिखे। काव्य-ग्रंथों के अतरिक्त नाटकों के बीच-बीच में भी प्रकृति-वर्णन के प्रसंग पाए जाते हैं जैसे 'सत्य हरिश्चंद्र' में

गंगा और 'चंद्रावली' में यमुना का वर्णन ।

(1)

नव उज्जवल जलधार हार हीरक सी सोहत ।
बिच बिच छहरत बूंद मध्य मुक्ता मनु पोहत ।।
लोल लहर लहि पवन एक पै इक इमि आवत ।
जिमि नरगन मन विविध मनोरथ करत मिटावत ।।
कासी कहँ प्रिय जानि ललकि भेट्यो उठि धाई ।
सपनेहू नहिं तजी रही अंकनि लपटाई ।।

(2)

तरनि-तनूजा-तट तमाल तरुवर बहु छाए ।
झुके कूल सों जल परसन हित मनहु सुहाए ।।
किधौं मुकुर में लखत उझकि सब निज-निज सोभा ।
कै प्रनवत जल जानि परम पावन फल लोभा ।।
मनु आतप वारन तीर कौ सिमिटि सबै छाए रहत ।
कै हरि सेवा हित नै रहे निरखि नैन मन सुख लहत ।।

(3)

आजु प्रानप्यारी प्राननाथ सों मिलन चली।
लखि कै पावस दास साजी है सवारी ।।
तृन के पाँवरे बिछाय, धन धुनि मंगल सुनाय।
दामिनि दमकि आगे करै उजियारी।।
ठौर ठौर राह बताबत झिल्ली।
बूंद बरसि हरै श्रम सुखकारी।।

(4)

मास असाढ़ उमड़ि आए बदरा ऋतु बरसा आई ।
बोले मोर सोर चहुँ दिसि घन घोर घटा छाई ।।
पपीहन पी-पी रट लाई ।
भयो अरंभ वियोग फिरी जब काम की दुहाई ।।
सावन मास सुहावन लागै मनभावन नाही ।
झूलै काके संग हिंडोरा देकर गलबाही ।।
बरसि घन कुंजन के माहीं ।
कौन बचावै आप भीजि मोहि रखि अपनी छाँही ।।

(5)

फूलैंगे पलास बन आगि सौ लगाई कूर
कोकिल कुहुकि कल सबद सुनावैगो,
त्यौहीं 'हरीचंद' सबै गावैगो धमार धीर
हरन अबीर बीर सबही उड़ावैगो,
सावधान होहु दे वियोगिनी सम्हारि तन
अतन तनक ही में तापन में तावैगो,
धीरज नसावन बढ़ावत बिरह काम
कहर मचावत बसंत अब आवैगी।

व्यंग्य और हास्य भी हरिश्चंद्र में कम नहीं। प्रसिद्ध है कि राजा शिवप्रसाद सितारेहिंद फारसी मिश्रित हिंदी के पक्षपाती थे और भारतेन्दु शुद्ध हिंदी के अर्थात् राजासाहब का झुकाव उर्दू की ओर अधिक था। उर्दू का मजाक उड़ाने के लिए हरिश्चंद्र ने 'उर्दू का स्यापा' लिखा। उसमें राजा शिवप्रसाद को भी नहीं छोड़ा। स्यापे का एक अंश देखिए-

है है उर्दू हाय हाय!
कहाँ सिधारी हाय हाय ॥
मेरी प्यारी हाय हाय।
मुँशी मुल्ला हाय हाय ॥
चरब-जुबानी हाय हाय।
शोख-बयानी हाय हाय ॥
फिर नहिं आनी हाय-हाय ॥

उर्दू में 'इंदर सभा' एक प्रकार का नाटक है। उसी के अनुकरण पर भारतेन्दु ने 'बन्दर सभा' लिखी जिसका नायक बन्दर और नायिका शुतुरमुर्ग परी है। नाटक छंदबद्ध है और विनोद के ढंग पर लिखा गया है। इसका बहुत थोड़ा अंश प्रकाशित हुआ है। उदाहरण लीजिए-

सभा में दोस्तों बंदर की आमद आमद है।
गधे औ फूलों के अफसर की आमद आमद है।
मरे जो घोड़े तो गदहा य बादशाह बना।
उसी मसीह के पैकर की आमद-आमद है।

सन् 1877 में 'हिंदी वद्धिनी सभा' में भारतेन्दु हरिश्चंद्र ने हिंदी के संबंध में एक व्याख्यान दिया। उससे उनका भाषा-प्रेम स्पष्ट झलकता है। उनका कहना है कि आप संस्कृत, फारसी और अंग्रेजी के कितने ही बड़े विद्वान हों, परन्तु अपनी भाषा के ज्ञान के बिना आप किसी काम के नहीं हैं। स्वयं आपकी पत्नी और बच्चे आपकी बात नहीं समझ पायेंगे। बच्चा मातृ-भाषा को जिस सहज भाव से ग्रहण करता है, उस सहज भाव से अन्य भाषा को नहीं। उसके कोमल हृदय पर

बचपन से जो संस्कार पड़ते हैं, वे अमिट रहते हैं। अतः भारतीय को तो भारत की भाषा ही सहज-गभ्य रहेगी। इसके अतिरिक्त प्रत्येक जाति अपनी ही भाषा की पक्षपातिनी है। अंग्रेजी में उच्चारण आदि के अनेक प्रकार के दोष हैं, पर अंग्रेजों ने अपनी भाषा को छोड़कर कभी किसी अन्य अधिक पूर्ण भाषा को सहारा नहीं दिया। वे अनेक देशों के अनेक भाषाओं से ज्ञान का संचय कर अपनी भाषा को समृद्ध बनाने का प्रयत्न करते रहे हैं। भारतेन्दु प्रश्न करते हैं कि जब अपने समर्थकों की शक्ति से एक अपूर्ण भाषा इतनी व्यापक बन सकती है, तो क्या एक वैज्ञानिक और पूर्ण भाषा उस स्थिति को प्राप्त नहीं कर सकती? इस व्याख्यान में 98 दोहे हैं। उनमें से कुछ दोहे लीजिए-

निज भाषा उन्नति अहै, सब उन्नति को मूल।
बिन निज भाषा ज्ञान के मिटन न हिय को सूल॥
पढ़ो लिखो कोउ लाख विधि भाषा बहुत प्रकार।
पै जब ही कछु सोचिहो निज भाषा अनुसार॥
भाषा सोधहु आपनी होइ सबै एकत्र।
पढ़हु पढ़ावहु लिखहु मिलि छपवावहु कछु पत्र॥
काम खिताब किताब सौं अब नहि सरिहै मीत।
तासों उठहु सिताब अब छाँड़ि सकल भय भीत॥
निज भाषा, निज धरम, निज मान करम व्यौहार।
सबै बढ़ावहु बेगि मिलि कहत पुकार-पुकार॥

भारतेन्दु की अधिकांश कविता ब्रजभाषा में है। उनके पदों में वह लालित्य विद्यमान है जो भक्ति और रीति-काल के कवियों का प्रमुख गुण है। भारतेन्दु को थोड़ा-बहुत अन्य भाषाओं का भी ज्ञान था। उर्दू में तो वे 'रसा' नाम से शायरी करते ही थे, पर उन्होंने बँगला, संस्कृत, पंजाबी, गुजराती और मारवाड़ी में भी कुछ रचनाएँ छोड़ी है। गजलें अधिकतर प्रेम-संबंधी हैं। कहीं-कहीं दार्शनिकता का पुट है। यह आशा करना तो व्यर्थ होगा कि भारतेन्दु उर्दू में भी वैसा ही लिखते थे जैसा कोई मुसलमान कवि। रचनाएँ उनकी साधारण है। उन्हें पढ़कर वह स्पष्ट झलकता है कि ये रचनाएँ ऐसे व्यक्ति के हाथ की है जिसकी मातृभाषा उर्दू नहीं। उनकी गजलों में यहाँ-वहाँ हिंदी के दो-चार शब्दों का भी प्रयोग है। कहीं-कहीं पूरी पंक्ति ही हिंदी खड़ी बोली में है। कुछ गजलें ऐसी हैं जो वास्तव में खड़ी बोली हिंदी में लिखी गयी है। पर बीच-बीच में उर्दू के शब्द आ गए हैं। उस भाषा की तुलना आज की भाषा से करना अनुचित होगा। वह एक ऐसी स्थिति है जब खड़ी बोली पैरों पर खड़े होने का प्रयत्न कर रही थी। उसमें वह कोमलता, भावभंगिमा और सरसता नहीं, जो आगे चलकर उत्पन्न हुई।

हरिश्चंद्र को कूट आदि का भी कुछ शौक था। इस प्रकार की उनकी चार-पाँच रचनाएँ हैं, जैसे 'श्री जीवन जी महाराज', 'मूक प्रश्न' 'फूल बुझौवल' आदि।

इन रचनाओं को शुद्ध काव्य नहीं कहा जा सकता। शब्दों का खेल मात्र है इनमें।

भाषा हरिश्चंद्र की सरल ही है। मुहावरों का प्रयोग कहीं-कहीं है। छंदों में पदों की प्रचुरता है। कवित्त-सवैये भी उन्होंने बहुत-से लिखे। इनके अतिरिक्त कुंडलिया, दोहा, ठुमरी, लावनी, लोकगीत, ख्याल आदि के प्रयोग हैं। बंगला के 'पयार' छंद को भी उन्होंने सफलता से साधा है। कृष्ण-चरित का गान भारतेन्दु ने जिस प्रकार मुक्तक पदों में किया है, वैसे ही काव्य-कथा के रूप में भी। इस प्रकार की काव्य-कथाओं में 'देवी छन्द लीला' एक सफल कृति है। इस काव्य-कथा की यह विशेषता है कि पदों में होने पर भी कथा न कहीं खंडित हुई है और न एक पद की बात दूसरे पद में दुहरायी गयी है।

भारतेन्दु की रचनाओं से कुछ और उदाहरण लीजिए-

(1)

ब्रज के लता पता मोहि कीजै।
गोपी पद पंकज पावन की रज जामै सिर भीजै॥
आवत जात कुंज की गलियन रूप-सुधा नित पीजै।
श्री राधे-राधे मुख यह वर हरिश्चन्द को दीजै॥

(2)

साँझ सबेरे पंछी सब क्या कहते हैं कुछ तेरा है।
हम सब इक दिन उड़ जायेंगे, यह दिन चार सबेरा है॥
आँधी चलकर इधर-उधर से तुझको यह समझाती है।
चेत-चेत जिदंगी हवा-सी उड़ी तुम्हारी जाती है॥

(3)

दिल मेरा ले गया दगा करके,
बेवफा हो गया वफा करके।
हिज्र की शव घटा ही दी हमने,
दास्तां जुल्फ की बढ़ा करके।
दोस्तों कौन मेरी तुरबत पर,
रो रहा है 'रसा' 'रसा' करके।

(4)

मंद मंद आवै देखो प्रात समीरन,
करत सुगंध चारों ओर विकीरन

दिसा प्राची लाल करै, कुमुदी लजाय,
होरी को खिलार सो पवन सुख पाय
छुअत सीतल सबै होत गात आत,
स्नेही के परस सम पवन प्रभात ।

(5)

रँगी मैं तो रंग तुम्हारे, और रंग जिन डारौ ।
कोऊ बात सों होउँ जो बाहर तौ तुम गारी उचारौ ।।

भारतेन्दु के व्यक्तित्व और काव्य की महत्ता यह है कि प्राचीन को आत्मसात् करके उन्होंने नवीन की सृष्टि की । उनके राधा-कृष्ण सम्बन्धी पदों और प्रेम-सम्बन्धी कवित्त-सवैयों से यह स्पष्ट सिद्ध होता है कि वे भक्ति एवं रीति-काल दोनों युगों के सपने एक साथ देखते थे । साथ ही राष्ट्रीयता, समाज-सुधार और हास्य-व्यंग्य पर लेखनी चलाने के कारण वे नवयुग के जन्मदाता भी सिद्ध हुए । हिंदी-भाषा और साहित्य दोनों के प्रचार के लिए उन्होंने जीवन भर अथक प्रयत्न किया है । वे भाषा-प्रेमी, भाषा के प्रचारक और भाषा के उन्नायक थे । इस प्रकार उन्नीसवीं शताब्दी के उत्तरार्द्ध के भारतेन्दु अकेले महाकवि हैं ।

●

श्रीधर पाठक

पं० श्रीधर पाठक का जन्म 11 जनवरी सन् 1860 को आगरा जिले के जोंधरी ग्राम में हुआ । जाति के ये सारस्वत ब्राह्मण थे । इनके पिता का नाम पं० लीलाधर और पितामह का धरणीधर शास्त्री था ।

इनकी प्रारंभिक शिक्षा संस्कृत में हुई । हिंदी प्रवेशिका करने के उपरांत सन् 1880 में एंट्रेस की परीक्षा इन्होंने प्रथम श्रेणी में पास की । 1881 में, थे । सेंसस (जनगणना) कमिश्नर के कार्यालय में, 60 मासिक पर, कलकत्ते में नौकर हुए । इसके उपरांत इनकी नियुक्ति गवर्नर के कार्यालय में इलाहाबाद **में** हुई । सन् 1901 में उन्नति करते-करते ये 300) मासिक पर सिंचाई-कमीशन के सुपरिन्टेन्डेंट हो गए । अंत में ये युक्त-प्रांत (उत्तर प्रदेश) के गवर्नर के कार्यालय में सुपरिन्टेंन्डेंट होकर आए और यहीं से रिटायर हुए । पेंशन लेने के उपरांत इन्होंने अपने निवास

के लिए प्रयाग के लूकरगंज मोहल्ले में एक बंगला बनवाया। उनसका नाम रखा पद्मकोट।

पाठक जी प्रकृति के बड़े प्रेमी थे। वे कई बार शिमला, नैनीताल, देहरादून और काश्मीर हो आए थे। इन यात्राओं का उनके काव्य पर गहरा प्रभाव पड़ा हैं। संस्कृत और अँग्रेजी दोनों पर इनका अच्छा अधिकार था। अंग्रेजी से इन्होंने गोल्डस्मिथ (सन् 1728-74) के तीन काव्यग्रंथों का अनुवाद एकांतवासी योगी (The Hermit) श्रांत पथिक (The Traveller) और ऊबड़ ग्राम (The Deserted village) नाम से किया। इनमें से पहली दो कृतियाँ खड़ी बोली में और तीसरी ब्रज भाषा में हैं खड़ी बोली के साथ पाठक जी ब्रजभाषा में भी कविता करते थे। बाद में उनका झुकाव खड़ी बोली की ओर हो गया और इसी से उनकी गणना खड़ी बोली के आदि कवियों में होती है। खड़ी बोली के प्रति इस प्रेम के कारण ही प्रसिद्ध छायावादी कवि सुमित्रानंदन पंत को अपने प्रारभिंक काव्य-काल में इनसे बड़ा स्नेह और प्रोत्साहन मिला।

पं० श्रीधर पाठक को वृद्धावस्था में दमे का रोग हो गया था। सन् 1928 में उनका देहांत हो गया। अपने पीछे इन्होंने दो पुत्र और एक कन्या को छोड़ा। इनकी पुत्री सुश्री ललिता पाठक प्रयाग विश्वविद्यालय में लेक्चरर हैं।

इनके मौलिक और अनुदित ग्रन्थों में से निम्नलिखित प्रसिद्ध हैं-

भारत-गीत, गोपिका-गीत, मनोविनोद, जगत सचाई सार, काश्मीर सुषमा, एकांतवासी योगी, श्रांत पथिक और ऊबड़ ग्राम।

पाठक जी प्रकृति के अनन्य उपासक थे। इसका प्रमाण है उनकी 'काश्मीर सुषमा' शीर्षक रचना। इसमें प्रकृति की कल्पना नारी रूप में कर उसे सजीवता प्रदान की गयी हैं नारी के समान प्रकृति भी यौवन-मद से मत है। श्रृंगार करने में रुचि प्रदर्शित करती है और दर्पण में अपना प्रतिबिंब निहार कर अपने पर ही मोहित हो जाती है-

प्रकृति यहाँ एकांत बैठि निज रूप सँवारति।
पल-पल पलटति भेस छनकि छवि छिन-छिन धारति॥
बिमल अंबु-सर-मुकुरन महँ मुख-बिंब निहारति।
अपनी छबि पै मोहि आप ही तन-मन बारति॥
बिहरति विविध विलास भरी जोबन के मद सनि।
ललकति, किलकति, पुलकति, निरखति, थिरकति बनि ठनि॥

हिमालय की रम्यता का वर्णन करते समय तो जैसे कल्पना की पंखुड़ियों पर पंखुड़ियाँ खुलती चली जाती हैं। उत्प्रेक्षाओं के रूप में ये कल्पनाएँ सौंदर्य और सुरुचिमयी भी है और अनगढ़ ढंग की भी। हिमालय को जहाँ इन्होंने प्रकृति की रंगशाला, श्री-शोभा के मंडल और सहस्त्रदलकमल के समान बतलाया है, वहाँ इन्हें

वह पिटारी, संदूक, थैली, थाली, घोड़े के खुर की छाप और अवधूत के कमंडल जैसा भी दिखायी दिया हैं इससे कल्पना की उर्वरता चाहे सिद्ध हो, पर यह भी स्पष्ट हो जाता है कि इनका सौंदर्य-बोध सभी कहीं बहुत परिष्कृत ढंग का नहीं हैं कुछ भी हो, काश्मीर-दर्शन से कवि अनिर्वचनीय आनंद की अनुभूति करता है। वहाँ के प्राकृतिक सौंदर्य से अभिभूत होकर वह यहाँ तक कह बैठता है-

सुरपुर अरु काश्मीर दोउन में को है सुंदर?
को सोभा कौ भौन, रूप कौ कौन समुंदर?
काकौं उपमा उचित दैन दोउन में काकी?
याकौं सुरपुर की अथवा सुरपुर कौ याकी ?
याकौं उपमा या ही की मोहि देत सुहावै।
या सम दूजो ठौर सृष्टि में दृष्टि न आवै॥
यही स्वर्ग सुरलोक, यही सुर-कानन सुंदर।
यहि अमरन को ओक, यही कहुँ बसत पुरंदर।

एक वर्ष श्रावण-भादों में वर्षा नहीं होती। उस अवसर पर ग्रीष्म के भयंकर ताप से त्राण पाने के लिए जलधर से जो इन्होंने विनय की है, वह बड़ी मार्मिक है। इस विनय के पीछे जीवन में आनंदोल्लास के साथ लोक-कल्याण की भावना भी निहित है-

कहुँ-कहुँ कूपहु सूखे, हरे-हरे, झुरि गये सूख।
एक तुम्हरे भये रूखे, हमहिं सबहि भए रूख॥
हे धन, अबहुँ न चितबहु, इत बहु विपति निहारि।
तुम सुख दिन कित बितबहु, हम कहँ दुख में डारि?
हे जग-जीय जुड़ावन, भीय छुड़ावनहार।
हे बक-तीय उड़ावन, हीय बढ़ावन हार॥
घोरहु घमड़ि धमंकहु, धेरहु दसहु दिसान।
दामिनि द्रतहि दमंकहु, धारहु धनुस निसान॥
कजरी मधुर मलारन की धुनि पुनि सुनवाउ।
मंगल मोद मनावन की चरचा चलवाउ॥
पुनि-पुनि पिय-पिय बोलन, पपियन प्यास बुझाउ।
करि कृतकृत्य किसानन, संवत्सर सरसाउ॥

'सांध्य अटन' में प्रकृति के विनाशकारी रूप को चित्रित किया गया है। चाँदनी रात में कवि चंद्रमा को उदित होते देख प्रसन्नता का अनुभव कर ही रहा है कि आकाश के एक कोने में उसे गोल चक्कर काटता कोई हिंसक पक्षी दिखाई देता हैं वह मालती लता से वेष्टित आम्र की डाल पर बैठे निरीह पक्षियों पर आक्रमण कर दिव्य छवि को मलिन कर डालता है। हिंदी कवियों से जहाँ तक बन पड़ा है, पाठकों के हृदय को क्षुब्ध करने वाले दृश्य उन्होंने कम ही अंकित

किए हैं। पर यथार्थ की भूमि में वीभत्स का भी अपना महत्व है। कुछ पंक्तियाँ लीजिए–

बस उसी वृक्ष के सीस की ओर कुछ
खड़खड़ाकार एक शब्द-सा सुनि पड़ा
साथ ही पंख की फड़फड़ाहट, तथा
शत्रु निःशंक की कड़कड़ाहट, तथा
पत्तियों में पड़ी हड़हड़ाहट, तथा
आर्ति-युत कातर-स्वर, तथा शीघ्रता-
युत उड़ाहट भरा दृश्य इस दिव्य छवि-
लुब्ध दृग युग्म को घृणित अति दिख पड़ा।

'जगत सचाई सार' में इन्होंने प्रकृति के विविध रूपों में एक तत्व की व्यापकता के दर्शन किए हैं और 'सु-संदेश' में तो इन्होंने रहस्यवाद के क्षेत्र में भी पदार्पण किया है। इस पिछली रचना में इन्होंने उस अदृश्य शक्ति की कल्पना एक गायिका के रूप में की है और ऐसा संकेत किया है कि समस्त सृष्टि में उसी के छेड़े स्वरों का संगीत जैसे परिव्याप्त है–

कहीं मैं स्वर्गीय कोई बाला सुमंजु वीणा बजा रही हैं
सुरों के संगीत की सी कैसी सुरीली गुंजार आ रही है।
कभी नयी तान प्रेममय है, कभी प्रकोपन, कभी विनय है।
दया है, दाक्षिणय का उदय है अनेकों बानक बना रही है॥
भरे गगन में हैं जितने तारे, हुए हैं मदमस्त गत पै सारे।
समस्त ब्रह्मांड भर को मानो, दो उँगलियों पर नचा रही है।

देश-प्रेम से संबंधित इनकी रचनाएँ 'भारत गीत' में संकलित हैं। अपने विचारों में ये बड़े प्रगतिशील थे। इनकी मान्यताओं में से प्रमुख यह है कि मनुष्य कों उसके अधिकार मिलने चाहिए। जहाँ प्राणियों को अपने मौलिक अधिकारों से वंचित रखा जाता है, उस देश को ये प्रेतों का देश समझते हैं। देशानुराग को ये व्यक्ति का सबसे उज्जवल गुण मानते हैं और परतंत्रता को उसका सबसे बड़ा दुर्भाग्य। विदेशी प्रभुओं को लेकर अभिमान करने वाले व्यक्तियों को इन्होंने हेय दृष्टि से देखा है। नवयुवकों से ये ऐसी आशा करते रहे कि वे आर्यों के गौरव की रक्षा कर भारतवर्ष की कीर्ति का विस्तार करेंगे। देश के प्रति इनके हृदय का प्रेम 'हिंदी वंदना' शीर्षक रचना से सिद्ध होता है। इसमें भारत के नगर-ग्राम, वन-उपवन, सरिता-सरोवर, मैदान-पहाड़ों को दृष्टिपथ में लाते हुए परतंत्रता के दिनों में भी उसकी आत्मा की स्वतंत्रता की घोषणा इन्होंने की है। पाठक जी ने अपने विचारों से यह सिद्ध कर दिखाया कि सरकारी कर्मचारी भी पूरा देश-भक्त हो सकता है।

जय नगर ग्राम अभिराम हिंद ।
जय जयति-जयति सुखधाम हिंद ।।
जय सरसिज-मधुकर-निकर हिंद ।
जय जयति हिमालय-शिखर हिंद ।।
जय जयति विंध्य-कंदरा हिंद ।
जय मलय-मेरु-मंदरा हिंद ।।
जय शैल-सुता सुरसरी हिंद ।
जय यमुना-गोदावरी हिंद ।।
जय जयति सदा स्वाधीन हिंद ।
जय जयति-जयति प्राचीन हिंद ।।

गोल्डस्मिथ के काव्य-ग्रंथों के पद्य-बद्ध अनुवाद द्वारा हिंदी में इन्होंने एक नयी काव्य-चेतना का समारंभ किया। 'एकांतवासी योगी' का अनुवाद तो इन्होंने सन् 1886 में ही प्रस्तुत किया था। इसमें मुक्त प्रकृति के बीच स्वच्छंद प्रेम की कहानी कही गयी है। जहाँ तक बन पड़ा है कवि ने मूल कृति की स्वच्छ, सरल, पारदर्शी शैली की रक्षा की है, पर इस अनुवाद अपनी सीमाएँ भी स्पष्ट हैं। ग्रंथ की रचना लावनी में हुई है, पर छंद में की मात्राओं का ज्ञान सभी कहीं नहीं प्रदर्शित होता। भाषा बोधगम्य अवश्य है, पर वह आज की सी परिमार्जित और साहित्यिक नहीं है। स्थान-स्थान पर उसमें ऐसे प्रयोग पाये जाते है जैसे आलिंग, लोभा, नदि, नहि, इनने नवाय दरसाय, होय खोय, वारे था, बितावै था, ढूँढ़ूँढ़, खोजे है, सुन लीजे, कर दीजे आदि।

'एकांतवासी योगी' का यह अंश देखिए-

उसी भाँति सांसारिक मैत्री केवल एक कहानी है,
नाम मात्र से अधिक आज तक नहीं किसी ने जानी है।
अपना स्वार्थ सिद्ध करने को जगत मित्र बन जाता है।,
किंतु काम पड़ने पर, कोई कभी काम नहिं आता है।
जो तू प्रेम-पंथ में पड़कर, मन को दुख पहुँचाता है,
तो है निपट अजान, अज्ञ, निज जीवन व्यर्थ गँवाता है।
कुत्सित कुटिल क्रूर पृथ्वी पर कहाँ प्रेम का वास?
अरे मूर्ख आकाश पुष्पवत्, झूठी इसकी आस ।

श्रीधर पाठक खड़ी बोली के प्रारंभिक कवियों में से हैं, अतः उनके कृतित्व को बहुत कठोर दृष्टि से नहीं देखा जा सकता। प्रेम, प्रकृति और देश-भक्ति के अतरिक्त समाज-सुधार की भावनाओं से इनकी रचनाएँ ओतप्रोत है।

स्वच्छंदतावाद (Romanticism) के प्रवर्तक के रूप में पाठक जी को प्रायः स्मरण किया जाता है। छायावादी कवियों से भी पहले ये प्रकृति को आलंबन के

रूप में स्वीकार करने वाले कवि हैं। मुक्त प्रकृति में स्वच्छंद प्रेम की क्रीड़ा का संकेत भी इस युग के कवियों को संभव है, इन्हीं से मिला हो। यह असंभव-सा नहीं लगता कि 'प्रसाद' का 'प्रेम-पथिक', रामनरेश त्रिपाठी का 'मिलन' और पंत जी की 'ग्रंथि' आदि रचनाएँ श्रीधर पाठक के 'एकांतवासी योगी' की 'स्प्रिट' से प्रभावित रही हों।

●

अयोध्या सिंह उपाध्याय 'हरिऔध'

पं० अयोध्यासिंह उपाध्याय का जन्म सन् 1865 में तमसा नदी के किनारे निज़ामाबाद, जिला आज़मगढ़ में हुआ। ये जाति के सनाढय ब्राह्मण थे। इनके पूर्वज पं० काशीनाथ उपाध्याय जहाँगीर के शासन-काल में दिल्ली में रहते थे। राजकोप के भाजन किसी व्यक्ति को संरक्षण देने के कारण अशुभ परिणाम की आशंका से भागकर वे बदायूँ आ गए। वहाँ से उपाध्याय-परिवार किसी समय निज़ामाबाद में आ बसा। इसके उपरांत इनके वंश में गुरुदयाल उपाध्याय ने सिक्ख धर्म स्वीकार कर लिया। इनके नाम के आगे 'सिंह' उसी स्मृति का सूचक है।

इनके पिता का नाम पं० भोलासिंह उपाध्याय और माँ का रुक्मिणी देवी था। इनके चाचा ब्रह्मासिंह प्रसिद्ध ज्योतिषी होने के अतिरिक्त पंडिताई का काम भी करते थे। इनकी प्रारंभिक शिक्षा उन्हीं की देखरेख में हुई। सन् 1879 में निज़ामाबाद के तहसीली स्कूल से इन्होंने मिडिल पास किया और सन् 1884 में ये उसी स्कूल में अध्यापन का काम करने लगे। नार्मल परीक्षा इन्होंने सन् 1887 में पास की। सन् 1889 में कानूनगोई की परीक्षा में उत्तीर्ण हो, ये कानूनगो हो गए और इसके उपरांत रजिस्ट्रार कानूनगो, सदरनायब कानूनगो, गिरदावर कानूनगो और फिर सदर कानूनगो के पद पर चौंतीस वर्ष तक कार्य करते हुए सरकारी नौकरी में रिटायर हुए। अवकाश प्राप्त करने पर सन् 1923 में पं० मदनमोहन मालवीय के अनुरोध से ये काशी विश्वविद्यालय के हिंदी-विभाग में आ गए, जहाँ सन् 1941 तक इन्होंने अवैतनिक रूप से काम किया। यहाँ ये बाबू श्यामसुन्दरदास और आचार्य रामचंद्र शुक्ल के सम्पर्क में आए। दोनों ही विद्वानों ने हिंदी साहित्य के इतिहासों में अपनी-अपनी प्रतिक्रिया के अनुसार उपाध्याय जी के काव्य का मूल्यांकन किया है।

हरिऔध जी का विवाह सन् 1882 में हुआ। इनकी पत्नी का नाम अनंतकुमारी था। इनसे एक पुत्र और एक कन्या का जन्म हुआ। इनके पुत्र का नाम सूर्यनारायण और पौत्रों का केशवदेव तथा मुकुंददेव है। उपाध्याय जी धार्मिक वृत्ति के चरित्रवान व्यक्ति थे। स्वभाव से सरल, सहनशील और उदार थे। नौकरी के दिनों में वे अपनी कर्मशीलता और न्यायप्रियता के लिए प्रसिद्ध रहे। दाढ़ी और साफा जीवन भर उनके व्यक्तिव के अंग बने रहे।

हिंदी के अतिरिक्त संस्कृत, फारसी, उर्दू, गुरुमुखी ओर बँगला का ज्ञान उन्होंने स्वाध्याय से प्राप्त किया। अंग्रेजी से इन्होंने मर्चेंट ऑव वेनिस (वेनिस का बाँका), फारसी से गुलजार दविस्ताँ (विनोद वाटिका) और बँगला से कृष्णकांतेर विल (कृष्णकांत का दान-पत्र) हिंदी में अनुवाद किया। पहले ये ब्रजभाषा में रचना किया करते थे। 'कृष्ण-शतक' (सन् 1882) नामक इनकी पहली रचना ब्रजभाषा में ही लिखी गयी। इस भाषा में इनका दूसरा प्रसिद्ध ग्रंथ 'रस-कलस' है। इनका उपनाम 'हरिऔध' ब्रजभाषा काव्य-काल का ही है जो सिंह का 'हरि' और अयोध्या का 'औध' करके बनाया गया है। ब्रजभाषा के उपरांत इनका झुकाव खड़ी बोली की ओर हुआ। खड़ी बोली के महाकाव्यों में उपाध्याय जी के 'प्रिय-प्रवास' का अपना विशिष्ट स्थान हैं। इस ग्रंथ पर इन्हें सन् 1936 में मंगलाप्रसाद परितोषिक प्राप्त हुआ।

6 मार्च सन् 1947 को उपाध्याय जी की मृत्यु हो गयी।

उपन्यास, नाटक, रीडर, बाल-साहित्य, अनुवादित और संपादित ग्रंथों को मिलाकर उपाध्याय जी की कृतियों की संख्या पचास के आस-पास पहुँचती है। इनके प्रमुख काव्य-ग्रंथों की सूची इस प्रकार है-

प्रिय-प्रवास (1914), रस-कलस (1931), वेदेही-वनवास (1940)।

बोलचार, चोखे चौपदे, चुभते चौपदे, पद्य-प्रसून, पारिजात।

प्रमांबु-वारिधि, प्रेमांबु-प्रस्त्रवण, प्रमांबु-प्रवाह और प्रेम-प्रपंच।

कृष्ण-चरित्र का मुख्य-आधार श्रीमद्‌भागवत का दशम स्कंध है। इस महासमुद्र में से अगणित कवियों ने अनंत भाव-मणियों का संचय किया। निश्चय ही इन मणियों पर तराश सबकी अपनी है, अतः चमक अपनी-अपनी है। 'प्रिय-प्रवास' राधा-कृष्ण-प्रेम की परंपरा को अनूठे ढंग से पुष्ट करने वाला खड़ी बोली का एक प्रसिद्ध महाकाव्य है। ब्रजवासियों के प्राण कृष्ण कंस के निमंत्रण पर अकूर के साथ मथुरा चले जाते हैं और फिर लौटकर नहीं आते। उनके इस प्रवास का वर्णन ही इस ग्रंथ का विषय है, अतः इसका नाम 'प्रिय-प्रवास' रखा गया है।

कृष्ण से मधुरतर पुरुष व्यक्तित्व की कल्पना संभवतः संसार के साहित्य में कहीं नहीं हुई सभी कवियों की भाँति उपाध्याय जी के कृष्ण भी परम सुन्दर, सुकुमार, कला-प्रिय, सरस-हृदय और गुणवान व्यक्ति है। वे महापुरुष है। क्या

नंद, क्या यशोदा, क्या गोप, क्या आभीर और क्या गोपियाँ सब उन्हें उनके गुणों के कारण स्मरण करते हैं। इस महापुरुष का हृदय भी पीड़ित है। कृष्ण के हृदय में गोकुल की ममता है, माता-पिता की चिंता है, गोपियों की निर्मल स्मृति है, सखाओं की प्रीति है और राधा के लिए अजस्र आँसुओं का निर्झर है।

रूप-गुण-सम्पन्न राधा इस काव्य की नायिका है। वह कृष्ण की प्रेमिका हैं। पवन-दूत में राधा के अंतर की पीड़ा, मर्यादा और सहृदयता तीनों पूरी-पूरी व्यक्त हुई है। उद्धव के सामने अपनी शिष्टता, सौम्यता, संयम और स्नेह का परिचय राधा ने बड़े उपयुक्त ढंग से दिया है। प्रेम की पीड़ा उसके व्यक्तित्व को दबा नहीं पाती, यह उसके व्यक्तित्व की विशेषता है। प्यार और लोकहित-भावना के दोनों कूलों का स्पर्श करती हुई राधा की भावधारा बही है।

प्रिय-प्रवास में करुणा की जो सरिता बही है, उसमें सबसे पृथुल धारा यशोदा के शोक की है। यशोदा के दुःख का समकक्षी ही नंद का दुःख है।

प्राकृतिक छटाओं का विभाजन उपाध्याय जी ने कुछ इस ढंग से किया है कि वह एकदम स्पष्ट हो उठा है। प्रथम सर्ग 'संध्यापटी' पर अंकित है। द्वितीय सर्ग का प्रारम्भ जब होता है। तब 'द्विघटी निशा' गत हो चुकी थी। तृतीय सर्ग 'अर्द्ध रात्रि' को लेकर चलता है। चतुर्थ, रात के 'अंतिम प्रहर' में समाप्त होता है। पंचम में स्वभावतः 'छा गयी व्योग लाली।' इसी प्रकार एकादश सर्ग में निदाघ का, द्वादश में वर्षा का, चतुर्दश में शरद और षोडस सर्ग में मधुमास का वर्णन है। वृक्ष-लताओं, पशु-पक्षियों और पुष्पों का वर्णन यद्यपि कहीं-कहीं अनावश्यक और कृत्रिम-सा लगता है, फिर भी एक स्थल ऐसा है जहाँ उपाध्याय जी ने प्रकृति का हृदय पहचाना है। प्रकृति के अंतर में सहानुभूति की स्थापना उपाध्याय जी ने पवन को लेकर उसी प्रकार की, जिस प्रकार कालिदास ने मेघ को लेकर। कालिदास की भाँति ही उपाध्याय जी ने अपने दूत का पथ-निर्देश किया, स्थान-परिचय कराया और साथ ही संकेतों से उसे दशा-निवेदन का काम सौंपा। 'पवन दूत' की कुछ मार्मिक पंक्तियाँ देखिए-

लाके फूले कमल-दल को श्याम के सामने ही,
थोड़ा-थोड़ा बिपुल जल में व्यग्र हो-हो डुबाना,
यों देना ऐ भगिनि जतला एक अँभोजनेत्रा,
आँखों को हो विरह-विधुरा वारि में बोरती है।
सूखी जाती मलिन लतिका जो धरा में पड़ी हो,
तो पाँवों के निकट उसको श्याम के ला गिराना,
यों सीधे से प्रकट करना प्रीति से वंचिता हो,
मेरा होना अति मलिन औ, सूखते नित्य जाना।

उपाध्याय जी स्वयं ही 'प्रिय-प्रवास' को 'भिन्नतुकांत कविता का महाकाव्य' मानते हैं। राधाकृष्ण इसके नायक-नायिका है, सत्रह सर्गों में यह समाप्त हुआ है,

शृंगार और करुण रस की इसमें प्रधानता है । यह काव्य संस्कृत के वर्ण-वृत्तों में लिखा गया है । इसमें उन्होंने सात छंदों-मालिनी, मंदाक्रांता, वंशस्थ, वसंततिलका, द्रुत-विलंवित, शार्दूल-विक्रीड़ित तथा शिखरिणी-का प्रयोग किया है । भिन्न तुकांत होने पर भी किसी तुकांत ग्रंथ से इसका माधुर्य कम नहीं है । भाषा इसकी संस्कृत-गर्भित है, साथ ही ब्रजभाषा के अनेक शब्दों के प्रयोग से इसे वांछित कोमलता प्रदान की गयी है ।

'प्रिय-प्रवास' प्रेम के वियोग-पक्ष का करुण निदर्शन है । इसमें प्रेम की, आदर, सख्य, स्नेह, वात्सल्य, भक्ति और प्रणय, सभी वृत्तियों का चित्रण पूर्ण तल्लीनता से हुआ है, जिसमें लीन होने पर हृदय बार-बार यही सोचता रह जाता है-

यदि विरह विधाता ने सूजा विश्व में था,
तब स्मृति रचने में कौन-सी चातुरी थी?

'वैदेही-वनवास' इनका दूसरा प्रबंध-काव्य है जिसमें सीता-परित्याग की कथा कही गयी है । उपाध्याय जी ने लोक में प्रचलित धोबी की कहानी को ज्यों का त्यों ग्रहण कर लिया है । राम लोक-निंदा से चिंतित हो पहले भाइयों से मंत्रणा करते हैं, फिर गुरु से। वशिष्ठ सीता को वाल्मीकि के आश्रम में भेजने का परामर्श देते है । राम इस रहस्य को सीता से छिपाते नहीं । जानकी गर्भवती होते हुए भी पति की इच्छा-पूर्ति के लिए यात्रा करना स्वीकार करती हैं और सास तथा बहिनों से विदा लेकर वन को चली जाती हैं । वशिष्ठ इस संबंध में पत्र द्वारा वाल्मीकि को पहले ही सूचित कर चुके हैं । इस प्रकार यह कथानक अत्यन्त सरल ढंग से विकसित होता है । अन्य प्रबंध-काव्यों की भाँति इसकी मार्मिकता घटनाओं के उतार-चढ़ाव से अधिक वर्णन की सरलता में निहित है । पंचम सर्ग में राम-सीता के बीच जो संवाद चला है, उसमें कोई विशेषता नहीं है, फिर भी वह पाठक के मन को विषाद-मग्न कर जाता है-

यह अपवाद लगाया जाता है मुझको उत्तेजित कर,
द्रोह-विवश दनुजों का नाश कराने में तुम हो तत्पर ।
इसी सूत्र से कतिपय कुत्साओं की है कल्पना हुई,
अविवेकी जनता के मुख से निंदनीय जल्पना हुई ।
इच्छा है कुछ काल के लिए तुमको स्थानान्तरित करूँ ।
इस प्रकार उपजा प्रतीति, मैं प्रजा-पुंज की भ्रांति हरूँ ।
क्यों दूसरे पिसें, संकट में पड़, बहु दुख भोगते रहें?
क्यों न लोक-हित के निमित्त जो सह पायें हम स्वयं सहें?
जनक-नंदिनी ने दृग में आते आँसू को रोक कहा,
प्राणनाथ सब तो सह लूँगी, क्यों जायेगा विरह सहा?

सदा आपका चन्द्रानन अवलोके ही मैं जीती हूँ।
रूप-माधुरी-सुधा तृषित बन चकोरिका-सम पीती हूँ।

आश्रम में लव-कुश का जन्म होता है। वे जब बारह वर्ष के हो जाते हैं, तब एक दिन सूचना मिलती है कि भगवान राम ने अयोध्या में अश्वमेघ यज्ञ का विधान किया है। सीता उसमें आमंत्रित हैं। आश्रम के निवासियों के साथ जानकी और लव-कुश को लेकर वाल्मीकि उस आयोजन में सम्मिलित होते हैं। अयोध्या की समस्त प्रजा सीता को देखने के लिए उत्कंठित है। मंडप में वैदेही के पहुँचते ही राम उनका स्वागत करने के लिए आगे बढ़ते हैं। पति-पत्नी का सामना एक बार फिर होता है। सीता पति का चरण स्पर्श करने के लिए झुकती ही हैं कि हर्षातिरेक से उनके प्राण निकल जाते हैं-

ज्यों ही पति-प्राणा ने पति-पद पद्म का
स्पर्श किया, निजीव मूर्ति सी बन गई,
और हुए अतिरेक चित्त उल्लास का,
दिव्य ज्योति में परिणत वे पल में हुई।

'प्रिय-प्रवास' के उपरान्त 'वैदेही-वनवास' उपाध्याय जी का दूसरा प्रबंध-काव्य है। उसमें राधाकृष्ण के वियोग का वर्णन है, इसमें राम-सीता के। वह सत्रह सर्गों में समाप्त हुआ है, यह अठारह सर्गों में। वह संस्कृत के वर्ण-वृत्तों में है, यह हिंदी के छंदों में। उसकी भाषा प्रौढ़ है, इसकी सरल। यों दोनों ही में आदर्श प्रेम का वर्णन है, दोनों ही में उदात्त भावनाओं का चित्रण है, दोनों ही का झुकाव लौकिकता से अधिक आध्यात्मिक मूल्यों की ओर है, दोनों ही में करुण-रस की प्रधानता है। पर जहाँ तक साहित्यिक सफलता का संबंध है, दोनों में धरती आकाश का अंतर है। 'प्रिय-प्रवास' की गणना इस युग के श्रेष्ठतम काव्य-ग्रंथों में होती है, जबकि 'वैदेही-वनवास' को वैसा सौभाग्य कभी प्राप्त नहीं हुआ।

'वैदेही-वनवास' में 'प्रिय-प्रवास' की गरिमा और मौलिकता की खोज करना व्यर्थ होगा। उसमें तो एक सरल-सी कहानी सीधे ढंग से कह दी गयी है। 'प्रिय-प्रवास' की रचना के उपरान्त उपाध्याय जी ऐसा मानने लगे थे कि हिंदी तद्भव शब्दों से बनी है, इसी से उनका झुकाव न केवल वैसे शब्दों की बहुलता की ओर हुआ, वरन कोमल कांत पदावली की खोज में ब्रज के प्रचलित शब्दों की अधिक से अधिक ग्रहण करने के साथ भाषा में चमत्कार उत्पन्न करने की धुन में मुहावरों के प्रयोग के पक्ष में भी वे हो गए। स्वभावतः इसकी कला में भी 'प्रिय-प्रवास' की सी गरिमा के दर्शन नहीं होते।

इस अभावों के होते हुए भी 'वैदेही-वनवास' एक मार्मिक काव्य-कथा है। सीता-परित्याग का तो प्रसंग ही ऐसा है कि वह प्राणी के हृदय को द्रवीभूत कर देता है। इस ग्रंथ में कवि ने आर्य-संस्कृति के उज्जवलतम पक्ष को उभार कर हमारे मानस को राम-सीता के दिव्य चरित्र की आभा से आलोकित कर दिया है।

सच बात तो यह है कि जिस सरलता की प्रवृत्ति ने 'वैदेही-वनवास' को एक साधारण कृति बना दिया है, वह सरलता ही इसे आकर्षक और पठनीय भी बनाती है। इसके आकर्षण का मूल कारण कथानक, शिल्प और आदर्श की आडंबर-शून्यता ही है कौन नहीं जानता कि अत्यधिक सरलता में भी आँखों को खींचने और हृदय को प्रभावित करने की एक शक्ति होती है?

'रस-कलस' रस का विस्तृत विवेचन करने वाला एक रीति-ग्रन्थ है। युग की परिवर्तित परिस्थितियों के अनुसार नायिका-भेद के अंतर्गत इन्होंने कुछ नवीन ढंग की नायिकाओं-देश-प्रेमिका, लोक-प्रेमिका, जाति-प्रेमिका, परिवार-प्रेमिका-की कल्पना की है। ऐसी नायिकाओं के उदाहरण अधिकतर उपाध्याय जी की रचनाओं में ही मिलते हैं। नायिका-भेद की रूढ़िबद्ध पद्धति को विकसित करने की दृष्टि से इनका यह काम महत्वपूर्ण अवश्य कहा जायगा। पर आधुनिक युग में हमारे कवि रस और नायिका-भेद पर दृष्टि रखकर रचना करते ही नहीं, इसी से इनका यह ग्रन्थ न तो अधिक प्रसिद्ध हो पाया और न इनकी नवीन उद्भावनाओं को व्यापक मान्यता ही प्राप्त हो सकी। ग्रन्थ में उद्धरण ब्रजभाषा में दिये गये हैं जिनमें इन्होंने अपने 'हरिऔध' उपनाम का प्रयोग भी किया है। इनके काव्य में मर्यादा और संयम का सूत्र बराबर विद्यमान रहता है, इसी से इनके कवित्त-सवैये रीतिकालीन-कवियों की अश्लीलता से तो अछूते रहे, पर आत्मा इनकी वही है। वाणी का विलास और चमत्कार इनमें उसी कोटि का पाया जाता है। उदाहरण लीजिए—

(1)

अमल धवल चारू चाँदनी सरद वारी।
आनन उजास आगे लागति कपट-सी।।
आतप की धाप हूँ ते तन कुम्हिलान लागै।
देखि छवि नीकी जाति रति हूँ रपट-सी।।
'हरिऔध' कोमलता ऐसी कामिनी की अहै।
पखुरी गुलाब गात आवति उपट-सी।।
नूतन प्रसून लौं सुरंग अंग-अंग दीखै।
कढ़त सरीर सों सुगंध की लपट-सी।।

(2)

बातें सरोस कबौं कहिकै हित सों कबहूं समझाइवो तेरो।
मेरे घने अपराधन को बहु व्योंत बनाइ दुराइबो तेरो।
कोह किए कपटी 'हरिऔध' के रंचक हू न रिसाइबो तेरो।
मारिबो पी कौ न सालत है, पर सालत सौत बचाइबो तेरो।।

प्रबन्ध-काव्यकार और आचार्य के अतिरिक्त उपाध्याय जी का एक रूप वह है जहाँ वे भाषाविद् के रूप में हमारे सामने आते हैं। ब्रजभाषा और खड़ी बोली दोनों के मर्म के वे पूर्ण ज्ञाता थे। संस्कृतनिष्ठ और सरल-भाषा लिखने में वे समान रूप से पटु थे। उनकी काव्य-साधना में एक ऐसा काल भी उपस्थित हुआ जब उनके जीवन के अनेक वर्ष एक साधारण से प्रयोग के पीछे व्यतीत हो गए। यह प्रयोग था हिंदी में मुहावरों से युक्त चतुष्पदियाँ (रुबाइयाँ) लिखने का। उपाध्याय जी इन्हें 'बोलचाल की रचना' कहते हैं। इनकी प्रेरणा के सम्बन्ध में उन्होंने एक स्थान पर स्वयं लिखा है-

"उन दिनों आज़मगढ़ में मुशायरों की धूम थी। बन्दोबस्त वहाँ हो रहा था। अहलकारों की भरमार थी। उनका अधिकांश उर्दू प्रेमी था। प्रायः हिंदी-भाषा पर आवाजें कसी जाती, उसकी खिल्ली उड़ाई जाती, कहा जाता-हिंदी वालों को बोलचाल की फड़कती भाषा लिखना ही नहीं आता। वे मुहाविरे लिख ही नहीं सकते। इन बातों से मेरा हृदय चोट खाता था। कभी-कभी मैं तिलमिला उठता था। उर्दू-संसार के एक प्रतिष्ठित मौलवी साहब जो मेरे मित्र थे और आज़मगढ़ के ही रहने वाले थे, जब मिलते, इस विषय में हिंदी की कुत्सा करते, व्यंग्य बोलते। अतएव मेरी सहिष्णुता की भी हद हो गई। मैंने बोलचाल की मुहावरेदार-भाषा में हिंदी-कविता करने के लिए कमर कसी। इसमें पाँच-सात बरस लग गये और 'बोलचाल', 'चुभते चौपदे' और 'चोखे चौपदे' नामक ग्रंथों की रचना मैंने की।"

पर इनकी रचनाओं के अध्ययन से पाठक के मन पर जो प्रतिक्रिया होती है, वह भिन्न प्रकार की है।

ऐसा लगता है कि साहित्य के क्षेत्र में कोरे आवेश से काम नहीं चलता और ऊँचे से ऊँचा उद्देश्य भी अपने में कुछ नहीं है। मुख्य बात है क्षमता और संभावना की। उपाध्याय जी ने तो चौपदों का ढेर लगा दिया, पर उससे सिद्ध क्या हुआ? हुआ यही कि हिंदी में गजलों और सोनेटों के समान रुबाइयाँ लिखने का काम भी सफल नहीं हो पाया। मुहावरों का एक प्रयोग होता है। सहज और अनायास, एक होता है प्रयत्नज-जैसे-तैसे किसी पंक्ति में उन्हें खपा देना। प्रयोग दोनों हैं, पर पहला स्वाभाविक है, दूसरे से कृत्रिमता झलकती हैं उपाध्याय जी ने अनेक प्रकार के बंधनों के साथ जिस सीमित क्षेत्र में प्रवेश किया, उसमें भावना की गंभीरता, विचारों की उत्कृष्टता और कल्पना की उड़ान के लिए वांछित भूमि की कमी स्पष्ट झलकती है। उदात्त भावनाओं की अभिव्यक्ति के लिए उदात्त भाषा और शैली की आवश्यकता पड़ती ही है। चौपदों में लिखी कविताओं का हल्कापन तो उनके शीर्षकों से ही सिद्ध हो जाता है। शीर्षक हैं-कसक कसाले, बावले की बड़, चाहत के चोचले आदि। यह और बात है कि निरंतर अभ्यास के कारण इन चौपदों में कहीं-कहीं चमक आ गयी है। सच बात यह है कि उपाध्याय जी को यह चैलेंज स्वीकार करना ही नहीं था। हिंदी के विरोधियों ने हमारी भाषा के सम्बन्ध में कब, क्या नहीं कहा? उनके मुँह लगने की आवश्यकता नहीं है।

कुछ अच्छे चौपदे देखिए-

(1)

लगी जलने सारी दुनिया,
आग जी में लग जाने से,
हवा हो गया हमारा सुख,
घटा दुख की घिर आने से ।

(2)

प्यार वाली बहु आँखों में,
बहुत ही खिलते हैं आँसू,
एक दिन ऐसा आता है,
धूल में मिलते हैं आँसू ।

(3)

चेत आया अचेत होकर,
चित्त खो चेतनता आई,
राह मिल गई राह भूले
सब गँवा सारी सिधि पाई ।

अयोध्यासिंह उपाध्याय द्विवेदी-युग के प्रमुख कवियों में से हैं । 'प्रिय-प्रवास' की रचना के कारण उनका नाम हिंदी साहित्य के इतिहास में अमर रहेगा । उनका सादा जीवन जाति, धर्म, देश और संस्कृति की चिंता में व्यतीत हुआ । राष्ट्रीयता और विश्व-बंधुत्व दोनों की भावनाओं से उनका कोमल हृदय ओत-प्रोत था । उनकी लोक-संग्रह की भावना को देखकर यह बात निस्संकोच भाव से कही जा सकती है कि अपने युग में उनकी चेतना किसी से कम विकसित नहीं थी ।

●

जगन्नाथदास 'रत्नाकर'

बाबू जगन्नाथदास 'रत्नाकर' का जन्म सन् 1866 में वाराणसी में हुआ । जाति के ये दिल्लीवाल अग्रवाल वैश्य थे । इनके पूर्वज पानीपत जिले के रहने वाले थे और

अकबर के शासन-काल से ही उच्च सरकारी पदों पर नियुक्त थे। मुग़ल-साम्राज्य के पतन पर इनके प्रपितामह सेठ तुलाराम पहले जहाँदारशाह के साथ लखनऊ आए और फिर काशी में आकर स्थायी रूप से बस गए। इनके पिता बाबू पुरुषोत्तमदास फ़ारसी और हिन्दी कविता के बड़े प्रेमी थे। उनके यहाँ उस काल के शायरों और कवियों का आना-जाना बन रहता था। इन आने वालों में उनके समकालीन और सम्बन्धी भारतेन्दु बाबू हरिश्चंद्र भी थे। जगन्नाथदास पर इस वातावरण का पूरा प्रभाव पड़ा। इन्होंने अपनी किशोरावस्था में ही भारतेन्दु का ध्यान आकृष्ट कर उनका आशीर्वाद प्राप्त किया।

सन् 1892 में इन्होंने बी० ए० पास किया। इनके विषयों में एक फ़ारसी थी। पहले ये 'जकी' तखल्लुस से उर्दू में गज़लें लिखा करते थे। बाद में व्रजभाषा के प्रति ऐसा प्रेम उमड़ा कि ये अपने काल के सर्वश्रेष्ठ कवि माने जाने लगे। हिंदी में इन्होंने अपना उपनाम 'रत्नाकर' रखा।

सन् 1900 में इनकी नौकरी अवागढ़ स्टेट में लगी। जहाँ ये दो वर्ष रहे। सन् 1902 में अयोध्या नरेश सर प्रतापनारायण सिंह के ये प्राइवेट सेक्रेट्री हो गए। उनकी मृत्यु के उपरांत सन् 1906 में अयोध्या की महारानी जगदंबादेवी ने इन्हें अपना प्राइवेट सेक्रेट्री नियुक्त किया। इस पद पर ये आजीवन रहे।

स्वभाव से 'रत्नाकर' जी बड़े सरल, रसिक और हँसमुख थे। व्यायाम के ये बड़े प्रेमी थे और वैद्यक में इनकी विशेष रुचि थी।

'रत्नाकर' जी ने 'साहित्य सुधानिधि' नामक मासिक-पत्र का संपादन कई वर्षों तक किया। आचार्य महावीर प्रसाद द्विवेदी के कार्य-भार सँभालने से पूर्व 'सरस्वती' के सम्पादक-मंडल में इनका भी नाम था। इन्होंने चंद्रशेखर के 'हम्मीरहठ', कृपाराम को 'हित-तरंगिनी' और दूलह कवि के 'कंठाभरण' का संपादन किया। 'बिहारी-रत्नाकर' नाम से इन्होंने 'बिहारी सतसई' की अत्यंत प्रामाणिक टीका प्रस्तुत की। 'सूरसागर' के संपादन का काम भी इन्होंने प्रारम्भ किया था, जो इनकी मृत्यु के कारण अधूरा रह गया। 'गंगावतरण' पर अयोध्या की महारानी से प्राप्त एक हज़ार रुपये की धन-राशि इन्होंने व्रजभाषा काव्य पर पारितोषिक देने के लिए नागरी-प्रचारिणी सभा को भेंट कर दी। इस निधि के ब्याज से तीसरे वर्ष जो दो सौ रुपये का पारितोषिक दिया जाता है, उसका नाम 'रत्नाकर-पुरस्कार' है। इसके अतिरिक्त अपना अमूल्य संग्रहालय भी इन्होंने सभा को दे दिया।

22 जून सन् 1932 को हृदय की गति रुक जाने से हरिद्वार में इनका देहांत हो गया।

इनके ग्रन्थों की सूची इस प्रकार है-

गंगावतरण, उद्धव-शतक, हरिश्चंद्र।

साहित्य-रत्नाकर, घनाक्षरी-नियम-रत्नाकर, समालोचनादर्श (अनुवाद)।

हिंडोला, कलकाशी, शृंगार-लहरी, गंगाविष्णु-लहरी।

रत्नाष्टक, वीराष्टक।

उद्धव शतक (1929) गोपी-उद्धव-संवाद पर आधारित एक प्रबंध-काव्य हैं इस प्रसंग को सूरदास और नंददास ने अपने भ्रमर-गीतों में बहुत पहले उठाया था। 'रत्नाकर' जी के ग्रन्थ का विषय तो वही पुराना है, पर प्रस्तुतीकरण में एक प्रकार की ताजगी और नूतन कला के दर्शन होते हैं।

कृष्ण यमुना में स्नान करने जाते हैं। उसमें कहीं दूर से एक मुरझाया कमल बहता हुआ आता है। वे उसकी गंध लेने के लिए उसे नासिका से लगाते हैं कि मूर्च्छित हो जाते हैं। शायद उसकी गंध राधा के शरीर की गंध की स्मृति में उन्हें लीन कर देती है। संयोग से उद्धव हाथ में तोते का पिंजड़ा लेकर उधर से निकलते हैं और उन्हें खींचकर तीर तक लाते हैं। तोता जब राधा का नाम लेता है, तब कृष्ण की चेतना लौटती है। दूसरे दिन उद्धव कृष्ण को देखने जाते हैं। उस समय वे अपने अंतर की व्यथा उन्हें रो-रोकर सुनाते हैं। लेकिन उद्धव तो थे विरक्त प्राणी। वे ब्रजवासियों की भावना को न समझते हुए, उन्हें स्वार्थी घोषित करते हैं और इस बात का उत्तरदायित्व अपने सिर पर लेते हैं कि वे गोपियों को प्रेम-भाव से विरत कर सकेंगे। कृष्ण संदेश देकर उन्हें विदा करते हैं। ब्रज में पहुँचने पर गोपियाँ कृष्ण-सखा का स्वागत करती हैं और उनके ज्ञान के वचन सुनकर अपनी प्रतिक्रिया इस रूप में व्यक्त करती हैं—

जोगिन की, भोगिन की, बिकल वियोगिन की,
जग में न जागती जमातैं रहि जाइँगी।
कहै 'रत्नाकर' न सुख के रहे जो दिन,
तौ ये दुख द्वन्द्व की न रातैं रहि जाइँगी।
प्रेम-नेम छाँड़ि, ज्ञान-क्षेम जो बतावत सो,
भीती ही नहीं तो कहाँ छातैं रहि जाइँगी।
घातैं रहि जाइँगी न कान्ह की कृपा तैं इती,
ऊधौ कहिबे कों बस बातैं रहि जाइँगी।

परिणाम यह होता है कि उद्धव इस प्रेम के प्रवाह में बह जाते हैं। मथुरा लौटने पर वे कृष्ण के सामने हृदय की परिवर्तित दशा का निष्कपट भाव से वर्णन करते हैं, जिससे कृष्ण को आंतरिक संतोष होता है।

'उद्धव शतक' प्रेम की गंभीरता का उज्जवल प्रतीक है। गोपियाँ प्रेम के लिए प्रेम करती हैं। प्रेम के इस गौरव के सामने योग की शक्ति क्षीण और उसके आलोक के सामने ज्ञान की आभा फीकी प्रतीत होती है।

'उद्धव-शतक' में भी सूर के 'भ्रमर गीत' के समान ज्ञान के ऊपर प्रेम की विजय का प्रयत्न पाया जाता है। इसमें उद्धव ज्ञान के पक्ष में है, गोपियाँ प्रेम के पक्ष में। गोपियों के अनुसार ज्ञान का मार्ग कठिन है, वह युवतियों के स्वभाव के अनुकूल नहीं और उसमें व्यक्तित्व का विनाश हो जाता है। उनके तर्क भावना का आधार लेकर चलते हैं, अतः सरल होने पर भी, एक दृष्टि से अकाट्य है–

वे तो बस बसन रँगावैं, मन रंगत ये,
भसम रमावैं वे, ये आपु हीं भसम हैं।
साँस-साँस माहिं बहु बासर बितावन वे,
इनके प्रतेक साँस जात ज्यों जनम हैं।
ह्वैकै जगमुक्ति सों विरक्त मुक्ति चाहत वे,
जानत ये भुक्ति-मुक्ति दोऊ विष-सम हैं।
करिकै विचार ऊधौ-सूधौ मन माहिं लखौ,
जोगी सों वियोग-भोग-भोगी कहाँ कम हैं?

उद्धव पर सबसे पहला प्रभाव ब्रज के वातावरण का पड़ता है। गोपियों के सम्पर्क में आकर तो उन्हें ऐसा लगता है जैसे वे प्रेम की प्रतिमाओं के सामने ही बैठे हों। यों गोपियों के व्यंग्य बड़े तीखे हैं, पर सबसे अधिक प्रभावित होते हैं, वे उनके हृदय की निश्छलता से। प्रेम के आवेग और उसकी अधीरता के चित्रण में कवि ने अपनी पूरी शक्ति लगा दी है–

दीन दसा देखि ब्रज-बालनि की ऊधव कौ,
गरि गौर गुमान ज्ञान गौरव गुठाने से।
कहै 'रत्नाकर' न आए मुख बैन, नैन,
नीर भरि लाए, भए सकुचि सिहाने से।
सूखे से, स्रमे से, सकबके से, सके से, थके,
भूले से, भ्रमे से, भभरे से, भकुवाने से।
हौले से, हले से, हूले-हूले से हिये में हाय,
हारे से, हरे से, रहे हेरत हिराने से।

'उद्धव शतक' से 118 कवित्त पाए जाते हैं। सूरदास और नंददास की भाँति कथानक में अनुपात का ध्यान इन्होंने भी नहीं रखा है। रचना का रस भिन्न-भिन्न छंदों में उनकी उक्तियों तक सीमित है, पर गठन इसकी प्रबंध काव्य जैसी ही है। कथा के सूत्र बीच-बीच में शीर्षक देकर जोड़े गए हैं–जैसे मंगलाचरण, उद्धव का मथुरा से ब्रज जाना, उद्धव की ब्रजयात्रा, उद्धव का ब्रज में पहुँचना, उद्धव के ब्रजवासियों से वचन, उद्धव की ब्रज-विदायी उद्धव का मथुरा लौटना, उद्धव के वचन श्री भगवान के प्रति आदि।

इनके वर्णनों में चित्रमयता विद्यमान है। अपनी बात समझाने के लिए गोपियों ने कहीं दर्पण, कहीं पिंजड़ा, कहीं लंगर, कहीं गठरी, कहीं पारे की भस्म और कहीं आतिशी शीशे का उल्लेख किया है। श्लिष्ट शब्दों का प्रयोग यहाँ-कहाँ हुआ है जैसे रस, नारी, योग, पाती, सुदर्शन आदि। विरह के दुःख का वर्णन अतिशयोक्तिपूर्ण है और कहीं-कहीं उसमें कृत्रिमता की झलक पायी जाती है, विशेष रूप से वहाँ जहाँ 'रत्नाकर' जी ने सभी ऋतुओं को गोपियों के शरीर पर घटा दिया है, पर कुल मिलाकर यह ग्रंथ मार्मिक और कलापूर्ण बन पड़ा है।

'गंगावतरण, (1923) में पृथ्वी पर गंगा के अवतरण को काव्यबद्ध किया गया है। इसमें कपिल के शाप से सगर के साठ हजार पुत्रों के भस्म होने तथा गंगा द्वारा उनके उद्धार की कथा वर्णित है। भगीरथ घोर तपस्या करके ब्रह्मा को प्रसन्न करते हैं। उनके कमंडल से गिरे जल को शिव अपनी जटाओं में धारण कर लेते हैं। वे तब शंकर की आराधना में लीन होते हैं और उनसे वरदान प्राप्त कर उस पवित्र जल को हिमालय से समतल पर लाते हैं। 'गंगावतरण' 13 सर्गों में समाप्त एक प्रबंध-काव्य है। इसके प्रारंभ में गंगा की स्तुति के उपरांत सरस्वती और गणेश की वंदना की गयी है और अंत की ओर इसकी समाप्ति की तिथि भी दे दी गयी है- संवत् उनइस सौ असी गुरु पूनौ भृगवार, गंग-अवतरन काव्य यह पूरन भयौ उदार। हिमालय से उतर कर प्रयाग होते हुए समुद्र तक गंगा की गति और वेग का वर्णन बड़ा ओजस्वी और भव्य बन पड़ा है। उदाहरण के लिए विधाता के कमंडल से ब्रह्मद्रव के गिरने के इस वर्णन को लीजिए—

निकसि कमंडल तैं उमंडि नभ-मंडल खंडति।
धाई धार अपार बेग सौं बाहु बिहंडति।।
भयौ घोर अति सब्द धमक सौं त्रिभुवन तरजे।
महामेघ मिलि मनहु एक संगहि सब गरजे।।
बिपुल वेग सौं कबहुं उमगि आगे कौं धावति।
सौं-सौं जोजन लौं सुढार ढरतिहि चलि आवति।।
फटिकसिला के वर विसाल मन विस्मय बोहत।
मनहु बिसद ढर अनाधर अंबर मैं सोहत।।
छहरावति छवि कबहुँ कोऊ सित सघन घटा पर।
फवति फैलि जिमि जोन्ह-छटा हिम-प्रचुर-पटा पर।
तिहि धन पर लहराति लुरति चपला जब चमकै।
जल-प्रतिबिंवित दीप-दाम दीपति सी दमकै।।

'हरिश्चंद्र' में अयोध्या के महाराज हरिश्चंद्र का चरित्र वर्णित है। इसमें इंद्र नारद से हरिश्चंद्र की प्रशंसा सुन विश्वामित्र द्वारा उनके सत्य की परीक्षा लेते हैं। इस परीक्षा में महाराज पूरे उतरते हैं। हरिश्चंद्र के अतिरिक्त शैव्या और रोहिताश्व इसके प्रमुख पात्रों में से है। यह प्रबंधकाव्य चार सर्गों में ही समाप्त हो गया है।

कथानक की दृष्टि से 'हरिश्चंद्र', 'उद्धव-शतक' तथा 'गंगावतरण' की अपेक्षा अधिक व्यवस्थित है। श्मशान का यह वर्णन देखिए-

कहुँ सुलगति कोउ चिता, कहूँ कोउ जाति बुझाई।
एक लगाई जाति एक की राख बहाई।
विविध रंग की उठति ज्वाल दुर्गंधनि महकति।
कहुँ चरबी सौं चटचटाति कहुँ दह-दह दहकति।।
कहुँ फूकन हित धरयौ मृतक तुरतहि तहँ आयौ।
परयौ अंग अधजरयौ, कहूँ। कोऊ कर खायौ।।
कहूँ स्वान इक अस्थिरखंड लैं चाटि चिचोरत।
कहुँ कारी महि काक ठोर सौं ठोकि टटोरत।।
कहुँ सृगाल कोउ मृतक-अंग पर ताक लगावत।
कहुँ कोउ सब पर बैठि गिद्ध चट चोंच चलावत।।
जहँ - तहँ मज्जा माँस रुधिर लखि परत बगारे।
जित-तित छिटके हाड़ स्वेत कहुँ-कहुँ रतनारे।।
हरहरात इक दिसि पीपर कौ पेड़ पुरातन।
लटकत जामैं घंट घने माटी के बासन।
वरषा ऋतु के काज और हू लगत भयानक।
सरिता बहति सबेग करारे गिरत अचानक।

'समालोचनादर्श' अलेक्जेंडर पोप के आलोचना-संबंधी काव्य-ग्रंथ(An Essay in Criticism) का पद्यबद्ध अनुवाद है। यह अनुवाद ब्रजभाषा में होने से कुछ अस्पष्ट-सा प्रतीत होता है। खड़ी बोली अथवा गद्य में होने से संभवतः पाठकों को अधिक ग्राह्य होता। 'रत्नाकर' जी ने भारतीय रूप देने के लिए इसके बीच-बीच में वाल्मीकि, कालिदास, भवभूति, भरत,जयदेव और हरिश्चंद्र आदि के नाम अपनी ओर से बढ़ा दिए हैं। फिर भी बात कुछ बन नहीं पायी। पोप के अनुसार समीक्षकों को अपनी सम्मति प्रकट करते समय इन बातों का ध्यान रखना चाहिए-

सम्मति-दान माहि कबहूँ न सूमपन ठानौ,
कृपिनाइनि मैं बुद्धि-कृपिनता अधम प्रमानौ।
छुद्र-तोष-हित,निज कर्तव्य कदापि न छोरौ,
होहु न इमि सुसील, कै मुख न्यायहिं सौं मोरौ।
करहु नैकुँ भय नाहि बुधनि के क्रुद्ध-करन कौ।
या अधिकार बिबेचक धारि सकैं जौ नित प्रति,
तौ यामै संसय नहिं होय जगत कौ हित अति।

बाबू जगन्नाथदास 'रत्नाकर' खड़ी बोली के युग में ब्रजभाषा के सबसे बड़े कवि थे। भाषा-संबंधी उनका अध्ययन बड़ा विशाल था। ब्रजभाषा के प्रति

अत्यधिक अनुराग के कारण उनकी रुचि पौराणिक कथाओं के नवीनीकरण की ओर हुई। बीसवीं शताब्दी में रहते हुए भी हृदय से वे मध्यकाल में रहते थे। इसमें कोई संदेह नहीं कि ब्रजभाषा को उनसे नयी भूमि, नयी गरिमा और नयी प्रतिष्ठा प्राप्त हुई।

●

मैथिलीशरण गुप्त

मैथिलीशरण गुप्त का जन्म सन् 1886 में चिरगाँव जिला झाँसी में हुआ। जाति के ये वैश्य हैं। इनके पिता सेठ रामचरण जी कविता के बड़े प्रेमी थे और 'कनकलता' नाम से छंद-रचना करते थे। सेठ जी के पाँच पुत्र हुए-महरामदास, रामकिशोर, मैथिलीशरण, सियारामशरण और चारुशीलाशरण। इनमें मैथिलीशरण और सियारामशरण को काव्य के क्षेत्र में प्रसिद्धि मिली।

मैथिलीशरण जी ने कुछ दिन गाँव के स्कूल में शिक्षा पायी, फिर घर पर ही हिंदी, संस्कृत, बँगला, मराठी और अँग्रेजी का अभ्यास किया। इन्होंने संस्कृत से वासवदत्ता, बंगला से मेघनाद-वध और फारसी से उमर खैयाम की रुबाइयों का अनुवाद किया है।

काव्य के संस्कार तो गुप्त जी में जन्म-जात थे, पर सृजन के लिए विशेष प्रेरणा आचार्य महावीर प्रसाद द्विवेदी से मिली। सन् 1906 से ही इनकी रचनाएँ 'सरस्वती' में प्रकाशित होने लगी थीं। 'रंग में भंग' इनका प्रथम काव्य-ग्रंथ है जो सन् 1909 में प्रकाशित हुआ। प्रारंभ में मुंशी अजमेरी से, जिन्हें ये अपने भाई के समान मानते थे, इन्हें बहुत प्रोत्साहन मिला। द्विवेदी जी को तो गुप्त जी ने अपना काव्य-गुरु ही स्वीकार किया है, अजमेरी जी के प्रति भी अपनी कृतज्ञता 'साकेत' के 'निवेदन' में व्यक्त की है। उनकी मृत्यु पर 'समाधि' शीर्षक से एक कविता भी इन्होंने लिखी, जो 'उच्छ्वास' नामक काव्य-संग्रह में संकलित है।

गुप्त जी को अपने जीवन में बहुत यश और सम्मान मिला है। जैसे लोग माखनलाल चतुर्वेदी को दादा और अमृतलाल नागर को बंधु कहते हैं, वैसे ही मैथिलीशरण जी को दद्दा। सन् 1936 में 'साकेत' महाकाव्य पर इन्हें मंगलाप्रसाद पारितोषिक प्राप्त हुआ। पचासवें वर्ष की समाप्ति पर काशी में बड़े धूमधाम से इनकी जयंती मनायी गयी। सत्तर वर्ष पूरे होने पर इन्हें अभिनन्दन-ग्रन्थ भेंट किया गया। 'पद्म भूषण' उपाधि से ये विभूषित हैं। और भारतीय संसद के सदस्य रहे हैं। सम्पूर्ण भारतवर्ष में ये 'राष्ट्र-कवि' के नाम से विख्यात हैं।

मैथिलीशरण हृदय से भक्त हैं और स्वभाव से उदार, विनम्र और मिलनसार। ये बड़े दूरदर्शी और प्रभावशाली व्यक्ति हैं। साहित्य-साधना के पवित्र कर्म में ये अविराम गति से रत रहे हैं। अपने जीवन के आदर्श इन्होंने राम, बुद्ध और गाँधी से ग्रहण किए हैं। उपयुक्त समय पर अपनी आत्मा की आवाज को इन्होंने कभी नहीं दबाया। अँग्रेजी के पक्ष में विधेयक (1963) प्रस्तुत होने पर राज्य-सभा में 'लो' अँग्रेजी बनी रही, शीर्षक से निर्भय होकर इनका पढ़ना, एक ऐतिहासिक घटना है। मैथिलीशरण जी एक ऐसे व्यक्ति हैं, जिन पर हम सभी दृष्टियों से गर्व कर सकते हैं।

कवि होने के साथ गुप्त जी प्रकाशक भी हैं। दोनों भाइयों के समस्त ग्रन्थ उनकी प्रकाशन संस्था 'साहित्य-सदन' से प्रकाशित हुए हैं।

इस समय तक उनके चालीस से ऊपर निम्नलिखित ग्रन्थ प्रकाशित हो चुके हैं-

साकेत (1931), जयभारत (1952)।

यशोधरा (1932), कुणाल-गीत, द्वापर, सिद्धराज, विष्णु-प्रिया।

जयद्रथ-वध (1910), पंचवटी (1925), नहुष।

वन-वैभव, वक-संहार, सैरंध्री।

मंगल-घट, झंकार, उच्छ्वास।

अर्जन और विसर्जन, काबा और कर्बला, अंजलि और अर्घ्य।

भारत-भारती (1912), स्वदेश-संगीत, वैतालिक, शक्ति, गुरुकुल, हिन्दू।

रंग में भंग, विकट भट, पद्य-प्रबन्ध, पत्रावली, शकुन्तला, हिडिम्बा।

विश्व वेदना, किसान, पृथ्वीपुत्र, राजा-प्रजा, अजित।

तिलोत्तमा, चंद्रहास, अनघ, लीला।

स्वप्न वासवदत्ता, मेघनाथ-वध, वृष-संहार, वीरांगना, विरहिणी-ब्रजांगना, उमर खैयाम की रुबाइयाँ।

गुप्त जी के काव्य-ग्रंथों से ऐसा आभास मिलता है कि ये भगवान राम के अनन्य उपासक हैं। 'साकेत' में तो राम का स्तवन है ही, पर जो ग्रंथ कृष्ण के चरित्र या महाभारत की घटनाओं से सम्बन्धित हैं, वहाँ भी मंगलाचरण में राम ही की वंदना है जैसे-

संचित किए रक्खे हुए,
शुक-वृन्द के चक्खे हुए,
कुछ फल कि जो थे दीन शबरी ने दिए,
खाकर जिन्होंने प्रीति से,

शुभ मुक्ति दो भव-भीति से,
वे राम रक्षक हों, धनुर्धारण किए ।

–वक संहार

इससे ऐसी धारणा बन सकती है कि ये हृदय से कट्टर धार्मिक होंगे, परन्तु मैथिलीशरण गुप्त की विशेषता ही यह है कि उन जैसा उदार और विशाल हृदय व्यक्ति कठिनाई से दिखायी देगा। जिस लेखनी ने 'पंचवटी' और 'साकेत' का निर्माण किया, उसी ने बौद्धों की करुणा का उद्घोष करने के लिए 'अनध', 'यशोधरा' और 'कुणाल गीत' की रचना की, उसी ने सिक्खों की शक्ति का परिचय देने के लिए 'गुरुकुल' की गाथा गायी और उसी ने मुसलमानों के चरित्र की महानता और सहनशीलता को अंकित करने के लिए हृदय को हिलाने वाली 'कर्बला' की कहानी हमें सुनायी। हिंदू होकर भी गुप्त जी सभी धर्मवालों के अपने हैं। 'विश्व-वेदना' की रचना उन्होंने जाति, धर्म और राष्ट्रीय-भावना से ऊपर उठकर विश्व-बंधुत्व का गीत गाने के लिए ही की है। वे तो सारे संसार को एक परिवार समझते हैं।

गुप्त जी हमारे देश और युग के प्रतिनिधि कवि हैं। हमारा देश अखंड है और उस अखंडता की भावना मैथिलीशरण गुप्त ने दी है। जब तक सारे देश की राष्ट्र-प्रेम के आधार पर एक सूत्र में बाँधने का प्रयत्न कोई न करे, तब तक उसे राष्ट्र-कवि कहलाने का सौभाग्य प्राप्त नहीं हो सकता। गुप्त जी नें एक राष्ट्र की भावना अपनी रचनाओं द्वारा हमें दी है और इसी से भारतवर्ष में वे राष्ट्र-कवि के नाम से विख्यात है। 15 अगस्त 1947 को देश में जब स्वतंत्रता के सूर्य का उदय हुआ, तो राष्ट्र-पताका की वंदना में उन्होंने लिखा–

यह पुण्य पताका फहरे ।
मुक्त वायु-मंडल में अपनी मानस-लहरी लहरे,
इस ध्वज पर जूझे स्वजनों पर ध्यान जहाँ जाता है ।
मस्तक ऊँचा होने पर भी, मन भर - भर आता है,
निर्भय मृत्यु वरण कर ही नर अमर कीर्ति पाता है,
ऐसे पुत्रों की ही आशा रखती भू - माता है,
भू - माता का यह अंचल - पट छाया करके छहरे ।
यह पुण्य पताका फहरे ।

गुप्त जी के राजनीतिक विचार 'वन वैभव' 'वक संहार', 'पंचवटी', 'भारत भारती', 'मंगल घट', अनध', साकेत' और सबसे अधिक उनके 'स्वदेश संगीत' में बिखरे पड़े हैं। यदि संक्षेप में कहना चाहें तो राजनीति में मैथिलीशरण गुप्त ने महात्मा गांधी के सिद्धांतों का प्रचार किया है। हिंदी में प्रेमचंद और मैथिलीशरण गुप्त गांधीवाद के दो प्रबल समर्थक रहे है–जैसे साहित्य में ये उनके दाहिने-बायें

हाथ हों। सन् 1921 **से 1947 तक** महात्मा गांधी के नेतृत्व में काँग्रेस जिस मार्ग से गयी है, उन समस्त आंदोलनों की ध्वनि गुप्त जी के काव्य में पायी जाती है। उनके 'अनघ' में 'मघ' तो महात्मा गांधी की ही प्रतिमूर्ति है। वहाँ धरना देना, मद्य-पान को रोकना, अहिंसा से काम लेना, अछूतोद्धार करना, गाँवों की ओर लौटना, अपराधी से घृणा न करके उसे क्षमा करना, सब कुछ पाया जाता है। महात्मा गांधी के स्वर में मघ कहता है-

न तन सेवा, न मन सेवा,
न जीवन और धन सेवा,
मुझे है इष्ट जन-सेवा,
सदा सच्ची भुवन-सेवा।

मैथिलीशरण गुप्त ने एक दर्जन सफल प्रबंध-काव्य हमें दिए हैं। उनके 'जयभारत' और 'साकेत' दोनों हिंदी के महाकाव्यों की परम्परा में बहुत ऊँचा स्थान रखते हैं। 'यशोधरा' भी उनकी बड़ी ही लोक-प्रिय रचना है। ऐसी ही मार्मिक कृतियाँ 'विष्णुप्रिया' और 'रत्नावली' है। उनके खंड-काव्यों में 'जयद्रथ-वध', 'पंचवटी' और 'नहुष' की गणना सफल कृतियों में होगी। इन काव्य-ग्रंथों में सैकड़ों ही ऐसे मार्मिक स्थल हैं, जहाँ पाठकों का हृदय बार-बार अभिभूत होता है। एक प्रसंग लीजिए-

सो, अपने चंचलपन, सो।
सो, मेरे अंचल धन, सो।
पुष्कर सोता है निज सर में,
भ्रमर सो रहा है पुष्कर में,
गुंजन सोया कभी भ्रमर में,
सो, मेरे गृह-गुंजन सो।
सो, मेरे अंचल-धन, सो।
रहे मंद ही दीपक-माला,
तुझे कौन भय-कष्ट-कसाला?
जाग रही है मेरी ज्वाला,
सो, मेरे आश्वासन, सो।
सो, मेरे अंचल-धन, सो।
तेरी साँसों का सुस्पंदन,
मेरे तप्त हृदय का चंदन,
सो, मैं कर लूँ जी भर कंदन,
सो, उनके कुल-नंदन, सो।
सो, मेरे अंचल-धन, सो।

-यशोधरा

बहुत पहले श्री रवीन्द्रनाथ ठाकुर ने 'काव्येर उपेक्षिता' नाम से एक लेख लिखा था जिसमें भारतीय कवियों द्वारा काव्य की कुछ उपेक्षिताओं के प्रति सहृदयों का ध्यान आकृष्ट किया गया था। इनमें से एक को विचार का केन्द्र बनाकर आचार्य महावीर प्रसाद द्विवेदी ने एक दूसरा लेख लिखा जिसका शीर्षक था 'कवियों की उर्मिला विषयक उदासीनता।' ऐसा प्रसिद्ध है कि 'साकेत' के निर्माण के मूल में इस लेख का बहुत बड़ा हाथ है। इस प्रबंध-काव्य की गणना खड़ी बोली के तीन महाकाव्यों-कामायनी, प्रिय प्रवास, साकेत-में होती है।

साहित्यदर्पणकार के अनुसार साकेत में महाकाव्य के बहुत से लक्षणों की पूर्ति हुई है। प्रारंभ में गणेश को लेकर मंगलाचरण है और सरस्वती को लेकर वंदना। कथा लोक-प्रसिद्ध नायक की है जो सद्वंशजात क्षत्रिय है। आठ के स्थान पर बारह सर्ग हैं। नवम सर्ग को छोड़कर प्रत्येक सर्ग में एक ही छंद का प्रयोग है और सर्ग के अन्त में छंद बदल जाता है। प्रधान रस श्रृंगार (विप्रलंभ) है। वीर, करुण आदि आए हैं पर गौण रूप से। धर्म, अर्थ, काम, मोक्ष में से धर्म की सिद्धि होती है। वर्णनों में नगर (साकेत), प्रेम, यात्रा, प्रभात, संध्या, रजनी, सरिता (सरयू और गंगा), पर्वत (चित्रकूट), षट् ऋतुओं, मृगया, वन, रण-सज्जा, युद्ध आदि के वर्णन हैं। इनके अतिरिक्त, कला, देश-प्रेम, पति-पत्नी-संबंध, भौतिकवाद, राजा-प्रजा के संबंध, उपयोगितावाद तथा नारी की महत्ता आदि पर भी व्याख्यान है। प्रबंधबद्ध कथानक, चरित्र-चित्रण, दृश्य वर्णन और रस, चारों दृष्टियों से यह महाकाव्य करीब-करीब खरा उतरता है।

यहाँ यह स्पष्ट कर देना आवश्यक है कि प्रबंध-काव्य की दृष्टि से लक्ष्मण-उर्मिला साकेत के नायक-नायिका नहीं हैं। नायक-नायिका हैं राम और सीता। सामान्य दृष्टि से उर्मिला प्रारंभ, मध्य और अंत में सभी कहीं दिखाई देती है और उसने इस काव्य-ग्रंथ के बहुत पृष्ठ घेरे हैं, पर उसे केवल मुख्य पात्री का पद उसी प्रकार दिया जा सकता है जैसे प्रसाद के चंद्रगुप्त नाटक में चाणक्य को। महाकाव्य में एक 'कार्य' होता है। साकेत का कार्य 'उर्मिला का विरह-वर्णन' नहीं है, 'आर्य सभ्यता की प्रतिष्ठा' है। असंदिग्ध शब्दों में मैथिलीशरण जी ने अपने इस दृष्टिकोण को व्यक्त किया है। संदेह न रह जाय, अतः बार-बार इस बात को स्पष्ट करते चले हैं। राम को वन भेजते समय जब दशरथ विह्वल होते हैं, तब वे विपद्-भंजन कहते है-

मुझे था आप ही बाहर विचरना,
धरा का धर्म-भय था दूर करना।

साकेत से विदा होते समय गुरु वशिष्ठ भी इसका स्मरण दिलाते हैं-

हरो भूमि का भार भाग्य से लभ्य तुम,
करो आर्य सम वन्यचरों को सभ्य तुम।

चित्रकूट-प्रसंग में यह उद्देश्य और भी स्पष्ट हो गया है। राम और सीता के वार्तालाप का मुख्य विषय यही है। रावण की बर्बरता से दबी यज्ञ-प्रथा को फिर प्रचलित देखने और वेद-वाणी को फिर गूँजते सुनने का जो स्वप्न राम देखते हैं, उससे ऐसा प्रतीत होता है मानो राम-रावण का युद्ध दो सभ्यताओं का युद्ध है-आर्य सभ्यता और अनार्य सभ्यता का संघर्ष है-

मैं दूँगा अब आर्यत्व उन्हें निज कर से।

यहीं तक नहीं, एकादश सर्ग में शत्रुघ्न राम के कार्यों का विवरण देते-देते घूम-फिरकर इस बात पर आते हैं-

जय-जयकार किया मुनियों ने,
दस्युराज यों ध्वस्त हुआ,
आर्य-सभ्यता हुई प्रतिष्ठित,
आर्य-धर्म आश्वस्त हुआ।

और साकेत के अंत में विरहिणी उर्मिला जब खोये यौवन का स्मरण कर विकल होती है, तब लक्ष्मण उसकी तुलना में एक महान् लाभ की ओर संकेत करते हुए अत्यन्त हर्ष-पूर्वक घोषित करते हैं-

धरा-धाम को राम-राज्य की जय गाने दो।

ग्रंथ का नाम साकेत है। इससे यह ध्वनि निकलती है कि घटनाएँ साकेत (अयोध्या) में घटी है। कवि को विवश होकर चित्रकूट जाना पड़ता है-सम्प्रति साकेत-समाज वहीं है सारा। नहीं तो स्थान परिवर्तित न हो, इसके लिए गुप्त जी ने साकेत में ही संजीवनी जड़ी मँगा दी, साकेत में ही शत्रुघ्न के मुख से राम की वन-यात्रा की कथा कहला दी और साकेत में ही वशिष्ठ की योग-शक्ति से लंका में राम की विजय दिखला दी।

गुप्त जी संयोग-काल के कवि हैं। साकेत में उर्मिला-लक्ष्मण के तीन मिलन-स्थल है-प्रथम, अष्टम और द्वादश के उत्तरार्द्ध। तीनों ही अत्यंत सजीव हैं। नवम में भी संयोग की स्मृति से सम्बन्धित चित्रों को सरसता की दृष्टि से हम पृथक कर सकते हैं।

विरह-वर्णन की जो रूप-रेखा है, यदि उसे विस्तार न दिया जाता तो साकेत की मार्मिकता द्विगुणित हो जाती। उर्मिला के विरह-वर्णन में कई स्थानों पर सुन्दर भाव झलक मारते हैं। उर्मिला की सहानुभूति पशु-पक्षियों तक विस्तृत है। शिशिर मानस के जल को जमा देता है, यही सोचकर उर्मिला उससे प्रार्थना करती है कि वह उसके मानस-भजन में नयन-नीर को जमा दे। इसे वह मोती-सा सुरक्षित रखेगी और लक्ष्मण को भेंट करेगी। विशाल दुःख को छोटे से छोटे रूप में समेट कर रखने का इससे सरल और कौन-सा उपाय हो सकता था? वह चरण-धूति स्पर्श करने के लिए लक्ष्मण के निकट वन में छिपकर रहने की कामना करती है।

इस अभिलाषा में कितना सुख है, कितना दुःख। भूली-भूली उर्मिला ने अपनी तूली से जो विरहिणी की चिंता पर देर से पहुँचे प्रेमी को रुलाकर प्रेमिका की मुखाकृति का पुष्प उगाया है, उससे पाठकों के हृदय पर कितनी गहरी चोट पहुँचती है। उर्मिला की विक्षिप्तावस्था में वन से लौटे लक्ष्मण का चित्र उपस्थित कर कवि ने प्रेम और कर्तव्य का जो संघर्ष दिखलाया है, वह भी विलक्षण मार्मिकता लिए हुए है।

चरित्रों में सबसे अधिक सफलता मिली गुप्त जी को कैकेयी की मूर्ति खड़ी करने में। उनके अन्य सभी चरित्र सरल हैं। हम चाहें तो एक-एक शब्द में हम उनका चरित्र-चित्रण कर सकते हैं। राम पुरुषोत्तम हैं, सीता और मांडवी पतिप्राण, कौशल्या माता है, सुमित्रा क्षत्राणी, दारथ धर्म-संकट हैं, भरत-लक्ष्मण भ्रातृ-स्नेही, परन्तु कैकेयी के सम्बन्ध में कुछ पता नहीं कि वह किस समय क्या कर बैठे। उसके भावों का उतार-चढ़ाव बड़े मनोवैज्ञानिक ढंग से कवि ने दिखाया है।

साकेत में गुप्त जी ने कला पर अपने विचार प्रकट किए हैं। भाषा साकेत की कहीं चिकनी, कहीं खुरदरी और कहीं नुकीली है-पथ के रोड़ों को सरिता ने जैसे कुछ घिस दिया हो, कुछ न घिसा हो। पंक्तियाँ व्याकरण-सम्मत हैं। छंद भावानुकूल हैं और अंत्यानुप्रास पर उनका पूर्ण अधिकार है। अर्थ की दृष्टि से दुरूहता कहीं नहीं। खड़ी बोली के कवियों में मैथिलीशरण जी की रचनांओं में जो प्रसाद गुण हैं, वह ईर्ष्या की वस्तु है।

साकेत खड़ी बोली का अत्यन्त लोक-प्रिय ग्रंथ है। इसमें उन्होंने भारत की धर्म-प्राण, आदर्श-प्रिय एवं राम-स्नेही जनता के मर्म को स्पर्श किया है।

'जयभारत' की रचना व्यास के महाभारत के अनुकरण पर हुई है। जिसमें कौरव-पांडवों के पारस्परिक कलह और उससे उत्पन्न उस महायुद्ध का वर्णन है जिसमें प्राचीन भारत का सब कुछ नष्ट हो गया। 'जय भारत' प्राचीन भारत की हिंदू संस्कृति का स्वच्छ दर्पण है। इसका मुख्य विषय धर्म और अधर्म का युद्ध है जिसमें प्रारम्भ में अधर्म प्रबल होता दिखाया गया है, पर अंत में जय होती है धर्म ही की। इसी आधार पर इसके पात्र भी दो स्पष्ट भागों में विभाजित हो गए हैं। एक ओर है सत् पात्र, जिनमें युधिष्ठिर, उनके भाई, कृष्ण और विदुर आते हैं, दूसरी ओर है असत् पात्र, जिनमें दुर्योधन, दुःशासन, शकुनि, जयद्रथ और अश्वत्थामा आदि है। भीष्म और द्रोण ने यद्यपि असत् का साथ दिया पर उनका झुकाव सत् की ओर ही था। 'जय भारत' के पात्रों में मनोवैज्ञानिक जटिलता कहीं नहीं पायी जाती। जो जैसा है, अंत तक वह वैसा ही रहता है। केवल दो पात्र ऐसे हैं जिनमें थोड़ा अंतर्द्वन्द्व दिखलाया-गया है। इनमें से एक है कुंती, दूसरा है कर्ण। पर ये बहुत साधारण उदाहरण है। 'जय-भारत' में एक भी सत् पात्र ऐसा नहीं हैं जिसका अंत में घोर पतन हुआ हो और न कोई दुष्ट पात्र ऐसा है जो पश्चाताप करके सुधर गया हो अर्थात इसके पात्र चारित्रिक उत्थान-पतन की

सम्भावनाओं से दूर हैं। वे प्रबल मानवीय भावनाओं के प्रतीक है-भीष्म त्याग, शक्ति और समदृष्टि के, द्रोण वीरता और पांडित्य के, धृतराष्ट्र अंध वात्सल्य के, कृष्ण विवेक और गौरव के, युधिष्ठिर धर्म और मानवता के, भीम शारीरिक बल के, अर्जुन निष्ठा, शौर्य और स्वाभिमान के, विदुर नीति के, दुर्योधन द्वेष, कुटिलता और हठ का, दुःशासन नीचता और अंध भ्रातृ-भक्ति का, कर्ण पुरुषार्थ का, शकुनि छल का, जयद्रथ लंपटता और कायरता का।

युधिष्ठिर इस महाकाव्य के नायक हैं। वे धर्म-प्राण हैं। धर्म तीन बार उनकी कठिन परीक्षा लेता है और वे तीनों बार उत्तीर्ण होते हैं। यों मानवीय दुर्बलताएँ उनके चरित्र में भी हैं। दुःख को सहकर वे अंत में निखर उठे हैं, यह ठीक है, पर उनकी सहनशीलता के लिए उनके आश्रितों को कितना मूल्य चुकाना पड़ा, यह भी किसी से छिपा नहीं है। उन्होंने जीवन भर धर्म-मर्मज्ञता का नहीं, धर्म-भीरुता का परिचय दिया। 'जय भारत' में धर्म का वास्तविक ज्ञाता कोई है, तो केवल कृष्ण। भीष्म पितामह और विदुर भी गंभीर विचारक और नीतिज्ञ ही कहे जा सकते हैं, धर्म-मर्मज्ञ नहीं, क्योंकि कृष्ण के समान वे धर्म के व्यवहार-पक्ष पर बल नहीं देते। पांडवों के पक्ष में यदि कृष्ण न होते, तो यह कहना कठिन है कि धर्म की जिस जय का स्वप्न युधिष्ठिर जीवन भर देखते रहे, वह पूरा होता भी या नहीं।

स्त्री पात्रों में कुन्ती का चरित्र प्रारंभ से ही गंभीर है। जीवन में उससे एक भूल हो गयी थी, जिसके लिए पता नहीं, उसका मानस कितना व्यथित और आंदोलित रहा। पर वह क्षत्राणी माँ थी। महाभारत की समाप्ति पर जब सब शोक-मग्न है, तब कुन्ती ही युधिष्ठिर को समझाती है कि उन्हें प्रजा की ओर ध्यान देना चाहिए। गांधारी पतिपरायण होने पर भी अपने को विवेकहीन सिद्ध नहीं करती। जिस सभा में पांचाली से अभद्र व्यवहार किया जा रहा है, वह वहीं जाकर अपने पति और पुत्रों को फटकारती है। सुभद्रा सरल और विनीत है।

द्रौपदी इस प्रबन्ध-काव्य की प्रधान पात्री है। वे सच्ची गृह-लक्ष्मी है। जीवन में उन्होंने बहुत दुःख सहे। अपने अपमान का ध्यान कर कभी-कभी अपने वीर पतियों के प्रति वे व्यंग्यमयी हो उठती थीं, पर फिर स्वयं पछताने लगती थीं। अपने पत्नीत्व को उन्होंने सदैव विवेक की दृष्टि से देखा। वे हँसकर कहा करती थीं कि पुरुषों में जो बहु-विवाह की प्रथा प्रचलित है, उसका सारा बदला उन्होंने ले लिया है।

यह महाकाव्य कई महत्वपूर्ण समस्याएँ हमारे सामने उठाता है। एक समस्या है जीवन में नारी के स्थान की। गुप्त जी ने नारी के मंगलम गृहिणी रूप को प्रमुखता दी है। दूसरी समस्या है ऊँची-नीची जाति वाले लोगों के बीच विवाह-सम्बन्ध की, जिसे हिडिम्बा की कथा सामने लाती है। तीसरी है शूद्रों को वेद-विद्या-दान की। इसे एकलव्य के प्रसंग द्वारा उठाया गया है। चौथी है पशु-हिंसा

की जो वन-मृगी की याचना द्वारा अत्यंत मर्म-स्पर्शी ढंग से अंकित की गयी है। पर इन सबसे प्रमुख समस्या है युद्ध की और एक प्रकार से पूरा 'जय भारत' ही युद्ध की व्यर्थता सिद्ध करता है।

'साकेत' और 'जय भारत' में से कौन अधिक सफल है, यह कहना एकदम सरल नहीं है। काव्यत्व साकेत में अधिक है, पर जहाँ तक कथानक की विशालता और कथा-वस्तु की गठन, यथार्थ जीवन की विविधता और चरित्र की सम्भावनाओं, संवादों की नूतनता और मनोवृत्तियों की पकड़, दार्शनिक विचारों की प्रौढ़ता और धर्म के प्रति उत्कट अनुराग, व्यापक सांस्कृतिक चेतना और कवि-संदेश की गंभीरता का प्रश्न है, 'जय भारत' बहुत आगे बढ़ जाता है। अपनी जीवन-व्यापी साधना में केवल यहाँ ही गुप्त जी विराट जीवन के दृष्टा, विश्लेषक और संदेश-वाहक बन सके हैं।

'जय भारत' की केन्द्रीय चेतना है धर्म। 'रामचरित मानस' की सिद्धि, भक्ति, 'कामायनी' की समरसता और 'जय भारत' की पर-कल्याण में है। तीनों ही महाकाव्य सामूहिक मंगल पर बल देते हुए व्यक्ति-प्रधान हैं। तीनों ही महाकाव्यकारों का दृष्टिकोण आध्यात्मिक है। वे भौतिकता को जीवन का चरम लक्ष्य नहीं मानते। इस प्रकार तुलसी और प्रसाद के साथ मैथिलीशरण गुप्त भी भारतीय संस्कृति की आध्यात्मिक परंपरा को आलोकित करने वाले एक आलोक-स्तंभ हैं।

मैथिलीशरण गुप्त के काव्य की सबसे बड़ी विशेषता यह है कि वह सबके पढ़ने योग्य है। अश्लीलता उसमें कहीं नहीं। हिंदू-सभ्यता और संस्कृति को उन्होंने अत्यंत उज्जवल रूप में संसार के सामने रखा है। नारी की गरिमा को वे कभी विस्मरण नहीं करते। उसके प्रति अन्य कवियों का सा हल्का दृष्टिकोण उन्होंने कहीं नहीं प्रदर्शित किया। उर्मिला, यशोधरा, राधा विष्णुप्रिया और रत्नावली उनके अमर नारी पात्र हैं।

अपने काव्य-ग्रन्थों में गुप्त जी ने सैकड़ों छंदों, अगणित अलंकारों और सभी रसों का प्रयोग किया है। करुणा के चित्रण में तो वे बड़े सिद्धहस्त हैं। उन्होंने सबसे पहला और सबसे बड़ा काम भाषा को निरंतर निखारने का किया हैं बीसवीं शताब्दी के प्रारंभ में ही ब्रजभाषा के रसिकों ने शोर मचाया कि खड़ी बोली में कविता हो ही नहीं सकती और यदि हो सकती है तो उसमें वह माधुर्य नहीं आ सकता जो ब्रजभाषा में है। ऐसी स्थिति में मैथिलीशरण के व्यक्तित्व के महत्व को समझा जा सकता है। आधुनिक-काल के अन्य कवियों जैसे प्रसाद, निराला, पंत और महादेवी ने गुप्त जी के उपरांत लिखना प्रारंभ किया। इनके पूर्व के खड़ी बोली के जो कवि हैं, उनकी भाषा या तो रूखी है या उसमें व्याकरण की अशुद्धियाँ भरी पड़ी हैं। आज जिस खड़ी बोली का प्रयोग हम करते हैं, वह टकसाली हो गयी है। उसमें जो सरसता, जो मधुरता, जो कोमलता और जो शक्ति

है, वह हिन्दी के अनेक साधकों के प्रयत्न का फल है और इसमें संदेह नहीं कि भाषा के इस परिमार्जन में मैथिलीशरण गुप्त ने बड़ा परिश्रम किया है। मौलिक ग्रंथों का सृजन करने से पूर्व ही गुप्त जी ने बँगला, फारसी और संस्कृत के कुछ प्रसिद्ध ग्रंथों के अनुवाद किए थे, अतः उनकी भाषा में और भी निखार आ गया, उनकी शैली में और भी प्रवाह। इस प्रकार गुप्त जी भाषा के प्रयोक्ता ही नहीं है, उसके निर्माता भी हैं।

बीसवीं शताब्दी का ऐसा कोई युग नहीं है, जब मैथिलीशरण गुप्त की लेखनी ने विश्राम लेना जाना हो, अतः जो लोग उन्हें केवल द्विवेदी युग का कवि कहते हैं। वे उनके प्रति बड़ा अन्याय करते हैं। हिंदी-काव्य को उनकी देन इतनी महत्वपूर्ण है कि संक्षेप में उसका विवेचन करना संभव ही नहीं है। अपने प्रबंध-काव्यों में उन्होंने सुख-दुःख के असंख्य तानों-बानों से विशाल जीवन का जो पट बुना है, विराट मानवीय चेतना और वैविध्यपूर्ण भाव-जगत के जो चित्र अंकित किए हैं, रामायण-काल से लेकर गांधी-युग तक भारतीय संस्कृति का जो बोध अपनी परिपूर्णता में कराया है तथा राम, कृष्ण, युधिष्ठिर, बुद्ध और चैतन्य महाप्रभु के व्यक्तित्वों के योग से चरित्रों की, हिमालय के शिखरों जैसी गरिमा का जो आभास हमें दिया है, उसकी कल्पना मात्र से चकित रह जाना पड़ता है।

●

माखनलाल चतुर्वेदी

पं० माखनलाल चतुर्वेदी जी का जन्म सन् 1888 में मध्यप्रदेश में होशंगाबाद जिले के अंतर्गत बाबई नामक स्थान में हुआ। जाति के ये ब्राह्मण हैं। इनके पिता का नाम पं० नंदलाल चतुर्वेदी और माँ का सुन्दरबाई था। पिता गाँव की पाठशाला में अध्यापक थे। पहले ये गाँव के स्कूल में प्रविष्ट हुए। मिडिल पास करने के उपरांत इन्होंने सन् 1903 में नार्मल परीक्षा पास की और फिर सन् 1904 में खंडवा मिडिल स्कूल में अध्यापक नियुक्त हो गए। सन् 1912 में इन्होंने अध्यापन-कार्य से त्याग-पत्र दे दिया। सन् 1914 में इनकी पत्नी ग्यारसीबाई का देहान्त हो गया, जिससे इनके हृदय को गहरा आघात लगा। उस समय ये पच्चीस-छब्बीस वर्ष के थे।

अपने जीवन में इन्होंने तीन पत्रिकाओं-प्रभा, प्रताप और कर्मवीर-का संपादन किया है। कर्मवीर का प्रकाशन पहले सन् 1919 में जबलपुर से हुआ। उस

समय पं० माधवराव सप्रे उसके संचालक थे। सप्रे जी की मत्यु के उपरांत सन् 1925 में चतुर्वेदी जी इसके स्वामी हो गए। इनका व्यक्तित्व इसी साप्ताहिक के माध्यम से प्रस्फुटित, पल्लवित और प्रतिफलित हुआ। इस पत्र ने इन्हें कवि, सम्पादक और राष्ट्र-सेवी के रूप में प्रतिष्ठित किया।

माखनलाल जी पहले क्रांतिकारी दल के सदस्य थे, बाद में महात्मा गाँधी के प्रभाव में आए। अपने जीवन में ये लोकमान्य तिलक, गणेश-शंकर विद्यार्थी और माधवराज सप्रे से बहुत प्रभावित रहे हैं। स्वाधीनता-संग्राम के सम्बन्ध में इन्हें सन् 1921, 1923 और 1930 में तीन बार जेल हुई। इनकी बहुत-सी कविताएँ कारागृह में लिखी गयी है। 'एक भारतीय आत्मा' इनका दूसरा नाम है, जिसे इन्होंने अपनी राष्ट्रीय रचनाओं द्वारा सार्थक करके दिखा दिया है।

इनकी प्रारंभिक रचनाएँ 'प्रभा' में प्रकाशित हुईं। लिखते तो ये द्विवेदी-युग से ही चले आ रहे हैं, पर प्रकाशन की ओर से बहुत उदासीन रहे। यही कारण है कि इनका प्रथम कविता-संग्रह 'हिम-किरीटिनी' सन् 1943 में उस समय प्रकाशित हुआ, जब द्विवेदी-युग, छायावाद-युग और प्रगतिवाद-युग, तीनों समाप्त हो चुके थे।

पं० माखनलाल चतुर्वेदी त्याग और तपस्या की मूर्ति है। स्वभाव से वे स्पष्टवादी और स्वाभिमानी है। उनकी गणना हिंदी के श्रेष्ठतम वक्ताओं में होनी चाहिए।

चतुर्वेदी जी की 'हिम-किरीटिनी' पर देव-पुरस्कार प्राप्त हो चुका है। सागर-विश्व-विद्यालय ने उन्हें आनरेरी डाक्टरेट प्रदान की है और राष्ट्रीय सरकार ने उन्हें सन् 1963 में 'पद्म भूषण' की उपाधि से सम्मानित किया है।

माखनलाल जी के निम्नलिखित काव्य-ग्रन्थ प्रकाशित हो चुके हैं-

हिम-किरीटिनी	1943
हिम-तरंगिनी	1949
माता	1951
युग-चरण	1956
वेणु लो, गूँजे धरा	1960
मरण-ज्वार	1963

माखनलाल चतुर्वेदी ने जिस युग में लिखना प्रारम्भ किया, वह राष्ट्रीय-चेतना का युग था, जिन लोगों के सम्पर्क में ये रहे, उनकी नस-नस में राष्ट्र-प्रेम कूट-कूट कर भरा था। इस परिवेश में प्रभावित हो, इनकी आत्मा में जो स्फुरण हुआ, उसने इन्हें वाणी से ही नहीं, कर्म से भी राष्ट्र-सेवी बना दिया। इन्होंने जो कहा, व्यवहार में उसे पूरा करके भी दिखा दिया। अपने देश-प्रेम के लिए ये विदेशी-सत्ता के

कोप-भाजन बने। कई बार इन्होंने जेल का कष्टमय जीवन व्यतीत किया। 'कैदी और कोकिला' इनकी अत्यंत प्रसिद्ध रचना है जिसमें जेल का वातावरण एकदम सजीव हो उठा है। रात के अंधकार में जब कोकिल कूक उठती है, तो राजनीतिक बंदी का दुःख और भी घनीभूत हो उठता है, पर क्योंकि वह दुःख अपने लिए नहीं, देश के लिए है, इसी से उसके अंतर में विद्रोह की भावना भी उसी मात्रा में तीव्र हो उठती है। कविता का आशावादी अंत भविष्य के प्रति कवि की आशावादी दृष्टि का परिचायक है। इस रचना का यह अंश देखिए-

फिर कुहू! अरे क्या बंद न होगा गाना?
इस अंधकार में मधुराई दफनाना?
नभ सीख चुका है कमजोरों को खाना,
क्यों बना रही अपने को उसका दाना?
फिर भी करुणा-गाहक बन्दी सोते हैं!
स्वप्नों में स्मृतियों की श्वासें धोते हैं!
इन लोह-सीखचों की कठोर पाशों में,
क्या भर दोगी? बोलो निद्रित लाशों में!

क्या, घुस जायेगा रुदन तुम्हारा
निश्वासों के द्वारा?
कोकिल बोलो तो!
उलट-पुलट जग सारा?
कोकिल बोलो तो!

इनकी राष्ट्रीय रचनाओं का विश्लेषण करने पर कई तत्व उभर कर सामने आते हैं। इनकी मूल वृत्ति देश-प्रेम है। कवि अपने देश को प्यार ही नहीं करता, उस पर गर्व भी करता है। इस प्रेम और गर्व की मिली-जुली अनुभूति के कारण उस पर अत्याचार करने वालों के प्रति उसके मन में आक्रोश की भावना है और उन्हें खुलकर ललकारने का साहस। यह निर्भीकता क्रूरता का पर्याय नहीं है। वीरता की यह भावना उसे विद्रोह की ओर ले जाती है। इस विद्रोह में आत्म-दान की भावना है। कवि बीज के समान स्वयं मिटकर वृक्ष की हरी-भरी शाखाओं के समान जग के संतप्त प्राणियों को सुख देना चाहता है। इस विनाश में चिरंतन विकास के सूत्र हैं। इस प्रकार देश-प्रेम उसे वीर-भाव की ओर ले जाता है, वीर-भाव विद्रोह की ओर, विद्रोह आत्म-त्याग की ओर। हम चाहें तो कह सकते हैं कि माखनलाल चतुर्वेदी की राष्ट्रीय कविताएँ एक भिन्न ही प्रकार के प्रगतिशील तत्वों से ओतप्रोत है। इनकी राष्ट्रीय भावना पर लोकमान्य तिलक और महात्मा गांधी दोनों के सम्मिलित प्रभाव की छाया पड़ी है। इसी से उसमें एक ओर आग है, दूसरी

ओर त्याग। इसमें निर्भीकता, आवेश और विद्रोह के तत्व हैं, तो आत्म-दान, सेवा और शांति के भी। कुल मिलाकर इनकी रचनाओं का केन्द्रीय भाव उत्कट देशानुराग है। राष्ट्रीय भावना का विकास इनकी 'घर मेरा है' 'दुर्गम पथ' और 'विद्रोही' आदि रचनाओं में देखा जा सकता हैं इनके जीवन का आदर्श निम्नलिखित रचना में अत्यंत स्वच्छ रूप से प्रतिबिंबित हुआ है-

पुष्प की अभिलाषा-

चाह नहीं, मैं सुरबाला के गहनों में गूँथा जाऊँ।
चाह नहीं, प्रेमी-माला में बिंध प्यारी को ललचाऊँ।
चाह नहीं, सम्राटों के शव पर, हे हरि, डाला जाऊँ।
चाह नहीं, देवों के सर पर चढ़ूँ, भाग्य पर इठलाऊँ।

मुझे तोड़ लेना बनमाली,
उस पथ में देना तुम फेंक,
मातृ-भूमि पर शीश चढ़ाने,
जिस पथ जावें वीर अनेक।

प्रेम-वर्णन में स्त्री-पुरुष दोनों के हृदय का स्पंदन मिलता है। नारी के मन के रहस्य का उद्‌घाटन करते हुए उसकी भावनाओं के विकास का चित्रण यौवन के उन्माद और प्रणय के माधुर्य के सहारे किया गया है। मिलन के चित्रों में आनंद और उल्लास की सहज अभिव्यक्ति पायी जाती है। अन्य सभी कवियों के समान चतुर्वेदी जी भी प्रेम की सार्थकता, उसकी सफलता में मानते हैं। भेंट का एक चित्र लीजिए-

तुम मिले तो प्रणय पर छटा छा गई।
चुम्बनों, साँवली-सी घटा छा गई।
एक युग, एक दिन, एक पल, एक क्षण-
'पर गगन से उतर चंचला आ गई!
प्राण का दान दे, दान में प्राण ले,
अर्चना की अधर चाँदनी छा गई!
तुम मिले प्राण में रागिनी छा गई!

इनकी प्रकृति भी स्पंदनशीला है। स्वतंत्र विषयों में इन्होंने संध्या प्रभात एवं पतझड़ बसंत आदि को लिया है, पर सबसे अधिक रचनाएँ बादल और वर्षा पर हैं। यह संभवतः इसलिए कि बादल निर्माण के प्रतीक हैं और यह बात इनकी लोक-हित की भावना के मेल में है। इनके प्रकृति वर्णन में कहीं उल्लास और विषाद की भावना है, कहीं करुणा और आकर्षण की, कहीं शृंगार और दिव्यता की। 'गंगा की विदा' इनकी एक लंबी और विशिष्ट रचना है जिसमें गंगा को इन्होंने भौगोलिक, आर्थिक, आध्यात्मिक और सांस्कृतिक सभी दृष्टियों से देखा है।

इस रचना के दो छंद लीजिए-

(1)

शिखर-शिखर हिम-अश्रु गल रहे,
मलय पवन धीमी साँसें,
धन-गर्जन में शोक भरा,
अंधड़ों उमड़तीं निश्वासें,
बन-जीवन के सनन-सनन में,
गूंज रही व्याकुल वाणी
संध्याएँ शृंगार कर रहीं,
ऊषा तिलक किए मानी,
लहर लहर कर निर्झर नदियाँ, उसके बल बेहाल चलीं।
अगम नगाधिराज मत रोको, बिटिया अब ससुराल चली।

(2)

तुम ऊँचे उठते हो रह-रह
यह नीचे को दौड़ी जाती,
तुम देवों से बतियाते, यह
भू से मिलने को अकुलाती,
रजत-मुकुट तुम धारण करते,
इसकी धारा, सब कुछ बहता,
तुम हो मौन विराट,
क्षिप्र यह, इसका वाद रवानी कहता,
तुमसे लिपट, लाज से सिमटी, लज्जा-विनत निहाल चली।
अगम नगाधिराज मत रोको, बिटिया अब ससुराल चली।

इनके आध्यात्मिक विचारों का एक व्यवहार-पक्ष है। इनकी दृष्टि से ईश्वर रहस्यमय होने पर भी उदार है और मनुष्य को प्रेम करता है। संसार में सौंदर्य की सृष्टि उसी ने की है, पर जहाँ आराधना का प्रश्न उठता है, वहाँ ये उसका रूप कुछ बदलना चाहते हैं। ये पूजा को सेवा से भिन्न नहीं मानते। कहीं-कहीं तो सेवा को अर्चना से श्रेष्ठतर घोषित कर दिया है-

पूजा से कहो
कि सेवा के चरणों पर हो,
आनंद कि श्रम के
स्नेह-भरे वरणों पर हो।

कथ्य की दृष्टि से माखनलाल जी ने छायावाद-युग के विषय-राष्ट्रीयता, प्रेम, अध्यात्म और प्रकृति-चुने हैं, पर अभिव्यक्ति की आत्मा द्विवेदी-युग की है। अतः

मैथिलीशरण गुप्त के समान उन्हें भी द्विवेदी-युग का कवि समझना चाहिए। भाषा इनकी बहुत अनगढ़ है। उसमें हिंदी के तद्भव और प्रादेशिक शब्दों, ब्रजभाषा के चलते शब्दों और ग्रामीण शब्दों का प्रयोग खुल कर हुआ है। सौंह, निगोड़ा, तलक, पिन्हाना, बिरमाना, अजी, आगे, ऊगों, दूख उठे, बोल उट्ठे आदि यहाँ-वहाँ बिखरे पड़े हैं। फारसी-अरबी के शब्दों को ये निस्संकोच भाव से स्वीकार कर लेते हैं। जैसे हस्ती, खतरा, एहसान, कुरबानी, गुमराह, फरियाद, मासूम, दफनाना, नजर, ईमान आदि। अपनी भावना को व्यक्त करने के लिए ये कभी-कभी ऐसी शब्दावली गढ़ते हैं जिससे विलक्षण चित्र आँखों के सामने आते हैं जैसे बोल का डोला, प्राण का झोला, क्षणों का डोल, नयन का बँगला, पलक की चिक। कहीं-कहीं इनकी कल्पनाएँ अत्यधिक सीधी और सपाट हो गयी हैं जैसे-

(1) *धरा ? यह तरबूज है,*
दो फाँक कर दे।

(2) *चाँदनी से दूध झरता है :*
भला, वे स्तन कहाँ हैं?

चतुर्वेदी जी की रचनाओं में ओज और कोमलता, आवेग और शांति उक्ति-वैचित्र्य और लाक्षणिकता के एक साथ दर्शन होते हैं। संक्षेप में, वे प्रलय और प्रणय के कवि हैं।

●

रामनरेश त्रिपाठी

पं० रामनरेश त्रिपाठी का जन्म सन् 1889 में जौनपुर जिले के कोइरीपुर ग्राम में हुआ। जाति के ये सरयूपारी ब्राह्मण थे। इनके पिता पं० रामदत्त त्रिपाठी रामचरितमानस के अनन्य प्रेमी थे। इनकी प्रारंभिक शिक्षा गाँव की पाठशाला में हुई। पाठशाला के प्रधान अध्यापक ब्रजभाषा के कवि थे। उनकी प्रेरणा से ये भी ब्रजभाषा में समस्यापूर्ति करने लगे। खड़ी-बोली-कविता की ओर इनका झुकाव 'सरस्वती' पत्रिका के कारण हुआ। गाँव से ये जौनपुर चले गए। वहाँ के हाई स्कूल में इन्होंने नवीं कक्षा तक शिक्षा प्राप्त की। सन् 1908 में ये घरवालों को बिना सूचित किए कलकत्ता भाग गए। यहाँ इन्हें संग्रहणी के रोग ने आ घेरा। किसी सज्जन के समझाने पर ये मारवाड़ चले गए और शेखावटी के फतहपुर

नामक नगर में रहने लगे। यहाँ ये रोग-मुक्त हो गए। यहीं इन्होंने हिंदी, संस्कृत, गुजराती और अँग्रेजी का अभ्यास किया। साहित्य-साधना और साहित्य सृजन का काम यहीं प्रारम्भ हुआ।

सन् 1915 में इनके पिता का स्वर्गवास हो गया। इसके उपरान्त ये प्रयाग चले आए। सन् 1921 के असहयोग आंदोलन में भाग लेने के कारण इन्हें डेढ़ वर्ष कारावास का दंड भोगना पड़ा। जेल से मुक्त होने पर प्रयाग में इन्होंनं प्रकाशन की योजना चालू की। इसके अनुसार सन् 1924 में 'हिंदी मंदिर प्रयाग' की स्थापना की और सन् 1931 में 'हिंदी मंदिर प्रेस' खोला। इसी वर्ष इन्होंने बच्चों के लिए 'बानर' नामक एक पत्र का संपादन प्रारम्भ किया।

कुश्ती लड़ने और बागबानी करने के अतिरिक्त त्रिपाठी जी को तैरने का शौक था। बाबू श्यामसुन्दरदास का कहना है कि इन्होंने भारतवर्ष की प्रायः सभी बड़ी नदियों को तैरकर पार किया था। त्रिपाठी जी ने सुलतानपुर में अपना एक घर भी बनवा लिया था, लेकिन जीवन के अंतिम दिनों में वे फिर अपने ग्राम कोइरीपुर में आकर रहने लगे।

त्रिपाठी जी के दो पुत्र हैं-आनन्दकुमार और बसन्तकुमार। इनमें से आनन्द का नाम इन्होंने 'मिलन' में और बसंत का 'स्वप्न' में दिया है। बम्बई के नेवटिया परिवार से इनके घनिष्ठतम सम्बन्ध रहे हैं। श्री केशवदेव नेवटिया के साथ इन्होंने दक्षिण में श्री रामेश्वरम् की यात्रा की और 'नवनीत' के संचालक श्रीगोपाल नेवटिया के साथ काश्मीर की। 'पथिक' में इन्होंने रामकुमार नेवटिया का नाम छिपा दिया है। उसकी 'मधुर स्मृति' में इन्होंने स्वयं लिखा है-श्री रामकुमार नेवटिया का नाम भी 'पथिक में है और वह प्रत्येक सर्ग के प्रथम अक्षर जोड़ने से निकलता है।

त्रिपाठी जी 'सरस्वती' पत्रिका की 'हीरक-जयंती' में सम्मिलित होने के लिए प्रयाग आये थे। तभी सुना गया कि वे अस्वस्थ हो गये हैं। सहसा 16 जनवरी 1962 को प्रातःकाल 6 बजे 'साहित्य-सम्मेलन' के सत्यनारायण कुटीर में उनका देहान्त हो गया।

बाल-साहित्य और विद्यार्थियों के लिए लिखी गयी रीडरों के साथ यदि सम्पादित कृतियों को भी सम्मिलित कर लिया जाय, तो इनके ग्रन्थों की संख्या चालीस के ऊपर बैठती है। 'रामचरितमानस' के टीकाकारों में ये भी हैं। गोस्वामी जी के सम्बन्ध में 'तुलसीदास और उनकी कविता' शीर्षक से इन्होंने एक समीक्षा-ग्रन्थ प्रस्तुत किया हैं इनकी विशेष ख्याति 'कविता कौमुदी' के सात भागों के संपादन के कारण हुई। इनमें से पहले दो भागों में चन्दवरदाई से लेकर सुभद्राकुमारी चौहान तक की रचनाएँ संकलित हैं। सबसे अधिक परिश्रम इन्होंने ग्राम-गीतों के संग्रह में किया। इसके लिए ये पूरे पंद्रह वर्ष (1925-39) भारतवर्ष के गाँव-गाँव में घूमे। आज जो लोक-साहित्य और लोक-संस्कृति की इतनी चर्चा सुनाई देती है, उसके मूल में त्रिपाठी जी की निष्काम साधना है।

इनके प्रमुख काव्य-ग्रन्थ चार हैं-मिलन, पथिक, स्वप्न और मानसी।

श्री रामनरेश त्रिपाठी के खंड-काव्य-मिलन, पथिक, स्वप्न- उनकी राष्ट्रीय चेतना के वाहक हैं। मिलन में एक विदेशी शासक उसके क्रूर कर्मचारियों, इन कर्मचारियों के अत्याचारों, इन अत्याचारों से पीड़ित प्रजा की दीन दशा का वर्णन किया गया है। ये सभी बातें स्वतंत्रता पूर्व भारत पर लागू होती है। इसके उपरान्त इसके नायक आनन्दकुमार और उसकी पत्नी विजया का देश में भ्रमण कर देशवासियों में जागृति उत्पन्न करने का काम भी महात्मा गांधी और उनके देश-भक्त नेताओं के कर्म के मेल में है। जनता में विद्रोह की भावना का उदय होने पर राजा-प्रजा के बीच युद्ध होता है जिसमें साधु की मृत्यु हो जाती है और विदेशी भाग जाते हैं। इस प्रकार देश को जो जय सन् 1947 में मिली, उसकी कल्पना त्रिपाठी जी ने अपनी अंतर्चेतना से सन् 1918 में ही कर ली थी। 'पथिक' का कथानक कुछ जटिल है। इसका कर्मशील नायक देश की दशा से अवगत होकर राजा से मिलता है पर राजा उसकी बात पर ध्यान न देकर उसे सभा से निकलवा देता है। अपने संदेश में विफल होने पर वह प्रजा से असहयोग करने की बात कहता है और तब राजद्रोह का झूठा लांछन लगाकर पथिक को प्राण दंड दे दिया जाता है। उसके पुत्र का वध करा दिया जाता है। उसकी पत्नी विष के उस प्याले को जो उसके पति के सामने रखा है, दौड़कर पी लेती है। गुरु समाधि लगाकर प्राण दे देते हैं। इस प्रकार इस काव्य-ग्रन्थ में सभी प्रमुख पात्रों की मृत्यु करा दी गयी है। इस महान् बलिदान का परिणाम शुभ होता है। इससे प्रजा ही नहीं, राज-कर्मचारी भी राजा से विरक्त हो जाते हैं और अन्त में उसे देश-निकाला दे दिया जाता है। देश में प्रजा के प्रतिनिधियों का शासन हो जाता है। 'स्वप्न' में मातृभूमि पर विदेशियों के आक्रमण की कहानी कही गयी है। इसका नायक बसंत प्रारम्भ में तो विलासी और कायर प्रतीत होता है, पर अपनी पत्नी सुमना के प्रेम के कारण अंत में आक्रमणकारियों के प्रयत्न को विफल करके अनन्त यश का भागी बनता है। राजा प्रसन्न होकर उसे अपने स्थान पर सिंहासनासीन कर देता है।

इस प्रकार त्रिपाठी जी के तीनों खंड-काव्य राष्ट्रीय भावधारा से प्रभावित राजनीतिक चेतना के उज्जवल प्रतीक हैं। इनकी विचारधारा पर गांधी दर्शन का गहरा प्रभाव है। तीनों ही में आत्म-त्याग और आत्म-बलिदान के कल्याणकारी प्रभाव को चित्रित किया गया है। तीनों का ही अंत मंगलमय है। कहने की आवश्यकता नहीं कि तीनों ही कहानियाँ कवि की मौलिक उद्भावना की परिचायिका है।

'मिलन' का नायक और साधु-जो वास्तव में नायक का पिता है-मिलन नगर के निवासी हैं। साथ ही कहानी के अंत में नायक-नायिका का मिलन वन की उसी कुटी में होता है, जहाँ से बिछुड़कर वे देश-सेवा के काम में संलग्न हो गए थे, अतः इस कृति का नाम 'मिलन' ठीक ही रखा गया है। 'पथिक' का नायक देश-

सेवा का व्रत लेने के उपरांत एक वर्ष तक समस्त देश का भ्रमण कर उसकी सामाजिक, आर्थिक और राजनीतिक दशा का अध्ययन करता है। वह अपने समाज की दरिद्रता और दीनता तथा राजा के स्वार्थ, छल और कूटनीति से परिचित होता है। इस प्रकार पथिक के रूप में नायक के घर-घर घूमने के कारण इसका नाम भी सार्थक प्रतीत होता है। वैसे भी इसमें नायक का कोई नाम नहीं दिया गया। उसे केवल पथिक कहकर पुकारा गया हैं। 'स्वप्न' के नायक बसंत की पत्नी की इच्छा है कि जैसे देश के अन्य युवक स्वतंत्रता के संग्राम में कूद पड़े हैं, वैसे ही उसका पति भी यदि देश-सेवी होता, तो वह गर्व का अनुभव करती। सुमना का यह स्वप्न एक दिन सफल होता है। अतः यह कृति भी अपने नाम को सार्थक करती है।

तीनों खंड-काव्यों में नायक-नायिका पति-पत्नी हैं, अतः इनमें दाम्पत्य-भाव का प्राधान्य है, स्वच्छन्द प्रेम का नहीं। 'पथिक' के प्रारंभ में गार्हस्थ्य-प्रेम और प्रकृति-प्रेम में संघर्ष दिखाया गया है, स्वप्न में पत्नी-प्रेम और देश-प्रेम में, पर मिलन में पति-पत्नी प्रारंभ से एक ही पथ के पथिक हैं, अतः सांसारिक प्रेम और राष्ट्र-प्रेम का द्वन्द्व मिट गया हैं 'मिलन' और 'स्वप्न' के अंत में नायक-नायिका दोनों का सुखद परिस्थितियों में एक बार फिर मिलन होता है पर 'पथिक' में दोनों की मृत्यु संघर्ष में हो जाती है। 'पथिक' का नायक अपनी पत्नी से विरक्त है, 'मिलन' में प्रेम सम-भाव का है, पर 'स्वप्न' का नायक स्त्रैणता की सीमा तक अपनी पत्नी में आसक्त है। इनके खंड-काव्यों से यह निष्कर्ष निकलता है कि दाम्पत्य-जीवन केवल सांसारिक सुख-भाग के लिए नहीं है, उसका उपयोग किसी महत्वपूर्ण कर्म के लिए होना चाहिए। इन कृतियों में यह महत्वपूर्ण कर्म देश की सेवा है। बहुत संभव है त्रिपाठी जी का यह विचार अपने युग की परिस्थितियों से प्रभावित हो।

तीनों नायिकाएँ अपने पतियों को अत्यधिक प्रेम करती हैं। तीनों सुंदरी और सती हैं। 'पथिक' को छोड़कर शेष दोनों खंड-काव्यों में पत्नियाँ अपने पतियों की बहुत बड़ी प्रेरणा रही है।

प्रेम के महत्व का प्रतिपादन इन कृतियों में स्थान-स्थान पर मिलता है। यह प्रेम पवित्र, लोकोपकारी और उदात्त है। इसके संबंध में कवि का कहना है-

गंध-विहीन फूल हैं जैसे
चंद्रे चंद्रिका हीन,
यों ही फीका है मनुष्य का
जीवन प्रेम-विहीन।

प्रेम स्वर्ग है, स्वर्ग प्रेम है,
प्रेम अशंक अशोक,
ईश्वर का प्रतिबिंब प्रेम है,
प्रेम हृदय-आलोक ।

त्रिपाठी जी प्रकृति-प्रेमी जीव थे। उनके इस प्रकृति-प्रेम का परिचय इन खंड-काव्यों से भी मिलता है। 'मिलन' के दम्पति संसार के कोलाहल से दूर वन में कुटी बनाकर रहते हैं। लोक-सेवा करने के उपरांत वे फिर उसी वन की ओर लौट जाते हैं। 'पथिक' में दक्षिण भारत के प्राकृतिक वैभव का चित्रण है-विशेष रूप से समुद्र की विशालता और गरिमा का। 'स्वप्न' में कवि ने हिमालय और काश्मीर के दर्शन कराये हैं। अपने पात्रों का स्वभाव उसने ऐसा रखा है कि वे देश के एक कोने से दूसरे कोने तक घूमकर उसका परिचय प्राप्त करते हैं। इस बहाने पर्वतों, वनों, झरनों, नदियों, झीलों, खेतों, उद्यानों और पक्षियों का वर्णन स्वतः हो गया है। दो चित्र देखिए—

(1)

प्रतिक्षण नूतन वेश बनाकर रंग-विरंग निराला ।
रवि के सम्मुख थिरक रही है नभ गें वारिद माला ।
नीचे नील समुद्र मनोहर ऊपर नील गगन है ।
घन पर बैठ बीच में विचरूँ यही चाहता मन है ।

निकल रहा है जलनिधि-तल पर दिनकर-बिंब अधूरा ।
कमला के कंचन-मंदिर का मानो कांत कँगूरा ।
लाने को निज पुण्य-भूमि पर लक्ष्मी की असवारी ।
रत्नाकर ने निर्मित कर दी, स्वर्ण सड़क अति प्यारी ।

(2)

इंद्र-धनुष खेला करता है
झरनों से हिलमिलकर दिन-भर,
तृप्त नहीं होते हैं दृग यह
दृश्य देख अनिमेष अवनि पर,
होता है इस नील झील में
श्यामा का आगमन सुखद अति,
जलक्रीड़ा करते हैं तारे
लहरें लेता है रजनीपति ।

प्रकृति की सुषमा के दर्शन से कवि का हृदय उदात्त भावनाओं से पूर्ण हो जाता है और उसके अन्तर में आध्यात्मिक भावों का स्फुरण होने लगता है। प्रकृति की व्यापक क्रीड़ा में उसे परम तत्व का आभास मिलने लगता है, अतः 'स्वप्न' के दूसरे सर्ग की कुछ पंक्तियों पर रहस्यवाद का प्रभाव समझना चाहिए। उदाहरण के लिए इन पंक्तियों को लीजिए-

घन में किस प्रियतम से चपला
करती है विनोद हँस-हँस कर ?
किसके लिए उषा उठती है
प्रतिदिन कर शृंगार मनोहर ?
मंजु मोतियों से प्रभात में
तृण का मरकत सा सुन्दर कर,
भरकर कौन खड़ा करता है
किसके स्वागत को प्रतिवासर ?

आचार्य रामचन्द्र शुक्ल की कृपा से हिंदी में एक शब्द चल पड़ा है- स्वच्छंदतावाद। यह शब्द अँग्रेजी के 'रोमांटिसिज्म' का अनुवाद है। अँग्रेजी साहित्य में रोमांटिक-युग 1780 से 1832 तक माना जाता है। इसके प्रमुख कवि हैं-वर्ड्सवर्थ, कॉलरिज, बायरन, शेली, कीट्स। रोमांटिसिज्म की मुख्य विशेषता है कल्पना का विस्तार। इसके अंतर्गत ऐसी प्रवृत्तियाँ आती हैं जैसे प्रकृति के प्रति आसक्ति, मानवता के प्रति प्रेम, सृष्टि के क्रिया-कलापों के प्रति रहस्य की भावना, विद्रोह की वृत्ति, सौंदर्य और प्रेम के प्रति सूक्ष्म दृष्टि एवं आदर्शवाद का पालन। खड़ी बोली में इनमें से कुछ प्रवृत्तियाँ श्रीधर पाठक की कविता में लक्षित हुई। रामनरेश त्रिपाठी के काव्य में तो ये सभी प्रवृत्तियाँ कम अधिक मात्रा में पायी जाती हैं। इन्हें सबसे अधिक दृढ़ता से अपनाया श्री सुमित्रानंदन पंत ने। श्रीधर पाठक और रामनरेश त्रिपाठी ने एक प्रकार से छायावाद के लिए भूमि तैयार की। यही कारण है कि इन दोनों की गणना स्वच्छंदतावाद के प्रवर्तकों में होती है।

त्रिपाठी जी के खंड-काव्यों में कल्पना और भावुकता का अद्‌भुत योग पाया जाता है। ये उदात्त भावनाओं के पुंज हैं। वीर, करुण, शृंगार और शांत रस के ये अनुपम झरने हैं। पराधीन देश के नवयुवकों को जागरण का संदेश देने और नवजीवन का संचार करने में ये रचनाएँ सदैव समर्थ रहेंगी। इनकी गणना सदाचार और देश-प्रेम का संचार करने वाली सफल कृतियों में होनी चाहिए। त्रिपाठी जी के तीनों खंड-काव्यों का एक ऐतिहासिक महत्व है। खेद की बात है कि इस महत्त्व को असंदिग्ध रूप से अभी तक किसी ने स्वीकार नहीं किया।

'मानसी' इनकी स्फुट कविताओं का संकलन है। इसमें कुछ कविताएँ तो उन्हीं विषयों पर है जिन्हें इन्होंने अपने खंड-काव्यों में मार्मिक कथाओं के चारों

ओर गूँथा है जैसे प्रेम, प्रकृति, अध्यात्म और राष्ट्रीयता। पर इन विषयों की कुछ नयी प्रवृत्तियाँ इसमें उभरी हैं। प्रबन्ध-काव्यों की अपनी एक सीमा होती है। वह सीमा स्फुट रचनाओं में टूट जाती है। अध्यात्म के अंतर्गत कुछ रचनाएँ ऐसी हैं जिन्हें शुद्ध प्रार्थना कहा जा सकता है जैसे-हे प्रभो आनन्ददाता ज्ञान हमको दीजिए। एक समय था जब गाँवों की पाठशालाओं में इस प्रार्थना की धूम थी। अन्य रचनाओं में अध्यात्म और मानवता की सीमा-रेखाओं को मिला दिया गया है। कवि की दृष्टि से मानव-जाति की सेवा ही सच्ची उपासना है। ईश्वर के इस उद्देश्य को जो नहीं समझता, उसकी पूजा व्यर्थ हो जाती है-

मैं ढूँढ़ता तुझे था जब कुन्ज और बन में।
तू खोजता मुझे था तब दीन के वतन में॥
तू आह वन किसी की मुझको पुकारता था।
मैं था तुझे बुलाता संगीत में, भजन में॥
बनकर किसी के आँसू, मेरे लिए बहा तू।
आँखें लगी थीं मेरी तब मान और धन में॥
तू रूप है किरन में, सौंदर्य है सुमन में।
तू प्राण है पवन में, विस्तार है गगन में॥
तू ज्ञान हिंदुओं में, ईमान, मुस्लिमों में।
तू प्रेम क्रिश्चियन में, है सत्य तू सुजन में॥

त्रिपाठी जी प्रतिभा न जानें क्यों फुटकर रचनाओं में वैसी नहीं खिल पायी जैसी प्रबन्ध के क्षेत्र में, यही कारण है कि इस संग्रह की जिन कविताओं में कला-तत्व प्रमुख हो उठा है, उनका समन्वित प्रभाव काफी गहरा पड़ता है। 'विधवा का दर्पण' और 'पाँच सूचनाएँ, ऐसी ही दो आख्यान-परक रचनाएँ हैं। पहली रचना में दर्पण के माध्यम से उस दुखिया की कहानी सुनायी गयी है जिसका पति राष्ट्रपति की पुकार पर देश के लिए अपने प्राणों की आहुति दे देता है। दूसरी रचना में सुखदास और काल के बीच वह प्रसिद्ध वार्तालाप चलता है जिससे जीवन के वास्तविक लक्ष्य पर प्रकाश पड़ता हैं।

सामान्य विषयों पर इनकी सूझ बहुत अच्छी है। ऐसे विषयों में मनुष्य नारी, मित्र, आँख, आँसू आदि हम ले सकते हैं। मनुष्य के संबंध में इनकी धारणा देखिए-

बक-सा छली है कोई, गाय-सा सरल कोई,
चूहे-सा चतुर कोई, मूढ़ कोई खर-सा।
काक-सा कुटिल, मधुमक्खी-सा कृपण कोई,
मोर-सा गुमानी, कोई लोभी मधुकर-सा।
श्वान-सा खुशामदी, कबूतर-सा प्रेमी कोई,
स्यार-सा है भीरु, कोई वीर है बबर-सा।

कैसा है विचित्र यह मानव-समाज, कोई,
तेज तितली-सा, कोई सुस्त अजगर-सा ।

इनकी विचार-प्रधान रचनाएँ जीवन के सामान्य अनुभव को व्यक्त करती है । इनमें से बहुत-सी उपदेश-परक हो गयी है । मध्यकालीन कवियों के समान इन्होंने भी बहुत-से नीति के वचन कहे हैं जिनमें से कुछ तो प्रभावशाली बन पड़े हैं, पर कुछ सूक्तिमात्र बनकर रह गए हैं । इनमें से कुछ तो संस्कृत के श्लोकों का अनुवाद मात्र हैं जैसे-

(1)

स्थान-भ्रष्ट कुलकामिनी, ब्राह्मण, सचिव, नरेश ।
ये शोभा पाते नहीं, नर, नख, रद, कुच, केश ।

(2)

जल न पान स्वयं करती नदी,
फल न पादप हैं चखते स्वयं ।
जलद सस्य स्वयं चरते नहीं,
सुजन-वैभव अन्य-हितार्थ है ।

फुटकर रचनाओं में जो नयी प्रवृत्ति उभरी है, वह है हास्य-व्यंग्य की । त्रिपाठी जी विनोदी व्यक्ति थे । पर्वत-प्रदेश के दिव्य सौंदर्य से वे अभिभूत हुए थे, इसका प्रमाण उनका स्वप्न खंड-काव्य है । पर वह एक कवि की स्वप्न-दृष्टि थी । जब उन्होंने भावुकता को परे फेंक वहाँ के दृश्यों को खुली आँखों से देखा तो जीवन का यथार्थ कुछ और ही रूप में दिखाई दिया । 'काश्मीर' और 'मसूरी' शीर्षक रचनाएँ उनकी इसी वृत्ति की परिचायिका है । आधुनिक सभ्यता की विषमता से उत्पन्न वहाँ के जीवन का चित्रण उन्होंने बिना हिचक के किया है । 'काश्मीर' के व्यापारी का यह चित्र देखिए-

रौबदार चेहरा, खिजाबदार मूँछ और
आँखे चतुराई-भरी, कान बहुश्रुत हैं ।
बातें पूछने से सीधा उत्तर कभी न देते,
पर मुँह देख-देख हँसते बहुत हैं ।
बहरे नहीं हैं, पर गहरे बड़े हैं,
मनमोहने की तरकीब जानते अयुत हैं ।
काश्मीर आवे, तब भूल नहीं जावे,
यहाँ लाला जी भी देखने की चीज अद्भुत है ।

●

जयशंकर 'प्रसाद'

जयशंकर 'प्रसाद' का जन्म सन् 1889 में काशी के सराय गोवर्द्धन मोहल्ले में हुआ। जाति के ये वैश्य थे। इनके पिता का नाम देवीप्रसाद और पितामह का शिवरतन था। दोनों तमाखू, सुर्ती और सुंघनी के प्रसिद्ध विक्रेता थे और बड़े व्यापारी होने के कारण 'सुँघनी साहु' कहलाते थे। ये लोग शिव के उपासक थे।

प्रसाद जी ने काशी के क्वींस कालेज में सातवीं कक्षा तक शिक्षा पायी। इसके उपरांत इन्होंने पढ़ना छोड़ दिया और घर पर ही हिंदी, उर्दू, संस्कृत, फारसी और अँग्रेजी का अध्ययन करने लगे। जब ये बारहवें वर्ष में पहुँचे तब पिता का, जब पन्द्रह वर्ष के थे तब माता का तथा जब सत्रह वर्ष के हुए तब इनके बड़े भाई का देहान्त हो गया। इन आघातों को सहकर 'प्रसाद' ने दुकान और गृहस्थी दोनों को संभाला। इनके चाचा और भाई शम्भूरतन के बीच काफी दिन मुकदमेबाजी चली, जिसके फलस्वरूप न केवल प्राचीन वैभव नष्ट हो गया, वरन ऋण भी सिर पर चढ़ गया। प्रसाद ने अपने अध्यवसाय से इस कर्ज को चुकाया। अपने जीवन में इन्होंने तीन विवाह किए। इनके पुत्र का नाम रत्नशंकर है।

प्रारंभ में प्रसाद जी अपने बड़े भाई से छिपाकर कविताएं लिखा करते थे। यह बात बहुत दिनों तक छिपी न रह सकी। इनकी पहली रचना 9 वर्ष की अवस्था की बतलायी जाती है। पहले ये कलाधार नाम से लिखते थे। बाद में 'प्रसाद' उपनाम का प्रयोग करने लगे। दोनों उपनामों से इनकी ब्रजभाषा की कविताएँ पायी जाती हैं।

बचपन में अपने परिवार के साथ इन्होंने अनेक स्थानों का भ्रमण किया। सन् 1931 में पुरी के समुद्र तट के दर्शन किए। वैसे बाहर जाने के ये कम अभ्यासी थे। नौका-विहार, संगीत और इत्र के ये विशेष प्रेमी थे।

प्रसाद जी गम्भीर स्वभाव के सहृदय और संकोचशील व्यक्ति थे। वैदिक धर्म में उनकी दृढ़ आस्था थी। शैव होते हुए भी बुद्ध की करुणा-भावना से वे प्रभावित रहे। उपनिषदों के गंभीर अध्येता होने के साथ इतिहास तथा पुरातत्व में उनकी विशेष रुचि थी।

उनकी प्रेरणा से उनके भानजे अम्बिकाप्रसाद ने 'इंदु' मासिक पत्र निकाला, जिसमें प्रसाद जी की रचनाएँ प्रकाशित होती रहती थीं। अपने इस पत्र के अतिरिक्त प्रेमचन्द जी के 'हंस' और 'जागरण' से भी ये कभी-कभी लिखा करते थे।

प्रसाद के पिता काव्य के प्रेमी थे और उनके यहाँ विद्वानों, कवियों और सहृदय व्यक्तियों का समागम होता रहता था। इस परिवेश का प्रभाव प्रसाद पर पड़ा होगा। प्रारंभ में इन्होंने ब्रजभाषा में लिखा। ऐसी रचनाओं का संकलन 'चित्राधार' में पाया जाता है। आगे चलकर इन्होंने खड़ी बोली को अपनाया और जीवन भर उसकी संवर्द्धना में लगे रहे। घर के सामने ही नारियल बाजार वाली उनकी दूकान के सामने लोग उनसे मिलने के लिए आते रहते थे और वे किसी को भी निराश नहीं करते थे। प्रात:काल वे बेनियाबाग तक टहलने जाते थे। प्रेमचन्द जी से यहीं उनकी भेंट होती थी। मैथिलीशरण गुप्त तथा निराला से परिचित होने के अतिरिक्त रायकृष्णदास तथा डॉ॰ मोतीचंद्र से उनकी काफी घनिष्ठता थी। इनके अतिरिक्त विनोदशंकर व्यास और वाचस्पति पाठक भी उनके विशेष स्नेह-भाजन रहे।

जीवन के अंत में राय-यक्ष्मा से कुछ दिन पीड़ित रहकर सन् 1937 में उन्होंने इस संसार को छोड़ दिया। केवल 48 वर्ष की अवस्था में उन्होंने 27 ग्रन्थों का प्रणयन किया-जिनमें काव्य, नाटक, उपन्यास कहानी-संग्रह और निबन्ध सभी सम्मिलित है।

सन् 1913 और 36 के बीच उनके 9 काव्य-ग्रन्थ प्रकाशित हुए-

करुणालय (1913), प्रेम-पथिक (1914), महाराणा का महत्व (1914), चित्राधार (1918), कानन-कुसुम (1918), आँसू (1925), झरना (1927), लहर (1935) और कामायनी (1936)।

'प्रसाद' जी ने जिस समय लिखना प्रारंभ किया, उस समय तक पिछले कई युगों का प्रभाव बना हुआ था। प्रारंभ में उन्होंने भारतेन्दु हरिश्चंद्र की भाँति पदों की रचना की, 'रत्नाकार' की भाँति कवित्त सवैयों में लिखा, मैथिलीशरण गुप्त की भाँति पौराणिक आख्यान लिए। पुराने विषयों, पुराने छंदों का यह प्रयोग बीस वर्ष की अवस्था तक चलता रहा। धीरे-धीरे उन्होंने अपने को इन प्रभावों से मुक्त किया और भाव, भाषा एवं अभिव्यक्ति के ऐसे नए प्रयोग प्रारम्भ किए जिससे हिंदी में एक नए युग का समारंभ हुआ। अध्ययन की सुविधा के लिए उनके काव्य को इस प्रकार विभाजित किया जा सकता है-

काव्य रूपक — करुणालय।
काव्य-कथाएँ — चित्राधार तथा अन्य ग्रन्थों में संकलित रचनाएँ।
गीत-काव्य — कानन-कुसुम, झरना, लहर।
खंड-काव्य — प्रेम पथिक, महाराणा का महत्व, आँसू।
महाकाव्य — कामायनी।

करुणालय की कथा वैदिक-काल से सम्बन्ध रखती है। महाराज हरिश्चंद्र ने प्रण किया था कि यज्ञ में वे अपने पुत्र की बलि देंगे, परन्तु उसके बड़े होने पर

ममता के कारण वे अपनी प्रतिज्ञा पूर्ण न कर सके। एक बार नौका-विहार करते समय वरुण की अप्रसन्नता से उनकी नाव का चलना रुक जाता है। इस पर वे अपनी भूल स्वीकार करते हैं और घर लौटकर अपनी प्रतिज्ञा पालन करने का वचन देते हैं। रोहित को यह स्वीकार नहीं कि कोई उसके प्राण ले सके। अतः वह निश्चय करता है कि वह जीवित रहेगा। एक दूसरे स्थान पर अजीगर्त नाम का एक ऋषि अपनी पत्नी तारिणी के साथ इस बात पर दुःख मना रहा है कि अकाल के कारण उन दोनों के प्राण बचने का कोई उपाय नहीं। रोहित प्रकट होकर यह प्रस्ताव सामने रखता है कि यदि वे अपने एक पुत्र को बलि के लिए उसके हाथ बेच दे, तो वह बदले में सौ गायें देगा। इस पर वे दोनों अपने मझले पुत्र शुनःशेफ को, जिसके प्रति पिता का व्यवहार सदा से क्रूर रहा है, बेच देते हैं। यज्ञभूमि में वशिष्ठ अपने पुत्र शक्ति को यूप से बँधे शुःनशेफ की बलि चढ़ाने की आज्ञा देते हैं, पर शक्ति इसे अत्यन्त क्रूर कर्म समझकर शस्त्र फेंक देता है। उसी समय विश्वामित्र प्रवेश करते हैं और हरिश्चंद्र तथा वशिष्ठ के कर्म की निंदा करते हुए अजीगर्त को भी फटकारते हैं जो सौ गायों के और मिलने पर अपने हाथ से अपने पुत्र की हत्या को उद्यत हो गया था।

इसी कांड के बीच महाराज हरिश्चंद्र की एक दासी प्रवेश करती है कि विश्वामित्र से उसका कभी पति-पत्नी का संबंध रहा था और यह शुनःशेफ उन दोनों की संतान है। विश्वामित्र लज्जित होते हुए इस बात को स्वीकार करते हैं और महाराज से प्रार्थना करते हैं कि वे सुब्रता को दासीपन से मुक्त कर दें जिससे वे उसे चिरसंगिनी के रूप में ग्रहण कर सकें। हरिश्चंद्र इस प्रार्थना को स्वीकार करते हैं। शुनःशेफ का बंधन खोला जाता है और अंत में सारा दृश्य आनन्द में परिवर्तित हो जाता है।

इस गीति-नाटय में प्रसाद ने बड़े ही कौशल से याज्ञिक क्रियाओं की क्रूरता को गर्हित ठहराया है और हमारे हृदय में करुणा जगाकर यह चेतावनी दी है कि मनुष्य का वास्तविक धर्म मानवता है। करुणालय मात्रिक छंद में है। इसमें विराम अनेक स्थानों पर वाक्य के अंत में न आकर बीच में आते हैं। कथानक में गति, रोचकता और सजीवता है। भाषा इसकी सरल है।

काव्य-कथा एक वर्णनात्मक लंबी कविता मात्र होती है। प्रसाद की कृतियों में निम्नलिखित काव्य-कथाएँ पायी जाती है-

चित्राधार—अयोध्या का उद्धार, वन-मिलन, प्रेम-राज्य।

कानन-कुसुम—चित्रकूट, भरत, शिल्प-सौंदर्य, कुरुक्षेत्र, वीर-बालक, श्रीकृष्ण जयन्ती।

लहर—अशोक की चिंता, शेरसिंह का शस्त्र-समर्पण, पेशीला की प्रतिध्वनि और प्रलय की छाया।

ये काव्य-कथाएँ या तो पौराणिक हैं जैसे चित्रकूट, कुरुक्षेत्र और वन-मिलन अथवा ऐतिहासिक जैसे अशोक की चिंता एवं प्रलय की छाया। घटनाएँ सुदूर अतीत से लेकर उन्नीसवीं शताब्दी तक फैली हुई हैं। चित्राधार की कथाएँ ब्रजभाषा में हैं, कानन-कुसुम और लहर की खड़ी बोली में, पर इनकी कुछ सामान्य विशेषताएँ हैं। सभी में कवि ने महत्वपूर्ण और मार्मिक घटनाओं का चयन किया है। विवरणों की ओर उसका ध्यान अधिक नहीं है। विवरण वह उतने ही देता है जिनसे वांछित प्रभाव उत्पन्न किया जा सके। इन आख्यानों में रामायण, महाभारत, रघुवंश और अभिज्ञान-शाकुंतल से कवि प्रभावित है। इतना होने पर कथानक को वह एक विशेष उद्देश्य से उठाता है। इनमें कहीं वीरता की व्यंजना है, कहीं प्रेम का महत्व प्रतिपादित है, कहीं देश-प्रेम की झलक पायी जाती है और कहीं सौंदर्य-चेतना को उद्‌बुद्ध किया गया है। प्रकृति के प्रति अनुराग तो सभी रचनाओं में समान रूप से छलक पड़ा है। कुल मिलाकर ये रचनाएँ एक प्रकार का उदात्त भाव पाठक के मन में जगाती हैं।

गीति-काव्य के अंतर्गत प्रसाद के तीन ग्रंथ आते हैं-कानन कुसुम, झरना और लहर। इनसे प्रसाद के प्रकृति-प्रेम का परिचय मिलता है। कानन-कुसुम तो जैसे प्रकृति का क्रीड़ा-स्थल ही हैं इसमें कुछ रचनाएँ ऋतु-संबंधी है। ऋतुओं में ग्रीष्म, वर्षा, शरद, वसंत सभी का वर्णन है। कुछ रचनाएँ स्वतंत्र विषयों को लेकर है। जैसे सभी ने वैसे ही प्रसाद जी ने भी फूल और पक्षी, नदी और समुद्र, रात और प्रभात आदि को अपने काव्य का विषय बनाया है। इन रचनाओं में वातावरण का चित्रण अधिक मनोयोग से हुआ है और जहाँ तक बन पड़ा है, एक पूर्ण चित्र देने का प्रयत्न कवि ने किया है। प्रकृति के सुन्दर पक्ष की ओर प्रसाद की दृष्टि कुछ अधिक रहती है। प्रकृति के साथ पुरुष की कल्पना प्रसाद ने अपने काव्य में की है। पुरुष और प्रकृति के खेल को उन्होंने चिरंतन माना है। मनोभावों की पृष्ठभूमि में प्रकृति का चित्रण-करने के अतिरिक्त उसका उपयोग मनुष्य की भावनाओं को कोमल करने के लिए भी प्रसाद करते थे। वे प्राकृतिक वस्तुओं के रूप-रंग का ही विवरण नहीं देते, उससे उत्पन्न होने वाले मनोभावों का ही वर्णन नहीं करते, बल्कि प्रकृति की आत्मा का भी चित्रण करते हैं।

जिसे 'छायावाद' कहते हैं, उसका आभास झरना की रचनाओं से मिलने लगता है। स्थान-स्थान पर प्रकृति में चेतना का आरोप यहाँ मिलेगा। उदाहरण के लिए 'परिचय' शीर्षक रचना में कवि ने प्रकृति की वस्तुओं-उषा और कमल, भ्रमर और कमल तथा मलयानिल और कमल में प्रेम का प्रस्फुटन दिखाया है। इस प्रेम को उन्होंने सहज और शाश्वत माना है।

'लहर' की रचनाएँ भिन्न प्रकार की हैं। यहाँ कवि दार्शनिक बन बैठा है। स्वभावतः उसकी शैली गंभीर हो गयी है, अभिव्यक्ति में संक्षिप्तता आ गई है, शब्द अधिक व्यंजनात्मक हो उठे हैं। यहाँ प्रकृति के दर्शन से कहीं उन्हें जीवन के

संगीत और सौंदर्य का भान होता है, कहीं अतीत की स्मृति जगती है, कहीं जगत की अस्थिरता का चित्र आँखों के सामने आता है और कहीं एक सुख-स्वप्न में कवि डूब-डूब जाता है 'प्रसाद' जी अपने जीवन का आदर्श प्रकृति से ही चुनना चाहते हैं । यह आदर्श है नदी का-नदी जो शांति और मंगल का गीत गाती हुई अबाध गति से अपने लक्ष्य की ओर बढ़ी चली जा रही है ।

प्रकृति के दो चित्र देखिए-

(1) बीती विभावरी जाग री !
अंबर पनघट में डुबो रही-
तारा-घट ऊषा-नागरी ।
खगकुल कुल-कुल सा बोल रहा,
किसलय का अंचल डोल रहा,
लो, यह लतिका भी भर लाई-
मधु मुकुल नवल रस गागरी ।

(2) जलधि, मैं न कभी चाहती
कि तुम भी मुझ पर अनुरक्त हो,
पर मुझे निज वक्ष उदार में
जगह दो, उसमें सुख से रहें ।

अपने गीति-काव्यों में 'प्रसाद' जी ने जिन कई व्यापक विषयों को लिया है, उनमें प्रेम भी एक है । प्रेम-संबंधी भावनाएँ इन ग्रंथों में बिखरी हुई पायी जाती है । प्रेम के संबंध में उनका कहना है कि यह यौवन के पदार्पण करते ही सहसा उत्पन्न हो जाता है । इसका पहला काम है प्राणी के सौंदर्य-बोध का जाग्रत करना । इस भावना के उत्पन्न होते ही दो पक्ष हो जाते हैं-एक प्रेमी का, दूसरा प्रेमिका का । प्रेमी का सीधा प्रयत्न यह होता है कि वह अपने प्रेमास्पद के मन को अधिक से अधिक अपने मन के अनुकूल कर सके । प्रत्येक प्रेमी की उत्कट आकांक्षा यह होती है कि उसका प्रेम शाश्वत और अमर हो । प्रेम की स्थिरता के लिए यह विकलता प्रसाद की रचनाओं में बराबर पायी जाती है ।

प्रसाद के प्रणय-निवेदन में कोमलता के साथ शिष्टता का संयोग है । कहीं-कहीं बात थोड़े खुले रूप में भी है, लेकिन बहुत कम । प्रणय-प्रसंगों के लिए उन्होंने स्वच्छंद वातावरण की सृष्टि की है और क्रीड़ा में उत्साह और उमंग के दर्शन होते हैं । प्रसाद का प्रेम का दर्शन एक भिन्न ही प्रकार का दर्शन है । उनका कहना है कि प्रेम लेने की नहीं, देने की वस्तु है । प्रेम में प्रसाद का आकर्षण, मिलन और विरह का अनुभव तो जीवन के सामान्य अनुभव के मेल में है, पर जहाँ तक उसके दर्शन-पक्ष का संबंध है, वह आदर्श-मूलक अधिक है ।

पागल रे, वह मिलता है कब?
उसको तो देते ही हैं सब।
आँसू के कन - कन से लेकर
यह विश्व लिए है ऋण उधार,
तू क्यों फिर उठता है पुकार?
मुझको न मिला रे कभी प्यार।

प्रसाद जी शिव के उपासक थे, पर जिस समय उन्होंने काव्य के क्षेत्र में पदार्पण किया, उस समय आर्य-समाज का जोर था और विज्ञान के बढ़ते प्रभाव के कारण मूर्ति-पूजा में लोगों का विश्वास कम हो रहा था। यही कारण है कि शैव होते हुए भी एक ओर तो उनके गीति-काव्यों में राम, कृष्ण एवं बुद्ध सभी के प्रति आदर का भाव पाया जाता है, दूसरे भक्ति-भावना की प्रतिष्ठा व्यापक धरातल पर हुई है। प्रसाद के अनुसार भक्ति का लक्ष्य व्यक्ति की मुक्ति नहीं, वरन् उसका सेवापरायण होना है। भक्ति का प्रभाव होना चाहिए यह कि मनुष्य अधिक से अधिक मानवीय तत्वों से युक्त हो। इस मानवीयता के तत्व हैं करुणा और सेवा। जीव में आनंद की उपलब्धि करुणा, सेवा और प्रेम के प्रसार से ही होगी-

प्रार्थना और तपस्या क्यों?
पुजारी किसकी है यह भक्ति?
डरा है तू निज पापों से,
इसी से करता निज अपमान।
दुखी पर करुणा क्षण भर हो
प्रार्थना पहरों के बदले,
मुझे विश्वास है कि वह सत्य,
करेगा आकर तब सम्मान।

प्रेम-पथिक, महाराणा का महत्व और आँसू प्रसाद के तीन खंड-काव्य हैं।

'प्रेम-पथिक' एक प्रेम-गाथा है जिसके नायक-नायिका किशोर और चमेली है। दोनों एक दूसरे के प्रति आकर्षित है। चमेली के पिता जब उसका विवाह अन्यत्र कर देते हैं तो किशोर निराश होकर सन्यास ले लेता है। चमेली दैवयोग से विधवा होकर एक कुटिया में रहने लगती है। यहीं एक रात को सन्यासी के रूप में किशोर से उसकी भेंट होती है। इसके उपरांत दोनों एक दूसरे को पहचान कर साथ-साथ रहने लगते हैं।

ग्रंथ में कहानी बहुत संक्षिप्त-सी है, पर उसके माध्यम से जो संदेश दिया है, वह पर्याप्त महत्वपूर्ण हैं कवि का कहना है कि सृष्टि में उसी परम सुन्दर की सुन्दरता बिखरी हुई है। भावना यदि नारी के सौंदर्य पर टिक जाती है तो मोह है, पर यदि वही सौंदर्य हमें विश्वात्मा की ओर संकेत करता प्रतीत होता है तो वह प्रेम है। इस प्रकार प्रेम की भावना को व्यक्तिगत धरातल से ऊपर उठा कर कवि ने

विश्व-व्यापी धरातल पर प्रतिष्ठापित किया है।

'महाराणा का महत्व' में ऐतिहासिक पात्र लिए गए हैं। उसका कथानक ऐतिहासिक है। अर्बुदगिरि की छाया में एक शिविका को घेरे सौ यवन सैनिक जा रहे हैं। इसी बीच कुँवर अमरसिंह अपने राजपूत वीरों को लेकर आक्रमण करते हैं और कुछ सैनिकों को घायल करके शेष को बंदी बना लेते हैं, साथ ही शिविका में जाने वाली सेनापति अब्दुर्रहीम खानखाना की बेगम को भी रोके रखते हैं। इस सूचना को लेकर सरदार कृष्णसिंह महाराणा प्रताप के पास जाते हैं, लेकिन महाराणा हैं कि प्रसन्न होने के स्थान पर बहुत क्षुब्ध और दुःखी होते हैं। यह काम नैतिक दृष्टि से उन्हें अनुचित प्रतीत होता है। अतः वे आदेश देते हैं कि बेगम को सम्मानपूर्वक रहीम के पास लौटा दिया जाय।

इस कृति में कवि ने युद्ध और नैतिकता के प्रश्न को उठाया है। युद्ध और प्रेम में कुछ भी वर्जित नहीं, पश्चिम के इस सिद्धांत को हिंदू-संस्कृति नहीं स्वीकार करती। महाराणा प्रताप इसके ज्वलंत प्रतीक हैं और उन्होंने अपने आचरण द्वारा भारतीय संस्कृति की गरिमा की रक्षा की है। मानव-प्रकृति की उच्चता का जो चित्र कवि ने इसमें अंकित किया है, वह पाठक की भावनाओं को परिष्कृत करने वाला है।

'आँसू' प्रसाद जी का एक विशिष्ट प्रेम-काव्य है। इस छोटे से काव्य को बड़ी ख्याति मिली। कुछ लोग भूल से इसकी गणना रहस्यवाद के अंतर्गत करते हैं, लेकिन यह है लौकिक-प्रेम की गाथा और प्रेम में कहीं निराश होने पर प्रसाद ने इसे लिखा है। कवि अपने जीवन में एक ऐसी नारी के सम्पर्क में आता है, जिससे उसे प्रेरणा प्राप्त होती है। इस प्रेमिका से चिर-विछोह हो जाता है और इस वियोग में कवि रात-दिन आँसू बहाता है। प्रेमिका के सौंदर्य का वर्णन प्रसाद ने हृदय खोलकर किया है। उर्दू शायरों की भाँति यद्यपि कवि ने अपनी प्रेमिका को पुल्लिंग में संबोधन किया है, पर है वह नारी रूप ही। उसके दर्शन से उसकी सुप्त प्रतिभा जग उठती है और वह इस योग्य बनता है कि जगत को काव्य का दान दे सके।

'आँसू' का मुख्य विषय विरह-वर्णन है और उसी के आधार पर पुस्तक का यह नाम सार्थक होता है। आँसू का प्रारम्भ होता है विरह से और अंत होता है विरह में। आँसू का प्रत्येक छंद टूटे आँसुओं का एक-एक विह्वल कण है जो अपने में अनेक करुण भावनाएँ समेटे हुए है। लेकिन आँसू में जीवन के दुःख की चर्चा ही नहीं, दुःख का दर्शन भी है। इस काव्य का अंत एक प्रकार की सान्त्वना-मिश्रित निराशा में हुआ है और कवि की भावना इस उच्च स्तर पर आकर दृढ़ हो गयी है-मेरी मानस-पूजा का पावन प्रतीक अविचल हो।

'आँसू' के काव्य-वैभव का अनुमान लगाने के लिए एक सौन्दर्य-चित्र देखिए।

मधुराका मुसक्याती थी
पहले देखा जब तुमको,
परिचित से जाने कब से
तुम लगे उसी क्षण हमको।

चंचला स्नान कर आवे
चंद्रिका पर्व में जैसी,
उस पावन तन की शोभा
आलोक मधुर थी ऐसी।

'कामायनी' एक महाकाव्य है । इसकी प्रधान पात्री श्रद्धा है । काम की पुत्री होने के कारण उसका दूसरा नाम कामायनी भी है । प्रसाद जी ने इस गरिमामयी नारी को सम्मान देने के लिए ही अपने महाकाव्य का नाम कामायनी रखा है । इसकी कथा का आधार ऋग्वेद, छांदोग्य उपनिषद, शतपथ ब्राह्मण और श्रीमद्भागवत है । घटनाओं का चयन प्रसाद ने मुख्यत: शतपथ ब्रह्मण से किया है । उसमें मनु, श्रद्धा, इड़ा, किलात और आकुलि के नाम आए हैं । जल-प्लावन की घटना का उसमें कुछ विस्तार के वर्णन हैं । मनु की नौका का हिमालय की छाया में पहुँचने, बाढ़ के कम होने, मनु के उस प्रदेश में उतरने तथा यज्ञ करने का उल्लेख भी वहीं है । इड़ा को अधिकृत करने के प्रयत्न पर दैवी शक्तियों के कुपित होने की बात भी वहीं उठायी गयी है । मनु का परिचय यों तो ऋग्वेद से ही मिलने लगता है और यह तो बिल्कुल सम्भव है कि एक से अधिक मनु रहे हों, पर जिस मनु की चर्चा इस महाकाव्य में हुई है, वे एक ऐतिहासिक पुरुष हैं—मानवों के आदि पुरुष । कथानक के निर्माण और उसमें कुछ प्रसंगों के समावेश के लिए कवि को अपनी कृतियों से भी कुछ सहायता अवश्य मिली होगी । 'कामायनी' का बाहरी ढाँचा बहुत कुछ 'कामना' नाटक जैसा है । यह भी मनोवृत्तियों का रूपक है । इसके अतिरिक्त जिस आनन्दवाद का प्रचार कामायनी में हुआ है, उसकी प्रतिष्ठा प्रसाद जी 'एक घूँट' नाटिका में पहले ही कर चुके थे । इसका प्रमुख पात्र आनंद जीवन की मूल सत्ता में आनन्द की अवस्थिति मानता है । मस्तिष्क और ह्रदय के मेल की बात भी जो कामायनी का मूल स्वर है, इस एकांकी में बहुत पहले उठायी गयी है । इस प्रकार 'कामना' के समान 'एक घूँट का भी 'कामायनी' के जीवन-दर्शन के निर्माण में महत्पूर्ण योग रहा है । इस कृति के निर्माण के पीछे गंभीर मनन और श्रम की आधारशिलाएँ निहित हैं ।

कामायनी की कथा मनु के चारों ओर गूँथी गयी है । वे देवजाति में उत्पन्न होने पर भी मानवों के आदि पुरुष हैं । इसी से उनमें देवत्व और मानवत्व के सम्मिलित संस्कार पाये जाते हैं । व्यक्ति को केन्द्र बनाकर चलने वाले तो और महाकाव्य भी महत्वपूर्ण हैं, पर कामायनी के इस पात्र की महत्ता इस बात में निहित है कि उसके जीवन के माध्यम से मानवता की कहानी कही गयी है । रूपक की

दृष्टि से यह कहानी कुछ-कुछ वैसी ही है जैसे जायसी की पद्मावत। इस प्रकार कामायनी अपनी मूल कथा और उससे व्यंजित होने वाले तात्पर्य दोनों की दृष्टि से अत्यन्त श्रेष्ठ रचना है। अद्भुत तत्व का समावेश कामायनी से भी हुआ है। नटराज के नृत्य एवं लोकों के दर्शन इसी के अंतर्गत है। महाकाव्य में एक प्रधान कथा होती है, दूसरी, गौण। इसमें मनु-श्रद्धा से संबंधित कथा आधिकारक है, काम, आकुलि-किलात एवं मानव से सम्बन्धित प्रासंगिक।

कामायनी में मनु, श्रद्धा और इड़ा मन, हृदय और बुद्धि के प्रतीक हैं। इस दृष्टि से यह कृति अंतःकरण से वृत्तियों के विकास की गाथा भी कहती है। 'कामायनी' में सर्गों का नामकरण इन्हीं वृत्तियों के आधार पर हुआ है। इसमें मनु मन के प्रतीक है। मन का काम है संकल्प-विकल्प करना। इसी से चित्त की स्थिरता उनमें कहीं नहीं पायी जाती। वे पारे के समान चंचल हैं। कभी चिंतामग्न होते हैं, कभी आशान्वित, कभी कोमल, कभी कठोर, कभी रागवान, कभी विरागवान, कभी ईर्ष्या से दग्ध, तो कभी ममता से युक्त। जीवन में मनु का पहले श्रद्धा की ओर झुकना, फिर इड़ा की ओर, और अंत में फिर श्रद्धा के साथ चले जाना, उनकी इसी अस्थिर वृत्ति का परिचायक है। कामायनी के नारी पात्रों में यह बात नहीं पायी जाती। जो जहाँ है, वह वहाँ है। श्रद्धा मनु को प्यार करती है, फिर अंत तक करती रहती है-किसी भी प्रकार की उपेक्षा उसकी इस वृत्ति को नहीं हिला पायी, इड़ा उन्हें प्यार नहीं करती, तो फिर नहीं करती-किसी भी प्रकार का प्रयत्न उसके निश्चय को नहीं डिगा सकता।

मनु श्रद्धा और इड़ा दोनों के सम्पर्क में रहे हैं। इड़ा जैसे उन्हें रात-दिन संघर्ष में लीन रख अंतहीन कर्म की श्रृंखला में जकड़ देना चाहती है, वैसे ही श्रद्धा लौकिक प्रणय के रस से उन्हें अलौकिक आनंद के लोक में ले गयी है। इस प्रकार इड़ा ने बुद्धि का काम किया है, श्रद्धा ने भाव का। मनु दोनों के पृथक महत्व को समझ सकते थे, अतः उन्होंने अंत में इड़ा का परित्याग कर श्रद्धा का साथ दिया, लेकिन हृदय और बुद्धि का सामंजस्य तो कवि को कराना ही था। यह संयोग मानव और इड़ा के द्वारा सम्भव हुआ। मानवता के समुचित विकास के लिए यह आवश्यक है कि मनुष्य के मन में आस्था और तर्क, हृदय और बुद्धि के लिए समान स्थान रहे। यह स्थापना इतनी विवेकपूर्ण है कि सिद्धांत रूप से शायद ही किसी व्यक्ति को आपत्ति हो।

प्रसाद ने प्रेम-मूला सृष्टि की रचना अनुवाद के आधार पर मानी है। सृष्टि-रचना का यह प्रसंग 'काम' सर्ग में उठाया गया है। अनंग का कहना है कि वह और रति इस सृष्टि से भी पुराने हैं। हम दोनों का अस्तित्व रहा इस आरंभिक आवर्तन सा-से यह ध्वनि निकलती है कि सृष्टि के अस्तित्व में आने के लिए रति के साथ काम की आवश्यकता पड़ती है। अतः यह मान लेना चाहिए कि जब अव्यक्त प्रकृति का हृदय समागम के लिए आकुल हुआ तो पुरुष या ईश्वर के हृदय

में भी आकर्षण उत्पन्न हुआ। उन दोनों के एक दूसरे की ओर खिंचकर निकट आने से अणु उत्पन्न हुए। फिर जैसे गृहस्थों के आँगन में बच्चों की संख्या बढ़ती चली जाती है, वैसे ही शून्य में अणु-भरते चले गए। उनके एकत्र होने से स्थूल सृष्टि का विकास हुआ। धीरे-धीरे उस पर वनस्पति, कीड़े-मकोड़ों, पशु-पक्षी, नर-नारी का जन्म हुआ। कहने की आवश्यकता नहीं कि पुरुष-प्रकृति के इस विवेचन में प्रसाद जी सांख्य दर्शन से प्रभावित हैं।

'रहस्य, शीर्षक सर्ग में श्रद्धा ने मनु को इच्छा का अरुण, कर्म का श्यामल और ज्ञान का उज्जवल तीन लोक दिखलाए हैं और उनके सामंजस्य में जीवन का वास्तविक सुख माना है। केवल इच्छा पंगु है- उसे कर्म का सहारा चाहिए। केवल कर्म अंधा है-उस पर विवेक का नियंत्रण रहना चाहिए। केवल ज्ञान भी संसार में विषमता फैलाने वाला है, क्योंकि ज्ञानी जब इच्छाओं का तिरस्कार करेंगे, तब संसार का विकास कैसे होगा ?

मनु एक दीर्घकाय स्वस्थ व्यक्ति हैं-पुरुष हैं। स्वभाव से वे चिंतनशील हैं और सिद्धांत से घोर व्यक्तिवादी या स्वार्थी। वे सब कुछ अपने चरणों में झुकते देखना चाहते हैं। अहं और उच्छृंखलता से उनके चरित्र का निर्माण हुआ। जीवन के कटु अनुभवों ने उनके अहं को जब नष्ट कर दिया, तब उन्हें वास्तविक आनंद की झलक दिखाई दी। श्रद्धा नारी का मंगल रूप है। उसका निर्माण केवल कोमलता से हुआ है। स्नेह की वह देवी हैं हिंसा और स्वार्थ का वह घोर विरोध करती है एवं करुणा का मार्ग दिखलाती है। प्रेम में विश्वासघात के दोषी मनु को दोबारा अपनाया जाना, नारी-हृदय की अनंत क्षमा का परिचय देता है। इड़ा आकर्षक है, प्रेरणामयी है। वह मनुष्य को स्वावलंबी बनाती हैं कवि ने कुछ तो रूपक के आग्रह से और कुछ विशेष उद्देश्य से उसे कठोर बनाया है। उसकी दृढ़ता से मनु के अहं को धक्का लगता है जिससे उनका हृदय कोमल होकर श्रद्धा की उत्सर्ग भावना से पिघलता है।

प्रकृति को लेकर कामायनी में प्रसाद की विशेषता है, उसके भयंकर विनाशकारी स्वरूप को चित्रित करना। 'चिता' सर्ग में प्रलय के माध्यम से प्रकृति के दुर्दमनीय स्वरूप का चित्रण चमत्कृत करने वाला है। दूसरी दिशा में रम्य प्रभात और ज्योत्सना-चर्चित रजनी के अनेक कोमल चित्र भी कामायनी के कवि ने अंकित किए हैं। स्वतंत्र स्थलों में हिमालय के वर्णन अधिक हैं।

दार्शनिक दृष्टि से कामायनी में 'आनंदवाद' की प्रतिष्ठा हुई है। प्रसाद अपने जीवन में शिव के उपासक थे। कामायनी में जिस पारमार्थिक सत्ता की ओर संकेत किया गया है, वे भगवान शंकर ही है। 'प्रसाद' ने इस कथानक को इसलिए उठाया है कि उससे शैव-मत के दार्शनिक पक्ष का प्रचार हो सके। इसके लिए उन्होंने शैव-मत में स्वीकृत 'समरसता' के सिद्धांत को सामने रखा है। कामायनी में 'शिव- 'समरसता' और 'आनंद' शब्दों का उल्लेख सचेत स्तर पर बार-बार

हुआ हैं। सुख-दुःख में एक-सा रस लेना, उन्हें अभेद-भाव से देखना समरसता है। समरसता उस स्थिति को कहते हैं जिसमें द्वन्द्व का अभाव हो। आनंद की उपलब्धि इसी समरसता से होती है।

कामायनी एक विराट् सामंजस्य की सनातन गाथा है। उसमें हृदय और मस्तिष्क का, वासना और संयम का, सुख और दुःख का, परिवर्तन और स्थिरता का, प्रवृत्ति और निवृत्ति का, शासक और शासित के अधिकारों का, नर और नारी के सम्बन्ध का और सबसे अधिक भेद और अभेद, द्वैत और इकाई का सामंजस्य पाया जाता है।

कुल मिलाकर कामायनी बीसवीं शताब्दी का सबसे महत्वपूर्ण काव्यग्रंथ है।

कला का विकास 'प्रसाद' के काव्य-ग्रन्थों में धीरे-धीरे हुआ है। 'कानन कुसुम' में सभी प्रकार की परिपक्वता विद्यमान है। 'झरना' की रचनाओं से एक परिवर्तन दृष्टिगोचर होता है। कला-सम्बन्धी इसकी पहली विशेषता है-प्रतीकों का प्रयोग। ये प्रतीक प्रायः प्रकृति से उठाए गए हैं। दूसरी विशेषता है-भावनाओं का मानवीकरण। तीसरी विशेषता है-मूर्त के लिए अमूर्त उपमानों का प्रयोग। 'लहर' की रचनाओं में न तो 'कानन कुसुम' की-सी अपरिपक्वता पायी जाती है और न झरना की सी नूतन भाव-भंगिमा। इसके विपरीत इसमें एक प्रकार का ठोसपन है। कवि यहाँ कम से कम शब्दों में अधिक से अधिक अर्थ भरना चाहता है। इससे इसकी रचनाएँ कहीं-कहीं अस्पष्ट और दुरूह भी हो गयी हैं। कामायनी एक प्रौढ़ कृति है। इसमें अन्य काव्य-ग्रंथों की विशेषताएं तो परिष्कृत रूप में पायी ही जाती है, पर निजी विशेषता है-चित्रों की भरमार। 'प्रसाद' जी भावनाओं और विचारों को प्रकट करते समय उनकी पृष्ठभूमि में जीवन और प्रकृति के किसी दृश्य की कल्पना करते हैं। अतः पाठकों की दृष्टि प्रस्तुत वर्णन को भेदती हुई जब तक उन दृश्यों पर न टिकेगी, तब तक वे न तो उनकी बात ही ठीक से समझ पायेंगे और न कवि के सूक्ष्म काव्य-कौशल से अवगत होंगे।

प्रसाद के काव्य की प्रमुख विशेषता यह है कि उसमें एक प्रकार का उदात्त स्वर सभी कहीं परिव्याप्त है। प्रसाद स्थूलता से सूक्ष्मता की ओर, लौकिकता से अध्यात्म की ओर और शरीर से आत्मा की ओर गए-यह सब तो हुआ ही, लेकिन सबसे बड़ा काम उनके द्वारा यह हुआ कि उन्होंने अपनी समस्त प्रवृत्तियों को अंत में एक महाकाव्य के रूप में अंतर्ग्रथित किया। कामायनी में प्रसाद के काव्य की समस्त विशेषताओं का सन्निवेश उनके उत्कृष्टतम रूप में हुआ है। कामायनी शताब्दियों में उत्पन्न होने वाले एक प्रतिभाशाली कवि की प्रौढ़तम रचना है। रामचरितमानस, सूरसागर और पद्मावत के समान उसकी गणना भी हिंदी के गौरव-ग्रंथों में युग-युग तक होती रहेगी।

●

गोपालशरण सिंह

ठाकुर गोपालशरण सिंह का जन्म सन् 1891 में रीवां राज्य के अंतर्गत नई गढ़ी में हुआ। ये सेंगरवंशीय क्षत्रिय थे। इनके पिता लाल जगतबहादुर सिंह नई गढ़ी के इलाकेदार थे। ठाकुर साहब का वंश प्राचीन काल से अपनी वीरता के लिए प्रसिद्ध रहा है।

सन् 1910 में गोपालशरण सिंह ने दरबार हाईस्कूल रीवां से मैट्रिक्यूलेशन की परीक्षा पास की। इसी वर्ष से इनका काव्य-काल भी प्रारंभ होता है। पहले ये व्रजभाषा में लिखा करते थे। बाद में पं० महावीर प्रसाद द्विवेदी के प्रभाव से खड़ी बोली में लिखने लगे। इनकी कविताएँ सन् 1912 से ही 'सरस्वती' में प्रकाशित होने लगी थीं।

सन् 1916 में ठाकुर साहब नई गढ़ी के स्वामी हुए। इनकी न्यायप्रियता, दयालुता तथा सु-प्रबन्ध की प्रशंसा इनके सम्पर्क में आने वाले प्रत्येक व्यक्ति ने की है। इनके चार भाई, पाँच पुत्र और दो पुत्रियाँ हैं। इनके पुत्र कुँवर सोमेश्वरसिंह भी अपने पिता के समान हिंदी के कवि हैं।

अपने काव्य पर कालिदास और रवीन्द्रनाथ ठाकुर का प्रभाव ठाकुर साहब ने एक ग्रन्थ की भूमिका में स्वयं स्वीकार किया है।

पिछले अनेक वर्षों से ठाकुर गोपालशरण सिंह कैनिंग रोड, प्रयाग में बंगला बनवाकर सपरिवार रहने लगे थे। सन् 1960 में इनका स्वर्गवास हो गया।

ठाकुर साहब के निम्नलिखित ग्रन्थ प्रकाशित हो चुके है-

माधवी, मानवी, कादंबिनी, ज्योतिष्मती, संचिता, सुमना, विश्व-गीत और जगदालोक (1952)।

ठाकुर गोपालशरण सिंह द्विवेदी-युग के प्रतिष्ठित कवियों में से हैं। यद्यपि इनकी आँखों के सामने छायावाद से लेकर प्रयोगवाद तक कई युग व्यतीत हुए, पर अपने संस्कारों से ये अपने युग में ही बने रहे। बाह्य जगत में जो परिवर्तन हुए, उनका प्रभाव इनके मानस पर न पड़ा हो, ऐसा नहीं है, पर उसे इन्होंने अपने संस्कारों के अनुरूप ग्रहण किया और प्राचीन ढंग से ही उसे अभिव्यक्ति दी। इन्हें द्विवेदी-युग का कवि सिद्ध करने वाली पहली बात है, इनके द्वारा कवित्त-सवैयों और कुंडलियाँ आदि पुराने छंदों का ग्रहण। इनकी बहुत-सी रचनाएं घनाक्षरी छंद में लिखी गयी हैं। दूसरी बात है, विषय निर्धारित करके लिखना। इन विषयों में अनेक द्विवेदी-युग के परिचायक हैं। शीर्षक-बद्ध रचना छायावादी कवियों ने भी

की है, पर उन्होंनें अपने विषयों में नवीन प्राण-प्रतिष्ठा की है, जबकि ये नहीं कर पाए। इनके विषयों में एक ओर है गोंडो का नाच और प्रयाग विश्वविद्यालय, तुलसीदास और शकुन्तला, दूसरी ओर अनाथ और विधवा, आँख और आँसू तथा तीसरी ओर जुही की कली और कोकिल, स्वदेश और अविसीनिया आदि। इन्होंने प्रगति भी कम नहीं लिखे, पर उनका ढाँचा ही छायावाद-कालीन है, उनमें व्यक्त भावनाएँ परिवर्तित युगों की चेतना का परिचय नहीं देतीं। अतः ठाकुर साहब चाहे विजय-दशमी पर लिखें, और चाहे द्वितीय विश्व-युद्ध पर, उनका कथ्य होता है अत्यंत सरल और वैसी ही सीधी होती है उनकी अभिव्यक्ति।

अध्यात्म के क्षेत्र में इनकी भाव-धारा भारतीय विचारधारा के पूर्णतः मेल में है। इनकी दृष्टि से वह कुछ नहीं है और सब कुछ है वह कहीं नहीं है और सभी कहीं है, वह कुछ नहीं करता और सब कुछ करता है। वह आधार है और आधेय भी, साकार है और निराकार भी, भीतर है और बाहर भी। ऐसे ईश्वर के प्रति इनके मन में जिज्ञासा और आकर्षण की भावना पायी जाती है। इनका ऐसा विश्वास है कि समस्त प्रकृति उसी के लिए उत्कंठित है-

(1)

नाच रही तरल तरंगे स्वच्छ सागर में,
बोल रहे विविध विहंग रम्य वन में।
छा रही निराली हरियाली मंजु मेदिनी में,
जग रही जगमग ज्योति है गगन में।
लोचन लुभाते हुए लोल वृन्त-दोल पर,
झूल रहे फूल कर फूल उपवन में।
किस अनजाने जग-जीवन के स्वागत को,
उड़ रही सरस सुगंध है पवन में ?

(2)

मैंने कभी सोचा वह मंजुल मयंक में है,
देखता इसी से उसे चाव से चकोर है।
कभी यह ज्ञात हुआ वह जलधर में है,
नाचता निहार के उसी को मंजु मोर है।
कभी यह हुआ अनुमान वह फूल मे है,
दौड़कर जाता भृंग-वृन्द जिस ओर है।
कैसा अचरज है कि मैं न जान पाया कभी,
मेरे चित्त में ही छिप मेरा चितचोर है।

'निराला' की भाँति 'तुम और मैं' शीर्षक से इनकी भी एक रचना है। इसमें इन्होंने उसे पयोधि और अपने को मीन, उसे सूर्य और अपने को तारा,

उसे जलद और अपने को चातक, उसे बसंत और अपने को फूल, उसे सूर्य और अपने को तारा, उसे जलद और अपने को चातक, उसे बंसत और अपने को फूल, उसे प्रदीप और अपने को पतंग तथा उसे कमल और अपने को भ्रमर माना है। कवि स्वभावतः यह सिद्ध करना चाहता है कि दोनों का सम्बन्ध चिरंतन है–

रहता हूँ मैं सर्वथा सतत तुम्हीं में लीन,
हो प्रभु प्रेम-पयोधि तुम, मैं हूँ मीन मलीन।
मै हूँ मीन मलीन प्रेम-रस को पीता हूँ,
पीकर ही बस उसे मोद-युत मैं जीता हूँ।
प्रेम-सिंधु की तरल तरंगों में बहता हूँ,
तो भी प्रतिपल परम तृषाकुल में रहता हूँ।

इनके प्रेम में गंभीरता और कोमलता के तत्व पाए जाते हैं। भावनाओं की सुन्दरता इस बात में निहित है कि वे सभी कहीं संयम से शासित हैं। अपनी प्रेमिका के अनुपम सौन्दर्य पर ये मन से मुग्ध हैं और उसकी निकटता के लिए अत्यधिक लालायित। इनके काव्य में प्रतीक्षा, मिलन और विरह की अभिव्यक्ति अकृत्रिम भाव से हुई है। सभी प्रेमियों के समान अपने प्रेम-पात्र से कुछ न कुछ शिकायत इन्हें भी रह गयी है–

मेरे लोल लोचन को उसने लुभा है लिया,
चुपचाप मेरे चित्त-वित्त को चुराया हैं
उसने किया है मुझे वश में सभी प्रकार,
निज अधिकार उर-देश में जमाया है।
निज गुण-जाल में फँसा है लिया मेरा मन,
रहता सदैव वह प्राणों में समाया है।
किन्तु मुझे आज तक वह है न जान पाया,
मेरे प्रेम को तो पहचान भी न पायाहै।

प्रकृति-वर्णन में कहीं तो पंत जी के समान एक विषय को लेकर इन्होंने अपने प्रकार की कल्पनाएँ की है जैसे 'कानन' में, कहीं किसी विषय पर अपनी भावना का आरोप किया है जैसे 'मधुबन का फूल' में, कहीं किसी वस्तु को देखकर कवि चिंतन करने लगता है जैसे 'तरु की डाल में' और कहीं ऐसा भी है कि प्रकृति में विनाश की लीला को लक्षित कर वह विषाद-मग्न हो जाता है जैसे 'कुम्हलाये फूल' में। इनकी अधिकतर कविताएँ वर्णनात्मक हैं।

'कानन' शीर्षक रचना की कुछ पंक्तियाँ लीजिए–

प्रथम विकास विश्व का सुखमय
हुआ तुम्हारे आँगन में,

जग-जीवन का प्रथम प्रकंपन
हुआ तुम्हारे जीवन में।

हो जगती के तुम अभिमान।
हे कानन, कल कांति निधान।

वनिताओं को वसन-विभूषण
तुमने प्रथम प्रदान किया,
पुष्पायुध को सुमन-शरासन,
जग को रसमय गान दिया।

दी वीरों को तीर कमान।
हे कानन, कल कांति निधान।

विचारों में ठाकुर साहब बड़े उदार और प्रगतिशील थे। अपनी रचनाओं में इन्होंने साधनहीन प्राणियों के दुःख-दर्द को पहचाना है। इन्होंने न केवल किसान, मजदूर, अनाथ विधवा की वेदना को गीतों में ढाला, वरन् यद्ध की विभीषिका के विरुद्ध भी अपनी वाणी ऊँची की। द्वितीय महायुद्ध-काल में इन्होंने 'संघर्ष', 'समर-स्थल' और 'कराल काल' आदि अनेक युद्ध-विरोधी रचनाएँ लिखी। संसार के विभिन्न देशों के बीच वे सौहार्द और मैत्री का संबंध देखना चाहते थे। ये विश्व-बंधुत्व के समर्थक थे और हृदय से मानवता का कल्याण चाहते थे। अपने दृष्टिकोण में ये सदैव आदर्शवादी रहे। संभवतः यह उनके गाँधीवादी होने का प्रभाव था। गाँधी जी के विराट व्यक्तित्व को लेकर 'जगदालोक' नाम से इन्होंने एक प्रबंधकाव्य भी लिखा। ठाकुर गोपालशरण सिंह जब तक जीवित रहे, मानवता का उज्जवल स्वप्न देखते रहे-

मानव सदा मानव रहे।
उर प्रेम - पारावार हो,
मन उच्च और उदार हो,
मति दृढ़ तथा अधिकार हो,
वह दुःख चाहे जो सहे।
मानव सदा मानव रहे।

सियारामशरण गुप्त

सियारामशरण गुप्त का जन्म सन् 1895 में चिरगाँव जिला झाँसी में हुआ। इनके पिता का नाम सेठ रामचरण था। राष्ट्रकवि मैथिलीशरण गुप्त के ये छोटे भाई थे। इनकी शिक्षा गाँव की पाठशाला तक सीमित रह गयी। अतः संस्कृत, बँगला और अँग्रेजी का अभ्यास इन्होंने अपने बड़े भाई के समान घर पर ही किया।

किशोरावस्था में ही इनका विवाह हो गया था। इस पर पत्नी की असमय मृत्यु हो गयी। इन्होंने फिर दूसरा विवाह नहीं किया। सियारामशरण जी विज्ञापन से दूर रहने वाले सरस्वती के सच्चे उपासक थे। स्वभाव से वे सरल, निरभिमान और निष्ठावान थे। ऐसे सज्जन व्यक्तियों का जीवन बहुत घटनापूर्ण नहीं होता। निम्नलिखित पंक्तियों से उनके व्यक्तित्व और जीवन पर अच्छा प्रकाश पड़ता है–

'कुछ नाटा कद', दुर्बल शरीर, छोटे और कृश हाथ पैर, लम्बे उलझे रूखे से बाल, लंबाई लिए सूखे मुख, ओठ और विशेष तरल आँखों के साथ, भाई सियारामशरण ऐसे लगते हैं, मानों ठेठ भारतीय मिट्टी की बनी पकी कोई मूर्ति हो, जिसकी आँखों पर स्निग्धता का गाढ़ा रंग फेरकर, शिल्पी, शेष अंगों पर फेरना भूल गया है।'

–महादेवी

"यौवन के आरम्भ में ही सियारामशरण को श्वास का दुर्द्धर रोग हुआ। वे प्रायः भूमि पर सोते थे, विशेषकर जाड़ों में। उनके आसपास एक ओर कुछ पुस्तकें और दूसरी ओर बहुत-सी औषधियाँ रहती थीं। भोजन की भाँति वस्त्रों में भी वे साधारण थे और खादी का ही व्यवहार करते थे।

–मैथिलीशरण गुप्त

इनकी पहली रचना सन् 1910 में काशी के 'इंदु' में प्रकाशित हुई। इसके उपरांत पं० महावीरप्रसाद द्विवेदी की इन पर कृपा-दृष्टि हुई और ये सरस्वती में लिखने लगे। अपने जीवन में ये महात्मा गांधी और रवीन्द्रनाथ ठाकुर से बहुत प्रभावित रहे। गांधीवाद में उनकी आस्था जीवन के अंत तक बनी रही।

29 मार्च सन् 1963 को प्रातःकाल दिल्ली के गंगाराम अस्पताल में उनकी मृत्यु हो गयी।

सियारामशरण जी ने निम्नलिखित काव्य-ग्रन्थों का प्रणयन किया–

मौर्य-विजय (1914), अनाथ, आर्दा (1928), विषाद, दूर्वादल, पाथेय (1934), मृण्मयी (1936) बापू, उन्मुक्त (1940), नकुल, नोआखाली में, जयहिंद, आत्मोत्सर्ग, दैनिकी और गोपिका ।

सियारामशरण गुप्त की रचनाओं के अध्ययन से जो पहली प्रतिक्रिया पाठक के मन में जगती है वह यह कि इनके काव्य की मूल वृत्ति चिंतन है । जैसे एक कवि सृष्टि की भावमयी व्याख्या करता है, दूसरे की व्याख्या में विचार की प्रधानता होती है, वैसे ही इन्होंने जीवन और जगत को प्रारम्भ से ही चिंतन का विषय बना लिया है । समस्त आधुनिक काव्य में चिंतन को इस रूप में किसी और ने नहीं पकड़ा, अतः यह कहा जा सकता है कि बीसवीं शताब्दी के कवियों में अपने ढंग के ये अकेले चिंतनशील कवि हैं । इनके निकट यदि कोई दूसरा कवि पहुँचता है तो वे हैं श्री अज्ञेय । अपने इस चिंतन को व्यक्त करने के लिए ये कथात्मक शैली का प्रयोग करते हैं । इसी से अत्यधिक भावपूर्ण विषय भी इनके हाथ में पड़कर वर्णन-प्रधान हो जाते हैं । अधिक विवरण से काव्य में शुष्कता के समावेश का भय रहता है, यही कारण है कि चिंतन-प्रधान कवि काव्य की वास्तविक भूमि में रहने के लिए किसी न किसी उपाय का अवलंबन लेते हैं । सियारामशरण में विवरण वांछित मात्रा ही में है । जहाँ तक काव्य तत्व की रक्षा का संबंध है, इन्होंने अपनी रचनाओं में प्रतीकों का सहारा लिया है । इस प्रकार इनका काव्य चिंतन-प्रधान और सांकेतिक है । कथा में गति बनी रहे, इसके लिए इन्होंने मुक्त छंद को अपनाया है । निराला के उपरांत सियारामशरण ही एक ऐसे कवि हैं जिनका मुक्त छंद पर असाधारण अधिकार है ।

इनकी सबसे सरल रचनाएँ वे हैं, जहाँ ये किसी विषय को लेकर सीधा चिंतन करते हैं । उदाहरण के लिए 'वृद्ध' शीर्षक रचना में इन्होंने स्पष्ट रूप से इंगित किया है कि देखो, मरण-समुद्र तुम्हारे सामने लहरा रहा है, लेकिन उससे भयभीत और आतंकित होने की आवश्यकता नहीं है, क्योंकि परलोक तुम्हारी माँ है, जो तुम्हें शिशु समझकर प्यार करेगी । ऐसे ही 'फिर वही' में कवि के मन में सहसा यह कल्पना जगती है कि यदि उसकी मृत्यु उसी क्षण हो जाय, तो उसका क्या प्रभाव पड़ेगा? कभी-कभी ये ऐसे विषय उठाते हैं, जिनकी संभावनाएँ अपरिमित होती हैं । उदाहरण के लिए 'पथ' एक ऐसा ही विषय है । उसे लेकर असंख्य कल्पनाएँ की जा सकती हैं और इन्होंने भी ग्राम नगर, वन पर्वत, नदी समुद्र को लेकर हमारी कल्पना को न जाने कहाँ-कहाँ घुमाया है । कुछ विषय इन्होंने संकेत के लिए लिए हैं जैसे 'बूँद' अथवा 'किरण' । यह 'बूँद' विशिष्ट 'बूँद' है-स्वाति जल की । यह मोती की सृष्टि करती है । इसी प्रकार एक दिन एक किरण कवि के अंधेरे कमरे को आलोकित कर लौट जाती है । धरती पर आकाश से नित्य ही असंख्य किरणें उतरती हैं और न जाने कितने अँधेरे कमरों में वातायन के पथ से प्रवेश कर उन्हें जगमगा जाती है, पर पाठक का हृदय जानता है कि यह किरण

साधारण नहीं है–

ज्ञात नहीं, जाने किस द्वार से
कौन से प्रकार से,
मेरे गृह – कक्ष में,
दुस्तर–तिमिरदुर्ग दुर्गम–विपक्ष में
उज्जवल प्रभामयी,
एकाएक कोमल किरण एक आगई ।
बीच से अँधेरे के हुए दो टूक,
विस्मय विमुग्ध मूक,
मेरा मन,
पागया अनन्त धन ।

रश्मि वह सूक्ष्माकार
कज्जल के कूट में उसी प्रकार,
जौलों रही उज्जवल बनी रही,
ओठों पर हास रहा हँसता हुआ वही ।
किंतु उसी हास–सी,
बीचि के विलास–सी,
विद्युत प्रवाहमयी,
जैसी वह आई बस वैसी ही चली गयी ।

यह पथ, यह बूँद, यह किरण, सभी प्रतीक है, पर प्रतीक को इन्होंने कहीं–कहीं विस्तार भी दिया है, उदाहरण के लिए 'घट' शीर्षक रचना लीजिए । इसमें महाकूप संसार के लिए, तब अज्ञान के लिए, अगम नीर आनन्द के लिए और घट आत्मा के लिए प्रयुक्त हुए हैं । जहाँ प्रतीक और संकेत के साथ इन्होंने कथा का सहारा लिया है, वहाँ इनकी प्रतिभा खिल उठी है जैसे 'नाम की प्यास' में । जल की कमी तो मरु में भी नहीं हैं, पर जो कुआ खोदता है, वह नाम के लिए । स्पष्ट है कि ऐसा व्यक्ति सफल काम नहीं होता । इस रचना का धनी व्यक्ति भी अंततः एक यश–लोलुप प्राणी है जो विजन में अंधकूप का निर्माण कर अपने नाम का शिलालेख लगाकर लौट जाता है । वहीं अपने दल के साथ एक तरुण व्यक्ति आता है और शिलालेख को उठाकर कुएँ में पटक देता है । धरती खिसकती है और अवरुद्ध स्रोत फूट उठता है । इससे न केवल उसकी, बल्कि समस्त यात्री–दल की प्यास बुझती है । जल कहता है–

टूटा अहा ! तत्क्षण ही टूटा अहा !
पत्थर कठोर यह निम्न कूप-जल का ।
छूटा अहा ! तत्क्षण ही छूटा अहा !
मेरा अवरुद्ध स्रोत ऊपर उछलता ।

बस, बस, बंधु, अब रोको हाथ,
घाट को न तोड़ो और देखो भर आया मैं ।
उमड़ उठा हूँ अहा ! एक साथ
मुक्त हो गया हूँ नए जीवन से छाया मैं ।
सच्ची कहो, कैसी थी तुम्हारी प्यास ?
नीर देखते ही वह भागी कहाँ !
भूलो मत देखो अपने ही पास,
मैं हूँ यहाँ, नीर यह मैं हूँ यहाँ ।

अपने देश पर सियारामशरण को सदैव गर्व रहा । उसके भौतिक ऐश्वर्य एवं आत्मिक विभूति के चित्रण के लिए ये अतीत में गए हैं इनके दो खंड-काव्य हैं- मौर्य विजय और नकुल । मौर्य-विजय चंद्रगुप्त के शासनकाल में भारत पर सिल्यूकस के आक्रमण और उसकी पराजय से संबंधित है । नकुल का कथानक महाभारत के वन-पर्व पर आधारित है । इसमें अमृतह्रद के तट पर मूर्च्छित पांडवों में से केवल एक को जीवित करने के लिए युधिष्ठिर और यक्ष मणिभद्र के बीच वार्तालाप चलता है । युधिष्ठिर नकुल का जीवन-दान चाहते हैं । इससे उनके चरित्र की गरिमा झलकती है ।

सियारामशरण गांधीवाद के प्रबल समर्थकों में से थे, इसका प्रमाण उनके 'बापू' 'नोआखाली' तथा 'उन्मुक्त' गीति-नाट्य से मिलता है ।

'उन्मुक्त' द्वितीय महायुद्ध-काल में लिखा गया । इसमें लौह-द्वीप निवासी कई द्वीपों पर विजय प्राप्त करके कुसुम-द्वीप पर आक्रमण करते हैं । कुसुम-द्वीप निवासियों की शक्ति बड़ी सीमित है, पर मातृभूमि की रक्षा के लिए वे संगठित होते हैं । इसके प्रमुख पात्र हैं, पुष्पदंत, गुणधर और मृदुला । इनमें पुष्पदंत युद्ध-प्रिय है, गुणधर आगे चलकर हिंसा-नीति के विरुद्ध हो जाता है और मृदुला अनंत ममतामयी होने पर भी युद्ध-काल में हिंसा से काम लेना बुरा नहीं समझती । वह बड़ी कठिनाई से जयंत नाम के एक यांत्रिक से भस्मकाल तैयार कराती है और शत्रु के विरुद्ध उसका प्रयोग करना चाहती है । यान शत्रु के हाथ में पड़ जाता है और इस प्रकार कुसुम-द्वीप निवासी पराजित होते है । इस पराजय के पल में अहिंसा का आलोक सहसा उदित होकर मानवता के लिए नयी आशा बंधा गया है ।

सियारामशरण गुप्त के अनुसार हिंसा का एकमात्र उत्तर है अहिंसा। स्पष्ट है कि इस रचना पर गांधी-दर्शन का गहरा प्रभाव है। इसमें हिंसा की विभीषिका के विरोध में मानवीय करुणा, उच्च कोटि की नैतिकता, उज्जवल संस्कृति ओर अंतर्राष्ट्रीय भावना के प्रसार के महत्वपूर्ण पहलुओं पर जोर दिया गया है।

'जयहिंद' में स्वदेश-वंदन है—

जय जय भारतवर्ष हमारे, जय जय हिंद, हमारे हिंद।
विश्व-सरोवर के सौरभमय प्रिय अरविंद, हमारे हिंद।
तेरे स्त्रोतों में अक्षय जल, खेतों में है अक्षय धान,
तन से, मन से, श्रम-विक्रम से, है समर्थ तेरी संतान।
सबके लिए अभय है जग में जन-जन में तेरा उत्थान,
वैर किसी के लिए नहीं है, प्रीति सभी के लिए समान।
गंगा-यमुना के प्रवाह है, अमल अनिघ हमारे हिंद।
जय-जय भारतवर्ष हमारे, जय-जय हिंद, हमारे हिंद।

सियारामशरण गुप्त करुणा के प्रसंगों के चित्रण में अत्यंत सिद्ध-हस्त हैं। पत्नी की मृत्यु से इनके हृदय को जो आघात लगा, उसका आभास -विषाद' ने दिया। 'आर्द्रा' में सामाजिक अत्याचार की करुण कथाएँ संकलित हैं। अछूतों के प्रति कवि के हृदय की सहानुभूति देखनी हो, तो 'एक फूल की चाह' शीर्षक रचना को पढ़ना चाहिए। गाँव के किसानों का जीवन कितना दयनीय होता है, इसका परिचय 'अनाथ' से मिलता है। द्वितीय विश्व-युद्ध-काल में इनका हृदय किस रूप में आंदोलित, चिंतित और मथित रहा, उसकी छाया इनकी 'दैनिकी' में पड़ी है। इनकी करुणा व्यक्ति से समाज, समाज से देश, देश से अखिल विश्व तक विस्तृत रही है। ये मानवता की जय में ही अपने देश की जय समझते थे-

प्रार्थना है आज जन-जन की,
जन की न होके, यह जनता की जय हो।
निखिल भुवन की,
पीड़ित मनुष्यता जहाँ भी हो, अभय हो।
भारत रहे स्वतंत्र, शुभ तंत्र
प्रभु हे, सुरक्षित हो उसका सुधर्म मंत्र।
उसका महात्मबल अक्षय हो,
जय हो सदैव प्रभो, भारत की जय हो।

सियारामशरण गुप्त एक ऐसे संवेदनशील कवि हैं जिनके काव्य में करुणा और सात्विकता मूर्तिमती होकर अवतरित हुई है। उनका काव्य आत्मा की विभूति का काव्य है।

●

सूर्यकांत त्रिपाठी 'निराला'

पं० सूर्यकांत त्रिपाठी 'निराला' का जन्म सन् 1896 में हुआ । ये कान्यकुब्ज ब्राह्मण थे । इनके पिता पं० रामसहाय उन्नाव ज़िले में गढ़ाकोला गाँव के निवासी थे और बंगाल में मेदिनीपुर जिले के महिषादल राज्य में नौकरी करते थे। वहाँ एक सिपाही के रूप में इनकी भरती हुई । बाद में ये राज्यकोष के संरक्षक नियुक्त हो गए । लोगों का कहना है कि निराला की माँ एक तो सूर्य का व्रत रखती थीं, दूसरे इनका जन्म रविवार को हुआ, यही कारण है कि इनका नाम सूर्यकुमार रखा गया । आगे चलकर स्वयं कवि ने इसे सूर्यकांत में बदल दिया ।

निराला तीन वर्ष के थे कि इनकी माँ की मृत्यु हो गयी । बड़े होने पर महिषादल-राज्य के हाईस्कूल में ये प्रविष्ट हुए, जहाँ इन्होंने नवीं कक्षा तक शिक्षा पायी । सन् 1911 में इनका विवाह कर दिया गया । उस समय ये पंद्रह वर्ष के थे और इनकी पत्नी बारह वर्ष की । एक वर्ष बाद गौना हुआ । मनोहरादेवी रायबरेली जिले में डलमऊ के पं० रामदयाल की पुत्री थीं । वे सुन्दर, शिक्षित और संगीत में निपुण थीं । इनसे सन् 1914 में एक पुत्र और 1917 में एक पुत्री का जन्म हुआ । पुत्र का नाम रामकृष्ण और पुत्री का सरोज रखा गया । सन् 1918 में निराला विधुर हो गए । उस समय ये केवल बाइस वर्ष के थे ।

प्रथम महायुद्ध के उपरांत सन् 1918 में देश में महामारी का प्रकोप हुआ । इसमें इनके चाचा, भाई, भौजाई, उनकी बच्ची और इनकी पत्नी पाँच आदमी चल बसे । पिता की मृत्यु एक वर्ष पूर्व हो चुकी थी । परिणामस्वरूप चाचा के चार और अपने दो बच्चों के भरण-पोषण का भार इनके कंधों पर आ पड़ा ।

पिता की मृत्यु के उपरांत महिषादल-राज्य में इन्हें नौकरी मिल गयी । एक दिन एक साधु को लेकर इनमें और राजा के हाउसहोल्ड सुपरिन्टेंडेन्ड में झगड़ा हो गया । बात बढ़ने पर नौकरी छूट गयी । यह सन् 1920 की बात हैं ।

खड़ी बोली के अध्ययन की ओर इनका झुकाव अपनी पत्नी के प्रभाव के कारण हुआ । हिंदी में इनकी पहली कविता 'जुही की कली' है जिसका रचना-काल सन् 1916 बताया जाता है । सुनते हैं यह कविता 'सरस्वती' में प्रकाशनार्थ भेजी गयी थी और पं० महावीरप्रसाद द्विवेदी ने इसे लौटा दिया था । इससे यह नहीं समझना चाहिए कि द्विवेदी जी का निराला से कोई द्वेष-भाव था । प्रमाण यह

है कि उनका प्रथम निबंध 'हिंदी बंगला का तुलनात्मक व्याकरण' सन् 1919 में 'सरस्वती' से ही प्रकाशित हुआ। इसके अतिरिक्त अपने संकट के दिनों में निराला जी द्विवेदी जी से उनके निवास-स्थान पर जाकर मिले और उन्होंने काशी तथा कानपुर में उनकी नौकरी के लिए प्रयत्न किया और बाद में कलकत्ते के 'समन्वय' में इनकी नौकरी द्विवेदी जी के कारण ही लगी।

रामकृष्ण मिशन के सन्यासियों के साथ रहते हुए भी 'निराला' जी की भेंट 'मतवाला' के संचालक श्री महादेवप्रसाद सेठ से होती रहती थी। दो वर्ष के उपरांत 'निराला' 'समन्वय' से 'मतवाला' में आ गए। 'मतवाला' हास्य-व्यंग्य प्रधान साप्ताहिक था जो प्रति शनिवार को कलकत्ते से निकलता था। यहीं कवि ने अपना उपनाम 'मतवाला' के सम पर 'निराला' रखा। संभवतः यहीं वे सूर्यकुमार से सूर्यकांत हुए। इसी 'मतवाला' के अट्ठारहवें अंक में 'जूही की कली सन् 1923 में प्रकाशित हुई

स्वतंत्र होने पर इन्होंने अनुवाद, जीवनी-लेखन और पुस्तकों के संपादन का काम हाथ में लिया।

सन् 1927 में अस्वस्थ होकर ये काशी आए। जैसे कलकत्ते में बेचन शर्मा, उग्र, शिवपूजनसहाय और नवजादिकलाल वर्मा से सम्पर्क रहा, वैसे ही बनारस में जयशंकर 'प्रसाद', विनोदशंकर व्यास और प्रेमचंद से।

सन् 1928 में ये लखनऊ चले आए और दुलारेलाल भार्गव के साथ काम करने लगे। इस काम में सुधा के लिए टिप्पणियाँ लिखना भी था। लखनऊ में पहले ये एक होटल में, फिर नारियलवाली गली तथा भूसामंडी में मकान लेकर रहे। पंत जी जब लखनऊ आते थे, तब उनसे मिलते ही थे। ये भी उनसे मिलने एक बार कालाकांकर गए थे। लखनऊ में मिश्र-बंधुओं के अतिरिक्त पं० श्री नारायण चतुर्वेदी, डा० रामविलास शर्मा तथा अमृतलाल नागर से परिचय बढ़ा। लखनऊ का प्रवास-काल सन् 1928 से 1942 तक समझना चाहिए।

दो वर्ष निराला जी सुमित्राकुमारी सिन्हा के युग-मंदिर उन्नाव में भी रहे-उनके पुत्र अजितकुमार की डायरी के अनुसार एक बार सन् 1943 में, दूसरी बार 1945-47 में। उन्नाव से ये चित्रकूट चले गए, जहाँ बीमार पड़ गए। वहाँ से लौटकर प्रयाग आए। लखनऊ में रहकर भी प्रयाग से इनका संबंध बराबर बना रहा। यहाँ इनके कई प्रसिद्ध ग्रंथ जैसे 'गीतिका' और 'तुलसीदास' भारती भंडार, लीडर प्रेस से पहले ही प्रकाशित हो चुके थे। 'गीतिका' की भूमिका श्री जयशंकर 'प्रसाद' ने लिखी। महादेवी जी ने तो इन्हें अपना राखी-बंद भाई ही बना लिया। इनके साथ सुहृदों में नंददुलारे वाजपेयी, वाचस्पति पाठक और कमलाशंकर को समझना चाहिए। कुछ दिन ये गंगा नदी के किनारे रसूलाबाद स्थित 'साहित्यकार संसद' के बँगले में ठहरे। थोड़े दिन दारागंज में पं० श्रीनारायण चतुर्वेदी का आतिथ्य ग्रहण किया। फिर स्वतंत्र रूप से किराये पर एक कमरा लेकर एक पंडा

के घर में रहने लगे। अंत में अनेक कारणों से इन्होंने चित्रकार कमलाशंकर के कला-मंदिर में रहने का निश्चय किया।

सन् 1930 में अपनी पुत्री सरोज का विवाह इन्होंने श्री शिवशेखर द्विवेदी के साथ किया। द्विवेदी कलकत्ते में 'रंगीला' पत्र के प्रबंधक थे। इस पत्रिका के संपादक के रूप में निराला जी ने भी तीन महीने काम किया। सन् 1935 में लंबी बीमारी के उपरांत सरोज चल बसी।

27 जनवरी सन् 1947 को बसंत पंचमी के दिन काशी में निराला की जयंती धूमधाम से मनायी गयी। सन् 1949 में उत्तर प्रदेश की सरकार ने इनके काव्य-संकलन 'अपरा' को 2100) से पुरस्कृत कर इनका सम्मान किया। निराला का जीवन बहुत घटनापूर्ण रहा है। साहित्यिकों में जितने संस्मरण उन पर लिखे गए, उतने शायद ही और किसी पर कभी लिखे गए हों।

निराला अपने सम्पर्क में आने वाले व्यक्ति को चाहे वह शिक्षित हो अथवा अशिक्षित, अपने स्वभाव की विचित्रता और कोमलता से ऐसा अभिभूत कर देते थे कि एक बार मिलने के उपरांत वह उन्हें कभी विस्मरण कर ही नहीं सकता था। उन्हें जानने वाले शिक्षित व्यक्तियों की संख्या की तो एक सीमा हो भी सकती है, पर उन अशिक्षित, सामान्य, विपिन्न और तिरस्कृत लोगों की कोई सीमा नहीं, जिन्हें निराला के हृदय की सहानुभूति और स्नेह प्राप्त हुआ।

निराला जी के व्यक्तित्व को विशिष्टता प्रदान करने वाली पहली बात है कि उनके जीवन का एक स्पष्ट लक्ष्य था जिसे उन्होंने अपने जीवन की अंतिम साँस तक कभी विस्मृत नहीं किया-वह था हिंदी के प्रति अटूट प्रेम। यह एक बहुत बड़ा लक्ष्य था। दूसरे, संसार के श्रेष्ठतम लेखकों की चेतना के स्तर पर वे सदैव जिये। तीसरे, विराट जीवन के मिश्रित रस के साथ इनका गहरा रागात्मक संबंध था। संक्षेप में हम कह सकते हैं कि निराला के व्यक्तित्व के मुख्य उपादान थे-एक बड़ा लक्ष्य, बड़ी चेतना, बड़ी दृष्टि।

15 अक्टूबर 1961 को चित्रकार कमलाशंकर के दारागंज वाले मकान में पूर्वान्ह 9 बजकर 23 मिनट पर इन्होंने अपने भौतिक शरीर को त्याग दिया। मृत्यु से पहले ये हार्निया रोग से पीड़ित थे।

निराला जी ने अपने जीवन में निम्नलिखित काव्य-ग्रंथों का प्रणयन किया-

अनामिका	1923
परिमल	1929
गीतिका	1936
तुलसीदास	1938
कुकुरमुत्ता	1942

अणिमा	1943
नए पत्ते	1946
बेला	1946
अर्चना	1950
आराधना	1953
गीत-गुंज	1954

निराला का प्रकृति-वर्णन ऋतुओं, वस्तुओं प्रतीक-विधान एवं अलंकरण तक सीमित है। यह दूसरी बात है कि इस सीमित परिधि में जो कल्पनाएँ उन्होंने की हैं, वे बड़ी अनूठी और रम्य हैं। इनका सबसे प्रिय विषय है बादल, सबसे प्रिय ऋतु है वर्षा। 'बादल राग' की रचना इन्होंने बड़े मनोयोग से की है। निराला के काव्य और व्यक्तित्व के जो दो पक्ष हैं-कोमल और कठोर- उनकी अभिव्यक्ति इस अकेली रचना से होती है। प्राकृतिक तत्वों में जल के प्रति इनका आकर्षण वैसे भी कुछ अधिक है। तरंग, प्रपात और नदी पर जो रचनाएँ पायी जाती हैं, वे इस आकर्षण की पुष्टि करती हैं। इनमें 'यमुना' वाली रचना कुछ अधिक लंबी हो गयी हैं। यह एक संबोध-गीति है जिसमें कवि यमुना से अनेक प्रश्न पूछता हुआ पौराणिक-काल के वैभवमय युग का पुनर्निर्माण करता है। जल-तत्व के उपरांत इनका दूसरा आकर्षण फूलों के प्रति है। फूलों पर लिखी गयी इनकी सभी रचनाएँ प्रसिद्ध हैं जैसे 'जुही' 'शेफालिका', 'बेला', 'नर्गिस।' 'जुही की कली' इनकी पहली रचना है जिसके माध्यम से इन्होंने प्रकृति के तत्वों के बीच उन्मुक्त प्रेम की स्थापना की हैं सब इसमें जूही नारी है, पवन पुरुष-

निर्दय उस नायक ने,
सुन्दर सुकुमार देह सारी झकझोर डाली,
मसल दिए गोरे कपोल गोल।

प्रकृति-वर्णन की दृष्टि से कुकुरमुत्ता एक साधारण रचना हैं इसमें कुकुरमुत्ता की तुलना में गुलाब को हेय सिद्ध किया गया हैं उसके लिए जो उपमान ढूँढ़े गए हैं, वे बड़े 'क्रूड' हैं। नवाब के उद्यान का वर्णन बहुत चलताऊ ढंग का है। वहाँ केवल फूलों और फलों के नाम गिनाए गए हैं। इनके 'तुलसीदास' में प्रकृति के कल्याणी रूप का चित्रण हुआ है। कृति का प्रारंभ संध्या के घिरते अंधकार और अंत प्रभात के आलोक के साथ होता है। इसे पार्थिव ऐश्वर्य पर दैवी भाव की विजय समझना चाहिए। इसमें इनकी सांस्कृतिक दृष्टि अत्यंत आलोकमयी दिखाई देती है।

निराला के काव्य में प्रेम एक महती प्रेरणा के रूप में स्वीकार किया गया है। यह प्रेम कहीं पुरुष के माध्यम से व्यक्त हुआ है, कहीं नारी के माध्यम से। गहराई

दोनों ओर पायी जाती है। कवि के हृदय का आत्म-निवेदन कहीं अपनी पत्नी के प्रति है, कहीं किसी प्रेयसी के प्रति और कहीं चिरंतन नर-नारी के भाव को ही उसने वाणी दी है। इसमें शरीर के सौंदर्य का वर्णन है और मन के सौंदर्य का भी। शारीरिक सुख के वर्णन ऐन्द्रियता के परिचायक हैं और अंतःकरण की उमंग के चित्रण सूक्ष्म आनन्द के विधायक। जहाँ तक प्रेम के व्यवहार-पक्ष का संबंध है, निराला के काव्य में कहना-सुनना बहुत कम है। वे मौन रहकर ही प्रेम की मधुरता का अनुभव करना चाहते हैं। वाचालता उन्हें दोनों ओर से पसंद नहीं, इसी से वे कहते हैं-

बैठ लें कुछ देर
आओ, एक पथ के पथिक से।
मौन मधु हो जाय।
भाषा मूकता की आड़ में,
मन सरलता की बाढ़ में
जल-बिंदु-सा बह जाय।

अध्यात्म के क्षेत्र में निराला जी भारतीय परंपरा के उदार दृष्टिकोण को स्वीकार करते प्रतीत होते हैं। यह दृष्टिकोण व्यापकता और विविधता का पर्यायवाची है। इनकी कुछ रचनाएँ जिनमें अद्वैतवाद का प्रतिपादन हुआ है, केवल आध्यात्मिक है जैसे 'पंचवटी प्रसंग। यह अध्यात्म जब भाव के क्षेत्र में प्रवेश करता है, तब उस पर निर्गुण विचारधारा का प्रभाव समझना चाहिए जैसे 'तुम और मैं' में। निराला ने अपने रचना काल के पूर्वार्द्ध में तो निर्गुण भाव को विकसित होने दिया है, पर उत्तरार्द्ध में उनका झुकाव विवेक से अधिक आस्था और ज्ञान से अधिक भक्ति की ओर हो गया था। 'परिमल' और 'गीतिका' के लिए जो बात कही जा सकती है, वही 'अणिमा' और 'आराधना' के लिए नहीं कही जा सकती। 'अणिमा' में जो प्रार्थना-गीत है, वे भक्ति-भाव से भरे हुए हैं। इस प्रकार निराला के काव्य में अद्वैतवाद के सैद्धांतिक विवेचन से लेकर भक्ति की चरम रसात्मकता के दर्शन होते हैं। वे तुलसी जैसे भक्त और महादेवी जैसे रहस्यवादी तो नहीं हैं, पर अपने सीमित क्षेत्र में सम्पूर्ण भारतीय आध्यात्मिक दृष्टि और मनोवृत्ति का प्रतिनिधित्व करते हैं। 'तुम और मैं' से कुछ पंक्तियाँ लीजिए-

तुम तुंग हिमालय शृंग
और मैं चंचल-गति-सुर-सरिता,
तुम विमल हृदय उच्छ्वास,
और मैं कांत-कामिनी-कविता,
तुम प्रेम और मैं शांति,
तुम सुरापान घन अंधकार
मैं हूँ मतवाली भ्रांति।

निराला का सौन्दर्य-वर्णन स्थूल और सूक्ष्म दोनों कोटि का हैं अंग-प्रत्यंग के वर्णन में मांसलता का समावेश है। नख-शिख-वर्णन में 'पंचवटी' की शूर्पनखा का रूप विशेष रूप से उल्लेखनीय है। नारी-सौंदर्य के कुछ चित्र ऐसे हैं जो प्रकृति के माध्यम से व्यक्त हुए हैं। वर्णन है जुही और शेफाली का, आशय है नारी से। तीसरी कोटि के चित्र दिव्य सौंदर्य के हैं। इनमें कवि ने देश-काल के प्रभाव से परे विश्व-सुन्दरी का चित्र अंकित किया है। इस रूप-राशि को निराला की मानस-प्रतिमा कह सकते हैं। सौंदर्य के क्षेत्र में निराला वासना से मानसिकता और मानसिकता से दिव्यता की ओर बढ़ गए हैं।

देश के स्वाधीनता-संग्राम के दिनों में जीवित रहकर निराला जैसा स्वतंत्र-चेता व्यक्ति अप्रभावित रह जाता, यह तो संभव नहीं प्रतीत होता, पर उनकी राष्ट्रीय-भावना एक दूसरे ही स्तर पर विकसित हुई। अपने अंत:करण में निहित राष्ट्र-प्रेम की अभिव्यक्ति के लिए वे अतीत में गए हैं। 'अनामिका' में प्रकाशित 'दिल्ली' शीर्षक रचना में महाभारत-काल से लेकर मुग़लों के शासन-काल तक देश के इतिहास का सिंहावलोकन करते हुए उसके शौर्य, ज्ञान, गौरव और वैभव का उन्होंने स्मरण किया है। अतीत से प्रेरणा ग्रहण करने वाली उनकी दूसरी रचना 'महाराज शिवाजी का पत्र' है। यह पत्र बहुत ओजपूर्ण भाषा में लिखा गया है। इसमें जैसे मराठों की शक्ति का परिचय मिला है, वैसे ही 'जागो फिर एक बार' में गुरु गोविंदसिंह के माध्यम से सिक्खों के वीर-भाव की व्यंजना हुई है। इसी में उन्होंने कहा था-

योग्य जन जीता है:
पश्चिम की उक्ति नहीं-
गीता है, गीता है!

आधुनिक-काल के साहित्यकारों में निराला जैसा परदुःखकातर व्यक्ति दूसरा नहीं हुआ। अपने काव्य में भी इसी से इन्होंने मनुष्य के गंभीर दुःख को पहचाना है। 'दान' शीर्षक रचना में इन्होंने मनुष्य के प्रति मनुष्य की उस निर्मम उपेक्षा की चर्चा की है जो धर्म के कारण जाने या अनजाने होती ही रहती है। 'विधवा' सामाजिक अत्याचार की कहानी है। इसमें भारत की विधवा नारी का करुण चित्र अंकित किया गया हैं 'तोड़ती पत्थर' आर्थिक विषमता की रचना है। 'भिक्षुक' शीर्षक कविता एक राष्ट्रीय समस्या के रूप में हमारे सामने आती है। कवि जैसे पुकार कर कहता है-

वह आता-
दो टूक कलेजे के करता पछताता पथ पर आता!
पेट पीठ दोनों मिलकर हैं एक,
चल रहा लकुटिया टेक,
मुँह फटी पुरानी झोली का फैलाता-

निराला ने व्यक्ति, समाज, साहित्य, कला, धर्म, राजनीति सभी पर व्यंग्य किया है। इनके व्यंग्य का एक आधार सामान्य धरातल है। इसके अंतर्गत 'नये पत्ते' की 'खजोहरा' शीर्षक रचना को ले सकते हैं। 'अनामिका' की 'दान' शीर्षक रचना में धर्म का मर्म न पहचानने वाले उपासकों पर व्यंग्य किया गया है। इनकी कुछ रचनाएँ सामंतवाद, पूँजीवाद और वर्तमान शासन पर करारा व्यंग्य करती हैं। इनके व्यंग्य-काव्य में 'कुकुरमुत्ता' सबसे सशक्त रचना है। इसमें नवाब के बाग में उगा कुकुरमुत्ता पास में खिले गुलाब को बुरी तरह फटकारता है। स्पष्ट है कि कुकुरमुत्ता सर्वहारा का प्रतीक हैं, गुलाब पूँजीपति का–

अबे, सुन बे, गुलाब,
भूल मत जो पाई खुशबू, रंगोआब।
खून चूसा खाद का तूने अशिष्ट,
डाल पर इतराता हैं कैपिटलिस्ट !

निराला की निराशावादी रचनाओं में चार स्थितियों की स्पष्ट झलक मिलती है। पहली मनोवृत्ति जीवन-व्यापी दुःख को स्वीकार करने की हैं। यह दुःख इतना गहन है कि सामने आत्मा की उज्जवलता की सार्थकता पर भी कवि संदेह करने लगता है। दूसरी वृत्ति इस घनीभूत पीड़ा के मूल कारण के अन्वेषण की है। कवि अनुभव करता है कि जीवन में सभी ने उसके साथ छल किया है। स्वभावतः उसमें अकेलेपन की अनुभूति जगती है। इस एकाकीपन के मूल में कवि को स्नेह का अभाव विशेष रूप से खटकता है। इसी से वह अंत में एक प्रश्न के साथ अपनी हताश भावना का परिचय देता है–

(1) *स्नेह निर्झर बह गया है,*
रेत ज्यों तन रह गया है।

(2) *मैं अकेला,*
देखता हूँ आ रही
मेरे दिवस की सांध्य-बेला।

(3) *मुझे स्नेह क्या मिल न सकेगा ?*
स्तब्ध दग्ध मेरे मरु का तरु
क्या करुणाकर, खिल न सकेगा ?

'सरोज स्मृति' आँसुओं से भीगी एक गाथा है। यह शोक-गीति करुणा का उदात्ततम चित्र हैं मृत्यु जो इतनी भयावह है, उसे कवि ने दूसरी ही दृष्टि से देखा हैं। उसके द्वारा हम ज्योति के चरणों में जीवन की अंजलि समर्पित करते हैं। यह दृष्टि मृत्यु के प्रति हमारा दृष्टिकोण ही बदल देती है। इस रचना में जीवन, कर्म और मृत्यु सभी के प्रति एक प्रकार का उदात्त भाव पाया जाता है।

'राम की शक्ति-पूजा' निराला की प्रसिद्धतम रचनाओं में से है। यह वह रचना है जिस पर उनकी ख्याति विशेष रूप से निर्भर करती है। वर्णन की दृष्टि से इसकी चाहे कितनी ही प्रशंसा की जाय, पर कथानक की दृष्टि से इसे मौलिक रचना नहीं कहा जा सकता। 'काव्य का देवता : निराला' में हमने उद्धरण देकर इस तथ्य का विवेचन किया है कि इसकी मूल प्रेरणा के लिए निराला कृतिवास कृत रामायण के ऋणी है। 'राम की शक्ति-पूजा' जीवन के इस भयंकर यथार्थ पर प्रकाश डालती है कि संसार में असत् की शक्ति प्रबल है और वह सत् को आच्छादित करने के लिए सभी प्रकार के साधनों से काम लेती है। विजय का निश्चय साधन करते हैं। केवल सत् का पक्ष लेने से न कभी कुछ हुआ है, न होगा। रचना का अंत आशावादी है, अतः यह रचना जीवन-संघर्ष की कठोरता पर प्रकाश डालती है, जीवन से पलायन का उपदेश नहीं देती। 'तुलसीदास' निराला का एक खंड-काव्य है। इसमें तुलसीदास के गृह-त्याग की प्रसिद्ध घटना का वर्णन मौलिक ढंग से हुआ है। इस काव्य-कथा में सूक्ष्म विवरणों और मानसिक चित्रों का आधिक्य है। जीवन के श्रेष्ठतम मूल्य सांस्कृतिक मूल्य ही हो सकते हैं, इसी से तुलसीदास इस रचना में भारतीय संस्कृति के उद्धारक के रूप में आते है।

निराला का नाम पहले-पहल मुक्त छंद के प्रयोग के संबंध में सुनायी पड़ा। इनकी प्रथम कविता 'जूही की कली' (1916) इसी प्रयोग को लेकर चली। इस छंद को किसी ने 'रबर-छंद' कहा, किसी ने 'केंचुआ छंद'। इस नए प्रयोग के लिए उस समय निराला का कसकर विरोध हुआ। इससे अप्रत्यक्ष लाभ यह हुआ कि वे प्रसिद्ध हो गए। मुक्त छंद काव्य में चर्चा का विषय बन गया और निराला का नाम उससे सम्बद्ध हो गया। इसमें कोई संदेह नहीं कि हिंदी में स्वच्छंद छंद के पहले प्रयोक्ता निराला जी ही हैं, पर वे इसके आविष्कारक नहीं हैं। यह छंद बहुत पहले सें अँग्रेजी में प्रचलित था। इसके आविष्कर्ता प्रसिद्ध अमरीकी कवि वाल्ट ह्विटमेन (Walt Whitman) हैं। इसके लिए अपने देश में उनका विरोध निराला से कहीं अधिक हुआ, यहाँ तक कि उनके काव्य-संग्रह 'लीव्स ऑफ ग्रास' (Leaves of grass) को जब कोई प्रकाशक छापने को तैयार नहीं हुआ, तो उसका प्रकाशन सन् 1855 में उन्होंने स्वयं किया। बँगला-साहित्य पर विदेशी प्रभावों में एक प्रभाव वाल्ट ह्विटमेन के इस छंद का भी था। इस प्रभाव को कवियों में रवीन्द्रनाथ, दार्शनिकों में विवेकानंद और नाटककारों में गिरीश घोष ने स्वीकार किया। अतः यह स्पष्ट है कि ह्विटमेन का प्रभाव बँगला के साहित्यकारों पर पड़ा, बँगला के साहित्यकारों का निराला जी पर। निराला अपने जन्म से लेकर इस छंद के रचना-काल तक बँगाल में थे ही और वैसे भी रवीन्द्रनाथ, विवेकानन्द और गिरीश घोष के प्रबल प्रशंसक थे। वैसे, निरालाजी की काव्य-कृतियों पर यदि दृष्टि डाली जाय तो उनका झुकाव छंद और संगीत की ओर अधिक लगता है। 'तुलसीदास' एक छंद-बद्ध रचना है। 'गीतिका' की सृष्टि तो काव्य और संगीत के समन्वय पर बल देने के लिए ही हुई। 'बेला' में गीत ही नहीं, गजलों के प्रयोग

भी हैं । 'अर्चना', 'आराधना' और 'गीत गुंज' में गेय तत्व की प्रधानता है । इससे हम इसी परिणाम पर पहुँचते हैं कि हिंदी-काव्य में मुक्त छंद का प्रवचन तो निराला जी द्वारा हुआ, पर उसे वे एक जीवन-व्यापी मिशन के रूप में लेकर नहीं चले ।

काव्य के क्षेत्र में निराला ने पैंतालीस वर्ष साधना की । इसमें पहले बाईस वर्ष उनके काव्य के विकास के वर्ष हैं, पिछले बाईस वर्ष उसके धीरे-धीरे ह्रास के । उनके काव्य का पूर्वार्द्ध (1916-38) जैसा समृद्ध है, उत्तरार्द्ध (1939-61) वैसी ही साधारणता का परिचायक। 'अनामिका' के लेकर 'तुलसीदास' तक में क्लासिक भव्यता के साथ जिस कलात्मक सौष्ठव के दर्शन होते हैं, उसकी झलक तक 'कुकुरमुत्ता' से लेकर 'गीत गुंज' की रचनाओं में नहीं पायी जाती ।

निराला जी पाठक के हृदय को जो इतना अभिभूत करते हैं, उसका मुख्य कारण यह है कि उनका काव्य साहित्य और जीवन के श्रेष्ठतम मूल्यों से अनुप्राणित हैं यह काव्य जैसे अंतरतम की अगम गहराई से उमड़ कर आया है, व्यक्तित्व की सम्पूर्ण सच्चाई के भीतर से उसकी सृष्टि हुई है । उसमें अनुभूति की पूरी ऊष्मा, जीवन का पूरा आवेग है । उसमें कवि की सृजन-कल्पना कला की पूरी ऊँचाई से रम्यतम सौंदर्य-प्रसाधनों का चयन करके लायी है । इन रचनाओं में कवि का व्यक्तित्व काव्य के विराट आयामों के साथ तादात्म्य का अनुभव करके प्रेरणा की समाधि में कुछ ऐसा ऊँचा उठ गया है कि वहाँ से वाणी की जो भी झंकार उठती है, वह सत्य, शिव, सुन्दर की पर्यायवाची बन जाती है ।

●

बालकृष्ण शर्मा 'नवीन'

पं० बालकृष्ण शर्मा नवीन का जन्म सन् 1897 में ग्वालियर के शुजालपुर ग्राम में हुआ । इनके पिता जमनादास शर्मा भगवान के बड़े भक्त थे और वैष्णव धर्म में दीक्षित होने के कारण उदयपुर राज्य के प्रसिद्ध तीर्थ-स्थान श्रीनाथद्वारा में सपरिवार रहते थे । वहाँ इनकी शिक्षा में बाधा पड़ते देख इनकी मां इन्हें ग्वालियर राज्य के शाजापुर स्थान में ले आई । यहाँ से मिडिल पास करने के उपरांत इन्होंने उज्जैन के माधव कालेज से सन् 1917 में एंट्रेस पास किया । इनके एक वर्ष पूर्व ही ये काँग्रेस का अधिवेशन देखने लखनऊ गए थे । उस अवसर पर ये लोकमान्य बालगंगाधर तिलक, श्रीमती एनी बेसेंट और श्री गणेशशंकर विद्यार्थी आदि के

सम्पक में आए । विद्यार्थी जी के सम्पर्क में आना था कि इनके जीवन की गति ही बदल गयी । इन्होंने उज्जैन छोड़ दिया और कानपुर आकर गणेश जी के साथ रहने लगे । वहाँ के क्राइस्ट चर्च कालेज से इन्होंने इंटर किया । राष्ट्रीय विचारों के तो ये पहले से ही थे, विद्यार्थी जी के संसर्ग से तो देश-भक्ति के रंग में ऊपर से नीचे तक डूब गए । असहयोग-आन्दोलन के दिनों में इन्होंने पढ़ना छोड़ दिया और 'प्रताप' तथा 'प्रभा' के संपादन में विद्यार्थी जी की सहायता करने लगे । राष्ट्रीय आन्दोलन में भाग लेने के कारण इनकी पहली गिरफ्तारी 13 दिसम्बर 1921 को प्रयाग में हुई । उस समय ये उत्तर प्रदेशीय कांग्रेस समिति के सदस्य थे । इनके जेल के साथियों में पं० जवाहरलाल नेहरू, राजर्षि पुरुषोत्तमदास टंडन, देवदास गांधी तथा महादेव देसाई थे । जनवरी 1923 में ये मुक्त हुए । सन् 1930 में इन्हें दो बार छः-छः मास के लिए कारावास का दंड मिला । सन् 1931 में ये फिर ढाई वर्ष के लिए जेल भेज दिए गए । पं० माखनलाल चतुर्वेदी के समान इनकी भी बहुत-सी रचनाएँ कारागृह में लिखी गयी हैं ।

नवीन जी का सारा जीवन देश की पुनीत सेवा में व्यतीत हुआ । काव्य-ग्रंथों के प्रकाशन की ओर इन्होंने बहुत दिनों तक ध्यान नहीं दिया । विवाह भी इन्होंने देश के स्वतंत्र होने पर ढलती अवस्था में किया ।

आकृति से नवीन जी सुन्दर व्यक्ति थे । संगीत के प्रेमी होने के कारण उन्हें कुछ गाकर कविता सुनाने का शौक था । वक्ता भी वे बहुत अच्छे थे । विराट सभाओं में भाषण देते समय वे पं० नेहरू के समान बीच-बीच में बिगड़ उठते थे । उनका यह बिगड़ना बहुत अच्छा लगता था । वे बड़े ही सहृदय व्यक्ति थे और उनके व्यक्तित्व का कुछ ऐसा आकर्षण था कि अपने प्रशंसकों से वे प्रायः घिरे ही रहते थे ।

भारतीय संसद के सदस्य होने के उपरांत वे स्थायी रूप से 5 विंड्सर प्लेस, नई देहली में रहने लगे थे । सन् 1960 में उनका देहांत हो गया ।

नवीन जी के निम्नलिखित काव्य-ग्रंथ पाए जाते हैं-

कुंकुम, अपलक, क्वासि, रश्मि-रेखा, ऊर्मिला (1957) ।

बालकृष्ण शर्मा 'नवीन' हिंदी के गिने-चुने राष्ट्रवादी कवियों में से है । जैसे उज्जवल उनके संस्कार थे, वैसा ही उन्हें सम्पर्क मिला, वैसा ही कार्यक्षेत्र, वैसा ही वातावरण, वैसा ही जीवन । अपना जीवन उन्होंने देश को अर्पित कर दिया था । वे पराधीनता के वातावरण में उत्पन्न हुए थे, पर अपने देश पर उन्हें असीम गर्व था । स्वतन्त्र देश पर तो सभी गर्व कर सकते हैं, पर पराधीन देश पर गर्व करना कठिन काम है । उनकी एक रचना है-हिन्दुस्थान हमारा है । इसके शीर्षक से ही कैसी आत्मीयता झलक रही है ! कवि देश के विस्तार पर चकित है । उसे इस बात पर गर्व है कि सभ्यता का विकास सर्वप्रथम यहाँ हुआ । गर्व उसे इस बात का भी है कि उसके देश का इतिहास अत्यंत गौरवमय रहा है । इसके साथ ही उसने भयंकर

यथार्थ से भी आँख मिलायी है। स्वाधीनता के संग्राम में यद्यपि अंतिम विजय की आशा सभी को थी, पर परिस्थितियों की विवशता से कई बार देश में निराशा की लंबी लहर दौड़ गयी थी–विशेष रूप से 1930 और 42 के बीच में। उस स्थिति में कवि को भी एक बार घोर निराशा ने आ घेरा था। उस समय उसने 'पराजय-गीत' लिखा। दोनों वृत्तियों के दर्शन कीजिए–

(1)

कोटि कोटि कंठो से निकली
आज यही स्वर-धारा है,
भारतवर्ष हमारा है, यह
हिंदुस्थान हमारा है।
जिस दिन सबसे पहले जागे
नव-सिरजन के स्वप्न घने,
जिस दिन देश-काल के दो दो
विस्तृत विमल वितान तने,
जिस दिन नभ में तारे छिटके,
जिस दिन सूरज चाँद बने,
तब से है यह देश हमारा,
यह अभिमान हमारा है।

(2)

आज खड्ग की धार कुंठिता
है, खाली तृणीर हुआ,
विजय-पताका झुकी हुई है
लक्ष्य-भ्रष्ट यह तीर हुआ।
बढ़ती हुई कतार फौज की
सहसा अस्तव्यस्त हुई,
त्रस्त हुई भावों की गरिमा
महिमा सब सन्यस्त हुई।
मुझे न छेड़ी इतिहासों के
पन्नों, में गति धीर हुआ,
आज खड्ग की धार कुंठिता
है, खाली तूणीर हुआ।

'नवीन' जी की कविताओं में मस्ती का स्वर ध्वनित हुआ हैं। यह मस्ती परिस्थितियों की उपज है। विदेशी-शासन-काल में राष्ट्र-प्रेम का एक ही पुरस्कार

था-कारागार का जीवन। उस काल में देश-प्रेमी का एक पैर घर में रहता था, दूसरा जेल में। इसी से 'नवीन' जी की 'हम अनिकेतन' और 'हम है मस्त फकीर' आदि रचनाओं में ऐसे भाव व्यक्त हुए है जैसे-हम मस्त फकीर हैं, हम रमते राम हैं, हम परिचय हीन हैं, हम अनिकेतन हैं। यह फक्कड़पन कबीर से बहुत कुछ मिलता-जुलता है।

लेकिन इनके जीवन में आकर्षण के पल भी आए थे। इन्हें अपने हृदय के आकर्षण का भी पता था और उधर के आकर्षण का भी। इनकी न जाने कितनी रचनाओं से भाव के आदान-प्रदान का आभास मिलता है। कहीं रंग कुछ अधिक गहरा हो गया है प्रेम को पाप-पुण्य से ऊपर बतलाते हुए ये यहाँ तक कह बैठे हैं-

यूँ भुज भर कर हिये लगाना
है क्या कोई पाप ?
या अधखुले दृगों का चुंबन
है क्या पाप - कलाप ?
कुंतल से क्रीड़ा करना भी
है क्या कोई दोष ?
देवि बताओ तो इसमें है
कहाँ पाप-संताप ?

'नवीन' जी की विचारधारा मूलतः अध्यात्मवादी हैं इनकी अनेक रचनाओं में आत्मा की आध्यात्मिक यात्रा का विवरण प्रस्तुत किया गया है। यह यात्रा कुछ-कुछ कबीर के पद-चिन्हों पर हुई है। कबीर के समान इन्होंने भी डोला, कहार, नैहर, सजन-भवन आदि की चर्चा की है। 'मानव की क्या अंतिम गति-विधि' में इन्होंने सृष्टि के विधान में मनुष्य के स्थान और उसके भविष्य के संबंध में विचार किया है। इस दिशा की इनकी सबसे महत्वपूर्ण रचना है-कस्त्वं कोऽह्म? यह कविता बीसवीं शताब्दी की प्रसिद्धतम लंबी रचनाओं में से है। इसमें इन्होंने आध्यात्मवादी दृष्टिकोण से मनुष्य के जन्म और विकास, जिज्ञासा और स्वप्न, श्रेय और प्रेम की भावना तथा सृजन और विनाश की शक्ति पर गंभीरतापूर्वक विचार किया है। यह रचना घुमा-फिराकर पदार्थवाद का खंडन और चेतनावाद का समर्थन करती है। इसका अंत भारतीय दृष्टिकोण के अनुसार एक आशावादी संदेश में हुआ है-यही कि धरती पर स्वर्ग का राज्य स्थापित होगा जिससे मानवता के सारे कष्ट दूर हो जायेंगे। लक्ष्य की ओर अग्रसर मनुष्य के इस रूप को देखिए-

मैं इतनी बड़ी कहानी हूँ जिसका अथ है अज्ञात सखे,
मैं आदि-अंत से परे, यहूं अथ-इति की कौन बिसात सखे?
हे जग मैं एक पहेली हूँ, क्या दूँ तुझको अपना परिचय?
मैं दृष्टा हूँ, मैं भोगी हूँ, जड़जंगम है मेरा सपना।

हूँ बना आज मैं जग विजयी, आकाश-जयी, भूतल-विजयी।
मैं देश-जयी, मैं काल-जयी, मैं वायु-जयी, जल-थल-विजयी।
तब से अब तक मैंने कितने साम्राज्य बनाये, ढेर किये,
है क्या गणना मैंने कितने ये सीधे-उल्टे फेर किये।
है लक्ष्य अलख, अस्पष्ट, किन्तु, मेरे हिय बीच विराम नहीं,
अन्वेषण के अतिरिक्त मुझे कुछ और यहाँ पर काम नहीं,
जिसको ढूँढूँ हूँ वह क्या है, इसका कुछ है आभास मुझे,
अपने पिय की है दरस-प्यास ऐसी कि बुझाए भी न बुझे।

'ऊर्मिला' इनका छः सौ पृष्ठ का एक बृहत प्रबंध-काव्य है जो बारह वर्षों (1922-34) में समाप्त हुआ। इसका प्रकाशन बहुत विलंब से सन् 1957 में हुआ। रामायण की घटनाओं के क्रमबद्ध की ओर ध्यान न देकर इसमें कवि ने उनके प्रति पात्रों की मानसिक प्रतिक्रिया को विशेष रूप से सहृदयों के सामने रखा है, इसी से 'साकेत' के समान 'ऊर्मिला' में भी उर्मिला का विरह-वर्णन ही मुख्य है। इस कृति में सीमित से कथानक को अपरिमित विस्तार दे दिया गया है, पर इसमें भी संदेह नहीं कि इससे उर्मिला की एक नयी मूर्ति आँखों के सामने उभर कर आती है।

नवीन जी का हृदय क्रांति और प्रेम का अपूर्व संधि-स्थल था। उनकी स्फुट रचनाओं से जैसे उनके अन्तर के ओज का पता चलता है, वैसे ही इस प्रबंध-काव्य से उनके सौन्दर्य-बोध, प्रणय-भावना एवं सांस्कृतिक चेतना के विकास का। 'ऊर्मिला' के अंत की ओर प्रेम को क्रांति से श्रेष्ठकर घोषित करते हुए उन्होंने कहा है-

नहीं कठिन कुछ चित्रित करना
विश्व-क्रांतियों का चित्रण,
पर, कल्पने, असंभव ही है
दिखलाना हिय का स्पंदन।

नवीन जी की भाषा में बड़ी अव्यवस्था पायी जाती है। कविता ये हृदय के उद्गार व्यक्त करने के लिए ही लिखते थे, इसी से कला की ओर इन्होंने कभी अधिक ध्यान नहीं दिया। उस ओर से ये निरंतर कुछ लापरवाह से रहे। मन में आया तो मम और तव लिख दिया, उमंग उठी तो साजन और यारी का प्रयोग कर दिया, मन में आया तो तूष्णीम् और अश्म खपा दिए, मन में आया, चख और मनुआँ फ़िट कर दिए, मन में आया सोचो हो, देखो हो, क्रियाएँ बना लीं, मन में आया डाँक उठना, लाँच उठना कह बैठे। इतना सब कुछ होने पर भी, इनके काव्य में कुछ इस प्रकार का माधुर्य विद्यमान है जो केवल फक्कड़पन की प्रवृत्ति से उद्भुत होता है।

●

सुमित्रानंदन पंत

सुमित्रानंदन पंत का जन्म 20 मई सन् 1900 को अल्मोड़े से 32 मील उत्तर की ओर कौसानी में हुआ। इनके पिता पं० गंगादत्त पंत यहाँ टी-गार्डन्स के मैनेजर थे और स्वतंत्र रूप से लकड़ी का व्यापार करते थे। कौसानी के निकट विविध वर्ण के पुष्पों से सुशोभित हरियाली घाटी है और बाँझ, चीड़ तथा देवदार के ऊँचे वृक्ष सिर उठाए खड़े हैं। प्रकृति की इस रम्यता के कारण यह स्थान भारत का स्विट्जरलैंड कहलाता है। पंत जी के जन्म के छः घंटे के उपरांत ही इनकी माता का, जिनका नाम सरस्वती था, देहांत हो गया। अतः बचपन में इनका पालन-पोषण इनकी फूफी ने किया। चार-भाई और चार बहनों में पंत जी सबसे छोटे हैं। भाई-बहनों में से अब कोई जीवित नहीं है। अपने पिता गंगादत्त और भाई हरदत्त एवं देवीदत्त के समान पंत जी का जन्म का नाम गुसाईदत्त था। चौथी कक्षा तक इनकी शिक्षा कौसानी के वर्नाक्यूलर स्कूल में हुई। इसके उपरांत ये गवर्नमेंट हाईस्कूल अल्मोड़ा में प्रविष्ट हुए। यहाँ इन्होंने नवीं कक्षा तक शिक्षा पायी और अपना नाम बदलकर सुमित्रानंदन कर लिया। सन् 1918 में एक वर्ष के लिए ये वाराणसी गए और वहाँ जयनारायन हाईस्कूल से स्कूल लीविंग परीक्षा पास की। जुलाई 1919 में इन्होंने प्रयाग के म्योर सेंट्रल कालेज में नाम लिखाया और हिंदू बोर्डिंग हाउस में रहने लगे। सन् 1921 के असहयोग आंदोलन में महात्मा गांधी के सामने कालेज छोड़ने वाले लड़कों में इनके बड़े भाई ने पीछे से इनका हाथ उठा दिया, अतः इंटर करने से पहले ही पंत जी की शिक्षा सदैव के लिए समाप्त हो गयी।

इस विशिष्ट घटना को केन्द्र मानकर हम चाहें तो उनके जीवन को तीन भागों में विभाजित कर सकते है—(1) शिक्षा-काल (2) संघर्ष और सृजन का युग, (3) सफलता और सम्पन्नता के दिन।

नौकरी का द्वार बंद हो जाने, परिवार से कोई सहायता और प्रोत्साहन न मिलने तथा आजन्म एकांकी जीवन बिताने के कारण पंत जी को अत्यन्त तीखे संघर्ष का सामना करना पड़ा। पहली बात यह कि कल्पना शील होने के कारण अनेक वर्षों तक इन्हें किसी न किसी के साथ रहना पड़ा। इनमें कुंवर सुरेशसिंह (1931-1939), नरेन्द्र शर्मा (1939-40), बच्चन (1941-43), नर्तक उदयशंकर (1943-47), बच्चन (1947-48) तथा कृष्णानंद पांडे (1948-49)

आदि मुख्य हैं। कलाकांकर से जब पंत जी प्रयाग आते थे, तो रामचंद्र टंडन के अतिथि होते थे। अतः हम चाहें तो कह सकते हैं कि 1950 से पहले पंत जी का अपना कोई घर न था।

दूसरे, इस काल में ये कुछ महान व्यक्तियों के सम्पर्क में आए। इनमें हम रवीन्द्रनाथ, महात्मा गांधी और श्री अरविंद के नाम ले सकते हैं। तीनों से इन्होंने अपने काव्य की प्रेरणा ग्रहण की। मार्क्सवादी दर्शन की ओर इनका अस्थायी झुकाव प्रसिद्ध कम्युनिस्ट नेता पी॰सी॰ जोशी के कारण हुआ। काव्य-सृजन के प्रारंभिक वर्षों में इन्हें प्रयाग विश्वविद्यालय के प्रो॰ शिवाधार पांडेय और श्रीधर पाठक से प्रोत्साहन मिला। संघर्ष के ये वर्ष इनकी वास्तविक प्रतिभा के विकास के वर्ष है।

इसी बीच काव्य-साधना के अतिरिक्त पंत जी ने 'रूपाभ' नाम के एक मासिक-पत्र का संपादन (1938) किया और लोकायन नाम की एक संस्था (1948) की योजना बनायी। पत्रिका थोड़े दिन चलकर बंद हो गयी, योजना कागजों तक सीमित रही।

सन् 1950 के उपरांत इनका जीवन नया मोड़ लेता है। इस अवधि में ये रेडियो-विभाग से सम्बद्ध रहे-पहले (1950-57) हिंदी चीफ प्रोड्यूसर, फिर (1958-) साहित्य सलाहकार के रूप में पहले सात वर्षों में इनका वेतन एक हजार मासिक था। इस दशक में पंत जी के जीवन और काव्य के संबंध में काफी लिखा गया, जिनमें चार आलोचना-ग्रंथ तो सन् 1951 में ही प्रकाशित हुए। 60 वर्ष पूरे होने पर साहित्यकारों तथा अन्य गण्यमान्य व्यक्तियों द्वारा इनका अभिनंदन दिल्ली में हुआ। इस प्रसन्नता में योग देने के लिए मैथिलीशरण गुप्त (रत्नावली), महादेवी वर्मा (सप्तपर्णा), बच्चन (कवियों में सौम्य संत), नरेन्द्र शर्मा (द्रौपदी) तथा अज्ञेय (रूपाम्बरा) ने अपनी मौलिक, अनूदित अथवा संपादित रचनाएँ उन्हें समर्पित कीं। सन् 1961 में भारत-सरकार ने 'पद्म-भूषण' की उपाधि से इन्हें सम्मानित किया। इसी वर्ष इन्होंने रूस, इंग्लैंड तथा अन्य कई योरोपीय देशों का भ्रमण किया। इसी वर्ष इनकी काव्य-कृति 'कला और बूढ़ा चाँद' पर इन्हें साहित्य एकेडमी से 5000) का पुरस्कार मिला। अतः इस समय इनके जीवन को सभी दृष्टियों से सफल कहा जा सकता है।

पंत जी के निम्नलिखित काव्य-ग्रंथ प्रकाशित हो चुके हैं-

वीणा	1918
ग्रंथि	1920
पल्लव	1926
गुंजन	1932
युगांत	1936

युगवाणी	1939
ग्राम्या	1940
स्वर्ण किरण	1947
स्वर्ण धूलि	1947
युगांतर	1948
उत्तरा	1949
रजतशिखर	1951
शिल्पी	1952
अतिमा	1955
सौवर्ण	1957
वाणी	1958
कला और बूढ़ा चाँद	1959

सुमित्रानंदन पंत के काव्य को तीन भागों में स्पष्ट रूप से विभाजित किया जा सकता है—(1) वीणा-युगांत-काल (1918-1936) युगवाणी-ग्राम्या-काल (1937-1940) तथा स्वर्णकिरण-कला और बूढ़ा चाँद-काल (1947-)। इन्हें हम छायावाद-युग, प्रगतिवाद-युग और स्वातंत्र्योत्तर-युग भी कह सकते हैं। छायावाद-युग में ये प्रकृति के कवि के रूप में प्रसिद्ध रहे। पल्लव-जिसने इन्हें प्रसिद्ध छायावादी-कवि के रूप में प्रतिष्ठित किया-इसी काल की रचना हैं इनकी श्रेष्ठतम कृति 'गुंजन' का प्रकाशन भी इसी काल में हुआ। पंत जी की प्रतिभा और सृजनात्मक शक्ति के प्रस्फुटन का यह सुन्दरतम काल हैं इस काल में ये अंग्रेजी के रोमांटिक कवियों-वर्डस्वर्थ, शैली, कीट्स, भारतीय कवियों कालिदास और रवीन्द्रनाथ आदि से प्रभावित रहे। विचारों के क्षेत्रों में महात्मा गांधी के सिद्धांतों ने इनके अंतःकरण को आंदोलित किया। द्वितीय-काल में मार्क्स के प्रभाव में आकर इन्होंने प्रगतिशील काव्य की रचना की। स्वतंत्रता के उपरांत इन्हें श्री अरविंद के जीवन-दर्शन ने गहराई से प्रभावित किया। यह प्रभाव अभी चल ही रहा है।

प्रकृति में चेतना के आरोप को छायावाद कहते हैं। इस दृष्टि से पंत जी को छायावादी कवि कह सकते है। सच पूछिए तो, छायावाद, प्रकृति-वर्णन का ही एक प्रकार है। अब तक कवियों ने प्रकृति को अपने दृष्टिकोण से देखा था, पंत जी ने उसे निरपेक्ष दृष्टि से देखा, अब तक उसे जड़ समझा जाता था, पंत जी ने उसे चेतन माना, अब तक उसे किसी न किसी प्रकार मानव-जीवन से सम्बद्ध करके रखा गया था, पंत जी ने उसके जीवन को अपने में पूर्ण और स्वतन्त्र घोषित किया।

वीणा से लेकर कला और बूढ़ा चाँद तक उनके समस्त काव्य-ग्रंथ प्रकृति-प्रेम के परिचायक हैं ।

वीणा में छाया, अंधकार, सरिता, निर्झर, लता, उषा और विहग पर छोटी-छोटी रचनाएँ पायी जाती हैं । इस ग्रंथ में स्वयं को कवि ने एक बालिका के रूप में चित्रित किया है और प्रकृति को सजीव मानकर उससे अनेक प्रकार के प्रश्न किए हैं । वीणा का कवि पहले प्रकृति के प्रति जिज्ञासा-भावना लेकर चलता है, फिर उसके गुणों पर मुग्ध होकर उनका अनुकरण करना चाहता है और अंत में उसमें डूबकर उससे तादात्म्य स्थापित करना चाहता है । 'पल्लव' प्रकृति की चित्रशाला है । इसमें कुछ रचनाएँ तो पुराने विषयों पर ही हैं इनके अतिरिक्त कवि ने अनेक नए विषय भी लिए हैं जैसे बादल, नक्षत्र, लहर, पवन, बसंत, भ्रमर आदि । पल्लव में किसी वस्तु के प्रति जितनी भी कल्पनाएं संभव हैं, कवि ने सब कर ली हैं । उपमाओं की तो वहाँ जैसे झड़ी लगा दी है । रचनाएँ वर्णन प्रधान होने के साथ ही कल्पना-प्रधान हैं । भाव यदि कहीं झलक मारता है, तो कल्पनाओं के भीतर से ही । यहाँ प्रकृति के सम्पर्क में आकर बड़े भारी आनन्द का अनुभव कवि करता है । 'गुंजन' में प्रकृति-सम्बन्धी सभी रचनाएँ सौन्दर्य और आनन्द की भावना से परिपूर्ण है । इन पर नारी-भावना का आरोप विशेष रूप से है । इसमें संश्लिष्ट चित्रण की ओर कवि का ध्यान अधिक है । पल्लव के समान शुद्ध प्रकृति-वर्णन गुंजन की रचनाओं का लक्ष्य नहीं । कहीं कोई विशिष्ट विचार, कहीं कोई आध्यात्मिक भाव और कहीं निजी दर्शन व्यक्त करना कवि का जैसे लक्ष्य बन गया है । 'युगांत' से लेकर 'ग्राम्या' की प्रकृति पर मानवतावाद का प्रभाव है । इसमें जहाँ गाँव की प्रकृति विचित्र हुई है वहाँ कवि जन-भावना के निकटतर आता दिखाई देता है । 'स्वर्णकिरण' के उपरांत इनकी प्रकृति अरविंद के चेतनावाद में डूब गई । कवि अब विशेष रूप से विराट कल्पनाओं का प्रेमी हो गया हैं इनके माध्यम से वह प्रायः आत्मा की गरिमा पर बल देता है । उनकी सभी कृतियों में से प्रकृति-संबंधी दस-बारह श्रेष्ठ कविताएँ हम छाँटना चाहें, तो इनके नाम लेंगे-प्रथम रश्मि, छाया, बादल, एकतारा, नौका विहार, कलरव, पुण्य प्रसू, झंझा में नीम, ग्राम-श्री, हिमाद्रि, पतझर और कूर्माचल के प्रति ।

कुंछ पंक्तियाँ लीजिए-

(1) बाँसों का झुरमुट-
संध्या का झुटपुट-
हैं चहक रहीं चिड़ियाँ
टी-वी-टी-टुट्-टुट् !

(2) शांत, स्निग्ध, ज्योत्सना उज्ज्वल !
अपलक अनंत, नीरव भूतल !

सैकत-शरूया पर दुग्ध धवल, तन्वंगी गंगा, ग्रीष्म विरल,
लेटी है श्रांत, क्लांत, निश्चल !
गोरे अंगों पर सिहर-सिहर, लहराता तार-तरल सुन्दर
चंचल अंचल-सा नीलाम्बर !
साड़ी की सिकुड़न-सी जिस पर, शशि की रेशमी-विभा से भर
सिमटी हैं वर्तुल, मृदुल लहर ।
(3) पावस ऋतु थी, पर्वत प्रदेश,
पल-पल परिवर्तित प्रकृति वेश ।
मेखलाकर पर्वत अपार
अपने सहस्र दृग-सुमन फाड़
अवलोक रहा है बार-बार
नीचे जल में निज महाकार,
जिसके चरणों में पला ताल
दर्पण सा फैला है विशाल !

ब्रह्म के प्रति आत्म-निवेदन पंत जी की रचनाओं में भी पाया जाता है । इनके रहस्यवादी होने में वाह्य प्रभावों का थोड़ा हाथ रहा है । रवीन्द्रनाथ की गीतांजलि इनमें मुख्य है । गीतांजलि के एक गीत के अनुकरण पर उसी प्रकार का गीत वीणा में पंत जी ने रखा । टैगोर की शैली का भी थोड़ा बहुत प्रभाव इस कृति की रचनाओं में यहाँ-वहाँ स्पष्ट है । परन्तु उनके स्वभाव के भीतर वह सब कुछ विद्यमान था जिससे वे रहस्यवादी बनते । सुन्दर के प्रति वह आकर्षण जो उन्हें प्रकृति, नारी और व्यापक जीवन की ओर खींच लाया, रहस्यवादी बनाने में सहायक हुआ । उनकी जिज्ञासा-भावना ने किसी समय उनका साथ नहीं छोड़ा । महत्व के प्रति आत्म-समर्पण भी उनमें प्रारंभ से बना हुआ है । अपने उपास्य के प्रति पंत जी की भावना निर्दिष्ट नहीं कही जा सकती । वीणा में उस अलौकिक सत्ता को उन्होंने कहीं माना है, कहीं प्रियतम । भावना की अभिव्यक्ति प्रकृति के माध्यम से प्रायः हुई है, अतः इन्हें प्रकृति-मूलक रहस्यवादी कहा जा सकता हैं अध्यात्म-चिंतन के कई पक्ष हो सकते हैं । एक यह कि ईश्वर में केवल विश्वास हो, दूसरा यह कि उसे एक शक्ति मानकर उससे प्रार्थना की जाय और तीसरा यह कि उससे कोई संबंध स्थापित कर उसके प्रति प्रेम का अनुभव किया जाय । पन्त जी ने अपने काव्य में कहीं-कहीं उससे प्रेम का सम्बन्ध स्थापित किया है और बड़ी कोमलता के साथ उस संबंध की अभिव्यक्ति की हैं निराश होने पर कहीं-कहीं मृदु उपालंभ भी उन्होंने दिए हैं । जहाँ तक दूसरी ओर का संबंध है उसका आभास पल्लव की 'मौन-निमंत्रण' रचना में मिलता है । दोनों स्थितियों की झलक देखिए-

(1) *याद है क्या न प्रात की बात ?*
खिले थे जब तुम बनकर फूल
भ्रमर बन, प्राण, लगाने धूल
पास आया मैं, चुपके शूल
चुभाये तुमने मेरे गात......
निठुर, यह भी कैसा अभिमान ।

(2) *देख वसुधा का यौवन-भार*
गूंज उठता है जब मधुमास,
विधुर उर के से मृदु उद्‌गार
कुसुम जब खुल पड़ते सोच्छ्‌वास,
न जाने सौरभ के मिस कौन
संदेशा मुझे भेजता मौन !

पंत की प्रगति के चरण हैं-ईश्वर, प्रकृति, प्रणय, जीवन और संस्कृति अर्थात रहस्यवाद, प्रकृति-प्रेम, रोमांस, प्रगतिशीलता और भविष्यवाद । युगांत के प्रारंभ से ही प्रगतिवाद उनके काव्य में प्रारंभ हो जाता है और युगवाणी तथा ग्राम्या में वह अपनी जड़ें जमा लेता है । व्यक्तिवाद से समाजवाद की ओर मुड़ना पंत के जीवन और काव्य की स्वाभाविक परिणति थी ।

'युगवाणी' और 'ग्राम्या' मार्क्सवादी दर्शन से प्रभावित रचनाएँ हैं । संसार, इतिहास और समाज की जैसी व्याख्या साम्यवाद करता है, वैसी ही व्याख्या पंत जी ने भी की है-वही संसार को सत्य मानना, वही सामूहिक दृष्टि से सब कुछ सोचना, वही पूंजीवाद को सब प्रकार के कष्टों के लिए उत्तरदायी ठहराते हुए उसे मरणासन्न घोषित करना, वही द्वन्द्वात्मक तर्क-प्रणाली से काम लेना, वही साम्यवाद के साथ स्वर्ण-युग का पदार्पण मानना-सब कुछ वही है । साम्राज्यवाद और पूंजीपतियों की निंदा भी कवि ने साम्यवादी दृष्टिकोण से की है । दूसरी दिशा में इसी दृष्टिकोण से प्रभावित होकर किसानों और मजदूरों की प्रशंसा भी की गयी है यहीं तक नहीं, हथौड़े पर भी एक रचना प्रस्तुत है । नीचे के उद्धरणों से कवि का यह दृष्टिकोण स्पष्ट हो जायेगा-

धनपति

वे नृशंस हैं : वे जन के श्रमबल से पोषित,
दुहरे धनी, जोक जग के, भू जिनसे शोषित !
सुरांगना, सम्पदा, सुराओं से संसेवित,
नर पशु वे : भू भारः मनुजता जिनसे लज्जित ।
जग-जीवन का दुरुपयोग है उनका जीवन,
अब न प्रयोजन उनका, अंतिम हैं उनके क्षण ।

श्रमजीवी

वह पवित्र है : वह जग के कर्दम से पोषित,
वह निर्माता : श्रेणि, वर्ग, धन, बल से शोषित!
शीत ताप औ' क्षुधा तृषा में सदा संयमित,
दृढ़चरित्र वह कष्ट सहिष्णु, धीर निर्भयचित !
लोक-कांति का अग्रदूत, वर वीर, जनादृत,
नव्य सभ्यता का उन्नायक, शासक, शासित !

पंत जी साम्यवाद को उसी रूप में स्वीकार नहीं करते जिस रूप में वह पाया जाता है । यहीं से साम्यवादियों के साथ उनका मतभेद प्रारंभ होता है । अपना यह मतभेद उन्होंने स्पष्ट शब्दों में प्रकट किया है और उस पर वे दृढ़ रहे हैं । साम्यवादी विचारधारा को जो उन्होंने स्वीकार किया था वह लोक-कल्याण की भावना से । जब उन्होंने देखा कि यह अपने में पूर्ण नहीं है, इसमें बहुत-सी कमियाँ हैं, तो उन्होंने उसे पूर्णता देने और उन कमियों को पूरा करने के लिए अन्य मनीषियों और चिंतकों की विचारधारा को अपनाया । उनका विश्वास है कि मनुष्य का बाहरी विकास ही पूर्ण नहीं, उसकी चेतना भी विकसित होनी चाहिए । अहिंसा के भी वे प्रतिपादक हैं और इधर जीवन-सौन्दर्य के उपासक भी । अतः मार्क्स के व्यक्तित्व के प्रति आकर्षित होते हुए भी गांधी, अरविंद और रवीन्द्र के प्रति उनके हृदय में आदर की भावना है । इस प्रकार उनकी मानवता की प्रतिष्ठा एक प्रकार से गांधी अरविंद-रवीन्द्र दर्शन की आधारशिला पर होती है ।

प्रेम की अनुभूति का विकास अत्यन्त स्वाभाविक रूप से पंत जी के काव्य में हुआ है । इनकी 'ग्रंथि' एक प्रेमपरक खंड-काव्य है । कथा में दो ही पात्र प्रमुख हैं-कवि और बालिका । कवि प्रकृति का प्रेमी है । रम्य बसंत की संध्या में वह एक सरोवर में नौका-विहार के लिए निकलता है, लेकिन नाव खेना ठीक से नहीं जानता, अतः डूब जाता है । उसे एक बालिका तैरकर बचाती है । कवि सौन्दर्य का प्रेमी है और प्राण बचते ही उसकी दृष्टि बालिका के सौन्दर्य पर पड़ती है । दृष्टि मिलते ही वह आकर्षित हो जाता है और अपने आकर्षण को उसने स्पष्ट शब्दों में स्वीकार किया है । प्रेम में उसे सफलता नहीं मिलती । उसकी प्रेमिका का विवाह किसी अन्य व्यक्ति से कर दिया जाता है और उसका सपना टूट जाता है । संक्षेप में 'ग्रंथि' उत्यन्त निर्दयता से तोड़े गए कोमलतम हृदय का करुण चीत्कार हैं कवि की प्रेमिका का हाथ जब किसी के हाथ में दे दिया जाता है तो उसका हृदय हा-हा-कार कर उठता है-

शैवालिनि ! जाओ, मिलो तुम सिंधु से,
अनिल ! आलिंगन करो तुम गगन को,
चंद्रिके ! चूमों तरंगों के अधर,
उड्डगणों ! गाओ, पवन-वीणा बजा !

पर हृदय ! सब भाँति तू कंगाल है,
उठ, किसी निर्जन विपिन में बैठकर
आँसुओं की बाढ़ में अपनी बिकी
भग्न भावी को डुबा दे आँख-सी !

'पल्लव' में प्रेम-संबंधी कई रचनाएँ हैं । उनमें 'उच्छ्वास' और 'आँसू' काफी लम्बी है । 'गुंजन' में 'भावी पत्नी के प्रति' रचना की गणना भी प्रेम की रचनाओं में होगी । यह रचना किसी व्यक्ति विशेष को लक्ष्य करके नहीं लिखी गयी । वह एक ऐसी भावना है जो सभी अविवाहित युवकों को प्रिय लगती है । इस कविता में सौन्दर्य-वर्णन के बहाने कवि ने इतनी रसमयी कल्पनाएँ की हैं कि वे पाठक के मन को काफी गुदगुदाती हैं । इस संग्रह में प्रेम-संबंधी दो रचनाएँ अत्यन्त मार्मिक हैं । उनमें एक हैं संयोग-संबंधी, दूसरी वियोग-संबंधी, एक का शीर्षक है 'गृह काज', दूसरी का 'प्रतीक्षा' । 'युगांत' में प्रणय-जीवन से संबंधित केवल एक रचना है परन्तु वह अकेली रचना ही अत्यन्त रसपूर्ण है । इस ढंग की कविता उनकी कृतियों में यह अकेली है । और प्रारम्भ होती है इस पंक्ति से-मंजरित आम्रवन छाया में, हम प्रिये, मिले थे एक बार । 'स्वर्ण-धूलि' में प्रणय-जीवन से संबंधित कुछ अत्यन्त कोमल भाव-गीत हैं । पिछला उच्छ्वास इन रचनाओं में नहीं है । जो शेष रह गया है वह अत्यन्त संयम के साथ व्यक्त हुआ है । एक उत्कृष्ट उदाहरण लीजिए-

बाँध दिये क्यों प्राण
प्राणों से !
तुमने चिर अनजान
प्राणों से !
गोपन रह न सकेगी
अब यह मर्म कथा,
प्राणों की न रुकेगी
बढ़ती विरह व्यथा,
विवश, फूटते गान,
प्राणों से !

काव्य में अरविंदवाद को नवचेतनावाद कहते हैं । पंत जी हिंदी में इसके एकमात्र प्रचारक हैं । श्री अरविंद ने अपने प्रसिद्ध ग्रंथ दिव्य जीवन (The Life Divine) में सृष्टि की सभी व्यापक समस्याओं पर आध्यात्मिक दृष्टि से विचार किया हैं इसमें उन्होंने पूर्व और पश्चिम, भौतिकता और आध्यात्मिकता एवं कर्म, भक्ति, ज्ञान में समन्वय स्थापित करने का प्रयत्न किया हैं इस समन्वय की उपलब्धि

के लिए उन्होंने कठोर तप और जीवन-व्यापी साधना की थी। इससे जीवन को देखने का उनका एक दृष्टिकोण बन गया था। उसी दृष्टिकोण को अपनाकर पंत जी ने उनके विचारों के कुछ अंशों की काव्यमयी व्याख्या की है।

नवचेतनावाद की मुख्य स्थापना यह है कि मनुष्य का अंतःकरण अपने विकसित रूप में नहीं पाया जाता, पर जब इसका विकास होता है, तब प्राणी का व्यक्तित्व एक नए ही रूप में निखर उठता है। वह धीरे-धीरे दिव्यता प्राप्त करता है। ऐसी स्थिति में मन की समस्त क्षुद्र भावनाएँ मिट जाती हैं और अलौकिक आनंद की अनुभूति होती है। इस दिव्य रूपान्तर के लिए अरविंदवादी एक शक्ति का, जिसे वे 'मा' कहते हैं, आवाहन करते है। इस मा के अनेक नाम हैं जैसे परमा शक्ति आध्यात्मिक शक्ति, विज्ञानमयी शक्ति, भगवती शक्ति और पराशक्ति हमारी चेतना को बल यही शक्ति प्रदान करती है। जब ऊपर से इसका 'अवतरण होता है, तब चेतना भी आरोहण करने में समर्थ होती है।

अरविंद के अनुसार प्राणी चाहे तो धरती पर ही दिव्य जीवन व्यतीत कर सकता है। परमात्मा से सम्पर्क स्थापित करना संतों का ही एकाधिकार नहीं है, वह सबके लिए संभव हैं यदि व्यक्ति उस महाचेतन की ज्योति से अपने अंतर्मन को ज्योतित कर सके, तो भविष्य में श्रेष्ठकर व्यक्तियों का आविर्भाव होगा, जिससे व्यक्तियों की आत्मा में निहित आलोक और सौंदर्य की शक्तियाँ मुक्त होंगी और विश्व में आनंद की वर्षा होगी। संक्षेप में नए जीवन के लिए जिस नयी चेतना की आवश्यकता है, वह अतिमानस की उपलब्धि के साथ अतिमानव (Superman) की सृष्टि है।

पंतजी के काव्य में अरविंद की सभी प्रवृत्तियों-चेतना के आरोहण-अवरोहण, दिव्य करुणा की अनुकूलता, व्यक्तित्व के रूपान्तर और अलौकिक आनंद के स्फुरण-के दर्शन होते हैं।

(1) एक और चेतना शक्ति है, जो मानव के
अंतरतम में अंतर्हित है, ज्योति प्रीतिमय
स्वप्नमयी वह, सृजनमयी, आनंदमयी वह।

(2) मातृ शक्ति, फिर उतरी निजप्रच्छल व्योम से,
अवचनीय आलोक स्त्रोत-सी, निज किरणों से
रेखा स्मित कर शुभ्र चेतना के शिखरों को
उनकी शुचि अध्यात्म उच्चता को निखार कर।
आओ मा, सच्चिदानंदमयि, अमर स्पर्श से
झंकृत कर दो अंतरतम के रहः सत्य को!

(3) नए रुपहले क्षितिज निखरते मन के भीतर
आभा के रस स्त्रोत फूटते, पुलकित अंतर।
अमृत बिंदुओं से झरते स्मित जयोति प्रीति कण,

अमरों के सुख वैभव में उर करता मज्जन,
भारहीन अक्षय प्रकाश से पीड़ित अंतर
रहस भावना के स्वर्गों, में उठता ऊपर।

श्री सुमित्रानन्दन पंत में उनकी किशोरावस्था से ही एक ऐसी मनोवृत्ति के दर्शन होते हैं जो उन्हें जीवन के शुभ पक्ष की ओर निरंतर प्रेरित करती रही है। उनकी ख्याति सौंदर्य और प्रकृति के कवि के रूप में अधिक है, परन्तु उनकी सभी कृतियों में जीवन को शुभ्र से शुभ्रतर बनाने की उनकी आकांक्षा की अभिव्यक्ति बराबर होती रही है। कहने का तात्पर्य यह कि पंत जी अपने ढंग के गंभीर विचारक भी हैं। उनकी विचार-प्रधान रचनाओं में पल्लव की 'परिवर्तन', स्वर्णकिरण की 'स्वर्णोदय' अतिमा की 'संदेश' और वाणी की 'आत्मिका' उल्लेखनीय हैं

पंत जी की प्रतिभा की सबसे प्रमुख विशेषता है एक प्रकार की अभूतपूर्व मौलिकता जिसका परिचय उन्होंने अपने काव्य-जीवन के प्रारंभ से लेकर वस्तु और कला दोनों के क्षेत्र में अब तक दिया है। छायावाद की प्रतिष्ठा बड़ी व्यापक भूमि में अत्यंत विदग्धता के साथ उनके काव्य में हुई और जब कभी रहस्यात्मक अनुभूति उनमें जगी, उसकी अभिव्यक्ति भी उन्होंने सांकेतिक ढंग से की। प्रकृति-प्रेम का जैसा मार्मिक विकास उनकी रचनाओं में हुआ, वैसा पिछले एक हजार वर्ष के काव्य में भी कहीं नहीं पाया जाता। राष्ट्रीय भावना को भी उन्होंने वाणी दी, पर अन्य कवियों की भाँति उन्होंने गांधी जी के केवल गुण ही नहीं गाए, गांधीवाद की वास्तविक आत्मा को सधी तूलिका से चित्रित भी किया। जागरण के अग्रदूत बनकर किसान, श्रमिक एवं नारी की मुक्ति के लिए उन्होंनें अपनी वाणी ऊँची की। आगे चलकर मार्क्सवाद के कल्याणकारी तत्वों को उन्होंने ग्रहण किया और अब संसार भर के दार्शनिक-चिंतन के सार-स्वरूप चेतनावाद का संदेश देकर विश्व-चेतना संबंधी एक प्रकार की वैचारिक क्रांति का आयोजन वे कर रहे हैं। भाषा के क्षेत्र में जो प्रांजलता, जो मधुरता, जो व्यंजना उन्होंने खड़ी बोली को प्रदान की, वह सौ वर्षों में भी प्राप्त न हुई होती, यदि उन्होंने काव्य-क्षेत्र में प्रवेश न किया होता।

मौलिक और व्यापक होने के साथ इनका काव्य समन्वयात्मक है। पंत जी ने सभी संभव विरोधी वस्तुओं में समन्वय स्थापित करके उससे परे अपने जीवन-दर्शन की प्रतिष्ठा की हैं संदेश इस काव्य का आशावादी और कल्याणकारी हैं

पंत जी की सौंदर्य-चेतना बड़ी समृद्ध और विकसित हैं इनकी कल्पना-शक्ति ऐसी है जो केवल प्रतिभाशाली कवियों में पायी जाती है। भावना का क्षेत्र इनका प्रायः सूक्ष्म है जिसमें छनी हुई वासना का पुट-उदाहरण के लिए 'कला और बूढ़ा चाँद' में-लगा हुआ हैं इसमें संदेह नहीं कि एक शब्द-शिल्पी के रूप में पंत जी ने अपने काव्य में सुंदरता के असंख्य शतदल खिलाए हैं।

भगवतीचरण वर्मा

भगवतीचरण वर्मा का जन्म शफ़ीपुर जिला उन्नाव में 30 अगस्त सन् 1903 को हुआ। ये श्रीवास्तव कायस्थ हैं। इनके पिता बाबू देवीचरण वर्मा, इनकी शैशवावस्था में ही, वकालत करने की इच्छा से कानपुर आए और वहाँ के पटकापुर मोहल्ले में बस गए। सन् 1908 में, जब ये केवल पाँच वर्ष के थे, वकील साहब की मृत्यु हो गयी। परिणामस्वरूप इनके परिवार को ताऊ के संरक्षण में जाना पड़ा।

काव्य की प्रेरणा इन्हें प्रारंभ में थ्योसॉफिकल स्कूल कानपुर के अपने अध्यापक जगमोहन 'विकसित' से मिली। यह कक्षा 7 की बात है। कुछ दिनों के उपरांत इनकी रचनाएँ 'प्रताप' में प्रकाशित होने लगीं। गणेशशंकर विद्यार्थी के अतिरिक्त कानपुर में इनका हेलमेल बालकृष्ण शर्मा 'नवीन' और विश्वम्भरनाथ शर्मा 'कौशिक' से भी बढ़ा। सन् 1923 में जब प्रेमचन्द जी मारवाड़ी विद्यालय के हेडमास्टर होकर आए, तो उनसे भी इनका परिचय हुआ। इसी वर्ष इनका विवाह हुआ।

कानपुर से इंटर करने के उपरांत ये इलाहाबाद चले आए और सन् 1928 में प्रयाग विश्वविद्यालय से बी०ए० एल-एल०बी की परीक्षा पास की। शिक्षा समाप्त होने पर इन्होंने कानपुर, हमीरपुर और प्रतापगढ़ में वकालत की। वकालत न जमने पर सन् 1932 में ये भदरी रियासत (प्रतापगढ़) के राजा साहब के साथ रहने लगे। 'चित्रलेखा' वहीं पूरी होकर 'साहित्य भवन लिमिटेड' प्रयाग से सन् 1934 में प्रकाशित हुई। इसके एक वर्ष पूर्व ही इनकी पत्नी का देहावसान हो गया था। सन् 1934 में इन्होंने अपना घर फिर बसा लिया।

सन् 1937 में कुछ दिन के लिए ये कलकत्ते की 'फिल्म कॉर्पोरेशन' से सम्बद्ध रहे। सन् 1940 में केदार शर्मा ने इनके उपन्यास 'चित्रलेखा' पर फिल्म बनानी प्रारंभ की। यह चित्र सफल रहा और इसके उपरांत साहित्य-जगत में इन्हें वैसी ही ख्याति मिली, जैसी बच्चन जी को 'मधुशाला' के प्रकाशन के उपरांत मिली थी।

सन् 1942 में ये 'बाम्बे टाकीज' की सर्विस में आ गए। बंबई के फिल्म क्षेत्र में ये 1947 तक रहे।

वकालत और सिनेमा-जगत के अतिरिक्त इन्हें संपादन का भी अनुभव हैं सन् 1940 में इन्होंने कलकत्ते से 'विचार' साप्ताहिक का संपादन किया। बंबई से लखनऊ लौटने पर कुछ दिन ये सन् 1948 में दैनिक 'नवजीवन' के संपादक रहे। अपनी ओर से 'उत्तरा' मासिक का प्रकाशन भी इन्होंने किया, जो कुछ महीने चलकर बंद हो गया।

सन् 1950 में ये आकाशवाणी से सम्बद्ध हो गए। पहले ये देहली में सुगम संगीत के प्रोड्यूसर रहे, फिर हिंदी कार्यक्रमों के संयोजक नियुक्त हुए। अगस्त सन् 1957 में लखनऊ में इन्होंने रेडियो की नौकरी से त्याग-पत्र दे दिया।

भगवतीचरण वर्मा अब स्थायी रूप से लखनऊ में रहने लगे हैं। सन् 1960 में वहाँ की महानगर कालोनी में घर बनवाकर उसका नाम इन्होंने 'चित्रलेखा' रखा। लखनऊ में इनकी एक छोटी-सी-मित्र-मंडली है जिसमें हास्यरस के प्रसिद्ध लेखक अमृतलाल नागर, साप्ताहिक 'नवजीवन' के संपादक ज्ञानचन्द जैन और अनेक प्रकाशन संस्थाओं से समय-समय पर सम्बद्ध रुद्रनारायण शुक्ल सम्मिलित हैं।

वर्मा जी के अब तक निम्नलिखित काव्य-ग्रंथ प्रकाशित हो चुके हैं-

मधुकण	1932
प्रेम-संगीत	1937
मानव	1940
रंगों से मोह	1962

'मधुकण' में कोमलता और ओज से पूर्ण कुछ प्रारंभिक रचनाएँ हैं। कोमलता है प्रेम और सौन्दर्य को लेकर, ओज है जीवन के कलुष को मिटाने के लिए हृदय से उठे आवेश में, जो 'बादल' जैसी रचनाओं में भरा पड़ा है। कवि का दूसरा रूप है जगत पर दृष्टि डालना। यहाँ भाग्य का साम्राज्य है, निःश्वास और रुदन का आधिक्य है। यहाँ का पथ अनजान और भविष्य अंधकारमय है। इसी से विप्लवी बादल से वह इस कलुषपूर्ण संसार को नष्ट करने के लिए कहता है। कुछ लोगों ने इस विनाश-वृत्ति पर आक्षेप किया है, पर वर्मा जी की दृटि में यह 'धर्म का तेज' है।

जीवन में उत्थान-पतन, वैभव-दीनता, सौन्दर्य-श्रीहीनता अर्थात परिस्थितियों के उतार-चढ़ाव को उच्च स्तर पर अत्यंत प्रभावशाली ढंग से चित्रित करने के लिए वर्मा को है। 'नूरजहाँ की क़ब्र पर' शीर्षक एक लंबी मार्मिक रचना प्रस्तुत की। यह कविता 'मुधुकण' की सबसे सफल रचना है और हिंदी की किसी भी लंबी और सफल रचना के समकक्ष रखी जा सकती है। कुछ पंक्तियाँ देखिए-

तुम रजकण के ढेर, उलूकों के तुम भग्न विहार।
किस आशा से देख रहे हो तुम नभ पर प्रति बार ?

कि जिससे टकराता था कभी
तुम्हारा उन्नत भाल !
सुनते हैं, तुमने भी देखा था वैभव का काल ।
धूल में मिले हुए कंकाल !

तुम्हारे संकेतों के साथ
नाचता था साम्राज्य विशाल,
तुम्हारा क्रोध और उल्लास
बिगड़ते बनते थे भूपाल,
किंतु है आज कहानी शेष
प्रबल हैं प्रबल काल की चाल !

छोटी-बड़ी आत्मनिष्ठ और वस्तुनिष्ठ रचनाओं के साथ 'मधुकण' में 'तारा' नाम से एक काव्य-रूपक भी संगृहीत है जिसमें पाप-पुण्य की समस्या उठायी गयी हैं इस गीत-नाट्य में तीन पात्र हैं- तारा, चंद्रमा और बृहस्पति । बृहस्पति समझते हैं यौवन क्षणिक है, अतः वासना का दमन करना चाहिए, तारा जानती है यौवन क्षणिक है, अतः उसका भोग करना चाहिए । वृहस्पति ज्ञान के समर्थक हैं, तारा रस की । दम्पति के जीवन में सहसा चंद्रमा प्रवेश करता है । वह दोनों से प्रभावित होता है । गुरु से वह ज्ञान सीखना चाहता है, गुरु-पत्नी से प्रेम का पाठ । कवि ने पतन से पूर्व तारा और चंद्रमा दोनों के हृदय में अंतर्द्वन्द्व प्रदर्शित किया हैं यह सत्य है कि जो कुछ हुआ उसमें परिस्थिति का बहुत बड़ा हाथ है, पर कुछ भूल गुरुदेव बृहस्पति की भी हैं इस प्रकार तारा में वर्मा जी ने नैतिकता की एक गंभीर समस्या को उठाया है, जिस पर इस युग को कभी विचार करना होगा ।

'प्रेम संगीत' में प्रेम संबंधी बीस रचनाएँ हैं । प्रारंभ में प्रेमिका के वाह्य और आंतरिक सौन्दर्य की प्रशंसा की गयी हैं इसके उपरांत संयोग, वियोग और प्रतीक्षा के पलों का वर्णन है ।

'मानव' वर्मा जी की पिछली दोनों कृतियों से भिन्न प्रकार की कृति है । इसमें अपने युग की समस्याओं पर उन्होंने यथार्थवादी दृष्टि से विचार किया है । इसी में 'भैंसागाड़ी' 'ट्राम' 'राजा साहब का वायुयान' आदि रचनाएँ हैं जिनमें जीवन की भयंकर वास्तविकता को कवि ने चित्रित किया है । यहाँ कवि अनुभव करता है कि वह भी एक सामाजिक प्राणी है और संसार से कटकर स्वप्नों के रंगमहल में बंदी जीवन नहीं व्यतीत कर सकता । उसे जनता के साथ चलना होगा । इस ग्रंथ में कवि अधिकतर शोषितों के समर्थक और मानवता के प्रचारक के रूप में दिखाई देता है । यहीं वर्मा जी गांधीवाद अर्थात दया, प्रेम, त्याग और अहिंसा का समर्थन भी कर सके हैं । 'मानव' में आँधी से बचे फूल के समान प्रेम सम्बन्धी दो-एक रचनाएँ और रहस्य-चिंतन के गीत भी हैं । दोनों के नमूने देखिए-

(1) नीचे जलने वाली पृथ्वी
ऊपर जलने वाला अंबर,
औ कठिन भूमि की जलन लिए
नर बैठा है बन कर पत्थर,
पीछे है पशुता का खंडहर
दानवता का सामने नगर,
मानव का कृश कंकाल लिए
चरमर-चरमर—चूं-चरर-मरर
जारही चली भैंसा गाड़ी।

(2) जब कलिका को मादकता में
हँस देने का वरदान मिला,
जब सरिता की उन बेसुध-सी
लहरों को कल-कल गान मिला,
जब भूले-से भरमाये-से
भ्रमरों को रस का पान मिला,
तब हम मस्तों को हृदय मिला
मर मिटने का अरमान मिला।

अपने नए कविता-संग्रह का नाम वर्मा जी ने 'रंगों से मोह' दिया है। इसमें कुछ रचनाएँ देश, कुछ प्रणय, कुछ प्रकृति, कुछ प्रार्थनापरक है।

देश-प्रेम संबंधी रचनाओं पर स्वतंत्रता-प्राप्ति के बाद की घटनाओं का प्रभाव पाया जाता है। ये रचनाएं। स्वतंत्रता-दिवस, गणतंत्र दिवस एवं गांधी-निधन आदि के अवसर पर लिखी गयी हैं। किसी-किसी रचना में साम्प्रदायिक दंगों के दुष्परिणाम की ध्वनि भी पायी जाती है। 'भू-वंदना' में जन्म-भूमि के प्रति उज्जवल अनुराग उमड़ पड़ा है-

हे अमरों की जननी, तुझको शत-शत बार प्रणाम।
मातृ-भू शत-शत बार प्रणाम्।
हिमगिरी सा उन्नत नव मस्तक,
तेरे चरण चूमता सागर,
श्वासो में हैं वेद ऋचाएँ
बानी में है गीता का स्वर
ऐ संस्कृति की आदि तपस्वनि, तेजस्वनि अभिराम।
मातृ-भू शत-शत बार प्रणाम।

प्रार्थना-गीतों में भावों की पूरी आर्द्रता पायी जाती है। आत्म-निवेदन की इन रचनाओं में वर्मा जी कहीं-कहीं बहुत ऊँचे उठ गये है। इनमें 'समर्पण' शीर्षक रचना तो बड़ी उदात्त भावनाओं एवं विलक्षण गरिमा से युक्त बन पड़ी है। कला की दृष्टि से भी वह बड़ी व्यवस्थित और सुगठित है-

अर्पित मेरी भावना-इसे स्वीकार करो।
तुमने गति का संघर्ष दिया मेरे मन को,
सपनों को छवि के इंद्रजाल का सम्मोहन,
तुमने आँसू की सृष्टि रची है आँखों में,
अधरों को दी है शुभ्र मधुरिमा की पुलकन,

उल्लास और उच्छ्वास तुम्हारे ही अवयव,
तुमने मरीचिका और तृषा का सृजन किया,
अभिशाप बनाकर तुमने मेरी सत्ता को
मुझको पग-पग पर मिटने का वरदान दिया,
मैं हँसा तुम्हारे हँसते-से संकेतों पर,
मैं फूट पड़ा लख वक्र भ्रकुटि का संचालन,
अपनी लीलाओं से हे विस्मित और चकित,
अर्पित मेरी भावना-इसे स्वीकार करो।

छायावाद-युग में कुछ तो ऐसे महाकवि पाए जाते हैं। जिन्होंने इस वाद को गौरव प्रदान किया और कुछ ऐसे जो उनकी शैली का अनुकरण करने के कारण या तो मिट गए या प्रसिद्ध नहीं हो पाए, पर कुछ ऐसे कवि भी उस काल में साधना कर रहे थे, जिनकी अंतर्दृष्टि ने यह पहचान लिया था कि इस वाद की ऊँचाई छुयी जा चुकी है, अतः अपने चरणों को किसी प्रकार की छाप यदि छोड़नी है, तो किसी अन्य दिशा में मुड़ना और बढ़ना चाहिये। भगवतीचरण वर्मा ऐसे ही कवियों में थे। छायावाद के भीतर रहकर उन्होंने उसके प्रति विद्रोह किया और उस पथ को प्रशस्त किया जिसे पकड़कर उनके बाद के कई कवि आगे बढ़ चले। काल्पनिक और अलौकिक विषयों के स्थान पर इन्होंने नित्य जीवन की मार्मिक घटनाएँ लीं और अभिव्यक्ति-पक्ष को सरल एवं बोधगम्य बनाया।

जैसे 'प्रसाद' के काव्य का मूल स्वर आनंदवाद, 'निराला' का मानवता, पंत का सौंदर्य और महादेवी का मधुरभाव है, वैसे ही भगवतीचरण वर्मा का नियतिवाद। हिंदी में अपने ढंग के ये अकेले नियतिवादी हैं। इनका नियतिवाद निराशा का समर्थक न होकर, जीवन के प्रति विभोरता, तटस्थता, लापरवाही और मस्ती का दृष्टिकोण बनाए रखने का साधन मात्र है।

भगवतीचरण वर्मा जीवन की स्वाभाविक भावनाओं के सफल गायक रहे हैं। कला की दृष्टि से इनकी रचनाओं की मुख्य विशेषता है स्पष्टता। इनकी भाषा सांकेतिक चाहे कम हो, पर सरल है। वर्मा जी के पाठकों को इनके अभिप्रेत अर्थ के समझने में कभी भी कठिनाई का सामना नहीं करना पड़ता, यह कम महत्व की बात नहीं है।

●

सुभद्राकुमारी चौहान

सुभद्राकुमारी चौहान का जन्म सन् 1904 में इलाहाबाद में हुआ। जाति की ये क्षत्राणी थीं। इनके पिता ठाकुर रामनाथ सिंह प्रयाग के निहालपुर मोहल्ले के निवासी थे। इनकी शिक्षा स्थानीय क्रास्थवेट कालेज में हुई।

सन् 1919 में इनका विवाह खंडवा-निवासी ठाकुर लक्ष्मणसिंह चौहान के साथ हुआ। दोनों ही राष्ट्रीय विचारों के निकले। कलकत्ते के कांग्रेस-अधिवेशन में असहयोग का प्रस्ताव पास होने पर सुभद्रा जी ने पढ़ना छोड़ दिया और ठाकुर साहब ने एल-एल०बी० कर लेने पर भी वकालत न करने का निश्चय किया। यह कोई साधारण त्याग नहीं था। लक्ष्मणसिंह ने जबलपुर जाकर 'कर्मवीर' के संपादन में पं० माखनलाल चतुर्वेदी का हाथ बटाया। सुभद्रा जी को काव्य की प्रेरणा तो अपने पिता जी से ही मिली थी, लेकिन संभवतः यह आदरणीय चतुर्वेदी जी का प्रोत्साहन था, जिससे उनकी प्रतिभा चमक उठी। इनकी पहली रचना सन् 1915 में प्रयाग की 'मर्यादा' में प्रकाशित हुई।

राजनीतिक आंदोलन में भाग लेने के कारण सुभद्रा जी कई बार गिरफ्तार हुईं और एक बार तो इन्हें जेल भी हो गयी। देश के स्वतंत्र होने पर ये मध्यप्रदेश धारा सभा की सदस्या रहीं।

इनकी पुत्री सुधा का विवाह स्वर्गीय प्रेमचंद जी के सुपुत्र अमृतराय के साथ हुआ है। 'मेरा नया बचपन' आदि में जिस 'बिटिया' को लक्ष्य करके इन्होंने कविताएँ लिखी हैं, संभव है, वे सुधा जी रही हों।

बीसवीं शताब्दी में राष्ट्रीय कवि तो अनेक हुए, पर वीर भाव की कवयित्री में अकेली थीं। इनके काव्य-संग्रह 'मुकुल' पर सन् 1931 में साहित्य-सम्मेलन प्रयाग की ओर से सेक्सरिया पुरस्कार प्रदान किया गया। इस काव्य-ग्रन्थ का प्रकाशन सन् 1930 में हुआ।

सन् 1948 में मोटर-दुर्घटना से इनकी मृत्यु हो गयी।

सुभद्राकुमारी चौहान की कविता देशानुराग की कविता है। अपने अंतर के राष्ट्र-प्रेम को आत्मा की सम्पूर्ण सच्चाई से व्यक्त कर इन्होंने देशव्यापी ख्याति का अर्जन किया। इनके जीवन का आदर्श रहीं चित्तौड़ की महारानी पद्मिनी और झाँसी

की रानी लक्ष्मीबाई। एक ओर विजयादशमी और दूसरी ओर जलियाँवाला बाग पर कविताएँ लिखकर इन्होंने अतीत और वर्तमान दोनों से प्रेरणा ग्रहण की। महात्मा जी के आदर्शों में ढलकर इन्होंने उनके असहयोग, स्वाधीनता और स्वराज्य-सम्बन्धी विचारों का प्रचार किया। इनकी आकांक्षाएँ सामान्य महिलाओं से कुछ भिन्न ही प्रकार की थीं। राष्ट्रीय-पताका को देखकर इन्हें वैसी ही प्रसन्नता होती थी, जैसे किसी को कोई बड़ी निधि प्राप्त करके होती है। रक्षा-बंधन के अवसर पर ये किसी तेजस्वी व्यक्ति की कलाई पर ही राखी बाँधना उचित समझती थीं। इनकी रचनाओं के शीर्षक होते थे-झंडे की इज्जत में, स्वदेश के प्रति, जलियाँवाला बाग में बसंत, झाँसी की रानी आदि। इनकी वीर-भाव-व्यंजक कविताओं को पढ़कर नयी स्फूर्ति प्राप्त होती है और पाठकों का हृदय एक भिन्न ही प्रकार के पवित्र और करुण संवेदन से झंकृत हो उठता है-

यहाँ कोकिला नहीं, काक हैं शोर मचाते।
काले-काले कीट, भ्रमर का भ्रम उपजाते॥
कलियाँ भी अधखिली, मिली हैं कंटक-कुल से।
ये पौधे, ये पुष्प, शुष्क हैं, अथवा झुलसे॥

कोमल बालक मरे यहाँ गोली खा-खा कर।
कलियाँ उनके लिए गिराना थोड़ी लाकर।
आशाओं से भरे हृदय भी छिन्न हुए हैं।
अपने प्रिय परिवार देश से भिन्न हुए हैं॥

यह सब करना, किंतु
बहुत धीरे से आना।
यह है शोक-स्थान
यहाँ मत शोर मचाना॥

'झाँसी की रानी' ईस्ट इण्डिया कम्पनी के अंतिम गवर्नर-जनरल लार्ड कैनिंग के कार्य-काल में सन् 1857 के सशस्त्र विद्रोह का चित्र प्रस्तुत करने के लिए लिखी गयी।

इस क्रांति के मूल में अनेक राजनीतिक, धार्मिक, आर्थिक और सैनिक कारण थे। जनता विदेशी शासन के अन्यायों से त्रस्त थी। अवध, नागपुर, सतारा और झाँसी को विभिन्न कारणों से अँग्रेजी राज्य में मिला लिया गया था। राज्य-च्युत राजाओं और नवाबों के वंशधरों की पेंशनें बंद कर दी गयी थीं। ऊँचे पदों पर भारतीयों को स्थान नहीं मिलता था। देश-व्यापार को भारी धक्का लगा था और यहाँ के कला-कौशल को नष्ट कर दिया गया था। ईसाई धर्म का प्रचार विविध रूपों में हो रहा था। इन बातों से हिंदू और मुसलमान दोनों असंतुष्ट थे। अतः यह निश्चय किया गया कि 31 मई सन् 1857 को सम्पूर्ण देश में एक साथ विद्रोह

करके अंग्रेजी शासन को समाप्त कर दिया जाय। संगठन के लिए सांकेतिक रूप में कमल और रोटियों को गुप्त रूप से देश-भर में बाँटा गया। इस विद्रोह का नेतृत्व दिल्ली में बादशाह बहादुरशाह और उनकी बेगम जीनत-महल, अवध के नवाब वाजिदअलीशाह, फ़ैजाबाद के मौलवी अहमदशाह, कानपुर के नाना साहब और उनका सेना-नायक तात्या टोपे, झाँसी की रानी लक्ष्मीबाई और बिहार के कुँवरसिंह कर रहे थे। लेकिन विद्रोह की बात कुछ पहले कर प्रकट हो गयी। 29 मार्च 1857 को बैरकपुर (बंगाल) में सेना के एक सिपाही मंगल पांडेय ने तीन अंग्रेज़ अफसरों को मार डाला। इसके उपरांत मेरठ, लखनऊ, बरेली और बनारस के सैनिक भड़क उठे। अंग्रेजों ने इस विद्रोह को निर्दयता से दबा दिया। इस काम में नैपाल, काश्मीर और पाटियाला के शासकों के अतिरिक्त है दराबाद के निज़ाम और भोपाल की बेगम ने अँगेजों की बड़ी सहायता की। झाँसी की रानी का सामना करने के लिए सर ह्यू रोज बम्बई और मदरास की सेनाओं को लेकर बुन्देलखंड पहुँचा। रानी मर्दाने वेश में अँग्रेजों से युद्ध करती हुई वीरगति को प्राप्त हुई। नाना साहब नैपाल की ओर निकल गये और फिर उनका कोई पता नहीं चला। तात्या टोपे को अनेक प्रकार के कष्ट देकर फाँसी की सजा दे दी गयी। बहादुरशाह को बन्दी बनाकर रंगून भेज दिया गया, जहाँ उनकी मृत्यु हो गई।

'झाँसी की रानी' ऐतिहासिक घटनाओं पर आधारित एक वीरभावपूर्ण रचना है। इसका ओज भाषा और छंद तक सीमित न रहकर कविता की आत्मा में व्याप्त है। अपने आंतरिक भाव की मूर्ति खड़ी करने के लिए सुभद्रा जी ने भूषण के समान उपयुक्त वीरांगना का चुनाव किया है। लक्ष्मीबाई के जन्म, बचपन, यौवन, विवाह, वैधव्य, विद्रोह, युद्ध और मृत्यु की घटनाओं के द्वारा उन्होंने उनके जीवन और व्यक्तित्व का ऐसा भव्य चित्र अंकित किया है कि पाठक का सिर श्रद्धा से स्वयं नत हो जाता है। लक्ष्मीबाई की शिक्षा से ऐसा प्रतीत होता है जैसे वे जीवन भर युद्ध के लिए ही तैयारी करती रही हों। विदेशी शासकों के अत्याचार और कूटनीति की चर्चा कर कवियित्री ने तात्कालिक राजनीतिक परिस्थिति का अच्छा दिग्दर्शन कराया है। यहाँ के राजा और नवाबों के प्रति अँग्रेजों ने जो अपमानजनक व्यवहार किया, उसका रोमांचकारी वर्णन सुभद्रा जी ने इस प्रकार किया है–

रानी रोई रनिवासों में, बेगम गम से थीं बेजार।
उनके गहने कपड़े बिकते थे कलकत्ते के बाजार॥
सरे-आम नीलाम छापते थे अँग्रेजों के अखबार–
नागपुर के जेबर ले लो, लखनऊ के लो नौ-लख हार।
यों परदे की इज्जत
परदेशी के हाथ बिकानी थी।
बुन्देले हरबोलों के मुँह
हमने सुनी कहानी थी।

खूब लड़ी मर्दानी वह तो
झाँसी वाली रानी थी।

स्वतंत्रता के इस संग्राम में महलों से लेकर झोपड़ियों तक सभी ने भाग लिया। विद्रोह के नेताओं और उसके प्रमुख केन्द्रों का उल्लेख कवयित्री ने एक स्थान पर किया है। युद्ध का वर्णन संक्षिप्त और सजीव है। पढ़कर लगता है जैसे लक्ष्मीबाई घोड़े पर चढ़कर मारकाट मचाती हुई हमारी आँखों के सामने से विद्युत गति से निकल गयी हो। इस युद्ध में वौकर घायल होता है और स्मिथ पराजित। आगे बढ़ने पर एक नाला पड़ता है और रानी का घोड़ा दुर्भाग्य से अड़ जाता है। ठीक इसी समय ह्यूरोज सेना लेकर लक्ष्मीबाई को घेर लेता है। रानी घायल होकर घोड़े से गिर पड़ती है और अपने पीछे एक ज्वलंत उदाहरण छोड़ जाती है। इस अवसर पर कवयित्री श्रद्धा-विगलित होकर इतना कह पाती है-

जाओ रानी याद रखेंगे
ये कृतज्ञ भारतवासी,
यह तेरा बलिदान,
जगावेगा स्वतंत्रता अविनाशी।

प्रेम में इनकी भावना गार्हस्थ-जीवन तक सीमित है। उस क्षेत्र में स्वकीया के प्रेम के माधुर्य को अभिव्यक्ति देने वाली अपने ढंग की ये अकेली महिला हैं। दाम्पत्य-प्रेम और स्वच्छंद प्रेम की वृत्तियों में बहुत अंतर होता है। इनमें कौन श्रेष्ठकर है, यह निश्चय करना तो कठिन है, पर दाम्पत्य-प्रेम का अपना एक पृथक् कोटि का सौंदर्य और आनन्द होता है। इसके मूल में रहता है-धर्म-भाव, इसी से इसकी जड़े काफी गहरी और मजबूत होती है। इसमें आँधियाँ नहीं आतीं, आते हैं मलय मारुत के झकोरे। विशेष अवसरों पर ही यह प्रेम ऊपर उभर कर आता है। सुभद्रा कुमारी चौहान की कविताओं में लज्जा और आत्म-निवेदन के साथ ईर्ष्या और उलाहने के प्रसंग इस जीवन की परिपूर्णता के परिचायक बन गए हैं। इन पंक्तियों पर ध्यान दीजिए-

(क) उन्हें सहसा निहारा सामने, संकोच हो आया,
मुँदी आँखें, सहज ही लाज से नीचे झुकी थी मैं,
कहूँ क्या प्राणधन से, यह हृदय में सोच हो आया,
वही कुछ बोल दें पहले, प्रतीक्षा मैं रुकी थी मैं।

(ख) बहुत दिनों तक हुई परीक्षा,
अब रूखा व्यवहार न हो,
अजी, बोल तो लिया करो तुम,
चाहे मुझ पर प्यार न हो।

(ग) *तुम मुझे पूछते हो, 'जाऊँ?*
मैं क्या जवाब दूं, तुम्हीं कहो?
'जा' कहते रुकती है जुबान,
किस मुँह से तुमसे कहूँ - 'रहो'।

गार्हस्थ्य-प्रेम के अन्तर्गत ही इनकी शिशु-सम्बन्धी रचनाएँ भी आती हैं। बच्चे पति-पत्नी के बीच प्रेम के बन्धन को दृढ़ करते हैं श्रीमती चौहान की रचनाओं में एक ओर शिशुओं की सरलता, पावनता और निर्द्वन्द्वता का चित्रण है तो दूसरी ओर उनके प्रति मां के अनुपम वात्सल्य का भी। ये दृश्य देखिए-

(क) *मैं बचपन को बुला रही थी,*
बोल उठी बिटिया मेरी,
नन्दन-वन सी फूल उठी,
यह छोटी-सी कुटिया मेरी।

(ख) *तुम कहते हो मुझको इसका*
रोना नहीं सुहाता है,
मैं कहती हूँ इस रोने से
अनुपम सुख छा जाता है।
ये नन्हें से ओंठ, और
यह लम्बी-सी सिसकी देखो,
यह छोटा-सा गला, और
यह गहरी-सी हिचकी देखो।

सुभद्रा कुमारी चौहान की रचनाओं में नौकरशाही का खुला विरोध इनकी आत्मा की निर्भयता का और घर-आँगन का प्रेम इनके हृदय की कोमलता का परिचायक रहेगा। इन्होंने बहुत कम लिखा है और केवल उसी के बल पर साहित्य के इतिहास में अपना स्थान सुरक्षित कर लिया है। काव्य में गहरी आत्मानुभूति और उसकी अकृत्रिम अभिव्यक्ति के लिए इन्हें सदैव स्मरण किया जायेगा।

●

रामकुमार वर्मा

रामकुमार वर्मा का जन्म मध्यप्रदेश के सागर जिले में 15 नवम्बर सन् 1905 को हुआ। उस समय इनके पिता बाबू लक्ष्मीप्रसाद डिप्टी कलेक्टर थे। उन्नति करते-

करते वे असिस्टेन्ट कमिश्नर हो गए। उनका स्थानान्तरण यहाँ से वहाँ होता रहता था, इसी से इनकी प्रारम्भिक शिक्षा कभी कहीं हुई, कहीं कभी। काव्य की प्रेरणा इन्हें अपनी माता राजरानी देवी, बड़े भाई बाबू रघुबीरप्रसाद तथा आठवीं कक्षा के एक अध्यापक श्री विश्वम्भर प्रसाद गौतम से मिली। अपनी किशोरावस्था में ये रामचरितमानस के बड़े प्रेमी थे।

सन् 1921 के असहयोग आन्दोलन में इन्होंने भी कुछ दिन के लिए पढ़ना छोड़ दिया था। सन् 1923 में हाईस्कूल करने के उपरांत 1925 में इन्होंने राबर्टसन कालेज जबलपुर से इन्टर किया। इसके उपरांत ये इलाहाबाद चले आए। 1937 में प्रयाग-विश्वविद्यालय से बी०ए० और 1939 में प्रथम श्रेणी में हिन्दी लेकर एम०ए० किया और फिर यहीं हिन्दी-विभाग में लेक्चरर नियुक्त हो गए। 'हिन्दी साहित्य का आलोचनात्मक इतिहास' पर नागपुर विश्वविद्यालय से इन्हें पी०एच०डी० की उपाधि प्राप्त हुई। बीच में इन्होंने कुछ दिन मध्यप्रदेश के शिक्षा-विभाग में डिप्टी डायरेक्टर के पद को भी सुशोभित किया। एक वर्ष (1957-58) ये मास्को के 'इन्स्टीट्यूट ऑव इन्टरनेशनल रिलेशंस' में हिन्दी के प्रोफेसर रहे। वहाँ से लौटने पर अक्टूबर सन् 1960 से प्रयाग विश्वविद्यालय में हिन्दी-विभाग के अध्यक्ष के रूप में काम कर रहे हैं।

सन् 1935 में 'चित्ररेखा' पर इन्हें 2000) का 'देव पुरस्कार' मिला। सन् 1963 में कांग्रेस सरकार ने 'पद्मभूषण' की उपाधि से इन्हें सम्मानित किया।

रामकुमार वर्मा के निम्नलिखित काव्य-ग्रन्थ प्रकाशित हो चुके हैं-

अंजलि (1929), अभिशाप (1930), रूपराशि (1931), निशीथ (1933), चित्ररेखा (1935), चन्द्रकिरण (1937) और एकलव्य (1959)।

'अंजलि' में सबसे अधिक रचनाएँ प्रकृति पर हैं। प्रकृति को कई रूपों में इन्होंने ग्रहण किया है। पंत जी के 'पल्लव' के समान किसी-किसी प्राकृतिक-वस्तु का वर्णन करते हुए इन्होंने अनेक रम्य कल्पनाएँ की हैं। 'ओस बिन्दु' ऐसी ही रचना है। कुछ वस्तुओं को मात्र तुलना के लिए आँखों के सामने लाया गया हैं। कवि सरिता की तुलना अपनी कविता और शिशिर की अपने सूने उजड़े जीवन से करता हैं प्रभात, समीर, निर्झर और पीत पात पर जो रचनाएँ हैं, उनके माध्यम से व्यक्ति, प्रकृति और परमात्मा के बीच एक चिरन्तन सम्बन्ध की स्थापना कवि ने की है। प्रकृति में चेतना के आरोप के कारण ऐसी रचनाएँ छायावाद के अन्तर्गत आयेंगी। जिन रचनाओं में ईश्वर की प्रतीक्षा की बात उठायी गयी है, वे रहस्यवाद से सम्बन्धित कहलायेंगी।

अवसाद की छाया तो 'अंजलि' को भी घेरे हुए है, लेकिन 'अभिशाप' का तो पूरा जीवन-दर्शन ही निराशा-मूलक है। यहाँ जीवन उन्हें दोषपूर्ण, नश्वर और हेय लगता है। सृष्टि में सभी कहीं उन्हें अन्याय, घृणा, पराजय, वेदना और रुदन के दर्शन होते हैं। उन्हें लहरें काँपती, फूल मुरझाते, लताओं के पीछे सर्प छिपे और

चन्द्रमा के पथ में शीशे के टुकड़े बिछे दिखाई देते हैं। शरीर और संसार का चिंतन करते समय उन्हें कंकाल और काल का स्मरण आता है।

यह रामकुमार के गीति-काव्य का एक पक्ष है। उन्होंने बहुत से ऐसे गीतों की रचना भी की है, जो जीवन के आनन्द पक्ष को व्यक्त करते हैं। 'रूपराशि' में व्यक्तिगत जीवन आशा से परिपूर्ण दिखाई देता है। जीवन की उपमा अब कवि इन्द्रधनुष से देने लगा है। पहले जहाँ दृष्टि जीवन से विरक्ति उत्पन्न करती थी, अब अनुरक्ति जगाती है। इसे एक प्रकार से जीवन की जय समझना चाहिए। रामकुमार जी ने कुछ ऐसी लम्बी रचनाएँ भी लिखी हैं, जिनसे कहानी का अंश है। इनमें 'प्रथम दर्शन' तो काल्पनिक है, लेकिन 'नूरजहाँ', 'शुजा' और 'जौहर' का आधार ऐतिहासिक है। 'जौहर' शीर्षक रचना में चित्तौड़ पर बहादुरशाह के आक्रमण का वर्णन है। यह उस प्रसिद्ध घटना को लेकर आगे बढ़ती है जिसमें राणा सांगा की वीर पत्नी करुणा देवी ने अपनी रक्षा का उपाय न देख बंगाल में शेरशाह का पीछा करते हुए हुमायूँ के पास राखी भेजी थी। हुमायूँ को आने में देर हो जाती है और करुणा अपने पुत्र उदयसिंह को बूँदी भेजकर जौहर द्वारा अपने प्राण विसर्जित करती है। इस रचना में करुणा की प्रतीक्षा, उदयसिंह को विदा करते समय कर्तव्य और वात्सल्य के बीच द्वन्द्व एवं हुमायूँ के पछतावे आदि के वर्णन बड़े मार्मिक बन पड़े हैं।

'चित्ररेखा' में रहस्यवाद से सम्बन्धित कुछ रचनाएँ हैं। इस ग्रन्थ में भावना अधिक कोमल और सरस बन पड़ी है। और सभी कही वेदना की गहराई हृदय को छूती है। 'चन्द्रकिरण' में कुछ रचनाएँ प्रकृति, कुछ प्रेम, कुछ अध्यात्म और कुछ व्यापक जीवन से सम्बन्धित है। दार्शनिक चिंतन इन रचनाओं में कहीं-कहीं पाया जाता है। 'संकेत' की रचनाएँ उज्ज्वल गूढ़ प्रेम की रचनाएँ हैं। रचनाएँ अनन्त प्रतीक्षा और अनन्त आशा से पूर्ण हैं। प्रेम के गम्भीर धरातल पर उतरकर कवि पाता है कि शब्द उसकी अभिलाषाओं को ठीक से व्यक्त करने में सदैव असमर्थ रहे हैं। 'आकाशगंगा' में प्रेम की भावना और गम्भीर हो गयी है। असंयम यों रामकुमार की जीवन-व्यापी साधना में कहीं नहीं पाया जाता। उसमें भीतर-भीतर घुलना ही अधिक है।

रामकुमार जी का काव्य अधिकतर स्वानुभूतिपरक रहा है, वृत्ति अंतमुर्खी। उनकी रचनाओं में मानवीकरण की प्रवृत्ति और प्रतीक-विधान दोनों पाये जाते हैं। बाद की रचनाओं में तो अभिव्यक्ति में विलक्षण भंगिमा आ समायी है।

(1) *हास्य कहाँ है ? उसमें भी है*
रोदन का परिणाम,
प्रेम कहाँ है? घृणा उसी में
करती है विश्राम,

दया कहाँ है ? दूषित उसको
करता रहता रोष,
पुराण कहाँ है? उसमें भी तो
छिपा हुआ है दोष ।
धूल हाय बनने ही को, खिलता है फूल अनूप ।
यह विकास है मुरझा जाने ही का पहला रूप ।

–अभिशाप

(2) जो प्रतीक्षा में पली, वह बात क्या तुम जानते हो?
प्रेम की यह साधना
कितने युगों से एक-सी है,
आँसुओं की बूंद ही
प्रिय-मिलन के अभिषेक-सी है ।
क्यों विरह वरदान था अज्ञात, क्या तुम जानते हो?

–आकाशगंगा

'एकलव्य' महाभारत के प्रसिद्ध आख्यान पर आधारित रामकुमार वर्मा का एक प्रबंध-काव्य है । इस ग्रंथ में तत्कालीन राजनीतिक एवं सामाजिक परिस्थितियों को अक्षुरण रखते हुए कवि ने आचार्य द्रोण के आचरण से उस लांछन को धोने का प्रयत्न किया है जो गुरु-दक्षिणा के रूप में एकलव्य के अंगुष्ठ-दान के रक्त से रंजित था। वह दारुण कर्म तो इस काव्य में भी कराया गया है, पर भिन्न परिस्थितियों में । किसी भी दृष्टि से एकलव्य का अंत महाभारत की कथा के अंत से कम प्रभावशाली नहीं है । इस अंत में एक प्रकार का ऐसा नाटकीय चमत्कार विद्यमान है जो वर्मा जी के प्रबन्ध-कौशल का परिचायक रहेगा ।

इस काव्य में कई पात्रों के व्यक्तित्व की रेखाएँ बहुत पुष्ट है । द्रोणाचार्य, एकलव्य और उसकी माँ को तो जैसे कवि हमारी आँखों के सामने ही खड़ा कर देता है । द्रोण के हृदय के अंतर्द्वन्द्व को कवि ने बड़ी सजीवता से वर्णित किया है। एकलव्य की माँ सूर की यशोदा और तुलसी की कौशल्या के समान ही वात्सल्यमयी है । माँ के हृदय को रामकुमार जी ने अंत तक ठीक से पहचाना है ।

ग्रंथ में प्रारम्भ से लेकर अंत तक काव्यात्मक वातावरण बना हुआ है । सारे काव्य में दुरूहता, एकरसता और अनुपातहीनता कहीं नहीं पायी जाती । पूरा ग्रंथ एक भावुक कवि की ही नहीं, एक कुशल शिल्पी की सुरुचिपूर्ण तराश का परिचय देता हैं सरलता और स्पष्टता इस काव्य की विशेषताएँ हैं । अलंकरण इसका बड़ा ही व्यंजक है । अभिव्यक्ति में स्वच्छता बराबर बनी हुई है ।

'एकलव्य' का कथानक ऐसा है जहाँ साधना को आघात पहुँचता है, सदुद्देश्य विफल होता है, जहाँ मनुष्य के छोटी जाति में जन्म लेने के कारण उसके विकास का मार्ग सदैव को अवरुद्ध कर दिया जाता है। इससे पाठकों के मन में घोर निराशा के फैलने की आशंका थी, पर रामकुमार जी ने अपने दृष्टिकोण को बहुत व्यापक भूमि पर प्रतिष्ठित करके इस विषाद में भी एक प्रकार के उच्चस्तरीय आनंद की लहरें प्रवाहित कर दी हैं-

जीवन नैराश्य की है भूमि नहीं, मानवो !
सुख-दुख बादलों की भाँति उड़े आते हैं,
शक्ति मिटती नहीं है, अवतार लेती है
तुममें सदैव, तुम योग्य तो बनो सही !
वायु बहती है जैसे वह प्राण-वायु हो,
फूल भरे-यौवन में खिल-खिल जाते हैं,
मूल मंत्र उनके विकास का उत्सर्ग है,
टूट जाने पर भी सुगंध नहीं खोते हैं।
ये विहंग मादक है, कल कंठ वाले हैं,
किसने इन्हें उदास देखा प्रातः-संध्या में ?
गीतों के बंदनवार बाँधते दिशाओं में,
मंगल त्योहार के सदा ये अग्रदूत हैं।
पत्तों की ध्वनियाँ हैं या वेद की ऋचाएँ है,
जो कि गान करती हैं मुक्त नीलाकाश में,
चंद्र-मन और सूर्य-नेत्र से जो देखता,
उसमें समर्पित हैं हम सब काल में।

'एकलव्य' अखंड साधना और अटूट गुरु-भक्ति का उज्जवतम प्रतीक है। यह प्रबंध-काव्य रामकुमार वर्मा की काव्य-क्षमता का श्रेष्ठतम निदर्शन है, इसमें संदेह नहीं।

●

महादेवी वर्मा

महादेवी वर्मा का जन्म सन् 1907 में फ़र्रूखाबाद में हुआ। इनके पिता का नाम बाबू गोविंदप्रसाद तथा माता का हेमरानीदेवी है। पिता इनके शिक्षा-विभाग में रहे हैं और माँ हृदय से भक्त थीं। तात्पर्य यह कि शिक्षित वातावरण में आस्तिकता के संस्कार इन्हें अपने घर से ही प्राप्त हुए। इनके दो भाई और एक बहिन और हैं।

बचपन से ही इनके लिए हिंदी, संगीत और चित्रकला की शिक्षा का प्रबंध घर पर किया गया। इनकी प्रारम्भिक शिक्षा इंदौर में हुई। सन् 1916 में जब ये केवल नौ वर्ष की थीं, इनका विवाह डा० स्वरूपनारायण वर्मा के साथ कर दिया गया। विवाह के उपरांत अध्ययन के लिए ये प्रयाग चली आईं। यहीं क्रास्थवेट गर्ल्स कालेज से बी०ए० करने के उपरान्त इन्होंने प्रयाग-विश्वविद्यालय से सन् 1933 में संस्कृत में एम०ए० किया। शिक्षा समाप्त करते ही महिला-विद्यापीठ प्रयाग में प्रिंसिपल के पद पर इनकी नियुक्ति हो गयी। उस पद को अत्यन्त योग्यतापूर्वक संभाला।

विद्यार्थी-जीवन में ही इनकी रचनाएँ देश की प्रसिद्ध मासिक-पत्रिकाओं में प्रकाशित होने लगी थीं। आगे चलकर ये 'चाँद' की संपादिका नियुक्त हुईं। 'साहित्यकार-संसद' की स्थापना के उपरान्त इन्होंने 'साहित्यकार' मासिक का भी कुछ वर्षों तक संपादन किया।

महादेवी की गणना इस युग के महानतम कवियों-प्रसाद, निराला, पंत-के साथ होती है। वैसे भी साहित्यिक के रूप में इनका जीवन अत्यधिक सफल रहा है। 'नीरजा' पर इन्हें सन् 1934 में 'सेक्सरिया पुरस्कार' मिला ही था। इनकी 'आधुनिक कवि' आदि रचनाओं पर सन् 1944 में हिंदी-साहित्य-सम्मेलन द्वारा 'मंगलाप्रसाद पारितोषिक' प्रदान किया गया। देश के स्वतंत्र होने पर ये उत्तर प्रदेश धारा-सभा की सदस्या मनोनीत हुईं। इसके अतिरिक्त कांग्रेस-सरकार ने इन्हें 'पद्म-भूषण' की उपाधि से सम्मानित किया है।

महादेवी का व्यक्तित्व सौम्य और प्रभावशाली है। उनमें गंभीर भावुकता और प्रखर बौद्धिकता का ऐसा संयोग पाया जाता है कि चकित रह जाना पड़ता है। साहित्य-साधना के साथ ही वे सामाजिक, राजनीतिक और सांस्कृतिक क्षेत्रों में अपनी जागरुकता का परिचय निरन्तर देती रही हैं। बंगाल के अकाल के समय 'वंग दर्शन' (1943) और भारत की उत्तरी सीमा पर चीन के आक्रमण-काल में हिमालय (1963) का संपादन करके इन्होंने अपने दृढ़ और तेजस्वी व्यक्तिव का परिचय दिया है।

महादेवी जी को बिल्ली, खरगोश, मोर और कुत्ते पालने का भी थोड़ा शौक था। निर्धन और असहाय व्यक्तियों की भी वे कुछ न कुछ सहायता करती ही रहती थीं। हिंदी के सभी पीढ़ियों के साहित्यकार उन्हें आदर की दृष्टि से देखते हैं। नयी पीढ़ी के न जाने कितने लेखकों की वे 'दीदी' हैं। वे बड़ी अतिथि-परायण हैं। मैथिलीशरण गुप्त, दिनकर और इलाचंद्र जोशी आदि जब प्रयाग आते हैं, तो उन्हीं के अतिथि होते हैं।

कुलदेवी दुर्गा की बहुत मनौती के उपरांत इनका जन्म होने के कारण इनके बाबा ने इनका नाम महादेवी रख दिया था। उस नाम को इन्होंने

सार्थक करके दिखला दिया है । महादेवी सभी दृष्टियों से हमारे देश की एक महान महिला हैं ।

इनके निम्नलिखित काव्य-ग्रंथ प्रकाशित हो चुके हैं-

नीहार (1930), रश्मि (1932), नीरजा (1934), सांध्यगीत (1936) और दीपशिखा (1942) ।

महादेवी जी ने अपने काव्य-ग्रंथों का जो नामकरण किया है उसमें एक क्रम है और भात की दृष्टि से उसे अत्यन्त उपयुक्त कहा जा सकता है । प्रभात में पहले 'नीहार' आता है, फिर 'रश्मि' अवतीर्ण होती है, फिर 'नीरजा' खिलती है, फिर 'सांध्य गीत' की बेला आती है और तब कहीं रात की छाया घिर आने पर 'दीपशिखा' जलायी जाती हैं नीहार एक धुँधले विषादपूर्ण वातावरण की सृष्टि करता है । नीहार ग्रंथ में भी एक अज्ञात आराध्य की उपासना चलती है, अज्ञात लोक से आह्वान आते हैं, हृदय के भाव स्पष्टता से व्यक्त नहीं हो पाए और साधना का मार्ग भी निश्चित नहीं हुआ है । रश्मि जैसे नीहार को चीर प्रकाश और प्रसन्नता फैलाती है, उसी प्रकार रश्मि की रचनाओं में एक प्रकार का आह्लाद भरा हुआ है । इस ग्रंथ में प्रेमपात्र, प्रकृति और प्रेयसी के स्वरूपों के साथ जीवन, मृत्यु, मुक्ति और अमरता का मूल्यांकन भी स्पष्ट भाषा में है । ग्रंथ का अंत आशा के वातावरण में हुआ है । नीरजा में हृदय-कमल की प्रेम और प्रतीक्षा-सम्बन्धी भाव-पंखुड़ियों को खोला गया है । काल की दीर्घता के अनुसार इसमें गीतों की संख्या भी पिछले काव्य-ग्रंथों में प्रत्येक से अधिक है । सांध्यगीत की रचनाएँ इस उपासिका की उस स्थिति को व्यक्त करती है जब वह अपने पथ में एक ओर बहुत दूर बढ़ चुकी है और साथ ही साधना के फल से बहुत दूर नहीं है ।

दीपशिखा में सबसे अधिक रचनाएँ दीपक पर हैं, जिनमें दीप को आत्मा का प्रतीक मानकर उस समय तक निष्कंप भाव से विरह में जलने के लिए प्रोत्साहित किया गया है, जब तक प्रभात-बेला (सांध्य की आभा) न दिखाई दे ।

महादेवी का समस्त काव्य रहस्यवाद के अंतर्गत आता है । रहस्यवाद आत्मा-परमात्मा की पारस्परिक प्रणयानुभूति को कहते हैं । इस दृष्टि से इनका काव्य ब्रह्म के प्रति आत्म-निवेदन मात्र है । यह ब्रह्म सृष्टि का कर्ता है । सृष्टि की रचना होते ही इस प्रेम के खेल को खेलने वाले तीन खिलाड़ी हुए (1) परमात्मा (2) आत्मा (3) प्रकृति । परमात्मा हुआ पुरुष के रूप में प्रेमी, प्रकृति तथा आत्मा हुई नारी के रूप में प्रेमिकाएँ । प्रकृति के भावों का विश्लेषण करने वाली भी महादेवी ही हैं, अतः इनके काव्य में उन्हीं को एकमात्र प्रेमिका समझना चाहिए । चेतन ब्रह्म का अपना कोई स्थूल रूप नहीं है, अतः उसके रूप का निर्माण या सम्बन्ध की भावना साधक की वृत्ति ही करती है । महादेवी का प्रेमी अनंत महिमामय एवं अनन्त करुणामय होने के साथ अनन्त सुषमामय हैं वह परम सुन्दर, चिरसुन्दर है । सृष्टि

की सुन्दरता उसकी सुन्दरता की छाया मात्र है। महादेवी का हृदय इसी सुन्दर के लिए व्याकुल है। प्रकृति में इसी के रूप की छाया वे देखती हैं। इसी की प्रतीक्षा करती है। इसी को प्रिय और निष्ठुर कहती है। इसी को मृदु उपालंभ देती हैं। इसी की मनुहार करती हैं। इसी के लिए रात-दिन रोती रहती हैं। संतोष की बात यह है कि उनका प्रेमी आकर्षित करना ही नहीं, आकर्षित होना भी जानता है। अतः साध्य के साथ आत्मा की सम्बन्धाभिव्यक्ति इस सरणी द्वारा हुई है-

(1) आत्मा परमात्मा के गुणों का प्रतिनिधित्व करने वाली उसका अंश है जैसे लहर और समुद्र अथवा किरण और चाँदनी।

(2) वह पृथक होकर पृथ्वी पर आती है।

(3) वह पृथ्वी के सुखों का उपभोग करती और सुख-सौन्दर्य की सृष्टि करती है।

(4) परमात्मा भी आत्मा के लिए उधर विह्वलता का अनुभव करता है।

(5) परमात्मा के इंगित या आह्वान पर आत्मा सृष्टि के खेल को अधूरा छोड़ा उसमें लीन हो जाती है।

इस विचार-पद्धति का मार्मिक काव्य-रूप देखिए—

तुम अनंत जलराशि उम्मि मैं
चंचल सी अवदात,
अनिल-निपीड़ित जा गिरती जो
कूलों पर अज्ञात,
हिम-शीतल अधरों से छूकर
तप्त कणों की प्यास,
बिखराती मंजुल मोती से
बुद्‌बुद् में उल्लास,
देख तुम्हें निस्तब्ध निशा में
करते अनुसंधान,
श्रांत तुम्ही में सो जाते जा
जिसके बालक प्राण !
मैं तुमसे हूँ एक, एक हैं
जैसे रश्मि प्रकाश,
मै। तुमसे हूँ भिन्न, भिन्न ज्यों
धन से तड़ित् विलास !

साध्य-साधक सम्बन्ध को लेकर महादेवी की अपनी विशेषता यह है कि उन्होंने ब्रह्म की महत्ता तो स्वीकार की ही है, पर आत्मा या साधिका की महत्ता की घोषणा भी बराबर की है। महादेवी के प्रेम में पत्नी का आत्म-समर्पण नहीं, प्रेमिका का गर्व है, जो बहुत सुन्दर प्रतीत होता है।

प्रकृति को इन्होंनें अत्यन्त सहानुभूति की दृष्टि से देखा है। वह प्रिय इसलिए हो उठी है कि उसी के माध्यम से इन्होंने प्रियतम की झलक पायी है और अभिन्न इसलिए कि वह प्रेम के भावोद्दीपन में सहायक रही है। प्रकृति में महादेवी जी ने अधिकतर ऐश्वर्यमयी दृष्टि डाली है-चाँदी की किरणें, मोती से तारे, मोती-सी ओस की बूँदे, मोती-सी रातें, नीलम के बादल, इन्दुमणि जैसे जुगनू, प्रबाल की उषा, सोने के दिन, इसी प्रकार स्वर्ण-पराग सी सांध्य गगन की लालिमा। उन्हें काले बादलों में बिजली ऐसी लगती है जैसे नीलम के मंदिर में हीरक प्रतिमा, उनके निशि-वासर कनक और नीलम-यानों पर दौड़ते हैं, मेघ-चूनर स्वर्ण-कुंकुम में बसाकर रँगी जाती है, तारे ऐसे प्रतीत होते हैं जैसे रजनी ने नीलम-मंदिर के वातायन खोल दिए हों। बात यह है कि हमारी साधिका ब्रह्म की सुहागिन है। उस महान् ऐश्वर्यशाली की प्रेमिका के लिए चाँदी, सोना, मोती, प्रवाल, पुखराज सामान्य वस्तुएँ न होंगी, तो फिर किसके लिए होंगी।

बीच-बीच में रम्य खंड-दृश्यों को उपस्थित करने के अतिरिक्त महादेवी जी ने प्रकृतिक वस्तुओं के पूर्ण चित्र भी अंकित किए हैं जैसे रजनी, प्रभात, संध्या, वर्षा बादल आदि के। ऐसी रचनाओं के अन्त में भी दार्शनिकता या अध्यात्म का पुट अनिवार्य रूप से है। आलंकारिक रूप में भी जहाँ प्रकृति के दृश्यों का उपयोग किया गया है, वहाँ भी किसी रहस्यभाव के सम्बन्ध से। अन्य भावों के अतिरिक्त महादेवी जी ने प्रकृति से अस्थिरता, नश्वरता या अनित्यता का भाव भी ग्रहण किया हैं। वह भी इसलिए कि सत्, अविनश्वर, नित्य की ओर ध्यान जा सके। कुल मिलाकर इनके काव्य में ब्रह्म प्रकृति आभ्यान्तर प्रकृति की प्रतिच्छाया मात्र प्रतीत होती है-

फैलते हैं सांध्य नभ में भाव ही मेरे रँगीले,
तिमिर की दीपावली हैं रोम मेरे पुलक गीले।

कुछ आलोचकों ने इन पर यह आरोप लगाया है कि ये पीड़ा के ही गीत गाती रहती है। पीड़ा प्रेम के जीवन का अनिवार्य अंग है। महादेवी ने पीड़ा की महत्ता ही नहीं घोषित की, उसका सुख-पक्ष भी स्पष्ट किया है। पीड़ा की आनन्द-विधायिनी शक्ति को प्रत्यक्ष करने के लिए उन्होंने यह तर्क उपस्थित किया है कि ब्रह्म को छूने का अर्थ है मिट जाना-क्योंकि मोक्ष तो अस्तित्व की हानि है। प्रेम का आनन्द उसी समय तक उठाया जा सकता है, जब तक अस्तित्व है, अतः प्रेम की पीड़ा से भरा अस्तित्व बना रहे, इसी में आनन्द है।

वेदना के समान आनन्द की भावना भी महादेवी के काव्य में परिव्याप्त है। उन्होंने सुख और दुख दोनों के अस्तित्व को स्वीकार किया है। यह दूसरी बात है कि दार्शनिक दृष्टि से वे सुख को इतना महत्व नहीं देतीं, जितना दुःख को। सभी बातों पर विचार करते हुए यही कहना पड़ता है कि महादेवी के काव्य में दुःख जहाँ एक 'वाद' के रूप में प्रतिष्ठित है, वहाँ सुख एक 'भावना' के रूप में ही। उनके काव्य-जीवन की परिस्थितियाँ ऐसी रही है कि विवश होकर उन्हें दुःख के भीतर से जाना पड़ा है, पर लक्ष्य इस यात्रा का भी आनन्द ही है। इस लक्ष्य को यदि हम परम शांति कहें, तो वह भी आनन्द की ही एक दशा है। अतः महादेवी के दुःखवादी दर्शन को अतिरंजित रूप में पाठकों के सामने प्रस्तुत करने की आवश्यकता नहीं है।

महादेवी माधुर्य-भाव की उपासिका है। ब्रह्म को उन्होंने प्रियतम के रूप में देखा है। अपने प्रेमपात्र के लिए उनका सामान्य संबोधन तो 'प्रिय' ही है, पर और भी बहुत से नामों से वे उन्हें पुकारती है। कभी वे उनके रूप का ध्यान कर 'सुन्दर' अथवा 'चिर सुन्दर' कहती है, कभी उनके खिंचाव और उलझन का ध्यान कर उन्हें 'निठुर', 'निर्मम', 'निर्मोही', बतलाती है, हृदय में आह्वान करते समय अतिथि या पाहुन कहती है। कहीं करुणामय, देव, तुम और तू भी कहा है।

महादेवी के हृदय का प्रेम क्योंकि निर्गुण ब्रह्म के प्रति है, अतः उसमें-आकर्षण, विरह, अभिसार, पत्र-लेखन और मिलन आदि-रहस्यवाद की सभी स्थितियाँ पायी जाती है। महादेवी के गीत उज्जवल प्रेम के गीत हैं। इनके द्वारा अपने अंतर की जिस सात्विकता या संयम-वृत्ति का परिचय उन्होंने दिया है, वह उनके व्यक्तित्व की महत्ता की ही परिचायक नहीं, काव्य-गरिमा की आधार-स्तंभ भी है।

यह प्रेम एक-पक्षीय अधिक है। इधर से जिस आवेग, जिस वेदना का प्रदर्शन हुआ है, उस ओर से वैसा नहीं। उधर कोई तीव्र हलचल, तीखी व्याकुलता और गहरी उत्कंठा का अभाव है। विरह में आंतरिक पीड़ा और उस पीड़ा के वाह्य लक्षणों के बहुत मार्मिक और स्पष्ट वर्णन इनकी कृतियों में मिलते हैं-

(1) जो तुम आ जाते एक बार !
कितनी करुणा, कितने संदेश
पथ में बिछ जाते बन पराग,
गाता प्राणों का तार-तार
अनुराग भरा उन्माद राग,
आँसू लेते वे पद पखार।

—नीहार

(2) मैं मतवाली इधर, उधर प्रिय मेरा अलबेला-सा है ।
मुझे न जाना अलि, उसने
जाना इन आँखों का पानी,
मैंने देखा उसे नहीं
पदध्वनि है केवल पहचानी,
मेरे मानस में उसी स्मृति
भी तो विस्मृति बन आती,
उसके नीरव मंदिर में
काया भी छाया हो जाती,
क्यों यह निर्मम खेल सजनि, उसने मुझसे खेला सा है?

-नीरजा

(3) तरल मोती से नयन भरे !
मानस से ले उठे स्नेह-घन,
कसक-विद्यु पुलकों के हिमकण,
सुधि-स्वाती की छाँह पलक की सीपी में उतरे ।

-दीपशिखा

कला की दृष्टि से महादेवी का काव्य अत्यधिक सांकेतिक है । इन्होंने अपनी बात प्रायः प्रतीकों के माध्यम से कही है । इनमें कुछ प्रतीक तो परिचित होने के कारण शीघ्र समझ में आ जाते हैं-जैसे सागर संसार के लिए, तरी जीवन के लिए, जलचरबुंद कुवासनाओं के लिए, अथवा तम अज्ञान के लिए, प्रकाश ज्ञान के लिए, इसी प्रकार वीणा के तार हृदय के भावों के लिए, गायक साधक के लिए । कुछ प्रतीक जिनका व्यवहार प्रचुरता से नहीं होता या भिन्न अर्थ में होता है, तात्पर्य ग्रहण करने की दृष्टि से थोड़ी बाधा उपस्थित करते हैं । उदाहरण के लिए शलभ की गणना आदर्श प्रेमियों में होती रही है, पर महादेवी ने जहाँ आत्मा को दीपक माना है, वहाँ पतंगे को मोहमूलक सांसारिक आकर्षण मानकर उसकी अवज्ञा की है । भाषा महादेवी की अत्यन्त परिष्कृत, अत्यन्त मधुर और अत्यन्त कोमल है । आधुनिक युग में गीत-काव्य का विकास महादेवी के काव्य में चरम बिन्दु को पहुँच गया । भाव की गहराई, विचार की उत्कृष्टता और कल्पना के वैभव की दृष्टि से इनके गीत अपनी समता नहीं रखते । महादेवी जी के चित्र भी उनकी कला का एक अंग हैं । काव्य की सहयोगी कला के विचार से ये चित्र अपनी सृष्टि में पूर्ण सफल रहे हैं । इनमें कहीं भव्यता, रम्यता, शांति और सुषमा बरसती है, कहीं प्रतीक्षा, उत्सुकता, अवसाद और आकुलता की व्यंजना होती है । अतः इनकी सबसे बड़ी विशेषता उन भावों को सफल निदर्शन है जो उन विविध गीतों में बन्दी है, जिनकी वाह्य प्रतिकृतियाँ ये चित्र हैं ।

महादेवी की कविता अपार्थिव चेतना के गिरि से फूटी आध्यात्मिक वेदना की मन्दाकिनी है जो सहस्र-सहस्र अलौकिक भावनाओं की लहरियों को अपनी करुणा-क्रोड़ में खिलाती हुई परम शान्ति के महासमुद्र की ओर निरन्तर प्रवाहित हो रही है ।

●

हरिवंशराय 'बच्चन'

हरिवंशराय 'बच्चन' का जन्म 27 नवम्बर 1907 को प्रयाग के चक मौहल्ले में हुआ । जाति के ये कायस्थ हैं इनकी प्रारंभिक शिक्षा उर्दू में हुई, लेकिन स्वामी सत्यदेव परिव्राजक के एक व्याख्यान से प्रभावित होकर इन्होंने उर्दू के स्थान पर हिंदी ले ली । सन् 1925 में कायस्थ पाठशाला इलाहाबाद से इन्होंने हाईस्कूल किया, सन् 1927 में स्थानीय गवर्नमेंट इंटर कालेज से इंटर । 1929 में बी०ए० करने के उपरांत सन् 1938 में प्रयाग विश्वविद्यालय से अँग्रेजी में एम०ए० किया । सन् 1939 में काशी विश्वविद्यालय से इन्हें बी०टी० का प्रमाण-पत्र मिला ।

सन् 1927 में इनका पहला विवाह श्यामादेवी के साथ हुआ । सन् 1936 में यक्ष्मा से पीड़ित रहकर उनकी मृत्यु हो गयी । सन् 1942 में इन्होंने दूसरा विवाह किया । पत्नी का नाम तेजी है । तेजी जी, सुन्दर, शिक्षित और संस्कृत स्वभाव की है । 'बच्चन' के जीवन की वे बहुत बड़ी प्रेरणा रही है ।

सन् 1930 से लेकर 1939 तक दस वर्ष इनके जीवन के घोर संघर्ष और चिंता के वर्ष रहे हैं । इस बीच मुट्ठीगंज में रहकर इन्होंने ट्यूशन किए, दैनिक 'पायोनियर' के संवाददाता के रूप में युक्त-प्रांत की जिला-कचहरियों के चक्कर काटे, अग्रवाल विद्यालय में बहुत कम वेतन पर अध्यापन का काम किया और 'चाँद', 'अभ्युदय' तथा 'मदारी' पत्रों के संपादकीय-विभाग से सम्बद्ध रहे ।

इसके उपरांत इनकी उन्नति का काल प्रारंभ होता है । सन् 1942 में ये प्रयाग-विश्वविद्यालय के अंग्रेजी-विभाग में ले लिए गए । 1952 में ये इंग्लैंड गए और दो वर्ष बाद विलियम बटलर ईट्स के काव्य पर डाक्टरेट प्राप्त कर स्वदेश लौट आए । सितम्बर 1955 में आकाशवाणी के इलाहाबाद केन्द्र पर हिंदी-प्रोड्यूसर के रूप में इनकी नियुक्ति हुई । यहाँ तीन महीने काम करने के उपरांत, ये भारत-सरकार के विदेश-मंत्रालय में विशेष अधिकारी हो गए । सन् 1959 में एक शिष्ट-

मंडल के साथ वेल्जियम की यात्रा भी **कर** आए।

काव्य के क्षेत्र में 'मधुशाला' के प्रकाशन के उपरांत ही इन्हें ख्याति मिलनी प्रारंभ हो गयी थी। इनकी लोक-प्रियता का मुख्य कारण हमारे यहाँ के कवि-सम्मेलन हैं। जैसा 'बच्चन जी ने स्वयं लिखा है सन् 1933 से लेकर अब तक इन्होंने कम से कम 500 कवि सम्मेलनों में भाग लिया होगा।

'बच्चन' जी व्यवस्थित और नियमित जीवन बिताने के अभ्यासी हैं। उनके व्यक्तित्व की विशेषता यह है कि वे अत्यधिक संवेदनशील होते हुए भी बड़े विवेकशील हैं। पं० अमरनाथ झा और श्री सुमित्रानंदन पंत की उन पर बड़ी कृपा रही है, यद्यपि यह भी सत्य है कि अपने भाग्य का निर्माण उन्होंने स्वयं किया है।

'बच्चन' के निम्नलिखित काव्य-ग्रंथ प्रकाशित हो चुके है-

प्रारंभिक रचनाएँ, खैयाम की मधुशाला, मधुशाला (1935), मधुबाला, मधुकलश।

निशा-निमंत्रण (1938), एकांत-संगीत, आकुल अंतर।

सतरंगिनी (1945), हलाहल, बंगाल का काल (1946), सूत की माला, खादी के फूल, मिलन-यामिनी (1950), प्रणय-पत्रिका (1955)।

धार के इधर-उधर, आरती और अंगारे, बुद्ध और नाचघर (1958) त्रिभंगिमा (1961), चार खेमे चौंसठ खूँटे।

अब इनके काव्य का विश्लेषण और विवेचन करें।

छायावादी सूक्ष्म रचनाओं के कारण हिन्दी के पाठकों के हृदय में जो प्रतिक्रिया जन्म ले रही थी, उसका प्रतीक बनकर आने वाले कवि का नाम है- हरिवंशराय 'बच्चन'। सन् 1935 के आसपास उनकी ख्याति का एक कारण यह भी था कि प्रसाद, निराला, पंत, महादेवी के विपरीत उन्होंने ऐसी काव्य-निधि हिंदी के पाठकों को भेंट की, जिसे वे सफलता से ग्रहण कर सकें। छायावाद की अस्पष्टता, दुरुहता और गंभीरता की तुलना में ये रचनाएँ एकदम जनप्रिय हो उठीं।

'बच्चन' जी के अब तक के काव्य-विकास को निम्नलिखित सरणियों में विभाजित किया जा सकता है-

1. प्रयत्न काल-	प्रारंभिक रचनाएँ-2 भाग
2. अनुवाद काल	खैयाम की मधुशाला, जन-गीता मैकबैथ, ओथेलो।
3. हालावाद	मधुशाला, मधुबाला मधुकलश।
4. निराशावाद	निशा-निमंत्रण, एकांत संगीत, आकुल अंतर, हलाहल।
5. भोगवाद	संतरंगिनी, **मिलन-यामिनी**, प्रणय-पत्रिका।
6. नयी दिशा	बंगाल का काल, खादी के फूल, सूत की माला, धार के इधर-उधर, बुद्ध और नाचघर, आरती और अंगारे, त्रिभंगिमा, चार खेमे चौंसठ खूँटे।

'बच्चन' की प्रारंभिक रचनाओं में ऐसा कुछ भी नहीं है जो आलोचक की दृष्टि को आकर्षित करे। इन कृतियों में सभी प्रकार की अपरिपक्वता विद्यमान हैं। लंबी रचनाओं में अनेक स्थलों पर यह स्पष्ट झलकता है कि कवि जहाँ किसी वर्णनात्मक विषय को लेता है, वहाँ पहले गद्य में सोचता है, बाद में उसे पद्यबद्ध करता है,-क्योंकि स्वतंत्र पंक्तियों से छिटक कर कहीं 'कि', कहीं 'में' कहीं 'भी' कहीं 'को' पड़े हुए हैं। पंक्तियाँ अनेक स्थानों पर गद्यवत् हैं। फिर भी दो तथ्यों पर ध्यान जाता है। पहली बात है भाषा की सरलता और दूसरा गुण है प्रवाह, जो मुक्त होने की चेष्टा कर रहा है। 'बच्चन' के काव्य की ये विशेषताएँ आगे चलकर निरंतर निखरीं और इनके साथ मार्मिकता ने मिलकर उन्हें लोकप्रिय बना दिया।

उमर खैयाम की गणना विश्व-कवियों में होती है और उनकी रूबाइयात के अनेंक भाषाओं में रूपान्तर हो चुके हैं। हिंदी में मैथिलीशरण गुप्त, केशवप्रसाद पाठक, रघुवंशलाल गुप्त, इकबाल वर्मा सेहर और सुमित्रानंदन पंत के अनुवाद हैं ही। बच्चन जी का अनुवाद अनुवाद नहीं है-भावानुवाद का भावानुवाद है। उनकी कुछ पंक्तियाँ बहुत सुन्दर हैं, पर इस सुन्दरता का निर्वाह वे सर्वत्र नहीं कर पाए। अपनी ओर से उन्होंने अनेक परिवर्तन किए हैं। इस अनुवाद में तीन कमियाँ खटकती हैं। 'बच्चन' जी के छंद में अंग्रेजी का छंद पूरा समा जाता है और जो बच रहता है उसकी पूर्ति उन्हें अतिरिक्त शब्दों से करनी पड़ती है, जिससे सभी स्थानों पर काव्य-श्री की वृद्धि नहीं हो पाती। फिट्जजेरल्ड के शब्द-चित्र मूर्तिमान होकर आँखों के सामने झूलने लगते हैं, 'बच्चन' के चित्र दब गए हैं। तीसरे फिट्जजेरल्ड की भाषा बड़ी व्यंजनामयी है। 'बच्चन' ने अपने बहुत से परिवर्तनों में उन व्यंजनाओं की व्याख्या करके व्यंग्य-सौन्दर्य को नष्ट कर दिया है।

खैयाम का जीवन-दर्शन 'बच्चन' को इतना -भाया कि उसे उन्होंने अपना लिया। खैयाम की समता पर ही 'बच्चन' ने मधुशाला , मधुबाला और मधुकलश की रचना की और हिन्दी में एक नवीन 'वाद' का प्रचार किया। यह वाद हालावाद के नाम से प्रसिद्ध हुआ। यों मदिरा पर बालकृष्ण शर्मा 'नवीन' आदि कुछ अन्य कवियों ने भी लिखा है, पर इस विषय पर विस्तृत रूप से लिखने के कारण 'बच्चन' का नाम इस वाद से संबंधित हो गया।

मधुशाला 'बच्चन' की वह विशिष्ट रचना है जो कवि की प्रसिद्धि का कारण हुई। मधुशाला को समझने में दुहरी भूल हुई है। एक ओर पाठक समझता है कि ये रचनाएँ मदिरा-सम्बंधिनी हैं, दूसरी ओर कुछ लोगों का विश्वास है कि ये आध्यात्मिक हैं। मधुशाला के छंद उस अर्थ मदिरा से सम्बंधित नहीं हैं, जिस अर्थ में उनका प्रचार उर्दू गजलों में है। 'बच्चन' ने मदिरालय, मधुबाला, प्याला और हाला के प्रतीकों को स्वीकार करके उनका प्रयोग विभिन्न अर्थों में किया है। कवि ने सृष्टि की न जाने कितनी वस्तुओं में मदिरालय और रस की कल्पना की है।

जहाँ तक बन पड़ा है कवि ने पाठक को कल्पना, विचार और भाव के लोक में ही घुमाया है, पर स्थूलता कहीं-कहीं आ ही गयी है । मधुशाला में 'बच्चन' का कवि का ही नहीं, सुधारक का रूप भी है। उसमें उन्होंने बड़ी सहृदयता से सभी जातियों और धर्मों की एकता की घोषणा की है। सामाजिक विषमताओं और धार्मिक आंडबरों पर कवि ने बराबर व्यंग्य किए हैं। खेद की बात है कि मधुशाला में मस्ती ढूंढ़ने के कारण बहुत कम व्यक्तियों की दृष्टि 'बच्चन' के इस क्रांतिकारी रूप पर गई है ।

मधुशाला के कुछ सुन्दर छंद देखिए-

(1)

आज सजीव बनालो, प्रेयसि,
अपने अधरों का प्याला,
भर लो, भर लो, भर लो इसमें,
यौवन-मधुरस की हाला,
और लगा मेरे होठों से
भूल हटाना तुम जाओ,
अथक बनूँ मैं पीने वाला,
खुले प्रणय की मधुशाला ।

(2)

मैं मदिरालय के अंदर हूँ,
मेरे हाथों में प्याला,
प्याले में मदिरालय बिंबित
करने वाली है हाला,
इस उधेड़-बुन में ही मेरा
सारा जीवन बीत गया-
मैं मधुशाला के अंदर
या मेरे अंदर मधुशाला ?

(3)

और चिता पर जाय उड़ेला
पात्र न घृत का, पर प्याला,
घंट बँधे अंगूर लता में
मध्य न जल हो, पर हाला,
प्राण प्रिये, यदि श्राद्ध करो तुम
मेरा तो ऐसे करना-
पीने वालों को बुलवाकर
खुलवा देना मधुशाला !

मधु से संबंधित विभिन्न प्रतीकों को पृथक-पृथक लेकर विस्तारपूर्वक विचार बच्चन ने मधुबाला में किया। कवि के जीवन-संबंधी विचारों को जानने के लिए मधुबाला एक विशिष्ट रचना है। मधुकलश में अपने ऊपर किए गए आक्षेपों का उत्तर कवि ने काव्यमयी वाणी में दिया है।

निशा-निमंत्रण का प्रकाशन बच्चन के साहित्यिक जीवन की एक महत्वपूर्ण घटना है। यह रचना इस बात का प्रमाण है कि बच्चन मधु और उन्माद के ही कवि नहीं, हृदय की कुछ गंभीर वृत्तियों के सफल विश्लेषक भी हैं। निशा-निमंत्रण के गीत आकार में लघु, भावपूर्ण, संगीतात्मक और विशिष्ट वृत्तियों के परिचायक हैं। इस प्रकार गीत-काव्य की समस्त विशेषताएँ उनमें पायी जाती हैं। पर उनकी सबसे बड़ी विशेषता वह घना विषाद है, जिसे कवि ने उन गीतों में बंदी कर दिया है। बंगाल के चंद्रशेखर ने भी अपनी पत्नी की मृत्यु पर गद्य में एक कृति प्रस्तुत की थी, पर 'निशा-निमंत्रण' 'उद्भ्रांत प्रेम' से कहीं अधिक प्रभावशाली रचना है। इसमें आहत हृदय के उच्छ्वासों का प्रवाह बड़ी स्वाभाविक संयत शैली में हुआ है। मेरी दृष्टि से 'निशा-निमंत्रण' ही 'बच्चन' की सर्वश्रेष्ठ रचना है।

कुछ मार्मिक पंक्तियाँ लीजिए-

(1)

साथी, सो न, कर कुछ बात !
बात करते सो गया तू,
स्वप्न में फिर खो गया तू,
रह गया मैं, और आधी बात, आधी रात।
पूर्ण कर दे वह कहानी,
जो शुरू की थी सुनानी,
आदि जिसका हर निशा में, अंत चिर अज्ञात।
साथी, सो न, कर कुछ बात।

(2)

आज मुझसे दूर दुनिया !
भावनाओं से विनिर्मित,
कल्पनाओं से सुसज्जित,
कर चुकी मेरे हृदय का स्वप्न चकनाचूर दुनिया।
आज मुझसे दूर दुनिया?

'एकांत संगीत' में कवि घोर एकाकीपन का अनुभव करता है। उसमें सबसे प्रबल स्वर है अभाव का। एकांत संगीत के गीत मनुष्य के क्षोभ के गीत हैं,

उसकी विवशता के गीत, पर कवि साहस संचित करके अदृश्य का सामना करने को कटिबद्ध है। 'निशा निमंत्रण' और 'एकांत संगीत' से बचे क्रंदन को कवि ने 'आकुल अंतर' में व्यक्त किया है। वह दुःखी होकर कहता है-जीवन का यह पृष्ठ पलट मन। 'हलाहल' एक विचार-प्रधान रचना है जो कवि के हृदय-मंथन का परिणाम हैं चिरंतन उसकी दृष्टि से कुछ नहीं, नाश ही चिरंतन है। अनंत काल और विराट देश में मानव को वह बहुत छोटा पाता है। इच्छा होती है कि व्यापक भावनाओं से पूर्ण ऐसी कृति का कोई और सुन्दर-सा नाम होता है।

सतरंगिनी में प्रेम का आमंत्रण, आकर्षण और उपलब्धि नए प्रकार से है। यह सोचकर कि जो मकान ढह गया सो ढह गया, जो लौ बुझ गयी सो बुझ गयी, जो उद्यान सूख गया सो सूख गया, वह इनके लिए व्यर्थ सोच नहीं करना चाहता। प्रणय की दुर्निवार पुकार सुनने के लिए कवि बैठा है। सतरंगिनी का पाँचवाँ सप्तक सबसे अधिक आकर्षक, मधुर और कलापूर्ण है। इसमें अपनी नवीन प्रणयिनी के व्यक्तित्व का विश्लेषण कवि ने अत्यंत भावपूर्ण भाषा में किया है। अभिसार की याचना के साथ इसका अंत होता है। आगे के दो सप्तकों में हृदय के सुख से उत्पन्न जगत और जीवन को सुखमय समझने की क्षीण ध्वनि है।

दुःख की अतिशयता से जैसे निशा-निमंत्रण की सृष्टि हुई, मुखाधिक्य से वैसे ही मिलन यामिनी की। मनुष्य के हृदय की दो तीव्रतम वृत्तियों की प्रतिनिधि ये दोनों कृतियाँ अपने-अपने क्षेत्र में समान रूप से सफल है। मिलन-यामिनी में भावों को गहराई देने के लिए प्रकृति को न केवल उद्दीपनकारी चित्रित किया गया है, वरन् उसे भी श्रृंगार करते और संयोग के लिए उत्सुक होते दिखाया गया है। प्रेमिका का आह्वान एक प्रेरणा के रूप में हुआ है। उसके अनुपम सौंदर्य का वर्णन मुग्धकारी भाषा में है जो हृदय में स्पंदन जगाता है। मिलन-प्रसंगों का संकेत प्रकृति की ओट में है जिससे कला की गरिमा की यथेष्ट रक्षा हुई है। मिलन-यामिनी एक प्रकार से कवि की तृप्ति-भावना को व्यक्त करती है।

प्रणय-पत्रिका का नामकरण विनय-पत्रिका के आधार पर हुआ है। जैसे विनय-पत्रिका का मूल स्वर है भक्ति, वैसे ही प्रणय-पत्रिका का प्रेम। प्रेम को इस ग्रंथ में एक महती प्रेरणा के रूप में स्वीकार किया गया है। सभी गीत प्रेमिका के प्रति सम्मान, आकर्षण, उत्साह, कृतज्ञता और आत्म-समर्पण की भावना से युक्त है। परिणाम यह हुआ है कि जीवन का पात्र आनन्द के रस से भर कर छलक उठा है। यद्यपि विद्यापति के पदों जैसा विलक्षण रस इन गीतों में नहीं, पर रीति-काल के श्रृंगारी कवियों की कविताओं से ये रचनाएं कहीं अधिक सप्राण, स्वाभाविक और स्वस्थ हैं। 'बच्चन' की विशेषता यह है कि उन्होंने 'स्वकीया' को लेकर आकर्षण उत्पन्न किया है।

'बंगाल का काल' में वहाँ के अकाल को अपनी रचना का वर्ण्य विषय बनाकर 'बच्चन' ने मुक्त छंद में एक नवीन चेतना की झंकार उत्पन्न की। समता

के लिए फ्रांस की राज्य-क्रांति को सामने रखते हुए, कवि ने भूखे व्यक्तियों में असंतोष, साहस और क्रांति के भावों को भरने का प्रयत्न किया है। इसी प्रकार महात्मा गांधी की मृत्यु पर एक साहित्यकार की मानसिक प्रतिक्रिया को व्यक्त करने के लिए 'बच्चन' ने दो सौ से ऊपर पद्य लिखे, जो 'खादी के फूल' और 'सूत की माला' में संगृहीत हैं। 'खादी के फूल' श्रद्धांजलि के रूप में है। 'सूत की माला' में हत्या से लेकर संगम में महात्मा जी के अस्थि-विसर्जन तक की घटनाओं पर आधारित विवरणात्मक रचनाएँ हैं। दोनों ग्रंथों में हृदय की प्रेरणा का योग बहुत कम दिखाई देता है।

सन् 1957 के उपरांत 'बच्चन' जी की जो चार-छ: कृतियाँ प्रकाशित हुई हैं, उनमें मन की तन्मयता का अभाव है। वे साधारण विषयों में प्राय: साधारण ढंग से उलझकर रह गए हैं। 'धार के इधर-उधर' में अनेक रचनाएँ सामयिक महत्व की हैं। इनमें से कुछ विशेष अवसरों पर लिखी गयी हैं जैसे गणतंत्र दिवस, स्वतंत्रता दिवस, विजयादशमी, होली पर, कुछ नेताओं—सरदार पटेल, सुभाष बोस, सरोजनी नायडू आदि- से संबंधित है। और कुछ अपने बच्चों के जन्म और वर्ष-गाँठ की प्रसन्नता के आधिक्य से उद्‌भूत है। 'आरती और अंगारे' में विनय-पत्रिका के देवी-देवताओं के समान संस्कृत, फारसी, अंग्रेजी और हिंदी के बहुत से कवियों की प्रशस्तियाँ हैं। कवियों के अतिरिक्त देश के अन्य कलाकारों-मूर्तिकारों, चित्रकारों और संगीतज्ञों- को शीश झुकाने के उपरांत कवि ने अपने परिवार का, जिसमें पितामह से लेकर भाई तक सम्मिलित हैं, परिचय दिया है। 'त्रिभंगिमा' में अन्य स्वरों के साथ बाल दिवस (पं० नेहरू के जन्म दिन) पर प्रसन्नता, सैनिकों के लिए प्रयाण-गीत एवं पंचशील के विरुद्ध गान के स्वर भी मिले हुए हैं। 'बुद्ध और नाचघर' में ये विश्वासघाती मित्रों पर बिगड़ उठे हैं। इन रचनाओं में कवि और काव्य के प्रति इनका दृष्टिकोण ही बदल गया है-

पर ये घूम-फिरकर
करते हैं अपनी ही बात।
कवियों की कौम
होती है बड़ी बदजात।
कवि
होता है नवी,
नबी उपदेश देने से नहीं चूकता,
पड़ जाती है बान,
अंत में थोड़ा-सा व्याख्यान।

-बुद्ध और नाचघर

इन कृतियों में मार्मिक और महत्वपूर्ण अंश यहाँ-वहाँ पाए जाते हैं। सबसे अच्छी बात यह है कि मिट्टी की महत्ता के उद्‌घोष के साथ प्रेम की शक्ति में कवि

का विश्वास अभी तक बना हुआ है। युग को लेकर चिंतन है और जीवन के प्रति दृष्टि स्वस्थ एवं नार्मल हैं। उन्होंने नए विषय उठाए है। और पुराने विषयों को नयी दृष्टि से देखा है। इस प्रकार उनके संवेदनों में कुछ अंश महत्वपूर्ण हैं, कुछ साधारण। अच्छा तो यह लगता है कि समय के विकास के साथ साधारण का साथ छूटता जाय, लेकिन बच्चन में यह बात इधर कुछ बढ़ती जा रही है। दूसरी बात यह कि नए विषय और नए छंद लेने पर भी इनकी चेतना आधुनिक नहीं है, अत: ऐसी रचनाओं पर उनके स्वभाव की छाप होते हुए भी, व्यक्तित्व की छाप नहीं है।

'बच्चन' की प्रतिभा मूलतः गीतात्मक है। गीति-काव्य के लेखकों में जो सुबोधता उनकी रचनाओं में पायी जाती है, वह अन्यत्र दुर्लभ है। प्रतीक-विधान उनकी रचनाओं में हिंदी के बहुत से कवियों की अपेक्षा अधिक सहज, सरस और सफल है। हिंदी के छंदों के अतिरिक्त उर्दू के बहुत से छंदों को अपनाकर 'बच्चन' ने मधुर लय की सृष्टि की है। उनके गीतों में ध्वनि का सौंदर्य तो नहीं, पर एक प्रकार की गूँज की मधुरता है जो अतं:करण में देर तक मंडराती रहती है। एक गूँज की सृष्टि वे कभी अनुप्रास, कभी कुछ शब्दों, वाक्यांशों या वाक्यों का आवृत्ति द्वारा करते है। मुक्त छंद की रचनाओं में प्रवाह की रक्षा सभी स्थानों पर नहीं हो पायी। वहाँ अनेक पँक्तियाँ गद्यवत् है। मुक्त छंद पर इनका निराला, सियारामशरण गुप्त अथवा अज्ञेय जैसा अधिकार नहीं पाया जाता। 'त्रिभंगिमा' और 'चार खेमे चौंसठ खूँटे' में लोकधुनों के प्रयोग पाये जाते हैं इन प्रयोगों में खड़ी बोली ठीक से नहीं ढल पायी। बात यह है कि 'बच्चन' जी ने लोक-धुनें तो चुन लीं, लेकिन अपने मन को क्या करें? वह तो एक नागरिक का मन है। लगता ऐसा है कि लोक-कवि ही लोक धुनों में अपने प्राण ठीक से ढाल सकते हैं। लोक-धुनों पर आधारित गानों में काव्यत्व की रक्षा किस सीमा तक हो पायी है, इसका निर्णय पाठक ही कर सकते हैं। एक गान की कुछ पंक्तियाँ लीजिए-

सवैया

(उत्तर प्रदेश की एक लोक-धुन पर आधारित)

आज मँहगा है, सैयाँ, रुपैया।
रोटी न महँगी है,
लहँगा न महँगा,
महँगा है, सैयाँ, रुपैया।
गाँधी न नेता,
जवाहर न नेता,
नेता है, सैयाँ, रुपैया।

छायावाद और नये युग के बीच 'बच्चन' जी एक महत्वपूर्ण कड़ी रहे हैं। इस युग में धरती के जीवन के निकट यदि कोई कवि है, तो वे बच्चन है। मानवीय भावनाओं की नॉर्मल अभिव्यक्ति सच पूछिए, तो उन्हीं के काव्य में प्रचुरता से मिलती है। उनका दृष्टिकोण अत्यन्त व्यावहारिक, आशावादी और स्वस्थ है। 'बच्चन' जी हमारे युग के बड़े प्रभावशाली गीतिकाव्यकार हैं।

●

श्यामनारायण पांडेय

श्यामनारायण पांडेय का जन्म सन् 1907 में डुमराँव जिला आज़मगढ़ में हुआ। इनके पिता का नाम रामाज्ञा पांडेय और माता का वातासीदेवी था। बचपन में ही पिता का देहान्त हो जाने के कारण, हिंदी और उर्दू मिडिल पास करने के उपरांत, इनका अध्ययन कुछ दिनों के लिए स्थगित हो गया। इनके चाचा विष्णुदत्त पांडेय और बड़े भाई सत्यनारायण पांडेय ने प्रयत्न करके इनका नाम संस्कृत महाविद्यालय काशी में लिखा दिया। यहाँ से ये साहित्याचार्य हुए। यहीं तीन वर्ष इन्होंने पुराणों पर रिसर्च की। इसके उपरांत बहुत दिनों तक ये काशी के प्रसिद्ध रईस ब्रजमोहनदास केजरीवाल के माधव संस्कृत विद्यालय में प्रधानाध्यापक के पद पर काम करते रहे।

आजकल अपना मकान बनवाकर ये डुमराँव, मऊनाथभंजन में रह रहे हैं। मकान का नाम 'कविता' रखा है।

इनका नाम 'हल्दीघाटी' के प्रकाशन के साथ चमका। कविता पढ़ने का इनका ढंग बड़ा ही प्रभावशाली है। कवि-सम्मेलनों में जिन्होंने इन्हें वीर रस की कविता पढ़ते सुना है, वे इस बात के साक्षी रहेंगे कि अपनी ओजस्वी वाणी से ये श्रोताओं को सचमुच मंत्र-मुग्ध कर सकते हैं। श्यामनारायण पांडेय जनता के कवि हैं।

'हल्दीघाटी पर 2000) का देव-पुरस्कार प्राप्त हो चुका है। इनके निम्नलिखित ग्रंथ प्रकाशित हो चुके है-तुमुल, रिमझिम, आरती, जयहनुमान, रूपांन्तर (अनुवाद)।

हल्दीघाटी (1941), जौहर (1945)।

शिवा जी नाम से इनका एक और प्रबन्ध-काव्य पूरा हो चुका है।

'हल्दीघाटी' श्यामनारायण पांडेय का वीररस-प्रधान प्रबंध-काव्य है। प्रारम्भ से ही अकबर की इच्छा थी कि वह भारत का सम्राट हो। इस महत्वाकांक्षा की पूर्ति में सबसे बड़े बाधक थे मेवाड़ के सिसोदिया। उदयसिंह की मृत्यु के उपरांत

है वहीं रहा, अब वहाँ नहीं,
थी जगह न कोई जहाँ नहीं,
किस अरि-मस्तक पर कहाँ नहीं?

(2)

बैरी दल को ललकार गिरी
वह नागिन-सी फुफकार गिरी, था शोर
मौत से बचो, बचो,
तलवार गिरी, तलवार गिरी।

'हल्दीघाटी' एक घटनापूर्ण सुखांत काव्य है। कवि ने इस ऐतिहासिक युद्ध से संबंधित स्थानों की यात्रा के उपरांत ही, इसकी रचना में हाथ लगाया था, यही कारण है कि यह प्रबन्ध-काव्य इतना सफल बन पड़ा है। कोई चाहे तो एक ही आपत्ति कर सकता है और वह यह कि अपनी अभिव्यक्ति का स्तर इन्होंने लोकप्रिय ढंग का रखा है, लेकिन ऐसा पांडेय जी ने जान-बूझकर किया है और उसके गुण-दोष दोनों से वे परिचित हैं।

'जौहर' श्री श्यामनारायण पांडेय का दूसरा प्रसिद्ध प्रबन्ध-काव्य है जिसमें चित्तौड़ पर अलाउद्दीन खिजली के आक्रमण (सन् 1303) और पद्मिनी के जौहर की कथा वर्णित है। राजस्थान में मेवाड़ के इतिहास से पांडेय जी बहुत प्रभावित रहे हैं। 'हल्दीघाटी' में इन्होंने सोलहवीं शताब्दी की घटना उठायी थी, इसमें और दो सौ वर्ष पीछे जाकर चौदहवीं शताब्दी की कथा को वर्णन का विषय बनाया है।

'जौहर' में 'हल्दीघाटी' की अपेक्षा कल्पना और कला का समावेश कुछ अधिक है। इसमें इक्कीस सर्ग हैं। कथानक का विकास एक पुजारी और पथिक की बातचीत से होता है। अंतिम 'चिनगारी' में पांडेय जी ने अपने जीवन की मुख्य घटनाओं का उल्लेख करते हुए ऐसा संकेत किया है कि यह पुजारी 'द्रुमग्राम' (डुमराँव) का निवासी है। अपनी माँ की मृत्यु से उसे बड़ा आघात लगा और उस व्यथा को भुलाने के लिए वह कविता की शरण में आया। एक दिन मां की छाया उसे पद्मिनी जी की गाथा को छंदबद्ध करने का आदेश देकर लुप्त हो जाती है। 'जौहर' की रचना इस आदेश के पालन के लिए ही हुई है। स्पष्ट है कि 'जौहर का पुजारी और कोई नहीं, हमारे पांडेय जी ही हैं।

कथा कहने का जो ढंग पांडेय जी ने अपनाया है, उससे कहानी में उत्सुकता बराबर बनी रहती है। इस कृति में इन्होंने कई ऐसे तत्वों का समावेश भी किया है जो जनता के हृदय को छूने का सामर्थ्य रखते हैं। इनमें शाप और स्वप्न मुख्य हैं एक दिन रत्नसेन आखेट में भागते हुए मृग-दम्पत्ति की तलवार से हत्या कर देता है। इस पर क्षुब्ध होकर वनदेवी उसे शाप देती हैं कि चित्तौड़ में प्रलय की ऐसी ज्वाला जलेगी जिसमें राज्य का सब कुछ नष्ट हो जायेगा। थोड़ी देर में अलाउद्दीन

के गुप्तचरों और सैनिकों द्वारा राजा वहीं घेर लिया जाता है। उसके बंदी हो जाने पर गढ़ की इष्टदेवी राणा लक्ष्मणसिंह से स्वप्न में कहती हैं कि वह उसके पुत्रों के रक्त की प्यासी है। यह स्वप्न सत्य निकलता है। युद्ध में राणा के आठ पुत्रों में से सात मारे जाते हैं। अग्नि में प्रवेश करने से पूर्व पद्मिनी अपने तोता-मैना को पिंजड़े से मुक्त करती है। पक्षी होने पर भी दोनों जैसे स्थिति को गंभीरता को समझते हैं और रानी के चरणों पर वहीं गिरकर मर जाते हैं। इतिहास-संगत न होने पर भी करुणा और कोमलता के ऐसे प्रसंग काव्य की दृष्टि से बड़े उपयोगी सिद्ध होते हैं।

इस प्रकार ऐतिहासिक पात्रों और काव्यमयी कल्पनाओं के योग से पांडेय जी ने 'जौहर' को एक सफल प्रबंध-काव्य के रूप में ढालने का प्रयत्न किया है। ओज और करुणा की अपूर्व आभा से दीप्त यह कहानी पाठकों के हृदयों को अनेक स्थलों पर आंदोलित करती है। उदाहरण के लिए अलाउद्दीन के शिविर की ओर डोलियों के चलने का वर्णन लीजिए। छंद और भाषा से ही जैसे उत्साह और गति छलक पड़ते हैं-

अंधकार दूर था,
झाँक रहा सूर था,
कमल डोलने लगे,
कोष खोलने लगे।

दिवस के विकास में,
किरण के प्रकाश में,
गोलियाँ दमक उठीं,
बर्छियाँ चमक उठीं।

दुर्ग का महारथी,
समर - शूर सारथी,
बोल उठा ताव से,
राजसी प्रभाव से-

तुम अजर बढ़े चलो,
तुम अमर बढ़े चलो,
तुम निडर बढ़े चलो,
आन पर चढ़े चलो

राजसद्मिनी न है,
आह, पद्मिनी न है,
कौन चाहता उसे?
कौन डाहता उसे?

दो उसे दुरा अभी,
भोंक दो छुरा अभी ।
क्षण दुधार बन्द हों,
हाँ, उहार बन्द हों,
ध्वनि न अनारी उठे,
नाद कहारी उठे ।
मौन वीर हो गए,
मौन धीर हो गए,
पर समीर हो गए,
तुरत तीर हो गए ।

श्यामनारायण पांडेय ने स्फुट काव्य की रचना भी की है, पर उनका विशेष झुकाव प्रबन्ध की ओर है । उनकी प्रथम कृति 'तुमुल' जिसमें लक्ष्मण और मेघनाद के युद्ध का वर्णन है, एक प्रबन्ध काव्य ही है । इधर बहुत दिनों से वे 'शिवा जी' नामक एक अन्य प्रबन्ध-काव्य के सृजन में लीन हैं । अपने नायक-नायिकाओं के प्रति इनके हृदय में बड़ी श्रद्धा पायी जाती हैं यह वृत्ति भारतीय संस्कृति की भावना से अनुप्राणित है । 'हल्दीघाटी' में इन्होंने एक आदर्श भारतीय वीर और 'जौहर' में आदर्श भारतीय नारी की पवित्र मूर्ति अंकित की है । काव्य-सृजन का इनका लक्ष्य सदैव बहुत ऊँचा रहा है ।

●

रामधारी सिंह 'दिनकर'

रामधारी सिंह 'दिनकर' का जन्म 30 सितम्बर 1908 को मुँगेर जिले (बिहार) के सिमरिया ग्राम में हुआ । ये एक किसान के पुत्र हैं । जब ये दो वर्ष के थे, तभी इनके पिता का देहांत हो गया । इनकी प्रारंभिक शिक्षा अपने गाँव में ही हुई । सन् 1928 में मोकामाबाद हाईस्कूल से मैट्रिक करने के उपरान्त इन्होंने 1930 में इंटर और 1932 में पटना विश्वविद्यालय से बी०ए० आनर्स किया ।

सन् 1933 में दिनकर जी ने एक हाईस्कूल के प्रधानाध्यापक के रूप में काम करना प्रारंभ किया । सन् 1934 में ये बिहार-सरकार के अधीन सब-रजिस्ट्रार हुए । सन् 1943 में इनका ट्रांसपुर युद्ध-प्रचार विभाग में कर दिया गया जहाँ सन् 1947 में ये उप-निर्देशक बनाए गए । सन् 1950 में ये पोस्ट-ग्रेजुएट-कालेज मुजफ़्फ़रपुर में हिंदी-विभाग के अध्यक्ष नियुक्त हुए ।

प्रारंभ से ही दिनकर का जीवन अत्यन्त संघर्षमय रहा। आर्थिक संकट का सामना करने के लिए इन्होंने सरकारी नौकरी अवश्य की, पर अपनी देश-भक्ति की भावना पर कहीं आँच नहीं आने दी। 'रेणुका' और 'हुँकार' इनकी पराधीनता-काल की ही कृतियाँ हैं। उस समय इनमें संकलित कई राष्ट्रीय रचनाओं को सरकार द्वारा आपत्तिजनक समझा गया और परिणाम-स्वरूप इनसे स्पष्टीकरण की माँग की गयी। पर ये थे कि निर्भय हो कर लिखते रहे।

दिनकर जी दीर्घ आकार के एक स्वस्थ, सुन्दर और तेजस्वी व्यक्ति हैं।

सन् 1952 में नौकरी से त्याग-पत्र देकर ये राज्य-सभा के सदस्य हो गए। सन् 1956 में ये राष्ट्रभाषा आयोग के सदस्य नियुक्त हुए। इस समय ये संगीत-नाटक एकेडमी, साहित्य एकेडेमी एवं ऑल इंडिया रेडियो की परामर्शदात्री समिति के सदस्य हैं। पिछले वर्षों में अनेक सद्भावना-मंडलों के साथ ये संसार के अनेक देशों का भ्रमण कर आए हैं। सन् 1959 में 'पद्म भूषण' की उपाधि देकर राष्ट्रीय सरकार ने इन्हें सम्मानित किया है। देश के अनेक नेताओं और साहित्यकारों से ये घनिष्ठ रूप से परिचित हैं। इस प्रकार कठोर संघर्ष के उपरान्त इनका जीवन इस समय अपनी उन्नति के शिखर पर है।

अपने ग्रंथों के दिनकर जी स्वयं ही प्रकाशक है। इस संस्था का नाम है-उदयाचल, पटना।

इनके निम्नलिखित काव्य-ग्रंथ प्रकाशित हो चुके हैं—

प्राण-भंग (1929), रेणुका (1935), हुंकार (1939)।

रसवंती (1940), नील कुसुम (1954)।

कुरुक्षेत्र (1946) रश्मिरथी (1952) उर्वशी (1961)।

द्वन्द्व-गीत, सामधेनी, बापू, इतिहास के आँसू, धूप और धुवाँ, दिल्ली नीम के पत्ते, सीपी और शंख, नये सुभाषित और परशुराम की प्रतीक्षा।

'दिनकर' के काव्य की पहली विशेषता है-ओज। यह ओज राष्ट्रीय चेतना और मानवता के उद्धार की भावना से युक्त होकर स्पृहणीय बन गया है। इनकी प्रारंभिक रचनाएँ समय की पुकार के उत्तर में लिखी गयीं। उस समय विदेशी-शासन का दमन-चक्र पूरी क्रूरता के साथ चल रहा था। जनता क्षुब्ध और त्रस्त थी। फलस्वरूप उस काल के कुछ प्रसिद्ध कवियों में जहाँ अनेक प्रकार की निराशा ने जन्म लिया, वहाँ 'दिनकर' में उसकी प्रतिक्रिया अमर्ष बनकर उमड़ी, जिससे राष्ट्रीय आंदोलन को बल मिला। 'रेणुका' और 'हुंकार' में ये कहीं रुद्र और भवानी का आह्वान करते दिखाई देते हैं, कहीं बलिदानी वीरों के गीत गाते, कहीं 'नीरो' और 'जार' के बहाने अत्याचारियों के विरुद्ध अपनी वाणी का स्वर ऊँचा करते। भारतवर्ष कृषकों का देश है, अतः उनकी दीन दशा पर ये अत्यधिक विचलित दिखाई देते हैं। उन दिनों ये तलवार और तीर, आँधी और आग तथा

ज्वालामुखी और प्रलय की भाषा में प्रायः बोला करते थे। युवकों को उद्बोधन देने, जनता को उत्साहित करने और राष्ट्रीय-भावना के प्रचार के लिए इन्होंने न जाने कितने रचनाएँ लिखीं जिनमें 'हाहाकार', तांडव, 'दिगम्बरी', 'अनल-किरीट', 'शहीद-स्तवन' और 'विपथगा' आदि विशेष रूप से उल्लेखनीय है। इस ओज का पर्यवसान अंत में गांधी-दर्शन में हुआ जिसका प्रमाण इनकी 'बापू' रचना है 'दिनकर' को निश्चित रूप से 'जनता का कवि' कहा जा सकता है। 'जन तन्त्र का जन्म' शीर्षक रचना में जनता का पक्ष लेते हुए इन्होंने 26 जनवरी, 1950 को घोषित भी किया था-

सिंहासन खाली करो कि जनता आती है।

दूसरी विशेषता है-कोमलता। इनकी प्रेम की भावना 'बड़ी कोमल है। इस दृष्टि से 'रसवंती' जिसमें यौवन, सौन्दर्य और विरह-व्यथा के गीत हैं, बड़ी सफल बन पड़ी है। पर यहाँ भी इनकी वृत्ति लौकिक आकांक्षा तक सीमित न रहकर अध्यात्म की ओर बढ़ गयी है-

चाह यही छू लूँ स्वप्नों की
नग्न कांति बढ़कर निज कर से,
इच्छा है आवरण स्रस्त हो
गिरे दूर अंतःश्रुति पर से,
पहुँच अगेय-गेय-संगम पर
सुनूँ मधुर वह राग निरामय,
फूट रहा जो सत्य सनातन
कविर्मनीषी के स्वर-स्वर से।
गीत बनी जिनकी झाँकी,
अब दृग में उन स्वप्नों का अंजन।
गायक, गान, गेय से आगे
मैं अगेय स्वन का श्रोता मन।

प्रकृति में इनकी दृष्टि हिमालय की ओर प्रायः उठी है और उसे गौरव के प्रतीक के रूप में इन्होंने स्वीकार किया है। ऋतुओं में पतझर, बसंत और वर्षा के वर्णन अधिक हैं। मानवीकरण का सहारा ये भी कहीं-कहीं लेते हैं। नीचे की पंक्तियों को देखिए जिनमें संध्या को एक विरहिणी के रूप में कल्पित किया गया है-

नीलिमा पट खोलकर सायास
आ रही संध्या मलीन उदास।
देखती अवनत धरणि की ओर
वेदना-पूरित, विषाद-विभोर।

शून्य की अभिसारिका अति दीन
शून्य के ही प्राण-सी रब-हीन।
उठ रहे पल मंदगति निस्पंद,
जा रहे बिछते गगन पर अश्रु-बिंदु अमंद।
आँसुओं की दो कनी इस साँझ का वरदान,
अश्रु के दो बिंदु पिछली प्रीति की पहचान।

इनकी अनेक कविताएँ साँस्कृतिक-संदेश की वाहिका हैं। जैसे 'बुद्धदेव' 'कला-तीर्थ', 'कलिंग-विजय' आदि। इस क्षेत्र की सबसे महत्वपूर्ण रचना है 'हिमालय का संदेश'। यह एक लंबा संगीत-रूपक है जिसमें अज्ञान, घृणा और हिंसा को वर्तमान जीवन की विषमता का कारण बतलाकर उनके स्थान पर ज्ञान, प्रेम और शांति की स्थापना की बात उठायी गयी है। मानव-संस्कृति के विकास में 'दिनकर' धर्म का स्थान अन्यतम मानते हैं, इसी से अंत में उन्होंने कहा भी है-नहीं धर्म से बढ़कर कोई मित्र सभ्यता का है।

'कुरुक्षेत्र' और 'उर्वशी' पर पृथक रूप से कुछ कहने की आवश्यकता है।

'कुरुक्षेत्र' दूसरे महायुद्ध की समाप्ति के उपरांत सन् 1946 में प्रकाशित हुआ। इसमें युद्ध की भयंकर समस्या को विश्लेषण और विवेचन के लिए उठाया गया है। युद्ध चाहे रामायण-काल का हो या बीसवीं शताब्दी का, वह भयंकर है। दिनकर जी इस समस्या का समाधान खोजने महाभारत-काल में गए हैं। युद्ध के वास्तविक रूप का चित्रण करने के लिए कवि ने दो पात्रों-भीष्म पितामह और युधिष्ठिर-को चुना है, अतः कथावस्तु जितनी भी है, व्यास के महाभारत पर आधारित है। इसका अंतिम सर्ग, जो इस प्रबंध-काव्य का सबसे लंबा सर्ग है, और जिसमें मनुष्य के व्यक्तित्व और मानव-मूल्यों का विवेचन पितामह ने अपने दृष्टिकोण से किया है, महाभारत के शांति पर्व से प्रभावित है। शांति पर्व में भी उसी प्रकार पौरुष और दैव, स्वार्थ और लोक-हित, पाप और धर्म तथा युद्ध और शांति की समस्याओं पर विचार किया गया है जिस प्रकार कुरुक्षेत्र के सप्तम सर्ग में। कुरुक्षेत्र के मूल में पाठकों को गीता का प्रभाव भी लक्षित होगा। अंतर केवल इतना है कि एक में युद्ध के प्रारंभ में शंका उठायी गयी है, दूसरे में युद्ध की समाप्ति पर।

कुरुक्षेत्र का वास्तविक महत्त्व इस बात में निहित है कि अपने कथानक में देश-काल से सीमित होने पर भी वह अपने विस्तार में देशकालातीत है। उसमें सभी देशों की, सभी कालों की एक बहुत बड़ी समस्या को उठाया गया है। महाभारत के संदर्भ में इस समस्या का समाधान इसलिए और भी महत्वपूर्ण लगता है कि वहाँ प्रश्न करने वाले और उत्तर देने वाले दोनों अप्रतिम हैं।

युधिष्ठिर एक धर्म-प्राण व्यक्ति हैं। जीवन और उसकी समस्याओं को वे व्यापक दृष्टिकोण से देखते हैं। वे स्वार्थी, लोलुप, महत्वाकांक्षी या आत्म-केन्द्रित

व्यक्ति नहीं हैं। जीवन में जो श्रेष्ठतम है, युधिष्ठिर उसके प्रतीक है। उन जैसे व्यक्ति से ही मानवता के विकास और उसके कल्याण की आशा की जा सकती है। कवि के आत्म-चिंतन का कारण, युधिष्ठिर का आत्म-मंथन ही है, जिससे ऐसे उत्कृष्ट विचार-प्रधान काव्य का प्रणयन हुआ। कुरुक्षेत्र मनुष्य की आधारभूत समस्याओं का विवेचन करने वाला एक उत्कृष्ट चिंतन प्रधान-काव्य है।

भीष्म-पितामह कौरव और पांडव दोनों के पूज्य थे, लेकिन जीवनभर वे कौरवों के साथ रहे। वे आजन्म ब्रह्मचारी, महान् नीतिज्ञ, त्यागी और महा सेनानी थे। वे सच्चे आर्य थे। उनके मुँह से निकला एक-एक शब्द उनके अंतःकरण के ओज का परिचायक है। उनका जीवन-दर्शन एक सैनिक का जीवन-दर्शन है।

कुरुक्षेत्र के छठे सर्ग में कवि के चिंतन का विषय है-मनुष्य। सच बात यह है कि मनुष्य पर विचार किए बिना मनुष्य से संबंधित किसी भी समस्या पर ठीक से विचार किया ही नहीं जा सकता।

मनुष्य से श्रेष्ठ संसार में कुछ नहीं है, लेकिन यदि उसके विनाशकारी कर्मों पर विचार किया जाय तो उस जैसा निंद्य जीव भी फिर कोई नहीं निकलेगा। सृष्टि के आदि काल से वह प्रकृति और अपने वातावरण के साथ निरंतर संघर्ष में रत है। साहित्य, कला, ज्ञान, विज्ञान मं जो उन्नति उसने की है, वह विस्मयकारिणी है। कवि ने वैज्ञानिक उन्नति का उल्लेख करते हुए कहा है कि संस्कृति के सारे गूढ़ अर्थ आज उसे खुली पुस्तक के समान स्पष्ट हैं। प्रकृति के तत्वों पर उसका असाधारण अधिकार है। उसके चरणों में भूगोल और मुट्ठी में आकाश बन्द हैं वह मंगल और चंद्रमा से बात करने जा रहा है, लेकिन अपरिसीम भौतिक शक्ति का स्वामी होते हुए भी एक दृष्टि से मनुष्य आदिम काल जैसा ही बर्बर और हिंस्त्र है-

यह मनुज, ब्रह्मांड का सबसे सुरम्य प्रकाश,
कुछ छिपा सकते न जिससे भूमि या आकाश
यह मनुज, जिसकी शिखा उद्दाम,
कर रहे जिसको चराचर भक्ति युक्त प्रणाम्,
यह मनुज, जो सृष्टि का शृंगार,
ज्ञान का, विज्ञान का, आलोक का आगार,
वह अभी पशु है, निरा पशु, हिंस्त्र, रक्त-पिपासु,
बुद्धि उसकी दानवी है स्थूल की जिज्ञासु।
यह मनुज ज्ञानी, श्रृंगालों कुक्कुरों से हीन
हो किया करता अनेकों क्रूर कर्म मलीन।
इस मनुज के हाथ से विज्ञान के भी फूल,
वज्र होकर छूटते शुभ धर्म अपना भूल।

इस विरोधाभास को स्पष्ट करते हुए उसने कहा है कि वैज्ञानिक उन्नति के आशय को मनुष्य ने ठीक से समझा नहीं है। वह अपनी शक्ति को ध्वंस में

नियोजित कर रहा है। यह शक्ति का दुरुपयोग हैं इसका कारण उसने यह बतलाया है कि मनुष्य ने देह का जितना ध्यान रखा है, उतना स्नेह का नहीं, भौतिक उन्नति की ओर वह जितना झुका है, प्राणों का उतना ही तिरस्कार उसने किया है, मस्तिष्क और हृदय का संतुलन वह बनाए नहीं रह सका। यहाँ यह कहने की आवश्यकता नहीं कि मनुष्य के दुःख के मूल में बुद्धि और भावना के इसी असामंजस्य को 'प्रसाद' जी ने भी कामायनी में माना है। इस प्रकार यह इस युग की एक विशेष व्याधि ही प्रतीत होती है।

गांधीवादी होते हुए भी युद्ध के सम्बन्ध में 'दिनकर' जी ने महात्मा जी के दृष्टिकोण को पूर्णतः नहीं अपनाया है। इस समस्या के संबंध में कवि का समाधान यह है कि पृथ्वी पर मनुष्य की चेतना अभी इतनी विकसित नहीं हुई है कि युद्ध एकदम बन्द हो जाये। ऐसी दशा में न्याय के पक्ष में यदि हम युद्ध करने के लिए विवश हों, तो ऐसा युद्ध पाप कभी नहीं हो सकता। वर्तमान परिस्थितियों में यह समाधान बहुत विवेकपूर्ण प्रतीत होता है। सांस्कृतिक दृष्टि से भी इस कृति का मंतव्य एक आशावादी जीवन-दृष्टि का परिचायक रहेगा। क्योंकि इसके अंत में जीवन की विरक्ति को जीवन के प्रेम में बदलकर एक मांगलिक स्वर का सूत्रपात किया गया है।

'उर्वशी' पाँच अंकों में समाप्त एक काव्य-रूपक है। इसका केन्द्रीय भाव है-प्रेम। प्रेम की ऐसी पूर्ण और रसमयी विवृत्ति शायद ही अन्यत्र पायी जाय। पहली बात यह कि यह समर्थ प्राणियों का प्रेम है। पुरुरवा एक प्रतापशाली सम्राट है, उर्वशी स्वर्ग की एक ऐसी महिमामयी अप्सरा जिसका सौन्दर्य कभी क्षीण नही होता। प्रणय-व्यापार प्रकृति के रम्यतम वातावरण में चलता हैं। यह प्रेम केवल शरीर तक सीमित न रहकर मन और आत्मा के शिखरों को स्पर्श करता है। नारी और नर के मिलन के ये क्षण अपनी चित्रमयता और रसानुभूति में अनुपम और बेजोड़ हैं।

प्रेम के सम्बन्ध में पहले उर्वशी की अनुभूति और फिर पुरुरवा की धारणा से परिचय प्राप्त कीजिए-

उर्वशी

तन से मुझको कसे हुए अपने दृढ़ आलिंगन में,
मन से, किंतु, विषण्ण दूर तुम कहाँ चले जाते हो?
बरसाकर पीयूष प्रेम का, आँखों से आँखों में,
मुझे देखते हुए कहाँ तुम जाकर खो जाते हो?
कभी-कभी लगता है तुमसे जो कुछ भी कहती हूँ,
आशय उसका नहीं, शब्द केवल मेरे सुनते हो।
क्षण में प्रेम अगाध, सिंधु हो जैसे आलोड़न में,
और पुनः वह शांति, नहीं जब पत्ते भी हिलते हैं।

अभी दृष्टि युग-युग के परिचय से उत्फुल्ल, हरी-सी,
और अभी यह भाव, गोद में पड़ी हुई मैं जैसे
युवती नारी नहीं, प्रार्थना की कोई कविता हूँ ।

पुरुरवा

दाह मात्र ही नहीं, प्रेम होता है अमृत-शिखा भी,
नारी जब देखती पुरुष को इच्छा भरे नयन से,
नहीं जगाती है केवल उद्वेलन, अनल रुधिर में,
मन में किसी कांत कवि को भी जन्म दिया करती है ।
देह प्रेम की जन्म-भूमि है, पर उसके विचरण की
सारी लीला-भूमि नहीं सीमित है रुधिर-त्वचा तक,
यह सीमा प्रसरित है मन के गहन गुह्य लोकों में,
जहाँ रूप की लिपि अरूप की छवि आँका करती है,
और पुरुष प्रत्यक्ष विभासित नारी-मुख मंडल में
किसी दिव्य अव्यक्त कमल को नमस्कार करता है ।

इस नाटक में दो गृहणियां भी हैं-व्यवन ऋषि की पत्नी सुकन्या और पुरुरवा की महारानी औशीनरी । इन दोनों में वात्सल्य और मातृत्व का विकास कवि ने उपयुक्त प्रसंगों द्वारा प्रदर्शित किया है, अतः ग्रंथ में मात्र भोग का व्याख्यान नहीं है, वह मातृत्व का भी बंदन करता है । इतना होते हुए भी उर्वशी में प्रधानता स्वच्छंद प्रेम की ही है । उर्वशी को हम प्रेम का महाभाष्य कह सकते हैं ।

पुरुरवा और उर्वशी प्रेमी होते हुए भी चिंतनशील प्राणी है, अतः आनंद के प्रवाह में बहते हुए भी सृष्टि की गंभीर समस्याओं के संबंध में विचार करते पाये जाते हैं । इस काव्य-रूपक में दिनकर के परिष्कृत-सौंदर्य बोध का परिचय हमें पग-पग पर मिलता है । उर्वशी के अंग-प्रत्यंग के वर्णन में कवि ने सृष्टि के सुंदरतम उपमानों को जुटाया है, अतः सौंदर्य, प्रेम और दर्शन तीनों के क्षेत्र में जिस चमत्कार, आनंद और उदात्त भाव की अंतःसलिलाओं की सृष्टि इस ग्रंथ में हुई है, उससे दिनकर की काव्य-विधायिनी सृजनात्मक कल्पना-शक्ति का पता चलता है । उर्वशी को किसी दृष्टि से देखें, वह स्थायी महत्त्व की एक कृति ठहरती है । संक्षेप में चिरंतन नर-नारी का यह प्रेमाख्यान प्रसन्न मानस की उज्जवलतम रसमयी हिलोर है ।

'दिनकर' के सम्पूर्ण साहित्य में 'कुरुक्षेत्र' और 'उर्वशी' अलग चमकते हैं । इनमें एक का विषय है युद्ध और दूसरे का प्रेम । ये दोनों ही बहुत व्यापक विषय है और इसमें कोई संदेह नहीं कि दोनों को ही 'दिनकर' ने बहुत सुंदर रूप में प्रस्तुत किया है । जिस प्रकार 'कुरुक्षेत्र' स्वतंत्रता-प्राप्ति के पूर्व की उनकी सबसे महत्वपूर्ण रचना है, उसी प्रकार 'उर्वशी' स्वतंत्रता-प्राप्ति के उपरांत की । जिस

प्रकार 'कुरुक्षेत्र' की रचना एक प्रकार के अंतर्द्वन्द्व की शांति के लिए हुई, उसी प्रकार 'उर्वशी' की एक महत्वपूर्ण प्रश्न के उत्तर के लिए। जिस प्रकार 'कुरुक्षेत्र' ओज का पुंजीभूत रूप है, उसी प्रकार 'उर्वशी' कोमलता का। ओज और कोमलता का ऐसा संयोग एक 'निराला' को छोड़कर और किसी आधुनिक कवि में नहीं पाया जाता।

प्रगीत और प्रबंध दोनों के क्षेत्र में 'दिनकर' समान रूप से सफल हैं। भाव और चिंतन दोनों का परिचय इन्होंने उत्कृष्ट रूप में दिया हैं। इनके काव्य की भाषा साहित्यिक होते हुए भी, कभी दुरूह नहीं होती। इनकी कला की सबसे प्रमुख विशेषता है स्पष्टता। इनकी कविता एकदम स्वच्छ और सरल है। प्रसाद गुण, प्रवाह और ध्वनि का ऐसा संयोग काव्य में कम देखने को मिलता है।

●

सच्चिदानंद वात्स्यायन 'अज्ञेय'

(1911-1987)

सच्चिदानंद 'अज्ञेय' का जन्म 7 मार्च सन् 1911 को देवरिया जिले के कसया स्थान में हुआ। ये सारस्वत गोत्रिय पंजाबी ब्राह्मण हैं। इनके पिता पं० हीरानंद शास्त्री पुरातत्व-विभाग में एक उच्च पदाधिकारी थे। उनके साथ इन्हें श्रीनगर, नालंदा, पटना, लखनऊ, लाहौर, बड़ौदा, ऊटक मंड और मदरास आदि स्थानों में बचपन से ही घूमने का अवसर मिला। अपने पिता के कारण विद्वानों का सम्पर्क इन्हें सदैव सुलभ रहा। सन् 1946 में गुरुदासपुर में उनकी मृत्यु हो गयी।

संस्कृत, फ़ारसी और अँग्रेजी में इनकी प्रारंभिक शिक्षा घर पर ही हुई। इन्होंने 1925 में हाईस्कूल और 1927 में इंटर करने के उपरांत 1929 में बी०एस-सी० की परीक्षा फॉर्मन कालेज लाहौर से प्रथम श्रेणी में पास की।

लाहौर में रहकर ये क्रांतिकारियों के सम्पर्क में आए और 'हिदुस्तान रिपब्लिकन पार्टी' के सदस्य हो गए। 'आजाद' से इनका यहीं परिचय हुआ। क्रांतिकारी आंदोलन में सक्रिय भाग लेने के कारण ये ब्रिटिश-सरकार के कोप-भाजन बने। सन् 1930 तथा 33 में ये दो बार गिरफ्तार किए गए और लाहौर, अमृतसर तथा दिल्ली की जेलों में रखे गए।

सन् 1940 में संतोष जी के साथ इन्होंने सिविल मैरिज की और कुछ ही दिनों के उपरांत दोनों का संबध-विच्छेद हो गया। इनका दूसरा विवाह सन् 1956 में

कपिला मलिक से हुआ । कपिला जी शांत स्वभाव की एक प्रतिभाशालिनी महिला हैं । अंग्रेजी में एम०ए० करने के अतिरिक्त भारतीय संस्कृति में उन्होंने पी०एच०डी० की उपाधि प्राप्त की है । आजकल वे केन्द्रीय सरकार के सांस्कृतिक मंत्रालय में उच्च पद पर आसीन है ।

सन् 1936 में ये 'सैनिक' और 1937 में 'विशाल भारत' के संपादकीय विभाग में रहे । सन् 1947 में इन्होंने प्रयाग से 'प्रतीक' का प्रकाशन प्रारम्भ किया । यह पत्र चार-पाँच वर्ष चलकर बन्द हो गया ।

सन् 1943 में ये सेना में भर्ती होकर एक कैप्टिन के रूप में कोहिमा फ्रंट पर गए । इस सेवा से इन्हें सन् 1946 में मुक्ति मिली । सन् 1950 में ये ऑल इंडिया रेडियो के समाचार-विभाग से सम्बद्ध हुए । यहाँ ये सन् 1955 तक रहे । 1961 में ये अमरीका चले गए । वहाँ कैलिफोर्निया विश्वविद्यालय बर्कले में इनकी नियुक्ति भारतीय संस्कृति और शास्त्र के अध्यापक के रूप में हुई ।

अपने देश के प्रमुख स्थानों का भ्रमण करने के साथ ही सन् 1955 में यूनेस्कों के निमंत्रण पर ये यूरोप गए और सन् 1960 में एक अन्य निमंत्रण पर इन्होंने जापान की यात्रा की ।

सन् 1950 से दिल्ली को इन्होंने अपना स्थायी निवास-स्थान बना लिया है ।

अज्ञेय जी हिंदी के शिष्टतम एवं गंभीरतम साहित्यकारों में से है । वे एक जागरूक और आत्मविश्वासी व्यक्ति हैं। जीवन का उनका अनुभव वैविध्यपूर्ण और परिपक्व कोटि का है । इस युग के वे अकेले लेखक हैं जिसे युद्ध का कुछ अनुभव है । संसार की निरंतर विकसित चेतना के स्तर पर जीवित रहने के कारण उन्हें सच्चे अर्थों में आधुनिक कहा जा सकता है । 'सप्तकों' का संपादन करके उन्होंने नयी कविता के विकास में महत्वपूर्ण योग दिया हैं न्याय की बात तो यह है कि जिसे प्रयोगवादी-युग (1943-) कहते हैं, उसे अज्ञेय-युग कहना चाहिए ।

इनके निम्नलिखित काव्य-ग्रंथ प्रकाशित हो चुके हैं—

भग्नदूत	1933
चिंता	1942
इत्यलम्	1946
हरी घास पर क्षण भर	1949
बाबरा अहेरी	1954
इंद्रधनु रौंदे हुए ये	1957
अरी ओ करुणा प्रभामय	1959
आँगन के पार द्वार	1961

प्रारम्भ से ही अज्ञेय की कविता का विषय सीमित नहीं रहा। 'भग्नदूत' में, जो उनका पहला कविता-संग्रह है ईश्वर, प्रेम और प्रकृति के अतिरिक्त बहुत से सामान्य विषयों जैसे दीप, घट, झाँकी, सैनिक आदि पर भी उन्होंने लिखा है, प्रकृति का प्रयोग अधिकतर भावनाओं को रंजित करने के लिए हुआ है। प्रेम में कवि को पूरी आस्था हैं वह समझता है कि जीवन के संघर्ष में पराजित व्यक्ति को यदि कहीं सान्त्वना मिल सकती है, तो प्रणय के वक्ष में। ऐसी रचनाओं में हृदय की कोमलता, चिंतन की गहराई और मनोवैज्ञानिक जटिलता, सब थोड़ी बहुत पायी जाती है। इसमें ईश्वर के प्रति आत्म-समर्पण की भावना भी पायी जाती है और विद्रोह की कल्पना भी। आत्म-समर्पण के साथ व्यक्तित्व की यह स्वतंत्रता अथवा प्यार में विद्रोह की यह वृत्ति अज्ञेय के काव्य की अपनी निजी विशेषता है।

स्वतंत्र वस्तुओं पर जो रचनाएँ हैं उनमें कवि ने छोटी से छोटी वस्तु की आत्मा में प्रवेश करने का प्रयत्न किया है। व्यक्ति से भिन्न यहाँ वस्तु को प्रधानता मिली है। यह दृष्टि मौलिक और आकर्षक है इस कृति की रचनाओं में जैसा स्वाभाविक है, भाव की ही प्रधानता है, कला या टेकनीक की नहीं। टेकनीक एक प्रकार से दुर्बल और खंडित है।

'चिंता' का विषय है प्रेम। इसमें अपनी भावनाओं को कविता और गद्य-गीत दोनों के माध्यम से कवि ने व्यक्त किया हैं इसके दो भाग हैं-विश्वप्रिया और एकायन। यद्यपि अज्ञेय जी ने इसे चिरंतन पुरुष और चिरंतन स्त्री के संबंध की अभिव्यक्ति माना है, पर पढ़ने पर यह व्यक्तिगत प्रेम की अभिव्यक्ति ही अधिक प्रतीत होती है। 'चिंता' की विषयगत विशेषता यह है कि इसमें एक बड़े विचार को वाणी देने का प्रयत्न किया गया है।

'विश्वप्रिया' में प्रेमी और 'एकायन' में प्रेमिका का आत्म-निवेदन है। कवि की दृष्टि से दोनों के बीच वास्तविक सम्बन्ध मित्रता का ही हो सकता है। इस कृति में विचार-पक्ष को छोड़कर जहां केवल भावना का सम्बन्ध है, वहाँ उक्तियाँ बड़ी मार्मिक बन पड़ी है, विशेष रूप से विदा और विरहकाल की। जहाँ तक दोनों माध्यमों की सफलता का सम्बन्ध है, हमारी दृष्टि से कविताओं की अपेक्षा गद्य-गीतों में भावना अधिक स्पष्ट होकर आयी है। 'चिंता' में बहुत से प्रतीकों का प्रयोग कवि ने किया है। उदाहरण के लिए फूल, तारा, धूलिकण, दीप, विद्युत आदि को हम ले सकते हैं। इनके प्रयोग से रचनाओं में सांकेतिकता आ समायी है।

'इत्यलम्' चार अंशों में विभाजित है- (1) बंदी स्वप्न (2) हिय हारिल (3) वंचना के दुर्ग और (4) मिट्टी की ईहा।

'बंदी स्वप्न' में बन्दी जीवन से संबंधित रचनाएँ पायी जाती हैं। अज्ञेय जी बन्दी बनाने वाले की सत्ता को स्वीकार करने पर भी उससे आतंकित नहीं होते।

उनकी दृष्टि से शरीर को ही बन्दी बनाया जा सकता है, आत्म को नहीं। विरोधी और निराशापूर्ण वातावरण में अदम्य उत्साह और उज्जवल आशा से पूर्ण ये रचनाएँ अपना पृथक महत्व रखती हैं। इत्यलम् में कई ऐसी रचनाएँ हैं जिनमें स्वाधीनता की भावना को देशव्यापी धरातल पर फैलाने में वे समर्थ हुए हैं। कवि ने यहाँ अपने को ऐसे उद्धत विद्रोही के रूप में प्रस्तुत किया है जिसकी गति अप्रतिहत है।

विद्रोह, राष्ट्रीयता और स्वाधीनता की इस चेतना को घेरे एक प्रकार की आंतरिक कोमलता भी है जो इस बन्दी जीवन में किसी दूरवासी मीत के लिए विकल रहती है। ईश्वर को भी कवि ने कहीं-कहीं स्मरण किया है। सामान्यतः अब उसे ईश्वर के अस्तित्व में विश्वास नहीं है।

'हिय हारिल' में अपने जीवन का आदर्श कवि ने हारिल पक्षी को माना है। प्रेम की अभिव्यक्ति अधिकतर स्मृति-रूप में हुई है। कवि आवेश-रहित होकर व्यथा की महत्ता को स्वीकार करता है और समझ पाता है कि मिलन के समान विरह भी जीवन की स्वाभाविकता है। प्रकृति में संध्या, वर्षा और पर्वत प्रदेश के वातावरण का चित्रण है। विचार-पक्ष अब अधिक स्पष्ट हो चला है। कवि की दृष्टि से निरपेक्ष कुछ नहीं। बुद्धि पर उसका बड़ा भारी विश्वास है। लेकिन वह देखता है कि नियति के सामने व्यक्ति की बुद्धि भी पराजित हो जाती है। सब कुछ परिवर्तनशील है। व्यक्ति को यहाँ ठीक से समझने वाला कोई नहीं, अतः उसकी एकमात्र धरोहर है यातना। इस यातना को कवि ने अपना आदर्श ही स्वीकार कर लिया है।

'वंचना के दुर्ग' में प्रकृति-संबंधी रचनाएँ अधिक है। प्रकृति में कवि ने कहीं पक्षियों की निर्द्वन्द्व क्रीड़ा के दर्शन किए हैं, कहीं प्रणय के संकेत ढूँढ़े हैं और कहीं वासना के बीज बो दिए हैं। यह सब तो है ही, पर इधर अज्ञेय जी में एक नयी प्रवृत्ति जगी है और वह यह कि वातावरण का चित्रण करते-करते रम्य वस्तुओं के साथ भद्दी और असंगत वस्तुओं को आँखों के सामने ले आते हैं। ऐसे वर्णन यद्यपि हमारी चेतना को झकझोर जाते हैं, फिर भी हिंदी में इनकी मौलिकता तो स्वीकार करनी ही पड़ेगी। एक स्थान पर मुल्ला की बाँग के साथ कुत्ते की रिरियाहट सुना दी है। दूसरे स्थान पर शिशिर की चाँदनी में गधा खड़ा कर दिया है-

वंचना है चाँदनी सित

झूठ वह आकाश का निरवधि गहन विस्तार-

शिशिर की राका-निशा की शांति है निस्सार!

निकटतर-धँसती हुई छत, आड़ में निर्वेद

मूत्र-सिंचित मृत्तिका के वृत्त में

तीन टाँगों पर खड़ा, नतग्रीव
धैर्य-धन गदहा ।

'मिट्टी की ईहा' में भावना का वेग बहुत बढ़ गया है । जीवन में कवि अब तृप्ति का अनुभव करने लगा है । प्रकृति में अपनी प्रेमिका के दर्शन करते हुए उसे लगा है जैसे उसके चारों ओर आनन्द बरस रहा है ।

'इत्यलम्' में मात्रिक और मुक्त छंदों का प्रयोग ही अधिकतर हुआ है । जहाँ कहीं किसी लोक-गीत की लय का आधार कवि ने लिया है, वहाँ स्वतः विलक्षण माधुर्य आ समाया है । भाषा कहीं संस्कृत-गर्भित है, कहीं अत्यधिक सरल । ब्रजभाषा के बहुत से शब्दों-रैन, नैन, लौं, पै, हिय आदि-का प्रयोग भी इन रचनाओं में पाया जाता है । इस काव्यग्रंथ में दस-बारह ऐसी रचनाएँ भी हैं, जो हैं तो गद्यगीत, पर जिन्हें कविता के नाम से अज्ञेय जी ने प्रचलित करना चाहा है । कहीं-कहीं मुक्त छंद लिखते-लिखते किसी गद्य-गीत का टुकड़ा भी बीच में डाल दिया है ।

प्रारंभिक रचनाओं में 'हरी घास पर क्षण भर' को इनकी पहली प्रौढ़ कृति कहा जा सकता है । इसके उपरांत प्रौढ़ता के दर्शन इनके काव्य में बराबर होते हैं । इस काव्य-ग्रंथ की शक्ति मनोभावों के चित्रण में विशेष रूप से परिलक्षित होती है । कभी कवि अत्यंत हल्के 'मूड (Mood) में पाया जाता है, कभी उसकी मनोवृत्ति इतनी गंभीर हो जाती है कि गहरे विषाद के छोर छूने लगती है । प्रकृति में वर्षा को तो उद्दीपन के रूप में स्वीकार किया है, पर शरद के कई चित्र मौलिक और मनोहारी बन पड़े है । प्रेम को अब कवि एक प्रेरणा के रूप में ग्रहण करने लगा है ।

दुःख को यहाँ भी महत्व प्रदान किया गया है । कवि के अनुसार दुःख हमारे व्यक्तित्व को निखार कर हमें संकीर्णता से ऊपर उठाता है । अज्ञेय जी ने एक स्थल पर यह भी कहा है कि आज प्रत्येक कलाकार व्यक्तिवादी होने को विवश है । लेकिन इस व्यक्ति-चेतना का समष्टिवाद से कहीं कोई विरोध नहीं पाया जाता । अज्ञेय का व्यक्तिवाद अपना पृथक अस्तित्व रखते हुए भी सामूहिकता को पुष्ट करने वाला है, क्योंकि समष्टिवादियों के समान उसका लक्ष्य भी अंततः लोक-कल्याण हैं ।

भाव और विचार-जगत के समान अज्ञेय की कला भी अब प्रौढ़ हो चली है । बहुत से नए उपमान उन्होंने इन रचनाओं में जुटाए हैं जो भावनाओं को अधिक सूक्ष्मता और स्पष्टता से व्यक्त करते हैं । अपनी प्रेमिका को इन्होंने कहीं लाल बुरूस के उत्फुल्ल गुच्छ-सी, कहीं बिछली घास, कहीं बाजरे की छरहरी कलगी कहा है । निश्चित रूप से ये उपमान बड़े व्यंजक हैं ।

इस कृति में मुक्त छंद को नयी गंभीरता, नयी शक्ति, नयी गरिमा मिली है ।

'हरी घास पर क्षण भर' से विविध प्रकार की भावनाओं को व्यक्त करने वाले कुछ उदाहरण लीजिए-

(1) छिटक रही है चाँदनी,
मदमाती, उन्मादिनी,
कलगी और सजाव ले
कास हुए हैं बावले,
पकी ज्वार से निकल शशों की जोड़ी गई फलांगती-
सन्नाटे में बाँक नदी की जगी चमककर झाँकती ।

(2) तुम्हें मैंने आह ! संख्यातीत रूपों में किया है याद-
सदा प्राणों में कहीं सुनता रहा हूँ तुम्हारा संवाद-
बिना पूछे, सिद्धि कब ! इस इष्ट से होगा कहाँ साक्षात् ?
कौन सी वह प्रात, जिसमें खिल उठेगी क्लिन्न, सूनी,
शिशिर-भीगी रात ?
चला हूँ मैं, मुझे संबल रहा केवल बोध पग-पग आ रहा
हूँ पास;
आह, संख्यातीत रूपों में तुम्हें मैंने किया है याद ।

(3) मुझ सरीखी अगिन-लीकों से, मुझे यह सर्वदा है ध्यान,
नयी, पक्की, सुगम और प्रशस्न बनती है युगों की राह !

'बावरा अहेरी' काव्य-ग्रंथ का नामकरण संग्रह की एक प्रमुख रचना के आधार पर हुआ है । यहाँ 'अहेरी' शब्द 'आलोक' का प्रतीक है जो वाह्य जगत में प्रकृति के अंधकार और अंतर्जगत में मन के तमस को मिटाता हैं । इस रचना की प्रारंभिक पंक्तियों पर फारसी के प्रसिद्ध कवि उमरखैयाम की एक रुबाई का प्रभाव स्पष्ट लक्षित होता है। वहाँ भी प्रभात के आलोक को पूर्व का अहेरी (Hunter of the East) कहा गया है ।

आत्म-निवेदन संबंधी अनेक रचनाओं में भाव का केन्द्र निश्चित रूप से नारी है, पर कुछ रचनाएँ ऐसी भी हैं जहाँ प्रेरणा का स्रोत अनिर्दिष्ट है । भाव का यह प्रतीक नारी भी हो सकती है और आलोक का तत्व भी । इनका प्रकृति-वर्णन एक ओर मन में प्रेम के प्रेरक भाव जगाता है, दूसरी ओर जीवन के प्रति अनुराग, इसीलिए इनके वर्षा शरद और बसंत तथा चाँदनी अंधड़ और प्रभात के वर्णन बड़े अह्लादकारी बन पड़े हैं । इस कृति की विशेषता इनकी निरंतर व्यापक बनने वाली वृत्ति है। व्यक्तित्व की महत्ता पर बल देते हुए भी सामाजिकता की ओर इनका झुकाव अब कुछ अधिक हो चला है। जीवन, प्रकृति और परम तत्व को अब ये एक सूत्र में गूँथने लगे हैं ।

सांकेतिक होने के कारण इनकी रचनाएँ मन में एक प्रकार की वेदना जगाती हुई थोड़ी देर को उसे अनिर्वचनीय आनंद से परिपूरित कर देती है। बौद्धिकता की ओर कुछ अधिक झुकाव होने के कारण वे भाव की सहज अभिव्यक्ति सी उतनी नहीं लगतीं, जितनी कला की खराद पर उतारी हुई। यों छोटी-बड़ी प्रत्येक रचना अपने में पूर्ण एक चित्र है और तराशे हुए हीरे के समान उसमें ऐसी चमक है जो मन को चमत्कृत करती हैं 'बावरा अहेरी' में भाषा के साथ इन्होंने थोड़ी स्वतंत्रता से काम लिया है। अशुद्ध, ग्रामीण, तद्भव, प्रादेशिक, स्थानीय एवं विकृत शब्द स्थान-स्थान पर मिल जाते हैं। वो, पछवा, अकास, आस, हेरा, लिखत, मनमाने, गोरियाँ, भोरियाँ, हरियाँ, भरियाँ जैसे शब्दों का प्रयोग खुलकर हुआ है। इस कृति के कुछ विशिष्ट अंगों को देखिए-

(1) फूल को प्यार करो
पर झरे तो झर जाने दो,
जीवन का रस लो : देह-मन-आत्मा की रसना से
पर जो मरे उसे मर जाने दो।

(2) है, अभी कुछ और है जो कहा नहीं गया।
शब्द, यह सही है, सब व्यर्थ हैं
पर इसीलिए कि शब्दातीत कुछ अर्थ हैं।
शायद केवल इतना ही : जो दर्द है
वह बड़ा है, मुझी से
सहा नहीं गया।
तभी तो, जो अभी और रहा, वह
कहा नहीं गया।

'इंद्रधनु रौंदे हुए ये' प्रवृत्ति की दृष्टि से एक भिन्न प्रकार की कृति हैं इसका मूल स्वर है चिंतन का। वस्तुओं के अंतर में जो सत्य निहित है उसके उद्घाटन का प्रयत्न इसमें पाया जाता है। सत्य की व्याख्या के लिए कुछ प्रतीक चुन लिए गए हैं जैसे आकाश और पर्वत, सागर और सरिता, मरू और खेत तथा टेसू और आँधी के। मानव को इस सृष्टि की श्रेष्ठतम विभूति घोषित किया गया है, क्योंकि एकमात्र वही सम्पूर्णता का प्रतीक बन सकता हैं मानव का विशेष गुण है आत्मदान जिसकी सिद्धि कवि सृजन द्वारा करता है। जीवन के वैविध्य और बिखराव में वही एकता और सामंजस्य की स्थापना करता है। दो भिन्न सत्ताओं की दूरी को वही अपने अंतर की आत्मीयता से पाटता है, अपने व्यक्तित्व के सेतु से बाँधता है। इस दृष्टि से 'मैं वहाँ हूँ।' रचना बड़ी प्रभावशाली बन पड़ी है। कुछ अंश देखिए-

यह जो कचरा ढोता है

यह जो झल्ली लिये फिरता और बेघरा घूरे पर सोता है,

यह जो गदहे हाँकता है,

यह जो तंदूर झोंकता है,

यह जो कीचड़ उलीचती है,

यह जो कंधे पर चूड़ियों की पोटली लिये गली-गली झाँकती है,

यह जो दूसरों का उतारना फींचती है,

यह जो रद्दी बटोरता है,

यह जो पापड़ बेलता है, बीड़ी लपेटता है, बर्क कूटता है,

धौंकनी फूँकती है, कलई गलाता है, रेढ़ी ठेलता है,

चौक लीपता है, बासन माँजता है, ईंटें उछालता है,

रुई धुनता है, गारा सानता है, खटिया बुनता है,

मशक से सड़क सींचता है,

रिक्शा में अपना प्रतिरूप लादे खींचता है,

जो भी जहाँ भी पिसता है,

पर हारता नहीं, न मरता है-

कमकर, श्रमकर, शिल्पी, स्रष्टा-

उसकी मैं कथा हूँ।

यह नहीं कि मैं भागता हूँ :

मैं सेतु हूँ—

जो है और जो होगा, दोनों को मिलाता हूँ-

पर सेतु हूँ इसलिए

दूर दूर दूर.... मैं वहाँ हूँ ।

जैसे इस कविता में सामाजिक चेतना के दर्शन होते हैं, वैसे ही 'इतिहास की हवा' में ऐतिहासिक चेतना के। ऐसी दशा में जो लोग अज्ञेय को अहंवादी या व्यक्तिवादी कहते हैं, वे कितने प्रगल्भ हैं !

इस ग्रंथ में प्रेम के प्रसंग जहाँ भाव की प्रौढ़ता के परिचायक हैं, वहाँ प्रकृति के चित्र संश्लिष्ट और गुंफित बन पड़े हैं। नगर के वर्णन के बहाने कवि ने आधुनिक सभ्यता की विषमता की ओर संकेत किया है। जहाँ वह अधिक तीखा होना चाहता है, वहाँ साँप और गधा आदि के प्रतीकों के सहारे व्यंग्य कर बैठता है।

क्षणवाद जो अज्ञेय के जीवन-दर्शन का अंग है, इन रचनाओं में भी ध्वनित है।

'अरी ओ करुणा प्रभामय' 'इत्यलम' की भाँति चार अंशों में विभाजित है-(1) रोपयित्री (2) रूप-केकी (3) एक चीड़ का खाका और (4) द्वारहीन द्वार।

जैसे 'बच्चन' ने अपने काव्य पर लगाए आक्षेपों का उत्तर 'मधुकलश' में दिया है, वैसे ही अज्ञेय जी ने 'अरी ओ करुणा प्रभामय' में। 'रोपयित्री' वाले अंश में वे रचनाएँ भी सम्मिलित हैं जो अज्ञेय जी ने नए कवियों को लक्ष्य करके लिखी थीं और एक समय तीखे विवाद का विषय बन चुकी हैं। सामान्य पाठक को ये रचनाएँ सद्भावना से प्रेरित प्रतीत होती हैं। अज्ञेय कला में मौलिकता, व्यक्तित्व में व्यापकता और जीवन में प्यार की असीमता के समर्थक है। 'रूप-केकी' में अनुभूति के काव्यबद्ध क्षण संकलित है। प्यार और प्रकृति के ये छोटे-छोटे चित्र कहीं सफल हैं, कहीं असफल, कहीं स्पष्ट, कहीं धुँधले, कहीं आकर्षक, कहीं प्रभावहीन। कुछ चित्रों में अवचेतन का रहस्य बंदी है। 'एक चीड़ का खाका' में जापानी काव्य का नमूना प्रस्तुत किया गया है। जापानी भाषा में इन मुक्तकों को 'हाइकू' कहते हैं। 'द्वारहीन द्वार' में कुछ कविताएँ तो इनके दुःख के दर्शन से संबंधित हैं और कुछ प्रकृति-परक। प्रकृति-संबंधी रचनाओं में समुद्र के चित्र मन पर अपनी अमिट छाप छोड़ जाते हैं।

अनुवाद और मौलिक दोनों प्रकार की रचनाओं के नमूने लीजिए-

(1) *ताल पुराना*
कूदा दादुर :

-गुडुप
(जापानी कवि बाशो)

(2) *सागर के किनारे तक*
तुम्हें पहुँचाने का
उदार उद्यम ही मेरा हो :
फिर वहाँ जो लहर हो, तारा हो,
सोन-तरी हो, अरुण सबेरा हो,
वह सब ओ मेरे वर्य !
तुम्हारा हो, तुम्हारा हो, तुम्हारा हो : -अज्ञेय

'आँगन के पार द्वार' में अज्ञेय ने विराट जीवन और अनिर्वचनीय तत्व के साथ अपने मन का संबंध स्थापित किया है। काव्य के प्रारम्भ-काल में कवि ने ईश्वर के प्रति विद्रोह की भावना व्यक्त की थी। यह भावना अब शांत हो गयी है और उसके स्थान पर विनय और समर्पण के भाव उभर आये हैं। अध्यात्म के प्रति यह

झुकाव अज्ञेय के पाठकों को थोड़ा विस्मयकारी लग सकता है, पर इससे उनका काव्य भारतीय वाङ्मय की महान् परंपरा से सम्बद्ध हो गया है । इस संकलन में पायी जाने वाली अध्यात्म, आनंद और सामंजस्य की प्रवृत्तियाँ भारतीय काव्य की मूल विशेषताएँ है ।

यहाँ यह स्पष्ट कर देना आवश्यक है कि अरूप की मीमांसा करने के कारण अज्ञेय पुरातनवादी नहीं हो जाते । 'क्षणवाद' से वे अब भी प्रभावित हैं । प्रणय-संबंधी जितनी भी रचनाएँ इसमें पायी जाती है, वे सब विशिष्ट क्षण के महत्व को प्रतिपादित करती हैं। इस प्रकार एक ओर वे क्षणवादी हैं, दूसरी ओर अध्यात्मवादी । अज्ञेय के व्यक्तित्व की विशेषता यह है कि वे आधुनिक होकर भी परंपरा से सम्बद्ध हैं ।

'असाध्य वीणा' इस संग्रह की एक विशिष्ट रचना है, पर और भी कई रचनाएं असम सुंदर है ।' झील का किनारा' शीर्षक रचना को लीजिए-

झील का निर्जन किनारा
और यह सहसा छाये सन्नाटे का
एक क्षण हमारा ।
वैसा सूर्यास्त फिर नहीं दिखा
वैसी क्षितिज पर सहमी-सी बिजली
वैसी कोई उत्ताल लहर और नहीं आयी
न वैसी मदिर बयार कभी चली ।
वैसी शीतल अनल-शिखा
न फिर जली, न चिर-काल पली,
न हमसे सँभली ।
या कि अपने को उतना वैसा
हमी ने दुबारा फिर नहीं दिया ?

●

नरेन्द्र शर्मा

नरेन्द्र शर्मा का जन्म सन् 1913 में जहाँगीरपुर, तहसील खुर्जा, जिला बुलंदशहर में हुआ । इनके पिता का नाम पूरनमल शर्मा है ।

प्रयाग विश्वविद्यालय से एम०ए० करने के उपरांत उन्होंने लीडर प्रेस से प्रकाशित होने वाले 'भारत' में कुछ दिन सहकारी-संपादक के रूप में काम किया। इसके उपरांत ये अखिल भारतीय काँग्रेस कमेटी के कार्यालय में आ गए। यहाँ ये दो वर्ष (1938-40) पं० जवाहरलाल नेहरू के निजी सहायक के रूप में रहे। सत्याग्रह में भाग लेने के कारण दो वर्ष (1940-42) इन्हें जेल का जीवन भी व्यतीत करना पड़ा। कुछ दिन इन्होंने काशी विद्यापीठ में अध्यापन का काम किया। सन् 1943 से 1953 तक बंबई में रहकर इन्होंने चलचित्रों के लिए गीत और संवाद लेखन का काम किया। इसके उपरांत सन् 1954 में ये रेडियो सर्विस में आ गए। पहले बंबई रेडियो स्टेशन पर सुगम संगीत और हिंदी कार्यक्रमों के प्रोड्यूसर रहे, फिर 'विविध भारती' का संचालन किया। आजकल देहली केन्द्र पर विविध भारती के चीफ प्रोड्यूसर के रूप में काम कर रहे हैं।

सन् 1931 में नरेन्द्र शर्मा श्री सुमित्रानंदन पंत के निकट सम्पर्क में आए। कुछ दिन बाद जो आत्मीयता दोनों के बीच उत्पन्न हुई, वह अभी तक बनी हुई है। कुछ दिन दोनों इलाहाबाद और बम्बई में साथ-साथ भी रहे। जिन दिनों पंत जी कलाकाँकर में थे, नरेन्द्र जी उनके सहकारी के रूप में 'रूपाभ' के प्रकाशन में उनकी पूरी सहायता कहते थे। बम्बई में इनकी घनिष्ठता भगवतीचरण वर्मा और अमृतलाल नागर से भी बढ़ी।

विश्वविद्यालय-जीवन के इनके समकालीनों में केदारनाथ अग्रवाल, शमशेरबहादुर सिंह और वीरेश्वरसिंह प्रमुख हैं। शर्मा जी का 'पलाशवन' इन्हीं साथियों को समर्पित है। आकाशवाणी के भूतपूर्व डाइरेक्टर-जनरल जगदीशचंद्र माथुर से, जब वे खुर्जा में विद्यार्थी थे, इनकी मित्रता स्थापित हो गयी थी।

नरेन्द्र शर्मा सुन्दर, शिष्ट मृदुभाषी और विवेकशील व्यक्ति हैं। सफल कवि होने के साथ ज्योतिष-शास्त्र का इन्हें बहुत अच्छा ज्ञान है।

इनके निम्नलिखित काव्य-ग्रंथ प्रकाशित हो चुके हैं—

प्रभातफेरी, प्रवासी के गीत, पलाश-वन, कामिनी, मिट्टी और फूल, हँसमाला, रक्त चन्दन, अग्नि शस्य, कदली-वन और द्रौपदी।

उत्तर छायावाद-काल के कवियों में नरेन्द्र शर्मा की ख्याति 'प्रवासी के गीत' के प्रकाशन के साथ प्रारंभ होती है। इस कृति में एक सफल गीतकार के रूप में उन्हें सदैव के लिए प्रतिष्ठित कर दिया। इसका मुख्य विषय है-लौकिक प्रेम। एक युवक अपनी प्रेमिका से बिछुड़कर परदेश चला जाता है और उसके विरह में जो गीत उसके हृदय से उमड़ पड़े हैं, उन्होंने 'प्रवासी के गीत' का रूप धारण कर लिया है। सुखद अतीत के मादक पल आँखों के सामने बार-बार प्रत्यक्ष होकर अंतर को विह्वलता से युक्त कर जाते हैं। प्रेम के जितने प्रसंग हैं वे जीवन की

परिवर्तनशील स्थितियों से आबद्ध हैं । प्रेम को कवि इतना महत्वपूर्ण समझता है कि वह उसके जीवन का एकमात्र आधार बन गया है । चित्र, स्वप्न और पुनर्जन्म को लेकर कवि न जाने कैसे-कैसे दिवा-स्वप्न देखता है । इस प्रेम में पवित्रता की भावना भी घुल-मिल गयी है, अतः मांसलता की अपेक्षा इसका झुकाव मानसिकता की ओर अधिक है । कुल मिलाकर इनके मिलन-प्रसंगों में मधुरता है, वियोग में कसक ।

(1) तुम्हें याद है क्या उस दिन की
नए कोट के बटन-होल में
हँसकर, प्रिये, लगा दी थी जब
वह गुलाब की लाल कली ?
फिर कुछ शरमाकर, साहस कर,
बोली थीं तुम, (इसको यों ही
खेल समझ कर फेंक न देना
है यह प्रेम-भेंट पहली) ।'

(2) आज के बिछुड़े न जाने कब मिलेंगे?
आज से दो प्रेम-योगी अब वियोगी ही रहेंगे!
आज से हम तुम गिनेंगे एक ही नभ के सितारे,
दूर होंगे पर सदा को ज्यों नदी के दो किनारे,
सिंधु-तट पर भी न जो दो मिल सकेंगे?
आज के बिछुड़े न जाने कब मिलेंगे?

(3) साँझ होते ही न जाने छागई कैसे उदासी?
क्या किसी की याद आई, ओ विरह-व्याकुल प्रवासी

'पलाश-वन' (1940) में नरेन्द्र शर्मा का प्रकृति प्रेम खिल उठा है । वर्ण्य विषय चिर-परिचित ही है जैसे रात, चाँदनी, नीम, खुली हवा, पलाश आदि । महीनों में ज्येष्ठ, आषाढ़, फाल्गुन का वर्णन है, इनकी रचनाओं में पर्वत-प्रदेश के रम्य चित्र पाठकों की दृष्टि को पृथक रूप से आकृष्ट करते हैं । अल्मोड़ा, रानीखेत और कौसानी के प्राकृतिक सौन्दर्य का उल्लेख इन्होंने पूरी तन्मयता और मुग्धता से किया है । कवि प्रकृति के बीच अपने को पाकर, उससे आत्मीयता स्थापित कर, उससे एकाकार होकर गहरे आनन्द का अनुभव करता है । इसी प्रकृति में वह अपनी प्रिया के दर्शन करता है ।

(1) मैने देखा मैं जिधर चला,
मेरे सँग-सँग चल दिया चाँद!
पीले गुलाब-सा लगता था,
हलके रँग का हल्दिया चाँद !

(2) *पास आती और पल में दूर जाती,*
खेल यों रातों खिलाती चाँदनी!
बात वह करती न, सोने भी न देती
मुसकुराते मौन वाली चाँदनी

हँसमाला (1946) एक चिंतन-प्रधान-कृति है। नारी और प्रकृति दोनों के सम्पर्क में आने का परिणाम यह हुआ कि कवि का भाव दब गया, विवेक जागृत हो गया। अनुभव ने उसे यह सिखाया कि जीवन आँसुओं से बड़ा है। इसी प्रकार प्रकृति की वास्तविक महत्ता उसने इस बात में समझी कि वह परम चेतन के असीम वैभव से स्वयं को आलोकित करे। इस प्रकार यहाँ हँस सत्य का प्रतीक है और 'हंसमाला' की कविताएँ सत्य के अन्वेषण की कविताएँ हैं। इस काव्य-ग्रंथ पर द्वितीय महायुद्ध की घटनाओं का प्रभाव पड़ा है। यही कारण है कि कुछ कविताएँ सामयिक समस्याओं, जैसे बंगाल के अकाल, नाजी दर्शन, सुभाष बोस के संदेश और जयहिंद नारे से सम्बन्धित हैं। मानस-दीप जलाकर जग को उजाला देने की चिंता यहाँ कवि को अधिक है। अब वह 'बहुजन हिताय बहुजन सुखाय' के उद्देश्य से सोचने लगा है। इसी से अधिकांश रचनाएँ विचार-प्रधान हैं, कुछ उपदेश-परक भी। वे स्पष्ट कहते हैं-

तू नए सत्य के लिए नित्य कर मन मंथन।
बढ़ता ही चले नित्य तेरा मानस-रथ जिज्ञासा-पथ पर,
है ज्ञान विशद, अति विशद, कहीं संकीर्ण न बन जाए अंतर !
सिद्धांत-प्रयोजन साधन हैं, बन जायँ न ममता के बंधन।
ओ स्वर मेरे, तू आगत की अनुगूँज न बन।

'रक्त चंदन' (1949) महात्मा गाँधी के निधन से प्रेरित कृति है। कवियों में श्री सुमित्रानंदन पंत और बच्चन के समान नरेन्द्र शर्मा को भी इस करुण घटना ने काव्य-सृजन की प्रेरणा दी। गाँधी जी को इसमें पुरुषोत्तम, अजातशत्रु ओर ज्योतिशिखा आदि बतलाते हुए उनके सिद्धान्तों-सत्य, अहिंसा, प्रेम-के महत्व को स्वीकार किया गया हैं उन दिनों कवि का हृदय इतना भरा हुआ था कि उसने एक-एक दिन में तीन-तीन चार-चार कविताएँ लिखीं। कविताएँ स्थिति के अनुकूल ही बन पड़ी हैं। एक छोटी-सी रचना देखिए-

स्वर्ण और पृथ्वी के बीचों-बीच,
ज्योतिरेख असिधारा-पथ की खींच,
त्याग उभय लोकों के वैभव भोग्य,
बना गए जीवन को जीने योग्य।

'अग्नि शस्य' (1951) नरेन्द्र शर्मा के 80 गीतों का संग्रह है। ये गीत सन् 1946 और 1950 के बीच लिखे गए। पिछले गीत-संग्रहों से जो बड़ा अंतर इसमें

दिखाई देता है, वह है अध्यात्म की चर्चा। अब तक उनकी रचनाओं में भावना का विकास परिलक्षित हुआ था, अब विचार की प्रौढ़ता भी दिखाई दी। इस रचना के साथ नरेन्द्र शर्मा काव्य के राजभवन में प्रौढ़ता की देहली पर चरण रखते दृष्टिगोचर होते हैं इस अध्यात्म-चिंतन में पहली बात है ईश्वर में उनका विश्वास-यह विश्वास कि इस सृष्टि का रचयिता कोई है। इन रचनाओं में जीवन-शक्ति की चर्चा नरेन्द्र जी ने अनेक बार की है। यह शक्ति ऐसी है जो अलौकिक तत्व और मिट्टी दोनों से संबंधित है। इस प्रकार जड़-चेतन का शाश्वत सम्बन्ध बहुत सुन्दर ढंग से सिद्ध हो गया है।

अध्यात्म-चिंतन के उपरांत कवि पृथ्वी पर उतरता है। उसकी दृष्टि से यह युग समस्याओं का, विप्लवों का, युद्धों का, नफ़ाख़ोरों का, भूख और चिंताओं का युग है।

जब से भावी महायुद्ध की खबर लगी है आने,
फिर लोभी के मनोगगन में गृद्ध लगे मँडराने।
फिर सोने का रंग मिलायेगा बनिया केसर में,
खूनी माणिक टँकवायेगा पूँजी के जेवर में,
फिर विष-बुझी कटार छिपाएगा अपने तेवर में,
दुश्मन! दुश्मन! चिल्लायेगा, बैठा अपने घर में,
दुनियादार गँवार लगे फिर राग उसी का गाने,
जब से भावी महायुद्ध की खबर लगी है आने।

कुछ रचनाएँ राष्ट्रीय भावना के अंतर्गत आयेंगी। 15 अगस्त शीर्षक से एक रचना 'अग्नि शस्य' में है। राष्ट्रवीरों के प्रति श्रद्धा अर्पित करने के साथ 'निराला' की प्रशस्ति में भी कुछ पंक्तियाँ नरेन्द्र शर्मा ने लिखी हैं। इससे ऐसा भ्रम नहीं होना चाहिए कि इस कृति में केवल अध्यात्म-चिंतन, विचार दोहन और प्रशस्तियाँ ही हैं। भावना और कल्पना की कोमलता भी इसी मात्रा में प्रेम और प्रकृति-संबंधी रचनाओं में पायी जाती है।

'द्रौपदी' (1960) पाँच लघु सर्गों में विभाजित एक रूपक-गाथा है। महाभारत के मुख्य पात्रों और मूल भाव की इसमें रूपकात्मक व्याख्या की गई है। इसमें सहदेव क्षिति, नकुल जल, अर्जुन पाठक, भीम समीर और युधिष्ठिर गगन के प्रतीक हैं, इसी प्रकार धृतराष्ट्र अंध मानस के और उनके पुत्र इच्छाओं के। कर्ण का अर्थ है अवैध भाव। इसी प्रकार द्रौपदी को जीवनी-शक्ति माना गया है। यहीं तक नहीं, महत्वपूर्ण घटनाओं को संगति प्रदान करने के लिए भी विविध प्रकार के रूपक बाँधे गए हैं-कहीं याज्ञिक क्रियाओं के और कहीं ज्योतिष में वर्णित ग्रह नक्षत्रों के। इस प्रकार नरेन्द्र शर्मा ने 'द्रौपदी' में पौराणिक गाथा की तात्विक व्याख्या की है। दृष्टि गंभीर अवश्य है और इससे उनकी चिंतन-शक्ति का भी पता

चलता है पर काव्य-क्षेत्र से वे कुछ दूर जा पड़े हैं हमारा अनुमान है कि 'रामचरितमानस' के समान लंबा रूपक बाँधने अथवा 'पद्मावत' और 'कामायनी' के समान सांकेतिक रूपक बाँधने से इतनी क्लिष्ट कल्पनाएँ न करनी पड़तीं। द्रौपदी की गणना दुरुह काव्य के अंतर्गत ही होगी। पूरी कृति में रस के कहीं दर्शन नहीं होते।

नरेन्द्र शर्मा विशेष रूप से छोटी भावनाओं को सरसता से व्यक्त करने वाले सफल कवि हैं। इनकी कृतियों में भावना जहाँ शुद्ध भावना के रूप में प्रयुक्त हुई है, वहाँ वह नए फूल सी खिल उठी है, पर जहाँ उस पर विचार का आरोप किसी कारण से कर दिया गया है, वहाँ उतनी काव्यात्मक नहीं रह पायी। इनके काव्य पर ज्ञात अथवा अज्ञात रूप से श्री सुमित्रानंदन पंत के काव्य का प्रभाव कहीं-कहीं पाया जाता हैं उदाहरण के लिए इनकी 'भावी पत्नी' और 'वन फूल' रचनाओं में पंत जी की 'भावी पत्नी के प्रति' तथा 'झर गई कली' को स्पष्ट छाया देखी जा सकती है। यह एकदम संयोग की बात भी हो सकती है, पर पंत जी के समान नरेन्द्र शर्मा का काव्य-विकास भी प्रेम और प्रकृति के प्रगीतों के उपरांत गांधीवाद और प्रगतिवाद की भूमिकाएँ निभाता हुआ दर्शन और चिंतन के क्षेत्र में आ पहुँचा है।

●

रामेश्वर शुक्ल 'अंचल'

रामेश्वर शुक्ल 'अंचल' का जन्म 1 मई सन् 1915 को फ़तेहपुर जिले के किशनपुर गाँव में हुआ। इनके बाबा की मृत्यु के कारण घर की स्थिति डांवाडोल हो गयी और इनके पिता को नौकरी के लिए जबलपुर जाना पड़ा। वहाँ वे हितकारिणी हाई स्कूल में अध्यापन-कार्य करने के अतिरिक्त तीन पत्रों-तिलक, छात्र सहोदर और कर्मवीर-का संपादन कार्य भी करते रहे। सन् 1925 में माधुरी के संपादक होकर जब वे लखनऊ आए, तो अंचल जी को लखनऊ विश्वविद्यालय में अध्ययन करने का सुयोग प्राप्त हुआ और यही से सन् 1935 में वे ग्रेजुएट हुए। आगे चलकर सन् 1942 में इन्होंने नागपुर विश्वविद्यालय से हिंदी में एम०ए०. किया।

बी०ए० करने के उपरांत कुछ वर्ष इन्हें उत्तर प्रदेश सचिवालय और लोक सेवा आयोग के प्रयाग स्थित कार्यालयों में काम करना पड़ा। सन् 1945 में इनकी

नियुक्ति रॉबर्टसन कालेज जबलपुर में हिंदी-लेक्चरर के रूप में हुई। यहीं असिस्टेंट प्रोफेसर और रीडर होने के उपरांत सन् 1958 में ये जबलपुर विश्वविद्यालय के हिंदी विभाग के अध्यक्ष हो गए। आजकल ये गवर्नमेंट डिग्री कालेज रायगढ़ (मध्य प्रदेश) में प्रिंसिपल के पद पर काम कर रहे हैं।

पं० मातादीन शुक्ल अध्यापक और संपादक होने के साथ कवि भी थे। वे खड़ी बोली और ब्रजभाषा दोनों में काव्य-रचना करते थे। अंचल ने काव्य के संस्कार अपने पिता और उनके चारों ओर व्याप्त वातावरण से ग्रहण किए। इनकी पहली कविता 'माधुरी' में ही सन् 1932 में प्रकाशित हुई।

अब तक इनके निम्नलिखित काव्य-ग्रंथ प्रकाशित हो चुके हैं-

मधुलिका (1938), अपराजिता (1939), किरणबेला (1941), करील (1942), लालचूनर (1944), बरसात के बादल (1954), और विराम चिन्ह (1957)।

'अंचल' प्रेम में आवेग के कवि हैं। सभी पुरुष स्त्री के सम्पर्क में आते हैं, उसके प्रति आकर्षित होते हैं, उस आकर्षण को व्यक्त करते हैं। यह अभिव्यक्ति हमारे संस्कारों, हमारी शिक्षा, हमारी रुचि और जीवन के प्रति हमारी दृष्टि का परिणाम होती है। इसी से नारी के प्रति जो दृष्टि तुलसी और मैथिलीशरण गुप्त की है, वह विद्यापति और बिहारी की नहीं, जो विद्यापति और बिहारी की है, वह निराला और पन्त की नहीं, जो निराला और पन्त की है, वह बच्चन और दिनकर की नहीं। अंचल की दृष्टि यौवन और रूप के लोभों की दृष्टि है। उसमें शारीरिकता अधिक है, मानसिकता कम। अंचल की दशा उर्दू के आशिकों जैसी है। यों नारी के प्रति यह आसक्ति बहुत स्वाभाविक है। अन्य कवियों ने इसे छिपाया है, कुछ का कुछ बताया है, पर अंचल जी ने उसे ज्यों का त्यों व्यक्त कर दिया है।

कवि शारीरिक सौन्दर्य पर मुग्ध है। अवयवों की कमनीयता और शृंगार इस रूप-वर्णन के विशेष अंग है। इस आकर्षण में लज्जा, माधुर्य और चंचलता का अपना योग है। नेत्रों और केशों के सौन्दर्य के साथ आँखों का काजल, हाथों की मेंहदी और लहरिया वस्त्र भी कवि के मन की मुग्धता का कारण है। अतः यह रूप कामना को उत्तेजित करने वाला है। यौवन की तुलना कवि ने मदिरा से की है। प्यार की माप वह तृष्णा की मात्रा से करता है। उसकी दृष्टि में तन की भूख प्रेम का अनिवार्य अंग है।

प्रेमिका की प्रारम्भिक स्थिति एक सौन्दर्य-गर्विता की है। उन दिनों वह अपने में ही डूबी रही। आगे चलकर जब मन में व्यथा जगती है, तो वह प्रणय के महत्व को पहचानती है। उसे बोध होता है कि वह कहीं अपूर्ण है और तब एक

दिन प्रेमी के समान ही उसके मन में तृष्णा, कामना और जलन का जन्म होता है। इस प्रकार अंचल के काव्य में दोनों का स्वभाव एक-सा, व्यक्तित्व एक-सा है, दृष्टिकोण एक-से हैं, दोनों एक दूसरे के लिए महत्वपूर्ण हैं, एक दूसरे के पूरक हैं।

इनकी कविताओं में मिलन के प्रसंग कम हैं। जो हैं वे शारीरिक स्तर के हैं कवि की पिपासा अनन्त है। वह पूरी नहीं हो सकती। अतः अतृप्ति का जन्म होता हैं अतृप्ति से वेदना की सृष्टि होती है। वेदना से गीत फूटते हैं। काव्य-सृजन के लिए यह सब कुछ बहुत स्वाभाविक है। पर इनका पाठक इनकी आकांक्षा की तीव्रता को स्वीकार करते हुए भी इनके साथ वह नहीं पाता। इसका मुख्य कारण यह है कि इनकी कविता में मिलन के आनन्द और विरह के माधुर्य के साथ अतृप्ति का क्षोभ भी बना हुआ है। इस क्षोभ से एक प्रकार की घुटन का अनुभव होता है। काव्यकार को सहृदय पाठकों का ध्यान रखते हुए क्षोभ की मनोवृत्ति के ऊपर उठना ही चाहिये। अंचल जी ने भी, जहाँ वे क्षुब्धकारी मनोवृत्तियों से ऊपर उठ पाये हैं, वहाँ रस की भूमि में प्रवेश किया है-

(1) मेरा वश चलता मैं बन जाता कौमार्य तुम्हारा।
होठों पर निर्माल्य अछूता बनकर मैं छा जाता,
अंगों के चंपई रेशमी परदों में सो जाता
आँखों की सुरमई गुलाबी चितवन में खो जाता,
मेरा वश चलता मैं बन जाता सौन्दर्य तुम्हारा।
जब तुम सिहर लजातीं बनता मैं कानों की लाली,
मैं न ढलकने देता मुस्कानों की गोरी प्याली,
अनबीधे मोती की शुचिता तन में भर-भर देता,
खस-खस पड़ते शिथिल चीर को मस्तक पर कर लेता,
मैं गति-चंचल मंजीरों को अधिक न बजने देता,
मेरा वश चलता मैं बन जाता संभार तुम्हारा।

(2) चाँदनी में आज केवल चाँद की बातें करो-
हैं चमकते संगमरमर से तुम्हारे अंग खुल,
हों गुँथे ज्यों कुन्तलों में मोतिया मोती मुकुल,
है तुम्हारे रूप का साम्राज्य यह अम्बर विपुल,
लग रही काँटे की तुम्हारी किंकिणी जलधार-सी,
कंकणों से उठ रही है मंत्रिता झनकार-सी,
कनक बेसर के नगों की ज्योति पारावार-सी,
चाँदनी में आज केवल चाँद की बातें करो।

प्रकृति पर अपनी भावनाओं का आरोप अंचल के काव्य में काफी पाया जाता है। इनकी प्रकृति में वहीं प्यास व्याप्त है जो मनुष्य के मन में है। कवि के अनुसार धरती, शैलशिखर, कूल-कगार, पशु सब प्यासे हैं। स्वभावतः कुछ वस्तुएँ ऐसी हैं जो मिलन के लिए उत्सुक हैं जैसे झरना, कुछ चिरन्तन विरह में हैं जैसे पवन। यह तो इनका अपना वैशिष्ट्य हुआ, पर कुछ परंपरागत बातों को भी इन्होंने समेटा है जैसे, उसके उद्दीपनकारी स्वरूप को आँखों के सामने लाना। ऋतु-सम्बन्धी वर्णन ऐसे ही हैं। कुछ वस्तुएँ नायिका के गुणों को अपने में समाहित करने के कारण कवि को प्रिय हो उठी हैं। घटा और प्रेमिका की तुलना का एक दृश्य देखिये-

तुमसे कितनी मिलती-जुलती खुले शिशिर की श्याम घटा।
कच्ची धूप तनिक सी निकले तो शमा-शरमा जाए।
उड़ते विहगों की टोली में ठिठके और लजा जाए।
सहसा हवा चले तो खुशबू से खेले बाँहें खोले।
दूर देश की लहर उठे तो सकुची बौराई डोले।
पवन परस से मुँह पर आजाती मेघिल अविराम घटा।

प्रगतिवाद का प्रचार होने पर इन्होंने युगधर्म को पहचाना और उस स्वर में अपना स्वर मिलाया। संवेदनशील व्यक्ति की विशेषता ही यह होती है कि उसका झुकाव जिधर हो जाता है, दूर तक वह उधर ही बढ़ा चला जाता है। प्रेम से हटकर मन का आवेश जब जनता की ओर मुड़ चला तो ये तृष्णा और अतृप्ति के स्थान पर संघर्ष और क्रांति की बातें करने लगे, संयोग वियोग के स्थान पर मानवता के गाने गाने लगे। प्रगतिवादी आन्दोलन को कुछ दिन इनसे भी बल मिला। 'धरती की आग' में इन्होंने किसान और 'हवेली' में मजदूरों के दुःख-दर्द को पहचाना। 'हवेली' से कुछ पंक्तियाँ लीजिए-

अजगर-सी ऊँची चिमनी से वहाँ निकलती विष की ज्वाला,
होम वहाँ मानव का होता दानवता हँसती विकराला।
जिसके श्रमशोषक यन्त्रों में चलता फिरता खपता मानव,
ठठरी जलती, हाड़ सुलगते जीवित ही बन जाता है शव !
उन्हीं मिलों की सगी बहिन-सी खड़ी राक्षसी यह पाषाणी,
व्यभिचारों की कुत्सा-सी यह शोषण की अविराम कहानी।
विश्वनियन्ता की जैसे हों दोनों मत्सरमयी रखेली,
उधर राजपथ से कुछ हटकर शोणित से तर खड़ी हवेली।

अपने समकालीन कवियों के समान अंचल जी भी युगपुरुष महात्मा गांधी के व्यक्तित्व से प्रभावित रहे हैं। उनके लिए श्रेष्ठतम विशेषणों का प्रयोग उन्होंने किया है। उन्हें सम्बोधित करके अनेक रचनाएँ उन्होंने लिखीं- कहीं 'गांधी जी' कहीं

'बापू', कहीं 'महाज्योति' शीर्षक से गांधी जी के महाप्रयाण पर उनके स्तवन में श्रद्धा-विगलित हृदय से जो कुछ कहा जा सकता था, वह सब उन्होंने कहा। इस दुर्घटना से उन्होंने यह निष्कर्ष निकाला कि मनुष्य अब भी सभ्य नहीं हुआ है। वह महान् पुरुषों, महान् वस्तुओं और महान् भावनाओं का सम्मान करना जानता ही नहीं।

जो पाप धरा के धोते हैं, दुनिया उनका लोहू पीती।
साकार हुआ आदर्श
सत्य मानवता तन धर आया था,
समता स्वतन्त्रता का जीवित
संदेश धरा पर छाया था,
हमने न सुना, हमने न गुना,
केवल अपना ही स्वार्थ चुना,
पहले उसकी हत्या की,
फिर हम रोये, अपना शीश धुना,
देवत्व वधा जाता जग में, होती पापों की मनचीती।
जो ताप धरा के धोते हैं, दुनिया उनका लोहू पीती।

अंचल का जीवन-दर्शन भोगवाद पर आश्रित है। इनकी दृष्टि में सब नाशवान है, सब परिवर्तनशील, सब अनिश्चित। जीवन में भाग्य का चक्र चल रहा है, मृत्यु का साम्राज्य है। अतः मस्ती के साथ रहना चाहिए, मस्ती के गीत गाने चाहिए। भविष्य की ओर न देखकर वर्तमान की चिंता करनी चाहिए।

'आज' 'आज' के दौर चले
अब कल की अभिलाषा कैसी ?
कल आयेगा यह क्या निश्चय-
है कल की आशा कैसी ?

अंचल एक साथ प्रेमी, प्रगतिवादी और गांधीवादी हैं। इनमें 'दिनकर' का ओज और भगवतीचरण वर्मा की मस्ती पायी जाती है, पर प्रेम में घोर आसक्ति वाली भावना इनकी अपनी है, जो आधुनिक युग में किसी से मेल नहीं खाती। इनके काव्य में नर-नारी का चिरंतन आकर्षण, विरह और मिलन अपनी सहज गति, वेदना और आनंद के साथ मुखरित है। मानसिक दशाओं के सजीव चित्रों की तो कोई कमी नहीं। अपनी कृतियों में अरबी-फारसी के शब्दों जैसे ज़ुल्फ़, नाज़, वहशत, काश, लज़्ज़त मंजिल का प्रयोग ये धड़ल्ले के साथ करते हैं। कला के क्षेत्र में कुछ नए अनूठे उपमान, कुछ सरस रम्य कल्पनाएँ, कुछ संश्लिष्ट रंगीन चित्र इन्होंने अपनी प्रत्येक कृति में दिए हैं।

●

नागार्जुन

नागार्जुन का जन्म तरौनी (जिला दरभंगा) में 1910 ई० में हुआ था। ये प्रगतिवादी विचारधारा के लेखक और कवि हैं। 1945 ई० के आस-पास ये साहित्य-सेवा के क्षेत्र में आये। इनका असली नाम वैद्यनाथ मिश्र था। ये नागार्जुन और यात्री उपनाम से कविताएँ लिखा करते थे। इनकी रचनाओं को दो वर्गों में बाँटा जा सकता है।

पहला वर्ग उपन्यासों का है दूसरा वर्ग कविताओं का है। रतिनाथ की चाची, दुखमोचन, वरुण के बेटे, बलचनमा, नई पौध, बाबा बटेसर नाथ प्रसिद्ध उपन्यास है तो युगधारा, सतरंगे पंखोवाली, प्यासी पथराई आँखें, तालाब की मछलियाँ, तुमने कहा था, खिचड़ी विप्लव देखा हमने और हजार-हजार बाँहों वाली इनके प्रसिद्ध काव्य संग्रह हैं। युगधारा इनका प्रारम्भिक काव्य संकलन है। नागार्जुन ने गरीबी, अभाव को स्वयं भोगा है। सामाजिक दुर्व्यवस्था, ग्रामीण जीवन की स्थिर विपन्नता तथा लाखों चेहरों की मलिनता एवं उदासी को अत्यन्त समीप से देखा है। इसीलिए इनकी कविताओं में स्थितियों का सूक्ष्म रूप तीखे व्यंग्य के साथ अंकित होता है। ये कोरे लेखक नहीं हैं। राजनीतिक आन्दोलन में शरीक होकर जेल यात्राएँ भी की हैं। यह कोटि-कोटि जन के प्रतिनिधि कवि हैं। जनता तक अपनी भावनाओं को संप्रेषित करने और उसे प्रशिक्षण देने के लिए ये व्यंग्य का प्रयोग करते हैं। व्यंग्य के विविध प्रकार की छायाएँ—हास्य, विद्रूप, आदि प्रायः सर्वत्र मिल जायेंगी। इन्होंने कहीं-कहीं सरल मार्मिक प्रकृति-चित्रण भी किया है। नागार्जुन की भाषा लोकभाषा के निकट है। कुछ थोड़ी-सी कविताओं में संस्कृत के क्लिष्ट, तत्सम शब्दों का प्रयोग अधिक मात्रा में हुआ है, किन्तु अधिकतर कविताओं और उपन्यासों की भाषा सरल है। तद्भव तथा ग्रामीण शब्दों के प्रयोग के कारण इनमें एक विचित्र प्रकार की मिठास आ गयी है। नागार्जुन की शैलीगत विशेषता भी यही है। वे लोकमुख की वाणी बोलना चाहते हैं।

नागार्जुन के काव्य के आस्वाद में विविधता है, और काव्य की भाषा में भी विविधता है। नागार्जुन का जन्म दीन-हीन कृषक कुल में हुआ था और घुमक्कड़ी वृत्ति इन्हें अपने पिता से विरासत में मिली। भारत में पूरब-पश्चिम, उत्तर-दक्षिण सब तरफ के जीवन और सब तरफ की प्रकृति से नागार्जुन का परिचय है। जीवन की विपुल अनुभव-राशि किसी कवि की चेतना को किस

रूप में ढालती है, नागार्जुन की कविताएँ इसका अकाट्य प्रमाण है। जीवन के अनुभव और रचनात्मक साहित्य में जितना प्रत्यक्ष संबंध नागार्जुन के यहाँ देखने को मिलता है उतना विभिन्न कारणों से उनके समकालीन या बाद के अधिकांश कवियों में नहीं मिलता।

नागार्जुन के लिए जीवन का प्रत्येक कण पवित्र है और कविता का सहज स्वाभाविक अवलम्ब। जब नेवला या मादा सुअर उनकी संवेदना को झकझोर सकती है तो फिर थाना धमदाहा, बस्ती रूपउली का प्राइमरी स्कूल मास्टर या खुरदुरे पैरवाला रिक्शावाला या नंगधड़ंग छोकरा क्यों नहीं? जीवन के तलछट कहे जाने वाले गरीब-गुरबों का जीवन नागार्जुन के हृदय को द्रवित कर देता है। बड़ी विकलता से नागार्जुन दैनंदिनी जीवन के कार्य-व्यापारों का और गरीबी का चित्रण करते हैं। नागार्जुन को जीवन में घटित होने वाली छोटी-छोटी बातें अपनी तरफ खींचती हैं और इन छोटी-छोटी बातों से उनकी सम्पूर्ण जीवन दृष्टि बनती है। घर में बच्चा बीमार है और गृहिणी फटी दरी पर बैठकर चावल चुन रही है। फिर बच्चे की दंतुरित मुस्कान है जो 'मृतक में भी डाल देगी जान'। बस-ड्राइवर की सीट के सामने उसकी बिटिया ने टाँग दी हैं अपनी गुलाबी चूड़ियाँ जो पूरे सफर में ड्राइवर की साथी है और स्नेह-पाथेय। नागार्जुन के काव्य का एक बड़ा अंश राजनीतिक है। हिन्दी में गाँधी जी पर जितनी कविताएँ लिखी गयी हैं उनमें नागार्जुन की कविता 'गाँधी' अलग से याद आती है—

बोले तुम केवल पाँच मिनट
चुप रहे आदमी दस हजार, बस पाँच मिनट।

नागार्जुन व्यंग्य के भी बेजोड़ कवि हैं। सम्भवत: कबीर के बाद व्यंग्य का इतना बड़ा कवि दूसरा नहीं। नागार्जुन पूरी शक्ति से इस व्यवस्था पर प्रहार करते हैं, जैसा कि डॉ० नामवर सिंह का कथन है 'इस प्रहार में धार वहाँ आती हैं जहाँ आवेश संयत होकर व्यंग्य का रूप ले लेता है और कत्थई दाँतों की मोटी मुस्कान बेतरतीब मूँछों की थिरकन बन जाती है। भारत में ब्रिटेन की रानी के आने पर स्वागत की धूम-धाम देखकर नागार्जुन ने कहा 'आओ रानी हम ढोयेंगे पालकी, यही हुई है राय जवाहर लाल की।' व्यंग्य में संवेदना की धार उलटी चलती है, जन से प्रेम ही शासन के प्रति घृणा में बदल जाता है। नागार्जुन ने सिर्फ व्यंग्य एवं राजनीति की कविताएँ ही नहीं लिखी हैं, अपितु प्रकृति, प्रेम एवं सौन्दर्य की कविताएँ भी लिखी हैं। नागार्जुन की कविताएँ दिखलाती हैं कि संवेदना के अनेक रूप और अनेक स्तर हो सकते हैं। जहाँ कहीं जनशक्ति का उद्रेक है वहीं नागार्जुन की कविता का उद्गम है। नागार्जुन को यदि बादल प्रिय है तो साधारणजन भी, उनका रोजमर्रे का संघर्ष भी और बड़े आंदोलन भी। तेलंगाना आंदोलन तथा नक्सलवादी आन्दोलन को नागार्जुन ने विशेषकर अपने काव्य में स्थापित किया।

नागार्जुन अपने काव्य में साधारण शब्दों के साथ तत्सम शब्दों का प्रयोग करते हैं। अनेकानेक छंदों और रूपों का इस्तेमाल इन्होंने अपने काव्य में किया है। इनकी कुछ कविताओं में मिथक, फंतासी का भी प्रयोग हुआ है। रचना विधान की सबसे बड़ी विशेषता है सरल एवं संश्लिष्ट भाषा तथा लोकबिम्बों का प्रयोग। 'अकाल और उसके बाद' कविता में लोकबिम्बों का ही प्रयोग हुआ है। अकाल पड़ने पर नागार्जुन की संवेदना केवल मनुष्य के लिए ही नहीं प्रकट होती बल्कि पहले-चरण में तो मनुष्य कहीं है ही नहीं, परोक्ष रूप से चूल्हा और चक्की के माध्यम से ही उसकी उपस्थिति का एहसास होता है। निरन्तर मनुष्य के साथ रहने वाले, चूहे, छिपकलियाँ और कानी-कुतिया और कौआ ही है जिनके माध्यम से नागार्जुन अकाल की स्थिति को व्यक्त करते हैं। सम्पूर्ण जगत को, सृष्टि को एक अखंड सत्ता मानने के कारण ही ऐसा संभव हुआ है। नेवला कविता एक प्राणी के जीवन को व्यक्त करती है। उसके माध्यम से जेल में बंद उन सभी लोगों के जीवन और स्वाधीनता की आकांक्षा को व्यंजित करती है। नागार्जुन रोजमर्रा के बिम्बों और शब्दों से अपनी कविता बनाते हैं। नागार्जुन की कविता के विषय में डॉ० नामवर सिंह का कथन है—'बात करने के हजार ढंग हैं। कभी तो वह सीधा-सीधा वक्तव्य देते हैं—'प्रतिबद्ध हूँ। आबद्ध हूँ'। कभी खुद से बातचीत—'नदी कर ली पार/ उसके बाद नाव को लेता चले क्यों पीठ में लाद?' कभी दूसरों को संबोधन—'कालिदास सच सच बतलाना। आत्ममंथन या आत्म-विश्लेषण—'इन सलाखों में टिकाकर भाल सोचता ही रहूँगा चिरकाल।' कभी केवल वर्णन—'बरफ पड़ी है। सर्वेश्वर पार्वती प्रकृति निस्तब्ध खड़ी है।' कभी कविता के अंदर संवाद जैसे 'तेरी खोपड़ी के अंदर' या 'नथुने फुला-फुला के' कविताओं में। कभी नारों जैसी सरलता—'बस सार्विस बंद रही तीन दिन तीन रात।' तो कभी मंत्र कविता जैसा संश्लिष्ट विधान। ' जैसा कि नागार्जुन स्वयं कहते हैं—

बातें—
यही अपनी पूंजी, यही अपने औजार
यही अपने साधन, यही अपने हथियार
बातें—
साथ नहीं छोड़ेंगी मेरा।

नागार्जुन खड़ी बोली हिन्दी के साथ-साथ मैथिली भाषा में भी कविताएँ लिखते थे। नागार्जुन स्वयं तो समाज और जीवन की समस्याओं तथा विद्रूपताओं से टकराते हैं और उनमें निहित यथार्थ को अपनी रचनाओं में अंकित करते हैं। उनका स्वयं का काव्य व्यक्तित्व अंकुठित है और वे चाहते हैं कि सभी रचनाकार नव-निर्माण की दिशा में अग्रसर रहें। वे उस व्यक्ति चेतना का विरोध करते हैं, जिसमें मनुष्य अपने सुख और स्वार्थ के लिए सब कुछ संचित करना

चाहता है। यदि सम्पूर्ण समाज या मनुष्य का बड़ा समूह दुख दारिद्रय से ग्रस्त रहेगा तो व्यक्ति विशेष सकुशल कैसे जी सकता है। 'परिणत प्रज्ञा का फल' शीर्षक कविता में नागार्जुन इसी भाव को व्यंजित करते हैं—

अधिकाधिक योग-क्षेम
अधिकाधिक शुभ-लाभ
अधिकाधिक चेतना
कर लूँ संचित लघुतम परिधि में।
असीम रहे व्यक्तिगत हर्ष-उत्कर्ष
यह कैसे होगा?
यह क्योंकर होगा?

(सतरंगे पंखों वाली, पृ० 12)

नागार्जुन स्वतन्त्रचेता रचनाकार हैं। उनको किसी वाद विशेष में बांधकर देखना, परखना सम्भव नहीं है। नागार्जुन उचित समय में जैसा महसूस करते हैं उसे व्यक्त करने में हिचकते नहीं, प्रगतिशील प्रतिबद्धता के बावजूद उनकी कलम पर अंकुश नहीं रहता है। यही कारण है कि आलोचकों में उनकी काव्यदृष्टि को लेकर विरोधी स्वर मुखरित होते रहे हैं। कोई उनकी रचना में हिन्दू समाज की ऐतिहासिक धर्म भावना की रचनात्मक प्रवृत्तियों का पोषण पाता है और यह भी निर्दिष्ट करते हैं कि उनमें उन्हें सामन्ती युगों की नैतिकता भी उन्हें कभी-कभी अपनी ओर आकृष्ट कर लेती है। यही कारण है कि व्यक्तिगत ईमानदारी और नैतिकता को वे आज भी महत्व देते हैं। प्रो० अजय तिवारी इन कथनों का विरोध करते हुए कहते हैं कि नागार्जुन के लिए व्यक्तिगत ईमानदारी और नैतिकता का स्रोत सामन्तवादी नहीं, भारत की सर्वसाधारण श्रमिक जनता है। श्रमिक जनता के प्रति नागार्जुन का प्रेमभाव उनके वर्ग विवेक की उपज है, यह प्रेमभाव सम्पूर्ण मनुष्यता की गंगा में वर्ग विवेक का कलमष धोकर नहीं उपजा है।' (नागार्जुन की कविता, पृ० 60) नागार्जुन में वैयक्तिक नैतिकता बोध किस स्रोत से आता है, इस पर बहस करना उतना आवश्यक नहीं है बल्कि उनके इस नैतिकबोध का क्या रचनात्मक बोध है, उसका विवेचन अधिक महत्वपूर्ण है। योगिराज अरविन्द को सम्बोधित नागार्जुन की कविता उस सत्य को उद्घाटित करती है जो आधुनिक भावबोध से उपजा है। माया, भगवान्, पैगम्बर, औलिया, सन्त और सूफी आदि के प्रति पहले जैसा श्रद्धाभाव नहीं है। न शासक वर्ग न शोषक वर्ग दोनों ही अब दार्शनिक ऊहापोह में उलझे हुए बुद्धिजीवी की प्रशंसा करने की स्थिति में नहीं हैं। देश-देश और जन-जन में ऐसी वैज्ञानिक चेतना का उदय हो रहा है। जहाँ अलग-अलग सोच से अलग-अलग आस्था से कोटि-कोटि ईश्वर रूपों की नई परिकल्पना बनेगी। कविता की पंक्तियाँ इस प्रकार हैं—

हे विभ्रांत बुद्धिजीवी, तुम बने हुए हो भारी भ्रम भगवान
शासक शोषक वर्ग तुम्हारा क्यों करे गुणगान
ब्रह्मजाल विच्छिन्न, हो रही माया आज परास्त
पैगंबर औलिया संत-सूफी होंगे बरखास्त
उदित हो रही नयी चेतना देश-देश जन-जन में
एक नहीं, अब कोटि-कोटि ईश्वर होंगे त्रिभुवन में

(हजार-हजार बाहोंवाली, पृ० 19)

नागार्जुन की सबसे बड़ी विशेषता यह है कि वे उधार की क्रान्ति और शान्ति में विश्वास नहीं रखते। वे स्वयं अपने बलबूते पर शोषण और तानाशाह की बुनियादें खोद-खोदकर नये हिन्दुस्तान को रचने का साहस लेकर अग्रसर होते हैं। उनकी अधिकांश कविताओं में सर्वहारा वर्ग की कठिनाइयों और पीड़ाओं को शब्दबद्ध किया गया है। छोटे-छोटे बच्चों की दन्तुलित मुस्कान पर वे रीझते हैं। निराला ने जहाँ इलाहाबाद की सड़क पर पत्थर तोड़ती हुई मजदूरनी की व्यथा-कथा को समझा वहीं नागार्जुन गिट्टी बिछाने वाली मजदूरनी के मातृत्व के भाव को बड़ी गहराई से जाना। वात्सल्य भाव के वेग में कैसे कुछ क्षणों के लिए दुख दर्द विस्मृत हो जाता है। वे लिखते हैं—

वो हँसने लगेगा।
माँ की गर्दन को बाँहों में ले लेगा।
तब उन क्षणों में।
शिशु की स्वच्छ पुतलियों में।
बस, माँ ही माँ प्रतिबिम्बत रहेगी।
दो चार पलों के लिए सामने वाला टिक्कड़,
यो ही धरा रहेगा।
हरी मिर्च नमक वाली चटनी,
अलग ही धरी होगी।
चौथी पीढ़ी का हमारा प्रतिनिधि।
बछन्द्रीपाल का भतीजा हो सकता है!'' (पृ० 48)

नागार्जुन ने बच्चों की भावनाओं तथा आजादी के लिए सजग होने की प्रक्रिया का जीवन्त चित्रण किया है। छोटी-छोटी झंडी थामे, प्यारे-प्यारे मुन्ने जो अग्रज पीढ़ी के अनुकरण पर संकल्पबद्ध हो रहे हैं। उन पर नागार्जुन बड़ी साफ सुथरी रचना प्रस्तुत करते हैं।

नागार्जुन की अनेक कविताएँ केवल प्रेरणा नहीं देती बल्कि कवि के विचारों को परिभाषित करती हैं। उनकी अनेक कविताएँ उनकी तात्कालिक

क्रिया-प्रतिक्रिया को प्रस्तुत करती हैं। बहुत से अनुभव संवेदना में ढले बिना ही सीधे शब्दों में व्यक्त हो जाते हैं। इस तरह की कविताएँ स्लोगन बनकर रह जाती है। उनको कविता कहने में हिचक होती है।

नागार्जुन जीवन के विविध क्षेत्रों का अनुभव रखते हैं। उनमें यदि एक ओर सामाजिक समस्याओं एवं राजनीतिक विद्रूपताओं का कोरा यथार्थ है, तो दूसरी ओर आन्तरिक मानवीय अनुभूतियों की सहज संवेदना भी है। घरेलू प्रेम सम्बन्धों को उन्होंने बड़ी आत्मीयता से अपनी रचनाओं में प्रस्तुत किया है। उनके प्रेम चित्रण में वासनारहित दाम्पत्य की स्फूर्ति एवं माधुर्य परिलक्षित होता है। प्रस्तुत कविता 'दाम्पत्य सुख' उसकी प्रेरणा का कितना मनोरम चित्र प्रस्तुत करती है—

आज तेरी गोद में ये शीश रखकर
क्या बताऊँ मैं कि जो विश्राम पाया।
श्रान्त होकर बहुत ही असमर्थ होकर,
लक्ष्य की कल्पित पहुँच से हाथ धोकर,
व्यथित खग सम पड़ा था, कब से न जाने।
तुम अमृतमयि आ गई सहसा जिलाने!

नागार्जुन के प्रेमचित्रण में शालीनता है, भावुकता है, लेकिन कामुकता नहीं है। वे अचेतन मन की अतृप्त काम भावना के शिकार नहीं हैं। झुकी पीठ को हथेली का स्पर्श नई ताकत से भर देता है। अलकों से तैलाक्त परिमल का झोंका तन-मन को मस्त कर देता है। सतरंगे पंखे वाली संकुलन से निम्नलिखित पंक्तियाँ देखी जा सकती हैं—

आगे से आया
अलकों से तैलाक्त परिमल का झोंका
रग रग में दौड़ गयी बिजली
तन गई रीढ़। *(सतरंगे पंखोवाली)*

सिन्दूर तिलकित भाल नागार्जुन की श्रेष्ठ प्रणयपरक रचना है। यायावर प्रकृति के नागार्जुन जब प्रकृति के सौन्दर्य का साक्षात्कर करते हैं तब उस समय पुरुष से जुड़ी हुई प्रकृति अर्थात् निज प्रेयसी का उन्हें स्मरण हो आता है। आम, लीचियाँ, धान, वेणुबन, पुरजन आदि के साथ, उनके मानस में कौधती है, सिन्दूर तिलकित भाल वाली प्रेयसी—

सांध्य नभ में पश्चिमांत-समान
लालिमा का जब करुण आख्यान

सुना करता हूं, सुमुखि उस काल
याद आता तुम्हारा सिन्दूर तिलकित भाल।

(सतरंगे पंखोवाली)

नागार्जुन नारी के प्रणय सम्बन्धों के अलावा उसकी बेबसी और पराधीनता पुरुष के उपभोग्य वस्तु के रूप में उसकी दीनता-हीनता का चित्रण करते हुए नारी मुक्ति की प्रबल आकांक्षा की अभिव्यक्ति करते हैं। मछलियों के प्रतीक के माध्यम से वे ऐसी उत्क्रान्ति का विगुल बजाते हैं जिसमें नारीमुक्ति का निश्चित भविष्य है, जैसे कोशी की धारा जब बाँध तोड़ देती है तो मछलियाँ बाहर आ जाती है उसी तरह उत्क्रान्ति से स्त्रियाँ भी हवेलियों की ड्योढ़ियों से बाहर आ जायेंगी और जनपद के खंड नरक मिट जायेंगे—

किन्तु आज तो
कोशी की धारा ने आकर तोड़ दिया है बाँध
आज आ गई सखि हम बाहर/एक-एक कर
उथल-पुथल है जन-जीवन में
सभी और उत्क्रान्ति हो रही,
टूट रहे हैं, अन्तःपुर के ढाँचे
आज या कि कल/तुम भी तो निकलोगी बाहर
हवेलियों से डेवढ़ियों से/फिर जनपद के खंड
नरक ये मिट जायेंगे।

(तालाब की मछलियाँ)

नागार्जुन नारी के नैसर्गिक भावों को समझने की चेष्टा करते हैं और उन्हें मनोवैज्ञानिक धरातल पर रुपायित करने का प्रयत्न करते हैं। उन्होंने पौराणिक सन्दर्भों में अंकित नारी को नई दृष्टि से देखना चाहा है। शूर्पणखा, अहिल्या, रेणुका, शकुन्तला आदि कविताओं में नारी को आधुनिक संवेदना में ढालकर प्रगतिशील नारी चिन्तन उजागर किया है। भस्माकुर कविता में नागार्जुन काम को जिजीविषा के उत्स और सृष्टि के मूल के अर्थ में व्यंजित करते हैं। इस कविता में नागार्जुन पार्वती और शिव के सम्बन्धों को सहज मानवीय सामाजिक दृष्टि से देखते हैं। इस कविता में आध्यात्मिकता एवं अलौकिकता का आग्रह नहीं है। इसमें कवि की जीवन दृष्टि नितान्त आधुनिक है। श्रृंगार की पीठिका पर करुण रस को व्यंजित करने वाली बरवै छन्द में रची गयी यह कृति अत्यन्त प्रभावशाली है।

नागार्जुन को केवल गरीबों, शोषितों और पीड़ितों का दुख दर्द ही अपनी ओर नहीं खींचता बल्कि प्रकृति का सौन्दर्य भी अपनी ओर आकर्षित करता है।

श्रम जनित प्रकृति अर्थात शस्य श्यामला धरती, सुनहरी फसलों की मुस्कान, नीम की टहनियाँ तो उन्हें अभिभूत करती ही हैं, बसन्त, शरद, पावस में प्रकृति का नया-नया बिखरा हुआ रूपरंग भी उन्हें विभोर करता है। पी कहाँ की आवाज करता हुआ पपीहा, चातकी की प्यास को परितृप्त करने वाला स्वाति का जलद, रजनीगंधा की भीनी-भीनी सुगन्धित उत्तापित जीवन को शान्त करने वाली घटायें शरद जुन्हाई का सौन्दर्य सब कुछ उनकी कविताओं में चित्रित मिलते हैं। बादल को घिरते हुए देखा है उनकी प्रकृति चित्रण सम्बन्धी प्रसिद्ध रचना है। कवि कितनी सूक्ष्मता से प्रकृति निरीक्षण करता है—

अमल धवल गिरि के शिखरों पर
बादल को घिरते देखा है
छोटे-छोटे मोती जैसे अतिशय शीतल वारिकणों को
मानसरोवर के उन पर स्वर्णिम कमलों पर गिरते देखा है।

(युग धारा)

नागार्जुन के काव्य शिल्प में सहजता और सरलता है। व्यंग्य की जितनी प्रखरता नागार्जुन में हैं उतनी उनके समकालीन किसी कवि में नहीं है। वे तत्सम शब्दों के साथ अंग्रेजी के प्रचलित शब्दों जैसे ट्राम, जंक्शन कैरियर, लिबर्टी आदि का प्रयोग करने में नहीं हिचकते हैं। अंग्रेजी शब्दों का प्रयोग ज्यादातर व्यंग्यात्मक कविताओं में होता है।

उर्दू के प्रचलित शब्द जो हिन्दी की प्रकृति में घुल-मिल गये हैं, उनका स्वाभाविक प्रयोग नागार्जुन की कविताओं में मिलता है। लोक स्तर पर प्रचलित शब्दों के प्रयोग से नागार्जुन की कविता में नवीन जीवन्तता आ जाती है, बिजली, छिनार, खूसट पंडिया, तलैया, झबरा आदि इसी तरह के शब्द है। नागार्जुन कहते हैं—'एक-एक शब्द है दुधारू गाय, उसका दुरुपयोग न करना हाय।' ठेठ जीवन का चित्र ठेठ भाषा में ही उकेरने की कला नागार्जुन में है। उनकी कविताओं में मुक्तिबोध जैसी दुरुह फैंटेसी नहीं है, फिर भी उनमें वस्तु व्यंजना की दुर्बलता नहीं है। वे सरल शब्द चित्रों से ही मानस बिम्ब उभारने में सक्षम दिखाई पड़ते हैं।

एक गरीब परिवार की व्यथा कथा को प्रस्तुत करने वाली पंक्तियों में मानस बिम्ब उभारने की अद्‌भुत क्षमता है—

फटी दरी पर बैठा है चिर-रोगी बेटा
राशन के चावल से कंकड़ बीन रही पत्नी बेचारी
गर्भ-भार से अलस शिथिल है अंग-अंग
मुँह पर उसके मटमैली आभा
छप्पर पर बैठी है बिल्ली

किसके घर से जाने क्या कुछ खा आई है

चला-चला कर जीभ स्वाद लेती होंठों का।

(तालाब की मछलियाँ)

रमेश कुंतल मेघ के अनुसार—नागार्जुन की कविता के कई रूप है क्लासिकल कविता, सामयिक कविता, अखबारी कविता, मिथकीय कविता, पोस्टर कविता, लोक कविता, विवरणात्मक कविता, जिसके आधार पर वे समाज और संस्कृति को प्रतिबिम्बित करके लोक मंच के नेता बन जाते हैं। सब प्रकार की कविताओं में नागार्जुन की भाषा का तेवर अलग-अलग है। कुल मिलाकर कहा जा सकता है कि नागार्जुन का रचनात्मक अभियान बहुआयामी है। उनमें प्रखर व्यंग्य है और सत्ता, व्यवस्था और शोषितों के प्रति तीव्र आक्रोश है। उनकी कविताएँ शब्दों से सुसज्जित हथियार हैं जो गरीबों की लड़ाई हेतु इस्तेमाल की गयी हैं। इस हथियार की रगड़ आगे पीछे चलानेवाले साथियों को भी लगती रही है।

●

शमशेर बहादुर सिंह

शमशेर बहादुर सिंह का जन्म 1911 ई० में देहरादून में हुआ था। बी० ए० तक की शिक्षा प्राप्त करने के पश्चात ये 'कहानी' और 'नया साहित्य' के सम्पादक-मण्डल में रहे। शमशेर एवं अज्ञेय दो ऐसे आधुनिक कवि हैं जो अंग्रेजी कवियों एजरा पाउण्ड और इलियट के अधिक निकट हैं। शमशेर बहादुर सिंह ने अपने वक्तव्य में एजरा पाउण्ड के प्रभाव को मुक्तकंठ से स्वीकार किया है—"टेक्नीक में एजरा पाण्ड शायद मेरे सबसे बड़े आदर्श बन गये, शमशेर ने कभी किसी फार्म, शैली या विषय का सीमा बन्धन स्वीकार नहीं किया। इसीलिए शमशेर में छायावाद, प्रगतिवाद, प्रयोगवाद तीनों की समान रूप से स्वीकृति मिल जायेगी। शमशेर की कविता अपने को पाने के प्रयास से प्रस्फुटित होती है। जीवन की अनुभूति उनके व्यक्तिगत संवेदन के अन्तराल से जीवन्त होकर कविता में अभिव्यक्ति पाती है। उर्दू की गजल से प्रभावित होने पर भी उन्होंने काव्य-शिल्प के नवीनतम रूपों को अपनाया है। प्रयोगवाद और नयी कविता के पुरस्कर्त्ताओं में वे अग्रणी हैं। शमशेर बहुत सूक्ष्म सौन्दर्य-बोध के कवि माने जाते हैं। मुक्त आसंग, चेतना-प्रवाह, अमूर्त, चित्रात्मक, शब्द संगीत

आदि शमशेर के शिल्प को एक नया रूप अवश्य देते हैं, किन्तु वे अनुभव-लोक को मूर्त करने के स्थान पर उलझा देते हैं। दोआब (निबन्ध), प्लाट का मोर्चा (कहानियाँ-स्केच),कामिनी, कविताएँ,कुछ और कविताएँ (काव्य संग्रह) इनकी प्रसिद्ध रचनाएँ हैं।

शमशेर बहुपठित व्यक्ति हैं। इसीलिए उनकी काव्य रचना पर देश-विदेश के अनेक कवियों और चित्रकारों संगीतकारों का प्रभाव है। हिन्दी के प्रसिद्ध कवि निराला, बच्चन, उर्दू के गालिब, इकबाल, हाली, अंग्रेजी के हर्बट रीड, इलियट, लारेन्स, पाउन्ड आदि का प्रभाव उनके काव्यशिल्प और काव्यवस्तु पर सूक्ष्मरूप से पड़ा है। वे मार्क्सवाद से वैचारिक स्तर पर जुड़े थे, और कभी-कभी प्रचारात्मक कविता का भी लेखन करते थे। लेकिन वे सैद्धान्तिक मान्यताओं की सीमा का रचना के स्तर पर अतिक्रमण कर देते हैं। शमशेर की रचनाओं में प्रयोगधर्मिता है लेकिन वे प्रयोगधर्मिता को सराहते नहीं हैं। शमशेर की मान्यता है कि—''ललित कलाएँ काफी एक-दूसरे में समायी हुई हैं। तस्वीर, इमारत, मूर्ति, नाच, गाना और कविता, इन सबमें, बहुत कुछ एक ही बात अपने-अपने ढंग से खोलकर या छिपाकर या कुछ खोलकर, कुछ छिपाकर कही जाती है। मगर इनके ये अलग-अलग ढंग दरअसल एक-दूसरे से ऐसे अलग-अलग नहीं हैं, जैसे कि ऊपरी तौर से लगते हैं।' शमशेर का संसार उनकी निजता का संसार है वे कहते हैं कि मेरी कृतियाँ मुझे दरअसल सामाजिक दृष्टि से कुछ मूल्यवान नहीं लगती उनकी वास्तविक सामाजिक उपयोगिता मेरे लिए एक प्रश्नचिह्न-सा ही रही हैं। कितना ही धुँधला सही। इस कथन का तात्पर्य यह नहीं है कि उनकी कविताओं में सामाजिक संघर्ष के स्वर नहीं हैं। कविता समाज के लिए कितनी मूल्यवान है, कितनी नहीं, सच्चा रचनाकार इस प्रश्न से उलझकर अपनी रचनाशीलता को प्रश्नों के घेरे में नहीं लाना चाहता। वास्तव में कवि अपनी भावनाओं, प्रेरणाओं और आन्तरिक संस्कारों में समाज-सत्य के मर्म को ढालता है और उसी में अपनी विशिष्टता को पाने की चेष्टा करता है, इसका तात्पर्य यह है कि व्यक्ति के अन्दर ही समाज और विश्व प्रतिबिम्बित होते हैं। समाज एवं व्यक्ति के सम्बन्धों को समझने की चेष्टा नयी कविता में नये सिरे से होती है, अज्ञेय मुक्तिबोध, शमशेर आदि अनेक कवि इस समस्या को अपने तरीके से प्रस्तुत करते हैं। शमशेर कहते हैं—

मैं समाज तो नहीं, न मैं कुल जीवन,
कण समूह में हूँ मैं केवल
एक कण।

(कुछ कविताएँ)

शमशेर बेहतर जिन्दगी के सपने सँजोते हैं और संसार से आत्मीय रिश्ता जोड़ने में उनकी तीव्र संवेदनशीलता उनकी विशेष सहायता करती है। उन्होंने श्रेष्ठ

कवियों के प्रति भी आत्मीय लगाव महसूस किया है। निराला के प्रति, अज्ञेय, भुवनेश्वर, त्रिलोचन के लिए, मुक्तिबोध आदि। कविताओं से यही तथ्य प्रमाणित होता है। आलोचकों ने शमशेर को मूड्स का कवि माना है विजन का नहीं। वे अपने आप से बातचीत करते हुए कविता का रंग-रूप सुर-ताल निर्मित कर लेते हैं एक जगह उन्होंने कहा भी है 'यह कविता नहीं मेरी डायरी है।' शमशेर की कविताओं में प्रश्नाकुल जिज्ञासा है। शमशेर की कविताएँ प्रणय और रोमांस से जुड़ी हैं जिसे छायावादी संस्कार का उत्तररूपी माना जा सकता है। इनके आगे सुन्दरता हर पल हर क्षण अवतरित होती रहती है, जीवन और जगत के चारों ओर अनन्त और अपार सौन्दर्य की लीला घटित हो रही है। कौन कवि कितना उसे अपनी रचना में उतार पाता है यह उसके सामर्थ्य पर निर्भर करता है। शमशेर इस सौन्दर्य को अपनी कला में सजीवता प्रदान करने की चेष्टा करते हैं। नारी सौन्दर्य और प्रकृति सौन्दर्य को वे कहीं अलग-अलग कहीं एकान्वित रूप में अपनी रचनाओं में चित्रित करते हैं—'दिन किशमिशी रेशमी गोरा' में नारी के सौन्दर्य का और अस्थिरताजनित आकुलता का चित्र देखिए—

गोद यह/रेशमी गोरी/अस्थिर/अस्थिर
हो उठती/आज/किसके लिए?
जा/ओ बाहर/जा! मैं जा चुका कब का।
तू भी—/ये सपने न दिखा।

प्रकृति और नारी सौन्दर्य की मिली-जुली छवि का प्रभावोत्पादक चित्रण निम्नलिखित कविता में दृष्टिगत होता है—

शाम का बहता हुआ दरिया कहाँ ठहरा।
सांवली पलकें नशीली नींद में जैसे झुकें
चाँदनी से भरी भारी बदलियाँ हैं,
ख्वाब में गीत पेंग लेते हैं
प्रेम की गुइंया झुलाती हैं उन्हें—
—उस तरह का गीत, वैसी नींद, वैसी शाम-सा है
वह सलोना जिस्म।

प्रणय का बंधन शमशेर के लिए इन्सान से इन्सान को बाँधने का एक साधन है। मांसल सौन्दर्य-चेतना को रूपायित करते हुए शमशेर की काव्यानुभूति नये बिम्बों के कारण परम्परा से भिन्न प्रतीत होती है। वे अपनी प्रेमिका को वक्षस्थल की आग से सुहागिनी बनाना चाहते हैं—

धरा सिर/हृदय पर/
वक्ष-वह्नि से,—तुम्हें

मैं सुहाग दूँ— /चिर सुहाग दूँ।
प्रेम-अग्नि से—तुम्हें
मैं सुहाग दूँ।

प्रणय सम्बन्धी कविताओं में कहीं वे फारसी शब्दों का प्रयोग करते हैं और उर्दू शैली की ओर झुकते हैं और कहीं लोकगीतों की धुनों को अपनाकर अपने दिल की बात करते हैं। कहीं 'वो और तो कुछ न किया इश्क में पड़के दिल ने' तो दूसरी तरफ वे कहते हैं 'निंदिया सतावे मोहे सझहीं से सजनी।' मुक्तिबोध शमशेर को प्रणय जीवन का प्रसंगबद्ध रसवादी कवि मानते हैं। शमशेर ने प्रकृति के स्वतन्त्र एवं सौन्दर्यात्मक शब्दचित्र भी निर्मित किये हैं। चाँदनी का मानवीकरण करते हुए समुद्र का वे बिम्बात्मक रूप प्रस्तुत करते हैं—

चाँदनी की उंगलियाँ चंचल
क्रोशिये से बुन रही थीं चपल
फेन-झालर बेल, मानो।
पंक्तियों में टूटती-गिरती
चाँदनी में लौटती लहरें
बिजलियों सी कौंधती लहरें
मछलियों-सी बिछल पड़ती तड़पती लहरें
बार-बार।

शमशेर की अनेक कविताएँ प्रगतिशील चेतना से जुड़ी है। शोषित और पीड़ित जनता के दुख-दर्द को अनदेखी करने वाली सरकारों को बदलने का साहस जनता में है। वे कहते हैं कि—

सरकारें पलटती हैं जहाँ हम दर्द से करवट बदलते हैं
हमारे अपने नेता भूल जाते हैं, हमें जब,
भूल जाता है जमाना भी उन्हें, हम भूल जाते हैं
उन्हें खुद।
और तब
इन्कलाब आता है। उनके दौर को गुम करने।

जिस समय सबकुछ बिकाऊ हो जाता है कला, धर्म, सौन्दर्य, प्रेम उस समय रचनाकार के सामने कड़ी-चुनौती प्रस्तुत हो जाती है। कवि को चाहिए कि वे जन-मन के दर्द को समझें। कवि के लिए अपेक्षित है कि वे जमाने के स्वांग में उतरे हुए लोगों को पहचाने। शमशेर बीसवीं सदी के मध्यान्ह में जन्मे मनुष्य की नियति को आत्म-व्यंजक शैली में किन्तु तीखे व्यंग्य के साथ व्यक्त करते हैं—

जहाँ कुत्तों का जीवन भी दीर्घतर लगता है,
स्पृहणीय, केवल
अपना ही दयनीय।
क्यों जन्मा था मनुष्य
बीसवीं सदी के मध्याह्न में
यों मरने के लिए?

कवियों और कलाकारों के प्रति भी शमशेर बहुत आश्वस्त नहीं दिखते। इन्सानियत की अनुभूति को व्यक्त करने वाले रचनाकार कम ही हैं। शमशेर कहते हैं कि—

मुझको मिलते हैं अदीब और कलाकार बहुत,
लेकिन इन्सान के दर्शन हैं मुहाल।

शमशेर मानवीय एकता के लिए पूर्व-पश्चिम, एशिया, यूरोप, अमेरिकी आदि के सांस्कृतिक भेदों को भुलाकर एकान्वित होते हैं। राष्ट्रीयता का अन्तर राजनीतिक आर्थिक दृष्टि से जितना अधिक है उतना मानवीय दृष्टि से नहीं, क्योंकि मनुष्य के आदिम और मूलराग एक ही हैं। शमशेर की कविता में विश्व मैत्री का संदेश निहित है। जहाँ आज वैश्वीकरण से उत्पन्न, नव-उपनिवेशवाद, नवपूँजीवाद एवं शोषण के नये तरीकों से अनेक प्रगतिवादी चिन्तक व्यथित दिखाये दे रहे हैं, वहीं शमशेर की कविता भिन्न भाव-संवेदना के कारण हमारा ध्यान आकर्षित करती है।

ये पूरब पश्चिम मेरी आत्मा के ताने-बाने हैं। मैंने एशिया की सतरंगी किरनों को अपनी दिशाओं के गिर्द लपेट लिया।

और मैं यूरोप और अमरीका की नर्म आँच की धूप-छाँव पर
बहुत-हौले-हौले नाच रहा हूँ।

सब संस्कृतियाँ मेरे सरगम में विभोर हैं। क्योंकि मैं हृदय की सच्ची सुख-शान्ति का राग हूँ।

बहुत आदिम, बहुत अभिनव।

शमशेर की कविताओं की मुख्यतः चार प्रवृत्तियाँ हैं प्रथम वे प्रकृति के अद्वितीय चित्र अंकित करते हैं, द्वितीय उनकी कुछ रचनाओं में मानवीय प्रेम और सौन्दर्य को अंकित किया गया है। तीसरी प्रवृत्ति यह है कि वे कवि-कर्म और दायित्व को बड़ी गम्भीरता से निरूपित करते हैं। उनकी कविता में समसामयिक समस्याओं एवं विषमता के भी चित्र मिलते हैं। प्रेम और सौन्दर्य के चित्रण में विचित्र प्रकार का वैशिष्ट्य दिखाई देता है। ऐन्द्रिक सौन्दर्यानुभूति को व्यापक एवं विस्तृत परिदृश्य में अनुभव करते हुए ऐसे बिम्ब की निर्मित करते हैं जो

आध्यात्मिक आग्रह से **मुक्त होते हुए भी** अतीन्द्रिय प्रतीत होता है।

एक सोने की घाटी जैसे उड़ चली
जब तूने अपने हाथ उठाकर मुझे देखा
एक कमल सहस्त्र दलीय होठों से
दिशाओं को छूने लगा
जब तूने आँखें भर मुझे देखा।

कवि-कर्म और दायित्व से सम्बन्धी कविताओं में सबसे उल्लेखनीय कविता है 'ओ मेरे घर'। महत्वपूर्ण है कवि की यह मान्यता कि कवि की जिन्दगी पीड़ा सहने वाली एक कटुतिक्त जिन्दगी होती है क्योंकि उसे यह दायित्व मिला है कि वह मानवीय संवेदना और आदमियत को जिन्दा रखे। कवि के लिए ये विडम्बना है कि वह इस दायित्व को सहेजते हुए अपना प्रचारक भी स्वयं बने—

बड़ी से बड़ी कृति यहाँ तो
कोई बड़ा ही कीमती इश्तहार है
आदमी कोई आधुनिक बाजार है
जितना बड़ा आर्टिस्ट जो है
उतना ही बड़ा पत्रकार है।

शमशेर ने कवि को ऊषा के समान स्फूर्ति देने वाला मानवीय व्योम कहा है, उसे सच्चाई से दूर कल्पनालोक में ही नहीं विचरण करना चाहिए, उसे पूँजीपतियों अथवा सत्ता के हाथ का झुनझुना बनके तोता रटन्त भी नहीं करना चाहिए। कवि ने चित्रकलाओं के परख का अच्छा परिचय दिया है। एक कवि और चित्रकार जब दूसरे कवि और चित्रकार को विवेकसम्पन्न दृष्टि से देखता है और उस पर अपनी संवेदनात्मक समीक्षा प्रस्तुत करता है तो उस चित्र या कविता का भिन्न कलात्मक सौष्ठव उद्‌भासित होता है। उन्होंने प्रभाकर माचवे की साठवीं वर्षगांठ पर जो टिप्पणियाँ की हैं, वे अनोखी हैं। शमशेर उन्हें छायावादोत्तर दंगल में अग्रिम, सरस्वती का पट्ठा कहा है। 'बात बोलेगी' शीर्षक—संकलन जो 1981 में प्रकाशित हुआ उसमें सामाजिक और समस्या मूलक ससंक्ति अधिक है। इस संकलन में अनेक ऐसी कविताएँ हैं जिनमें कवि मजदूर और किसानों से हृदय मिलाकर अनुभव करता है कि उनके मिट्टी के तन में अधिक आग और अधिक ताप है। बंगाल के काल पर उन्होंने बहुत ही प्रभावशाली कविता लिखी है। जहाँ उन्हें स्वतन्त्रता का अधिकार अपहरण करने वाले दिखाई देते हैं वहाँ उन्हें वे ललकारने से नहीं चूकते हैं। शोषण, दमन और अत्याचार के विरुद्ध शमशेर की कलम से चुभन भरे शब्द फूटते हैं। केवल चालबाज हुकूमत से ही नहीं बल्कि नेता से भी सीधा उन्होंने सवाल किया है—

नेता है कि अखबार का
यह पहला सफा है
यह भाव है बाजार का
या सिक्का मोहब्बत का
जो हर दिल में जमा है?

शमशेर कविता के माध्यम से अपनी काव्यदृष्टि को भी व्यंजित करते चलते हैं। जहाँ उनमें प्रेम और भावुकता दिखाई देती है वहीं साम्यवादी वैचारिकता की सशक्त परिकल्पना भी दिखलाई पड़ती है। वे कवि को मनीषी, सोने की मिट्टी का प्राण मानते हैं। मौन मूक भुलाये हुए इतिहास को कवि की साँस इतिहास बनाती चलती है। उनकी काव्य पक्तियों में जहाँ दिव्य रंग की रक्त ऊर्जा उभरती है। वहीं मार्क्सवाद का रचनात्मक रूपान्तरण भी देखा जा सकता है। शमशेर की काव्यदृष्टि में इतना खुलापन है कि उसमें कवि, कलाकार के साथ मानव सेवा में रत मदर टेरेसा जैसी महान नारी के प्रति भी भावात्मक अभिव्यक्ति के अवसर हैं। वे काल को सम्बोधित करते हुए कहते हैं—

''काल/तुझसे होड़ है मेरी,
अपराजित तू—
तुझमें अपराजित मैं वास करूँ।
क्रान्तियाँ, कम्यून/
कम्युनिस्ट समाज के/
नाना कला, विज्ञान और दर्शन के जीवन्त
वैभव से समन्वित व्यक्तित्व में।
मैं जो वह हरेक हूँ।
जो तुझसे, ओ काल परे।''

शमशेर आद्यन्त प्रयोगधर्मी कवि हैं, इसलिए उनमें शिल्पगत वैविध्य मिलता है। उन्होंने नयी तरह की ग़ज़लें लिखी हैं—ग़ज़लों में भी तीखा व्यंग्य और क्रान्तिधर्मिता है। प्रणय की कविताओं में उदात्त कल्पनाशीलता है एवं सौन्दर्यमूलक बिम्बों का विधान है। नये-नये उपमानों का प्रयोग करते हुए वे जो भावचित्र निर्मित करते हैं उनमें अनूठापन दिखता है; जैसे कांसे का चिकनापन, कोमल कांसे में ढली गोलाइयाँ, जंघायें दो ठोस धारियाँ। अंग्रेजी और उर्दू के प्रचलित शब्दों का बहुतायत प्रयोग उनकी रचना में देखा जा सकता है। जैसे—

'हद्दे पाकिस्तान में सी० आई० ए० की साजिशें।
सरहदी फौजी को हमलावर बनाना देखिए।
परचमे इस्लाम के हैं साथ अमरीकी निशान
हो गया कुर्बान डालर पर जमाना देखिए।

तत्सममूलक शब्दों की सांस्कृतिक गरिमा की रक्षा करते हुए उनको नये अर्थ संदर्भ से जोड़ने का उपक्रम उनकी रचनाओं में हुआ है, जैसे—

लिंग, मानस लिंग अर्वाचीन,
लिंग, शिव, भविष्य,
योनि मात्र शून्य, सदैव सदैव।

कहीं-कहीं ठेठ शब्दों की उपस्थिति अर्थबोध को प्रखरता से उजागर करती है। जैसे—

बहुत हौले-हौले नाच रहा हूँ, पट्ठा सरस्वती है

शमशेर हिन्दी उर्दू की दीवार को तोड़ते हुए चलते हैं। श्रीकान्त वर्मा ने उनके विषय में लिखा है कि—'शिल्पी शमशेर के लिए छोटा शब्द है। और भी कवि हैं और शिल्पी हैं, मगर कोई भी शमशेर नहीं। शमशेर के लिए एक शब्द की तलाश एक समूचे ब्रह्माण्ड की तलाश की तरह है। शमशेर का एक-एक शब्द एक-एक अंक की तरह है। एक भी अंक गलत हो जाने से सारा हिसाब गलत हो जाता है। शमशेर की कविता का हर शब्द कविता है। खड़ी बोली में लिखी गई हिन्दी कविता में भी कवि ने भाषा से इस इंटेसिटी के साथ प्यार नहीं किया है। किसी ने भी कविता को इतने लाड़ और दुलार से नहीं पाला है जितना शमशेर ने। औरों ने जिन्दगी जी है, शमशेर ने कविता जी है।'

निष्कर्ष रूप में कहा जा सकता है कि शमशेर बहादुर नयी कविता के ऐसे कवि हैं जो कविता को कथ्य और शिल्प की दृष्टि से व्यापक और विस्तृत क्षेत्र प्रदान करते हैं।

•

केदारनाथ अग्रवाल

प्रगतिशील काव्यधारा के प्रमुख रचनाकार केदारनाथ अग्रवाल का जन्म 1 अप्रैल, 1911 को बाँदा जिले की बबेरु तहसील के कमासिन नामक ग्राम में हुआ था। वैसे हाईस्कूल के प्रमाणपत्र में उनकी जन्म तिथि 6 जुलाई, 1910 अंकित है लेकिन कुंडली के अनुसार ये तिथि गलत है। तिथि गलत लिखाने के दो कारण बतलाये गये हैं। पहला, पहली अप्रैल को मूर्खों का दिन माना जाता है। दूसरा, जब केदारजी को स्कूल में भर्ती कराया गया तो उस समय उनकी

अवस्था कम थी। केदारनाथ की माँ का नाम घसिट्टो देवी था। एक अन्धविश्वास के तहत उनकी माँ को दीर्घजीवी होने के लिए घसीटा गया था। केदारजी को भी दीर्घजीवी बनाने के लिए कान का एक हिस्सा काट दिया गया था। केदारजी के पूर्वज इलाहाबाद के शहजादपुर गाँव के निवासी थे। इनके बाबा महादेवप्रसाद अपने ससुर लाला प्रभुदास के घरजमाई हो गये और कमासिन में जाकर रहने लगे थे। केदारजी के पिता श्री हनुमान प्रसाद काव्य रसिक थे, 'मान' नाम से ब्रजभाषा में कविताएँ लिखा करते थे। उनकी कविताओं का संकलन 'मधुरिमा' नाम से प्रकाशित हुआ। केदारजी की आरम्भिक शिक्षा गाँव के स्कूल से प्रारम्भ हुई। 1921 में वे अंग्रेजी पढ़ने की लालसा से रायबरेली चले गये। वहाँ रहते हुए उन्हें कमासिन आने का मौका कम मिलता था। केदारजी अपने पिताजी के साथ कटनी मध्य प्रदेश गये, वहाँ छठवीं से आगे की शिक्षा ली। 1927 में आठवीं कक्षा उत्तीर्ण करके इलाहाबाद आये यहाँ पर उनका सम्पर्क बच्चन, अज्ञेय, नरेन्द्र शर्मा आदि से हुआ। इन्टर में पढ़ते हुए हिन्दू हॉस्टल में पन्तजी का दर्शन किया। इलाहाबाद उन दिनों साहित्यिक गतिविधियों का केन्द्र था। निराला, बच्चन, शमशेर, रामकुमार वर्मा, रसाल आदि के सम्पर्क में रहते हुए केदार जी कवि सम्मेलनों में भी आते-जाते रहते थे। 1935 में स्नातक करके उन्होंने 1938 में कानपुर से एल०एल०बी० की डिग्री ली। कक्षा सात में ही विवाह हो गया था। इनकी पत्नी का नाम पार्वती देवी था। इनके तीन सन्तानें थीं, दो पुत्रियाँ और एक पुत्र। केदारजी बाँदा में वकालत करते थे वकालत के लिए जिस कौशल की जरूरत होती है वह कवि-हृदय केदार के पास नहीं था। इसलिए इन्हें वकालत में अधिक सफलता नहीं मिली। इनकी ईमानदारी और निष्ठा के कारण इन्हें 1973 में सरकारी वकील बना दिया गया।

हंस, नया साहित्य और अन्य प्रगतिवादी पत्रिकाओं में आपकी रचनाएँ बराबर प्रकाशित होती रहीं। रूसी, जर्मन, अंग्रेजी और चेक आदि भाषाओं में अनूदित इनकी रचनाएँ विश्व सम्मान की अधिकारिणी हुई हैं। केदारजी ने अपने जीवन काल में अनेक रचनाएँ की हैं। 'फूल नहीं, रंग बोलते हैं' कविता संग्रह प्रसिद्ध है। इसके अतिरिक्त 'नींद के बादल', युग की गंगा, लोक और आलोक, आग का आइना' गुलमेंहदी, पंख और पतवार, हे मेरी तुम, मार प्यार की थापें, कहे केदार खरी खरी' अपूर्वा, जमुन जल तुम, बोले-बोल अबोल' जो शिलाएँ तोड़ते हैं, आत्मगंध, अनहारी हरियाली, खुली आँखें खुले, डैने, पुष्पदीप, आदि कविता संग्रह हैं।

केन के किनारे घूमना, केन नदी को घंटों एकान्त में बैठकर देखना और उसकी कल-कल ध्वनि को सुनना और उसमें खो जाना उन्हें बेहद प्रिय था। इसी कारण से केदारजी को केन का कवि भी कहा जाता है। इन्होंने मानव और प्रकृति के सहज सौन्दर्य को कविता के माध्यम से अंकित किया है।

केदार जी को अपनी पत्नी से अत्यन्त प्रेम था। अपनी धर्मपत्नी पार्वती देवी के विषय में केदारजी ने लिखा है—

'गया व्याह मैं युवती लाने
प्रेम ब्याह कर संग में लाया।'

उन्होंने पत्नी की याद में अनेकों कविताओं की रचना की जिनमें से 'हे मेरी तुम' और 'जमुन जल तुम' कविता संग्रह विशेष रूप से उल्लेखनीय हैं। अग्रवाल जी को अपूर्वा काव्य संकलन के लिए साहित्य अकादमी पुरस्कार तथा 'फूल नहीं रंग बोलते हैं' के लिए सोवियत लैण्ड पुरस्कार दिया गया।

केदारनाथ अग्रवाल मार्क्सवाद से बहुत अधिक प्रभावित रहे। उनकी आरम्भिक रचनाओं में यद्यपि छायावाद का प्रभाव दिखाई देता है, लेकिन धीरे-धीरे उनकी रुझान सामान्य जन की पीड़ा और संघर्ष के चित्रण की ओर बढ़ती गयी। मार्क्सवाद के प्रति भावनात्मक लगाव के कारण इनकी रचनाओं में लाल सबेरा, लाल किरन, रूस और चीन आदि की भरपूर प्रशंसा की गयी है। लेकिन धीरे-धीरे इनकी काव्य संवेदना में गरीबों, शोषितों की बदहाली रोजी रोटी के लिए दिन रात जी तोड़ मेहनत करने की विवशता के मार्मिक प्रसंग उजागर होने लगते हैं। ये पूँजीपतियों और गरीबों को आमने-सामने लाकर दोनों की नियति और प्रकृति को उद्घाटित करने का प्रयत्न करते हैं। उदाहरण के लिए निम्नलिखित कविता द्रष्टव्य है—

'कमकर,
रोकर-हाथ जोड़कर,
पाँव पूजकर,
दया-भीख से
नहीं कमाते अपनी रोटी।
मेहनत करते हैं,
पत्थर लोहे से लड़ते हैं,
लड़ते-लड़ते घिस जाते हैं
घिसते-घिसते मिट जाते हैं।
तब रोटी अपना चिथड़ा
अपना दरबा।
उनके शोषक पूँजीपति हैं
जो उनकी मेहनत की पूँजी
अपने बैकों में धरते हैं
जो अपने पौरूष प्रतिभा को

जल्दी-जल्दी चर जाते हैं,
मोटे होकर उतराते हैं,
और उन्हें मुरदा करते हैं!

केदारनाथ अग्रवाल मानते हैं कि जिन लोगों को रोजीरोटी जुटाने में ही अपनी सारी जीवन शक्ति का अपव्यय कर देना पड़ता है उनके व्यक्तित्व का विकास समुचित ढंग से नहीं हो पाता है। वे समाज के निर्माण और सृजन में अपनी समुचित भूमिका का निर्वाह नहीं कर पाते हैं। सम्पूर्ण विश्व की राजनीतिक, सामाजिक और आर्थिक व्यवस्था को वे मार्क्सवादी विचार से ही देखने परखने की चेष्टा करते हैं। विश्व के पूँजीवादी राष्ट्रों की सम्राज्यवादी और हड़पने की रीति का वे बहुत सपाट तरीके से अपनी कविताओं में विरोध दर्ज करते हैं—

पूँजीवादी लिए एटम बम
डालर की रोकड़ उधार दे
डालर एटम बम के बल पर
दुर्बल राज्यों को धमकाकर
चाह रहा है ट्रूमैनी साम्राज्यवाद से
विश्व हड़पना
जनता को आर्थिक शोषण का जहर पिलाकर
मार डालना
राष्ट्रसंघ को अपना बूचड़ घर करार दें।''

केदारनाथ केवल शोषण तन्त्र पर ही प्रहार नहीं करते बल्कि आजादी की असलियत को भी प्रत्यक्ष रखते हैं। देश आजाद भले ही हो गया हो, लेकिन सामान्य जनता आजादी के सद्परिणामों का लाभ नहीं पा सकी, वह दिल्ली केन्द्र तक ही सीमित रह गयी। ग्रामीणजन अभी आजादी की प्रतीक्षा ही कर रहे हैं। डाक प्रतिदिन आती है, प्रतिदिन रेलगाड़ी आती है लेकिन दिल्ली से अब तक आजादी न आयी। राजनीतिक क्षेत्र में फैली हुई आतंकवादी गतिविधियों की ओर इशारा करते हुए केदारनाथ अग्रवाल लिखते हैं—

'रक्त से रंजित हुई है देह,
कलुषित और कलंकित हुई है, प्रान्तीय व्यवस्था!
निराकार और नपुंसक हुई है सरकार!!
छुट्टा घूमते-फिरते हैं, जान लेवा जानवर
प्राणहर आदमियों के वेश में निर्द्वन्द्व!
निष्क्रिय है

लाचार और बेदम प्रतिकार!

समाप्त नहीं हो पा रहा है नरमेध-यज्ञ!''

भारतीय किसान को गरीबी, कर्ज आदि पैतृक दाय के रूप में मिलती है। इस तरह से पीढ़ी-दर-पीढ़ी विवशतापूर्ण दयनीय जीवन का क्रम चलता रहता है। जिन समस्याओं को प्रेमचन्द अपने कथा साहित्य में अंकित करते हैं, उन्हीं समस्याओं को केदारनाथ अग्रवाल अपनी कविताओं में चित्रित करते हैं। केदारनाथ अग्रवाल कल्पनाजीवी कवि नहीं हैं, उन्होंने अपने आस-पास रहने वाले गरीबों की जिन्दगी को बहुत नजदीक से देखा और महसूस किया निम्नलिखित कविता में गरीब किसानों का मार्मिक चित्र उभरता है—

''जब बाप मरा तब पाया
भूखे किसान के बेटे ने
घर का मलबा, टूटी खटिया
कुछ हाथ भूमि-वह भी परती
बनिया के रुपयों का कर्जा
जो नहीं-चुकाने पर चुकता
दीमक, गोजर, मच्छर, माटा
ऐसे हजार सब सहवासी
बस यही नहीं जो भूख मिली
सौगुनी बाप से अधिक मिली।''

केदारनाथ अग्रवाल का कवित्व द्वन्द से ही निखरता है। उनकी मान्यता है कि 'जीवन जीना भी एक उदात्त कला है जो यह कला नहीं सीखता, जीवन नहीं जीता, जीवन से छीजता चला जाता है और अन्त में अपने में ही विलीन होकर सबके लिए खो जाता है। द्वन्द्व में ही पड़ा आदमी निखरता है और निखार से ही संसार का निर्माण करता है।' वे अपनी कविताओं के माध्यम से शोषितों और पीड़ितों की शक्ति को लेकर महायुद्ध के लिए प्रयाण करते हैं। वे उन अग्रधर्मा लोगों के अन्दर शक्ति के स्फुरण और अपराजेयता को निरूपित करता है, जिसने जीवन की हर परिस्थितियों से लोहा लिया है। जो तूफानों के आगे खड़ा होता रहा है, उस जन में अपार शक्ति है, वह शोषण के तन्त्र को अवश्य नष्ट कर देगा और समाज को नयी दिशा देगा। जनता में शक्ति का उन्मेष करने वाली इस तरह की कविताएँ हिन्दी साहित्य के लिए अमूल्य निधि हैं इनमें प्रेरणा की अपार क्षमता निहित है, निम्नलिखित कविता इसी तरह की है—

''जो जीवन की आग जलाकर आग बना है
फौलादी पंजे फैलाए नाग बना है,

जिसने शोषण को तोड़ा शासन मोड़ा है,
जो युग के रथ का घोड़ा है,
वह जन मारे नहीं मरेगा,
नहीं मरेगा।''

केदारनाथ की सहानुभूति दुनिया के उन तमाम राष्ट्रों के प्रति है जो साम्राज्यवादी शक्ति के विरुद्ध संघर्षशील हैं। अमेरिकी साम्राज्यवाद का मुकाबला करने वाले वियतनाम पर केदार ने कविताएँ लिखीं। 'कहे केदार खरी खरी' में उन्होंने डालर के खतरे के प्रति भी भारतीय राजनेताओं को आगाह किया। साम्यवादी बिगुल फूँकने के लिए वे हिंसा और अहिंसा दोनों साधनों का उपयोग करने की सलाह देते हैं। जैसे-जैसे विचार उनकी संवेदना में गलता है वैसे-वैसे उनकी रचनाओं में नूतन सौन्दर्य निखरता है। वे नारेबाजी एवं सपाट उद्घोषणाओं एवं पद्यबद्ध विचारों से हटकर नये ढंग की और नये सौन्दर्यबोध की कविताएँ रचते हैं। आग और बर्फ की वसीयत में केदार जी अपने लिए कहते हैं—

''मैं हूँ
आग और बर्फ की वसीयत
मौत जिसे पायेगी
जीवन से लिखी''
'मैं हूँ अनास्था पर लिखा
आस्था का शिला लेख
नितान्त मौन
किन्तु सार्थक और सजीव
कर्म के कृतत्व की सूर्याभिमुखी अभिव्यक्ति
मृत्यु पर जीवन पर जय की घोषणा।''

केदारनाथ ने श्रमजनित प्रकृति और गाँव के आस-पास के प्राकृतिक सौन्दर्य को सुसंस्कृत और निश्चल मन से प्रत्यक्ष किया है। धरती पर उतरती हुई सूरज की किरणों से गाँव का केसर रंग किस तरह से रूपायित होता है, उसका मनोरम चित्रण प्रस्तुत कविता में द्रष्टव्य है—

''धीरे से पाँव धरा धरती पर किरनों ने,
मिट्टी पर दौड़ गया लाल रंग तलुओं का
छोटा-सा गाँव हुआ केसर की क्यारी-सा
कच्चे घर डूब गये कंचन के पानी में।''

'बसन्त में प्रसन्न हुई पृथ्वी' शीर्षक कविता में वे प्रकृति सौन्दर्य में इतनी सहृदयता से तल्लीन होते हैं कि उनका अलग व्यक्तित्व कुछ क्षणों के लिए

विलीन हो जाता है। उनकी कविताओं में मिट्टी के साथ जुड़ने की जो लालसा दिखाई देती है वह अद्वितीय एवं सराहनीय है। देशभक्ति की यह किसानी अभीप्सा केदार जैसे धरती के कवि में ही संभव है—

'मर जाऊँगा तब भी तुमसे दूर नहीं मैं हो पाऊँगा।
मेरे देश, तुम्हारी छाती की मिट्टी मैं हो जाऊँगा।
मिट्टी की नाभि से निकलता मैं ब्रह्मा होकर जाऊँगा।
गेहूँ की मुट्ठी बाँधे मैं खेतों-खेतों छा जाऊँगा।
और तुम्हारी अनुकम्पा में पककर सेना हो जाऊँगा।
मेरे देश, तुम्हारी शोभा मैं सोना-सा-चमकाऊँगा।

केदारनाथ जी की कविताओं में प्रणय संवेदना की भी चित्र मिलते हैं। 'जमुन जल तुम' शीर्षक कविता में वे पत्नी को नदी के समतुल्य मानते हैं। संसार की तकलीफ में भी पत्नी की मंगलकामना करते हुए केदारजी लिखते हैं—

'नदी हो तुम
गुनगुनाते प्यार की
मैं बड़ी तकलीफ में हूँ
संसार की
मैं तुम्हें बाँधे हुए हूँ
बाँह में
तुम जिओ नयन की
छाँह में।

केदारजी की काव्ययात्रा मूलरूप से मानव-मुक्ति के मार्ग को तलाशने का परिणाम है। पीड़ा और बेचैनी के बावजूद वे मनुष्य के नव-निर्माण के प्रति पूर्णतः आश्वस्त हैं। उनमें मानवीय बोध का वृहत्तर फलक उभरता है और अन्ततः वे स्वयं अपनी रचनाशीलता के दायित्व और लक्ष्य को स्वंय निर्दिष्ट करते हैं। वे देह से जुड़कर इन्द्रियों को जीवन्त बनाये हुए, सूर्योदयी मुस्कान अपनाने के लिए, सौन्दर्य को चूमने की स्पृहा से मनोभूमि की जड़ता को तड़काने के लिए, मानवीय बोध की फसल उपजाने के लिए रम्य, रचनाओं की सम्पदा को सरसाने के लिए रचनारत होते हैं। उन्हें मनुष्य से जितना प्यार है उतना ही प्यार प्रकृति से भी है।

केदारनाथ जी की कविताओं में गीतात्मकता है और सहज लोकलय है, कहीं-कहीं बोलचाल की गद्यात्मक भाषा का भी पुट है। वे मुक्तिबोध की तरह न तो फैंटेसी रचते हैं और न संश्लिष्ट बिम्बों एवं प्रतीकों का निर्माण करते हैं। उनमें नये-नये लोक उपमानों का सहज तथा अर्थव्यंजक प्रयोग हुआ है। जैसे—

हम जियें न जियें दोस्त
तुम जियो एक नौजवान की तरह
खेत में झूम रहे धान की तरह
मौत को मार रहे बान की तरह

ज्यादातर उन्होंने सहज भाषा का प्रयोग किया। उनकी भाषा पर कहीं-कहीं बुन्देली का भी प्रभाव है। तत्सम शब्दों को आवश्यकतानुसार ही अपनाने की चेष्टा करते हैं। केदार की कविताओं में व्यंग्य की भी धार दिखाई देती है, लेकिन इनका व्यंग्य नागार्जुन की तरह आवश्यकता से अधिक तीखा तथा भदेस नहीं रहता। इनकी कुछ कविताएँ सिर्फ बयानबाजी लगती हैं, लेकिन गाँव-देश से चुने गये प्रतीकों के द्वारा वे डंके की चोट की तरह वे भावों कोगुंजायमान करते हैं। तद्भव तथा देशज शब्दों के समावेश से कविता में नई चमक तथा नई प्रभावात्मकता दिखाई देती है।

●

भवानीप्रसाद मिश्र

भवानीप्रसाद मिश्र का जन्म 29 मार्च, 1913 ई० में रिगरिया, सिवनी, होशंगाबाद में हुआ था। मिश्र जी का लेखन 1930 से प्रारम्भ हुआ। हाईस्कूल के पहले ही कई कविताएँ कोलकाता से प्रकाशित 'हिन्दू पुंज' में प्रकाशित हुईं। 1945 में गाँधी जी के विचारों का प्रचार-प्रसार करने के कारण जेल भी गये। छूटने के कुछ दिन बाद सिनेमा के लिए संवाद लिखे फिर बम्बई आकाशवाणी में प्रोड्यूसर हो गये। वहाँ से मुक्ति के बाद गाँधी वाङ्मय के सम्पादन में तत्पर हुए। मिश्र जी की ग्रन्थावली डॉ० विजय बहादुर के सम्पादन में प्रकाशित हो गई है। इनका पहला काव्य संग्रह 'गीत फरोश' 1953 में प्रकाशित हुआ जो काफी प्रसिद्ध हुआ। इसके पश्चात् की रचनाएँ चकित है दुख, अंधेरी कवितायें, बुनी हुई रस्सी, खुशबू के शिलालेख भी काफी चर्चित हुईं। 'बुनी हुई रस्सी' काव्य संग्रह पर इन्हें साहित्य अकादमी पुरस्कार भी दिया गया। गाँधीवादी दृष्टि से अपने समय को परिभाषित करते हुए भवानी भाई आज के मनुष्य की स्थिति को परिभाषित करते हैं। भवानीप्रसाद मिश्र मूलतः कवि हैं। यूरोपीय संस्कृति के प्रभाव और भारतीय सादगी के द्वन्द्व को जिस रूप में वे व्यक्त करते हैं, वैसा,

उतने ही सादे ढंग से, शायद कोई कर पाया हो इनकी मृत्यु 20 फरवरी, 1985 ई० में हुई। इनके अन्य काव्य संकलन हैं। अनाम तुम आते हो, परिवर्तन जिये, इद्न्नमम्, शरीर कविता, फसले और फूल, सम्प्रति, नीली रेखा तक 'अँधेरी कविताएँ', 'वचन छाया', गाँधी पंचशती, त्रिकाल, संध्या, कालजयी खंडकाव्य।

मिश्र जी अपने समय के साथ गहरी काव्य संवेदना के स्तर पर जुड़े हैं। राजनीतिक एवं सामाजिक परिवर्तनों के प्रति जागरुक रहते हुए जीवन की नवीन संभावनाओं की तलाश में उनका कवि व्यक्तित्व बराबर सक्रिय रहता है।

26 जून, 1975 से सुबह, दोपहर, शाम तीनों वक्त वे आपात्काल के संदर्भ में काव्यरचना करने में संलग्न थे। जब बड़े-बड़े तथा कथित क्रान्तिकारी कवियों की लेखनी भयाक्रान्त थी। उस समय भी भवानीप्रसाद की लेखनी गतिशील थी। आपातकाल की स्थिति उन्हें स्तंभित तथा चकित किये थी। काल की विपरीत गति तथा विपर्यय को उन्होंने व्यंग्यात्मक ढंग से उभारा है।

उन्होंने अपनी कविता के के शब्दों में स्वयं कहलाया है—

कहते हैं, अब हमें तुम
अपने ही हक में बरतना बंद करो
हमें तुम दिवारों का नहीं,
अब मैदान का छंद करो,
फैलाओ हमें
जैसे किसान फैलाता है बीजों को।

मिश्र जी की दृष्टि में शब्दों की व्यवहारगत और प्रयोगगत संकीर्णता को तोड़कर व्यापक धरातल पर उन्हें फैलाया जाये, यह फैलाव काव्य के कथ्य और शिल्प दोनों स्तरों पर अपेक्षित है। कथन और जीवन में भी एकरूपता अपेक्षित है। कवि के लिए शब्द केवल अभिव्यक्ति का माध्यम न हो बल्कि जीने का साधन भी हो। जीवन की सम्पूर्ण अभिव्यक्तियों की सम्पृक्ति शब्द में हो और उसमें एक दृढ़ संकल्प भी हो। शब्दकार को यदि शब्द के लिए आत्मबलिदान की जरूरत हो तो उसके लिए भी उसे तैयार रहना चाहिए। 'गीत फरोश' में उन्होंने लिखा है—

मैं उन्हें सिर्फ बरतूँ नहीं
उन्हें जिऊँ—
बात कठिन है
लेकिन करना चाहिए।
शब्दकार को

अगर जरुरत पड़े
तो अपने शब्दों पर
मरना चाहिए।

भवानीप्रसाद मिश्र युग की चुनौतियों को बड़े साहस से मुकाबला करने के लिए संकल्पबद्ध होते हैं। लेकिन सामयिक बोध को वे शाश्वत जीवनबोध में परिणत करने की चेष्टा भी करते हैं। प्रकृति और जीवन के व्यापक अनुभवों को बटोरते हुए उस भाषा में लिखना चाहते हैं जो नैतिक बोलचाल के निकट हो। *गीत फरोश में उन्होंने लिखा है—*

जिस तरह हम बोलते हैं, उस तरह तू लिख,
और इसके बाद भी हमसे बड़ा तू दिख।
चीज ऐसी दे कि जिसका स्वाद सिर चढ़ जाए।
बीज ऐसा बो कि जिसकी बेल बन बढ़ जाए।

वे अपने गीतों में सत्यम्, शिवम् और सुन्दरम् तीनों को रुपायित करना चाहते हैं। मिश्र जी किसी बात के घेरे में रहकर रचनारत नहीं होते बल्कि व्यापक फलक पर मुक्त भाव से अपने अनुभवों को शब्दबद्ध करते हैं। छायावाद के उत्कर्ष काल में भवानीप्रसाद मिश्र का काव्य क्षेत्र में आगमन हुआ। उन्होंने छायावाद की बँधी-बधाई परिपाटी का विरोध किया। उस समय प्रगतिवादी आन्दोलन चल पड़ा था। उससे भी वे नहीं जुड़ सके। इसका यह तात्पर्य नहीं है कि सामाजिक वैषम्य, शोषण, अनाचार आदि के विरुद्ध अपनी रचनाओं में स्वर मुखरित नहीं किया। लेकिन वे विदेशी विचारधारा से प्रभावित नहीं हुए। दूसरा सप्तक में उनकी रचनाओं को स्थान मिला लेकिन वे प्रयोगधर्मिता में भी औरों से अलग दिखाई देते हैं। नई कविता में, नये भावबोध को, नये शिल्प में अंकित करने की जो आकांक्षा रही है। वह मिश्र की कविताओं में पूरी तरह प्रतिफलित हुई है। उनका काव्य अनुभव अवचेतना से निसृक्त न होकर सम्पूर्ण चेतना से निस्तृत है। वे मृत्यु का साक्षात् करते हुए भी भयाक्रान्त नहीं होते। गीता के कर्मयोग और पुनर्जन्म की मान्यता में विश्वास करते हुए वे संशय और पराजय की स्थिति से अपने को मुक्त कर लेते हैं। भवानीप्रसाद मिश्र की आस-पास की परिस्थितियाँ अनेक समस्याओं से घिरी हुई हैं। वह समष्टि की पीड़ा और दहन की परिस्थितियों में निरपेक्ष कैसे रह सकते हैं। वे कहते हैं—

हर तरह के लोग इसमें तपें,
तू बैठा रहेगा
हाय, इतना सुख
जलन के बीच में कैसे सहेगा!

क्या अपाहिज हो न जायेगी
सनातन सत्यवाणी,
क्या नर युग पर न जम जायेगी
तेरी नातवानी!

भवानीप्रसाद मिश्र का सम्पूर्ण व्यक्तित्व उनकी कविता में मुखरित हो उठा है। उनका मानना है कि जब आदमी परिपक्व अवस्था पर पहुँच जाता है या कोई राहगीर बड़ी मेहनत के साथ पहाड़-सी ऊँचाई पार कर लेता है अथवा कोई कलाकार इच्छानुसार मूर्ति को रूप दे देता है तब उसे थकान के बावजूद भी एक आन्तरिक सुख की अनुभूति होती है, वह थोड़ी देर तक चुप रहकर गहन शान्ति का अनुभव करता है। यही स्थिति कवि की है। उसके जीवन्त अनुभव और उसका सृजन उसे तन्मय चुप्पी में डुबो देता है। अतः उसकी इच्छाएँ उसे आकुल-व्याकुल नहीं होने देतीं—उम्र बढ़ने, पहाड़ चढ़ने, मूर्ति गढ़ने या बड़ी किताब पर सुख, थकान का थोड़ी देर चुप हो सहने का अनुभव क्या सबको नहीं होता? (बुनी हुई रस्सी—पृ०31)

कवि निजी पीड़ा की तीखी अनुभूतियों को यथावत् व्यक्त करने के लिए आकुल नहीं रहता बल्कि भीतर के ताप को कर्मों की रेखा में शीतल करके सेवा की शिखरणी स्नेह के समुन्दर तक बहा देने के लिए उसे मुक्त कर देता है। कला पर विमर्श करते हुए उन्होंने ऐसी कविता का समर्थन किया है जो सत्य के अनुरूप हो और जीवन को उन्नत करने वाली हो। कलुषित और पतनोन्मुखी काव्यचेतना के वे घोर विरोधी हैं। मिश्र जी की कला शीर्षक निम्नलिखित कविता प्रस्तुत है—

कला वह है
जो सत्य के अनुरूप हो
और जीवन को
उठाने वाली हो
हमारी पीढ़ियों को
यों तो
गिरने का साधन बना सकता है
कोई भी लापरवाह सीढ़ियों को।

कवि अपनी अनुभूति के दायरे में मनुष्यता को सर्वोत्कृष्ट मानकर चलता है। मिश्र जी के मन में जितना बाह्य जीवन की वस्तुपरकता से लगाव है उतना ही आन्तरिक संवेदनशीलता से। अनुभूति और अभिव्यक्ति, चिन्तन और कथन के अन्वित की चिन्ता से वे अपनी कविताओं का संगठन करते हैं। बाहर निकलने पर वे जब किसी से मिलते हैं तो लगता है जैसे भीतर से ही मिल गये हों।

परिवेश के प्रति पूरी तरह जागरुक रहते हुए अपनी मौलिक चिन्तन दृष्टि से वे काव्य को सृजित करते हैं। व्यक्ति में शक्ति की क्षमता का उद्‌बोधन करते हुए नयी लीक बनाने के लिए वे रचनात्मक प्रेरणा देते हैं। अपने शब्दों में वे सारी दुनिया के अनुभवों को समा लेने की चेष्टा ही नहीं करते बल्कि पूरी तरह से जीने और मन की पूरी बात को कविता में उतारने की बीड़ा उठाते हैं—

सीखूँगा
पूरी तरह जीना
अपने कमरे में ही संसार भर
की हवा को पीना
कहना अपर्यास शब्दों में
मन की पूरी बात
नापना एक-एक डग में मानो
एक-एक लोक का विस्तार

मिश्र जी ने सामाजिक व्यथा और वैषम्य को बड़ी मार्मिकता से अंकित किया है। उसने राजपथ का मानवीकरण करते हुए, सामाजिक जीवन के व्यथा-कथा को शब्द-बद्ध किया है। कवि को अफसोस है कि वह उस बेटी को धैर्य न दे सका और उसे सम्बल प्रदान नहीं कर सका। राजपथ के माध्यम से कवि कहता है—

हाथों से आँखे बन्द किए, आहों में करुणा छन्द लिए,
वह रोकर मुझ पर लोट गई, मैंने लोहू के घूट पिए।
बेटी को धीरज दे न सका, उसकी नैया मैं खे न सका।
उसके वे कँपते हुए हाथ, मैं अपने हाथों ले न सका।

कवि ने 'गाँव' शीर्षक कविता में ग्रामीण किसानों की दुर्दशा, दीनता और निरीहता का चित्रण करते हुए श्रम के प्रति निष्ठावान सर्वहारा के प्रति अपनी सहनुभूति व्यक्त की है। कवि की चाह है कि उसका कवि श्रमिक की सच्ची आकृति अपनी पंक्तियों में रूपायित करे—

तू दिखा दे
उस कुदाली पर झुके, टूटे हुए धड़ को
कि जिसकी आँख जिसके भाव
मैने बोल बतलाए।

राजनीतिक कुत्सा एवं लाखों देशवासियों की भूख और नग्नता से व्यथित मन से कवि राष्ट्रभक्ति का मिथ्या आरोपण करते हुए मंगलगीत न गाकर विरोधाभास को उजागर करता है। जहाँ की धरती शस्य श्यामला है, लेकिन

उसके **बेटे भूख से तड़प रहे हैं**। निम्नलिखित पंक्तियाँ इसी विरोधाभास को जाग्रत करती हैं—

मेरी शस्य श्यामला माँ के
बेटे भूख लिए बैठे हैं,
कभी संजीवन मूर मिली थी,
अब तो जहर पिए बैठे हैं।

केवल यथार्थ की ओर संकेत करने मात्र से विषमता मिट नहीं सकती इसके लिए झूठी लुभावनी बातें छोड़कर गाँव में जाकर अखाड़ा तैयार करना होगा और सामान्य जन को अपने अधिकारों के लिए लड़ने के लिए तैयार करना होगा। रक्तसिक्त धरती पर रक्तबीज उत्पन्न होगा। मात्र स्लोगन से हटकर संसार सागर को एक गागर की तरह पटककर तोड़ना होगा ताकि नयी व्यवस्था बनायी जा सके। कवि का आह्वान है—

उठो, पाँव रक्खो रकाब पर
अंगल-जंगल नदी नाले कूद-फाँद कर
धरती रौंदी!
जैसे भादों की रातों में बिजली कौंधे,
ऐसे कौंधो।

समय का दंश और त्रासदी कितनी भयावह है—'सारा शहर' शीर्षक कविता में ऐसा प्रतीत होता है जैसे सब कुछ नष्ट होने की कगार पर है, विनाश की यह लीला किसी परोक्ष सत्ता द्वारा नहीं बल्कि स्वयं मनुष्य के द्वारा रची जा रही है। बच्चे स्वयं अपनी कब्रें खोद रहे हैं। चारों ओर चिताएँ जल रही हैं। बच्चे, बूढ़े सभी कब्र में लेटने को विवश हैं—

चारों तरफ चिताएँ जल रही हैं,
साँय-सन्न हवाएँ चल रही हैं
होते जा रहे हैं राख की ढेरी
बूढ़े और जवान
बच्चे अपनी कब्रें खोद रहे हैं
और बैठ रहे हैं जा-जाकर
अपनी खोदी हुई कब्रों में अपनी ही खोदी हुई मिट्टी
अपने ऊपर समेट रहे हैं।
और फिर उनमें लेट रहे हैं—

मिश्र जी छोटी-छोटी चीजों, छोटे-छोटे अनुभवों से चकित होते हैं। इसीलिए लघुता में भी विराटता को व्यंजित करने में समर्थ होते हैं। उनकी

कविता 'दर्द की घाटी' में गहरे उतरकर और अपनी ही माटी तथा जल से निर्मित होती है और संस्कारित होती है। वे कहते हैं—

रचना
दर्द की घाटी
अपनी ही माटी से
और चढ़ना-उतरना
उस पर
मुझे सींचता है
और माँजता है।

स्वतन्त्रता के बाद अनेक कवि अंधकार के बीच पैठकर ऐसी अनुभूतियों को प्रत्यक्ष करना चाहते हैं जिनकी ओर जाने के लिए पहले मनाही रहा करती है। अंधेरे में पैठने की चाह कवि को अपने मन की गहराई में उतारती ही है। समाज के असत् को भी पहचानने में उसे मदद मिलती है—

अँधेरी रात
पी लेती है जैसी
छाया को
ऐसे पी लेता है
अर्थों को अँधेरा मन

जहाँ आशा की किरण नीड़ का ख्याल हर चीज को कठिन बना देते हैं वहीं कुछ दिनों तक सन्तोष धारण करने के लिए अँधेरे को साथी बनाना अनुचित नहीं है—

किरण की आशा
नीड़ का ख्याल
हर चीज को कठिन बना देते हैं
इसलिए तुम सिर्फ मुझे
पकड़े रहो
मैं जो सिर्फ शून्य हूँ अँधेरा।

भवानीप्रसाद मिश्र प्रकृति के चतुर चितेरे हैं। प्रकृति के साथ वे अनेक रूपों में जुड़ते हैं। कवि को प्रकृति से जीवन का संदेश मिलता है। सौन्दर्य की प्रेरणा मिलती है। प्रकृति के सौन्दर्य में डूबकर भी वे कभी अपने को तृप्त नहीं महसूस करते। वर्षा ऋतु का चित्रण कितना यथार्थ और कितना व्यापक और कितना सुखद है। प्रकृति और जीवन को एक साथ जोड़ते हुए कवि ने नूतन भाव संवेदनाओं को जाग्रत किया है। वर्षा की बूँदें कवि के देह, मन को छू लेती हैं

साथ ही मयूरों का नर्तन किसानों के मन का स्पन्दन तथा धरती पर सुनहले धान उगाने की लालसा की ओर भी उसका ध्यान आकर्षित होता है। मयूरों के नर्तन घन-गर्जन के दृश्य से उसे विवाह का अवसर प्रतीत होने लगता है। वर्षा पर लिखी गई निम्नलिखित पंक्तियाँ—

तब वृष्टि हुई,
वातायन से झंझा-झकोर भीतर आया,
लाया जलकण, नव वर्षा के,
छू गई बूँद मेरा शरीर मुँद गई आँख,
मैं सिर उठा सुनकर सुदूर में एक तान,
वह था किसान,
जिसने अपने छोटे से धरती के टुकड़े को किया सुनहला,
लगा धान, उसकी अटपटी-सी भाषा में
उल्लास मयूरों का उमड़ा घन गर्जन था उसका विवाह,
वर्षा थी उसका पुत्र जन्म।

'मेघदूत' शीर्षक कविता में कवि ने कालिदास की काव्य संवेदना को समाहित करते हुए मेघों के द्वारा सजल नेत्रों से युगों से विरह व्याकुल जनों को संदेश प्रेषित कर रहा है। कवि की प्रतिभा से संस्पर्शित होकर भाव शाश्वत ही नहीं हो जाते बल्कि अभिशाप भी वरदान बन जाता है—

हो गया वरदान कवि के स्पर्श से,
भर गये सर सरित, वन सब हर्ष से,
लेखनी में ले युगों का ज्ञान रे,
झूमते थे विश्व-कवि के प्राण रे,
पड़ गई तेरे हृदय पर छाप,
हो गया वरदान वह अभिशाप।

'सतपुड़ा के जंगल' मिश्र जी की प्रसिद्ध कविता है। इस कविता में जंगल का सम्पूर्ण दृश्य रूपायित हो जाता है। साँप सी काली लताएँ अजगरों, मुर्गे, तीतर, हिरन, की उपस्थिति, शेर की गर्जना साथ ही जंगल की अभेद्य स्थिति सब कुछ प्रस्तुत गीत में मुखरित होते हैं। गर्जन-तर्जन के साथ ही जंगल का शान्त रहना और उस शान्ति को प्रत्यक्ष करने की चेष्टा के साथ उसके अन्दर धँसने का साहस लेकर कवि कहता है—

झाड़ ऊँचे और नीचे
चुप खड़े हैं, आँख मींचे,
घास चुप है, काँस चुप है

मूक शाल पलाश चुप है,
बन सके तो धँसो इनमें
धँस न पाती हवा जिनमें,
सतपुड़ा के घने जंगल
नींद में डूबे हुए-से
ऊँघते अनमने जंगल।

कवि मधुमास के सौंदर्य पर रीझता है। माघ की, पूनों की किरणों की मस्ती से झूमता है। प्रकृति के अल्हड़ सौंदर्य और प्रकृति पुरुष के मिलन के उल्लास से स्पन्दित होता है। आम की मंजरियाँ उसे अपनी मादकता से आमन्त्रण देती हैं, मिश्र जी का कवि मन प्रकृति के अनन्त सौन्दर्य रास के प्रति समर्पित हो जाता है। प्रकृति से उसे संघर्ष की शक्ति मिलती है। वह जीवन संघर्ष के लिए धरती के बेटों को उठने और चलने की प्रेरणा देता है। धरती के बेटे काल से हार कर चुप चाप लेटे रहें या आँख बंद कर अपने दुर्भाग्य पर आँसू बहाते रहें यह स्थिति असहनीय है। हम अपनी ताकत से काल-रथ को पीछे मोड़ दें अपनी इच्छानुसार कालचक्र को दिशा दे सके, निम्नलिखित काव्य पंक्तियाँ इसी भाव को जाग्रत करती हैं—

असहनीय है यह कि काल से हार रहे हैं धरती के बेटे,
सोचे भर अपना अभाग कर आँख बन्द चुप लेटे-लेटे,
अभी काल-रथ अपने आगे इसको पीछे छोड़े, तब है,
जैसे भी हम मुड़े कि इसको वैसा-वैसा मोड़े तब है।

प्रकृति की छोटी-छोटी चीजें, छोटे-छोटे दृश्य सब के प्रति अभिभूत होते हुए भी कवि की यह मान्यता है कि प्रकृति के गीतों से मनुष्य की पीड़ा कम हो जाती है। प्रकृति कवि के गीतों में रच-बस कर कुछ ऐसा रूप धारण करती है कि गीत का सम्पूर्ण वातावरण उसके शब्द, उसका कथ्य और उसका लक्ष्य मानव मंगल के लिए समर्पित हो जाता है। गीतों की सार्थकता भी इसी लक्ष्य की सिद्धि में प्रतीत होती है।

एक कण भी दुख का यदि मैं जगत से खो सका रे,
एक क्षण भी यदि किसी की सान्त्वना मैं हो सका रे,
तो सफल यह रात यह तारे तरंगों की रवानी,
वायु की हलचल, सुरभि की गति, सघन वन की कहानी,
तो सफल तब गीत पीड़ामय सफल अस्तित्व मेरा,
जा रहा हूँ स्वर भरो तुम, मैं लिखूँगा गीत तेरा।

कवि का सम्पूर्ण व्यक्तित्व ही प्रकृति के गुणों से आप्लावित होता है। वह कमरे में रहते हुए भी कचनार के फूलों की तरह ओस की टपकती बूँदों से

भीगा हुआ अनुभव करता है, वृक्ष के वृन्तों की तरह लचीला होकर झूमता रहता है और हवा की तरह उसका मन लहराता रहता है।

मैं खिड़की खोलते ही सहज-भाव से
समूची फिजाओं में घुल गया हूँ
कमरे में खड़ा हूँ मगर
कचनार के फूलों की तरह
जैसे रात-भर टपकते रहकर
ओस से धुल गया हूँ
और गीला हूँ
वृक्ष वृन्तों की तरह लचीला हूँ।
झूम रहा हूँ
कमरे में बाहर की हवा की तरह
लहर लहर झूम रहा हूँ।

भवानीप्रसाद मिश्र जीवन की सच्चाई को बड़े सहज शब्दों में व्यक्त करते हैं। श्रेय और प्रेय, सुख और दर्द सब कुछ मानव मुक्ति के लिए हैं। शरीर की अस्वस्थता के बावजूद आनन्द और श्रेयस की साधना का यह निश्चय कितना उत्प्रेरक है। मन के अतल गहरे भाव में ही यदि भक्ति की कामना है तो शान्ति और आनन्द और श्रेयस को अस्वस्थ देह से भी पाया जा सकता है। दु:ख की मेहराबों पर चढ़ने का साहस लिए हुए कवि अपनी कविता में अदम्य आशा एवं जीवन का संदेश बिखेरता चलता है। पुनर्जन्म में विश्वास के कारण उसे मृत्यु का भय नहीं है।

भवानीप्रसाद मिश्र गांधी जी के जीवन दर्शन से प्रभावित रहे। 'स्नेह शपथ' शीर्षक रचना में कवि गाँधी जी के प्रेम और स्नेह को घर-घर पहुँचाना चाहता है। कवि की दृष्टि में विश्व भौतिक स्पर्धा और हिंसा के कारण झुलस रहा है। गाँधी का दर्शन भी मानवता के ऊसर को हरा-भरा कर सकता है। अपने विचारों को प्रस्तुत कविता में व्यक्त करता है—

ये कविताएँ इस प्रतीति से लिखी जा रही हैं कि मेरे देश में कुछ ऐसे गहरे तत्व थे ही नहीं हैं बल्कि जो देश के जड़ से जड़ अंशों में समाये हुए हैं, जिन्हें जरा-सा पानी मिल जाए समय पर तो देखेंगे आप कि वे सूखे नहीं हैं हरियाये हुए हैं और उत्स तो पड़ा है- लगभग खुला गांधी के विचारों का। उस पर पड़ी एक चट्टान को थोड़ी-सी शक्ति लगाकर खिसका-भर देना है बस—

कल कल छल छल हो जायेगा सब
हरी भरी उपत्यकाओं में
बदल जायेंगे हमारे देश के बंजर विस्तार।

गाँधी जी के गुणों उनकी साधना पर बहुत विस्तार से कवि ने प्रकाश डाला है। गांधी का दर्शन भारतीय जमीन से उपजा है। इसलिए उसके अनुपालन से ही देश की उन्नति हो सकती है। गाँधी के सत्य-अहिंसा और प्रेम पर ही स्थायी शान्ति आ सकती है। अहिंसा का समर्थन करते हुए कवि ने कहा है—

मैं तो कहता हूँ कि आज भी अगर देश गाँधी का कह दे हम न लड़ेंगे।
हमने अपनी सेना तोड़ी खत्म किया लश्कर अपना
जिसको आना हो वह आए
किन्तु उसे आना होगा हर एक इंच पर
लाश बिछाकर शस्त्रहीन लोगों के दल की
और अगर भारत की जनता तय कर डाले
आने वाला इसी तरह भीतर आयेगा
तो दुनिया के शस्त्रवादियों का दिमाग
चकरा जायेगा।

गांधी पंचशती में लगभग चालीस वर्षों की कविताएँ (सन् 1923 से) के कालक्रम में संग्रहीत की गई। इसमें कतिपय स्थलों पर गांधी-भक्ति कविता के ऊपर हावी हो गई। भवानीप्रसाद मिश्र जिन्दगी को जिस तरह जीते हैं उसी तरह कविता में अपने को रचते हैं। बोलचाल की शब्दावली में अपनी बात को करने की कला मिश्र जी के पास मौजूद है। उनके गीतों को पाठकों तक पहुँचने के लिए किसी बिचौलिये की जरूरत नहीं पड़ती। जो लोग यह मानते हैं कि पुराने उपमान घिस गये हैं उनमें तेजस्विता नहीं है, उन्हें भवानीप्रसाद मिश्र की रचनाओं से एक नई दिशा मिल सकती है। अकृत्रिम आशा में रोजमर्रा के अनुभवों तथा गहरे से गहरे विशिष्ट अनुभवों को कितनी संजीदगी के साथ प्रस्तुत किया जा सकता है इसकी मिसाल भवानीप्रसाद मिश्र की काव्य भाषा की बनावट में देखी जा सकती है। कवि ने अधिकतर सहज उपमानों का प्रयोग किया है। लेकिन शब्दों की पारस्परिक अन्विति नये भाव बोध को उद्‌भासित कर देती है। बोलचाल की भाषा का और अत्यन्त सरल दृष्टान्त का प्रयोग देखिए—

सुबह टहलते-टहलते
हरी भरी दूब पर पाँव पड़े
तो लगा जैसे पड़ गया हो पाँव
किसी सोते हुए आदमी के शरीर पर।

मिश्र जी शब्दों की सही पहचान करते हैं और उनका सटीक उपयोग करते हैं। उनकी कविता में सहजतम प्रवाह और मीठा व्यंग्य है। मिश्र जी युगबोध और जीवन बोध की यथार्थपरक बोलचाल की भाषा में सम्पृक्त कर लेते हैं। वे उदासी का राग नहीं अलापते बल्कि भाषा में जीवन की स्फूर्ति जागृत करते हैं।

मिश्र जी को नया शैलीकार माना जा सकता है जो नये-नये प्रयोग करते हुए भी कहीं भी दुरुह नहीं हैं। उन्होंने कहा है—

शब्द का सही उपयोग योग है
मनमाना उपयोग उसका
भोग है
और विनाशकारी है भोग की तरह।

उनकी भाषा में सादगी है, सहज अर्थबोध और प्रसादगुण सम्पन्नता है। अनायास लयबद्ध काव्य जीवन के सम्पूर्ण अनुभवों को विविध रंगों में मूर्त करता चलता है।

●

गजानन माधव मुक्तिबोध

मुक्तिबोध का जन्म 13 नवम्बर, 1917 को श्योपुर, ग्वालियर (म० प्र०) में हुआ था। इन की प्रारम्भिक शिक्षा उज्जैन में हुई। नागपुर विश्वविद्यालय से 1953 में हिन्दी से एम० ए० किया। जिसके फलस्वरूप राजनाँदगाँव के दिग्विजय कालेज में अध्यापक के पद पर नियुक्त हुए। 1939 में अपनी जिद पर प्रेम विवाह किया। 1948 में नागपुर आए फिर सूचना तथा प्रकाशन विभाग, आकाशवाणी में काम किया। लम्बी बीमारी के बाद 11 सितम्बर, 1964 को नई दिल्ली में निधन हो गया। चाँद का मुँह टेढ़ा है, भूरी भूरी खाक धूल (कविता संग्रह), कामायनी : एक पुनर्विचार, नई कविता का आत्मसंघर्ष नये साहित्य का सौन्दर्य शास्त्र एक साहित्यिक की डायरी (साहित्यलोचना), काठ का सपना, सतह से उठता आदमी (कहानी संग्रह) विपात्र (उपन्यास) तथा भारत : इतिहास और संस्कृति इनकी प्रकाशित रचनाएँ हैं। ये समकालीन हिन्दी कविता और काव्यालोचना को गहरे अर्थों में प्रभावित करने वाले सजग, संजीदा और समर्थ रचनाकार हैं। अपने व्यक्तित्व तथा कृतित्व में पूरी तरह एकात्म। सामाजिक-राजनीतिक दुरभिसंधियों और पारिवारिक आर्थिक संकट के भारी पाटों में पिसने के बावजूद जीवन के अंत तक अपराजेय जिजीविषा से ओत-प्रोत काव्य व्यक्तित्व। मुक्तिबोध मूलतः कवि हैं। अन्धेरे में जीवन की

नग्न सच्चाई का साक्षात्कार करने वाले मुक्तिबोध रुमानी भावनाओं का छायावादी लहजा पकड़ते हुए भी अनुभव की तिक्तता सम्मिश्रित करते चलते हैं। अनुभव वैविध्य तथा वैचित्र्य के साथ अकेले ही संघर्षशील मनुष्य की चेतना, युगीन विसंगतियाँ तथा भयावह स्थिति मुक्तिबोध की कविता में एकदम नये आकार तथा रूप में प्रस्तुत होती है। फैंटेसी, मिथक तथा प्रतीकों की निर्मिति उनकी कलात्मक कुशलता है। मुक्तिबोध की काव्ययात्रा भयावह अंधेरे से होकर प्रकाश के बिन्दु पर सम्पन्न होती है। 'अँधेरे में' यह मुक्तिबोध का सबसे लम्बी तथा सबसे अधिक चर्चित कविता है। मुक्तिबोध ने इस कविता में अपनी समग्र रचनात्मकता को पूरे आवेग से मूर्त किया है। 'अंधेरे में' कविता एक स्वप्न-कथा है, सहज-सरल स्वप्न कथा नहीं, अत्यन्त जटिल, विराट, विस्तृत दिक्-काल गामी। अंधेरे में जो कुछ मूर्तिमान होता है वह मात्र दमित इच्छा नहीं है। बल्कि वह 'आत्मसम्भवा शक्ति' है जिसे व्यक्त करने की न तो परिस्थितियाँ हैं और न सामर्थ्य। इसीलिए उसका सामना करने में कवि स्वयं भयभीत है और ज्यादातर कलाकार चुप हैं—

सब चुप
साहित्यिक चुप और कवि जन निर्वाक्,
चिंतक शिल्पकार नर्तक चुप हैं।
उनके ख्याल से, यह सब गप है।

सम्पूर्ण मानवीय संदर्भों की अन्वित और एकीकरण हर व्यक्ति की आत्मा में अपनी आत्मा की खोज का यह नया स्वर 'अँधेरे में' काव्य की नूतन उपलब्धि है। डॉ० प्रभाकर श्रोत्रिय इसी आधार पर मुक्तिबोध की कविता की रचना प्रक्रिया पर प्रकाश डालते हैं—'मुक्तिबोध शिल्पी जैसे धैर्य और तन्मय बेचैनी से अपनी कविता का प्रदीर्घ व्यक्तित्व उकेरते हैं तो उनका अभिप्राय सही परिप्रेक्ष्य में अपने समय को, उसके अन्तर्भूत संवेदनों को परिभाषित करते हुए कथ्य को पाठक के हृदय में घनीभूत कर देना होता है।'

'अंधेरे में' कवि एक स्वप्न कथा है, एक फैंटेसी है। यह फैंटेसी अंतःदर्शन की ऐसी प्रक्रिया के रूप में प्रयुक्त है जिसमें एक स्तर पर साम्राज्यवादी, पूँजीवादी और फासिस्ट प्रतिष्ठानों की गतिविधियों के रहस्य खुलते हैं और दूसरे स्तर पर दिक्-काल की अन्विति एवं दृश्य जगत तथा अन्तर्जगत की विषमता के संवेदनात्मक ज्ञान परस्पर सूत्रित होते हैं। स्वप्न के अभिप्राय एकदम वही नहीं होते जिस रूप में वे दिखाई देते हैं। उनके अभिप्राय को बूझना पड़ता है। बूझते समय स्वप्नद्रष्टा की मानसिक स्थिति तथा परिस्थिति की जानकारी भी अपेक्षित होती है—एक दिन, एक रात की नहीं बल्कि पूरे पारिवारिक, सामाजिक एवं राष्ट्रीय परिवेश में जिये हुए जीवन की, सोचे हुए भविष्य तथा टूटी बिखरी आशाओं आकांक्षाओं के संघात से निर्मित मानसिक स्थिति की मनोवैज्ञानिकों

का कहना है कि मनुष्य की जो इच्छा दमित हो जाती है, वह अवचेतन में चली जाती है, वही स्वप्न के रूप में दिखाई देती है। कवि की सम्पूर्ण भावनाओं, प्रयत्नों तथा प्रतिभाओं की परिपूर्णता, हृदय में रिसते हुए ज्ञान का तनाव रहस्यमय पुरुष के रूप में बार-बार उसका पीछा करता है। कवि की आत्मा ही रूप ग्रहण करके उसके सामने कुछ गंभीर सवालों को छोड़ देती है। लेकिन जिस प्रज्ञा ज्योति से वह इन सवालों को देख रहा था, बाहरी व्यवस्था की हवा के झोंके से वह ज्योति बुझा दी जाती है। चेतन से अचेतन स्थिति में ढकेलकर वह दंडित किया जाता है। दूसरे दृश्य में पुनः उसे ध्वनियों की लहरें सुनाई देती हैं। पुनः वही रहस्य पुरुष प्रकट होता है। उसकी दिव्य आकृति प्राकृतिक चमक और शान्ति कवि मन को सम्मोहित कर लेती है। कमजोरियों से प्रेम करने का आदी वह यह समझकर कि वह रहस्य पुरुष उसे रचनात्मक खतरे उठाने के लिए जबरदस्त प्रेरणा देगा, वह अपनी जगह से उठना नहीं चाहता, किन्तु उसके द्वारा प्राप्त होने वाले भविष्य के नक्शे को पाने का लोभ भी छोड़ नहीं पाता। बड़ी मशक्कत से वह जब उठता है तो रहस्य पुरुष गायब मिलता है। कवि मन उसे बराबर खोजता रहता है। उसे कभी टालस्टाय दिखते हैं, कभी गाँधी, कभी तिलक। सभी की संघर्ष चेतना में उसकी चेतना अर्थ पाती है। कालदिक् के दूरगामी अन्वेषण यात्रा में वह स्वार्थ, संघर्ष, द्वन्द, आतंक, विद्रोह, अत्याचार को मन के कैमरे में क़ैद करता जाता है। वह अंधेरे में समाज, राजनीतिक, साहित्य, आदि विभिन्न क्षेत्रों से जुड़े हुए लोगों के राक्षसी स्वार्थ को प्रत्यक्ष देख लेता है। बहुत बड़े छद्म अपराध का एकमात्र साक्षी है। वह फिर उसे खत्म करने की गहरी साजिश और शोर उभरते हैं, वह कहता है—

गहन मृतात्माएँ इसी नगर की
हर रात जुलूस में चलती,
परन्तु, दिन में,
बैठती हैं मिलकर करती हुई षड्यन्त्र
विभिन्न दफ्तरों-कार्यालयों, केन्द्रों में घरों में।
हाय हाय मैंने उन्हें देख लिया नंगा,
इसकी मुझे और सजा मिलेगी।

चौथे दृश्य में उसे मार्शल लॉ दिखाई देता है, जिसमें सिरफिरा ही कुछ बोलने का साहस कर सकती है। 'सिरफिरे का गीत' मुक्तिबोध का ही आत्मनिरीक्षण का गीत है। युग को संवेदनशून्यता कर्त्तव्यहीनता तथा अकर्मण्यता तथा घोर स्वार्थ की मनोवृत्ति को उद्घाटित करने वाला यह गीत व्यक्ति की चिन्ता में समष्टि तथा राष्ट्र के हित को दफन करने की प्रक्रिया को उदघाटित करता है—

ज्यादा लिया और दिया बहुत-बहुत कम
मर गया देश, अरे, जीवित रह गये तुम।

कवि-मन में द्वन्द्व चल रहा है। एकाएक उसे एक इंगित मिलता है। आत्मा (स्व) की अतल गहराई में द्युतिमान मणियाँ, रत्नों की रंगीन आभा, मणि, तेजस्वित हाथ दिखाई देते हैं। ये सब कवि की वेदना, अनुभव विवेक के निष्कर्ष ही है। गाँधी जी द्वारा बताई गयी विनत विद्रोह की नीति, आत्मशक्ति की पहचान के अभाव में, संगीन की क्रान्ति बनने लगती है। कार्यक्षमता से वंचित व्यक्ति यदि केवल झोंक में आकर कुछ कर बैठता है तो वधिकों के हाथ मारा जाता है। यह कलाकार तथा क्रान्तिकर्त्ता दोनों के लिए बराबर का सच है। कलाकार को जब घोर यातना से गुजरना पड़ता है या व्यवस्था के द्वारा घोर दैहिक, आत्मिक पीड़ा दी जाती है तो वह इस निर्णय पर पहुँचता है—

अब अभिव्यक्ति के सारे खतरे
उठाने ही होंगे।
तोड़ने ही होंगे मठ और गढ़ सब।

उसका यह एकाकी निर्णय उसे जनचेतना से नये सिरे से जोड़कर नयी शक्ति देता है और नयी दिशा देता है। जन को छोड़कर वैयक्तिक पलायन ही उसके पिछड़ेपन तथा अकेलेपन का कारण था। पूँजीवादी समाज चल नहीं सकता और मुक्ति के मन को अब छला नहीं जा सकता। लेकिन इसके विपरीत मुक्ति की कामना को दबाने की कोशिशों और उसके विरुद्ध हिंसा का दौर चल रहा है। किन्तु यह दबने वाली स्थिति नहीं है, क्योंकि—

राह के पत्थर-ढोकों के अन्दर
पहाड़ों के झरने
तड़पने लग गये
मिट्टी के लोंदे के भीतर,
भक्ति की अग्नि का उद्रेक
भड़कने लग गया।
धूल के कण में अनहद नाद का कंपन खतरनाक।

जनोपयोगी वस्तुओं को आत्मा में छिपा देना बहुत बड़ा अनर्थ है। छठे दृश्य में हिंसा की खतरनाक स्थितियाँ हैं। तिलक की पाषाण मूर्ति से इलेक्ट्रॉन चिनगारियाँ तथा खून गिरता दिखाई देता है। अतिशय चिन्ता से जैसे उनका मस्तिष्क ही फट गया हो। अन्तर्द्वन्द की अतिशयता की व्यंजना इस बिम्ब से स्वतः हो जाती है। हमारी शक्तिशाली परम्परा टूट रही है, उसकी रक्षा करना हर एक का दायित्व है। जिस मानवीय स्वतन्त्रता का संघर्ष तिलक और गाँधी के द्वारा शुरू किया गया था वह अभी अधूरा है। स्वतन्त्र भारत में गाँधी की जो

दुर्गति है वह भी कवि के सामने उभरती है। उनके मुख से कवि एक संदेश पाता है—

'जनता के गुणों से ही संभव
भावी का उद्भव'

गाँधी के आगे की पीढ़ी अपने अधिकार के लिए चुप नहीं रह सकती है। इसलिए तो गाँधी द्वारा दिया गया बच्चा चिल्लाने लगता है। यदि प्रौढ़ पीढ़ी, जो कायरता में जीने की आदी है, केवल इसीलिए भयभीत हो जाती है कि कहीं कोई यह न जान ले कि विरोध का स्वर स्वयं इसके समीप से ही फूट रहा है। इस भय के बाद भी उसमें एक खुशी भी जागती है, क्योंकि शोषण के विरुद्ध वह चाहकर भी आवाज नहीं उठा सका था, जिसे वह जीवन भर नहीं कर पाया था उसे यह नई पीढ़ी कर रही है। अन्दर गहरी सोच में एक संकल्प, सुनहला संकल्प स्वर्ण पुष्प के रूप में आकार ग्रहण करता है। जिससे सारे रास्ते ज्योतिर्मय हो जाते हैं। आत्मा रूपी गुरु जिसे आत्मसंभवा कहा गया है के अनुभव बाण से विचारों की दावाग्नि फूट पड़ी है। कबीर को भी भक्ति की अनुभूति आग के रूप में हुई थी। उसी आग से वे विषमता को जला देने के लिए तत्पर हुए थे। मुक्तिबोध उसी भक्ति की आग को जगाकर तथा अनाहद कम्पन को जनजीवन में व्याप्त करके व्यवस्था की क्रूरता, स्वार्थ, शोषण आदि को नष्ट कर देना चाहते हैं। अन्ततः वह आत्मा की प्रतिभा (स्व) जन में विलीन हो जाती है। अनखोजी निज समृद्धि का यही परम उत्कर्ष है। अब उसकी खोज अन्तर में नहीं बाहर जगत में जन-जीवन में करनी होगी। व्यक्ति से समष्टि बनने की यह अनोखी प्रक्रिया शायद ही किसी रचना में मिलेगी। व्यक्ति की पूरी आत्मशक्ति उसी समष्टि में निहित है—

इसीलिए मैं हर गली में
और हर सड़क पर
झाँक झाँक देखता हूँ हर एक चेहरा

*   *   *

वह हर एक आत्मा का इतिहास
हर एक देश व राजनैतिक परिस्थिति
प्रत्येक मानवीय स्वानुभूत आदर्श
विवेक-प्रक्रिया, क्रियागत परिणति।
खोजता हूँ पठार,—पहाड़—समुन्दर
जहाँ मिल सके मुझे
मेरी वह खोयी हुई

परम अभिव्यक्ति अनिवार
आत्म सम्भवा।

समष्टि का ऐसा व्यापक बोध जिसमें राष्ट्र समाज, जाति, भूगोल और इतिहास की कोई सीमा नहीं। सम्पूर्ण मानवीय संदर्भों की अन्विति और एकीकरण, हर व्यक्ति की आत्मा में अपनी आत्मा की खोज का यह नया तेवर 'अंधेरे में' काव्य की नूतन उपलब्धि है।

अंधेरे में मुक्तिबोध की लम्बी कविताओं में सर्वश्रेष्ठ कविता है, इसीलिए उस पर विस्तार से विचार किया गया है। मुक्तिबोध ने कोई महाकाव्य नहीं लिखा, लेकिन उनकी लम्बी कविताओं में जीवन के वाह्य एवं आन्तरिक संघर्षों की महाकाव्यात्मक अभिव्यक्ति हुई है। उनकी काव्य प्रवृत्तियों को समझने के लिए उनके द्वारा प्रतिपादित काव्य विचारों का ज्ञान अपेक्षित है। उनका मानना है कि मानवीय अन्तरात्मा मानवीय विवेक चेतना की हलचल मचाने वाली पीड़ा जिस रचनाकार में नहीं होती। वह श्रेष्ठ रचनाकार नहीं हो सकता, वे मानवीय विवेक और अन्तरात्मा की खोज के साथ उससे तादात्म्य स्थापित करते हुए अपने समय को पहचानने की चेष्टा करते हैं, उनकी कविताओं में जीवन की तात्कालिकता, छटपटाहट और बेचैनी है। वर्तमान विसंगतियों पर बेरहमी से चोट करते हुए वे अपने को रचनाकार की सार्थक और सकारात्मक भूमिका में प्रतिष्ठित करते हैं। वे मार्क्सवादी विचारधारा से जुड़ते अवश्य हैं, लेकिन उसका इस्तेमाल मात्र नारा बोलने, प्रचार करने, पोस्टरबाजी करने तक सीमित नहीं करते। वे अपने काव्य में बाह्य जगत के द्वन्द्वों के या वर्ग संघर्ष के स्थूल तथ्यों को ही नहीं समाहित करते बल्कि उसमें गहरे उतरकर निजी प्रतीक व्यवस्था या फैंटेसी के माध्यम से बड़ी सूक्ष्मता से उसका चित्रण करते हैं। अशोक बाजपेयी का यह कथन सार्थक है—'मुक्तिबोध एक ऐसे कवि हैं जो अपने समय में अपने पूरे दिल और दिमाग के साथ, अपनी पूरी मनुष्यता के साथ रहते हैं। वे अपनी एक निजी प्रतीक व्यवस्था विकसित करते हैं कि जिसके माध्यम से सार्वजनिक घटनाओं की दुनिया और कवि की निजी दुनिया एक सार्थक और अटूट संयोग में प्रकट हो सके। राजनीतिक दृश्य से गहरा लगाव और मार्क्सवादी विचारधारा से प्रतिबद्ध होने के बावजूद मुक्तिबोध कभी भी प्रचारवादी नहीं बनते। एक तो वे राजनीतिक दुनिया से अपने लगाव को मानवीय आस्था और अन्तर्जगत में उतने ही गहरे लगाव के साथ जोड़ते-चलते हैं, और दूसरे एक सच्चे कवि की तरह वे सरलीकरणों से इन्कार करते हैं।' मुक्तिबोध वादों के घेरे में बँधकर नहीं रह जाते, बल्कि उसका अतिक्रमण करते हैं। मुक्तिबोध की कविताओं में गहन बौद्धिक चिंतन एवं संश्लिष्ट जीवनानुभूतियाँ समाहित हैं। जीवन एवं कविता का इतना गहरा रिश्ता हिन्दी के कम कवियों में हैं। उनके यहाँ रचना और कर्म का अद्वैत देखने को मिलता है। मुक्तिबोध की

कवितायें जीवन के प्रति आस्था जागृत करती हैं और मनुष्य की असीमित सम्भावनाओं को रुपायित करती हैं। इस निरूपण में किसी भी तरह से आध्यात्मिकता का आग्रहत नहीं है। उनमें मानवता की पीड़ा दीप्त होती है, उसमें आम-आदमी प्रकट होता है। वह आमआदमी मानवीयता की पीड़ा से ग्रस्त सम्पूर्ण विश्व की पीड़ा के साथ तादात्म्य स्थापित करता है। मुक्तिबोध ने कला के तीन क्षणों का वर्णन किया है—'कला का पहला क्षण है, जीवन का उत्कट तीव्र अनुभव क्षण, दूसरा क्षण है, इस अनुभव का अपने कसकते-दुखते हुए मूलों से पृथक हो जाना और एक फैण्टेसी का रूप धारण कर लेना मानो वह फैण्टेसी अपने आँखों के सामने ही खड़ी हो। तीसरा और अन्तिम क्षण है। इस फैण्टेसी के शब्दबद्ध होने की प्रक्रिया का आरम्भ और उस प्रक्रिया की परिपूर्णावस्था तक की गतिमानता।'

(एक साहित्यिक की डायरी—मुक्तिबोध, पृ० 16)

मुक्तिबोध जिस फैण्टेसी की रचना करते हैं वह यथार्थ में भोगे गये वास्तविक अनुभव की प्रतिकृति तो नहीं है, लेकिन यथार्थ से विच्छिन्न नहीं है। वह जयशंकर प्रसाद की कामायनी में रचित आनन्द लोक की फैण्टेसी की तरह तप नहीं केवल जीवन सत्य के संकल्प से अलग नहीं होते। मुक्तिबोध मानते हैं कि फैण्टेसी अनुभव की कन्या है। उसे अनुभव का अपना स्वतन्त्र विकासमान व्यक्तित्व है। मेरे विचार से मुक्तिबोध को यदि फैण्टेसी का कवि माना जाये तो अत्युक्ति न होगी। मुक्तिबोध में प्रगतिशील जीवन मूल्यों की कलात्मक प्रतिष्ठा है और विशिष्ट सांस्कृतिक चेतना भी।

मुक्तबोध की रचना शक्ति को उनके समकालीन अज्ञेय ने पहचाना और उन्हें तारसप्तक में स्थान दिया, मुक्तिबोध पुरानी काव्यरूढ़ि जिसमें महाकाव्य के लिए देवताओं तथा महापुरुषों की ही गौरव गाथा स्वीकार की जाती थी को तोड़कर प्रत्येक मनु के पुत्र पर विश्वास लेकर कविता के क्षेत्र में प्रवेश करते हैं। जलते स्पंदनों को महसूस करने की चेष्टा उनमें आरम्भ से ही दिखलाई पड़ती है—

जिस देश प्राणों की जलन में
एक नूतन स्वप्न का संचार हो,
औ हृदय मेरे उस ज्वलन की भूमि में बिछ जा स्वयं ही,
ओ तड़प कर उस निराले देश में तू खोल आँखें।

(तारसप्तक, पृ० 14)

'तारसप्तक' में संकलित मुक्तिबोध की एक आत्म वक्तव्य कविता उनके यथार्थबोध के उस संकल्प की ओर इंगित करती है जिसे लेकर वे आत्म-संघर्ष और काव्य संघर्ष करते हैं—

मार-काट करती हुई सदियों की चीरन,
मुठभेड़ करते हुए स्वार्थों के बीच
भोले-भाले लोगों के माथों पर घाव—
अंधियाली गलियों में घूमता है,
तड़के ही, रोज/कोई मौत का पठान
माँगता है जिन्दगी जीने का ब्याज,
अनजाना कर्ज/माँगता है चुकारे में, प्राणों का मारा

(तारसप्तक, पृ० 40)

मुक्तिबोध की प्रायः सभी लम्बी कविताओं में शिल्प संरचना का तौर तरीका लगभग समान है। सीधे सरल ढंग से अपनी बात को कहने की आदत मुक्तिबोध में नहीं है। वे अपने अनुभव को जटिल बिम्बों, प्रतीकों एवं फैंटेसी के अन्तर्गत निहित करते हैं। उनकी कविता की दुनियाँ तिलस्मी, ऐय्यारी, उपन्यासों की कथा की तरह अद्भुत चमत्कारों, भयावह चित्रों, डरावनी सूरतों, आतंक दहशत, आदि से परिपूरित है। उनकी कुछ कविताओं का विश्लेषण करके उनकी काव्य शक्ति और काव्य शिल्प को समझा जा सकता है—'चाँद का मुँह टेढ़ा है' में भूल-गलती एक कविता है, इस कविता में भूल गलती को ही सुल्तान के रूप में पेश किया गया है। भूल-गलती दिल के सिंहासन पर एक तेजस्वी साम्राज्ञी की तरह जब विराजित होती हैं तो उसके सामने सब चुपचाप सिर झुकाये खड़े हो जाते हैं। उसके सामने हथकड़ी पहने हुए ऊँचे कद का मूर्त्त रूप ईमान प्रस्तुत होता है। सारे धार्मिक संत और सैनिक सरदार आदि खामोश रहते हैं। ईमान को जिन्दगी की शर्मनाक शर्तें मंजूर नहीं हैं। शाही जिरह बख्तर मिट्टी का बना हुआ है। ईमान बताता है कि हे आलम देव मुझसे भूल हुई फिर भी मेरा कहना है कि आपकी दुर्बलताओं का काला जिरह बख्तर पहनकर वह दृष्टि की सत्यता को निर्मूल कर रहा है। हम सब उसके तामझाम में कैद है। इतने में भीड़ में से कोई व्यक्ति भागता है सभी सहमकर रह जाते हैं। ऐसा लगता है कि वह सेना का संयोजन करने गया है। एक दिन वह प्रकट होकर हमारी हार का बदला चुकाने अवश्य आयेगा।

मुक्तिबोध आन्तरिक भावबिम्बों के माध्यम से बाह्य जगत की खोखली शासन व्यवस्था एक तीसरी शक्ति जिसे पूँजीवादी शक्ति कह सकते हैं की ओर संकेत करते हैं जो सत्ता की साज-सज्जा एवं रौनक में सहयोग करती है। वह सत्ता और जनता दोनों के ईमान एवं सच्चाई को ध्वस्त कर देती है। धार्मिक नेता, सरदार, मंत्री सभी खामोश होकर यथास्थिति को ही स्वीकार करते हैं। जनता के अन्दर संकल्प का जो स्वर है जिसमें रक्तिम क्रान्ति की भी स्वीकृति है जब प्रस्फुटित होगा, तब वह घोर विकट रूप धारण करेगा। कवि का यही गुप्त स्वर्णाक्षर है जिसे वह भूल-गलती कविता में प्रस्तुत करता है। ब्रह्मराक्षस

मुक्तिबोध की प्रसिद्ध लम्बी कविता है इसमें ऐसे ब्राह्मण को प्रस्तुत किया गया है जो अतृप्त अकांक्षाओं के साथ मृत हो गया है। फलस्वरूप राक्षस बन गया। खंडहर की सूनी बावड़ी के भीतर पागल की तरह बड़बड़ाता है, वह कभी क्रोध में आकर मंत्र उच्चार करता है। कभी संस्कृत में गाली देता है। पाप छाया से ग्रस्त वह मैल साफ करने के लिए बार-बार सोचता है कि सूर्य उसका नमन कर रहा है। चन्द्रमा की किरणें उसके ज्ञान की वन्दना कर रही हैं। वैदिक ऋचाओं से लेकर बड़े-बड़े राजनीतिज्ञों और दार्शनिकों के विचारों का उसने गहन अध्ययन किया है। वह अतिरेकवादी पूर्णता को पाना चाहता है, लेकिन उसे भव्य असफलता मिलती है। उसके ज्ञान में सामाजिक व्यवहारिकता नहीं थी। इसीलिए उसकी क्रियात्मक परिणति नहीं हो सकी। पूँजीवादी युग में सत्य को खरीद लिया गया है। इतिहास संदर्भों को जानते हुए भी वर्ग सम्बद्धता और दम्भ ने उस बुद्धिजीवी को व्यक्तिवादी, असन्तुष्ट और अव्यवस्थित बना दिया है। मध्यवर्गीय भ्रमों में भटकता हुआ वह आन्तरिक और वाह्य असमंजस्य के कारण घुट गया है। कवि स्वयं उसका शिष्य बनकर उसके ज्ञान को व्यावहारिक परिणति देकर वर्ग चेतना से जुड़कर सामाजिक क्रान्ति का उत्तरदायित्वपूर्ण करना चाहता है।

'मुझे पुकारती हुई पुकार' कवि के प्राणों में प्रभात-भैरवी जगाने में सक्षम है। वह कहता है कि—

मुझे पुकारती हुई पुकार खो गई वहीं
सँवारती हुई मुझे
उठी सहास प्रेरणा
प्रभात भैरवी जगी अभी-अभी।

अन्य कविताओं की तरह मुक्तिबोध इसमें भी भयावह बिम्बों की सृष्टि करते हैं। मुझे पुकारती हुई पुकार यद्यपि कहीं खो जाती है, लेकिन उसके जो चिह्न बचते हैं; वे जीवन की अनुभूति की गम्भीर भूमि पर अस्थि समूह के रूप में बिखरे दिखते हैं। उन्हें अपूत सत्य की क्षुधा और अपूत यत्न की तृषा के साथ ही समस्त भग्नता दिखाई देती है। जैसे विराट शून्यता काँप रही हो इसी उजाड़ विश्व के अनुभव से ही वह अचककर जाग उठता है। पृथ्वी के शरीर की समस्त अस्थियाँ जैसे खुलकर चमचमा रही हैं। एक वर्ग से दूसरे वर्ग को जोडने वाली दीवालें क्षतिग्रस्त हैं। समाज का अथाह कुआँ सूख गया है और अमानवीय ईंट, पत्थरों से भर गया है, उसमें न संवेदना का नीर है और न परपीड़ा की अनुभूति है, बची है, सिर्फ मलीनता है विराट झूठ के ऐसे छन्द जो गेय नहीं है, जो द्वन्द्वों की तरह असंग है। जहाँ पराजय का रौद्र दृश्य है। उस प्रचंड हार को कवि अनुभव करता है। घने-अंधकार के कठोर वक्ष पर गम्भीर लाल बिम्ब जो क्रान्ति का चिह्न है, उजागर होता है उससे घने अंधकार की परम्परा का भेदन

संभव दिखलाई देता है। जीवन की नवीन प्रेरणा न मरी है न जीवित है और न भयभीत है। जैसे कोई अधीर पंक्षी फड़फड़ाता हुआ नया मार्ग पाकर आकाश में उड़ जाता है, उसी तरह पुकारती हुई पुकार कवि के अन्दर प्राण ज्योति जागृत करके मनुष्य की इस व्यथा कथा को जाग्रत कर देती है। कहीं-कहीं मुक्तिबोध सहज सरल बिम्बों में ही जीवन से जुड़े हुए अनेक प्रश्नों को उभारते हैं। मानव मूल्यों के विघटन के क्या कारण हैं, मानव के तुलसी वन में आग कैसे लग गयी, मानव सुलभ सहज आकांक्षाओं के वृक्ष ठूंठ क्यों हो गये—

जो सोच रहा क्यों मानव के
इस तुलसी-वन में आग लगी,
क्यों मारी-मारी फिरती है/मन की यह गहरी सज्जनता,/
दुख के कीड़ों ने खाई क्यों/जुही-पत्तियाँ जीवन की,/
निर्माल्य हुए क्यों फूल युवक/युवती जन के/
क्यों मानव-सुलभ सहज/आकांक्षाओं के तरु/
यों ठूँठ हुए वृन्दावन के/
मानव आदर्शों के गुम्बद में आज यहाँ/
उलटे लटके चिमगादड़ पापी भावों के/
क्यों स्वार्थ-घृणा-कुत्सा के/ थूहर जंगल में/
हैं भटक गए थे लक्ष्य/पुराने पाँवों के/ (पृष्ठ 100)

मुक्तिबोध की काव्यभाषा कतिपय दृष्टियों से काफी जटिल और संश्लिष्ट दिखलाई देती है। वे सीधे और सरल तरीके से अपनी बात को न कहकर बिम्बों, प्रतीकों और फैंटेसी में रचकर एकदम छत्तेदार पैटर्न में उसे प्रस्तुत करते हैं। भाषा की यह संश्लिष्ट और जटिल बनावट आधुनिक भावबोध की जटिलता और संश्लिष्टता को बारीकी से व्यक्त करने के लिए मुक्तिबोध को अनिवार्य प्रतीत होती है। अशोक बाजपेयी ने कहा है कि 'मुक्तिबोध कठिन समय के कठिन कवि हैं।' उनकी कविता के स्थापत्य की नवीनता की ओर संकेत करते हुए वे कहते हैं, 'मुक्तिबोध की कविताओं का स्थापत्य स्थिर और सुपरिभाषित नहीं है। एक अर्थ में उनकी कविता का कोई पूर्वज नहीं है। उन्हें उस समय हिन्दी में जो मॉडल सुलभ थे उनसे उनका काम नहीं चल सकता था। इसलिए उन्होंने कष्टपूर्वक एक बिल्कुल नया स्थापत्य अपने लिए गढ़ा। उनकी कविताएँ सोचती-विचारती कविताएँ हैं। अक्सर विचारवान कवि भी अपनी कविता में नहीं उससे बाहर सोचता है। यो मुक्तिबोध एक प्रखर बुद्धिजीवी थे। लेकिन महत्वपूर्ण यह है कि उन्होंने अपनी दार्शनिक चिंताओं को सृजन की चिंताओं में अंतर्गुम्फित किया।' वे जैसे अपनी परम अभिव्यक्ति को पाने के लिए हर स्थिति एवं परिस्थिति से गुजरना चाहते हैं। इसी प्रकार वे अपनी गहन अनुभूति को व्यक्त करने के लिए पुराण, इतिहास, राजनीति, गणित, विज्ञान

आदि क्षेत्रों से गृहीत शब्दावली को उनके पुराने अर्थ से बहुत कुछ अलगाकर और नये अर्थ में ढालकर अपनी रचनाओं में विन्यस्त करते हैं। उनकी भाषा में मध्य वर्ग की भाषा बेरोक-टोक प्रवेश पाती है, अंग्रेजी के प्रचलित शब्द जैसे प्रोसेशन, बैन्ड, ड्रेस, टावर, फ्यूज, गैसलाइट आदि के प्रयोग प्रसंग की माँग के अनुसार स्वाभाविक रीति से हुए है, अरबी, फारसी के प्रचलित शब्दों को भी उन्होंने स्वीकार किया है; जैसे वक्त, तर्जुबा, मुफलिसी आदि। कहीं-कहीं भाषा का अभिजात्य स्वरूप भी बड़ी कुशलता से निर्मित होता है। ऐसे स्थलों पर तत्सम शब्दों का सटीक इस्तेमाल दृष्टिगत होता है। मुक्तिबोध की भाषा में ध्वन्यात्मक शब्दों का प्रयोग खौफनाक वातावरण के निर्माण में हुआ है; शटर-पटर, छपा-छप्प, धूल-धंकड़ आदि।

मुहावरे तथा लोकोक्तियों के साथ रूपकों के माध्यम से मुक्तिबोध ऐसे शब्दबंध निर्मित करते हैं जिनके भीतर अर्थ की एकाधिक लड़ियाँ पिरो दी जाती हैं। जैसे लार टपकाते हुए आत्मा की कुतियाँ, मौत अब नये-नये बच्चे जन रही है, दो विरोधमूलक शब्दों को एक साथ जोड़कर मुक्तिबोध जीवन की अनुभूतियों के तनाव एवं विडम्बनाओं को अंकित करने का प्रयास करते हैं। उनकी भाषा में व्यंग्य का सहज सन्निवेश हो जाता है। वे शब्दों का नुकीला हथियार चलाते हैं जो कविता में गुदगुदी नहीं बल्कि चुभन पैदा करती है।

मुक्तिबोध की अनेक कविताओं का शीर्षक प्रतीकात्मक या बिम्बधर्मी है, कविता के बिम्बलोक में वे छोटे-छोटे बिम्बों के सहारे ही पाठकीय संवेदना को उतारते हैं या प्रवेश कराते हैं। ब्रह्मराक्षस, काठ का रावण, मुझे पुकारती हुई पुकार, अंधेरे में आदि कवितायें इसी प्रकार की हैं। मुक्तिबोध की अभिरुचि फैंटेसी निर्माण में अधिक है। उनकी फैंटेसी में क्रमिकता नहीं है। सही अर्थों में स्वप्नचित्र क्रमिक होते नहीं व्यतिक्रम में ही वे अनुभव के वैविध्य को उद्‌भासित कर देते हैं। बिम्बों और प्रतीकों से मुक्त होकर मुक्तिबोध भाषा के अभिधा व्यापार के माध्यम से ही मार्मिक कथन करने में सक्षम है। जैसे—

मुझे भ्रम होता है कि प्रत्येक पत्थर में
चमकता हीरा है।
हर-एक छाती में आत्मा अधीरा है,
प्रत्येक सुस्मित में विमल सदा नीरा है,
मुझे भ्रम होता है कि प्रत्येक वाणी में
महाकाव्य-पीड़ा है।

निष्कर्ष रूप में कह सकते हैं कि मुक्तिबोध भाषा के विविध रूपों एवं स्तरों को बड़ी कारीगरी के साथ निभाया है।

●

त्रिलोचन शास्त्री

त्रिलोचन शास्त्री जिनका वास्तविक नाम वासुदेव सिंह है का जन्म 20 अगस्त, 1917 ई० को चिरानी पट्टी कटघरापट्टी जिला सुल्तानपुर (उ० प्र०) में हुआ था। इनके पिता कृषक थे। इन्होंने अंग्रेजी साहित्य में एम० ए० किया और गणेशराय इण्टर कालेज जौनपुर में 1952–53 तक अंग्रेजी के प्रवक्ता रहे, इन्होंने अपने जीवन का अधिकांश समय कोश निर्माण के लिए समर्पित किया। मानक अंग्रेजी हिन्दी कोश, हिन्दी शब्द सागर आदि के निर्माण में उपसम्पादक के हैसियत से कार्य किया। शास्त्री जी को हिन्दी, अंग्रेजी, संस्कृत और उर्दू चार भाषाओं का अच्छा ज्ञान है। अपने इसी ज्ञान के बल पर दिल्ली विश्वविद्यालय के उर्दू विभाग ने उर्दू हिन्दी कोश के निर्माण से इन्हें सम्बद्ध किया। इन्होंने हरि सिंह गौर विश्वविद्यालय सागर में मुक्तिबोध सृजनपीठ के अध्यक्ष पद को सुशोभित किया। इस पद पर ये 1984 से 90 तक रहे। 92–93 में अलीगढ़ मुस्लिम विश्वविद्यालय में विजटिंग प्रोफेसर रहे। इस समय पूरी तरह से विश्राम कर रहे हैं। 'ताप के ताये हुए दिन' कविता संग्रह के लिए इन्हें साहित्य अकादमी पुरस्कार प्राप्त हुआ। म० प्र० शासन द्वारा स्थापित मैथिलीशरण गुप्त राष्ट्रीय सम्मान से भी इन्हें विभूषित किया गया। इनकी कविताओं के कुल तेरह संकलन प्रकाशित हुए हैं। पहला काव्य संकलन 1945 में 'धरती' शीर्षक से प्रकाशित हुआ। 1957 में 'दिगन्त', 1980 में 'शब्द', 1980 में 'ताप के ताए हुए दिन', 1981 में 'उस जनपद का कवि हूँ' 1983 में 'अरघान', 1985 में 'गुलाब और बुलबुल', 1985 में 'फूल नाम है एक', 1987 में 'चैती', 1987 में 'सबका अपना आकाश', 1990 में 'अमोला' काव्य संकलनों के प्रकाशन हुए। रोजनामचा नाम से इन्होंने एक डायरी लिखी, देशकाल नाम से कथा। इनकी आलोचनात्मक टिप्पणी का संकलन 'काव्य और अर्थबोध' शीर्षक से डॉ० अवधेश प्रधान ने किया है।

त्रिलोचन ग्राम्य संवेदना के सशक्त कवि के रूप में विख्यात हैं। डॉ० शिवप्रसाद सिंह त्रिलोचन के विषय में ठीक ही कहते हैं—'शास्त्री को लोकजीवन से उत्पन्न स्नेहगन्धी मानस मिला है। वे निराला की तरह इस मानस में बोह लेते रहे हैं और रह-रहकर गर्दन उठाकर लम्बी साँसें खींचते रहे हैं।

गँवई-गाँव की डगर, धान पोखर, बातचीत, पुराने लोगों के बेशकीमती अनुभव से प्रसूत उक्तियाँ, घरेलू दुख दर्द की अबूझ समझ और खाँटी धरती की कास उजास में फूटते मुहावरों और शब्दों की गमक उनकी अपनी बेशकीमती धरोहर हैं। वे चिल्ले जाड़े में कुहरे में लिपटे गँवई वातावरण में 'अतवरिया' को देखकर लाचारी की मार का राग अलापें या भिखारियाँ की अकिंचनता पर तरस खाएँ लगेगा कि, यह सारा कुछ आत्मवेदना का इजहार है।' त्रिलोचन अपनी कविता के विषय में स्वयं स्पष्टीकरण देते हैं। उनकी कविता दिल की धड़कन है और वे उसी काव्य परम्परा में अपने को खड़ा करने की कोशिश करते हैं जो परम्परा वेद के मंत्रदृष्टा ऋषियों से शुरू होकर वाल्मीकि, व्यास, कालिदास, तुलसीदास से होती हुई, रवीन्द्र तक आती है। काव्य रस की वही धारा त्रिलोचन की कविता में प्रवाहित होती है जिसे रसज्ञ तो ग्रहण कर सकते हैं अजीर्णग्रस्त नहीं।

जो रसज्ञ हैं, इसे उन्हीं के लिए लिखा है,
जो अजीर्णग्रस्त हैं, कहेंगे इसमें क्या है।

वे उनके लिए लिखना चाहते हैं जो जीवन के लिए बाजी लगाकर जूझ रहे हैं ऐसे लोग जो दूसरों के द्वारा फेंके हुए टुकड़ों पर राजी नहीं होते हैं ऐसे ही स्वाभिमानी लोगों के द्वारा आगामी मनुष्यता का निर्माण सम्भव है। नये युग के उद्‌गाता वे लोग हैं जो निरक्षर हैं लेकिन जिनके प्राणों की ललकार कभी रुकना नहीं जानती और जिनका आहत मान कभी झुकता नहीं—

क्रान्ति उन्हीं लोगों के पास पला करती है
दुख के तम में जीवन ज्योति जला करती है।

त्रिलोचन का जुड़ाव सामान्यजन के प्रति अकारण नहीं है। उनके अनुभव के दायरे में मध्यवर्गीय सोच के तथाकथित भाषणों से क्रान्ति लाने वाले लोग हैं और सुख-सुविधाओं के लिए सत्ता और व्यवस्था के प्रति पूर्णतया समर्पित होने वाले चिन्तक विचारक हैं। त्रिलोचन धीरे-धीरे पैदल जनता के बीच से गुजरने वाली पगडंडी से चलते हैं इसलिए क्रान्ति धर्मी घुड़सवारों का साथ नहीं दे पाते। अपनी स्पष्टीकरण शीर्षक कविता में इसी बात की ओर संकेत करते हैं। तेज घोड़े पर सवार लोगों के लिए वे कहते हैं—

मुझमें जितना बल था
अपनी राह चला।
आँखों में रहे निराला,
मानदण्ड मानव के तन के मन के, तो भी
पीस परिस्थितियों ने डाला, सोचा, जो भी
हो, आँखों की करुणा का यह शीतल पाला

मन को हरा नहीं करता है पहले खाना
मिले करें तो कठिन नहीं है बात बनाना।

महादेवी वर्मा ने अपने काव्य संकलन की भूमिका में एक अत्यन्त महत्वपूर्ण तथ्य की ओर हमारा ध्यान आकर्षित किया है—'हम संसार भर की विचारधाराओं में जीवन के मापदण्ड खोजते-खोजते जीवन ही खो चुके हैं। अत: आज हम उन निर्जीव मापदण्डों की समष्टि मात्र हैं।'

त्रिलोचन शास्त्री विचारधाराओं में जीवन की तलाश नहीं करते बल्कि आम आदमी के बीच रहकर उनसे संवाद करते हुए उनकी समस्याओं कठिनाइयों और संघर्षों को समीप से जाचते परखते हुए यथासम्भव उनसे साक्षीदारी करते हुए जीवन का साक्षात्कार करते हैं। त्रिलोचन ध्वनिग्राहक कवि हैं। समाज में उठने वाली सूक्ष्म ध्वनियों को अपनी सूक्ष्मग्रही चेतना से वे ग्रहण कर लेते हैं, वे जहाँ जैसे जिस रूप में समाज को देखते हैं उसी रूप में उसे व्यक्त करते हैं। यदि कोठरी में अंधेरा है तो यह कैसे कहा जा सकता है कि वहाँ प्रकाश है। सिफारिश से या सेवा से सत्य का गला घोटने की मानसिकता त्रिलोचन में नहीं है। समाज की लड़ाई को नयी आशाओं और अभिलाषाओं को नये चित्रों और नयी भाषा में संजोने का संकल्प लेकर त्रिलोचन हमारे सामने आते हैं। दीन दुखियों और गरीबों की पीड़ा से त्रिलोचन की आत्मा कराहती रहती है। मुक्ति की कामना लेकर संघर्षशील जनता की पैरों की आहट के साथ त्रिलोचन का दिल धड़कता है। जब जनता के पैरों में काँटे चुभते हैं तो त्रिलोचन का हृदय विदीर्ण हो उठता है। किसी भी देश में जब मानवता को मुक्ति मिलती है तो त्रिलोचन का दिल कली की तरह खिल उठता है। निम्नलिखित कविता में इसी भाव की अभिव्यक्ति हुई है—

अपनी मुक्ति—कामना लेकर लड़नेवाली
जनता के पैरों की आवाजों में मेरा
हृदय धड़कता है। पग में गड़ जानेवाली
नोकें काँटों की, कोमल चमड़े का घेरा
मेरा फाड़ दिया करती हैं। जहाँ अँधेरा
सदियों का है, वहाँ जो न घट जाए वही कम।

त्रिलोचन वैयक्तिकता का विरोध करते हुए अद्भुत तरह की सामाजिकता का प्रारूप प्रस्तुत करते हैं। दर्शन की शब्दावली का प्रयोग करते हुए वे कहते हैं कि—एकाकीपन ऊब पैदा करता है जीवन से कटकर, समाज से कटकर जीना कितना दूभर होता है। सम्पूर्ण विश्व चेतना के एकीकरण और उसमें अपनी अभिन्न स्थिति की रसानुभूति मनुष्य को महान बना देती है। जैसे अहम, तत्, इदम्, अलग लगते हैं परन्तु एक-दूसरे से अलगाये नहीं जा सकते। जग का

बाना मन के एकान्वित सत्य का ही रूप है। मनुष्य प्रकृति और जगत का नियन्ता सब एक-दूसरे से मिले हैं। विराट के एकाकार के साथ यदि मनुष्य जीवन जीता है तो वह महत्व का है। ऐसी स्थिति में वह अपने लिए नहीं जीता बल्कि वह अपने कर्म से अपने धर्म से अपने ज्ञान से सारे विश्व को आलोकित करता है। आत्मा के विसर्जन का यह भारतीय रूप व्यक्तित्व रूपान्तरण या वर्गान्तर की प्रक्रिया को दार्शनिक स्तर पर निरूपित करता है। एकता का यह नया मन्त्र है। त्रिलोचन का कथन है कि—

कौन सत्य था जो मन की लहरों में जागा?
अहम्, तत्, इदम् अलग लगें लेकिन अलगाये
कभी नहीं जा सकते। इन सबका रस पागा
है ऐसा कि अनेक एक के तन में आए,
घुल मिलकर तल्लीन हुए, पल पल अपनाए
गए, और आँखों ने देखा जग का बाना
मन का एक सत्य है, श्वांसों ने दुहराए
गान उसी के, अब हमको है उसको पाना।
सूरज एकाकी है लेकिन जब आता है
पृथ्वी का कण कण तब नया गान गाता है।

अपनी व्यापक काव्य-दृष्टि और काव्य-विवेक के साथ त्रिलोचन जीवन और प्रकृति में प्रवेश करते हैं और वहाँ से नयी प्रेरणा एवं नया रंग नया भावबोध लेकर काव्य रचना में प्रवृत्त होते हैं। वे कभी सूरज की किरणों की सारंगी लेकर ऐसा स्वर छेड़ते हैं कि चिड़ियाँ उनके साथ गाने लगती हैं। रंग-बिरंगी तितलियाँ नर्तन करने लगती हैं। सारा विश्व गीत के तरंगों के कम्पन से तरंगित हो उठता है। जाने-अनजाने सब प्राणप्रिय हो जाते हैं। जब प्रकृति के साथ कवि गहरी आत्मीयता स्थापित करता है तभी प्रकृति का सौन्दर्य और प्रकृति का रहस्य उसकी चेतना में उद्घाटित होता है। कवि जब अपनी कविता का राग छेड़ता है, वह राग मात्र विद्वेष, ईर्ष्या एवं संघर्ष का ही नहीं होता है बल्कि उसमें उल्लास और ऐश्वर्य की सम्पन्नता भी होती है उसके काव्य संगीत पर लतिकायें फूल चढ़ाती हैं, पेड़ हिल-हिलकर भावों का संकेत करते हैं और पवन मधुमास के स्वागत का तौर तरीका बतलाता है। प्राकृतिक चित्रण का अनोखा तरीका त्रिलोचन में दृष्टिगत होता है। जहाँ मनुष्य की श्रेष्ठता के गुर तो हैं ही प्रकृति की जीवन्त एवं प्रेरक छवि भी है। छायावादी प्रकृति चित्रण से भिन्न प्रगतिवादी कवि का प्रकृति चित्रण कितना नवीन और कितना प्रभावोत्पादक है—

कल अस्ताचलगामी रवि-कर की सारंगी
मैंने यों ही ले ली, धुन में लगा बजाने

संग संग संवादी स्वर में अपने गाने
चिड़ियों ने गाए, पत्तों ने रंग बिरंगी
नृत्यकला दिखलाई, सारा विश्व तरंगी
बना तरंगों के कम्पन से, अनपहचाने
बन्धु और आत्मीय बन गए, जाने-माने।

त्रिलोचन सहज सुन्दर के कवि हैं। साँवला सलोना रंग उनकी कविता का स्वाभाविक रंग है। 'धरती ' शीर्षक कविता में उन्होंने लिखा है—

मुझमें जीवन की लय जागी
मैं धरती का हूँ अनुरागी
जड़ीभूत करती है मुझको
वह सम्पूर्ण निराशा त्यागी
मैं निर्भय संघर्ष-निरत हो
बदल रहा संसार तुम्हारा

धरती और जीवन दोनों का अभिप्राय त्रिलोचन के यहाँ बहुत व्यापक है। त्रिलोचन के मन में शब्दों का ऐसा महल खड़ा करने की इच्छा है जिसमें सबकी बोली, ठोली, लांग-लपेट मुहावरा, भाव, आचरण, भोली-भूली इच्छाएँ, विश्व का इतिहास विभिन्न रूप सौन्दर्य स्वर की तरंगें हों। गृही असभ्य, सभ्य, शहराती या देहाती सबके लिए वह शब्दों का काव्यरूपी महल खुला हुआ है। अपनी इसी व्यापक काव्य चेतना के कारण त्रिलोचन वाद की सीमाओं एवं दलगत पाबन्दी को लाँघ जाते हैं। वे छायावादियों की तरह प्रकृति में खूब रमते हैं; प्रकृति के रहस्यों को मानवीय दृष्टि से खोजने की चेष्टा करते हैं। प्रकृति पर मुग्ध होते हैं। बादल, संध्या, प्रातःकालीन सूरज की किरणें, खिली धूप गौरैया, वर्षा, वसन्त, बाढ़ ऐसे न जाने कितने प्रकृति के सुन्दर एवं रोमाचंक चित्र उनकी कविताओं में अंकित हुए हैं।

वे छायावाद की तरह ही काव्य की पूरी परम्परा से सीख लेते हैं। अनुकरण नहीं बल्कि काव्य परम्परा का पुनः सृजन करते हैं लेकिन उनका सौन्दर्य-बोध एवं उनका काव्यशिल्प अनूठा एवं नवीन है। छायावादी कविता में आभिजात्य भाव प्रधान है। निराला को छोड़कर ज्यादातर कवि नागरिक संस्कार वाले हैं। त्रिलोचन धरती से जुड़े हुए कवि हैं; उनकी दृष्टि लोकदृष्टि है इसलिए प्रकृति को देखने परखने का उनका अंदाज भिन्न है। कहने का तात्पर्य यह है कि वे छायावादी नहीं हैं।

सामान्य जन की पीड़ा, गवई गाँव की समस्याएँ उनकी रचनाओं में अंकित होती हैं। धर्म ईश्वर के प्रति वे अन्धश्रद्धा नहीं रखते। अपने तेवर और विचारों से वे प्रगतिवादी प्रतीत होते हैं। प्रगतिवादी होते हुए भी वे खेमे से बाहर दिखाई देते

हैं। जो कवि जीवन को सम्पूर्णता एवं समग्रता में रूपायित करने के लिए प्रयत्नशील है, वह कुछ निश्चित विचारों को केन्द्र में रखकर काव्य रचना कैसे कर सकता है यही कारण है कि वे प्रगतिशील कवियों की श्रेणी में होते हुए भी गणना से बाहर कर दिये जाते हैं। त्रिलोचन खरी-खोटी सुनाने वाले कवि हैं। वे न चाटुकारिता कर सकते हैं न उसे पसन्द करते हैं। उनकी एक कविता में इस तथ्य का खुलासा होता है—

प्रगतिशील कवियों की नई लिस्ट निकली है
उसमें कहीं त्रिलोचन का तो नाम नहीं था।
आँखें फाड़-फाड़ कर देखा, दोष नहीं था
पर आँखों का। सब कहते हैं कि प्रेस छली है,

*　　　　*　　　　*

नहीं! तुम्हारा सुन सुन कर सपक्ष आलोचना
कान पक गए थे, मैं ऐसा बैठाठाला
नहीं तुम्हारी बकझक सुना करूँ। पहले से
देख रहा हूँ, किसी जगह उल्लेख नहीं है,
तुम्हीं एक हो, क्या अन्यत्र विवेक नहीं है
तुम सागर लाँघोगे?-डरते हो चहले से
बड़े-बड़े जो बात कहेंगे—सुनी जाएगी
व्याख्याओं में उनकी व्याख्या चुनी जाएगी।

त्रिलोचन पूरी सृष्टि को ईश्वर द्वारा रचित महाकाव्य मानते हैं। चाहे कवि हो या ईश्वर दोनों को अपनी रचना शक्ति और अपनी रचनाओं पर गर्व होना चाहिए। वे दीन-हीन छवि क्षीण ईश्वर का जो चित्र प्रस्तुत करते हैं वह नीत्शे के उस कथन का समर्थन नहीं करता जिसमें कहा गया है कि ईश्वर मर गया है। आज के समय में ईश्वर की महत्ता कुछ बुद्धिजीवियों की दृष्टि में भले हीन हो लेकिन सृष्टि के अदृश्य रचयिता का गौरव कैसे विस्मृत किया जा सकता है। दीन-हीन छवि क्षीण एवं व्याकुल ईश्वर को सड़क पर हाथ पसारे देखकर कवि के मन में प्रश्न उठता है। यह कैसा दृश्य है। तुम्हारी महान सृष्टि तुम्हें भुला देगी; यदि तुम अपने हाथों का कर्त्तव्य भूल जाओगे। प्रस्तुत पंक्तियों में कवि कि यह व्यंजना है कि सृजन की शक्ति ही ईश्वरत्व की पहचान है उसे विस्मृत करके ईश्वर भी ईश्वर नहीं रह जाता है। त्रिलोचन धर्म के ऐसे दृढ़ दुर्गों पर आक्रमण करते हैं जो प्रकाश नहीं अधंकार का सृजन करते हैं। उनकी कविता के स्वर को नया मनुष्य यदि अपना लेगा तो उसे अपने विजयगान का अनुभव प्राप्त होगा—

करता हूँ आक्रमण धर्म के दृढ़ दुर्गों पर,
कवि हूँ, नया मनुष्य मुझे यदि अपनायेगा
उन गानों में अपने विजय गान पायेगा
जिनको मैंने गाया है।

त्रिलोचन प्रकृति के अलग-अलग रंगों अलग-अलग परिणतियों, अलग-अलग रूपों को सूक्ष्मता से अंकित करते हैं लेकिन उससे अधिक उनकी निगाह उस पथ पर होती है जहाँ मानव यात्रा के पद-चिन्ह अंकित हैं। वे मिट्टी पर छपे हुए पदचिन्हों के मर्म को पढ़ना चाहते हैं। कम ही लोगों ने इन चित्रों को देखने का यत्न किया है। साँसों की व्याकुलता कम ही लोगों ने जानी है। त्रिलोचन एक-एक रेखा में जीवन की गति को पहचानते हैं। त्रिलोचन ने गाँव की अनपढ़ लड़कियों और सामान्य जन को नायकत्व प्रदान किया। वे चम्पा, नगई महरा आदि की मनोभावना एवं जीवन पद्धति का प्रामाणिक चित्रण अपनी रचना में करते हैं। चम्पा छोटी और नटखट लड़की है उसे कवि जब पढ़ने के लिए प्रेरित करता है तो वह जो जवाब देती है उसमें तमाम गाँवों की स्त्रियों की मनोव्यथा रूपायित हो उठती है जिनके पति उन्हें छोड़कर अर्थाजन करने के लिए परदेश चले जाते हैं। अनपढ़ होने के कारण वे स्वयं चिट्ठी-पत्री लिखकर उनके पास भेज नहीं सकतीं। चम्पा का कथन कितना रोचक एवं कितना मार्मिक है—

'चम्पा बोली : तुम कितने झूठे हो, देखा
हाय राम, तुम पढ़-लिखकर इतने झूठे हो
मैं तो व्याह कभी न करूँगी
और कहीं जो ब्याह हो गया
तो मैं अपने बालम को संग साथ रखूँगी
कलकत्ता मैं कभी न जाने दूँगी
कलकत्ते पर बजर गिरे।'

त्रिलोचन भाषा प्रयोग के प्रति बहुत सजग हैं वे भाषा की ध्वनियों को बड़ी सूक्ष्मता से पहचानते हैं। उन्होंने तुलसी बाबा से भाषा सीखी और लोक शब्दों के काव्यात्मक प्रयोग में वे जायसी के समकक्ष हैं उन्होंनें भाषाओं के अगम समुद्रों में अवगाहन किया। सब कुछ वे भाषा में ही उपलब्ध करते हैं। मानव की नूतन अभिलाषा के लिए वे भाषा की अंगुली पकड़कर मानव हृदय टटोलने का प्रयास करते हैं। ध्वनि बिम्बों का उनके काव्य में प्रभावशाली प्रयोग हुआ है। बादलों से झरते हुए जल को अलग-अलग बिम्बों से वे निरूपित करते हैं। भादों

की रात और बिजली की चमक को मूर्त करने वाली निम्नलिखित पंक्तियाँ द्रष्टव्य हैं—

वह द्युति जो तुमको उभारकर पथ पर लाई?
मैंने कहा। फिर चमक, कड़ कड़ कड़क कड़ग्घम्।
पकड़ तुम्हारे हाथों की कन्धे पर पाई,
बाग आ गया था, शरणस्थल मिला, गये जम।
रिमझिम रिमझिम–छक् छक् छक् छक्—सर् सर् सर् सर्
चम चम चमक— धमाके घन के, उत्सव निशिभर।

त्रिलोचन ने अपनी कविताओं में अवधी के ठेठ शब्दों का खुलकर प्रयोग तो किया है अवधी के प्रसिद्ध छन्द बरबै में अवधी बोली में ही काव्यसृजन किया है। उनकी एक रचना का उदाहरण देखिये—

काने आइ परा हमरे जब गान
ई जनान आकास इहउ आ आन।

गजानन माधव मुक्तिबोध ने त्रिलोचन की कविता के विषय में लिखा है—'प्राच्य क्लासिकल स्ट्रेन और पाश्चात्य प्रोज टेक्नीक का वे समन्वय करना चाहते हैं। उसका प्रथम चरण ही धरती का काव्य है, हम केवल इतना कह सकते हैं। साथ ही साथ एक बात यह भी सही है कि भाषा के सुपरिष्कृत रूप और स्वर की गीतात्मकता के पीछे जो गीतात्मक भाव है, वह बुद्धि द्वारा काफी अनुशासित है। यह भी कदाचित निराला जी की ही एक विशेषता है, जो त्रिलोचन में भी मिलती है। परन्तु यह बुद्धि वृत्ति उनके काव्य को नहीं बिगाड़ती, केवल उन्हें इस श्रेणी के कवियों से कुछ भिन्न कर देती हैं। इसको संयम और अनुशासन भी कह सकते हैं। और इसके दो बहुत बड़े लाभ भी हैं, एक तो यह कि जीवन की समग्रता के प्रति कवि की नित्य दृष्टि रहती है, दूसरे उस भावना में एक प्रकार की मूल आलोचक दृष्टि भी मिली रहती है।'

त्रिलोचन सानेट रचना के लिए विशेष प्रसिद्ध हैं। श्री चन्द्रबली सिंह ने त्रिलोचन के सानेटो की विशेषताओं की ओर ध्यान आकर्षित करते हुए कहते हैं—त्रिलोचन के सॉनेटों में मधुरता है। लेकिन वह स्निग्ध और कोमल स्वरों का नहीं। उसमें चिन्तन के दृढ़ कठोर स्नायु हैं। रोला छन्द हिन्दी का अत्यन्त गेय छन्द रहा है, लेकिन त्रिलोचन ने जानबूझकर उसमें भावों की इकाइयों को एक पंक्ति से दूसरी पंक्ति में खींचकर संगीत की समान्तर इकाइयों की जगह यतियों की विविधता का सौन्दर्य पैदा किया। इस तरह बेतुकों के बन्धन में रहकर भी अंग्रेजी के अतुकान्त काव्य के संगीत अनुच्छेद की सृष्टि कर सके हैं। त्रिलोचन ने कुण्डलियाँ, बरवै आदि पुराने छन्दों का भी प्रयोग किया है। उन्होंने मुक्त छन्दों का भी सृजन किया है। शब्दों में छन्द की गति और लय के संधान के प्रति

जागरुक रचनाकार हैं त्रिलोचन। निष्कर्ष रूप में कहा जा सकता है कि त्रिलोचन अपने अनुभव वैविध्य एवं शैल्पिक वैविध्य के कारण निराला के समकक्ष प्रतिष्ठित होते हैं। उन्होंने निराला की काव्य परम्परा को नये धतराल और नयी भाषा के माध्यम से प्रस्तुत किया है।

●

श्री नरेश मेहता

श्री नरेश मेहता का जन्म 15 फरवरी, 1922 ई०में मध्य प्रदेश के मालवा क्षेत्र के शाजापुर कस्बे में एक निम्न मध्यवर्गीय वैष्णव परिवार में हुआ। ये जब 21 वर्ष के थे तो इनके माता का देहान्त हो गया। इनका पालन-पोषण शिव भक्त चाचा शंकरलाल जी शुक्ल मेहता ने किया। पारिवारिक नाम पूर्ण शंकर शुक्ल था बाद में नरसिंहगढ़ की राजमाता के द्वारा दिये गये नाम नरेश के कारण श्री नरेश मेहता हो गया। इनकी प्रारम्भिक शिक्षा नरसिंहगढ़ से हुई। यहाँ से हाईस्कूल तक की पढ़ाई की, उज्जैन से इंटरमीडिएट और बनारस हिन्दू विश्वविद्यालय से बी० ए० और एम० ए० हिन्दी साहित्य में पास किया। सन् 48 से 53 तक श्री नरेश जी ने रेडियो की नौकरी की। लखनऊ में वे प्रगतिशील लेखक संघ के सम्पर्क में भी आ गये थे। निर्मल वर्मा के साथ 'साहित्यकार' पत्रिका निकाली जो दूसरे अंक तक पहुँचते-पहुँचते बन्द हो गयी। उज्जैन में प्रेमचन्द्र पीठ के आचार्य रहे। इन्दौर से निकलने वाले चौथा संसार दैनिक के सम्पादक रहे हैं। अरण्या पर साहित्य आकदमी और सम्पूर्ण रचनाओं पर ज्ञानपीठ पुरस्कार प्राप्त किया। नरेश जी जितने बड़े कवि हैं उतने ही बड़े कथाकार भी हैं। बनपाखी सुनो, बोलने दो चीड़ को, मेरा समर्पित एकान्त, उत्सवा, संशय की एक रात महाप्रस्थान एकान्त, प्रवाद पर्व, अरण्या, तुम मेरा मौन हो, पिछले दिनों नंगे पैरों आदि प्रसिद्ध काव्य ग्रन्थ हैं। डूबते मस्तूल, यह पथबंधु था, धूमकेतु एक श्रुति, नदी यशस्वी है, दो एकान्त, प्रथम फाल्गुन, उत्तर कथा उपन्यास है। काव्य का वैष्णव व्यक्तित्व, शब्द पुरुष अज्ञेय, मुक्तिबोध एकं अवधूत कविता नरेश जी आलोचनात्मक रचनाएँ हैं। नरेश जी की मृत्यु 22 नवम्बर, 2000 ई० में हुई।

श्री नरेश मेहता दूसरा सप्तक में सम्मिलित रचनाकार हैं। उन्होंने युग संदर्भों को अंकित करने के लिए प्रयोग शीलता को अपनाया। अन्य प्रयोगवादी रचनाकारों की तरह उन्होंने काव्य के विषय में स्वतन्त्र वक्तव्य प्रस्तुत किया। वे काव्य के विषय में उदात्त दृष्टिकोण रखते हैं और मानवीय संस्कृति की उन्नत यात्रा का एक मात्र प्रमाण काव्य को ही मानते हैं। उनका मत है ''जांगलिकता से सांस्कृतिकता की ओर, देह से मन की ओर, जड़त्व से चेतनत्व की ओर मानवीय यात्रा सम्पन्न हुई, इसका एकमात्र प्रमाण-काव्य है।'' प्रयोगवाद और नई कविता में व्यक्तित्व के प्रति विशेष सजगता का आग्रह रहा है, लेकिन व्यक्ति और समाज के सम्बन्धों को लेकर भिन्न-भिन्न कोणों से अज्ञेय, जगदीश गुप्त तथा नरेश मेहता आदि कवियों ने विचार और काव्य के स्तर पर ऊहापोह किया है। स्व और पर के विषय में नरेश जी नये तरीके से अपनी सोच को व्यक्त करते हैं—'स्व' को 'पर' के सन्दर्भ में देखना और 'पर' को 'स्व' के निकष पर अंगीकार करना।—'स्व' के प्रति दाम्भिक भाव होने पर व्यक्ति कभी उदात्त नहीं हो सकता है। जितना ही 'स्व' से साक्षात् होगा व्यक्ति उतना ही विनयी होता जायेगा। ऐसा उदात्त व्यक्ति जब 'मैं' जैसी आत्मनिष्ठ भाषा का प्रयोग करेगा तब भी उसमें से श्रेष्ठता या दम्भ की ध्वनि के स्थान पर करुणा या अत्यन्त गहन मानवीय समझ की गन्ध आयेगी।' मेहता की अनेक कविताएँ प्रेम संवेदना से जुड़ी हुई हैं। उनकी प्रेम संवेदना का आरम्भ नारी प्रेम की निष्कलुष अनुभूति से होता है और वही धीरे-धीरे व्यापक आयाम और वृहत्तर संदर्भों को ग्रहण करता जाता है। स्मृति को जीवन्त रूप में महसूस करने तथा उसे ही शास्वत बनाने की भावना प्रस्तुत कविता में नये बिम्बों के द्वारा व्यक्त कि गयी है—

''तुम यहाँ बैठी हुई थी अभी उस दिन।
सेब-सी बन लाल
चिकने चीड़-सी वह बाह अपनी टेक पृथ्वी पर वहाँ
इस पेड़ जड़ पर बैठ
मेरी राह में, इस धूप में।
बह गया वह नीर,
जिसको पदों से तुमने छुआ था।
कौन जाने धूप उस दिन की कहाँ है,
जो तुम्हारी कुन्तलों में गरम, फूली
धुली, धौली लग रही थी।
चाहता मन
तुम यहाँ बैठी रहो,

उड़ता रहे चिड़ियों सरीखा वह तुम्हारा श्वेत आँचल
किन्तु अब तो ग्रीष्म
तुम भी दूर, औ ये लू।''

मेहता जी प्रकृति के सौन्दर्य का नये रूप में साक्षात्कार करते हैं। जिन्दगी के बिम्बों का प्रकृति पर आरोपण करते हुए नरेश मेहता प्रातःकालीन आलोक का चित्रण इस प्रकार करते हैं—

बरस रहा आलोक दूध है
श्वेतों खलिहानों में
जीवन की नव किरण फूटती
मकई के धानों में
सरिताओं में सोम दुह रहा, वह अहीर मतवाला!

उनकी प्रकृति सम्बन्धी कविताओं पर छायावादी प्रवृत्तियों का प्रभाव परिलक्षित होता है। लेकिन वे छायावाद के सौन्दर्यमूलक एवं कोमल कान्त उपमानों से आगे बढ़कर ग्राम्य जीवन से चुने गये उपमानों को भी संस्कारित करके उदात्त भावभूमि पर इस्तेमाल करते हैं इसलिए उनकी कविताओं का प्रभाव छायावाद से विशिष्ट हो जाता है। वैदिक कालीन प्राकृतिक कल्पनाओं को आधुनिक परिप्रेक्ष्य प्रदान करने का कौशल श्री नरेश मेहता में दृष्टिगोचर होता है। प्रकृति और जीवन का संश्लिष्ट चित्र प्रस्तुत करने वाली कविता द्रष्टव्य है—

पुष्ट चिट्टे वृषभों को देख
लगेगा दिन बन आया बैल
चीर भूमा का उर आधार,
उगे सीता में जीवन बेल
पुष्पवती पृथ्वी को देना घाम, हँसे अंचल से चावल-फूल!!

श्री नरेश मेहता काव्य सृजन की सुदीर्घ परम्परा को आत्मसात करते हुए अपनी रचनाशक्ति से उसमें ताजगी प्रस्तुत करते हैं। उनका कथन है कि—''हम मनुष्य के आदि काल के काव्य से भावों की विराटता ग्रहण करके सुन्दर कल्पना प्रधान साहित्य रच सकते हैं। इस प्रकार के प्रयोगों में उदाहरण रूप से मेरी 'उषस्' है। ऋतु की इस नित्य-कौमार्य कन्या का मैं प्रतिदिन अपने क्षितिज पर आह्वान करता हूँ। वह हमारे खेतों में अपने पति सूर्य के साथ हमारे बीजों में अपनी गरम-गरम किरनें बोकर गेहूँ उपजाती हैं।'' श्री नरेश मेहता के जीवन में

कुछ ऐसा घटित हुआ जिसके कारण उनका नारी सम्बन्धी प्रेम प्रकृति को पूरी तरह समर्पित होता चला गया। डॉ० रामकमल राय ने लिखा है कि—'नरेश जी के प्रथम प्रणय का एक गहरे दुखान्त के रूप में अन्त हुआ और उनकी प्रियतमा जो उनकी परिणीता नहीं बन सकी और अन्ततः आत्महत्या के द्वारा अपना अन्त कर ली, नरेशजी के जीवन की एक दारूण घटना सिद्ध हुई। इस घटना ने नरेश जी जैसे संवेदनशील व्यक्ति के जीवन में जिस गहनतम व्यथा को उतारा होगा, उसकी कल्पना ही की जा सकती है। उनका प्रभाव उनकी पूरी मानसिकता पर कितना गहरा पड़ा होगा, इसका सहज ही अनुमान नहीं हो सकता। (नरेश मेहता : कविता की ऊर्ध्व यात्रा—रामकमल राय, पृ० 33)। मेहता अपने प्रेम की इस दारुण अनुभूति को व्यक्त करते हुए लिखते हैं—

''वरण करो, ओ मन!
वहन करो पीड़ा
* * *
सृष्टि प्रिया पीड़ा है
कल्पवृक्ष दान समझ
शीश झुका स्वीकारो
ओ मन करपात्री।
मधुकरी स्वीकारो।''

नरेश जी प्रेम को अमरता प्रदान करने के लिए ही प्रकृति और प्रेम का सम्मिश्रण करते हैं। समय का प्रभाव जल के प्रतीक से व्यक्त होता है। प्रकृति का वह अंश शाश्वत बन जाता है। जहाँ प्रेम समर्पित होता है—

''आओ इस झील को अमर कर दे
छू कर नहीं
किनारे बैठकर भी नहीं
एक संग झाँक इस दर्पण में
अपने को दे दें हम
इस जल को
जो समय है।''

'वन पाखी सुनो' काव्य संकलन में प्रकृति सौन्दर्य के अनेक जीवन्त तथा प्रभावशाली चित्र अंकित हुए हैं। प्रकृति में ही नरेश मेहता जीवन के बिम्बों को समाहित करके नये रूप में प्रस्तुत करते हैं। कहीं-कहीं प्रकृति का सौन्दर्य एवं मादकता कवि के अन्दर सोये हुए प्रणय भाव को इतना उद्वेलित कर देती है कि

वह एक प्रेयसी की व्याकुलता को इस प्रकार चित्रित करने के लिए प्रवृत्त हो जाता है—

कागा बोले मोर अटरिया।
इस पाहुनबेला में तूने
चौमासा क्यों किया पिया?
क्यों किया पिया??
यह टेसू सी नील गगन में हलद् चाँदनी उग आयी री—
उग आयी री—/पर अभी न लौटे उस दिन गये सबरे के।
पीले फूल कनेर के!!

मानवीय सम्बन्धों की उत्कृष्टता की तलाश करने की अभिलाषा मेहता की कविताओं में उपलब्ध होती है। रिश्तों की छुअन से कुछ अद्‌भुत घटित हो जाता है जब स्वर्ग-राजा पाहुन द्वार आते हैं तो वह पुरजनों, पोखरों सबको भर देने की आकांक्षा करता है सहज मानवीयता से अनुप्राणित होकर धरातीर्थ बन जाय और मानव जहाँ भी अभिशप्त है वह मुक्त हो जाये—

कुल-देवता, कुल अम्बिका से
पुरजनों के खेत पोखर जहाँ फैले
चलो अमृत करो ठाकुर!
इस सहज परिवार को
अपनी कृपाएँ ब्याह दो,
मनुज के सम्बन्ध से सब स्वर्ग है,
छू जिसे पाथर अहिल्या तक हुए—

नरेश जी के जीवन में सामान्य भौतिक जरूरतों के लिए पर्याप्त संघर्ष रहा है, लेकिन उन्होंने सामान्य जरूरतों के संघर्ष पर कविताएँ नहीं लिखीं। नरेश मेहता यद्यपि कम्युनिस्ट विचारों से जुड़े लेकिन उनकी कविताओं में वर्ग संघर्ष की टकराहट नहीं अंकित हुई है उनका स्वयं का कथन है कि 'जैसा मेरा जीवन कठोर संघर्ष का जीवन रहा उस तर्क से मुझे कठोर कम्युनिस्ट ही होना चाहिए था पर मुझमें स्थितियों से टकराहट तो है परन्तु उसकी व्यर्थता का बोध भी है इसीलिए मुझमें धीरे-धीरे एक अनासक्त भाव आता चला गया। राजनीति का स्थान मेरे व्यक्तित्व में सृजनात्मकता ने ले लिया। वे यदि जीवन के कठोर प्रश्नों से टकराते हैं तो वे प्रश्न प्रायः मनुष्य की श्रेष्ठता, विराटता, जिजीविषा तथा जिगीषा के प्रश्न होते हैं वे संस्कृति के अन्वेषक और समय सापेक्ष उसके अनुभावक है। उनका कहना है कि संस्कृति भ्रामक शब्द है, फिर भी संस्कृति की शोध तो क़ी ही जा सकती है और हम मनुष्य के आदिकाल के

काव्य से भावों की विराटता ग्रहण करके सुन्दर कल्पना प्रधान साहित्य रच सकते हैं, इस प्रकार के प्रयोगों में उदाहरण रूप से मेरी उषस है ऋतु की इस नित्य कौमार्य कन्या का मैं प्रतिदिन अपने क्षितिज पर आगहन करता हूँ। प्राचीन काव्य की परिकल्पना का नवीन स्वरूप निम्नलिखित कविता में देखा जा सकता है—

नभ से उतरो कल्याणी किरनों!
गिरि, वन-उपवन में
कम्पन से भर दो बालीमुख
रस रितु, मानव मन में
सदा तुम्हारा कंचन-रथ वह
ऋतुओं के संग आये
अनागता, यह क्षितिज हमारा
भिनसारा नितगायें
रैन-डूँगरी उतर गये, सप्तर्षी अपने वरुण देश में।

श्री नरेश जी तथाकथित प्रगतिवादी कवियों की तरह धर्म के नाम से विदकते नहीं हैं, बल्कि काव्य और साहित्य की तरह धर्म की अस्मिता के पक्षधर बनते हैं उनकी दृष्टि में धर्म से तात्पर्य किसी सम्प्रदाय, मठ या संस्थान से नहीं है। धर्म प्रकृति की भाँति उदार और असंग होता है। अपने खण्डकाव्य 'संशय की एक रात' में श्री नरेश मेहता ने भारतीय संस्कृति के महत्वपूर्ण पक्ष को उजागर किया है। उनकी दृष्टि में युद्ध संसार के इतिहास का एक घिनौना सत्य रहा है। संसार में युद्ध केवल राज्य विस्तार के लिए ही नहीं बल्कि धर्म न्याय और शान्ति की स्थापना के लिए भी लड़े गये 'संशय की रात' में राम जो प्रश्न उठाते हैं। वह प्रश्न कवि के मन को बेधने वाला प्रश्न है—

ये यज्ञ
ये आश्रम
देवोपासना
मानव-एकता
यदि बिना युद्धों के नहीं हैं सत्य
लक्ष्मण!
तब एक गहरा प्रश्न
संकट प्रत्येक—प्रज्ञित के लिए।
ऐसा युद्ध
ऐसी विजय

ऐसी प्राप्ति—
सब मिथ्यात्व है
नर संहार के व्यामोह के प्रति
वितृष्णा से भर उठा हूँ।

श्री नरेश मेहता का कवि मन, मनन, चिन्तन और आत्मस होने के लिए एकान्त मन की चाह करता है लेकिन उसमें पलायन की वृत्ति नहीं है। उनकी कल्पना व्योम विहारिणी तो है किन्तु वास्तविक जीवन से विछिन्न नहीं है वे मनुष्य की पीड़ा तपन और जलन को अंकित करने के लिए समर्पित ही नहीं बल्कि स्वाहा हो जाना चाहते हैं—

आग झुलसाए मनुज को जो
स्वाहा हो सकूँ उसमें प्रथम/यह पुष्प दो
ओ वरेण्य पिता!
लिख सकूँ प्रत्येक की/ हाहाकार-कोलाहाल कथा
यह एकान्त दो।

मनुष्य की अपराजेय शक्ति को प्रयत्क्ष करने तथा अपनी रचनाओं के माध्यम से जन साधारण में उसका संचार करने के लिए कवि संकल्पबद्ध है। मनुष्य भले ही लघु है लेकिन उसकी सार्थकता उसका सत्व आगे बढ़ते रहने में है, धूप और अन्धकार को चीरते हुए चलते रहने पर भी तीर्थ, कीर्ति मिले या पसली में बाण फँसे प्यासे ही दम तोड़ना पड़े, चीलों से अन्त तक जीवनहित के लिए लड़ना पड़े लेकिन जब तक जीवन है कर्म और वर्चस्व को बचाये रखने की कोशिश होनी चाहिए। मेहता जी मानवीय मूल्यों को ध्वस्त करने वाले व्यक्तियों, स्थितियों और व्यवस्थाओं की क्रूरता को उजागर करते हैं। राजव्यवस्था का अधिक शक्ति सम्पन्न होना मनुष्य को निरीह बनाता है आवश्यकता है राज की गरिमा को व्यक्ति की गरिमा का पर्याय बनने की। जिस समर्पित भूमि पर मेहता जी की वाणी और भाषा समर्पित होती है वह भूमि आत्म साक्षात्कार और दीर्घ साधना से प्राप्त होती है। मेहता के व्यक्तित्व में औपनिषदिकता और वैष्णवता का अपूर्व संगम दिखाई देता है। आत्मविस्तार का बोध प्रकृति के माध्यम से कितनी ऋजुता से व्यक्त हुआ है; अधोलिखित कविता में देखने योग्य है—

'अपने में से फूल को जन्म देना
कितना उदात्त होता है
यह केवल वृक्ष जानता है
और फल
वह तो जन्म-जन्मान्तरों के पुण्यों का फल है।'

श्री नरेश जी का मानना है कि कविता करना और कवि होना काव्यात्मकता के भिन्न स्तर है, सब कविता काव्यात्मक नहीं होती है। मात्र कविता करना बाह्य प्रवृत्ति है परन्तु काव्यात्मकता का साक्षात् कविता करने से भी महत्वपूर्ण है। काव्य से मुक्त हो जाने का नाम ही काव्यात्मकता है। जब कविता काव्य का बोध करवाती है वह काव्यात्मकता की निर्दन्द्वता का नहीं बल्कि भाव या लौकिक तनाव का परिमंडल है। काव्य से मुक्त काव्यानन्द है काव्यात्मकता है। मेहता की कविताएँ प्रकृति, जीवन चिन्तन और दर्शन को एक साथ अपने अन्दर घुलाकर एक विशिष्ट आनन्दानुभूति से सम्पन्न कर देती हैं जिस रचनाकार को सम्पूर्ण प्रकृति में ही काव्यात्मकता व्याप्त दिखती है वह रचयिता से अधिक काव्यद्रष्टा के रूप में अपने कवि व्यक्तित्व को प्रमाणित करता है। मनुष्य जीवन की श्रेष्ठता की पहचान कराने वाली निम्नलिखित कविता द्रष्टव्य है—

'अविश्वास मत करना
प्रत्येक पगडण्डी से मानुष-गन्ध आती है
किसी भी मन्त्र को सूँघो
किसी भी स्त्रोत्र को छुओ
मानुष की गन्ध और जयकार दिखायी देगी।

श्री नरेश मेहता ने जब विशुद्ध इतिहास की ओर रुख किया तो उन्हें बादशाहों की तोपें, किले और क्रूरता, आतंक, उत्पीड़न आदि का साक्षात्कार हुआ। उनका कहना है कि इतिहास, सदाशयी लोगों के लिए नहीं होता है अगर होता तो वहाँ गुलाम, दास, दासियाँ आदि को कोड़ों की मार से झुकाया न जाता। इतिहास की पुरानी यातनायें उमड़-घुमड़ कर हमें दग्ध करती रहती हैं।

श्री नरेश मेहता एक विशिष्ट काव्यशिल्पी के रूप में पाठकों के समक्ष उपस्थिति होते हैं उन्होंने वैदिक युग से लेकर छायावाद तक की काव्ययात्रा को उसकी सम्पूर्ण सांस्कृतिकता को अनुभव ही नहीं किया बल्कि जिया भी। वे काव्यात्मकता को वैदिक ऋषि की तरह आत्मदर्शन के रूप में प्रत्यक्ष करते हैं। उपमाओं, प्रतीकों के चयन और प्रस्तुतीकरण में सम्पूर्ण, भारतीयता मूर्त हो उठती है। प्रकृति और जीवन का जैसा तादात्म्य, जैसी निष्कलुषता, पवित्रता, भावबोध का जैसा उदात्त स्तर उनकी रचनाओं में मिलता है वह अद्वितीय है। मेहता ने उपनिषदों से, वैदिक ऋचाओं से प्रकृति से भूगोल और इतिहास आदि अनेक क्षेत्रों से बिम्बों को चुना है। उनमें शब्दों को नया अर्थ ही नहीं बल्कि नया आकार देने की प्रक्रिया दृष्टिगत होती है। तत्सम, तद्भव और कहीं-कहीं हिन्दी में घुले-मिले अंग्रेजी शब्दों का प्रयोग करते हुए वे वर्तमान की विद्रूपताओं को चित्रित करते हैं उनमें छायावादियों जैसी उपचार वक्रता भी दिखाई देती है। उदाहरण के लिए निम्नलिखित कविता प्रस्तुत की जा सकती है—

नित्य बैठे हुए कहवाघरों में
हम अपने अहं के गुब्बारे
दूसरों के आकाशों में उड़ाते हुए
प्रतिस्पर्धित होते थे।
ईर्ष्या हमारे नाखूनों में उगी रहती थी।
हम सब/अपने विरोधियों के नाम तक
इतिहास से मिटा देने के लिए
छुपी ब्लेडों का समझौता करने में
रत रहते हैं।

●

लक्ष्मीकान्त वर्मा

नयी कविता के प्रमुख हस्ताक्षर नयी कविता आन्दोलन को अग्रसर करने वाले, नाटक, आलोचना, कविता, उपन्यास आदि अनेक क्षेत्रों में प्रतिष्ठित लक्ष्मीकान्त वर्मा का जन्म बस्ती जिला (उत्तर प्रदेश) में 15 फरवरी, 1922 को हुआ था। जमुना मिशन कालेज इलाहाबाद में उन्होंने शिक्षा प्राप्त की। बी० ए० करने के लिए दाखिला लिया था किन्तु स्वतन्त्रता संग्राम में भागीदारी करने हेतु पढ़ाई छोड़ दी। स्वतंत्र रूप से लेखन करते हुए उन्होंने जीवन के संघर्षों का मुकाबला किया। गरीबी और अभाव से भी गुजरना पड़ा और कभी सम्पन्नता तथा वैभव का भी समय रहा। आप हिन्दी साहित्य सम्मेलन से जुड़े थे। कुछ समय तक रजिस्ट्रार का पद सुशोभित किया। सम्मेलन से प्रकाशित राष्ट्रभाषा संदेश का संपादन किया। विभिन्न पत्र-पत्रिकाओं में स्तंभ लिखते रहे। कुछ वर्षों तक उत्तर प्रदेश हिन्दी संस्थान के कार्यवाहक अध्यक्ष रहे। साहित्य सृजन के लिए इन्हें प्रभात शास्त्री सम्मान, एकेडेमी सम्मान (हिन्दुस्तानी एकेडेमी इलाहाबाद तथा उत्तर प्रदेश सरकार का लोहिया सम्मान प्राप्त हुआ। इनकी गद्य-पद्य की कुल पैंतीस रचनाएँ प्रकाशित हैं।

उनकी आरंभिक कविताएँ 'नई कविता' पत्रिका में प्रकाशित होती थीं। इलाहाबाद की साहित्यिक संस्था परिमल से भी ये सक्रिय रूप से सम्बद्ध थे। इनके निम्नलिखित काव्य संकलन हैं—

1. अतुकान्त
2. कंचनमृग
3. तीसरा पक्ष
4. धुएँ की लकीरें
5. दीप देहरी द्वार
6. चित्रकूट चरित
7. रूबरू लक्ष्मीकान्त

लक्ष्मीकान्त जीवन मूल्यों के अन्वेषी कवि हैं। इन्होंने कविता के नये प्रतिमानों की तलाश तथा प्रतिष्ठा की है। आधुनिक जीवनबोध तथा बदलते हुए परिप्रेक्ष्य में अभिव्यक्ति की नई भंगिमा तथा स्वरूप की चिन्ता इन्हें निरन्तर रही है।

लक्ष्मीकान्त वर्मा ने 'आधुनिक कवि' की भूमिका में अपनी रचना दृष्टि और रचना प्रक्रिया को स्पष्ट किया है। हर रचनाकार जब परिपाटी को तोड़कर नये रचनापथ का चयन करता है तो उसे अपनी रचना के मूल्यांकन के लिये नये प्रतिमानों की आवश्यकता महसूस होती है। छायावादी काव्य संस्कारों से मुक्त होकर जब नई कविता नये शिल्प की तलाश में थी तो लक्ष्मीकान्त वर्मा जैसे रचनाकारों ने अपने समकालीनों के साथ नयी विधा पर सार्थक बहस में हिस्सा लिया। चूँकि छायावाद के साथ व्यक्तिवादिता का इतना अधिक आग्रह था कि भारतेन्दु युग की तरह मंडल बनाकर कुछ निश्चित सिद्धान्तों के सहारे रचना-कर्म नहीं किया जा सकता था। प्रत्येक कवि से यह अपेक्षा की गयी कि वह अपने तरीके से समय की विडम्बनाओं, तनावों, विसंगतियों को समझे और नयी औद्योगिक एवं प्राविधिक परिस्थितियों में मनुष्य की नियति को पहचाने और आम आदमी की समस्याओं से रूबरू होकर परम्परा को नवीनता से जोड़कर देखे और अपनी भाषा का व्याकरण और मुहावरा स्वयं रचे। लक्ष्मीकान्त वर्मा जितना सृजन कर्म से जुड़ते हैं उतना ही काव्यचिंतन से भी सम्बद्ध होते हैं। मानवीय यथार्थ और काव्य के यथार्थ को वे अलग-अलग मानते हैं। उनका कहना है कि चाहे जितना यथार्थवादी होने का हम ढोल पीटें, लिखते समय हम जिस संसार में होकर लिखते हैं वह संसार भिन्न होता है, उसकी भाषा भिन्न होती है, उसके प्रतीक भिन्न होते हैं, उसके बिम्ब भिन्न होते हैं, यहाँ तक कि उस रचना समय का काल, भिन्न होता है, कवि भिन्न होता है उसकी साँस भिन्न होती है, कवि को समझने के लिये उसके रचना संसार को समझने की जरूरत होती है। श्रेष्ठ कविता वह होती है जिसमें कवि के रचना संसार की परतें खुलती जाती हैं। कवि अनुभव और भाषा दोनों ही लोक से ग्रहण करता है लेकिन ये कुम्हार की मिट्टी की तरह कच्चा माल होते हैं, असली रचना संसार कवि के

मानसिक अनुशासन की दीर्घा में रहता है। वह लोक से ग्रहीत अनुभवों को तरकीब और तहलीक करता है जिसके कारण सब कुछ लोक से भिन्न हो जाता है। कवि में पृथ्वी के प्रति आस्था होना जरूरी है उसे परस्पर विरोध की स्थितियों का सामना करने के लिए सहज होना जरूरी है। अनुभवों को वह प्रज्ञा की ऊष्मा में तपाकर नया आकार देता है। प्रज्ञा लोक के मूल्यों और उसके मौलिक अस्तित्वों की सापेक्षता में ही विकसित होता है। रचना की प्राणवत्ता के लिये तीन स्थितियाँ अपेक्षित हैं—लोक, रचना संसार और आत्मवत्-मंत्र विद्धचेतना। 'इन तीनों को एक साथ जीना, एक साथ भोगना और एक साथ उपलब्धि की सीमा तक ले जाना पीड़ाजनक भी होता है। इसे साधने के लिये कवि का ऐसा व्यक्तित्व होना चाहिये जिसमें रागात्मकता का नि:संग भाव और जो लघुत्तम और महत्तम के अस्तित्व को एक साथ सम्हाल सकते हैं कवि में शब्दों का भी संयम होना चाहिये शब्दों के प्रति मोह होने से उनकी अर्थवत्ता नष्ट हो जाती है। गठन करते समय शब्द सन्दर्भों के मर्म को जानते हुए उनको ऐसी तरतीब देना जो अभिव्यक्ति को सार्थक बना सकती है। अधिकांश समकालीन कवियों की तरह लक्ष्मीकान्त वर्मा आध्यात्मिकता से परहेज नहीं करते। कवि के मनोमय शरीर से निकली वाणी सामान्य नहीं होती उसमें आध्यात्मिकता आ जाती है। लक्ष्मीकान्त भी कहते हैं कि प्रत्येक अच्छी कविता मूलत: आध्यात्मिक ही होती है क्योंकि वह आत्मा और जगत के सम्बन्धों को उद्घाटित करती है और इस में वह अपने को भी परिभाषित करती है और जगत को भी परिभाषित करती है। कवि का संसार सौन्दर्य का होता है। वस्तुत: सौन्दर्य उसी उदात्त की अभिव्यक्ति है जिसे आध्यात्मिक ईश्वर सत्ता में करता है सौन्दर्य मूलत: किसी तत्त्व की संरचना में अद्वितीयता देखने में ही अभिव्यंजित होता है, फूल भी उतना ही सुन्दर है जितना काँटा। सौन्दर्य से प्राप्त संतृप्ति ही आनन्द है। सत्यम्, शिवम् और सुन्दरम् में जो सत्य का पक्ष है उसमें जीवन भी है और मृत्यु भी यौवन भी है और जरा भी। सुन्दर भी है और असुन्दर भी। कवि धर्म के निर्वाह के लिये सौन्दर्य व सत्य के बहुआयामी रिश्ते को जानना जरूरी है। लक्ष्मीकान्त वर्मा ने क्षणवाद के सन्दर्भ में अपने ऊपर किये गये आरोपों का खण्डन करते हुए कहा है कि उन्होंने सार्त्र और कामू के प्रभावों को नकार दिया। उन्होंने स्पष्ट किया की उन्होंने क्षणवाद भारतीय दर्शन से ही लिया। भारतीय दर्शन में कहीं निराशा नहीं है। अगर इस जन्म में कोई कार्य अधूरा रहता है तो उसको पूरा करने के लिये पुनर्जन्म मिलता है। वर्माजी ने अस्तित्ववादियों की भाँति जीवन को विषादमय नहीं माना, यहाँ मनुष्य छलछलाते और बजबजाते नर्क का वाहक नहीं वरन उस नरक को भोगता है और स्वर्णिम कल्पना को भी भोगता है। मनुष्य की भूमिका मृत्यु और जीवन के बीच बँधी भूमिका है। वर्माजी अनुभव करते हैं कि मनुष्य को काल कवलित होकर नहीं जीना चाहिये बल्कि कालजयी होकर जीना चाहिये। अपने इसी जीवन दर्शन के कारण जीवन के अनेक उतार चढ़ावों को

झेलते हुए भी लक्ष्मीकान्त टूटते नहीं, बल्कि और सशक्त होते हैं, विषम स्थितियाँ उनकी आस्था को तोड़ नहीं सकती हैं बल्कि उन्हें सबल बनाती हैं। कविता में आक्रोश, आवेश, विद्रोह और अराजकता बुरे तत्त्व नहीं हैं जो काल के दबाव को नकार कर अपना जीवन जीना चाहेगा, उसमें यह सब रहेगा। कवि के लिये अपने मन की हसरत, उतार-चढ़ावों के साथ इसका सह-अस्तित्व ही रचना को मिजाज देता है और उसे मूल्यवान बनाता है। अस्वीकार कवि का धर्म होता है वह किसी भी यथास्थिति से अपने को जोड़ नहीं पाता। तथाकथित प्रतिबद्धता को अस्वीकार करते हुए वह कहते हैं कि आज हम प्रतिबद्ध होकर उस लोक को ही ध्वंस करने के षड्यंत्र में लगे हैं, जहाँ से मूल मानवीय संवदेनाओं का निरन्तर प्रवाह होता रहता है। मेरा अस्वीकार इस प्रतिबद्धता को नहीं स्वीकार करता। आदमी मिट्टी का लोंदा नहीं है कि जिसे आप जब जैसा चाहें वैसा गढ़ लें। वह एक सचेतन, संकल्पनिष्ठ प्राणी हैं जो अपने संदर्भ स्वयम् बनाने में सक्षम है। लक्ष्मीकान्त वर्मा घबराई हुई दुनिया को प्रत्यक्ष करते हुए कहते हैं—

चलते फिरते आदमी
दौड़ते भागते इन्सान
सारा सब कुछ आपन्न—
सारा सब कुछ विपन्न—
शबनमी आँखें जैसे देखती हों स्वप्न
इस घबराई दुनयिा में—

कवि के सामने जो दुनियाँ है वह भूखी-प्यासी, नंगी-अधनंगी, इसी अनुभव से उसके अन्तस् की दुनिया भी बनती है। अन्दर बाहर दोनों ओर एक ही चीज हो सकती है भारतीय दर्शन की उस सर्वमान्य तथ्य को नकारते हुए कवि कहता है कि जो कुछ बाहर है उसे मिथ्या कहा जाता है लेकिन जब कोई सम्वेदनशील व्यक्ति अपने अन्दर झाँकता है तो दुनिया के वही अक्स देखता है; अद्वैत का यह अनुभव नवीन और यथार्थपरक है। कवि कहता है कि—

तुम कहते हो!
बाह्य जो कुछ है मिथ्या है
मैं कैसे मानूँ
मैं जब आँखें बन्द करता हूँ
मुझे मिलता है महज अंधकार
काली नंगी छायाएँ
अगणित अनेक व्याकुलताएँ

मनुष्य अपूर्ण है, इन सारी विषम स्थितियों को देखते हुए भी उसमें मानवता के उत्थान का अदम्य उत्साह है। बहुत कुछ न कर पाने की विवशता और बहुत अधिक करने की आकांक्षा के बीच मनुष्य की छटपटाहट को व्यक्त करते हुए कवि लोगों में आशा जगाना चाहता है कि जो ताकतवर है यदि वह संस्कार च्युत है, विस्थापित है, वह रावण की तरह क्षय को प्राप्त करता है, राम जिसके अन्दर सामान्यजन की भक्ति शक्ति के रूप में प्रविष्ट होती है वह क्षय ग्रस्त संस्कृति की रक्षा कर सकता है। मनुष्य अपनी लघुता में भी महान है वह सम्भावनाएँ लेकर जन्म लेता है, इसलिये अपनी लघुता में ही बीज रूप में विराट को छुपाए रहता है उसके हर कदम संदिग्धता में भले ही डगमगाते हों, हर साँस में एक चमक-सी उठती हो, हर विराम पैरों के उर्ध्व रेखा से टकराती है लेकिन इन्हीं अवरोधों के साथ वह अपना कदम आगे बढ़ाता जाता है। विष्णु के वामन अवतार का जिक्र किये बिना वर्मा जी उसी का सन्दर्भ लेते हुए लघु मानव की जिजीविषा को रूपायित करते हैं—

मैं जो लघु मानव-सा
खड़ा हूँ याचक-सा
अपनी गति की उपलब्धियों में
नाप लूँगा सारी पृथ्वी
सारा आकाश
और तुम्हारी पीठ भी
और पीठ का शेष भी
क्योंकि मेरे पैर
केवल पैर नहीं
वे आँखों हैं मेरी संकल्प शक्ति की

उत्तर आधुनिक विमर्श में महामानव के बदले छोटी स्थिति में जीने वाले मनुष्य की चर्चा उभर के आयी। क्षुद्र चीजों पर भी बहस शुरू हुई, नयी कविता मैं जहाँ एक ओर नव जागरण के परिप्रेक्ष्य में ब्रह्म को मनुष्य की कोटि में प्रतिष्ठित किया जा रहा था वही महामानव की तुलना में नयी कविता में लघु मानव या आम आदमी की चर्चा प्रमुख हो गयी। लघु मानव कहने से मनुष्य की दीनता-हीनता का बोध नहीं होता लक्ष्मीकान्त वर्मा अपनी अनेक कविताओं में तथा अपने अनेक वक्तव्यों में लघु मानव की अपनी धारणा व्यक्त करते हैं; वे इतिहास की और झाँकते हुए इतिहास पुरुष से कहलवाते हैं कि—

अस्तित्व मेरा नहीं
उन मूर्खों का है जो मुझे पूजते हैं

मैं तो केवल जिया था, मरा था, लड़ा था
भोगा था सुन्दरियों के रूप को, पृथ्वी के गर्भ से
निकला था
अदृश्य गोपनीय रत्न
इसीलिये अस्तित्व मेरा नहीं उनका था
जो मेरी जय जयकार के साथ
केवल तमाशा देखते रहे!

मनुष्य सार्थक का वरण करता है और निरर्थक को त्यागता है। उसे रिक्तता में तलछट दिखाई देता है, असत्य स्थिति से वह घबरा जाता है, उसे नहीं पता कि शुभ-अशुभ, आशा-निराशा, सुख-दुख आदि के द्वन्द्वों में ही जीवन की गतिशीलता और विकास है। एक सीपी में जितनी रेत आती है वह उस क्षमता की द्योतक हो सकती है जो अक्षम को वरण करने के लिए अपेक्षित है। गति के साथ जो धूल उड़ती है उसमें स्पन्द की आकुलता निहित होती है। पीड़ा के बाद नये स्तवन की शुरुआत होती है। वर्तमानयुग में दिल के ऊपर अक्ल हावी हो गयी है। लक्ष्मीकान्त व्यंग्य के लहजे में कहते हैं कि अक्ल का दाँत अक्सर बड़ा तकलीफ देता है। कवि वही महान होता है जो अपना रास्ता खुद चुनता है और प्रशस्त करता है। वह भीड़ में रहकर भी भीड़ से अलग आचरण करता है वह अनगिनत गलियों, ढेलों और पत्थरों के बीच अपना रास्ता निकालने की कोशिश करता है वह उन लैम्पपोस्टों के नीचे नहीं रुकता है जहाँ पागल जैसे करोड़ों पतंगे मरने के लिए तत्पर रहते हैं। 'मेरा अपराध' शीर्षक कविता में हल्के व्यंग्य के साथ कवि ने कवियों की फैशन परस्त कविता को उजागर किया है। लक्ष्मीकान्त मनुष्य को यथार्थ, निरीह और यातनापूर्ण स्थिति में छोड़कर नहीं रह जाते बल्कि उसके अन्दर मनुष्यता की उदात्त चेतना जागृत करना चाहते हैं। मनुष्य जिस क्षण असीम प्रकृति से जुड़ जाता है वह अपने अनुभव में विराट हो जाता है। एक रहस्यवादी की तरह वे प्रकृति में उस परम ज्योति की तलाश करते हैं जो प्रकाश और सौन्दर्य के रूप में प्रतिभासित होता है जब थिर होकर हम अनन्त सौन्दर्य को सन्दर्भ देते हैं तो गहन अंधकार में भी प्रकाशित हो उठते हैं। सौंदर्य की किरण हमारी आस्था से ही हमारे अन्दर पलती है। इस संदर्भ में निम्नलिखित पंक्तियाँ द्रष्टव्य हैं—

सौन्दर्य एक व्यापक भटकाव में थिराई हुई गति है
हमारी अपनी पहचान की एक अनवरत सृष्टि है।
इष्ट है हमारे तुम्हारे संवेगों में पड़ी हुई
अपनी ही आस्था की एक नई किरन
जो शायद आती कहीं से नहीं

हमीं से निकल कर जाती उस अनदेखे, अनचीन्हें?
नक्षत्र तक।

छायावाद में वेदना का निजी दर्शन है। प्रयोगवाद नयी कविता में भी वेदना को व्यवहारिक दर्शन के रूप में स्वीकार किया गया है। दर्द निस्सीम होता है वादों अर्थात् विचार धाराओं से उसे कम नहीं किया जा सकता। वेदना की आग मिला देने से ही वह कुछ कम होता है। इस संदर्भ में संकेत पथ पर शीर्षक कविता की कुछ पंक्तियाँ उद्धृत हैं—

दर्द है निस्सीम
मेरे दर्द में यदि हो सके तो मिला दो
वेदना का भाग
अपनी वेदना की आग
तुम को पूर्ण कर दो
पूर्ण आहुति के लिये सम्पूर्ण कर दो
एक अथ पर
एक पथ पर
प्रगति पर
संकेत गति पर
वेदना का लेप दे दो
मुक्ति है निष्काम।

लक्ष्मीकान्त वर्मा आस्था के कवि पीछे उल्लेख किया जा चुका है कि वे आध्यात्मिक कविता को श्रेष्ठ कविता मानते हैं वे कहाँ से पाऊँ। मैं पात्रता शीर्षक कविता में प्रार्थना की मुद्रा में कहते हैं—

कहाँ से पाऊँ मैं पात्रता
जो सहनकरे
वहन करे—करुणा तुम्हारी असीम!
तुम हो! पारदर्शी, निर्मल, धवल
मेरे ये कलुष पुंज अस्थि शेष
कहाँ से पाऊँ मैं वह रिक्तता
समा सके जिसमें यह प्लावन अपार!

लक्ष्मीकान्त मनुष्य के समस्त क्रियाकलापों के साथ सम्पूर्ण मनुष्यता को निरूपित करने का प्रयत्न करते हैं। हनुमान जी सीता के कथानक को नया अर्थ देते हुए वे विरोध-समर्थन विराटता-लघुता, वर्तमान-भविष्य सब कुछ को

अविभाज्य और एक-दूसरे के पूरक मानते हुए हनुमान के द्वारा लंका दहन की घटना को एकदम आधुनिक परिप्रेक्ष्य में प्रस्तुत करते हैं। जैसे राक्षस हनुमान जी की भक्ति को उनकी शान्ति और पुंसत्व को चुनौती देते हैं उसी तरह आज राजसी वृत्तियाँ मर्यादा, संयम एवं आस्था को चुनौती दे रही हैं। हनुमान की तरह अग्निपुंज बने बिना इनका विनाश संभव नहीं है। कवि के मन में प्रमादी, प्रलापी और अज्ञानी लोगों के प्रति भी सहानुभूति है क्योंकि वे सब हमारे ही अंश हैं। हनुमान जी की यह ललकार जैसे उन लोगों की ललकार है जो सृष्टि की आत्म-जगत की जननी शक्ति को मुक्त करने की आकांक्षा रखते हैं—

पर मैं क्या करूँ?
यह जो तुम्हारे अधिष्ठाता ने
मेरे सामने एक सोने की लंका खड़ी कर दी है
और यह जो अशोक वाटिका में
मेरी तुम्हारी सृष्टि की आत्मा, जगत जननी,
शक्ति कैद है
जिसमें एक नहीं
अनेक सीताएँ
चूड़ामणियों में अपना अस्तित्व लिये
आग की एक चिनगारी को तरस रही हैं
मैं कब तक आग और अंगूठी के
ताप और अनुपात को सँभालूँगा,

लक्ष्मीकान्त इतिहास पुराण की कथाओं में भी आमआदमी की भूमिका स्थिति और स्वर को पहचानने का यत्न करते हैं। इन्होंने 'चित्रकूट चरित्र' नाम से एक खण्ड काव्य लिखा है जिसका शिल्प गीत नाट्य का है। चित्रकूट में भरत, राम के साथ ऋषियों, मुनियों एवं साकेतवासियों, जनक आदि के बीच जो विचार-विमर्श हो रहा था उस समय आदिवासी जनता क्या चुप बैठी रही होगी। वे भी तो निर्णय जानने के उत्सुक रहे होंगे, उनको भी भरत, कैकेयी तथा राम के पक्ष को जानने की इछा रही होगी, उन्हें भरत दोषी दिखाई दे रहे हैं, कैकेयी, कुटिल दिखाई दे रही है। रामराज के बदले भरतराज नैतिक कैसे होगा? अन्ततः राम और भरत की अभेदता को स्थापित किया जाता है। उन्हें भरत के वास्तविक चरित्र से अवगत कराया जाता है। राजनीति में भावनाओं का भी महत्त्व होता है। सम्पूर्ण रचना में आदिवासियों के प्रश्नों के माध्यम से रामकथा में उनकी सार्थक उपस्थिति को अंकित किया गया है। राम कथा के दायरे में रहते हुए चित्रकूट प्रसंग को नया आयाम दिया गया। मैथिलीशरण गुप्त ने साकेत में उर्मिला के चरित्र को प्रकाशित किया है लेकिन मांडवी का चरित्र अप्रकाशित ही रहता है।

चित्रकूट चरित्र में मांडवी और भरत का सम्वाद अत्यन्त महत्वपूर्ण है। एक नारी की सम्मति और सहयोगी भावना उल्लेखनीय है। मांडवी की निम्नलिखित उक्ति कितनी मूल्यवान है—

हाँ प्रभु!
मानव जीवन पुरुषार्थ जन्य है
उसकी क्या तुलना किसी अन्य से
देव वर्ग पुरुषार्थहीन है, कर्महीन है,
दुख-सुख से वंचित भावहीन है।
प्रभु की कठिन तपस्या की मैं साक्षी,
इसीलिए मैं कह सकती हूँ
दिशा आपकी है अभेदमय;
यदि प्रभु राम भरत का भेद मिटा दें
देखें, भरत : राममय होकर
राम भरत रूप में होकर
अवध राज्य का त्राण इसी में
यह अभेद भाव है,
भक्त स्वयं भगवान हो जाता
और भगवान भक्त हो जाते।

लक्ष्मीकान्त वर्मा बाहरी दुनिया से टकराते हुए धीरे-धीरे आक्रोश को त्यागते हैं और अतिशय सौम्य ढंग से आत्मदान और आत्मविसर्जन की कविताएँ लिखते हैं। कंचनमृग में आध्यात्मिकता का स्वर अधिक प्रखर है। वे एक भक्त कवि की भूमिका में उतरते प्रतीत होते हैं लेकिन उनकी भक्ति में भी रागात्मकता बनी रहती है; एक कविता में वे लिखते हैं—

''यदि शरीर का एक लय है
तो अंगों का एक राग भी है
लय तो वह निरन्तरता है जिसमें
राग एक क्षणिक हस्तक्षेप से
सब कुछ बदल देता है।''

अपने अन्तिम संकलन 'रूबरू लक्ष्मीकान्त' में वे सीधे आत्मसाक्षात्कार करते हैं। कवि लक्ष्मीकान्त और व्यक्ति लक्ष्मीकान्त दोनों की मुठभेड़ इस संकलन की कविताओं में दिखाई देती है। अपनी काव्य साधना और उसके

परिणामों के प्रति वे स्वयं प्रश्नाकुल हो उठते हैं। कई बार गोष्ठियों में मैंने उनसे पूछा कि ऐसी कविता क्यों लिखी जाती है जिसे आम पाठक समझ ही नहीं पाते तो वे तिलमिला कर कहते थे कि लिखना मेरा धर्म है, मैं लिखता हूँ कोई नहीं समझ पाता तो मैं क्या करूँ। बड़े आलोचकों के साथ वैचारिक मतभेद के कारण भी शायद उन्हें उतना नहीं समझा गया जितनी अपेक्षा थी, यद्यपि वे पीड़ा से घबराते नहीं थे लेकिन जब वे सामान्य व्यक्ति की मन:स्थिति में होते थे तो उन्हें वह कचोटती थी। कवि आत्महन्ता होता है। निराला कि कर्म भूमि में रहने वाला कवि लगभग उसी राह पर चलता दिखाई पड़ता है, वे कहते हैं—

''इसी असंभव को संभव बनाने में
बूँद-बूँद 'रक्त दान' करते रहे
यानी वही लक्ष्मीकान्त जो बड़े-बड़े
युद्ध शिविरों में पराजित नहीं हुए
पर अपनी ही अपराजेय विवशता में
समूचे चूर-चूर होकर भी
साबूत बचे रहे।
और अब
अपने ही चक्रव्यूह की
परकाया में प्रवेश में
अपने ही को तोड़ रहे।''

भावों के प्रति चाहे जितनी नि:संगता बर्ती जाए, पीड़ा की कचोट हृदय को विगलित कर ही देती है, वर्तमान समय में सम्पूर्ण संस्कृति पर राजनीति हाबी होती गयी है, भारत जो अपनी सांस्कृतिक गरिमा के कारण अपनी स्वतंत्र राजनीतिक चेतना के कारण विश्व में अपनी पहचान रखता था, वहीं आज बुश का राज हो रहा है, अहिंसा पर हिंसा प्रतिष्ठित हो रही है, सब खामोश हैं और आदमी मर रहे हैं। कई कविताओं में आस्था का स्वर प्रखर हो जाता है, वे कहते हैं—

जाने और अनजाने के बीच
वह ढलती आवाज
जब प्रार्थना में बदलती है
तो बीज हँसते हैं, पृथ्वी प्रसवा होती है
प्रकृति भी होती है
और हमारा संगीत एक धूल भरे शिशु की

तुतलाहट होती है।
और उस तुतलाहाट में ही
ईश्वर होता है!

लक्ष्मीकान्त अपनी काव्य-भाषा के प्रति पूर्णतया सजग हैं। भाषा और सम्वेदना की संश्लिष्टता को निरूपित करते हुए उन्होंने कहा है कि—

जिस कवि की दृष्टि जितनी अधिक समग्रता से ओतप्रोत होगी, जितनी अधिक सत्य की समग्रता से आन्दोलित होगी उतनी ही अधिक टकराहट उसके भीतर और बाहर व्यंजित होगी, अवधारणाओं का विस्फोट होगा। शब्द, शब्द से टकरायेंगे, बिम्बों के निरन्तर प्रपात एक-दूसरे से जूझेंगे, प्रतीकों के जुलूस उसके कवि मानस में उभरेंगे, उसके संस्कारों में उद्वेलन होगा, उसकी मनः स्थितियाँ में बेचैनी होंगी। भाषा अपने ही व्याकरण के, अपने ही विन्यास के विरोध में खड़ी होगी और तब कवि के सम्पूर्ण आवेग, उद्वेग से जो विवेक व संकल्प उद्भासित होगा वह प्रति-बिम्बों और मिथकों को नया अर्थ देगा, परम्परा से अर्जित जंग लगे मुहावरों, को काटेगा, छाँटेगा, कुछ को निकाल बाहर करेगा, कुछ को स्वीकार करेगा, कुछ नये मिथक जोड़ेगा, कुछ को घटायेगा और एक भयंकर पीड़ा और वेदना की प्रतिमा से गुजारेगा। वर्मा जी की भाषा तत्सम्, तद्भव शब्दों के विन्यास से निर्मित है। विदेशी शब्द उसमें बहुत कम हैं, वे भाषा की लय और छन्द की गति के प्रति जागरूक हैं। प्रतीकों और उपमानों का सार्थक प्रयोग उनमें दिखाई पड़ते हैं, वे मिथकों को नया अर्थ देते हैं और पुराने प्रतीकों में संजीदगी पैदा करते हैं। सादृश्य विधान का उनका अपना निजी तरीका है, उदाहरणार्थ—

मैंने तुम्हें दे दिये
अपने सारे संचित स्नेह: ताल के कुइयों से खिले
अधखिले दुग्ध
धवल जुन्हाई से
दे दिये अर्जित वन्दना के क्षण : शंकालु द्विधा से भरे हुए स्नेह सिक्त
शिलाखण्ड : सान्ध्य नभ में एकाकी नखत से

भाषा ने नाटकीयता और व्यंग्य के गुण भी हैं शब्द या वाक्य विशेष में नहीं बल्कि रचना की सम्पूर्ण अन्विति से व्यंग्य प्रस्फुटित होता है। 'रूबरू लक्ष्मीकान्त' की कुछ कविताओं में फ़ारसी शब्दों का अधिक प्रयोग है। प्रश्न के बाद प्रश्न खड़ा करना लक्ष्मीकान्त की शैली का एक उल्लेखनीय पहलू है। कुल मिलाकर लक्ष्मीकान्त वर्मा हिन्दी के एक महान रचनाकार के रूप में दिखाई देते हैं।

●

धर्मवीर भारती

(जन्म 1926 ई० में—1997 ई० में मृत्यु)

धर्मवीर भारती का जन्म इलाहाबाद के अतरसुइया मुहल्ले में एक मध्यवर्गीय कायस्थ परिवार में हुआ था। भारती जब कक्षा आठ में पढ़ते थे तभी पिता का देहान्त हो गया। इलाहाबाद विश्वविद्यालय से इन्होंने बी० ए०, एम० ए० किया फिर यहीं से सिद्ध साहित्य विषय पर डी० फिल० की उपाधि ग्रहण की। बाद में 'अभ्युदय', 'संगम', निकष' जैसी पत्रिकाओं के सम्पादन में अपना सहयोग दिया। 1960 ई० में प्रयाग विश्वविद्यालय में अध्यापक पद पर नियुक्त हुए। इन्होंने अन्य साहित्यिक गतिविधियों के अलावा सर्वाधिक महत्वपूर्ण भागीदारी इलाहाबाद की प्रसिद्ध साहित्यिक संस्था 'परिमल' के संगठन संचालन में की। 'परिमल' ने ही नई कविता आंदोलन का सूत्रपात किया था जिसके पुरस्कर्ताओं में भारती भी थे। 1960 में 'धर्मयुग' के सम्पादक हो गये तथा बम्बई चले गये। लम्बे समय तक धर्मयुग का सम्पादन कार्य करते रहे फिर अवकाश लेने के पश्चात बम्बई में 1997 में उनकी मृत्यु हो गयी। भारती जी दूसरे सप्तक के कवि हैं। कवि होने के साथ-साथ प्रसिद्ध नाटककार एवं कथाकार भी हैं। कनुप्रिया, ठंडा लोहा, सातगीत वर्ष इनकी प्रसिद्ध काव्य कृतियाँ हैं, गुनाहों के देवता, सूरज का सातवाँ घोड़ा प्रसिद्ध उपन्यास तथा अंधायुग प्रसिद्ध नाट्य कृति है। इसके अतिरिक्त ठेले पर हिमालय, बंद गली का आखिरी मकान, मानव मूल्य और साहित्य भारती जी की अन्य कृतियाँ हैं।

सातगीत वर्ष में संकलित प्रमथ्यु गाथा में भारती जी आधुनिकता बोध को उजागर करते हैं। अंधा युग में महाभारत की कथा के माध्यम से युद्धजन्य कुंठा, युद्ध की निरर्थक परिणति, विवेकहीन अमानवीय स्थितियों को अभिव्यंजित किया गया। कनुप्रिया में राधाकृष्ण का रागबोध उद्घाटित होता है। धर्मवीर भारती दलीय राजनीति से मुक्त स्वतन्त्र चेता कवि हैं उनका मानना है कि कविता को राजनीति का पिछलग्गू नहीं होना चाहिए। राजनीति साहित्य को बोझिल कर देती है। कविता में राजनीतिक एवं सामाजिक गतिविधियाँ जाने-अनजाने व्यक्त होती हैं लेकिन उन सबको साहित्य के ऊपर नहीं लादा जाना चाहिए। मानवीय विघटन को रोकने के लिए मनुष्य की आन्तरिकता पर बल देना अपेक्षित है। अपनी इसी विषय ग्रहण की काव्यनीति के कारण वे जीवन के

व्यापक आयाम को अपनी रचनाओं में ग्रहण करते हैं। भारती अपनी रचनाओं के माध्यम से पुरानी मान्यताओं को ध्वस्त करते हैं लेकिन इस ध्वंस की भूमि पर ही नये जीवन मूल्यों और जीवन के नये अर्थों की सार्थक तलाश भी करते हैं। यही कारण है कि उनके काव्य जगत में परम्परा को तोड़ने का मिथ्या विद्रोही मिजाज नहीं मिलता। नवीनता के नाम पर वे कविता को विकृत भी नहीं करते। इनके काव्य में अनास्था और विघटन के बीच से सृजन की चेतना उभरती है। मनुष्य की यातनाओं और अकेलेपन के बीच अपने को पुनः सृजित करने और नये घरातल पर सम्बन्ध सूत्रों को जोड़ने का प्रयत्न उनकी रचनाओं में परिलक्षित होता है। धर्मवीर भारती का स्वयं का कथन है कि 'पाये हुए और पाकर खोये हुए संसार को किसी एक स्तर पर रचते हैं ऐसे स्तर पर जहाँ कुछ फिर कभी धुँधला और अर्थहीन न पड़े। उनका दृढ़ विचार है कि जीवन प्रक्रिया और रचना प्रक्रिया एक-दूसरे से इतना अधिक सम्पृक्त होती है कि दोनों को अलग-अलग करना कठिन है। अतः किसी कविता के विषय में यह कहना कि कविता तो मर्मस्पर्शी है लेकिन जीवन से दूर है, इस तरह का कथन कविता के बारे में उनकी समझ पर ही प्रश्नचिन्ह लगाती है। धर्मवीर भारती जीवन के सम्पूर्ण परिवेश में जीना चाहते हैं और सबसे अपना सम्बन्ध जोड़ना चाहते हैं। सहजता और सजीवता उनकी दृष्टि में रचना के प्रधान तत्व हैं। यत्नपूर्वक जीवन और जीवन की व्याख्याओं को काव्य पर आरोपित नहीं किया जाना चाहिए। कविता धर्म शास्त्र, राजसत्ता, वादों तथा नारों द्वारा निर्देशित विषयों में सीमित होकर खोखली हो जाती है। इसका तात्पर्य यह नहीं कि उसमें जमीन का खुरदश यथार्थ नहीं होता, क्योंकि यथार्थ की खुरदरी जमीन से टकराकर ही वह प्राणवान होती है।

मुक्तिबोध की काव्य यात्रा प्रेम और सौन्दर्य की सहज मानवीय अनुभूतियों और उनकी निधड़क अभिव्यक्तियों से शुरू होती है। छायावादियों की तरह वे अशरीरी लोकोत्तर और रहस्यवादी आवरण को चीरकर विशुद्ध मानवीय धरातल पर खड़े होते हैं; वे असाधारण बनने की चेष्टा नहीं करते। वे अनेक क्षेत्रों से अनुभव को बटोरते हुए और उन्हें पूरी ताकत से रचते हुए अग्रसर होते हैं। उनके काव्य की आरम्भिक प्रवृत्तियों में सारी दैहिक सौन्दर्य की उपासना और उद्दाम वासना की उन्मुक्त अभिव्यक्तियाँ मिलती हैं। अपने समकालीन रचनाकार बच्चन, नरेन्द्र शर्मा, अंचल, सुमन आदि की रचनात्मक प्रवृत्तियों के समानान्तर भारती भी अपने ढंग से अपनी शैली से अग्रसर होते हैं। छायावादोत्तर प्रयोगवादी कविताओं में अध्यात्म निरपेक्ष वैक्तिक बोध के कारण तथा फ्रायड के मनोविश्लेषण सिद्धान्तों के प्रभाव के कारण कवि अवचेतन में भी प्रवेश करनेकी चेष्टा करते हैं। फलस्वरूप इनकी कविताओं में घुटन, नैराश्य, ऊब और आकुलता उत्पन्न हो जाती है। भारती अपनी आरम्भिक कविताओं में प्रकृति के उपादानों का भी प्रयोग प्रेम की अभिव्यक्ति के लिए ही करते हैं। उनकी

आरम्भिक कविताओं का प्रथम संकलन है 'ठंडा लोहा' इस संकलन में 1946 से 52 तक की कविताएँ संकलित हैं। इनमें अधिकांश कविताएँ रूप छवि की आसक्ति और एन्द्रिक वासना से सम्बन्धित हैं। भारती दैहिक सौन्दर्य को मध्यकालीन भक्तों की तरह पूजा और आराधना के रूपमें देखते हैं। निम्नलिखित पंक्तियाँ द्रष्टव्य हैं—

पूजा-सा तुम्हारा रूप
जी सकूँगा सौ जनम अँधियारियों में यदि मुझे
मिलती रहे/काले तमस की छाँह में
ज्योति की यह एक अति पावन घड़ी!
प्रार्थना की एक अनदेखी कड़ी!

कवि प्रेमिका के खारे आँसू से धुले गाल, रुखे हल्के अधखुले बाल में ही पूरी तरह से रम जाता है। सामाजिक बन्धनों और प्यार की लालसा के बीच के मर्म को उजागर करते हुए कवि कहता है—

प्रीत ही सब कुछ नहीं है, लोक की मरजाद है सबसे बड़ी
बोलना रुँधते गले से—
'ले चलो! जल्दी चलो! पी के नगर!'

प्रेयसी के भावोत्तेजक अंगों और प्रकृति के उद्दीपन के प्रभाव से कवि की भोगलिप्सा प्रबल वेग से फूट पड़ती है। वह फिरोजी होंठो पर अपनी जिन्दगी लुटा देने के लिए प्रस्तुत है। वह उर्दू के शायरों की तर्ज पर कहता है—

मुझे तो वासना का
विष हमेशा बन गया अमृत
बशर्ते वासना भी हो तुम्हारे रूप से आबाद!
मेरी जिन्दगी बरबाद!

नायिका के अनुभाव, अंगिक सौन्दर्य के मादक प्रभावों से यदि गुनाह के गीत निर्मित हों तो इसमें आश्चर्य कहाँ है। जब कवि की जीवनदृष्टि में वासना जिन्दगी की माप बन गयी हो तो बिना हिचक के ही प्रेम संवेदना को एक मूल्य के रूप में प्रस्तुत करने का संकल्प कवि मानस में निश्चित ही जागृत होगा जैसे द्विवेदी युगीन अतिशय नैतिकता के प्रतिबन्ध को तोड़ते हुए सुमित्रानन्दन पंत कहते हैं—

'कभी तो अब तक पावन प्रेम
नहीं कहलाया पापाचार
हुई मुझको ही मदिरा आज
हाय यह गंगा जलधार।'

इसी तरह भारती भी छायावाद के आध्यात्मिक आवरण को हटाते हुए बहुत सीधे सरल ढंग से समाज के सामने प्रश्न खड़ा करते हैं और साथ ही सहज मानवीय आकांक्षाओं के परिप्रेक्ष्य में उत्तर भी प्रस्तुत करते हैं—

पूजा सा तुम्हारा रूप
जी सकूँगा सौ जनम अंधियारियों में यदि मुझे
मिलती रहे/काले तमस की छाँह में
ज्योति की यह एक अति पावन घड़ी!
प्रार्थना की एक अनदेखी कड़ी!

—(ठंडा लोहा)

भारती के गीतों में उद्दाम यौवन की लालसाएँ हैं और प्यार की पीर है। साथ ही विशेष तरह की मानसिक हलचल भी है। मुक्त प्रेम और सामाजिक संयम के बीच सदैव छत्तीस का आँकड़ा रहा है। प्रणय की आकांक्षा जितनी तीव्रता से जागृत होती है, आवश्यक नहीं है कि अवलम्बन की ओर से उतना ही उत्कट समर्पण हो। यान्त्रिकता, बौद्धिकता और तर्कप्रधान युग में प्रेम संवेदना की निष्कलुष पवित्र एवं गहन अनुभूति का चित्रण हृदय द्रावक तो है किन्तु आधुनिकता के प्रभाव के कारण वैयक्तिकता के फलस्वरूप बिना किसी शर्त, बिना किसी चाह और बिना किसी परवाह से आत्मोत्सर्ग करना सम्भव नहीं है। प्रेम की अनेक विषमताओं और अनेक विसंगतियों का ही परिणाम है कि माथे पर दुख का धुधलापन और अन्ततः मन पर उतराते हुए कफन के एहसास से सम्पृक्त हो जाता है। पीड़ा को दर्शन मानने की प्रवृत्ति छायावाद में है, कुछ भिन्न स्थिति में यह प्रवृत्ति नई कविता में भी दिखलाई पड़ती है। प्रणय की पीड़ा जीवन का सम्बल होती है। यही दर्द व्यापक मानवीय संवेदना से जुड़कर ज्योति स्वरूप हो जाता है, कवि कहता है कि—

सबका जीवन है भार, और सब जीते हैं,
बेचैन न हो,
यह दर्द अभी कुछ गहरे और उतरता है,
फिर एक ज्योति मिल जाती है,

ठंडा लोहा की आरम्भिक कविताएँ शीर्षक की प्रतीकात्मकता को ही उद्घाटित करती हैं। जब दर्द, स्वप्न, गीत और संघर्ष की ऊष्मा व्यक्ति में नहीं रहती तो उसमें निष्क्रियता का समावेश होने लगता है अर्थात् ठंडे लोहे की पर्तें उसकी श्वांसों को कुचल देती हैं। इसी संग्रह में कविता की मौत शीर्षक कविता में कवि रचना की नई सम्भावनाओं को रूपायित करता है। कवि को मनुष्य की जिजीविषा और संघर्ष शक्ति पर पूर्ण विश्वास है। भूख, गरीबी और ध्वंस के

बीच से उभरकर कविता मनुष्यता के नये इतिहास की रचना के लिए अग्रसर होगी। भारती जी कविता के मुख से ही कहलवाते हैं—

क्या हुआ दुनिया अगर मरघट बनी,
अभी मेरी आखिरी आवाज बाकी है,
हो चुका हैवानियत की इन्तहा,
आदमीयत का मगर आगाज बाकी है!
लो तुम्हें मैं फिर नया विश्वास दी हूँ,
नया इतिहास देती हूं!
कौन कहता है कि कविता मर गई?

भारती कवि के दायित्व को अपने ढंग से रूपायित करते हैं। निराशा, यातना, थकन के बीच नई जिन्दगी और नये सृजन की भावना लेकर वे काव्य यात्रा में प्रवृत्त होते हैं। कितने ओजस्वी ढंग से वे आह्वान करते हैं और मनुष्य की अपराजित शक्ति को उजागर करते हैं—

पथहीनों से मिली प्रेरणा उसे पन्थ की
पराजितों के विश्वासों में विजय मिलेगी।
कौन जानता है/वह शायद
इस सम्बल का आश्रय पाकर
महाकाल के जबड़ों में से सत्य जीत कर
गरल पानकर/अमृत लाए/वापस आए।

अपने कुछ गीतों में वे वैयक्तिक रागात्मक पीड़ा से बाहर निकलकर सामाजिक सम्बन्धों पर दृष्टिपात करते हैं। बोवाई का गीत में उन्होंने बाहर की सच्चाई को अंकित किया है। सुभाष की मृत्यु पर और निराला के प्रति कवितायें भी उल्लेखनीय हैं।

1996 में उनका दूसरा कविता संकलन प्रकाशित हुआ 'सात गीत वर्ष'। इस संकलन में उनका सहज मन सबके प्रति समर्पित दिखाई पड़ता है। यहाँ उसकी गतिशील आस्था अधिक सबल और दृढ़ दिखलाई देती है। वह विरोध अन्तर्द्वन्द्व और वैषम्य के शमन का आश्वासन नहीं चाहता बल्कि टूटे बिखरे अवरोधों से ही कुछ नया रचना चाहता है। वह आगे बढ़ने का संकल्प लेता हुआ कहता है —

चलना तो हमको ही होगा
चलने में ही हम टूटों और अधूरों का
शायद कुछ होगा नया गठन

आश्रय देंगे हमको अपने
जर्जर पर अपराजेय चरण।

—(सात गीत वर्ष)

भारती मनुष्य को अपने परिस्थितियों में अकुंठित भाव से जीने की प्रेरणा देते हैं। सच्चा कवि वह होता है जो मनुष्य की हर स्थिति और परिस्थिति का साक्षात्कार करता है और वहाँ से रचनात्मक प्रेरणा ग्रहण करता है जो मनुष्य बौना है, वह भी वामन की तरह कम शक्तिशाली नहीं है। वामन के पौराणिक मिथक का नवीन प्रयोग करते हुए भारती कहते हैं—

हर मनुष्य बौना है लेकिन
मैं बौना में बौना ही बनकर रहता हूँ
हारो मत, साहस मत छोड़ो
इससे भी अथाह शून्य में
बौनों ने ही तीन पगों में धरती नापी।

साम्राज्यवादी ताकतों को वे उसी तरह से बेनकाब करते हैं जैसे प्रतिबद्ध जनवादी कवि विदेशियों की शोषण की नई-नई तरकीबों को बेनकाब करता है। वे लिखते हैं—

लेकिन बात यह पुरानी है
घोड़ों पर रखकर, या थैली में भरकर
था रोटी से ढँककर, या फिल्मों में रंगकर
वे जंजीरे केवल जंजीरे ही लाए हैं
और भी पहले वे कई बार आए हैं।

धर्मवीर भारती प्रणय संवेदना को त्यागते नहीं हैं अपनी आरम्भिक कविताओं की तरह परवर्ती गीतों में भी वियोग व्यथा का अंकन करते हैं। भारती देशी-विदेशी पौराणिक आख्यानों में आधुनिक अर्थ बोध जागृत करते हैं। प्रमथ्यु गाथा, टूटा पहिया, बाणभट्ट और वृहन्नला ऐसी ही कृतियाँ हैं। प्रमथ्यु को जनसाधारण की प्रेरणा से जोड़ते हुए जनसाधारण की शक्ति और क्षमता को अपने गीत के स्वरों में झंकृत करते हैं। उन्हें विश्वास है कि कोई दिन ऐसा आयेगा जब कवि के पीड़ासिक्त स्वरजन के मन में मुर्छित प्रमथ्यु को जगायेंगे। कवि जैसे अपनी वैयक्तिक चेतना के साथ जनचेतना की आन्तरिक शक्ति बन जायेगा। इसी तरह टूटा पहिया में प्रतीक के माध्यम से वे सामूहिक इतिहास के गीत में जनसाधारण की महत्ता को निर्दिष्ट करते हैं उसमें भी मानवीय सच्चाई को सम्बल देने की ताकत है और वह भी इतिहास का एक सार्थक चिन्ह बन सकता है। इस सन्दर्भ में निम्नलिखित पंक्तियाँ द्रष्टव्य हैं—

मैं रथ का टूटा पहिया हूँ
लेकिन मुझे फेको मत
इतिहास की सामूहिक गति
सहसा झूठी पड़ जाने पर/क्या जाने,
सच्चाई टूटे हुए पहियों का आश्रय ले।

बाणभट्ट शीर्षक कविता के माध्यम से वे समकालीन रचनाकारों पर तीखा व्यंग्य करते हैं वे सामान्य जन की पीड़ा या अपनी निजी रागात्मक अनुभूतियों या प्रकृति के मोहक सौन्दर्य से विरक्त होकर मात्र झूठे मान, सम्मान और प्रतिष्ठा के लिए अपने कवि स्वाभिमान को बेच देते हैं। कवियों की इस प्रवृत्ति पर आघात करते हुए भारती जी लिखते हैं—

सत्य है कूटज्ञों, बधिकों, नगर-सेठों, वेश्याओं के आगे
बिके हुए शब्दों की यह क्रीड़ा
सत्य है राजा हर्षवर्धन के हाथों से मिला हुआ
पान का सुगन्धित एक लघु बीड़ा
(चाहे वह जूठा हो,
पर उस पर लगा हुआ वर्कदार सोना!
हाय बाणभट्ट! हाय
तुमकों भी, तुमको भी, आखिर यही होना था!)

अंधायुग महाभारत के कथानक पर आधारित एक काव्यरूपक है। इस रचना में भारती ने महाभारत के 18वें दिन की संध्या से प्रभाषतीर्थ में कृष्ण के मृत्यु के क्षण तक की घटना को ग्रहण किया है। कवि ने पौराणिक आख्यान के माध्यम से आधुनिक युग की अनास्था, संत्रास, कुंठा और अन्य विसंगतियों को अंकित किया है। द्वितीय विश्व युद्ध से उत्पन्न विभीषिका ने विश्व मानव के समक्ष उत्पन्न युद्ध के संकट पर गम्भीरता से विचार करने की जरूरत महसूस करता है। धृतराष्ट्र का अंधापन एक तरह से सम्पूर्ण सत्ता और युग के अंधेपन का द्योतक बन जाती है। अंधापन कई रूपों में दिखाई पड़ता है, ममता, मोह, मर्यादा और अधिकार सभी का अंधापन। प्रजा पर मर्यादाएँ तथा आस्थाएँ थोपी जाती हैं उनमें कोई स्वयं की निर्णय शक्ति नहीं है। वैयक्तिक स्नेह और स्वार्थ से शासक प्रत्येक स्थिति में अंधेपन का परिचय देता है। अंधायुग के कृष्ण अनासक्त है। इसलिए उनमें इतिहास को चुनौती देने की क्षमता है और नक्षत्रों की दिशा बदल देने की ताकत है। ज्योतिषी याचक के शब्दों में--

जब कोई भी मनुष्य
अनासक्त होकर चुनौती देता है इतिहास को

उस दिन नक्षत्रों की दिशा बदल जाती है।
नियति नहीं है पूर्व निर्धारित—
उसको हर क्षण मानव निर्णय बनाता मिटाता है।

युद्ध में किस तरह प्रतिशोध और हिंसा की बर्बरता पशुत्व को भी पीछे छोड़ देती है उसकी व्यंजना अश्वत्थामा के चरित्र में देखी जा सकती है। जब मनुष्य के अवचेतन में हिंसा जागृत होती है तो वह प्रतिपक्ष के वध के लिए रीति-नीति कुछ नहीं देखता। अधर्म और अमर्यादा के चक्र में मर्यादित बुद्धि निष्क्रिय हो जाती है। युद्ध की अन्तिम परिणति पूरी मानवता को ध्वस्त कर देती है। सही और गलत दोनों पक्ष जर्जरित होते हैं—

अन्तिम परिणति में
दोनों जर्जर करते हैं
पक्ष चाहे सत्य का हो
अथवा असत्य का!

कृष्ण के विराट व्यक्तित्व का एकदम नया स्वरूप इस कृति में प्रस्तुत होता है। गांधारी ने जब कृष्ण को शाप दिया तो उन्होंने उसे सहज स्वीकार किया और बताया कि 18 दिनों के युद्ध में कोई नहीं मरा सिर्फ मैं मरता रहा हूँ, मैं ही घायल होता रहा हूँ और अश्वत्थामा के अंग से युग युगान्तर तक मैं ही रक्त, पीप बनकर बहता रहूँगा। यदि मैं जीवन हूँ तो मैं मृत्यु भी हूँ। कृष्ण का यह कथन मनुष्यता के लिए एक नूतन संदेश प्रस्तुत करता है। 'मानव मन के अन्दर वह स्थित रहेंगे। पिछले ध्वंसों पर नूतन निर्माण मनुष्य के द्वारा घटित होगा। आचरण, सृजन, निर्भयता, साहस, ममता आदि के क्षणों में मैं बार-बार जीवित और सक्रिय होता रहूंगा।' युद्ध की विभीषिकाओं और परिणामों का यथार्थ दृश्य इस रचना में दृष्टिगोचर होता है।

'कनुप्रिया' राधाकृष्ण के रागात्मक सम्बन्धों के माध्यम से मानवीय समस्याओं के अन्तराल में जीवन के सम्बन्ध सूत्रों को उद्‌घाटित किया गया है, कवि ने प्रेम के सभी स्तरों भावस्थितियों, क्रियाओं तथा पीड़ा की अनुभूतियों को उद्‌घाटित किया है। भारती ने कनुप्रिया के रागपक्ष को उद्‌घाटित करते हुए वैष्णव संस्कारों के साथ आज की बौद्धिक विसंगतियों को प्रसारित किया है। प्रकृति में श्याम की व्यापकता, प्रेम के विविध प्रसंगों की मादक स्मृतियाँ, प्यार की विशिष्ट भाषा को समझने की चेष्टा। राधा के अंग सौन्दर्य का प्राकृतिक विस्तार भारती की आरम्भिक रागात्मक चेतना की शिखर परिणितियाँ हैं। प्रेम के सामाजिक महत्त्व की ओर इशारा करते हुए भारती कहते हैं—

बिना मेरे कोई भी अर्थ कैसे निकल पाता
तुम्हारे इतिहास का

शब्द, शब्द, शब्द—
राधा के बिना/सब
रक्त के प्यासे/अर्थहीन शब्द!

भारती का काव्य गीतात्मक है। उन पर उर्दू गजलों का भी प्रभाव दिखाई पड़ता है। उर्दू के प्रचलित शब्दों के साथ आवश्यकतानुसार तत्सम शब्दों की योजना करते हुए भारती प्रभावात्मक बिम्ब, विधान करते हैं। उनके यहाँ नये उपमानों एवं नये प्रतीकों को प्रस्तुतीकरण हुआ है। संश्लिष्ट बिम्बों में भी वे अर्थ के माधुर्य को नहीं खोते। उनके बिम्ब, विधान एवं भाषा प्रयोग का एक उदाहरण प्रस्तुत है—

मैं साँसें लेती हूँ जैसे
टूटे-फूटे बरबाद मकबरे की
नीवों में दबी हुई/ अभिशाप ग्रस्त प्रेतात्माएँ
विश्वासें भरती हैं/अक्सर सन्नाटे में!

भारती जी अपने शिल्प के विषय में जो विज्ञापन करते हैं उस पर वे खरे उतरते हुए दिखाई पड़ते हैं—

है मेरे पास जल मोती-सी उपमाएँ
ताजे वनफूलों-सी वेदाग नई वाणी
मेरे बस एक इशारे पर/हर-एक छन्द
पावस के मोर सरीखा नाच उठा करता।

निष्कर्ष रूप में कहा जा सकता है कि सौन्दर्य चित्रण, बिम्ब विधान, नये एवं ताजे उपमानों के प्रयोग की दृष्टि से भारती अपने समय के कवियों में उल्लेखनीय स्थान रखते हैं।

●

जगदीश गुप्त

जगदीश गुप्त का जन्म 3 अगस्त, 1924 ई० को शाहाबाद जनपद हरदोई उत्तर प्रदेश में हुआ था। बचपन में ही पिता का देहान्त हो गया। माँ के ही देखरेख में गुप्तजी का बचपन बीता। जगदीश गुप्त की प्रारम्भिक शिक्षा हरदोई में हुई।

शाहाबाद के साहित्यिक वातावरण से गुप्त जी प्रभावित रहे। उन्होंने स्वयं लिखा है कि सवैया की ओर प्रवृत्त होने का प्राथमिक संस्कार मुझे अपने जन्म स्थान शाहाबाद से ही मिले हैं। जगदीश गुप्त की माध्यमिक शिक्षा देहरादून तथा कानपुर हुई तथा उच्च शिक्षा इलाहाबाद से सम्पन्न हुई। इलाहाबाद विश्वविद्यालय में 1950 से जगदीश गुप्त ने हिन्दी-विभाग में अध्यापन कार्य शुरू किया और 1986-87 में आचार्य एवं अध्यक्ष पद से सेवानिवृत्त हुए। उन्हें प्राचीन एवं नवीन साहित्य के विभिन्न अध्येताओं, आलोचकों एवं रचनाकारों के सम्पर्क में आने का सुअवसर प्राप्त हुआ। कानपुर में रहते हुए उन्हें सनेही मंडल का सम्पर्क मिला। इलाहाबाद में रहते हुए खड़ीबोली के नवीन काव्यान्दोलन से जुड़े। गुप्त ने अपने समय के जातियों में बँटे समाज की कटुता देखी थी और गाँधी जी तथा अन्य लोगों के द्वारा चलाए गये सामाजिक समता के आन्दोलनों को देखा था। स्वतन्त्रता के बाद हुए सामाजिक परिवर्तनों की आकांक्षाओं को उन्होंने गहराई से समझा था। जिस समय जगदीश गुप्त का जन्म हुआ उस समय राष्ट्रीय आन्दोलन चल रहा था। जगदीश गुप्त ने किशोरावस्था में राष्ट्रीय आन्दोलन के अनेक पक्षों को देखा समझा होगा। स्वतंत्र होने की उमंग और फिर स्वतंत्र भारत की राजनीतिक, सामाजिक विडम्बनाओं की कटुता एवं तिक्तता का भी गहन अनुभव उन्हें प्राप्त हुआ। जगदीश गुप्त जिस समय रचनारत हुए उस समय इलाहाबाद में तीन छायावादी कवि ख्याति प्राप्त कर चुके थे। उनके सम्पर्क में रहकर उन्होंने छायावादी संस्कार उपलब्ध किया। 10 दिसम्बर, 1944 में इलाहाबाद में 'परिमल' साहित्यिक संस्था की स्थापना हुई। छायावाद से भिन्न प्रयोगवाद का जो काव्यान्दोलन चला उसके स्थान पर नई कविता के आन्दोलन को प्रतिष्ठित करने में परिमल से जुड़े रचनाकारों का महत्वपूर्ण योगदान है।

जगदीश गुप्त ने 'गुजराती और ब्रजभाषा कृष्णकाव्य का तुलनात्मक अनुशीलन' शीर्षक शोध प्रबन्ध लिखा। इसमें पन्द्रहवी सोलहवी और सत्रहवीं शताब्दी में लिखे गये गुजराती और ब्रजभाषा कृष्ण काव्य का तुलनात्मक अध्ययन बड़े मनोयोग से किया गया है।

जगदीश गुप्त की अभिरुचि चित्रकला एवं पुरातत्व में भी थी। उन्होंने पुरातत्व सम्बन्धी अनेक पुस्तकों का अध्ययन किया और 'प्रागैतिहासिक चित्रकला का सर्वांगीण विवेचन किया है। अपने शोध कार्य को प्रमाणित करने के लिये उन्होंने अनेक विदेशी विद्वान की खोजों की सहायता ली एवं अनेक देशों की प्रागैतिहासिक चित्रकला का परिचय भी दिया। जगदीश गुप्त का कला सम्बन्धी एक महत्वपूर्ण ग्रन्थ है 'भारतीय कला के पदचिन्ह' इसमें मुख्यतया चित्रकला तथा मूर्तिकला का विवेचन क्रिया गया है, उनकी चित्रकला सम्बन्धी मान्यता है कि 'चित्रकला सब कलाओं की आँख है। उसका अस्तित्व अन्य सभी कलाओं तथा काव्यरूपों में अन्तर्व्याप्त है।'

केशवदास—केशवदास जगदीश गुप्त द्वारा लिखित महत्वपूर्ण समीक्षात्मक कृति है। केशवदास रीतिकाल के प्रमुख आचार्य कवि होते हुए भी आलोचक की दृष्टि में विवादास्पद रहे। कोई उन पर ह्रदयहीनता का आरोप लगाता है और कोई उन पर दुर्बोधता का आरोप मढ़ता है। जगदीश गुप्त ने निष्पक्ष भाव से केशवदास के कृतित्व का मूल्यांकन किया। केशव का काव्य एक ओर भक्ति से समाविष्ट है तो दूसरी ओर राजनीति चेतना से सम्पृक्त।

नई कविता स्वरूप और समस्याएँ—प्रस्तुत कृति गुप्त जी के सैद्धान्कि एवं व्यावहारिक समीक्षापरक निबन्धों का संकलन है। इसमें छः वर्गों में निबन्धों का वर्गीकरण प्रस्तुत किया गया है। इसमें जीवन दृष्टि पर आधारित चार निबन्ध हैं और तात्विक आधार के अन्तर्गत पाँच निबन्ध हैं। प्रतिवाद के अन्तर्गत पाँच निबन्ध एवं प्रस्थापना में कुल सात निबन्ध हैं। पाँचवें भाग में मूल्यांकन किया गया है इसके अन्तर्गत सात निबन्ध हैं।

ब्रजभाषा काव्य—कानपुर में शिक्षा ग्रहण करते हुए सनेही मंडल के सम्पर्क में आए, वहीं उनको ब्रजभाषा में काव्य रचने की प्रेरणा मिली। 'छंदशती' इनका प्रसिद्ध ब्रजभाषा काव्य है। छंदों को नैवेद्य, परम्परा स्वीकार, आँखें और आँसू, रूपरस, ऋतुरंग, उपालम्भ, मृणाल तनु, घायल चांदनी, अनुभूति के छोर आदि शीर्षकों में संकलित किया गया है। कुल मिलाकर यह काव्य प्रणय की अनुभूतियों का काव्य है। 'छंदशती' में छंदों के साथ जो चित्र दिये गये हैं उनके साथ छंदों का किंचित साम्य अवश्य है। यद्यपि उनका निर्माण छंदों के अनुरूप नहीं किया गया है।

कवि की छन्द योजना तथा कल्पनाशीलता का एक उदाहरण देखिए—

गालन पै हिलै लाल गुलाब
खिलै मुख देखि सरोज हजारन
बाल की बंक विलोकनि में,
बिकसै छन ही छन ओज हजारन।

खड़ीबोली काव्य—जगदीश गुप्त की अधिकांश रचनाएँ खड़ीबोली में लिखी गई हैं। उनको तीन वर्गों में विभाजित किया जा सकता है—मुक्तक काव्य, पैराणिक एवं ऐतिहासिक काव्य तथा वैयक्तिक जीवन से सम्बन्धित काव्य।

मुक्तक काव्य के अन्तर्गत गुप्त जी का नाव के पाँव, शब्ददंश, हिमबिद्ध, आदिम एकान्त, बहुलोचना नदी, युग्म, साँझ, काव्य संकलनों को रखा जा सकता है।

जगदीश गुप्त का प्रथम काव्य संकलन, 'नाव के पाँव' शीर्षक से सन् 1955 में प्रकाशित हुआ। इसमें आधुनिक जीवन की अनुभूतियों, संवेदनाओं एवं

विडम्बनाओं का जीवन्त चित्रण प्रस्तुत करने वाली कविताएँ हैं। इस संग्रह के दो खण्ड हैं, प्रथम खंड 'नाव के पांव' और दूसरा 'टूटती लहरें'/'शब्द दंश' जगदीश गुप्त की तीक्ष्ण अनुभूतियों, संवेदनाओं तथा सामाजिक सांस्कृतिक समस्याओं के प्रति उनके मानस में स्फुरित होने वाले विरोधों एवं समाधानों की रचनात्मक परिणति है। इसमें कहीं तीक्ष्णता है तो कहीं वात्सल्य एवं माधुर्य की सहज अभिव्यंजना है, कहीं प्रकृति एवं नारी सौन्दर्य की अनुभूति का चित्रण है तो कहीं युद्ध की विभीषिका के प्रति गहरी प्रतिक्रिया है,/मानवीय भविष्य के प्रति गहन चिन्ता के कारण कवि जगदीश गुप्त में साहित्य और समाज के जीवन्त प्रश्नों से जूझते रहने का अदम्य उत्साह है।

'हिमबिद्ध' रचना में प्रकृति सौन्दर्य के साथ-साथ प्रेम की अनुभूतियों को भी चित्रित किया गया है। इस संकलन की कविताओं में चित्रमयता अधिक है। जगदीश गुप्त एक सशक्त चित्रकार रहे हैं इसलिये उन्होंने यहाँ शब्दों के माध्यम से प्रकृति के चित्रों को निर्मित किया है। कुछ विद्वान साहित्य को भी एक कला मानते हैं।

'आदिम एकान्त' जगदीश गुप्त के गीतों का संकलन है। इस संग्रह के गीतों में विचारों की सघनता और रागात्मक अनुभूतियों की प्रधानता है। प्रकृति की अनुभूतियों में जीवन की विडम्बना और प्रकृति के भयावह चित्रों को भी अंकित किया गया है।

'युग्म' काव्य संकलन का प्रकाशन 1973 में हुआ था, युग्म मुख्यतः स्त्री-पुरुष के सम्बन्धों का बहुआयामी चित्रों एवं शब्द चित्रों से युक्त रचना है। यह मुक्तक धर्मी काव्य है। पूर्वरंग, चित्रमध्य, उत्तर युग्म, समाहार उसके मुख्यतः चार खण्ड हैं। जगदीश गुप्त प्रेम सम्बन्धी कविताओं की रचना में सिद्धहस्त हैं। अतः युग्म की गणना हिन्दी के श्रेष्ठ प्रेमपरक काव्य संकलनों में की जाती है।

'साँझ' शीर्षक काव्य संकलन जयशंकर प्रसाद के 'आँसू' के प्रभाव से रचा गया है।

पौराणिक एवं ऐतिहासिक काव्य में गोपा-गौतम, बोधिवृक्ष, जयन्त, शम्बूक आदि रचनाओं को रखा जा सकता है।

'गोपा-गौतम' में गौतम बुद्ध और यशोधरा के गार्हस्थिक जीवन के तनाव को चित्रित किया गया है। यह रचना 1984 में प्रकाशित हुई थी। 'बोधिवृक्ष' गौतम बुद्ध के जीवन पर आधारित प्रबन्धात्मक कृति है। इक्कीसवीं सदी में मानव मूल्यों का तीव्रता से ह्रास हो रहा है, हिंसक प्रवृत्तियाँ बढ़ रही हैं, स्वार्थ-साधना प्रधान हो गयी है। मनुष्य-मनुष्य के बीच प्रेम-भावना का क्षरण हो रहा है ऐसे समय में जगदीश गुप्त गौतम बुद्ध के जीवन से प्रेरणा ग्रहण करते हैं, और बुद्ध के जीवन और करुणा के संदेश को नवीन दृष्टि से 'बोधिवृक्ष' नामक रचना में उद्भासित करते हैं।

'जयन्त' पौराणिक कथानक के आधार पर रचा गया एक खण्ड काव्य है। जयन्त को रामकाव्य परम्परा की कृति माना जाता है। जयन्त इन्द्र एवं शची का पुत्र है, जो सीता के रूप लावण्य पर रीझकर उन पर चोंच से प्रहार करता है तथा अन्त में राम के द्वारा दंडित किया जाता है। जगदीश गुप्त ने जयन्त को क्रान्ति और संत्रास के भीतर पनपी हुई युवा मानसिकता के रूप में ग्रहण किया है। यह कृति निराला को समर्पित है। काव्य का आरम्भ मंगलाचरण से हुआ है जिसे मंगल छंद कहा गया है।

'शम्बूक' भी राम कथा से सम्बन्धित जगदीश गुप्त की एक चर्चित रचना है जगदीश गुप्त ने शम्बूक के प्रसंग को ग्रहण करके मानवीय समानता से सम्बन्धित जीवन मूल्य को प्रतिपादित करने का प्रयास किया है। शम्बूक एक शूद्र है जो तपस्या करने के कारण राम के द्वारा मारा जाता है। शम्बूक दलित विमर्श का एक उत्कृष्ट काव्य है।

जगदीश गुप्त की वैयक्तिक जीवन से सम्बन्धित काव्य 'माँ के लिए' एक शोकगीत है जो जगदीश गुप्त द्वारा माँ के मृत्यु के कुछ दिनों बाद लिखा गया था।

जगदीश गुप्त की संपादित रचनाओं में 'रीतिकाव्य संग्रह' 'नवधा' और त्रयी है। रीतिकाव्य संग्रह में रीतिकाल के कवियों की चुनी हुई रचनाओं को संकलित किया गया है। 'नवधा' में जगदीश गुप्त अज्ञेय के साथ मिलकर नव कवियों की रचनाओं का संकलन प्रस्तुत करते हैं। 'त्रयी' शीर्षक से तीन संकलन युवा कवियों से सम्बन्धित प्रकाशित हुए। त्रयी के माध्यम से जगदीश गुप्त ने युवा कवियों के लिये मार्ग प्रशस्त किया।

जगदीश गुप्त ने नयी कविता से सम्बन्धित अनेक प्रश्नों पर विचार करते हुए कविता को फिर से परिभाषित किया। जगदीश गुप्त ने कविता की परिभाषा इस प्रकार निर्मित किया है—'कविता सहज आन्तरिक अनुशासन से युक्त वह अनुभूतिजन्य सघन लयात्मक शब्दार्थ है, जिसमें सह-अनुभूति उत्पन्न करने की यथेष्ट क्षमता निहित रहती है।' जगदीशगुप्त स्पष्ट कहते हैं कि 'प्राचीन कविता के स्थान पर नई कविता के समर्थन का तात्पर्य कविता के स्थान पर अकविता का समर्थन कदापि नहीं कहा जा सकता है। उनका कहना है कि भाव ही कविता का शील है। पहले भी कविता मनुष्य की आन्तरिक भावात्मक एकता को मानकर चलती रही है उस मूल मान्यता में कोई परिवर्तन नहीं आया, तमाम बौद्धिकता के बावजूद भी यह सत्य है कि संवेदनीयता या भावशीलता की रक्षा के बिना कविता का कविता रहना संभव नहीं है।

कवि जगदीश गुप्त उस व्यक्तित्व की पूजा करते हैं जो मृत्यु को रुमाल की तरह सिर पर बाँधकर नये पथ की खोज में भटकता रहता है। नई कविता में मनुष्य को उसकी सम्पूर्णता में छोटा-बड़ा, सुख-दुख, शुभ-अशुभ, अंधकार-

प्रकाश आदि को एक साथ चित्रित करने का प्रयत्न है। गुप्त ने मुक्त रचनाओं में सबसे लम्बी भूमिका 'युगम' काव्यकृति के संदर्भ में लिखी है। फ्रायड एवं युंग दोनों मनोवैज्ञानिकों के मनोविश्लेषण सम्बन्धी सिद्धान्तों से प्रभावित होकर जहाँ प्रयोगवाद और नई कविता के अनेक कवि यौनकुण्ठाओं के चित्रण में संलग्न थे वहीं जगदीश गुप्त स्त्री-पुरुष के प्रेम सम्बन्धों को लेकर स्वस्थ कविताओं का सृजन कर रहे थे। अपनी समकालीन दूषित काव्य प्रवृत्ति से अलग होकर उन्होंने स्त्री-पुरुष के सम्बन्धों को पौराणिक, ऐतिहासिक एवं सांस्कृतिक परिप्रेक्ष्य में पड़ताल करने का उपक्रम किया। कहा जाता है कि नारी में कुछ ऐसा जरूर रहता है जो पुरुष की समझ से परे होता है। नारी स्वभाव का यह वैचित्र्य यह भी है कि वह जिसे चाहती है उसे अपने मन की गहराइयों में उतार लेती। कुछ ऐसे ही स्त्री-पुरुष के गोपनीय भावनात्मक चित्रों को गुप्त ने 'युग्म' काव्य कृति के अन्तर्गत प्रस्तुत करने का सफल प्रयास किया है। युग्म में नारी संवेदना से जुड़े हुए अनेक सूक्ष्म अनुभव और उनके विविध आयामों को अंकित किया गया है —

मैं चाहूँ तो तुम्हारे
निजी दुर्ग को बलात् तोड़कर
उस सिंह द्वार में प्रवेश कर सकता हूँ
जिसे तुम ने मुझ से अभी तक छिपाये रखा है
पर मैं अच्छी तरह जानता हूँ कि दुर्ग का टूटना
स्वयं तुम्हारा टूटना होगा
और तुम्हें तोड़ना मुझे कतई मंजूर नहीं है।

जगदीश गुप्त ने अपने पौराणिक राम काव्य जयन्त एवं शम्बूक में कथा के प्रसंग को नये रूप में प्रतिस्थापित किया है।

जगदीश गुप्त नयी कविता के विश्रुत रचनाकार हैं, वे नयी कविता से सम्बन्धित रचनाओं में सौन्दर्य की अपेक्षा सत्य को, प्रभाव व्यंजना की अपेक्षा मानवीय अन्तःसम्बन्धों की सूक्ष्म अनुभूतियों को अधिक महत्व देते हैं। जगदीश गुप्त स्त्री-पुरुष के सम्बन्धों को दैहिक मिलन तक सीमित नहीं रखते, वह नारी मन की गहराइयों में उतरने, उसके आंतरिक व्यक्तित्व को पहचानने की चेष्टा करते हैं। जगदीश गुप्त ने प्रेम भाव के चित्रण में प्रकृति के उपादानों का प्रचुर प्रयोग किया है। 'जयन्त' काव्य के अन्तर्गत कवि ने परिणय गीत का सृजन किया है, परिणय गीत में शृंगार की अभिव्यक्ति हुई है। 'माँ के लिए' लम्बी कविता में शोक भाव की आद्यन्त व्याप्ति मिलती है। माँ की मृत्यु के बाद माँ के

साथ जिये गये अनुभवों की तीखी एवं मार्मिक अनुभूति प्रस्तुत कविता में हुई है। कवि ने शोक एवं वात्सल्य भाव की व्यंजना से अधिक एक नारी के मातृत्व भाव की सूक्ष्मताओं को अधिक तल्लीनता से निरूपित किया है। माँ अपने बच्चे के लिए कितना दुख सहती है, कितना त्याग करती है, अपने हृदय की ममता को बच्चों के ऊपर शीतल धार की तरह कैसे उड़ेल देती हैं, इन सबका इस काव्य में हृदय द्रावक चित्रण उपलब्ध होते हैं—

छटपटाहट के बाद
और दूनी छटपटाहट
जिन्दगी और मौत के बीच
उगती हुई सीढ़ियाँ
गिरता हुआ विश्वास
एक अंधकूप के भीतर
समाता हुआ भय!
एक विचित्रता के साथ
होनी को हमने
प्रत्यक्ष घटित होते हुए देखा है।

जगदीश गुप्त ने अपनी रचनाओं के माध्यम से आधुनिक सामाजिक, राजनीतिक एवं मानवीय समस्याओं पर विचार करते हैं। विविध समस्याओं को उन्होंने केवल देखा ही नहीं संवेदनशील मन से बहुत गहराई से उनका अनुभव भी किया। जातिवाद, तानाशाही, साम्प्रदायिकता का घोर विरोध करते हुए गुप्त कहते हैं जो व्यवस्था व्यक्ति के सत्कर्म को अपराध मान लेती है, जो व्यवस्था वर्ग के विशेष के स्वार्थ से जुड़कर कार्य करती है वह बहुत घातक होती है। इस समय, शासक, प्रशासक धर्म के नाम पर जनता का शोषण करते हैं और अपनी असफलताओं की ऐसी व्याख्या प्रस्तुत करते हैं जैसे सारा रोष जनता का ही है।

'हिंसा-प्रतिहिंसा की
शृंखला रचकर
मानवता को बलात्
बंदी बनाने वाले
इस देश के कुशल प्रशासन की
कितनी प्रशंसा की जाय!

वह हर बार
इस विडम्बना को समझने में
असमर्थता का नाटक करके
साम्प्रदाकिय दंगों को रोकने का
भरपूर प्रयास करता है
और चाहता है कि उसकी
असमर्थता को
हम अपनी असमर्थता मानें।

व्यक्ति-स्वार्थ या वर्ग-स्वार्थ की सिद्धि के लिए मनुष्य हर युग में युद्ध में प्रवृत्त होता रहा है। युद्ध से मानवीय समस्या का समाधान कभी नहीं होता है। दिनकर ने कुरुक्षेत्र में, नरेश मेहता ने संशय की एक रात में, युद्ध की समस्या को अंकित किया है। जगदीश गुप्त 'शब्द दंश' में युद्ध के प्रति अपनी भावना को प्रस्तुत करते हैं, आधुनिक दर्शन में कुछ ऐसे भी विचार उभर गये हैं, जिसमें किसी परोक्ष सत्ता की अस्वीकृत का भाव बनने लगा। अस्तित्ववादी दर्शन का व्याख्याता सार्त्र का कहना है—कि मनुष्य जब पैदा होता है तब वह तुरन्त मानवीयता प्राप्त नहीं करता, वह मानवीयता अर्जित करता है। मानवीयता नाम की कोई ईश्वर निर्मित वस्तु नहीं है। ईश्वर हीन संसार में मनुष्य को अपनी मानवीयता स्वयं गढ़नी पड़ती है। जगदीश गुप्त इसी दर्शन की प्रेरणा से कहते हैं कि प्रकृति से नियन्त्रित होकर भी मनुष्य अपनी नियति का नियामक स्वयं है। मनुष्य की आत्मा स्वयं प्रकाशित है। आधुनिक जीवन में फैले हुए स्वार्थ, भेदभाव और विषमता से जगदीश गुप्त का कवि मन बहुत व्यथित है। जगदीश गुप्त ने स्थूल समस्याओं के चित्रण के साथ ही मानवीय सम्बन्धों से जुड़ी हुई समस्याओं का भी चित्रण किया है।

जगदीश गुप्त ने अपने विचार के विवेचनात्मक प्रस्तुतीकरण के लिए गद्य के माध्यम को स्वीकार किया है। इनके विवेचनात्मक, गवेषणात्मक एवं व्याख्यापर गद्य शैली का दृष्टान्त है इनका शोध प्रबन्ध 'गुजराती और ब्रजभाषा कृष्ण काव्य का तुलनात्मक अध्ययन।' जगदीश गुप्त अपनी भावानुभूतियों एवं बुद्धि से छनकर हृदय में उतरने वाली वैचारिक संवेदनाओं को काव्य के माध्यम से व्यक्त करते हैं। जगदीश गुप्त का भाषिक संस्कार उभयपक्षी है। एक ओर उनके काव्य संस्कार में ब्रजभाषा है तो दूसरी ओर खड़ीबोली के प्रति गहरी उन्मुखता। जगदीश गुप्त अपनी आरम्भिक रचनाओं में सहज स्वभाविक शब्दावली का प्रयोग करते है। वे शब्द का चयन करते समय बहुत सजग रहते हैं। 'नाव के पाँव' नामक संग्रह में जो कविताएँ संग्रहीत है उनमें तत्सम शब्दों के प्रयोग का कोई आग्रह नहीं है। तत्सम शब्दों का उतना ही प्रयोग मिलता है जितना बोलचाल

की भाषा में रचा बसा है। लेकिन पौराणिक एवं ऐतिहासिक कृतियों में तत्समता की प्रवृत्ति अधिक है। जयन्त, गोपा-गौतम, बोधिवृक्ष शम्बूक आदि रचनाओं में तत्सम शब्दों का विन्यास अधिक मात्रा में किया गया है—

''तुम रहो मेरे अभावों की अलौकिक पूर्ति बनकर
कामना की क्रान्ति बनकर, साधना की स्फूर्ति बनकर।
मैं चढ़ाऊँ भावनाओं के अछूते फूल तुम पर
तुम करो स्वीकार वे सब, कल्पना की मूर्ति बनकर
भक्त बनना ही सफलता है मधुर आराधना की,
कौन कहता है कि मैं भगवान बनना चाहता हूँ।
मैं तुम्हारे स्नेह का अरमान बनना चाहता हूँ।

जगदीश गुप्त के काव्य में बिम्ब के अनेक प्रकार हैं—

1. इन्द्रिय संवेद्य बिम्ब
2. वस्तु प्रधान बिम्ब
3. भाव प्रधान बिम्ब
4. अलंकार प्रधान बिम्ब

ऐन्द्रिक बिम्बों के पाँच भेद हैं—

1. दृश्य बिम्ब
2. स्पर्श बिम्ब
3. श्रव्य बिम्ब
4. घ्रातव्य बिम्ब
5. आस्वाद बिम्ब

दृश्य बिम्ब—काव्य में जब संवेदना रूप का आधार लेकर प्रकट होती है तो दृश्य या चाक्षुण बिम्ब के रूप में निर्मित होती है। चाक्षुष बिम्ब स्थूल होते हैं। गुप्तजी की रचनाओं में अनेक संदर्भों में ये प्रभावशाली ढंग से सृजित हुए है। सौन्दर्य चित्रण के संदर्भ में दृश्य बिम्ब का निम्नलिखित उदाहरण उल्लेखनीय है—

'यौवन-प्रभात में मैंने
उस कनक-लता को देखा।
ज्यों हरी दूब पर पड़ती,
सुकुमार धूप की रेखा।'

स्पर्श बिम्ब—कवि शब्दों के द्वारा ही बिम्ब विधान करके कोमलता, कठोरता आदि स्पर्शजनित संवेदनाओं को सम्प्रेषित करता है। स्पर्श जनित

प्राकृतिक प्रभावों को भी कवि प्रभावशाली ढंग से चित्रित करता है, जैसे निम्नलिखित पंक्तियों में तप्त स्वास की छुअन से कामिनी रूपी पुष्प के कुम्हलाने का चित्र स्पर्श के माध्यम से अंकित है—

'सौरभ की चलाचली में,
यह मौन व्यथा भर लाये।
किस तप्त श्वास को छूकर,
कामिनी-कुसुम कुम्हलाये।'

श्रव्य बिम्ब— श्रव्य बिम्ब शब्दों की कर्णग्राह्य अनुरंजन से या शब्द गूँज से निर्मित हाते हैं। जगदीश गुप्त ने श्रव्य बिम्बों के माध्यम से अनेक सम्वेदनाओं को अंकित करने का प्रयास किया है। श्रव्य ध्वनियों के माध्यम से वे नायिका की सौन्दर्यानुभूति को रूपायित करते हैं—

कवियों के कर से जैसे
प्याली मरंद की छलकी।
मेरे प्राणों में गूँजी,
रुनझुन रुनझुन पायल की॥

घ्रातव्य बिम्ब—घ्राण इन्द्रिय के सहारे सम्वेदना को मूर्त्त रूप देने वाले बिम्ब को घ्रातव्य कहते हैं।

जगदीश गुप्त प्रेयसी के स्निग्ध संदेशों को वायु द्वारा सुमनों के सुगन्ध प्रवाह से सम्बद्ध करके व्यंजित करते हैं जैसे—

'कुछ सूख चली आँखों को,
आँसू अथाह दे जाता।
संदेश स्निग्ध सुमनों का,
जब सुरभिवाह दे जाता।'

प्रतीक विधान—जगदीश गुप्त प्रतीकों का प्रयोग जड़ीभूत अर्थ में बहुत कम करते हैं बल्कि उनका प्रयोग बिम्ब धर्मी रहता है। रामस्वरूप चतुर्वेदी का विचार है कि सामान्य शब्द या संदर्भ से प्रतीक की स्थिति तक का विकास काव्यभाषा के संगठन की पहली मंजिल है। इन शब्दों की रचनात्मक परिणति तब होती है जब ये प्रतीक भावचित्रों अथवा बिम्बों के रूप में ग्रथित होते हैं—प्रतीक के माध्यम से सामाजिक अर्थ को एक वैयक्तिक स्तर तक लाने की चेष्टा होती है, पर अनुभूति की अद्वितीयता, इन प्रतीकों के सामाजिक वैयक्तिक रूप से पूरी व्यक्त नहीं पाती, क्योंकि प्रतीकों का रूप भी प्रायः रूढ़ हो जाता है। 'ताकतवर मुट्ठी' शीर्षक कविता में मुक्ति को शक्ति सम्पन्नता के प्रतीक के रूप में लेते हुए क्रोध की जागृति प्रतिरोध एवं आक्रमण की मुद्रा और आक्रमण की स्थिति

आदि को एक साथ व्यंजित किया गया है—

'महल हो, झोपड़ी हो, कारखाने हों, खदाने हों।
मदरसे हों कि मेले हों, कनाते शामियाने हों
जहाँ हैवानियत का, जुल्म का, आलम नजर आया।
कसी मुट्ठी, तनी मुट्ठी,खिंची मुट्ठी, उठी मुट्ठी॥

●

सर्वेश्वर दयाल सक्सेना

सर्वेश्वर दयाल सक्सेना का जन्म 1926 ई० में उत्तर प्रदेश के बस्ती जिले में हुआ था। इन्होंने भारती और अज्ञेय की छत्रछाया में रहकर अपनी काव्यदृष्टि का निर्माण किया। अज्ञेय इनकी कविताओं से खुश होकर इन्हें तीसरे सप्तक में स्थान दिया। सर्वेश्वर भावुक प्रकृति के व्यक्ति थे। सप्तक के अतिरिक्त इनकी कविताएँ नयी कविता, कल्पना, ज्ञानोदय आदि पत्रिकाओं में भी प्रकाशित होती रही हैं। सर्वेश्वर दयाल सक्सेना 'परिमल' के सदस्यों में प्रमुख थे। दिनमान के संपादकीय मंडल में वे जीवन के अंत तक बने रहे। उन्होंने कविता, कहानी, उपन्यास, लेख, निबन्ध तथा नाटक सभी पर रचनाएँ की तथा बच्चों से लेकर प्रबुद्ध वयस्कों तक के लिए साहित्य रचना की। काठ की घंटिया, बाँस का पुल, गर्म हवायें, एक सूनी नाव और कुआनो नदी इनके प्रसिद्ध काव्य संकलन हैं।

पागल कुत्तों का मसीहा कहानी संग्रह, सोया हुआ जल प्रायोगिक उपन्यास तथा बकरी प्रसिद्ध नुक्कड़ नाटक है। इसके अतिरिक्त 'चरचे और चरखे' लेखों का संग्रह है। 'खूँटियों पर टंगे लोग' प्रसिद्ध काव्य संकलन पर इन्हें साहित्य अकादमी पुरस्कार भी मिला है। इनकी कविता में समकालीन अनुभवों का रंग अधिक चटकीला है। इनके काव्य में व्यंग्य का हल्का पुट सर्वत्र व्याप्त मिलता है। देश की विसंगतियों और सामान्य मनुष्य की स्थिति उनकी कविताओं को केन्द्रीय विषय है। नयी कविता के रचनाकारों में उनका महत्वपूर्ण स्थान है। 23 सितम्बर 1983 ई० को सर्वेश्वर जी का देहावसान हो गया।

सर्वेश्वर दयाल सक्सेना को तीसरा सप्तक में सम्मिलित किया गया है। तीसरा सप्तक में वक्तव्य के अन्तर्गत अपने काव्य सम्बन्धी अभिमत को व्यक्त

किया है। नये कवियों के रूप विधान के प्रति अधिक झुकाव का विरोध करते हुए वे कहते हैं मैं विषय वस्तु को रूपविधान से अधिक महत्व देता हूँ और मानता हूँ कि सम्पूर्ण नयी कविता ने रूपविधान से अधिक विषय वस्तु पर जोर दिया, चाहे उसके कवियों ने जो भी कहा हो। रूप विधान का पूर्ण अनुशासन मानने पर यदि विषय की तीव्रता दबती है और उसका प्रभाव कम होता है तो मैं अनुशासन भंग करने को तैयार हूँ क्योंकि मेरे निकट विषय की तीव्रता और पूर्ण प्रभाव रूप विधान से अधिक महत्वपूर्ण है। वे अपनी रचना में विषय और शिल्प को समान ढंग से साधे रखने की क्षमता रखते हैं वे कविता के ऊपर से नहीं बोलते बल्कि भीतर से बोलते हैं। ऐसा करते हुए। वे अपने उसी मंतव्य को प्रमाणित करते हैं जिसमें उन्होंने कहा है कि कविता अपना वक्तव्य स्वयं देती है, कवि की वकालत उसके लिए जरूरी नहीं है क्योंकि आगे भी यदि उसे रहना है तो अपना वक्तव्य स्वयं देना होगा, कवि सदैव साथ नहीं रहेगा। सर्वेश्वर अपनी रचनाओं में सत्य का समर्थन ही नहीं करते बल्कि असत्य का डटकर विरोध करते हैं। उन्होंने कलावादिता या जनवादिता के अतिरंजनाओं को त्यागा है। कलावादी और जनवादी दोनों की रचनागत सीमाओं और सीमित मान्यताओं का विरोध करते हुए वे अपनी समग्र काव्यदृष्टि को विकसित करते हैं। चरचे और चरखे में उन्होंने कहा है कि कलावादी चाहता है कि समसामयिक सामाजिक राजनीतिक यथार्थ से कटकर प्रेम, प्रकृति, अध्यात्म जैसे शाश्वत विषय पर भी लिखा जाये और जनवादी चाहते हैं कि इन शास्वत विषयों को तिलांजलि देकर केवल शोषण और जन समस्याओं पर ही लिखा जाये वह भी उनके संगठन के चश्मे से देखकर, पहले एक राजनीतिक संगठन का सदस्य हो फिर जनसाहित्य लिखे....सो जनवादी समीक्षक के पास कलादृष्टि नहीं है और कलावादी समीक्षक के पास जनवादी दृष्टि नहीं है हम एक समग्र दृष्टि चाहते हैं अधूरी दृष्टि नहीं अपनाते। सर्वेश्वर प्रगतिशीलता के अन्तर्गत सम्पूर्ण मानवीय चेतना को समाविष्ट करके चलते हैं मूलतः कला का काम मनुष्य विरोधी स्थितियों के बीच संवेदना को मानवीय बनाना है। तीसरा सप्तक में सर्वेश्वर जिस सत्य के उद्घाटन के लिए प्रयत्नशील दिखलाई देते हैं वह सत्य सहलाने वाला नहीं है चोट करने वाला है। उनकी आस्था झूठी मुस्काने बाँटने की नहीं हैं। खण्डित आस्थाओं के द्वारा वे ऐसी शक्ति की समिधा संचित करना चाहते हैं जो जलकर अग्नि को सुगन्धित बना दे। उनके कवि धर्म की आपूर्ति मर्म को सहलाने से नहीं अपितु कुरेदने से होती है। उनकी कविता की पंक्तियाँ इस प्रकार हैं—

मैं नया कवि हूँ.....
इसी से जानता हूँ
सत्य की चोट बहुत गहरी होती है

मैं नया कवि हूँ....
इसी से मानता हूँ
चश्मे के तले ही दृष्टि बहरी होती है,
इसी से सच्ची चोटें बाँटता हूँ
झूठी मुस्काने नहीं बेचता।......
यदि दुर्बलता दर्प में बदल जाए
व्यथा अन्तर्दृष्टि दे
खण्डित आस्थाएँ
संचित कर सके शक्ति की समिधाएँ,
जो जलकर अग्नि को भी
गन्ध ज्वार बना दे,
तो मैंने अपना कवि-धर्म पूरा किया
चाहे मर्म सहलाया न हो, कुरेदा हो।

सर्वेश्वर कविता को पूरी तरह जीते हैं निरपेक्ष होकर नारे की तरह उछालते नहीं। काव्यानुभूति उनके रग-रग में समाहित रहती है। खून के कतरे-कतरे में रची बसी रहती है। उन्हें कभी-कभी लगता है कि कविता शब्दों में उतर नहीं पा रही। इसीलिए वे कहते हैं—

आग मेरी धमनियों में जलती है
पर शब्दों में नहीं ढल पाती।
मुझे एक चाकू दो
मैं अपनी रग काटकर दिखा सकता हूँ
कि कविता कहाँ है।

कलम उठाते ही उनकी चेतना में मासूम बच्चे, निरीह औरतें, मेहनतकश गरीब इंसान उभरने लगते हैं। लगता है कि वे सब कवि की ही प्रतिछवि हैं। मनुष्यता को पहचानने वाला कवि देशकाल की सीमाओं को तोड़कर ऐसे अनुभवों से सम्पृक्त होता है। यदि कवि के अन्दर संकल्प है और सही अर्थ में यदि वह कलम का मालिक है तो युग जागरण का गीत वह स्वयं सोते-सोते भी लिख सकता है। सर्वेश्वर के लिए सच्चाई प्रधान है, सच्चाई का दिखावा गौण। उनकी कलम की नोक उन कवियों से भिन्न है जो तथाकथित रूप से अपने को जागृत समझते हुए जन-जागरण का गीत गाते हैं, लिखते हैं लेकिन उनके जागरण के स्वर बिम्बों, प्रतीकों में उलझकर जनता के कान में निरर्थक ध्वनि बनकर उभरते हैं। अपनी काव्यशक्ति के प्रति इतना गहन विश्वास और विश

जागरण की संकल्पबद्धता को अंकित करने वाली निम्नलिखित पंक्तियाँ द्रष्टव्य हैं—

मैं उस कलम का मालिक हूँ
जिसकी नोंक से
युग जागरण का गीत लिखते समय
स्याही की बूँद
नींद में ढुलककर गिर गई है,
और ऊँघ ऊँघकर,
इन तमाम लिपी-पुती रेखाओं में
इस युग का यथार्थ चित्र
अंकित कर गई हैं,
जागने की बात मुझसे मत कहो
सच्चा कलाकार
सोते सोते ही
कला का सृजन कर जाता है
ऐसी कला का—
जो सारे विश्व को जगा दे।

सर्वेश्वर जीवन के विस्तृत फलक पर दृष्टिपात करते हुए कुछ महत्वपूर्ण अंशों को तीक्ष्णता से परखते हैं और उनके माध्यम से मानव संघर्ष के समग्र चित्र को अंकित करते हैं। वे एक ऐसे संघर्षशील कलाकार हैं जो अकेले ही किसी न किसी लड़ाई में शरीक होकर अपने जीवन को सार्थक बनाये रखते हैं—

मैं जिन्दा रहना चाहता हूँ
इसीलिए हर समय
किसी न किसी लड़ाई में शरीक हूँ
लेकिन अपने हर मोर्चे पर अकेला
दूसरों के लिए अधिक समर्थ
और अपने लिए अधिक सार्थक बनाता हुआ।

डॉ० अशोक कुमार झा सर्वेश्वर की रचनाधर्मिता पर बहुत सटीक टिप्पणी की है—"काठ की घंटियों से लेकर खूटियों पर टंगे लोग तक केवल एक काव्य यात्रा नहीं है। यह एक जूझते हुए आदमी की जिजीविषा है, उद्दाम अक्षितिज! एक चमकता हुआ शिलालेख है काले इतिहास के खिलाफ। एक

मूर्त्त सर्जन है, अपनी धरती को बंजर होने से बचाता हुआ एक प्रमाणिक दस्तावेज है, तमाम बेमतलब जिन्दगियों को अर्थ की गरिमा देता हुआ। इन सबका होना सर्वेश्वर के होने की गारन्टी है।''

सर्वेश्वर किसी विदेशी विचारधारा के प्रति समर्पित न होकर नितान्त स्वदेशी भावभूमि पर अपनी काव्यानुभूति को बड़ी प्रखरता से शब्दबद्ध करते हैं, उनके कवि कर्म में युग का स्पंदन निहित मिलता है, वे मूक जनता की वाणी को अपनी कविताओं में मुखरित करते हैं; वे परिस्थितियों से समझौता न करके उनसे विद्रोह करते हैं। उन्होंने अपनी बात को कहने के लिए सहज मुहावरों को गढ़ा है उसमें कृत्रिम भंगिमा या कृत्रिम रूपात्मकता नहीं है उनमें व्यंग्य की तीक्ष्णता है निराला और मुक्तिबोध की तरह समाज में व्याप्त भ्रष्टाचारों के विरुद्ध सर्वेश्वर के अन्तरमन से शब्द आग की लपटों की तरह फूट पड़ते हैं। देश की नाजुक स्थिति को देखकर सर्वेश्वर कहते हैं—

उस देश का क्या करूँ।
जो धीरे-धीरे लड़खड़ाता हुआ,
मेरे पास बैठ गया है।

सर्वेश्वर सहलाने वाले कवि नहीं हैं बल्कि शब्दों चुभन से जागृत करने वाले कवि हैं। मानव जीवन से जुड़े हुए प्रश्नों एवं चिन्ताओं को वे शब्दों के आडम्बर में उलझाकर मिथ्या सौन्दर्य बोध का भ्रम नहीं जगाते बल्कि बौद्धिकता पर जमी हुई राख को हटाकर चेतना को ज्वलन्त करते हैं। मनुष्य लुभावने नारे के बीच किस तरह शोषण के तरीकों को इजाद करता है, सत्ता की छद्‌मवेशी चाल सम्पूर्ण मनुष्यता को पाशविक आचरण की प्रेरणा देने लगती है, गोपनीय तरीके से छल छद्‌म करने वाली सत्ता की तुलना में अपेक्षाकृत अधिक क्रूर दिखाई देने वाले अधिक ठीक हैं—

''सत्ता चतुर बनाती है और पाशविक भी
सभ्यता बहुत चालाकी से
आदिम गुफाओं में बंद कर देती है
इनसे कहीं अच्छे ये वे
जो नरमुण्ड की मालाएँ पहनकर
अपने शौर्य पर इतराते थे।
कम से कम बन्धुत्व और करुणा के।
गीत तो नहीं गाते थे।''

सत्ता के समर्थक सत्ता लोलुप हाँ-हाँ करने वाले और तथाकथित सत्ता विरोधी अपने-अपने स्वार्थ के लिए नहीं-नहीं करने वाले उन्हें आसानी से सर्वत्र

दिख जाते हैं। अधेरा डरने की चीज नहीं है यदि आदमी संकल्प करके अंधरे में निकल पड़े तो अंधरेा-अंधेरा नहीं रह जाता। सर्वेश्वर कहते हैं—

अंधेरे को सूँघकर मैंने देखा है
उसमें सूरज की गंध आती है।

आजाद आदमी की सर्जना शक्ति से मानवता की नई संस्कृति गढ़ी जा सकती है। धन शक्ति और देहबल दोनों मिलकर प्रजातंत्र के लिए और भी अधिक खतरनाक हो जाते हैं। पूँजीवादी सामन्ती और साम्राज्यवादी ताकतें कभी तृप्त नहीं होतीं। इनके विरुद्ध आम आदमी को खड़ा होना चाहिए। इस विश्वास और संकल्प के साथ कि—

''जब पसलियाँ ही किला हों।
तब शत्रु छोटा पड़ जाता है।
संकल्प की दुर्लघ्य खाई के बीच खड़ा आदमी।
न गिरता है, न टूटता है।
तोपों के गोले नाकाम हो जाते हैं।''

सर्वेश्वर शत्रु की पहचान बड़ी सूक्ष्मता से करते हैं। शत्रु बाहर भीतर कहीं भी हो सकता है; हमारे अन्दर विवेक की रोशनी होनी चाहिए जिससे हम बर्बर शत्रु को चिह्नित कर सके। सर्वेश्वर ज्यादातर अपने भीतर झाँकने की चेष्टा न करके असहाय एवं उदास जन की आँखों में मानवीय भविष्य को तिरते हुए देख लेना चाहते हैं, वे साफ-साफ शब्दों में स्लेट और खड़िया से आग की इबारत लिखना चाहते हैं। साक्षर होते खेतिहर मजदूरों के अन्दर वे क्रान्ति की मशाल थमाने के लिए तैयार रहते हैं। इस क्रान्ति में बड़े छोटे अगड़ें पीछे का कोई भेद नहीं है। सभी मिलकर क्रान्ति की एक लपट बन जाते हैं—

''अब-उनका
और मेरा चेहरा एक हो गया है
हम सब एक अंगार है, एक लपट, एक आग
एक शब्द, एक अर्थ, एक राग
एक चरण एक यात्रा, एक राह
एक संकल्प, एक नारा, एक चाह
समर्पित/एक क्रान्ति को।''

सर्वेश्वर की रचनाओं में द्वन्द्वात्मक सम्बन्धों का एक नया स्वरूप दिखाई देता है। पूँजीवादी सामन्ती ताकतें भेड़िया की तरह हैं। इन भेड़ियों का होना भी जरूरी है क्योंकि इनसे लड़ने के लिए ही सर्वहारा लोगों में एकताबद्ध होने का संकल्प उभरता है। भेड़िया के आने से ही खुद को पहचानने निर्भय होने और

मसाल उठाने की आवश्यकता महसूस होती है। इतिहास के जंगल में जब-जब भेड़िया आते हैं तब-तब लाखों आदमी एक होकर मसाल उठाकर उन्हें भगाते हैं। सर्वेश्वर ललकारते हुए कहते हैं—

''करोड़ों हांथों में मशाल लेकर।
एक-एक झाड़ी की ओर बढ़ो।
सब भेड़िये भागेंगे।
फिर उन्हें जंगल के बाहर निकाल।
बर्फ में छोड़ दो।
भूखे भेड़िए आपस में गुर्राएंगें।
एक-दूसरे को चीथ खाएँगे।''

सर्वेश्वर अनेक बिम्बों एवं प्रतीकों के माध्यम से शोषितों और दलितों को अपनी शक्ति का एहसास दिलाते हैं। वे कहते है कि तुम धूल हो, पैरों से रौंदी हुई धूल बेचैन हवा के साथ उठो, आँधी बन उनकी आँखों में पड़ो जिनके पैरों के नीचे हो। वे सीमाबद्धता के विरुद्ध असीम मुक्तता के पक्षधर है स्वतन्त्र का भाव और उसकी गहरी चेतना व्यक्ति में ताकत भरती है। चिड़िया के माध्यम से वे प्रयत्नशीलता और मुक्ति की शक्ति को ही रूपायित करते हैं—

फिर भी चिड़िया
मुक्ति का गाना गायेगी
मारे जाने की आशंका से भरे होने पर भी
पिजड़े से जितना अंश निकल सकेगा निकालेगी
हरसूँ जोर लगाएगी
और पिजड़ा टूट जाने या खुल जाने पर उड़ जायेगी।

सर्वेश्वर लोकतंत्र के ऊपर व्यंग्य करते हैं। उन्हें लगता है कि लोकतंत्र को जूते की तरह लटकाये सभी लोग सीना फुलाकर भागे जा रहे हैं। लोकतंत्र के ठेकेदारों की दुर्नीति और स्वार्थपरकता का परिणाम है कि राजनीति की यह उत्तम व्यवस्था निरर्थक साबित हो रही है। प्रजातंत्र में भी तानाशाही और पूँजीवादी ताकतें सबल दिखाई देती हैं। अन्याय और यातना की चरम सीमा बेजान में भी जान पैदा कर देती है। रगों में खून दौड़ने लगता है। सर्वेश्वर का मानना है कि मुक्ति अकेले नहीं मिलती यदि वह है तो अकेले ही है। मनुष्य के लिए जनतांत्रिक सोच के तहत नये जीवन मूल्य की ओर संकेत करते हुए सर्वेश्वर कहते हैं कि—जागरूक मनुष्य और कवि दोनों में अपने सहवासी के प्रति संवेदनात्मक तादात्म्य अपेक्षित है। समष्टि-बोध ही स्वतन्त्रता का सार्थक बोध है। एक मनुष्य की पीड़ा जब दूसरे की पीड़ा बनती है तभी यह बोध जागता है—

उसकी हर चोट मेरी हो
उसका हर घाव पहले मैं झेलूँ
उसका हर संघर्ष मेरा हो
मैं उसके लिए होऊँ
इतना ही मेरा होना है।

सर्वेश्वर की काव्य रचना लोहिया के समाज दर्शन से प्रभावित है। कुआनों नदी शीर्षक कविता में बाढ़ के प्राकृतिक प्रकोप का चित्रण करते हुए वे मनुष्य के अनेक अमानवीय कृत्यों को रूपायित करते हैं। इन्सान के इतने गहरे दुख और राजनीति की क्रूरता एवं अमानवीयता का चित्रण अत्यन्त मार्मिक है। ऐसी भयावह मनःस्थिति में भी कवि उन हाथों की तलाश करता है जो क्यारियों की नम भुरभुरी मिट्टी में ठंडी जिन्दगी से पड़ी हुई खुरपी को उठाकर कर्मरत हो, लेकिन कवि को सन्देह है कहीं वे हाथ काटकर गोदाम घर के दरवाजों पर तो नहीं लगा दिये; कितना खतरनाक समय है। जब अच्छे से अच्छा शब्द फूलकर गुबरैल में बदल जाता है। अपने समय की वीभत्सता को अंकित करने वाली निम्नलिखित पंक्तियाँ द्रष्टव्य हैं—

''दिलों का अँधेरा सिकुड़ता-सिकुड़ता।
काली बदरियों में बदल गया है।
जिनकी पीली आँखों में थिर है विराम।
जो मौत के पहले मिमियाने को आजाद हैं।
और जिनका खून।
मंदिर में रेंगकर कचहरी के अहाते तक।
निरन्तर बह आता है।
और एक बेफरियाद कत्ल की हुई लाश।
सँकरी गली में खड़े साँड़ के मुख की खामोशी में
हर बार एक उम्र के लिए जुगाली करती रह जाती है।

भूख के खिलाफ लड़ता हुआ हर व्यक्ति या जीव सर्वेश्वर का ध्यान आकर्षित करता है और प्रजातांत्रिक मूल्यों को नष्ट करने वाले स्वार्थी और तानाशाही प्रवृत्तियों के विरुद्ध उनके शब्द भाले की नोक की तरह अड़ जाते हैं। काला तेन्दुआ तानाशाही मानसिकता को उद्‌घाटित करने वाली उनकी प्रसिद्ध कविता है।

सर्वेश्वर का काव्य संसार केवल विद्रूपताओं, विद्रोह, विघटन, पीड़ा, संत्रास, यातना, कुत्सा आदि से ही नहीं भरा हुआ है बल्कि उसमें प्रेम और सौन्दर्य का भी उल्लास एवं ऐश्वर्य है। सर्वेश्वर का कथन है कि प्रेम हमेशा प्रेम

की कविता के आगे छोटा पड़ जाता है। प्रेम की कविता के अस्तित्व के आगे प्रेम नगण्य होने के लिए अभिशप्त है क्योंकि कविता इन्सान और समय से बड़ी हो जाती है। कवि से भी बड़ी होती है। सर्वेश्वर की कविताओं में प्रेम की अनुभूतियों के विविध प्रसंग, विविध क्षण एवं विविध स्तर में हैं। उनकी प्रेम की अनुभूति ऐसी है जो अन्तरमन को ही नहीं संवेदित करती है बल्कि प्रकृति के विविध क्षेत्रों में भी उसके होने का एहसास होता है। उनके प्रेम चित्रण में कहीं-कहीं सूफियाना माहौल दिखाई देता है जब कोई किसी को पहली बार देखता है अर्थात् नयनों से प्रथम मिलन का अनुभव, सम्पूर्ण प्रकृति में उद्वेलित हो उठता है। लगता है हल्का सा मेघ बरस कर निकल गया, एक छोटी-सी चिड़िया तेजी से झुरमुटों को चीरती चली गई, कुछ नई कोपले टूट कर गिर गयीं, ये सब यों ही नहीं घटित हुआ बल्कि सर्वेश्वर को लगता है जैसे किसी ने पहली बार किसी को देखा था। प्रेम में अद्‌भुत शक्ति है, प्रेम की जिस शक्ति के सहारे मध्यकालीन भक्त कवि ईश्वर का साक्षात्कार करने की अपराजेय क्षमता का अनुभव करते हैं उसी तरह की शक्ति का अनुभव बिना किसी पौराणिक मिथक का आरोपण करते हुए सर्वेश्वर करते हैं। आदि से अन्त तक प्रेम लौकिक एवं दैहिक है फिर भी उसकी अभिव्यक्ति कितना उदार है—

''अहं से मेरी बड़ी हो तुम
क्योंकि मेरी शक्तियों की
हर पराजय जीत की
अन्तिम कड़ी हो तुम
जहाँ रुककर
फिर नई मैं टेक गढ़ता हूँ
चूँकि पैरों के तले मेरे न हो फिर भी
हर नए संघर्ष के विष-शृंग चढ़ता हूँ
क्योंकि अन्तर में
अतल गहरे—
आस्था के टूटते असहाय रथ के चक्र थामे
नित खड़ी हो तुम।''

प्रेम की कविताओं में कहीं दर्द की टीस है तो कहीं उद्दीप्त उल्लास। रूप सौन्दर्य के बोध को नये-नये उपमानों एवं प्रतीकों में व्यक्त करते हुए कवि पाठकों के मानस में मधुर लहरें उठा देता है। प्रकृति के उपमानों से सुसज्जित नारी देह के साथ उसकी भावनाओं का संश्लिष्ट चित्र अत्यन्त मोहक प्रतीत होता है—कवि प्यार के विराट सागर का एहसास देने में समर्थ है—

''सुबह की तरह।
हर क्षण ताजगी से भरी।
आलोकमय होती हुई।
ये तुम्हारी मुद्राएँ,
सन्ध्या के विविध।
दृश्य-रंगों के परिधान-सी।
यह तुम्हारी रुचि, ऋतुओं की तरह
यह तुम्हारा आना-जाना।
नियति की तरह।
यह तुम्हारा उठना-बैठना।
मुझे उस विराट सागर के सामने
हर क्षण खड़ा कर देता है
जिसकी लिए मेरी भुजाएँ
बड़ी छोटी दीखती हैं।''

सर्वेश्वर नये-नये उपमानों और प्रतीकों के प्रयोग में सिद्धहस्त है। उनमें लोकोन्मुखी चेतना है इसीलिए लोक बिम्बों के द्वारा प्रकृति का जो चित्र खींचते हैं, वह एक साथ ग्राम्य जीवन एवं प्रकृति सौन्दर्य को रूपायित करता है। उदाहरण के लिए निम्नलिखित पंक्तियाँ देखने योग्य हैं—

आकाश का साफा बाँधकर
सूरज का चिलम खींचता
बैठा है पहाड़,
घुटनों पर पड़ी नदी-चादर-सी
पास ही दहक रही है
पलाश के जंगल की अँगीठी।

सर्वेश्वर यद्यपि अपनी कविता में व्यंग्य मत बोलों की बात कहते हैं लेकिन वे सड़ी-गली व्यवस्था पर तीखा व्यंग्य करने से नहीं चूकते हैं। बोलचाल की भाषा में गम्भीर अर्थ भरने की कला सर्वेश्वर के पास है। उनमें पांडित्य का आग्रह न होकर सरलता और ऋजुता है। सर्वेश्वर की भाषा जीवन यथार्थ को विस्तृत करने वाली संवाद और सम्बोधन की भाषा है। मानवीय आचरण, सौन्दर्य एवं प्राकृतिक सौन्दर्य एवं आचरण को एक-दूसरे से मिला-जुला कर सर्वेश्वर नयी भाव-व्यंजना करने में समर्थ होते हैं। लोकगीतों की पंक्तियों तथा धुनों को अनगढ़ रूप में उठाकर वे अपनी कविताओं का शिल्प रच लेते हैं, चुपाई मारो दुलहिन, झाड़े रह महंगुआ इसी तरह की कविताएँ हैं। निष्कर्ष रूप

में कहा जा सकता है कि सर्वेश्वर वस्तु जगत एवं भाव जगत के विविध क्षेत्रों में गहरे धँसकर नये बिम्बों और प्रतीकों के द्वारा नूतन अनुभवों को लेकर कविता के धरातल पर उतरते हैं।

•

रघुवीर सहाय

रघुवीर सहाय का जन्म 9 दिसम्बर 1929 को लखनऊ में हुआ था। इनके पिता शिक्षक थे। इनकी शिक्षा-दीक्षा लखनऊ में हुई। 1951 में इन्होंने अंग्रेजी साहित्य से एम०ए०किया। अपने लेखन के प्रारम्भ से लेकर अंत तक वे रचना के अनेक मोर्चों पर सक्रिय रहे। पत्रकारिता की शुरुआत इन्होंने लखनऊ से ही प्रकाशित 'नवजीवन' दैनिक से की। 1951 में अज्ञेय जी के आग्रह पर ये दिल्ली चले आए और 'प्रतीक' के सहायक सम्पादक का पदभार सँभाला। 1952 में 'प्रतीक' के बन्द हो जाने के बाद ये एशियाई थियेटर संस्थान और ऑल इंडिया रेडियो के समाचार विभाग से जुड़े रहे। अज्ञेय जी के साथ मिलकर इन्होंने 1959 में 'वाक' अंग्रेजी त्रैमासिक निकाला। 1963 से लेकर 1968 तक 'नवभारत टाइम्स' के विशेष संवाददाता रहे। इसके बाद इन्होंने कई वर्षों तक (1983 तक) 'दिनमान' साप्ताहिक का सम्पादन किया। इस प्रकार लेखन के प्रारंभ से ही इनका नाता अखबारों से जुड़ा, जो लगभग जीवन पर्यन्त बना रहा।

अखबारों एवं पत्र-पत्रिकाओं की भाग-दौड़ भरी जिदंगी में अति व्यस्त रहने के बावजूद ये स्वतंत्र लेखन भी करते रहे। 1946 में इनकी पहली कविता 'अंत का प्रारम्भ' छपी। 1949 में 'दूसरा सप्तक' प्रकाशित हुआ। अज्ञेय द्वारा सम्पादित 'दूसरा सप्तक' में संकलित सात कवियों में रघुवीर सहाय सबसे कम उम्र के थे। संकलन के अन्य कवि थे—नरेश मेहता, धर्मवीर भारती, शमशेर बहादुर सिंह, शकुन्तला माथुर, भवानी प्रसाद मिश्र, हरिनारायण व्यास। निश्चित ही रघुवीर सहाय की रचनाओं में नएपन और नए प्रयोग से प्रभावित हो अज्ञेय ने उन्हें 'दूसरा सप्तक' में स्थान दिया। रघुवीर सहाय की सम्पूर्ण कविताएँ इन काव्य संग्रहों में संकलित हैं—

'सीढ़ियों पर धूप में' (1960), 'आत्महत्या के विरुद्ध' (1967) 'हँसो हँसो जल्दी हँसो' (1975), 'लोग भूल गए हैं' (1982), 'कुछ पते कुछ

चिट्ठियाँ' (1989) तथा 'एक समय था' (1994)। अंतिम कविता संग्रह रघुवीर सहाय के मरणोपरान्त प्रकाशित हुआ। कविता के अतिरिक्त रघुवीर सहायक ने गद्य की विविध विद्याओं की भी रचनाएँ थीं। उपन्यास, कहानी, नाटक के साथ इनकी लेखनी का विस्तार यात्रावृत्त, डायरी, व्यंग्य, बाल साहित्य एवं अनुवाद तक है।

रघुवीर सहाय की कविता की केन्द्रीय वस्तु समकालीन साधारण जन का यथार्थ है। उसकी स्वाधनीता और समानता पर होने वाला हर आघात उन्हें चिंता में डालता रहा है। इसी व्यथा की उपज उनकी कविता है। आजादी मिलने के बाद लोकतंत्र की बहाली हुई लेकिन इस लोकतंत्र के पाँच दशक पूरे होने को आए, पर 'लोक' की स्थिति जस की तस दयनीय बनी हुई है। रघुवीर सहाय भारतीय लोकतंत्र की विसंगतियों के बीच मरते हुए इसी बहुसंख्यक 'लोक' के प्रतिनिधि कवि हैं। 'रघुवीर सहाय की कविता अपना ध्यान किसी घटना पर नहीं, उसमें पड़ने वाले मानव सम्बन्ध की विकलता, उसकी संवदेना और अभिव्यक्ति, उसकी मानवीयता या उसकी अनुपस्थिति पर केन्द्रित करती है।'

समकालीन कविता की एक प्रमुख विशेषता राजनैतिक संदर्भों से साक्षात्कार है। इसमें राजनीति और कविता एक दूसरे के निकट आ गए हैं। कुछ समीक्षकों ने राजनीति को कविता का विषय बनाने पर आपत्ति की है। लेकिन वर्तमान परिस्थितियों में जबकि देश और उसकी राजनीति प्रत्येक आम-आदमी की जिदंगी का हिस्सा हो गई है, तो उसे कविता से बहिष्कृत कैसे किया जा सकता है? हाँ, दल विशेष का पक्ष लेकर लिखी गई कविताओं की अवश्य ही आलोचना होनी चाहिए। वर्तमान युग में हर कवि राजनीति से जुड़ने के लिए विवश है। आज आम आदमी के जीवन का हर फैसला राजनीतिक स्तर पर होता है और सरकार का हर निर्णय जन जीवन से जुड़ा हुआ है। आज के कवियों के केन्द्र में भी यही सामान्य आदमी है। अतः उनकी कविता में राजनैतिक संदर्भों और प्रश्नों का उठाया जाना स्वाभाविक है। मुक्तिबोध, धूमिल, श्रीकान्त वर्मा, रघुवीर सहाय, चन्द्रकान्त देवताले, लीलाधर जगूड़ी आदि अनेक कवियों ने अपनी कविताओं में राजनैतिक संदर्भों और उनसे जुडे प्रश्नों को उठाया है।

रघुवीर सहाय का झुकाव यद्यपि लोहिया के समाजवाद की ओर था, फिर भी उन्होंने कभी भी समाजवादी दल की सदस्यता नहीं ली। उनका मानना था कि पत्रकारों एवं रचनाकारों को राजनीतिक दलों में नहीं शामिल होना चाहिए। इससे उनमें पारदर्शिता नहीं रह जाती है। रघुवीर सहाय ने हर उस राजनीतिक दल के विचारों से अपना लगाव महसूस किया, जिसने भी मानवाधिकार या नागरिक समस्याओं से जुड़कर, समानता और न्याय की लड़ाई शुरू की और तत्काल अपनी पत्रकारिता के माध्यम से उसमें शामिल हुए।

जहाँ तक रघुवीर सहाय की कविताओं का प्रश्न है, उसमें राजनैतिक चेतना की ध्वनि स्पष्टत: सुनी जा सकती है। ऐसा लगता है कि उनकी अधिकांश कविताओं का प्रमुख स्वर ही व्यवस्था-विरोध है। कहने की जरूरत नहीं कि यह व्यवस्था विरोध राजनीतिक है। उनकी 'आत्महत्या' के विरुद्ध' और 'हँसो हँसो' काव्य संग्रह में प्रमुख रूप से राजनीतिक चेतना की ही अभिव्यक्ति हुई है। रघुवीर सहाय जी राजनीति के विकृत रूप की ओर हमारा ध्यान आकर्षित करते हैं, और व्यवस्था में आई विसंगतियों का तीखा विरोध करते हैं। इस विरोध का एक उदाहरण इन पंक्तियों में देखा जा सकता है—

हर संकट भारत में एक गाय
होता है
ठीक समय ठीक बहस कर नहीं सकती
राजनीति
बाद में जहाँ कहीं से भी शुरू करो
बीच सड़क पर गोबर कर देता है विचार

राजनीति में आई विकृति और राजनेताओं के झूठे वादों से रघुवीर सहाय इतने खिन्न थे कि उन्होंने राजनेताओं को 'सियार' तक की संज्ञा दे डाली—

हाय-हाय करते हुए हाँ-हाँ करते हुए हैं-हैं करते हुए
समुदाय
एक हजार लोक ध्यानमग्न सुनते हुए
एक अदद रिरियाता है सियार

लोकतंत्र के भ्रष्टाचार से सभी परिचित हैं। उनके प्रतिनिधि हैं—मंत्री मुसद्दीलाल। मुसद्दीलाल ने नेहरु युग के औजारों में पेंचभरी चूड़ियों का इजाफा किया है। कोई इसलिए बीमार होता है कि उसने मुसद्दी को खुश नहीं किया—

दर्द, खैराती अस्पताल में डाक्टर ने कहा वह मेरा काम नहीं
वह मुसद्दी का है
वह भेजता है मुझे लिखकर इसे अच्छा करो
जो तुम बीमार हो तुमने उसे खुश नहीं किया होगा
अब तुम बीमार हो तो उसे खुश करो
कुछ करो।

'भीड़ में मैकू और मैं', 'अधिनायक', 'नेता क्षमा करे', 'लोकतंत्रीय मृत्यु' आदि कविताएँ राजनैतिक चेतना और विडम्बना जनित स्थितियों को साकार

करती है। लोकतांत्रिक व्यवस्था में लोक प्रधान है। एक तरह से जनता ही असली राजा है। लेकिन इस व्यवस्था में जनता की क्या स्थिति है किसी से छिपा नहीं है—भारत का भाग्य विधाता जिसे होना चाहिए वह नहीं है बल्कि वह है जिसे नहीं होना चाहिए। भाग्य विधाता भी एक तरह से जैसे कोई अदृश्य सत्ता है। निम्नलिखित पंक्तियों में इस विडम्बना का बहुत सुन्दर काव्यात्मक प्रयोग किया गया है—

राष्ट्रगीत में भला कौन वह
भारत भाग्य विधाता है
फटा सुथन्ना पहने जिसका
गुन हरचरना गाता है
कौन कौन है वह जन गण-मन
अधिनायक वह महाबली
डरा हुआ मन बेमन जिसका
बाजा रोज बजाता है।

रघुवीर सहाय की पहचान हिन्दी में मूलतः एक राजनीति कवि के रूप में बनी है। लेकिन उनकी कई रचनाओं में रोमानी प्रेम की अभिव्यक्ति, बौद्धिकता तथा प्रकृति को नए ढंग से देखने की कोशिश भी देखी जा सकती है। समाज को विषय बनाकर भी उन्होंने कविताएँ लिखी हैं, उदाहरण के लिए स्त्री उनकी कविताओं का प्रमुख विषय है। साठ और सत्तर के दशक की अनेक कविताओं में स्त्रियों की यथार्थ सामाजिक स्थिति और उनके भविष्य को जानने की कोशिश दिखाई पड़ती है। यह कोशिश हम रघुवीर सहाय में भी देखते है। उनके लगभग हर कविता-संग्रह में स्त्रियों पर लिखी दो-तीन कविताएँ मिल जाएँगी। 'नारी' (सीढ़ियों पर धूप में), 'चढ़ती स्त्री', 'खब्ती औरत', 'एक लड़की', 'खड़ी स्त्री' (आत्महत्या के विरुद्ध), 'औरत की जिंदगी',' किले में औरत', 'बड़ी हो रही लड़की', 'अकेली औरत', 'नंगी औरत' (हँसो हँसो जल्दी हँसो), 'नन्ही लड़की', 'स्त्री', 'औरत का सीना', 'अधेड़ औरत', 'बैंक में लड़कियाँ' (लोग भूग गए हैं), 'हकीम और औरत,' पागल औरत', 'औरतें' (कुछ पते कुछ चिट्ठियाँ) आदि ऐसी ही कविताएँ हैं।

स्त्री के दुख दर्द की बराबरी के स्तर पर समझने की चेष्टा उनकी रचनाओं में है। उन्होंने अपने एक लेख में लिखा है—'हिन्दी साहित्य में स्त्री के प्रति यह भावना बार-बार व्यक्त हुई है कि वह उपेक्षिता है, इसलिए दया का पात्र है। आधुनिक कहे जाने वाले साहित्य में पुरुष से उसके शरीर संबंध को विशेष महत्व दिया गया है पर वहाँ भी उसके प्रति दया का भाव लेखक के मन से गया नहीं है—मानो आधुनिक जीवन के नर-नारी-समता के विचार ने रचनाकार को

छुआ ही न हो और वह पिछले जमाने के सामंती मन से ही स्त्री को देखा रहा हो—(रघुवीर सहाय रचनावली-1, पृ॰47)

नारी पुरुष की समानता को व्यक्त करने वाली निम्नलिखित पंक्तियाँ द्रष्टव्य हैं—

बंधु हम दोनों थके हैं
और थकते ही रहें तो साथ चलते भी रहेंगे
वह नहीं है साथ जिसमें तुम थको तो हम तुम्हें
लादें फिरें
और हम थके तो दम तुम्हारा फूल जाय हाय।

कवि मानता है कि औरतों को चेहरे में पूरा समाज दिखाई देता है। पुरुष जल्दी से गिड़गिड़ाने लगता है लेकिन औरत अपनी बेवशी को दिल में छिपा लेती है कुछ ऐसी भी औरतें हैं जिन्हें कभी प्यार नहीं मिला, अपनी भावनाओं को खुलकर व्यक्त करने का अवसर नहीं मिला। औरतें शीर्षक कविता में औरतों के यथार्थ को इस प्रकार व्यक्त किया गया है—

हाथ बालों पर नहीं जिनके कभी फेरा गया
बैठकर दो चार के संग
तजुर्बे अपने सुनाने का नहीं मौका मिला,
औरतें वे सूखकर रह गयीं
उनकी बच्चियों ने जवां होकर दादियों की काठियाँ पायीं।

रघुवीर सहाय जी अपनी कविताओं का विषय समाज में मनुष्य की बदलती जीवन स्थितियों में तलाशते हैं। समाज व्यवस्था के बीच साधारण मनुष्य अरक्षित और असहाय होकर भी किस हद तक जीने का संघर्ष कर रहा है, यह उनकी अधिकांश कविताओं का कथ्य है। इस जीवन-संघर्ष में आदमी की स्थिति कितनी दयनीय और सोचनीय है, यह हम उनकी 'अकाल' शीर्षक कविता में देख सकते हैं—

लाल मिट्टी लकड़ी ललछौर
दाँत मटमैले इकटक दीठ
कटोरे के पेंदे में भात
गोद में लेकर बैठा बाप
फर्श पर रखकर अपना पुत्र
खा रहा है उसको चुपचाप।

इस प्रकार रघुवीर सहाय ने लोकतंत्र में व्याप्त भ्रष्टाचार, शोषण, अराजकता,राजनेताओं की असलियत आदि का यथार्थ चित्रण करने के साथ-

कविता एक तरह से उस भाषा की तलाश करती है जो अत्याचार के विरोध में हथियार के रूप में इस्तेमाल की जा सकती है जिसके पास सशक्त विरोध की भाषा नहीं होती वही मारा जाता है। रघुवीर सहाय भाषा की प्रतीकात्मकता को तोड़कर भाषा के स्तर पर नया प्रयोग करना चाहता है। वे कहते हैं—

मेरा सब क्रोध, सब कारुण्य, सब क्रंदन
भाषा में शब्द नहीं दे सकता
क्योंकि जो सचमुच मनुष्य मरा
उसके भाषा न थी
मुझे मालूम था मगर इस तरह नहीं कि जो
खतरे मैंने देखे थे वे जब सच होंगे
तो किस तरह उनकी चेतावनी देने की भाषा
बेकार हो चुकी होगी
एक नयी भाषा दरकार होगी।

निष्कर्ष रूप में कहा जा सकता है कि रघुवीर सहाय सरल सपाट शब्दों में अपने समय के यथार्थ को व्यंग्यात्मक रूप में प्रस्तुत करने वाले सशक्त रचनाकार है। नयी कविता में उनकी खास पहचान है।

●

श्रीकान्त वर्मा

श्रीकान्त वर्मा का जन्म 18 सितम्बर, 1931 को विलासपुर (म०प्र०) में हुआ था। इन्होनें सन् 1956 में नागपुर विश्वविद्यालय से एम०ए० हिन्दी में किया तत्पश्चात दिल्ली आये। कुछ दिन तक राष्ट्रीय मजदूर कांग्रेस के प्रमुख पत्र 'भारतीय श्रमिक' में काम किया। भारतीय श्रमिक बंद हो जाने के बाद 1958 से दिल्ली में ही रहते हुए स्वतंत्र लेखन एवं कृति का सम्पादन प्रकाशन किया। 1964 से 1977 तक टाइम्स आफ इंडिया के समाचार साप्ताहिक दिनमान से सम्बद्ध रहे। देशी विदेशी भाषाओं में इनकी रचनाओं के अनुवाद हुए। यूरोप अमेरिकी के अनेक सांस्कृतिक केन्द्रों में इन्होंने कविता पाठ किया। अयोवा

(विश्वविद्यालय) के इण्टरनेशनल राइटिंग प्रोग्राम में 1970-71 और 1978 में अतिथि कवि रहे। कविता के लिए अनेक राष्ट्रीय एवं अन्तर्राष्ट्रीय पुरस्कार प्राप्त हुए। भोपाल में उत्सव 73 के अन्तर्गत स्वातंत्र्योत्तर साहित्य में योगदान के लिए सम्मानित किये गये। 1974 में 'जलसाघर' के लिए मध्य प्रदेश साहित्य परिषद् का 'तुलसी पुरस्कार', 1981 में कविता के लिए शिखर सम्मान और 1984 में कविता पर 'कुमारन आशान' राष्ट्रीय पुरस्कार तथा संयुक्त राष्ट्रसंघ युवा परिषद का राष्ट्रीय पुरस्कार प्राप्त हुआ। 'मगध' के लिए साहित्य अकादमी पुरस्कार प्राप्त हुआ। 25 मई 1986 को न्यूयार्क के स्लोन केटरिंग अस्पताल में निधन।

हिन्दी और अंग्रेजी में लगभग 18 पुस्तकें प्रकाशित जिनमें प्रमुख हैं मायादर्पण, जलसाघर, मगध (कविता), झाड़ी (कहानी संग्रह), जिरह (आलोचना), दूसरी बार (उपन्यास), अपोलो का रथ (यात्रा) और बीसवीं शताब्दी के अंधरे में (वार्तालाप), गरुण किसने देखा है (कविता संग्रह)।

श्रीकान्त वर्मा अपने परिवेश के प्रति सजग कवि तो है ही इतिहास और वर्तमान की मुठभेड़ कराने वाले अद्वितीय कवि भी हैं। वे सारी विडम्बनाओं समस्याओं से टकराते हुए जंगलों के साथ गुनगुनाना चाहते हैं, हर एक नदी के साथ सोना चाहते हैं, पठार ओढ़ लेना चाहते हैं और आकाश को भुजा पर ताबीज की तरह बांध लेना चाहते हैं। व्यापक जिन्दगी से जुड़ने की आकुलता उन्हें सम्पूर्ण विश्व में काव्यवस्तु तलाशने की प्रेरणा देती है और इतिहास के खंडहरो, स्तूपों तथा इतिहास पुरुषों के बीच जाकर नश्वरता की वेदना और मनुष्य की विवशता एवं निरीहिता को प्रत्यक्ष कर लेने की शक्ति देती है। व्यंग्य करते समय वे कहीं-कहीं बहुत तीखे हो जाते हैं। उन्होंने श्रृंगारिक क्षेत्र के वर्जित स्थानों का जिक्र किया है। मन्त्री, समाचार पत्र, नगर पालिका, टकसाल, राष्ट्रभाषा आदि से सम्बन्धित स्थूल समस्याओं पर भी उनकी निगाह गई। उन्होंने महा-नगरीय करण के साथ मनुष्य की साथ-साथ रहने की विवशताओं के बावजूद प्रेम के क्षरण तथा एक दूसरे से बिलगाव की मन:स्थिति को व्यक्त किया है। वे लिखते हैं—

'इतने मकान पास पास सटे-पटे
मगर प्रेम नहीं इतना घनत्व
इतनी संकुलता इतनी एकता
मगर सभी कटे कटे'

श्रीकान्त वर्मा वर्तमान विश्व की समस्याओं से पूरी तरह अवगत हैं। सारा विश्व युद्ध की विभीषिका से त्रस्त है, कोई भी देश शान्ति का सही सुझाव प्रस्तुत करने में असमर्थ है चाहे यूरोप हो, चाहे अमेरिका, सभी एशिया के ऊपर बोझ बने हुए हैं और एशिया की ये हालत है कि वहाँ पैदा होने वाले तानाशह लोकतंत्र के दुश्मन और अपने स्वार्थ की सिद्धि के लिए अधिक से अधिक खून

खराबा कर सकते हैं। बीसवीं शताब्दी में मनुष्य के साथ जो कुछ घटित हुआ है 'कवि के बूते का नहीं है कि वह उस त्रासदी को कविता में उतार सके लेकिन उसका मानना है कि यह दुनिया या याह्या खान के लिए नहीं है—

'यूरोप, बड़बड़ा रहा है बुखार में
अमेरिका, पूरी तरह भटक चुका है अन्धकार में
ऐशिया पर बोझ है गोरे इंसान का
सम्भव नहीं है
कविता में वही सब कहा पाना
जो घटा है बीसवीं शताब्दी में मनुष्य के साथ
काँपते है हाथ
मैं इतना ही कहना चाहता हूँ
यह दुनिया।
याह्या खान के लिए नहीं बनी है।

राजनीतिक क्षेत्र के अवमूल्यन से हर समकालीन कवि बेचैन है। श्रीकान्त राजनीति के घिनौनेपन से बेचैन हैं। राजनीतिज्ञों की आत्माएँ मर चुकी हैं उसमें से सड़ांध आ रही है—

आत्माएँ/राजनीतिज्ञों की बिल्लियों की तरह/
मरी पड़ी हैं सारी पृथ्वी से
उठती है, सड़ांध।

राजनीति में महत्वपूर्ण स्थान पाने के बाद राजनीति के विषय में इतनी कटु बातें शायद ही कोई राजनीतिक व्यक्ति कहे। 'मुझे क्षमा करो' शीर्षक कविता में कवि यह महसूस करता है कि वह पूरे जीवन झूठ बोलता है, स्वयं पर भरोसा न करके दूसरों के आगे गिड़गिड़ता है, मगर जब वह अन्य राजनीतिक साथियों को देखता है तो सोचता है कि—

वे हत्यारे ही नहीं
चोर, उचक्के, डकैत,
होमोसैक्युअल,
हेट्रोसेक्युअल,
रेपिस्ट हैं,
उनके जीवन में सत्य का,
पश्चाताप का एक क्षण
नहीं आया

और वे सब-के-सब, राजनीति में है-
जब मैं उन्हें देखता हूँ
तो कहता हूँ,
मैं उनसे बेहतर हूँ

श्रीकान्त वर्मा इतिहास में गहरे उतरते हैं और इतिहास की त्रासदी अवसाद और पीड़ा के बीच से किसी मानवीय सच को पाने के लिए छटपटाते हैं। काशी में शव शीर्षक कविता में शवों को ले जाते हुए लोगों के प्रति जिज्ञासा का भाव और साथ ही आवागमन का कारुणिक दृश्य और प्रश्नाकुल होकर मनुष्य का कुछ जानने पहचानने का उपक्रम लेकिन अन्ततः तटस्थ द्रष्टाभाव से सब कुछ को स्वीकारने की व्यवस्था मार्मिक ढंग से चित्रित हुई है।

मित्रों,
तुमने तो देखी है काशी,
जहाँ, जिस रास्ते
जाता है शव
उसी रास्ते
आता है शव!
तुमने सिर्फ यही तो किया
रास्ता दिया
और पूछा
किसका है यह शव?
जिस किसी का था,
और किसका नहीं था,
कोई फर्क पड़ा?

'मगध' शीर्षक काव्य संकलन में कवि कहीं-कहीं प्रश्नों के सकारात्मक और नकारात्मक उत्तरों के बीच अपनी मूल संवेदना को उलझा देता है। इतिहास में अतीत के जो चित्र प्रस्तुत किये गए हैं और व्यक्तियों के मन में उनके प्रति जैसी उदात्त अवधारणा बनी हुई है दोनों के बीच सामंजस्य नहीं बैठता। निम्नलिखित पंक्तियों में कवि ने इसी भावबोध को व्यक्त किया है—

तुम भी तो मगध को ढूँढ रहे हो
बन्धुओ,
यह वह मगध नहीं
तुमने जिसे पढ़ा है

किताबों में,
यह वह मगध है
जिसे तुम
मेरी तरह गँवा
चुके हो

ऐतिहासिक नगरों और व्यक्तियों की मूल-प्रेरणा गायब हो गई है 'काशी का न्याय' में कवि ने यह दर्शाने का प्रयास किया है कि आज की संवैधानिक प्रक्रिया कुछ खास सभासदों पर आधारित है; कुछ खास लोग निर्णय लेते हैं और ज्यादातर केवल सिर हिलाते हैं उन्हें सोचने का अवसर ही नहीं मिलता है कहीं कहीं इतिहास गौण हो जाता है वहाँ वर्तमान प्रधान हो जाता है सत्ता। पक्ष से जुड़े हुए लोगों की प्रवृत्ति को अंकित करने वाली पंक्तियाँ महत्वपूर्ण हैं। राजा के होते हुए भी यदि उसका आचरण सही नहीं है तो लोग उसे शासक नहीं मानते हैं—

मगध में शोर है कि मगध में शासक नहीं रहे
जो थे
वे मदिरा, प्रसाद और आलस्य के कारण
इस लायक नहीं रहे
कि उन्हें हम
मगध का शासक कह सकें।

जहाँ राजा और प्रजा के बीच विचारशीलता खत्म हो जाती है उसका अस्तित्व बहुत दिनों तक नहीं रहता। कोशल के माध्यम से कवि कहता है कि —

कोसल अधिक दिन नहीं टिक सकता
कोसल में विचारों की कमी है।

इसी वैचारिकता की कमी के कारण ही हर आदमी दूसरों के द्वारा बताए हुए रास्ते पर चल कर लक्ष्य तक पहुंचना चाहता है लेकिन जरूरी नहीं है कि दूसरों के बताए रास्तें पर चल कर कोई अपने लक्ष्य को पा ले। कवि कहता है कि —

नालंदा जाने वाले मित्रों,
प्रायः
यही होता है,
बताए गए
रास्ते

वहाँ नहीं जाते

जहाँ हम पहुँचना चाहते हैं—

मनुष्य में आज की परिस्थिति में अनिश्चय व्याप्त है। वह निर्णय नहीं कर पाता कि वह क्या करे? आदमी को अपने बचाव के लिए कोई-कोई उपाय तो करना ही चाहिए, यदि वह कोई उपाय नहीं कर रहा है तो इसका सीधा-सा अर्थ है कि वह मरने के लिए जैसे तैयार बैठा है; अधिकांश भारतीय निम्न वर्गीय युवकों की यही स्थिति है—

घिघिया सकता था घिघियाया नहीं

हथियार उठा सकता था-उठाया नहीं

कुछ भी बताया नहीं

जिरह भी नहीं की

चुप भी नहीं रहा सहमा भी नहीं

ताव भी नहीं खाया, फकत मारा गया।

श्रीकान्त वर्मा ने भटका मेघ काव्य संकलन के दूसरे संस्करण की भूमिका में लिखा है 'भटका मेघ' की कविताएँ... मुझे बहुत दूर की लगती है। लेकिन अब उन्हें गौर से पढ़ता है, दोहराता हूँ...तो वे अभी कल की ही बात लगती है-मेरे घर की बात, मेरे घर के पीछे बहती नदी की बात', श्रीकान्त वर्मा में वैयक्तिकता बोध अधिक प्रखर है। सामान्य जीवन के अनुभवों की ऐतिहासिक एवं समकालीन राजनीतिक सम्वेदना को एकम् एक करके प्रस्तुत करते हैं। श्रीकान्त वर्मा को कविताओं में संघर्ष का जुझारूपन नहीं है हताशा और निराशा का स्वर प्रधान है,आरंम्भिक कविताओं में उनमें कुछ नया करने का उत्साह है, यही नहीं अज्ञेय द्वारा निर्धारित काव्य की परिपाटी को त्याग कर नये मार्ग की तलाश की बेचैनी में वे कहते हैं—

हर समय की नब्ज है, जन की नब्ज को पहचानते हैं।

हम मनुज को कवि, समय को एक कविता मानते हैं।

हर दिशा में उन्हें दरारें दिख रही थीं, फटे-फटे सपने दिख रहे थे और आत्मा के अन्दर दर्द चिघाड़ रहा था लेकिन इन सबके बावजूद उनमें आस्था की दृढ़ता थी और अन्तिम दम तक लड़ने का साहस—

मेरी सिसकी मरसिया नहीं है जीवन का

मेरी गहरी चेतना प्रशांत पानियों की

दुख के अणु विस्फोटों से

कभी-कभी ऐसे कंप जाती है

लेकिन मेरे साहस के नागासाकी ने
अंतिम सांसों तक आत्मसमर्पण नहीं किया है।

मुक्तिबोध की तरह सत्य की तलाश के लिए वे हर आत्मा के अन्दर झाँक कर देखते हैं, अनेक विचारों, मत-मतान्तरों का निरीक्षण परिक्षण करते हैं लेकिन वर्मा की सत्य को जानने की प्रवृत्ति और प्रविधि अलग है वे वात्सल्य शृंगार के क्षेत्र को भी देखते परखते चलते हैं और यह निष्कर्ष देते हैं कि—

सत्य नहीं वह जो चला गया
.....सत्य वह
जो तुममें शेष है।
छटपट कर, हिम की हर परत तोड़ते
बौने अंकुर-सा शेष है।
प्राप्ति वह
जो कलमों, फूलों और मुट्ठी में
शब्द और सृजन और सीपी-सा शेष है।

श्रीकान्त वर्मा ने अपने समय और समाज को जिस रूप में देखा उसी का चित्र उन्होंने अपनी कविताओं में अंकित किया। उन्होंने लिखा है—'1960 के आसपास मेरे चारों ओर मृत्यु की, सिर्फ गरीबी, भुखमरी, और असहायता से उत्पन्न मृत्यु नहीं बल्कि ऐसी मृत्यु जिसे सैकड़ों नामों से पुकारा जा सकता है, जैसे कि आत्मनिर्वासन, सामाजिक पलायन, प्रेम विफलता, मूल्यहीन संसार में जीने का अहसास, मानवीय क्रूरता, करुणाविहीनता चारो ओर मारो या मार दिया गया का शोर।' इसी मृत्युबोध के विषय में उन्होंने निम्नलिखित कविता प्रस्तुत की। यहा केवल मृत्यु का बयान नहीं है बल्कि प्रतीकात्मक रूप से मनुष्य को ऊर्जा देने वाली तथा आलोकित करने वाली स्रोत की मृत्यु की परिकल्पना है—

उन्नति को इस राजनगर में
और कुछ नहीं सूर्य मरा है
मैं सूरज का शव
अपने कंधों पर लेकर घूम रहा हूँ
सूर्यहीन इस प्रेत-नगर में
इस संध्या से उस संध्या तक
जीवन का क्रम नहीं
आह! मरने का क्रम है।

श्रीकान्त को अपने समय के कवियों की रचनाधर्मिता पर भी क्षोभ है। झूठा जागरण का गीत गाने वाले कवियों पर व्यंग्य करते हुए वे कहते हैं कि जहाँ पृथ्वी पर नदियाँ झाग उगल-रही है, चारों ओर अंधकार है, पृथ्वी प्रसव पीड़ा में पड़ी हुई है, मनुष्य को जन्मा रही है, नित्य प्रति मवाद की तरह नगर निकल रहे हैं। बिलों से मुनष्य निकल रहे है ऐसे समय में मसीहा कवि मुर्गों की तरह सुबह होने की घोषणा कर रहे हैं। बढ़ती हुई जनसंख्या और बढ़ते हुए नगर तथा मनुष्य की यातना पूर्ण स्थितियों का नग्न चित्र उकेरते हुए श्रीकान्त पाठकों के सामने प्रस्तुत होते हैं—

धन्य यह वसुंधरा
मुख में इतनी सारी नदियों का झाग
केशों में अंधकार
एक अंतहीन प्रसव पीड़ा में पड़ी हुई
पल-पल मनुष्य उगल रही है, मवाद की तरह
नित-प्रति नगर फेंक रही है,
बिलों से मनुष्य निकल रहे हैं, दरब से
मनुष्य निकल रहे हैं
टोकरी के नीचे छिपे मुर्गों के मसीहा कवि
बांग दे रहे हैं— सुबह हुई!
बरस रहा है अंधकार,....मगर उल्लू के पट्ठे
स्त्रियों पर रिझाऊ कविताएँ लिख रहे हैं।

श्रीकान्त वर्मा अज्ञेय के विरोध में लिखते हैं और एक तरह से व्यक्तिवादिता और क्षणवाद को नकारते हैं। उनका मानना है कि एक आदमी का जीवन संघर्ष उसके अन्तर्द्वन्द्व और मनोपीड़ाए स्वयं में महाकाव्य की क्षमता रखती है किन्तु अन्वेषी साहित्यकार की दृष्टि में इन असंख्य क्षणों में कोई परस्पर सम्बद्ध नहीं है, उनका कोई मेरुदण्ड नहीं है, वे सब असम्बद्ध एवं स्वयं में सम्पूर्ण और स्वतन्त्र हैं। सिर्फ राहों का अन्वेषी कह देने से काम नहीं चलता। राहों का अन्वेषण करने के लिए किसी मशाल की आवश्यकता है, अपनी इसी धारणा के कारण उनके लिए इतिहास, समाज और व्यक्ति एक दूसरे से बहुत अलग-थलग नहीं है। 'अनुभव की सरहद पर' कविता में वे अपनी अतीत की बिपुल अनुभव राशि को छोड़ना नहीं चाहते। गाँव में पैदा हुए श्रीकान्त नगरीय बोध से सम्पृक्त तो होते हैं और उन्हें पिछली स्मृतियां सालती भी हैं लेकिन श्रीकान्त वर्मा अपनी उपलब्धियों का झूठा बयान नहीं करते बल्कि ईमानदारी से अपनी विफलताओं को इंगित करते हैं। इस सन्दर्भ में निम्नलिखित पंक्तियाँ द्रष्टव्य हैं—

टिड्डे, चूहे, गदहे, गीदड़ डरपोक सब
घेरकर तुझे चहुं ओर
गोया तमाशबीन
देखे तू कैसे उड़ता है तू कैसे
हमसे ऊँचे उठता है! कैसे
तू तलफ-तलफ मेघ जोहता है
पर माथे की शर्म नहीं बेचता।

श्रीकान्त अपने शिल्प और भाषा प्रयोग के लिए विशेष चर्चित हुए हैं समाज के नग्न यथार्थ को नंगी या निर्वसन भाषा में लिखने के लिए—

वर्षों तक लिखते हुए मैनें प्रमाद में
अनुभव किया, दूसरी कोई भाषा न थी।

मध्यवर्गी औरतों के प्रेम सम्बन्धों के लिजलिजा पन अफसरों की भय ग्रस्तता और भारत की नियति पर व्यंग्य करते हुए उन्होंने भाषा के आभिजात्य को तोड़ा है; उदाहरणार्थ—

मैं ही क्यों, बड़े-बड़े अफसर भी
डरते हैं जुकाम से, सर्दी से!
कुछ स्त्रियाँ प्रेम करती हैं।

कई जगह वे अंग्रेजी के प्रचलित शब्दों का प्रयोग करे हुए तुक और लय के साथ शब्द विन्यास के स्तर पर तीखे व्यंग्य की संभावनाओं को प्रतिष्ठित करते हुए कविताएँ लिखते हैं, उनमें कहीं कहीं बिम्बों का असम्बद्ध प्रयोग भी दिखाई देता है जैसे—

तितलियों की तरह उड़कर लड़कियों का संसार
बैठ जाता है कोट पर, नोट पर
हस्ताक्षर होता है सारा दिन रोता है
कवि किसी और की स्त्री के बियोग में
अपने बनवास को। घास को चरते हैं उतरते हैं
बैल आकाश से। ओर चरते-चले जाते हैं।

वे ऐतिहासक पात्रों और स्थानों को भी मिथक की तरह अपनाते हैं और उनमें नये अर्थ को संयोजित करते हैं, बिना किसी श्लेष या रूपक के इतिहास को वर्तमान में बदलने की कला श्रीकान्त के पास है। उन्होंने कविता में कहीं-कहीं श्रृंगारिक संदर्भ से जुड़े हुए घृणित शब्दों को अपनी कविता में समाविष्ट किया है जैसे—

बंद करो। कपड़ा बुनने वाली मिल।
टाँग दो शो-बिंडों में। दागों से भरा। पेटीकोट।
मैं किसी पार्टी को नहीं केवल इस
नंगे पुतले को दूंगा अपना वोट
नगर पालिका के चौराहे जो
हौज में मजे से
पेशाब कर रहा है।

श्रीकान्त वर्मा कहीं-कहीं दो शब्दों के ही विन्यास में काव्य पंक्ति की निर्मित करते हैं। अपने पक्ष को हथौड़े की चोट की तरह गुंजित करने के लिए वे एक ही शब्द की पुरावृत्ति भी करते हैं जैसे—

एकतरफा विधवाएँ
एकरफा सधवाएँ
एकतरफा होता है विलाप
एकतरफा सन्ताप
एकतरफा हर्ष
एकतरफा पश्चाताप

निष्कर्ष रूप में कहा जा सकता है कि श्रीकान्त वर्मा वस्तु और शिल्प दोनों दृष्टियों से महत्वपूर्ण कवि हैं।

●

सुदामा पाण्डे 'धूमिल'

हिन्दी के सुप्रसिद्ध कवि धूमिल का जन्म 9 नवम्बर 1936 ई० को उत्तर प्रदेश के बनारस जिले के खेवली गाँव में हुआ था। इनके पिता शिवनायक पाण्डे का देहान्त शीघ्र हो गया था। शिक्षा इन्टर तक थी, शेष स्वाध्याय और

अनुभव के जरिये। दिल्ली शहर उन्हें नापसन्द था। बनारस से उनका घनिष्ट सम्बन्ध था और उन्हें विशेष प्रिय था। बलिया, सहारनपुर, सीतापुर और वाराणसी में प्रायः रहे। मूलतः वे सातवें दशक के कवि हैं। इनकी कविताएँ अकविता, आलोचना, सर्वनाम जैसी प्रसिद्ध पत्रिकाओं में छपी हैं। इनका पहला काव्य संग्रह 1972 में 'संसद से सड़क तक' छपा जो काफी चर्चित हुआ। 'कल सुनना मुझे' काव्य संग्रह पर इन्हें साहित्य अकादमी पुरस्कार भी मिल चुका है। इसके अतिरिक्त इनका अन्य काव्य संग्रह 'सुदामा पाण्डे का प्रजातंत्र' भी काफी चर्चित हुआ। उनके कुछ पत्र और डायरी के अंश भी पत्रिकाओं में प्रकाशित हुए हैं। इस प्रसिद्ध कवि की मृत्यु 10 फरवरी 1964 ई० को हुई। 1970 के बाद हिन्दी कविता के क्षेत्र में अपनी तल्ख आवाज एवं नये मुहावरे के साथ जो कवि धूमकेतु की तरह उभरा उसका नाम धूमिल। समकालीन कविता के स्वरूप की पहचान मुक्तिबोध की रचनाओं के माध्यम से की जा सकती है धूमिल अपने समय की सामाजिक, राजनीतिक और सांस्कृतिक समस्याओं से सीधे मुठभेड़ करते हैं और अपने आक्रोश एवं विद्रोह को व्यंग्यात्मक लहजे में उद्वेलित करने वाली पंक्तियों के माध्यम से व्यक्त करते हैं वे कविता के माध्यम से जीवन को उसके नग्न यथार्थ के साथ प्रत्यक्ष करने का दुस्साहस करते हैं। अशोक बाजपेयी ने धूमिल के विषय में जो टिप्पणी की है वह उल्लेखनीय है— 'धूमिल का काव्य-संसार अकवियों की तरह कल्पना-विलास से रचाया गया है। ऐसा सन्दर्भच्युत लोक नहीं है जिसकी हमारे रोजमर्रा के जीने से संगति और जीवित प्रासंगिकता स्पष्ट न हो और जिसमें कोई गहरी पहचान या खोज तो न उभरती हो लेकिन कवि के आत्म-प्रदर्शन और आत्मस्फीति के लिए अवकाश खूब हो। धूमिल की दुनिया जितनी ठोस है, उतनी ही ठेठ और बेबाक भी। अपनी श्रेष्ठ उपलब्धि में वह समकालीन सच्चाई पर कोई मद्धिम रोशनी डालकर सन्तुष्ट नहीं हो जाती है, बल्कि निर्भीकता और विश्वास से सच्चाई को उभार देती है।'

धूमिल ने कविता को समकालीन संदर्भ में पुनः परिभाषित किया। वे कहते हैं कि कविता घेराव में किसी बौखलाये हुए आदमी का संक्षिप्त एकालाप है, कविता का पाठ आज की विषम परिस्थितियों के तेज बदलाव के साथ बदलता तो है लेकिन अन्ततः प्रभावहीन हो जाता है, उसकी धार कुंठित हो जाती है। उन्होंने कहा है—'हर लड़की गर्भपात के बाद धर्मशाला हो जाती है और कविता हर तीसरे पाठ के बाद'। भाषा में भदेस होने के बावजूद महाकवि तुलसीदास ने रामकथा को अपने समय के अनुकूल नये मूल्यबोध से सम्पृक्त किया। जब भी कोई कवि विचार और भाषा की परम्परा को तोड़कर नये सृजन की ओर उन्मुख

होता है तो उसकी हँसी उड़ाई जाती है। आज का कवि परिस्थितियों के दबाव के कारण सच कहने से कतरा जाता है, जहाँ मतलब की इबारत से होकर सब व्यवस्था के पक्ष में चले गये ऐसी अवस्था में शक्तिशाली होते हुए भी कोई कवि अपने को कमजोर समझता है तो उसमें उसका दोष नहीं है। कवि की इस मानसिकता की ओर संकेत करते हुए। कवि कहता है—

"कवि-यानि-भाषा में भेदस हूँ।
इस कदर कायर कि उत्तर प्रदेश हूँ।"

कवि प्रतिरोध करने के लिए अकेले ही खड़ा होता है क्योंकि कविता भाषा में आदमी होने की तमीज है, शब्दों की अदालत में मुजरिम के कटघरे में खड़े बेकसूर आदमी का इलफनामा है। धूमिल सच को उभारने वाली कविता को बाखूबी समझते हैं। उनकी पुकार है कि समय बहुत कम है, कविता पर शीघ्रतिशीघ्र बहस शुरू कर दी जाय इससे सम्भव है कि शहर के लोगों का झुकाव कविता में व्यक्त सत्य की ओर हो जाये हो जाये। क्योंकि असली अपराधी का नाम लेते ही कविता की मौत निश्चित है। कविता की उम्र मात्र उतनी ही है जितनी कि कसाई के ठीहे और तनी हुई गड़ास के बीच बोटी सुरक्षित है। समाज के अघाये हुए लोग विरोध के स्वर को दबाकर सब कुछ को अपने पक्ष में कर लेना चाहते हैं। जनतंत्र में यद्यपि अकेले आदमी की कोई आवाज नहीं होती लेकिन फिर भी कविता की शक्ति लेकर कवि को अकेले ही षड्यंत्रकारियों के विरुद्ध खड़ा होना है। कवि चीत्कार के स्वर में कहता है—

"वक्त बहुत कम है
इसलिए कविता पर बहस
शुरू करो
और शहर को अपनी ओर झुका लो
क्योंकि असली अपराधी का
नाम लेने के लिए
कविता, सिर्फ उतनी ही देर तक सुरक्षित है
जितनी देर, कीमा होने से पहले
कसाई के ठीहे और तनी हुई गँड़ास के बीच
बोटी सुरक्षित है।"

स्वतंत्रता के पन्द्रह, सोलह वर्ष बाद भारतीय जनमानस में एक तरह की बेचैनी पैदा हुई। राजनीति में भाई-भतीजावाद, परिवारवाद और भ्रष्टाचार बढ़ने के

साथ-साथ सामान्य जन के मस्तिष्क में जो आर्थिक खुशहाली, सुखमय जीवन एवं अपनी महत्ता के सपने पल रहे थे वे टूटने लगे थे। कविता में अपनी विशिष्ट पहचान बनाने की चेष्टा से नये-नये काव्यांदोलन तो खड़े हुए किन्तु उनमें भारी आक्रोश और प्रजातंत्र की त्रुटियों को लेकर विद्रोह का भाव जाग रहा था। अपने परिवेश के प्रति अत्यधिक संसक्त और आम आदमी के विरुद्ध खड़ी ताकतों को बेनकाब करने का साहस 1965 के बाद की कविताओं में विशेष रूप से दिखाई पड़ता है। धूमिल ऐसे रचनाकार हैं, जिन्होंने दिनकर की तरह यह आह्वान नहीं करते कि सिंहासन खाली करो कि जनता आती है बल्कि जनता की ओर से चुने गये सांसदों से निर्मित्त संसद को अपने शब्दों के नुकीले हथियार से आहत करते हैं। प्रजातंत्र पर धारदार कविताएँ लिखने की अगुवाई धूमिल ने की। देश की हालत यह है कि हिन्दुस्तान के नक्शे पर गाय ने गोबर कर दिया है। झंडे को ही प्रतीक बनाकर धूमिल सवाल करते हैं—

"क्या आजादी सिर्फ तीन थके हुए रंगों का नाम है
जिन्हें एक पहिया ढोता है
या इसका कोई खास मतलब होता है?

भारत की जनता अपनी विवशताओं में जीने के लिए अभिशप्त है, प्रजातंत्र से कुछ लोग मालामाल हो रहे हैं और कुछ ऐसे हैं जो भूख से बेहाल हैं। 'अकाल दर्शन कविता' में धूमिल कहते हैं आजादी और गांधी के नाम पर जो मुहावरे उछाले जा रहे हैं, उनसे न तो जनता की भूख मिट रही है और न मौसम बदल रहा है, लोक बिलबिला रहे हैं और पत्ते और छाल खा रहे हैं तथा अकाल को सोहर की तरह गा रहे हैं, धूमिल इसका राज समझते हैं और एक ही परिस्थिति एवं व्यवस्था में होने वाले भिन्न-भिन्न परिणामों की ओर इशारा करते हैं—

"मैं उन्हें समझता हूँ—
वह कौन-सा प्रजातान्त्रिक नुस्खा है
कि जिस उम्र में
मेरी माँ का चेहरा
झुर्रियों की झोली बन गया है
उसी उम्र की मेरे पड़ोस की महिला
के चेहरे पर

मेरी प्रेमिका के चेहरे-सा
लोच है।''

हिन्दुस्तानियों की चुप्पी पर व्यंग्य करते हुए धूमिल कहते हैं कि मैं अपने आप से ही सवाल करता हूँ कि जानवर बनने के लिए कितने शब्द की जरूरत होती है यद्यपि ऐसे प्रश्नों का मुकाबला करना आज के मौसम के अनुकूल नहीं है। खून में उड़ने वाली पत्तियों का पीछा करना बेमानी है, आतंक, दहशत एवं सत्ता की बर्बरता के चिन्ह कहीं भी देखे जा सकते हैं। धूमिल दीवारों में चिपके गोली के छर्रों तथा सड़कों पर बिखरे जूतों की भाषा में दुर्घटना को आँकते हुए लिखते हैं—

''दीवारों से चिपके गोली के छर्रों
और सड़कों पर बिखरे जूतों की भाषा में
एक दुर्घटना लिखी गयी है
हवा से फड़फड़ाते हुए हिन्दुस्तान के नक्शे पर
गाय ने गोबर कर दिया।''

धूमिल गरीबी पीड़ा के यथार्थ की ओर उतना ध्यान नहीं देते जितना उनके कारणों की खोज की कोशिश करते हैं। वे लिखते हैं कि गाँव में गरीबी का मुख्य कारण आलस, कलह एवं तटस्थता है—

''मेरे गाँव में/वही आलस्य, वही ऊब
वही कलह, वही तटस्थता
हर जगह और हर रोज
और मैं कुछ नहीं कर सकता
मैं कुछ नहीं कर सकता।''

'प्रौढ़ शिक्षा' शीर्षक कविता में जनशक्ति की महत्ता को प्रतिपादित करते हुए धूमिल कहते हैं कि किसान जिसे सच्चा पृथ्वीपुत्र माना जाता है, जो संसार का अन्नदाता है, ये सब ऊँची-ऊँची संज्ञाएँ उसे ठगने के लिए ही बनाई गई हैं उसकी अशिक्षा, निरक्षरता, शोषकों के गलत इरादों से उसे अपरिचित रखती है जो वर्ग स्वयं नंगा रहकर दुनिया को ढकना चाहता है, वह अपना हस्ताक्षर करने की भी योग्यता न रखे तो आजाद देश के लिए कितना शर्मनाक है। भाषा जो प्रतिवाद की प्रबल क्षमता रखती है; निरक्षर के लिए वह कैसे व्यर्थ हो जाती है—

"कल मैंने कहा था कि वह दुनिया
जिसे ढकने के लिए तुम नंगे हो रहे थे
उसी दिन उधर गयी थी
जिस दिन हर भाषा
तुम्हारे अँगूठा-निशान की स्याही में डूबकर मर गयी थी।"

प्रकृति के साथ पूरी तरह से घुले-मिले, अपनी खेती और खलिहान के प्रति पूर्ण-निष्ठा के साथ जुड़े लोग यद्यपि आगे आने वाले खतरों के प्रति किंचित आगाह हो रहे हैं। हर बात के समर्थन में हाथ उठाकर हाँ-हाँ करना किसानों के हित में नहीं है, जमीनी सच्चाई से जुड़कर साक्षर होकर दुनिया को बदलने का संकल्प लेने का समय आ गया है। धूमिल ललकारते हुए कहते हैं—

"तनो
अकड़ो
अमरबेलि की तरह मत जियो
जड़ पकड़ो
बदलो-अपने-आपको बदलो
यह दुनिया बदल रही है
और यह रात है, सिर्फ रात
इसका स्वागत करो
यह तुम्हें
शब्दों के नये परिचय की ओर लेकर चल रही है।"

'मकान' शीर्षक कविता में धूमिल ने टूटते हुए स्वप्नों, गरीबी, घुटन का जीवन्त चित्रण किया है। वे अक्सर ऐसे मकानों की बात करते हैं जिनकी छतें कबूतर की बीट से मैली हो गयी हैं, जिनके आँगन में धूप कभी नहीं जाती जिनके शौचालयों में खासी ही किवाड़ों की काम करती है, जहाँ बूढ़े और जवान लड़कियों खाना खाने के बाद अन्धे हो जाते हैं बच्चे अंगूठा चूसते हैं और नव जवान लोग रोजगार दफ्तरों का चक्कर काटते हैं; ऐसे मकानों की आड़ में ऐसे लोग भी रहते हैं जो दूसरों को नमक की ढेले की तरह गला देते हैं। मकान जब खूब सूरत कमरा बनने लगता है अर्थात् गरीब आदमी जब थोड़ा ऊपर उठने की चेष्टा करता है तब उसकी हत्या कर दी जाती है। राजकमल चौधरी की मृत्यु के समय धूमिल ने जीवन की अनेक विसंगतियों, बिडम्बनाओं को भाषा के नये मुहावरे में ढालने का प्रयास किया है। कवियों, कविताओं पर भी उन्होंने विमर्श

किया है। आज नफरत के अंधे कोहराम में सैकड़ों कविताएँ दफन कर दी जाती हैं। राजकमल चौधरी की हर आदत दूनिया के व्याकरण के खिलाफ थी। धूमिल प्रायः भाषा के अभिजात्य व्याकरण को तोड़ते दिखलाई देते हैं। चौधरी के बहाने धूमिल यह मानते हैं कि कवि के जीवन और कविता के जीवन में फर्क नहीं होना चाहिए। कवि जीवन के यथार्थ की तलाश में जंगलों, वेश्यालयों, गंजेड़ियों, भंगेडियों, अघोड़ियों इसी तरह न जाने कितनी अनुचित जगह में भटकता है और स्वयं को मिटाकर ऐसी कविता लिखता है जो लहू उगलती है और कवियों की अगली पीढ़ी को नये ढंग से सजग करती है।

धूमिल साधारण आदमियों के पास सिर्फ दया और करुणा लेकर नह उपस्थित होते बल्कि उनके रोजमर्रा के संघर्ष का साक्षी बनते हुए उनकी विचा दृष्टि एवं बुनियादी लोगों के प्रति उनकी भावात्मक क्रिया-प्रतिक्रिया को भ अंकित करते हैं। मोचीराम कविता में मोचीराम के बड़प्पन को और उसकी जीव को आँकने वाली सूक्ष्म दृष्टि को उसकी शब्दावली में अंकित करते हुए वे कह हैं—

"बाबू जी! सच कहूँ-मेरी निगाह में
न कोई छोटा है
न कोई बड़ा है
मेरे लिए, हर आदमी एक जोड़ी जूता है
जो मेरे सामने,
मरम्मत के लिए खड़ा है"

मोचीराम अलग-अलग आदमियों की नियति एवं प्रकृति का खुलासा कर है जो आज की भाग-दौड़ और अहंकार को बिम्बित करता है। मोचीराम अप जिजीविषा और संघर्ष चेतना और आदमियत का बयान करता है। धूमिल इ कविता के माध्यम से हर स्थिति और परिस्थिति में एक अदद आदमी व शख्सियत और स्वाभिमान को तलाशने की चेष्टा करते हैं। मोचीराम के शब्दों कवि का ही ये ख्याल है कि—

"और बाबू जी! असल बात तो यह है कि जिन्दा
रहने के पीछे
अगर सही तर्क नहीं है
तो रामनामी बेचकर या रण्डियों की
दलाली करके रोजी कमाने में
कोई फर्क नहीं है"

धूमिल काव्य परिस्थितियों एवं संवेदनाओ के प्रतिकूल भाषा गढ़ने में माहिर हैं। शब्दों का चयन करते समय वे श्लील और अश्लील का ध्यान नहीं रखते उनकी भाषा ऐसी गँवार औरत की भाषा है जो गुस्से में आकर गालियों का मुहावरा या मुहावरेदार गालियाँ बकने लगती है। धूमिल में भाषा का वह रूप नहीं मिलता जिसमें आदमी का एकालाप है बल्कि उनकी भाषा हर स्थिति में संलाप करती हुई या भावात्मक एवं बौद्धिक उत्तेजना पैदा करती हुई दिखाई देती है। उन्होंने लोक भाषा के तिरस्कृत उपेक्षित शब्दों की क्षमता को पहचाना और भाषा के आम बोलचाल के मुहावरे में व्यंग्य का निर्माण किया। जैसे—

"अपने यहाँ संसद-
तेली की वह घानी है
जिसमें आधा तेल है
और आधा पानी है
और यदि यह बचा नहीं है
तो वहाँ एक ईमानदार आदमी को
अपनी ईमानदारी का
मलाल क्यों है?
जिसने सत्य कह दिया है
उसका बुरा हाल-क्यों है?"

धूमिल बोलचाल के शब्दों में भी नये अर्थ का सन्निवेश करना चाहते हैं। वे शब्दों का ऐसा विन्यास करते हैं कि शब्द परस्पर एक दूसरे के आस-पास अनहोनी की तरह इकट्ठा होकर नये अर्थ की ओर इशारा करने लगते हैं। आदमियों को सादगी, अदब, मासूमियत, सहनशीलता, भलमनसाहत आदि के विरुद्ध में कठोरता और संघर्ष को स्वीकार करने की प्रेरणा देते हैं। करुणा दया के साथ आदमी के अन्दर नारकीय जिन्दगी से निकलने की गुर्राहट जरूरी है। परिवर्तन की अदम्य इच्छा को फलीभूत करने के लिए धूमिल नये बिम्बों में ढली हुई उत्तेजक भाषा का प्रयोग करते हैं, जैसे—

"तुम्हारी आँखों के चकनाचूर आईनों में
वक्त की बदरंग छायाएँ उलटी कर रही हैं
और तुम पेड़ों की छाल गिनकर
भविष्य का कार्यक्रम तैयार कर रहे हो
तुम एक ऐसी जिन्दगी से गुजर रहे हो

जिसमें न कोई तुक है
न सुख है।''

जिस तरह मुक्तिबोध फैंटेसी का प्रयोग करने में सिद्धहस्त हैं, उसी तरह धूमिल भाषा के भदेसपन में भी गम्भीर सत्य को प्रत्यक्ष कर देने की कला में सिद्धहस्त हैं। चरित्र और स्वभाव को उसके व्यापक आयाम में भाषा के बहुविध प्रयोग द्वारा रूपायित करने की कला धूमिल की रचनात्मक विशिष्टता है। बढ़ती हुई जनसंख्या और बढ़ते हुए अपराध को कितने कुशलता से वे सांकेतिक भाषा में व्यंजित करते हैं, उनके इस प्रश्न का जवाब कि भूख कौन उपजाता है का उत्तर इस प्रकार दिया जाता है—

''उस चालाक आदमी ने मेरी बात का उत्तर
नहीं दिया
उसने गलियों और सड़कों और घरों में
बाढ़ की तरह फैले हुए बच्चों की ओर इशारा-किया
और हँसने लगा।''

धूमिल के दिमाग में जो भी बिम्ब उभरता है या जो भी उपमान उन्हें सूझते हैं उनका प्रयोग वे बेहिचक करते हैं। भाषा को बिम्ब या उपमान के रूप में उभारने की चेष्टा वे कई स्थानों पर करते हैं, विशेषण, विपर्यय, ध्वनियों की गूँज के साथ एक खालीपन बसन्त में भी लड़खड़ाता हुआ दिन और उसकी विडम्बना को अंकित करने वाली अधोलिखित पंक्तियाँ द्रष्टव्य हैं—

''लम्बी यातना के बाद
किसी तीखे शब्द का आशय
अप्रत्याशित ध्वनियों के समानान्तर
एक खोखला मैदान है
और मासिक धर्म में डूबे हुए लत्ते सा
खड़खड़ाता हुआ दिन
जाड़े की रात में
जले हुए कुत्ते का घाव
सूखने लगा है
मेरे आसपास
एक अजीब-सा स्वाद भरा रूखापन है।

धूमिल की कविताओं में शब्दों का कोशीय अर्थ उतना महत्व नहीं रखता जितना उसका सामाजिक अर्थ महत्वपूर्ण है। बसन्त कविता में आज की जिन्दगी की परेशानियाँ और मनुष्य की निरपेक्ष सौन्दर्यात्मक दृष्टि के विचलन के द्वन्द्व को सधी हुई भाषा में उकेरा गया है। व्यंग्य और तिरस्कार को व्यक्त करने वाली अधोलिखित पंक्तियाँ देखने योग्य है—

"बसन्त
मेरे उत्साहित हाथों में एक
जरूरत है
जिसके सन्दर्भ में समझदार लोग
चीजों को
घटी हुई दरों में कूतते हैं
और कहते हैं
सौन्दर्य में स्वाद का मेल
जब नहीं मिलता
कुत्ते महुवे के फूल पर
मूतते हैं''

निष्कर्ष रूप में कहा जा सकता है कि अपने व्यापक भावबोध एवं नवीन रचना शिल्प के कारण 1970 के बाद उभरने वाले कवियों में धूमिल क्रान्तिकारी कवि के रूप में तो अपनी पहचान बनाते ही हैं, काव्यवृत्तियों को नयी दिशा देने की दृष्टि से भी ऐतिहासिक महत्त्व के अधिकारी बनते हैं।

●

कुँवर नारायण

कुँवर नारायण का जन्म 13 सितम्बर, 1927 में उत्तर प्रदेश में हुआ था। आपने लखनऊ विश्वविद्यालय से अंग्रेजी में एम. ए. किया। कुँवर नारायण की

ख्याति कवि के रूप में बहुत अधिक है लेकिन आपने चिन्तनपरक लेख, समीक्षा और कहानियाँ भी लिखी हैं। अन्य भाषाओं के कवियों का आपने हिन्दी में सुन्दर अनुवाद किया। इनकी रचनाओं का अनेक भारतीय और विदेशी भाषाओं में अनुवाद हुआ है। 'आत्मजयी' का 1989 में इतालवी भाषा में अनुवाद हुआ। आपने 'युग चेतना', 'नया प्रतीक' तथा 'छाया नट' के सम्पादक-मण्डल में रहते हुए कुशल सम्पादक का परिचय दिया। उत्तर प्रदेश संगीत नाटक अकादमी के उपाध्यक्ष तथा भारतेन्दु नाट्य अकादमी के अध्यक्ष पद को भी सुशोभित किया है।

कुँवर नारायण की सात काव्य-कृतियाँ प्रकाशित हो चुकी हैं—

(1) चक्रव्यूह (1956)

(2) परिवेश, हम तुम (1961)

(3) अपने सामने (1979)

(4) कोई दूसरा नहीं (1993)

(5) इन दिनों (2002)

खण्डकाव्य :

(6) आत्मजयी (1965)

(7) वाजश्रवा के बहाने (2008)।

तीसरा सप्तक 1969 में कुंवर नारायण की कविताओं को सम्मिलित किया गया है।

'आज और आज से पहले' इनका समीक्षा-ग्रन्थ है, जिसका प्रकाशन 1998 में हुआ। 1999 में 'मेरे साक्षात्कार' का प्रकाशन हुआ। 'साहित्य के कुछ अन्तर्विषयक सन्दर्भ, 2003 में प्रकाशित हुआ। 'आकारों के आस-पास' इनका प्रसिद्ध कहानी-संग्रह है।

कुँवर नारायण का अनुभव-जगत् बहुत व्यापक है। इन्हें विश्व के अनेक देशों की यात्रा करने, वहाँ के बड़े रचनाकारों से मुलाकात करने, विश्वविद्यालयों में व्याख्या देने तथा सेमिनारों में भाग लेने का सुअवसर प्राप्त हुआ। 1955 में पोलैण्ड, चेकोस्लोवाकिया, रूस तथा चीन की यात्राएँ कीं। उसी समय पाब्लो नेरुदा, नाज़िम हिकमत तथा एण्टन स्वनीम्स्की से मुलाक़ात की। स्वीडन के कई विश्वविद्यालयों में काव्यपाठ किया तथा साहित्य-गोष्ठियों में भाग लिया। 1994 में वेनिस यूनिवर्सिटी में व्याख्यान दिया और यूरोप, इंग्लैण्ड, अमेरिका का

भ्रमण किया। 1998 और 1999 में काफी समय तथा आक्सफोर्ड और कैम्ब्रिज में रहे।

कुँवर नारायण जी अपने साहित्यिक कृतित्व के लिए अनेक पुरस्कारों से सम्मानित किये गये हैं; जैसे—'साहित्य अकादमी पुरस्कार', केरल का 'कुमारन आशान पुरस्कार', 'व्यास सम्मान', 'हिन्दी संस्थान का विशेष सम्मान', 'शतदल पुरस्कार', 'प्रेमचन्द पुरस्कार', 'लोहिया अतिविशिष्ट सम्मान', 'राष्ट्रीय कबीर सम्मान' आदि।

कुँवर नारायण का साहित्य चेतन-मन की सुरुचिसम्पन्न चिन्तनदृष्टि एवं अनुभूति का उदात्त प्रतिफल है। अपने समय को वृहत्तर परिप्रेक्ष्य में निरूपित करनेवाले महाकवि कुँवर नारायण साधारण एवं दैनिक क्रिया-कलापों में भी चिरन्तन मानव-बोध को अंकित करने में सक्षम हैं। साहित्य में उनकी निजी कुछ सीमा तक अद्वितीय रचना-दृष्टि प्रतिबिम्बित होती है। आधुनिक भारत तथा विश्व के वर्तमान सन्दर्भों को वे खुली निगाह से देखते-परखते हैं और अनेक चुनौतियों के बीच मनुष्य की संघर्ष-चेतना, उसकी पीड़ा, उसकी जय-यात्रा, विरोधी परिस्थितियों और संघर्षों को शब्दबद्ध करते हुए जीवन और मृत्यु के बीच की मनुष्य नियति को कविता में चित्रित करते हैं। उनके ये चित्र मानवीय इतिहास के प्रवाह में समय के साक्षी बनकर तिरने लगते हैं। अपने पहले काव्य-संकलन चक्रव्यूह में संकलित कविता 'माध्यम' में अपनी कविता के खास तेवर की ओर संकेत करते हुए वे कहते हैं—

मेरे काव्य के इन मानस परोक्षों से
एक अपना आकाश रचो,
मेरे असन्तुष्ट शब्दों को लो
और कला के इस विदीर्ण पूर्वग्रह मात्र को
सौन्दर्य का कोई नया कलेवर दो,
(क्योंकि यही एक माध्यम है जो सदा अक्षुण्ण है।)
शब्दों से घनिष्ठता बढ़ने दो
कि उनकी एक अस्फुट लहक तुम्हारे सौम्य को छू ले
और तुम्हारी विशालता मेरे अदेय को समझे :

कुँवर नारायण की काव्य-पंक्तियाँ अस्तित्व को दूसरे अर्थों में प्रकाशित करती हैं। वे पाठकों से भी सर्जनात्मक ढंग से कविता से जुड़ने का आग्रह करती हैं। बने-बनाये शब्दों, रूढ़ शिल्पों को तोड़कर बेचैन शब्दों से कला के नये रूप

को गढ़ने की चेतना यदि कवि के द्वारा पैदा की गयी तो वही उसके यत्न की सार्थकता है। कवि के मन में कवि होने का अहंकार नहीं है बल्कि वह समष्टि को कवि होने का श्रेय प्रदान करता है। कविता में आनन्द का आलिंगन हो सके, मन्त्रपूत ऋचाओं की गूँज उत्पन्न हो सके और एक सात्त्विक एहसास, सौन्दर्य का विस्मयकारी प्रभाव, मीठी-मीठी आकुलता का अनुभव हो सके तभी कविता अपने विराट स्वरूप को निर्मित कर पाती है। ऐसी कविता के अनुभव से गुजरने के बाद पाठक में वह विशालता आती है जो सकारात्मक रूप से कविता के निहितार्थ को समझता है, कवि और पाठक का ऐसा तादात्म्य कुँवर नारायण के रचनात्मक संकल्प के एक नये आयाम को इंगित करता है जहाँ वे कवि होने का श्रेय अपने को नहीं बल्कि अजान अप्रस्तुत एक भिन्न सत्ता को देते हैं। वे कहते हैं—

कि कवि तुम हो...
और मैं केवल कुछ निस्पृह तत्त्वों का एक नया समावेश,
तुम्हारी कल्पना के आस-पास मँडलाता हुआ
जीवन की सम्भावनाओं का एक दृढ़ संकेत...

साहित्य के विषय में उन्होंने जो विचार व्यक्त किये हैं, उनका स्पष्ट प्रभाव उनकी रचनाशीलता पर है। उन्होंने लिखा है कि 'लेकिन दुनिया' का मतलब अब न सिर्फ पश्चिम रह गया है न सबके साथ चलने का अर्थ सबकी तरह हो जाना है। साहित्य की चिन्ता वैसे भी सही फैसले की चिन्ता है जो हमें एक बड़े चिन्तनक्षेत्र में ले जाती है। जहाँ हम मनुष्य के कल्याण और समृद्धि के अर्थ केवल भौतिक नहीं उससे ज्यादा बड़े परिप्रेक्ष्य में सोचते हैं।' (आज और आज से पहले, पृष्ठ 7) कुँवर नारायण मानते हैं कि वैज्ञानिक प्रगति से पृथ्वी और उस पर बसे प्राणियों की असुरक्षा नहीं है बल्कि असुरक्षा का मुख्य कारण है उस दूर-दृष्टि का अभाव जो प्रगति को केवल भौतिक अर्थ में परिभाषित करती है। अत्यन्त सरल शब्दों में वे कहते हैं 'कविता एक खेल है बच्चों के बहाने बाहर-भीतर, यह घर वह घर। सब घर एक कर देने के माने बच्चा ही जाने। संसार भौतिक सीमाओं, साम्प्रदायिक सीमाओं, वैचारिक सीमाओं, वर्ण की सीमाओं में बँटा हुआ है। कविता सभी सीमाओं को तोड़ देती है, सबको एक कर देती है। कविता एक साक्षी होती है। वह मनुष्यता की सच्चाई का बयान करती है। उसकी कोशिश होती है बेहतर इन्सान रचना। वह केवल वक्तव्य नहीं है। उसे ख्याति पाने की भी हड़बड़ी नहीं रहती है। वह नारा या जुलूस के रूप में प्रकट नहीं है। वह आदमी की भाषा में इसी तरह जिन्दा रहने का प्रयत्न करती है।

कविता वक्तव्य नहीं गवाह है
कभी हमारे सामने
कभी हमसे पहले
कभी हमारे बाद/ कोई चाहे भी तो रोक नहीं सकता
भाषा में उसका बयान
जिसका पूरा मतलब है सचाई
जिसकी पूरी कोशिश है बेहतर इन्सान
उसे कोई हड़बड़ी नहीं
कि वह इश्तहारों की तरह चिपके
जुलूसों की तरह निकले
नारों की तरह लगे
और चुनावों की तरह जीते
वह आदमी की भाषा में
कहीं किसी तरह जिन्दा रहे, बस।

कुँवर नारायण की कविता में विवेक और संवेदनशीलता का अद्भुत समन्वय है। आज का युग बौद्धिक चिन्तन का है। केवल भावुकता से आज की कविता नहीं बनती। कुँवर नारायण ने कविता के आत्म-संघर्ष एवं सामाजिक यथार्थ के सम्बन्ध में जो विचार व्यक्त किया है, उसका उन्होंने अपनी रचना में सम्यक् निर्वाह किया है। 'एक कवि में यदि दूर तक सोच सकने की ताकत नहीं है तो उसकी कविता या तो यथार्थ की सतह को खरोचकर रह जायगी या किसी भी आदर्श से चिपककर। जीवन की सार्थकता की बात करता हूँ तो मेरा मतलब कविता के पीछे काम करनेवाली उस सतर्क बुद्धि संवेदनशीलता से होता है जो जिन्दगी के तीव्रतम एहसासों और विवेक के सहारों पर एक साथ जीने में सक्षम हो और सही जीवन-मूल्यों की पहचान करा सके।

कुँवर नारायण की कविताएँ यथार्थ को खरोचती नहीं बल्कि उसको सम्पूर्णता में उभारती हैं और उसमें निहित जीवन-सत्य की सम्भावनाओं को तलाशने की कोशिश करती हैं। कवि जो कुछ लिख रहा है वह न केवल उसके जीन का साक्ष्य है बल्कि उन लोगों के लिए भी साक्ष्य बनेगा जो उसे अपने बीच अजनबी समझते हैं। पहियों और पंखोंवाली बे-सिर-पैर की सभ्यता में दफ़्तरों, दुकानों और कारखानों से अस्वीकृत होकर भी जिसने जीवन जिया, अपने को पाने की चेष्टा की, अपनी सार्थकता सिद्ध की और जीवन-अनुभवों की बहुमूल्य

विरासत मनुष्यता की समृद्धि के लिए सौप दिया। कवि कहता है—

मैंने अनष्ट रखा। अपने को पाया, सिद्ध किया और दे गया।
जब मैं नहीं रहूँगा
मेरी ओर से कोई स्थापित करेगा, मेरे वर्षों बाद
कि आज भी कहीं जीवन था—
क्योंकि केवल पहियों और पंखोंवाली इस बे-सिर-पैर की सभ्यता में
दफ़्तरों, दूकानों और कारखानों से
अस्वीकृत होकर भी
मैंने जीना पसन्द किया।

कुँवर नारायण अहिंसा की पक्षधरता लेकर खड़े दिखायी देते हैं। प्रोफेसर पुरुषोत्तम अग्रवाल का कथन है कि—कुँवर नारायण की सामाजिक संवेदना से ही परिभाषित होती है उनकी अहिंसा-दृष्टि। अहिंसा-दृष्टि का आग्रह केवल नैतिक भंगिमा नहीं, राजनैतिक वक्तव्य भी है। हिंसा और हत्या से जो कुछ सिद्ध होता है वह कुँवर नारायण को स्वीकार नहीं है। वे स्पष्ट कहते हैं—

नहीं चाहिए तुम्हारा यह आश्वासन
जो केवल हिंसा से अपने को सिद्ध कर सकता है।
नहीं चाहिए यह विश्वास, जिसकी चरम परिणति हत्या हो।
मैं अपनी अनास्था में अधिक सहिष्णु हूँ।
अपनी नास्तिकता में अधिक धार्मिक।
अपने अकेलेपन में अधिक मुक्त
अपनी उदासी में अधिक उदार।

'आत्मजयी' खण्डकाव्य में नचिकेता अपने पिता वाजश्रवा से हिंसा, धर्म, नैतिकता, सत्ता, मतवैभिन्य, असहमति, यथार्थ आदि अनेक मुद्दों पर विचार-विमर्श करता है। जो व्यक्ति अपने हित के आगे नहीं सोच पाता। हित और सुख में भी सुख को वरीयता देता है। भविष्य का अधिकारी वही होता है जो वर्तमान को महत्त्व देता है। किसी व्यक्ति को सत्ता के साथ जो कल्याणकारी भूमिकाएँ सौंपी जाती हैं और जो सुविधाएँ एवं सम्मान दिया जाता है उनमें सत्ताधारी सुविधाओं को तो ग्रहण करता है दायित्व को भूल जाता है। मुकुट में एक साँप छिपा होता है, विलासिता में विलास की छाया होती है। स्तुतियों में पाखण्ड की गन्ध आती है। हँसी और उल्लास के पीछे असन्तोष और विलाप होता है। और

ये सब इसलिए होता है कि व्यक्ति का या सत्ताधारी का जीने का तरीका यदि ग़लत हो तो सब-कुछ ग़लत दिखायी देने लगता है—

ग़लत जीने से। सही बातें ग़लत हो जाती हैं।
सच्चाइयाँ छूठ लगतीं, /अच्छाइयाँ गुनाह,
धर्म पाप हो जाता, ईश्वर आततायी,
प्यार रोग बन जाता, लोग भयावह....

यदि मनुष्य में स्वतन्त्र चिन्तन-दृष्टि है तो असहमति होगी। विनय और शील बड़े त्याग के बाद निर्मित एवं स्थापित हुए हैं। मनुष्य की साहसिकता उसकी एक थाती है स्वर्ग की लालच में उसे छीना नहीं जाना चाहिए। हिंसा पर आधारित धर्म, धर्म नहीं केवल धर्म का प्रदर्शन होता है। मनुष्य स्वर्ग की लालच में अपने विवेक की भी बलि दे देता है। नचिकेता के माध्यम से कुँवर नारायण रूढ़ एवं तर्कहीन आदर्शों पर प्रश्नचिह्न लगाते हैं और स्वर्ग एवं संसार के बीच के अनेक सत्यों को सम्प्रेषित करने की सार्थक कोशिश करते हैं। लोभ के कारण बहुत-सी घातक सच्चाइयों को व्यक्ति छिपा लेता है और अपने इच्छा की पूर्ति के लिए वह मूल्यों एवं आदर्शों की हत्या करता है।

अपने को महान् बनाने, दूसरों पर अपनी इच्छाओं को थोपने तथा जीवनयापन के संसाधनों पर एकाधिकार करने की आकांक्षा के परिणामस्वरूप मनुष्य मनुष्य के बीच संघर्ष और युद्ध होते रहते हैं। हर युद्ध का परिणाम सामान्यतः हार और जीत में हुआ करता है। लेकिन हार और जीत के फैसले में ही जीवन का सत्य अटता नहीं है। युद्ध से जुड़े हुए अनेक प्रश्न विवेकवान् योद्धा को मथते हैं। कुँवर नारायण 'अस्तित्व के घेरे में' शीर्षक कविता में युद्ध से जुड़ी समस्याओं को उठाते हैं। वे बड़ी पीड़ा के साथ महसूस करते हैं कि क्या मनुष्य के लिए धर्मयुद्ध लड़ने और बर्बर इतिहास रचने की विवशता है या उसकी बुद्धि, ज्ञान, भय, प्यार का भी कोई इतिहास बन सकता है। निश्चित ही उसका भी कोई इतिहास है जिसे पाने और प्रतिष्ठित करने की जरूरत है। कवि उसी इतिहास को रचने के लिए आतुर है।

कविता की पंक्तियाँ इस प्रकार हैं—

बनो क्रूर, /बनो वीर,
एक तसवीर-स्याह झण्डों पर नर-कपाल—
मृत्यु-चिह्न महाकाल,
बनते ही जाना है?

ओ मानव के विवेक—ओ विचार—
बुद्धि—ज्ञान—धैर्य—प्यार—
कुछ तो तुम्हारा भी होगा इतिहास कहीं?
जीवन, चंगेज़ों का केवल अट्टहास नहीं।

कवि केवल नकारात्मक एवं अमानवीय स्थितियों पर दृष्टिपात नहीं करता बल्कि नितान्त वैयक्तिक स्तर पर आदर्शों का संकेत भी करता है। 'उत्सर्ग' कविता में मैं शैली में त्याग की महिमा प्रतिपादित की गयी है। जिसमें युद्ध का स्वतः निषेध समाविष्ट है। हर दाह और पीड़ा में अपनी हड्डियों को दधीचि बनाकर आसुरी शक्तियों के विरुद्ध संघर्ष करने की जरूरत है। कवि कहता है—

जिसे मैं आज सह लूँ
कल वही देवत्व हो जाये,
न जाने कौन-सा उत्सर्ग
बढ़ अमरत्व हो जाये।

कुँवर नारायण भय को मनुष्य का सबसे दुःखद पहलू मानते हैं। वर्तमान समय में यद्यपि मनुष्य-जीवन के लिए अनेक खतरे पैदा हो गये हैं। चारों ओर दहशत और आतंक का माहौल, आदमी सभ्यवेष में हिंसक जानवर की तरह आचरण करने लगा है। आतंक और भय की मनःस्थिति मनुष्य की मनुष्यता का विनाश कर रही है। यह उसका और बड़ा खतरनाक पहलू है। कवि इस तरह के माहौल का चित्रण करने में मुक्तिबोध का अति मान्य शिल्प फैण्टेसी का प्रयोग करता है। अत्यन्त भयावह प्राकृतिक वातावरण है, कोई सांकल छूकर पुकारता है, कवि डर के मारे दरवाजा नहीं खोलता और वह व्यक्ति चुपचाप चला जाता है। अन्त में उसके मन में अजीब क्रान्ति होती है। वह कहता है—

आदमी के वेश में जानवर
इससे ज्यादा घातक-यह डर!!
सारी परिस्थिति की एक और सूरत थी
शायद उस आदमी को मदद की जरूरत थी।

सूचना क्रान्ति, यातायात के त्वरित साधन, विश्व का एक बाजार के रूप में विकसित होना, विभिन्न देश के नागरिकों को एक-दूसरे के अधिक करीब ले आते हैं, उनके सुख-दुख संवेदनाएँ, आस्था-विश्वास एवं स्वार्थ एक-दूसरे से मिलने और टकराने की स्थिति को निर्मित करते हैं। वैश्वीकरण एक नयी संस्कृति को निर्मित करने की एक प्रक्रिया है। ऐसी स्थिति में व्यक्ति की अस्मिता

और राष्ट्रीय अस्मिताओं के लिए विशेष तरह के संकट पैदा हो गये हैं। बाजारीकरण के फलस्वरूप भीड़ बढ़ी है लेकिन असली रौनक गायब हुई है। 'लखनऊ' शीर्षक कविता में कवि नये बाजार की संवेदनहीन स्थितियों की ओर इशारा करते हुए लिखता है—

बाजार—
जहाँ जरूरतों का दम घुटता है,
बाजार—
जहाँ भीड़ का एक युग चलता है,
सड़कें—
जिन पर जगह नहीं,
भागाभाग
जिसकी वजह नहीं,
महज़ एक बे-रौनक़ आना-जाना,
यह है—शहर का बिसातख़ाना।

इस समय हर आदमी अपने यथार्थ को अर्थ देने की कोशिश कर रहा है। चीजें इतनी गड्ड-मड्ड हो गयी हैं कि यह कहना मुश्किल हो गया है कि किसे रोशनी कहा जाये किसे अँधेरा। किसे शिकार कहा जाये किसे शिकारी। समय की तेज रफ्तार आदमी को ठहरकर कुछ सोचने का अवसर ही नहीं देती। हर आदमी तेजी से भागा जा रहा है। तेज रफ्तार अधिक सभ्य होने का लक्षण है। कुंवर नारायण व्यंग्य करते हुए कहते हैं—

हर बड़ी जल्दी को
और बड़ी जल्दी में बदलने की
लाखों जल्दबाज मशीनों का
हम रोज़ आविष्कार कर रहे हैं
ताकि दिन दूनी रात चौगुनी बढ़ती हुई
हमारी जल्दियाँ हमें जल्दी-से-जल्दी
किसी ऐसी जगह पहुँचा दें
जहाँ हम हर घड़ी
जल्दी-से-जल्दी पहुँचने की जल्दी में हैं।

कम्पनियाँ अपना माल बेचने के लिए विज्ञापन करती हैं। आदमी अपने गुणों को बढ़ा-चढ़ाकर विज्ञापन करता है। सफेद की जगह काला प्रधान हो गया

है। काला धन, काला बाजारी, काली करतूतें इन्हीं से समाचार-पत्र भरे पड़े रहते हैं। सभी चाहते हैं कि शब्दों के बीच सचाई को ज्यादा-से-ज्यादा जगह मिले लेकिन परेशानी यह है कि काले की जगह सफेद झूठ ने ले ली है। बड़े चुटीले व्यंग्य के साथ कवि सच्चाई का उद्‌घाटन करता है—

रोज़ धड़ल्ले से उनके रंग-बिरंगे विज्ञापन छपते
कि झूठ कुछ नहीं
सिर्फ़ सच को ढँकने की कला है,
ज़िन्दगी का कारोबार
झूठ-सच की लीपापोती पर चला है।

आज छोटे-छोटे सच को उगलनेवाली मशीनें बन गयी हैं। लोग छोटे-छोटे सच के साथ खेल रहे हैं और जो महासच है विकराल रूप में वर्तमान में छोटे-छोटे सत्यों को बचाये रखने का प्रश्न ही महत्त्वपूर्ण है। 'एक यात्रा के दौरान' अपेक्षाकृत लम्बी कविता है जिसमें आज के समय की विडम्बनाओं को अंकित किया गया है। मनुष्य अपनी जीवन-यात्रा में कितना अनिश्चित संशयग्रस्त है। साधारण घटना में असाधारण सम्भावनाओं को अंकित करने का कौशल कुँवर नारायण में परिलक्षित होता है—

क्यों यह निरन्तर आने-जाने का क्रम
अनाश्वस्त करता
और उस पूरी व्यवस्था को ध्वस्त
जिसे हम किसी तरह
दो स्टेशनों के बीच मान लेते हैं?
जो अनायास मिलता और छूट जाता
क्यों ऐसा
मानो कुछ बनता और टूट जाता?

प्रस्तुत कविता में भारतीय रेलयात्री की मानसिकता का यथार्थ तो अंकित है ही, जीवन-यात्रा का यथार्थ भी व्यंजित है। सामूहिक क्रान्ति की तुलना में व्यक्ति विशेष की लड़ाई कम महत्त्वपूर्ण नहीं है। कवि ने 'सम्येदीन की लड़ाई' शीर्षक कविता में व्यक्ति विशेष के भ्रष्टाचार के विरुद्ध खड़े होने की महत्ता और उसकी परिणति को चित्रित करके 'आम आदमी की असंगठित संघर्ष-चेतना को निरूपित किया है। अकेले निहत्थे लड़कर भले ही सम्मीदीन-जैसा साधारण व्यक्ति मार

दिया जाये लेकिन उसका नैतिक साहस और उसका उजाला उस लड़ाई को आगे बढ़ाते रहेंगे।

इस समय घटनाओं और उपलब्धियों की तुलना में उनसे सम्बन्धित आँकड़े अधिक महत्त्वपूर्ण हो गये हैं। 'आँकड़ों की बीमारी' पर कुँवर नारायण ने तीखा व्यंग्य किया है। एक बार कवि को आँकड़ों की उल्टियाँ होने लगीं। वह अस्पताल में पहुँचा डॉक्टर ने बताया कि आँकड़ों का वाइरस बुरी तरह से फैल रहा है—

अचानक मुझे लगा
खतरों से सावधान कराते किसी संकेत-चिह्न में
बदल गयी थी डॉक्टर की सूरत
और मैं आँकड़ों का काटा
चीखता चला जा रहा था
कि हम आँकड़ें नहीं आदमी हैं।

कुँवर नारायण के यहाँ प्रणय और प्रकृति सम्बन्धी रचनाएँ भी उपलब्ध हैं। प्रेम चित्रण में वैयक्तिक स्वतन्त्रता की रक्षा करते हुए भी कुछ समान संकल्पों, इरादों और सपनों के आधार पर दो व्यक्तियों में सहयोग एवं प्रेम का भाव हो सकता है। प्रेम सम्बन्धों की यह नयी परिभाषा है—

मैं तुम्हारे साथ हूँ
उस स्वप्न में
जो तुम्हारा है।
हमारा है।
सिर्फ मेरा नहीं।

जो प्रेमी एक-दूसरे के बहुत समीप है स्पष्ट पहचान सम्भव नहीं हो पाती। कुँवर नारायण प्रणय के सम्बन्धों को संश्लिष्ट रूप में अंकित करते हैं। प्रकृति के क्रोड़ में प्रणयीसंग दिव्य प्रेम की अनुभूतियों को प्रत्यक्ष करने की चेष्टा सागर के किनारे कविता में होता है। वहाँ कवि भोक्ता के रूप में नहीं बल्कि द्रष्टा के रूप में उपस्थित होता है। बिम्बों और प्रतीकों में प्रेम की कल्पना उदात्त रूप में प्रकट होती है। प्रेमी लीलाओं का साक्षी बनना ही उन्हें स्वीकार है। प्रेम चित्रण में झीना रहस्य का पर्दा डालकर कविता के प्रभाव को सघन बना देने की कला कुँवर नारायण में दिखायी देती है। कविता की निम्नलिखित पंक्तियाँ द्रष्टव्य हैं—

और तभी सागर की रहस्य-क्रोड़ से निकलेगी
नीली रुपहली परियों की झिलमिलाती माया,
विलासी रंगरलियाँ,
उनकी दिव्य वासनाओं का अशरीर सम्भोग,
जिन्हें हम आज देखेंगे,
और जिस सौन्दर्य-समर्पण की एक निष्काम स्मृति-जगमगाहट
एक मीठा स्वप्न-बोझ ही रह जायेगी......

कुँवर नारायण ने छायावादी कवियों की तरह प्रकृति का मानवीकरण किया है। लेकिन प्रकृति में आत्मा-परमात्मा की छाया-प्रतिछाया देखने की रुचि उनमें प्रायः नहीं है। ये प्रकृति के साथ घरेलू एवं पारिवारिक रिश्ता स्थापित करते हैं जिसके कारण प्रकृति कवि के बहुत समीप परिलक्षित होती है।

'मेरा घनिष्ठ पड़ोसी' कविता में कवि ने अपने घर के सामने ही ऐसे पुराने पेड़ का वर्णन किया है जिसकी डालें उसके बरामदे में फैली हैं जो गाय की तरह निरीह आँखों से कवि को निहारती रहती हैं, जब तेज हवा चलती है तो वह पेड़ कवि का नाम पुकारता हुआ-सा प्रतीत होता है। कवि उसके नीचे बैठकर सुख-दुःख की बातें करता है, दोनों एक-दूसरे के सुख-दुःख को महसूस करते हैं, पुराना पेड़ बिना कुछ कहे बेचैन रातों को दिन के नये सवेरे से भर देता है। एक दूसरी कविता 'एक वृक्ष की हत्या' में एक वयोवृद्ध चौकीदार और वृक्ष का एकीकरण करते हुए कवि ने अत्यन्त आत्मीय संवेदना को चित्रित किया है। वृक्ष की हत्या उस बलबूतेवाले चौकीदार की हत्या से कम नहीं है जो देश के दुश्मनों से देश को बचाने की चौकसी का निर्देश देता है। कविता में चौकीदार सिपाही के रूपक का सुन्दर निर्वाह किया गया है—

पुराने चमड़े का बना उसका शरीर
वही सख़्त जान
झुर्रियोंदार खुरदुरा तना मैला-कुचैला,
राइफिल-सी एक सूखी डाल,
एक पगड़ी फूल-पत्तीदार,
पाँवों में फटा-पुराना जूता
चरमराता लेकिन अक्खड़ बलबूता।

पर्यावरण का सुरक्षा की दुहाई देनेवाले कवियों की तुलना में कुँवर नारायण की यह कविता कितनी मार्मिक है। कवि कहता है कि—

देश को बचाना है देश के दुश्मनों से
बचाना है—
नदियों को नाला हो जाने से
हवा को धुआँ हो जाने से
खाने को ज़हर हो जाने से
बचाना है—जंगल को मरुथल हो जाने से,
बचाना है—मनुष्य को जंगल हो जाने से।

प्रकृति सम्बन्धी कुछ कविताओं की बनावट बिम्बधर्मी है। उनमें जीवन सन्देश को निरूपित करने की चेष्टा की गयी है। 'सवेरा' कविता में अन्धकार और प्रकाश के संघर्ष का बिम्ब प्रस्तुत किया गया है। 'ओस नहायी रात' कविता में निराला की 'सन्ध्या सुन्दरी' की झलक दिखायी देती है। कवि नेओस नहायी रात की सजी-सँवरी नायिका को रूप में व्योमगंगा से उतरते देखा है। प्रणय की स्मृतियों का बरबस आ जाना कविता को नयी परिणति देती है। 'कमरे में धूप' कविता में मानवीय क्रियाकलापों का विचित्र आरोपण किया गया है। हवा और दरवाजें की बहस, दीवारों का सुनना और धूप का चुपचाप कुर्सी पर पर बैठकर स्वेटर बुनना, हवा का दरवाजे को थप्पड़ जड़ देना, अखबार का खड़ा हो जाना आदि इसी तरह के मानवीय क्रियाकलाप हैं। प्रकृति की ऐसी घनिष्ठ आत्मीयता एवं क्रियाशीलता हिन्दी में बहुत कम दिखायी देती है। जीवन और प्रकृति की गति का ऐसा एकीकृत अनुभव अद्भुत प्रभाव की अन्विति करता है।

ज़िन्दगी से पलायन करने से ज़िन्दगी की समस्याओं का समाधान नहीं होता है। कवि का कर्म ही नहीं धर्म भी है कि वह आदमी को ज़िन्दगी से सामना करने की ताक़त तथा उत्साह दे। राहुल सांकृत्यायन ने कहा है—'भागो नहीं दुनिया को बदलो।' कुँवर नारायण की कविताएँ ज़िन्दगी के उस अक्ष को वेधना चाहती हैं जहाँ वेधने की सबसे ज़्यादा ज़रूरत हो। आच्छादित शक्ति-स्रोत को शब्द के प्रहारों से विचलित करके, नियतिबद्ध परिक्रमा से मोड़कर उसको उस दिशा में गतिशील करने की अपेक्षा है जो यान्त्रिकता की अपेक्षा मनुष्यता की ओर अधिक उन्मुख हो। जहाँ आज मनुष्य की गति यान्त्रिकता की ओर अधिक है वहीं कुँवर नारायण मनुष्यता को अधिक महत्त्व देने की आवश्यकता महसूस करते हैं। वे कहते हैं—

मैं ज़िन्दगी से भागना नहीं,
उनसे जुड़ना चाहता हूँ।
उसे झझकोरना चाहता हूँ

उसके काल्पनिक अक्ष पर
ठीक उस जगह जहाँ वह
सबसे अधिक वेध्य हो कविता द्वारा।
उस आच्छादित शक्ति स्रोत को
सधे हुए प्रहारों द्वारा
× × ×
नियतिबद्ध परिक्रमा से मोड़कर
पराक्रम की धुरी पर
एक प्रगति बिन्दु/यान्त्रिकता की अपेक्षा
मनुष्यता की ओर ज्यादा सरका हो।

(कोई दूसरा नहीं)

बनते, मिटते, संसार के सच को स्वीकार करके ही जीना है। नयी चुनौतियों के बीच नये जीवन-दर्शन की स्थापना करनी है। पुराने प्रतीकों, विश्वासों तथा आस्थाओं के सहारे जीना सम्भव नहीं है। प्रकृति अपने क्रिया-कलापों में पूर्ववत् सक्रिय है। आदमी ही अपना सुर बदलकर बेसुरा हो गया है। स्वार्थ में अन्धा हुआ आदमी निरन्तर अपने हित, अपने विकास, अपनी बड़ाई की सोच में डूबा है। इसके विपरीत कवि आत्मकथात्मक शैली में मनुष्य, मनुष्य बनने का संकेत देता है। कार्य का प्रयत्न है और बड़े धनी सम्पन्न, सुख-सुविधाभोगी बनने की आकांक्षा से अलग वह चाहता है—

घर से निकलते/सड़कों पर चलते/ बासों पर चढ़ते/ ट्रेन पकड़ते/जगह-बेजगह कुचला पड़ा/पिद्दी-सा जानवर नहीं/ अगर बचा रहा तो कृतज्ञतर लौटूँगा/ अबकी अगर लौटा तो/हताहत नहीं/सबके हिताहित की सोचता/ पूर्णतर लौटूँगा।

मनुष्य की साधना का यही सच्चा रूप है, वह सशक्त बने, पूर्णतम बने।

वैयक्तिक पूर्णता की कामना उन तथाकथित सामाजिक उद्धार तथा समता की तुलना में अधिक प्रभावशाली है। अपने को बड़ा रखने की छोटी-सी-छोटी कोशिश भी दुनिया को बड़ा रखने की कोशिश है।

जहाँ हिन्दी की समकालीन कविता में तुच्छताओं, कुत्साओं एवं विद्रूपताओं का ही स्वर प्रधान हो गया है, शोषण, उत्पीड़न के अलावा मनुष्य-मनुष्य के बीच प्रेम, सौहार्द, दया, ममता आदि भावों की उपेक्षा हो रही है, वहीं कुँवर नारायण की कविताएँ नये परिवेश में मनुष्यता की भव्यता तथा उत्कृष्टता की खोज में रचनात्मक स्तर पर तत्पर हैं। मृत्यु से बड़ी जिजीविषा होती है, ज़िन्दगी

जीने की प्रबल चाह होने पर अनेक निराशाएँ भी आती हैं लेकिन महत्त्वाकांक्षा के आगे दुनिया छोटी लगने लगती है। असलियत की तलाश आज के सन्दर्भ में आसान प्रक्रिया नहीं है और पुरायुग की तरह सर्वनिष्ठ एवं पूर्ण विश्वसनीय भी नहीं है। ईश्वर के भरोसे जीने का समय नहीं है। कवि की मान्यता उत्तर आधुनिक विचारों के अत्यन्त अनुकूल है—

पराजय यही है कहते हुए
जब भी मैंने विद्रोह किया
और अपने छोटेपन से ऊपर उठना चाहा
मुझे लगा कि अपने को बड़ा रखने की
छोटी-से-छोटी कोशिश भी
दुनिया को बड़ा रखने की कोशिश है।

आदमी कितना द्विविधाग्रस्त है, कितना भयभीत और कितना असमंजसयुक्त, इतना विभाजित इतना खण्डित कि विरोध तथा प्रतिरोध के स्वर को बुलन्द करने में असमर्थ है। चीज़ें, घटनाएँ तथा स्मृतियाँ इतना संश्लिष्ट तथा पेचीदी हो गयी हैं कि आदमी का विवेक कुछ निश्चित नहीं कर पाता। अपने समय की जटिल एवं कठिन परिस्थितियों को कुँवर नारायण बड़ी सशक्त एवं अर्थवान् भाषा में रूपायित करते हैं। आदमी अब नियति का कन्दुक नहीं है बल्कि नयी सभ्यता की बनावट का शिकार है, सन्देह और बेहद संशय से ग्रस्त। फैण्टेसी के ज़रिये व्यक्ति की अजीबोगरीब मनःस्थिति का चित्र 'सन्नाटा या शोर' कविता में देखा जा सकता है—

मैं जो कुछ भी कर पा रहा हूँ
वह विष्ठा है या विचार?
मैं दो पाँवों पर खड़ा हूँ या चार?
क्या ख़ुशबू और बदबू में फ़र्क कर पा रहा हूँ?
क्या वह सबसे ऊँची नाक मेरी ही है
जिसकी सीध में,
मैं सीधा चला जा रहा हूँ।

कुँवर नारायण ने इतिहास को मृत घटना के रूप में नहीं देखा है। ऐतिहासिक अवशेष या खण्डहर को रोचक दृश्य या पिकनिक की तरह नहीं महसूस करते। उन्होंने इतिहास के चिह्नों में आदमी द्वारा आदमी के शोषण एवं पीड़न का अनुभव किया। किले की दीवारों में उसकी सिसिकियों की प्रतिध्वनि

सुनी। 'जंजीरा का किला' शीर्षक कविता की निम्नलिखित पंक्तियाँ द्रष्टव्य हैं—

कभी कभी इतने करीब से
अपने को दुहराता है इतिहास
कि साफ़ सुनायी देती
सुनसान रातों में सागर-तट पर
दूर से आती
कभी सिक्कों तो कभी सिसकियों की आवाज़।

'नालन्दा और बख़्तियार', 'गोलकुण्डा की एक शाम' आदि कविताएँ इतिहास के क्रम में वर्तमान की झाँकी प्रस्तुत करती हैं। कवि की चिन्ता है आज भी पहले जैसे ही ज्ञान को बचाकर रखने की ज़रूरत है क्योंकि जिनके पास ताकत है उनमें वह विवेक नहीं है जिससे वह निर्णय कर सके कि किला कौन है तथा मदरसा कौन है। वे सिर्फ सोने के लिए पागल हैं—

लड़ाई से मुँह फेरकर भाग गये थे कुछ विधायक
घने जंगलों की ओर केवल कुछ ग्रन्थ बचाकर
वे आज भी भाग रहे उसी तरह, मदरसे और किले में
फ़र्क न कर सकनेवाले विजेताओं से घबराकर।

(नालन्दा और बख़्तियार)

कुँवर नारायण आज की वैश्विक सभ्यता के अनेक आयामों और अनेक समस्याओं को अपने रचना में समाहित करते हैं, ऐसी स्थिति में स्वाभाविक है कि हर तरह के भाव और अनुभव एक तरह की भाषा में प्रभावशाली ढंग से व्यक्त नहीं किये जा सकते हैं। कवि ने भाषा तथा शिल्प के प्रयोग में न केवल सावधानी बरती है बल्कि उसमें भाषा-व्यवहार की अद्‌भुत बानगी एवं नवीनता भी दिखायी देती है। निजी अनुभवों की निजता एवं विशिष्टता भाषा में ही आकार ग्रहण करती है। सामाजिक भाषा को वैयक्तिक रंग देकर पुनः सामाजिक सन्दर्भ प्रदान करने में वे सिद्धहस्त हैं। फैण्टेसी, मिथक, आलंकारिक बिम्ब, प्रतीक के अलावा नितान्त सरल प्रतीत होनेवाली भाषा उनकी स्वानुभूत संवेदना को समान ताकत से अभिव्यक्ति प्रदान करती है। तत्सम शब्दों के विन्यास के प्रति छायावादी कवियों की तरह उनमें व्यर्थ का आग्रह नहीं है। किन्तु वे तत्सम शब्दों का प्रयोग करते हुए अपनी कविता में एक सांस्कृतिक परिवेश ही नहीं बल्कि एक उदात्त एवं शिष्ट वातावरण भी निर्मित करते हैं। शब्द-विन्यास कविता की सहज माँग के अनुकूल होता है। तत्सम शब्दों का स्वाभाविक विन्यास द्रष्टव्य है—

स्वयंसिद्ध आनन्द के प्रौढ़ आलिंगन में
समा जाये ऋचाओं की गूँज-सा आर्यलोक
पूजा के धूम-सी कोमल नीहार-धुली
दुधमुँही नयी-नयी संसृति को
बाल मानवता के स्वाभाविक सपनों तक आने दो
एक सात्त्विक शान्ति
प्रभात के सहज वैभव में थम जाये
असह्य सौन्दर्य विस्मय की परिधि, में
अकुला दे प्राणों को मीठे-मीठे.....

प्रस्तुत कविता में स्वयंसिद्ध, आनन्द, प्रौढ़, आलिंगन, ऋचा, आर्यलोक, पूजा, धूम, कोमल, नीहार, संसृति, मानवता, स्वाभाविक, सात्त्विक, शान्ति, प्रभात, सहज, वैभव, सौन्दर्य, विस्मय, परिधि आदि तत्सम शब्दों के प्रयोग हुए हैं। इनमें से अधिकांश हिन्दी भाषा में सहज रूप से व्यवहृत शब्द हैं।

तत्सम शब्दों के बीच तद्भव शब्द या नितान्त देशज प्रयोग भाषा के धरातल के सम से उच्च शिखर के आरोह तक पहुँचा देते हैं। ध्वनिमूलक देशज शब्द कविता के सौन्दर्य को लीक की सहजता से भर देते हैं—

जब ये मिचमिचाती लहरें चकित-सी जागेंगी—
जब इनके गुलाबी चेहरों की चटखती ताजगी में
मुस्करायेंगी छिपी प्रेम लीलाएँ
और जिसका राज़/केवल हम हम जानेंगे।

देशज शब्दों का अर्थवान् एवं काव्यात्मक प्रयोग अज्ञेय के समान ही कुँवर नारायण में भी है। 'अनभूला दर्द' में अखरन, ढारस, चिकोटता, पपड़ियों, अनपुरे, छिला, दरदरा आदि शब्द लोक से गृहीत हैं और तत्समता के आभिजात्य के साथ ठाट से विराजित है। अपनी पूर्ण अर्थवत्ता और ताजगी के साथ।

कुँवर नारायण में बिम्ब-विधान की बेजोड़ क्षमता है। स्थूल उपमान, सूक्ष्म उपमान, जीवन के व्यापक क्षेत्र से चुने हुए शब्द, बिम्ब उनकी रचनाओं में मिलते हैं। ऐसा धनाढ्य भी किस काम का जिसके धन का कोई उपयोग नहीं। ऐसे के सामने हाथ पसारनेवाले की आवाज़ भी अनसुनी रह जाती है। धनी एवं भिखारी में स्थूल चित्रण नहीं है सिर्फ़ बिम्ब के द्वारा दो स्थितियों की गहरी व्यंजना है, उदाहरणार्थ—

मैं जानता हूँ तुम धनाढ्य हो,
और मैं एक भिखमंगे का सवाल हूँ
× × × ×
मेरी बेअसर पुकारें/किसी हमदर्द को ढूँढ़ती रहीं,
बार-बार यही लगा/कि जिसे कोई नहीं जानता/
तुम को पता हो, और जिसे किसी ने न सुना
मैं वो हाल हूँ।

अनुभव के वृत्त समअर्थी, विपरीतार्थी, प्रतिलोमी, अनुलोमी आदि की टकराहट तथा संगति-विसंगति से बिम्बित होते हैं, जहाँ कवि का अनचाहा खण्डित होता है वांछित मण्डित होता है। शब्दों की तरफ से दुनिया को देखने के प्रयास का नतीजा यह होता है कि लोकप्रचलित वस्तु आशय की अपेक्षा एक अर्थ ऐसा दिखायी देता है जो उस शब्द से (सामान्य अर्थ) बड़ा होता है। सामान्य अर्थ की तुलना में बड़ा दिखनेवाले अर्थों से ही उनकी कविता के पद-बन्ध जुड़ते हैं। उनकी हर कविता अपेक्षाकृत बड़े अर्थ को प्राप्त करने का ही प्रतिफल है। हर कविता को वे द्विविधा और द्वाभा से मुक्त करके अर्थपूर्ण सन्धियों से मुक्त करते हैं। वे कहते हैं—

किसी भी शब्द को
एक आतशी शीशे की तरह
जब भी घुमाता हूँ आदमी, चीज़ों या सितारों की ओर
मुझे उसके पीछे/एक अर्थ दिखायी देता/
जो उस शब्द से कहीं बड़ा होता।

(शब्दों की तरफ से)

भाषागत प्रयोगधर्मिता तथा भाषा के साथ कबीर की तरह जबरदस्ती नुकीले अर्थ को पा लेने का साहस कुँवर नारायण में दिखायी देता है। कहीं उपमानों की नवीनता, कहीं प्रश्नों की बौछार, कहीं शब्दों का मैत्री-भाव कहीं शब्दों की तनावग्रस्त स्थितियाँ, कहीं अर्थ का सन्धान, कहीं बिम्बात्मक भाषा और कहीं बोलचाल की कुल मिलाकर प्रखर भाव प्रेषक भाषा उनके काव्य में परिलक्षित होती है। भाषा में नाटकीयता, कथात्मकता एवं व्यंग्य से कविता का प्रभाव स्थायी बन जाता है। निष्कर्षतः कह सकते हैं कि कुँवर नारायण हिन्दी के ऐसे कवि हैं जो विज्ञापनों तथा दलबन्दियों का सहारा लिये बिना अपनी रचनात्मक साधना से हिन्दी कविता के शिखर पर प्रतिष्ठित हुए हैं।

●

केदारनाथ सिंह

केदारनाथ सिंह का जन्म 1934 ई० को उत्तर प्रदेश के बलिया जिले के एक गाँव में हुआ। निम्न-मध्यवर्गीय परिवार में पैदा हुए केदारनाथ सिंह ने बनारस हिन्दू विश्वविद्यालय से बी०ए०, एम०ए०, पी० एच-डी० की उपाधि प्राप्त की। गोरखपुर में हिन्दी विषय में प्राध्यापन करने के बाद जवाहर लाल नेहरू विश्वविद्यालय दिल्ली चले गये जहाँ वे हिन्दी विभाग में आचार्य और अध्यक्ष रहे। तीसरा सप्तक से महत्वपूर्ण कवि के रूप में उनकी पहचान बनती है। उनके संग्रह 'अकाल में सारस' पर उन्हें साहित्य अकादमी पुरस्कार प्राप्त हुआ। इनके अतिरिक्त इनके काव्य संकलन हैं 'अभी बिल्कुल अभी', 'यहाँ से देखो', 'जमीन पक रही है', आदि।

केदारनाथ सिंह के काव्य व्यक्तित्व की पहचान तीसरा सप्तक में उनकी रचनाओं के संकलन के साथ जुड़ी है। केदारनाथ सिंह ग्रामीण परिवेश और स्वस्थ प्रकृति के बीच से स्वस्थ मानवीय संवेदना लेकर उठने वाले कवि हैं। अपनी काव्ययात्रा में उन्होंने मानवीय जीवन और समकालीन संघर्षों एवं विरोधाभासों को बड़ी सूक्ष्मता से अपनी रचनाओं में अंकित करने का प्रयास किया है। तीसरा सप्तक के वक्तव्य में उन्होंने बिम्ब विधान पर बल देते हुए कहा है—'धर्म, पुराण, इतिहास और लोक साहित्य का क्षेत्र आज भी अपनी सम्पूर्ण उर्वरता और संभावनाओं के साथ नये सशक्त हाथों के स्पर्श की प्रतीक्षा कर रहा है। मेरा यह दृढ़ विश्वास है कि आधुनिक जीवन की जटिलताओं और अन्तर्विरोधों को व्यक्त करने के लिए लोक साहित्य, धर्मपुराण, इतिहास के खंडहरों में बहुत से ऐसे अज्ञात प्रतीक और अदृष्ट बिम्ब पड़े हुए हैं जिनकी खोज के द्वारा नयी कविता की संभावना का पक्ष और भी प्रशस्त किया जा सकता है।' (तीसरा सप्तक पृ० 128) केदार नाथ जी प्रकृति के गन्ध, रूप, रस उसके सौन्दर्य के अन्तर्गत जीवन की भावानुभूतियों को बिम्बित एवं प्रतिबिम्बित करते चलते हैं। उनका रचना संसार व्यापक एवं विविध है। उसमें आम्र मंजरियों की सुगन्ध, आहत बादलों की जिजीविषा, ऋतुओं के अलग-अलग गीत धूप की तीक्ष्णता सब कुछ समाहित है, वे लघु व्यक्तित्व का भी समूचे विश्व में परिणत होने और नवयुग के सूर्य के रूप में उदित होने का आह्वान करते हुए काव्य के मंच पर अवतरित होते दिखलाई देते हैं—

"बहु सम्भव है, किसी सागर किनारे।
दूर पर जाते हुए जलयान की युग कामना में
एक बुझती साँझ का रूमाल बनकर हिल उठूँ।

एक नन्हा बीज मैं अज्ञात नवयुग का,
आह, कितना कुछ-सभी कुछ न जाने क्या-क्या,
समूचा विश्व होना चाहता हूँ
भोर से पहले तुम्हारे द्वार-तुम मुझे देखो न देखो
कल उगूँगा मैं।

पारिवारिक रिश्तों की अनुभूति में प्रकृति अनुभवों को घुलामिला कर और प्रकृति में मानवीय रिश्तों की परिकल्पना करके केदार जी प्रकृति और जीवन के अलगाव को तोड़कर समन्वित कर देते हैं। वे बच्ची को एक नन्ही तितली कहकर सम्बोधित करते हैं और उसकी हँसी को रोली के हल्के इशारे के रूप में पहचानते हैं। उन्होंने झील के माध्यम से आदमी की खामोशी, रुकना, हिलना, मुड़ना आदि को अंकित किया है। परिवार में कुछ ऐसी आदिम व्यथा होती है जो एक पीढ़ी चुपचाप सहती है। अगली पीढ़ी भी उसे मौन होकर स्वीकारती है। पीढ़ियों तक संचित रहने वाली मौन व्यथा को स्वर देने का साहस कवि में है, उसकी घोषणा है—

"सन्देश वाहक मैं तुम्हारी चुप्पियों का हूँ
तुमने जो कहा नहीं
उस पर्वत-शब्द को
अनन्त तक गुंजा दूँगा।"

वे अपनी कविता "सुई और धागे के बीच में" जो चित्र अंकित करते हैं उसमें माँ का त्याग और परिवार की सुरक्षा के प्रति उसका समर्पण, अपने प्रति लापरवाही, अतीत को पूरी तरह सहेजना सम्हालना और उसे परिवार के लिए सुरक्षित कर देना जैसे माँ की प्रकृति का हिस्सा है। कविता की बुनावट में समय की बुनावट कर देना केदारनाथ की शिल्पगत विशेषता है—

"मैंने देखा है जब सब सो जाते हैं,
तो सुई चलाने वाले उसके हाथ।
देर रात तक
समय को धीरे-धीरे सिलते हैं,
जैसे वह मेरा फटा हुआ कुर्ता हो।"

कवि के लिए शब्द हथियार होते हैं जिनको लेकर वह विश्व विजय की कामना से उठ खड़ा होता है। अपनी इस दिग्विजय में वह हर तरह के रास्तों से गुजरता है चाहे बैलगाड़ी बाजार का धूर भरा रास्ता हो, चाहे राजमार्ग हो वह उस

कोयले की तलाश करता है, जिसे सुलगाकर वह इंसानियत का खून गरमा सके, वह कहता है—

"ईश्वर, इस भयानक ठण्ड में
जहाँ पेड़ के पत्ते तक ठिठुर रहे हैं
मुझे कहाँ मिलेगा वह कोयला
जिस पर इंसानियत का खून गरमाया जाता है
एक जिन्दा, लाल,
दहकता हुआ कोयला
मेरी अँगीठी के लिए बेहद जरूरी।"

सूर्योदय को गति, हलचल और रोशनी से सम्बद्ध करते हुए नये काव्य बिम्बों में प्रकृति की सहजगति को अनुभव करने में और उसे व्यक्त करने में कैसी नवीनता का उन्मेष होता है—

"सूर्योदय, चाहे एक खाली गुलदस्ता हो,
चाहे एक आघात हीन
ताजा समाचार
पर बेशक हर बार
वह एक हल्का सा उतार है
हम चुप हों।
पर वह चुप्पी
बच्चे सुनते हैं
और
यों
हमारा हर शब्द किसी नये ग्रहलोक में
जन्मांतर है।"

शब्द की शक्ति को पहचानने वाला कवि काव्य के पुराने मुहावरे को तोड़कर अपने समय के हिसाब से नये मुहावरे गढ़ता है। उपर्युक्त कविता में सूर्योदय को छायावादी नवजागरण की प्रतीकात्मकता से भिन्न ढंग से अनुभव करने की व्यंजना है। खाली गुलदस्ता, आघातहीन ताजा समाचार, शब्द का नये ग्रहलोक में जन्मान्तर आदि कथनों में अन्ततः शब्द की महत्ता ही प्रतिपादित होती है। अत्यन्त्र केदारनाथ सिंह शब्द की शक्ति के स्रोत को इंगित करते हैं उनका

कहना है ठंड से नहीं मरते शब्द वे मर जाते हैं साहस की कमी से। वर्तमान समय में साहस की कमी के कारण ही साहित्य में व्यक्त होने वाले शब्दों में वह उर्जा नहीं है जो एक कलाकृति के लिए अपेक्षित है। केदारनाथ ने अपने काव्य संसार की व्यापकता और हर छोटी से छोटी अनुभूति के साथ कविता की प्रतिबद्धता को निर्दिष्ट किया है। कविता उम्मीद लेकर जीती है। जीवन के हर घटित को अदृश्य खिड़की से वह अपनी स्फटिक गरिमा से ऊबती जरूर है लेकिन किसी चीज को छोड़ना नहीं चाहिए। कविता के तार हवा, सरसों, पुष्प, घर-दरवाजे, खेत में लहलहाते धान, ओस की बूँदें, आकाश के तारे, सूर्य या यो कहिए प्रकृति और जीवन के हर तत्व से जुड़े रहते हैं। कवि कविता का मानवीकरण करते हुए कहता है—

''एक महान कविता
ऊबने लगती है
अपनी स्फुटिक गरिमा के अन्दर।
पर मौसम, चाहे जितना खराब हो
उम्मीद नहीं छोड़तीं कविताएँ।
वे किसी अदृश्य खिड़की से
चुपचाप देखती रहती हैं,
हर आते जाते को
और बुद-बुदाती हैं।
धन्यवाद! धन्यवाद!

कवि केदार अपनी सर्जना की सार्थकता और भिन्न-भिन्न प्रेरणाओं की तलाश प्रकृति के बीच से करते है। मछली की आँखों में उन्हें जीने की तरलता दिखाई देती है, गंगा का जल उन्हें साहस, तरलता, और खुशी के एहसास से भर देता है, मल्लाहों की मुस्कान उन्हें संवेदनशील बना देती है। चुपचाप देखते परखते जब अपनी भयानक चुप्पी से ऊबते हैं और उनकी जिह्वा अकड़ने लगती है तो वे भाषा में लौटते हैं जहाँ कविता स्वयं व्यक्त होने लगती है—

''ओ मेरी भाषा
मैं लौटता हूँ तुममें
जब चुप
रहते-रहते
अकड़ जाती है मेरी जीभ

दुखने लगती है
मेरी आत्मा''

परिवर्तनशीलता चाहे अनचाहे दोनों को बदल देती है। शोषण, अराजकता एवं खुदगर्जी के विरुद्ध सम्पूर्ण ब्रह्मांड को सुरक्षित रखने की चिन्ता कवि को होती है। उजड़ते हुए संसार को कवि चिर बना देना चाहता है—

''और कवि जी सुन
इससे पहले कि भूख का हाँका पड़े
और अँधेरा तुम्हें चीथ डाले
इस पूरे ब्रह्मांड को
एक छोटी-सी साँस की
डिबिया में भर लो।''

केदार जी अपनी जीवन शैली को भारतीय किसान से सीखते हैं। लोक की अनुभूतियाँ उन्हें लोक-मिथकों धारणाओं एवं दन्त कथाओं से जोड़ती हैं। वे किसान पिता की उस सीख को और उससे व्यंजित होने वाले जीवन मूल्यों को नये मुहावरों में बाँधने की चेष्टा करते हैं—

''मेरे बेटे
बिजली की तरह कभी मत गिरना
और कभी गिर भी पड़ो
तो दूब की तरह उड़ पड़ने के लिए
हमेशा तैयार रहना
कभी अँधेरे में
अगर भूल जाना रास्ता।
तो ध्रुव तारे पर नहीं सिर्फ दूर से आने वाली
कुत्तों के भूकनें की आवाज पर
भरोसा करना।''

केदार सिंह प्रकृति के सौन्दर्य को ही नहीं निहारते बल्कि प्रकृति के कहर को भी झेलते हैं। गाँव का किसान बाढ़ से घिरकर भी घबड़ाता नहीं वह चुपचाप प्रतीक्षा करता है, पानी के घटने का लेकिन जब उसे लगता है पानी नहीं घट रहा है तो वह बिना किसी सूचना के खच्चर बैल या भैंस की पीठ पर अपना सामान लादकर अन्यत्र निरापद स्थान की ओर प्रस्थान कर जाता है ऐसा करते

हुए उसके मन में किसी के प्रति कोई शिकवा-शिकायत नहीं रहती बल्कि नई परिस्थिति से लड़ने के लिए एक दुर्दम इच्छा शक्ति शेष रहती है। केदार जी चिलम के छेद में बची हुई आग के बिम्ब से इसी की ओर इशारा करते हैं—

"मगर पानी में घिरे हुए लोग
शिकायत नहीं करते
वे हर कीमत पर अपनी चिलम के छेद में
कहीं न कहीं बचा रखते हैं
थोड़ी सी आग।"

केदार नाथ सिंह आज के बुद्धिजीवियों के वक्तव्य और बहस को इस दृष्टि से व्यर्थ मानते हैं क्योंकि उसके द्वारा कोई निष्कर्ष नहीं निकलता। वक्ता चले जाते हैं और सारी बहस के अन्त में रह जाते हैं सिर्फ जूते। मनुष्य के श्रम को सक्रिय करने में प्रकृति की महत्वपूर्ण भूमिका होती है और अपने अनुभव को परस्पर बाटने-सहेजने की प्रक्रिया सहज मानवीव प्रक्रिया है। वे कहते हैं कि अपना बयान दे चुकने के बाद होठों को चाहिए सिर्फ दो होंठ जलते हुए खुलते हुए और बोलते हुए। केदारनाथ खामोश मिटते शब्दों की उबलती अर्थवत्ता को लेकर खड़े होने का उपक्रम करते हैं। प्रकृति चित्रण करते समय उनकी दृष्टि सूक्ष्म संवेदनों पर भी केन्द्रित होती है। विशेषण वैचित्र्य के द्वारा ही वे अन्य सप्तकीय कवियों की तरह अर्थ के नये क्षितिज को उद्‌घाटित करते हैं। उनके द्वारा स्पर्श, गन्ध, ध्वनि का नितान्त नये परिवेश में संधान कविता के प्रभाव को बदल देता है। धूपगन्धी पंख झोकों की उदास पुकार निस्संग छुअन, नंग झरोखें ऐसे ही शब्द चित्र हैं। ऋजु भाषा के प्रवाह में लोक उच्चारण के समीपस्थ शब्द असाधारण अनुभव को भी सहज सुबोध ढंग से व्यक्त करते हैं। और लोक का विधान ठेठ शब्दों के सहयोग से अनुभव को सशक्त सम्प्रेषणीयता प्रदान करता है—

"कितना गूंज चुरायी तुमने उस स्वर से?
बोला कुछ भी नहीं, माप धड़कन के पर से
नहीं स्वरों का होता, मैं बस छूँछा-छूँछा
हूँ डंठल ज्यों झरे फूल का रह जाता है।

झड़े की जगह झरे का प्रयोग ब्रजभाषा तथा अवधी की उच्चारण प्रकृति के निकट है। पूर्वी क्षेत्र की बोलियों में ड़ की जगह र, तथा व की जगह ब उच्चारण होता है। इन बोलियों में ये मुक्त विचरण की ध्वनियाँ हैं। ब्रज तथा

मैथिली के प्राचीन कवियों ने इस मुक्तता का लाभ उठाया है। नयी कविता में इनका प्रयोग एक तरह से भाषिक परम्परा से कवि की सम्बद्धता का द्योतक है।

प्रकृति और जीवन का तादात्म्य भी प्रमुखतः बिम्बों में ही व्यक्त होता है। सौन्दर्य बोध की तन्मयता, अतिशय उल्लास की स्थिति में व्यापक स्पन्दन की अनुभूति प्रकृति की विविधताओं का सम्पूर्ण साक्षात्कार ताल और गति में थिरकते अतिशय सरल बिम्बों में किस तरह से मूर्त्त होते हैं, अधोलिखित पंक्तियों में द्रष्टव्य है—

"यह कैसा बातास
कि मन को नयन-नयन कर दिया

ऐसी स्थिति में कठिनाई और बढ़ जाती है। केदार नाथ की कविताओं में ऐसे प्रयोग कहीं-कहीं है। जैसे—

श्रम तकिये पर पिघल कर
शब्द कोई लिख गयी है,
एक तिनका, एक पत्ती, एक गाना—
साँझ मेरे झरोखे की
तीलियों पर रख गयी है।

यहाँ धूप को ही यदि लिखना और रखना दोनों का कर्त्ता माने तो साँझ समय सूचक शब्द होगा। साँझ के साथ किसी परसर्ग का प्रयोग नहीं है इसे कर्त्ता मानना ही ठीक है। एक तिनका आदि कर्म है जो कर्त्ता से पहले रखे गये हैं। साँझ के बाद काम न होने के कारण मेरे झरोखे की साँझ भी हो सकता है।

केदारनाथ सिंह ग्राम्य संवेदना के गहरे अनुभावक हैं। वे दीपदान कविता में गाँव का पूरा चित्र तो अंकित करते ही हैं। किन्तु कुछ प्रयोग ऐसे हैं जो उनकी भाषिक सर्जना के उत्कर्ष के प्रमाण बन जाते हैं—

एक दिया उस घर में
जहाँ नयी फसलों की गन्ध छटपटाती है।

घर में एक कमरा ऐसा होता है जिसे सौतिगृह कहते हैं। नयी फसल की छटपटाती गंध जन्म लेने के लिए कुल-बुलाते बच्चे का व्यंजनात्मक चित्र है। अभिधार्थ भी कम महत्वपूर्ण नहीं है। ऐसा घर जहाँ नयी फसलों की गंध संपूरित होकर बाहरी वातावरण में आने के लिए प्रयत्नशील रहती है। धान को बच्चों का रूपक प्रदान करके कवि ने बच्चों के ही भाव को अंकित किया है।

●

अशोक वाजपेयी

अशोक वाजपेयी का जन्म 16 जनवरी, 1949 ई० को म०प्र० के सागर जिले में हुआ था। इनका परिवार निम्न मध्यवर्गीय एवं संस्कारी था। इनकी शिक्षा सागर विश्वविद्यालय और सेंट स्टीफेंस कालेज दिल्ली विश्वविद्यालय से हुई। मध्य प्रदेश सरकार के महत्वपूर्ण पदों पर रहते हुए कला, संस्कृति और साहित्य के क्षेत्र में उनके द्वारा प्रकल्पित और स्थापित संस्थानों, आयोजनों, प्रकाशनों और विमर्शों की महत्वपूर्ण भूमिका रही है। उन्होंने पूर्वग्रह, बहुवचन और समास जैसी प्रसिद्ध पत्रिकाओं का सम्पादन कार्य किया। भारतीय प्रशासनिक सेवा में आने से पहले ही ये कवि के रूप में चर्चित रहे। 'शहर अब भी संभावना है' इनका पहला प्रसिद्ध काव्य संग्रह है। दिल्ली में रहते हुए आलोचना लिखने की प्रवृत्ति ने भी कुछ जोर पकड़ा उसके पीछे देवीशंकर अवस्थी, श्रीकान्त वर्मा, निर्मल वर्मा आदि की प्रेरणा थी। लेखक समाज में रहते हुए इनका परिचय अज्ञेय, नरेश मेहता, कृष्ण बलदेव वैद, भवानीप्रसाद मिश्र, रघुवीर सहाय, कृष्णा सोबती, महेन्द्र भल्ला, नामवर सिंह, विश्वनाथ त्रिपाठी से हुआ। अज्ञेय से इन्होंने सौष्ठव, परिष्कार, आधुनिकता और परम्परा के बीच अन्तर सम्बन्ध, शमशेर से जटिलता, सौन्दर्य चेतना और प्रयोग निर्भयता तथा रघुवीर सहाय से निपट गद्य को कविता में ढाल सकने की क्षमता, अपने आस-पास के प्रति भाषिक सजगता और संघर्ष के महिमामण्डन से बचाव के पाठ सीखे। बाजपेयी जी ने स्वयं स्वीकार किया है—'एक कवि के रूप में मैं उनके प्रति हमेशा निजी रूप से कृतज्ञ रहूँगा।' 1965 में नयी दिल्ली के दयाल सिंह कालेज के अंग्रेजी विभाग से अध्यापन छोड़कर भारतीय प्रशासनिक (आई०ए०एस०) सेवा में दाखिल हुए और प्रशिक्षण के लिए मसूरी गये। मसूरी में साल भर प्रशिक्षण के बाद पहला कविता संग्रह प्रकाशित हुआ जिसकी पहली प्रति इन्होंने 26 जून 1966 को अपने पत्नी रश्मि को विवाह के उपहार के रूप में भेंट की। मध्य प्रदेश में प्रशासनिक सेवारत रहते हुए भी साहित्य के प्रति अपने अनुराग की कोई क्षति नहीं होने दी। अपने ही पैसे से 'पहचान' अनियमित पत्रिका निकाली जिसमें पन्द्रह वर्तमान कवियों के छोटे-छोटे संग्रह प्रकाशित हुए। आलोचना लिखने के काम में कुछ गति आयी मुक्तिबोध, धूमिल, कमलेश, विनोद कुमार शुक्ल, श्रीकान्त वर्मा, रघुवीर सहाय पर निबन्ध लिखे। तत्पश्चात् भारत भवन से निकलने वाली आलोचना पत्रिका 'पूर्वाग्रह' का 1964 से 1990 तक सम्पादन कार्य किया। 1960 में छपी समकालीन कविता पर पहली आलोचना पुस्तक

'फिलहाल' को काफी यश मिला। इसके पश्चात् इनका दूसरा कविता संग्रह 'एक पतंग अनन्त' 1984 में प्रकाशित हुआ। इस दौरान कविता को लेकर कई प्रयोग आयोजन और सम्पादन आदि स्तरों पर किये। इनका तीसरा काव्यसंग्रह 'अगर इतने से' 1986 में प्रकाशित हुआ। चौथे कविता संग्रह 'तत्पुरुष' से इन्हें काफी प्रसिद्धि मिली। 1991 में प्रकाशित कविता संग्रह 'कहीं नहीं वही' के केन्द्र में अवसाद है पर जिजीविषा की छाया में। इन्होंने जनवरी 1992 में संगीतकार कुमार गंधर्व की मृत्यु पर 'बहुरि अकेला' शीर्षक से इक्कीस कविताओं का एक सम्मुच्चय लिखा। कविता पर अपना नाम दर्ज कर पाना बहुत कठिन काम है और प्रतिभा विरलों में होती है। यह कवि प्रतिभा अशोक वाजपेयी में देखने को मिलती है। आपने महात्मा गाँधी अन्तर्राष्ट्रीय हिन्दी विश्वविद्यालय के प्रथम कुलपति पद को सुशोभित किया। 1995 में 'आविन्यो' शीर्षक से, 1998 में 'अभी कुछ और' ओर 2000 में 'समय के पास समय' कविताओं के संग्रह प्रकाशित हुए।

अशोक वाजपेयी केवल कवि ही नहीं चिन्तक और आलोचक हैं। इनका काव्य सम्बन्धी चिन्तन आधुनिक जीवन बोध से जुड़े हुए समर्थ बौद्धिक और संवेदनशील व्यक्ति की सोच का ही परिणाम है। कविता के विषय में इनकी प्रस्तुत पंक्तियाँ अत्यन्त महत्वपूर्ण हैं। कविता सच या किसी महान अनुभव की तलाश है या नहीं, मैं नहीं जानता। पर इतना तय है कि कवि कविता के माध्यम से भाषा के संयोजन से अपनी जगह की तलाश करता हे। उसे अस्तित्व, मानवीय स्थिति, नियति, उपस्थिति और अनुपस्थिति, नश्वरता के प्रश्नों से उलझाती हे। इस उलझाव के बिना कोई सार्थक तलाश मुमकिन नहीं। जो कविता इन प्रश्नों से अपने को अलग रखती है, उसे अपनी जगह न समझ में आ सकती है, न ही अन्ततः मिल सकती है।' वाजपेयी जी की कविता का केन्द्रीय यत्न प्रेम और मृत्यु के बीच के समय को खोजने और पाने का रहा है। उनमें सौन्दर्य और प्रेम की अनुभूतियाँ विविध सूक्ष्मताओं के साथ उभरती हैं। वे प्रकारान्तर से यह स्वीकार करते हैं उन्होंने अपने समय के अन्य कवियों की तुलना में प्रेम पर सबसे अधिक कविताएँ लिखी हैं। प्रेम पर लिखी कविताएँ न तो रीतिकालीन ऐन्द्रिकता के सदृश हैं और न छायावादी अतीन्द्रिय एवं आध्यात्मिक बल्कि उनके प्रेमानुभूति का कोण और तर्ज निराला है। इन्होंने आसन्न-प्रसवा माँ, प्रेम के लिए उफनती भावनाओं के उद्दाम वेग से उमड़ती वासना, घर में खेलती, कूदती बेटी के प्रति जिन अनुभवों को अंकित किया है वे नयी कल्पनाशीलता और नये प्रकृति बिम्बों से युक्त होकर काव्य संवेदना के नये क्षितिज को घटित करते हैं। 'दिगम्बरा' शीर्षक कविता में कवि ने पुराने काव्यशास्त्र को नया आयाम दिया है। देह की अनुभूति जहाँ विशुद्ध अनुभूति में तरलित होती है उसका चित्रण अपनी मूल स्थिति में आध्यात्मिक न होते भी आध्यात्मिक लगने लगती है। विद्यापति के पदों की तरह अशोक वाजपेयी की

काव्य पंक्तियाँ देह के भूगोल से उठकर अध्यात्म के क्षितिज को घेर लेती है और अन्ततः दोनों की सीमा रेखाओं से अलग प्रतीत होने लगती हैं। नायिका के अंगों का ऐसा अनुभूतिपरक और उत्तेजक चित्र छायावादोत्तर हिन्दी कविता में प्रायः कम ही मिलता है—

वह शिखा थी
उसकी पूरी देह दीपक थी
प्रेम में जलती हुई
दिगम्बरा।
उसे ढाँकने के लिए कुछ नहीं रहा
न आकाश
न समय
न धूप
पर उसकी देह का आकाश था
हरी घास की तरह बिछा हुआ
उसकी देह का समय था
हवा की तरह निरवधि
उसकी देह की धूप थी
लावण्य की तरह उज्जवल
अपने आकाश में
अपने समय पर
अपनी धूप में तपते हुए
वह
दिगम्बरा।

अशोक वाजपेयी समूची भाषा में विराट एवं व्यापक अनुभवों को समेटने का संकल्प लेते हैं। वे अपने रचना संसार को एक छोटे से घर तक सीमित नहीं रहने देते उन्हें चाहिए वनस्पतियों, समुद्रों और लोगों से घिरी हुई सम्पूर्ण पृथ्वी। एक खिड़की से उनका काम नहीं चलने वाला वे नक्षत्रों से भरे हुए पूरे आकाश की कामना करते हैं। एक जरा सी लालटेन से नहीं मिटेगा उनका अँधेरा, बल्कि उन्हें आवश्यकता है धधकते ज्वलन्त सूरज की। वे कहते हैं—

थोड़े-से शब्दों से नहीं बन सकता
मैं कविता,
मुझे चाहिए समूची भाषा—

सारी हरीतिमा पृथ्वी की
सारी नीलिमा आकाश की
सारी लालिमा सूर्योदय की।

अपनी इसी काव्य अवधारणा को लेकर अशोक वाजपेयी जिस अनुभव की दुनिया में प्रवेश करते हैं उसके हर छोर, हर आयाम को तलाशने एवं रूपायित करने का प्रयत्न करते हैं। यदि वे नारी के सौन्दर्य और उसके प्रणय की सूक्ष्मताओं का सफलता से अंकन करते हैं तो माँ के रूप में नारी की लालसा, करुणा को भी चित्रित करते हैं। मातृत्व के ऊपर लिखी गयी वाजपेयी की कविताएँ विशिष्टकलात्मक विन्यास के कारण प्रभावशाली बन गयी हैं। वात्सत्य की अनोखी अनुभूति को व्यक्त करने वाली निम्नलिखित पंक्तियाँ द्रष्टव्य है—

"तुम्हारी आँखों में नई आँखों के छोटे-छोटे दृश्य हैं।
तुम्हारे कन्धे पर नए कन्धों का हल्का-सा दबाव है।
तुम्हारे होठों पर नई बोली की पहली चुप्पी है।
और तुम्हारी ऊँगलियों के पास कुछ नए स्पर्श हैं।
माँ, मेरी माँ।
तुम कितनी बार स्वयं से उग आती हो।
और माँ, मेरी जन्म कथा कितनी ताजी।
और अभी-अभी की है।"

अपनी कविता में वाजपेयी ने परिवार के लिए मरती खपती माँ को अंकित किया है।

वाजपेयी जी की अनेक कविताओं में घरेलू एवं पारिवारिक सम्बन्धों को कथ्य रूप में प्रस्तुत किया गया है 'उतना अच्छा आदमी नहीं' शीर्षक कविता में उन्होंने काका से जुड़े हुए अनुभवों को अंकित किया है। व्यक्ति विशेष की विशिष्टअनुभूतियों को व्यक्त करती हुई यह कविता तथ्यों और ब्यौरों से सम्पृक्त होते हुए भी कतिपय स्थलों पर नितान्त अनुभूतिपरक हो जाती है। कवि स्वयं अनुभव करता है कि उसने जीवन और कविता को उलझा दिया है, लेकिन जीवन को कहीं स्थायित्व मिलता है तो वह जगह है कविता। शब्द में ही कुछ बचा रहेगा लेकिन जीवन से किसी न किसी दिन मिट जायेगा। सुख-दुख की वैयक्तिक अनुभूतियाँ शब्दों में ढलकर दूसरों के पास पहुँचते-पहुँचते बदल जाती हैं। जीवन के सत्-असत् प्रेम-घृणा, दोस्ती-दुश्मनी, सफलता-असफलता आदि विपरीत अनुभवों से ही गुजरते हुए आदमी बनने का प्रयत्न किया जाता है, यह प्रयत्न कवि अपने लिये भी करता है और दूसरों के लिए भी। लघुता से विराटता का अनुभव, दुख एवं पीड़ा में पड़कर ही उससे ऊपर उठने की चेष्टा, शून्य में

भी कई सूर्यो की धूप भरने की चेष्टा, यही मनुष्य का प्रस्थान है ओर यही स्वस्थ भारतीय दृष्टि है। कवि कहता है कि—

प्रेम मैंने बाँटा नहीं
बल्कि पाया कि एक ओर बढ़ने से
दूसरी ओर कमता नहीं
आसमान की तरह शून्य बना रहता है
जिसे कई सूर्य भरते रहते हैं।
उन्हीं की धूम में मैं खिलता और कुम्हलाता रहा

अशोक वापजेयी भारतीय दर्शन से जुड़े हुए उन प्रश्नों से टकराते हैं जो मृत-जीवन, पुनर्जन्म, सुख-दुख, प्रेम-वियोग आदि से सम्बन्धित हैं। इन प्रश्नों का उत्तर बौद्धिक स्तर पर नहीं बल्कि संवेदना के स्तर पर नई भाव-भूमि पर पाने की चेष्टा कवि के आधुनिक जीवन अनुभवों के कारण नये तेवर में ढलती है। वापसी पुनर्जन्म को विस्तृत परिदृश्य में उकेरेने वाली कविता है। पुनर्जन्म होने पर आदमी चाहे जिस रूप में लौटकर इस धरती पर आता है लेकिन वह अपने पूर्व रूप में पहचाना नहीं जाता। अत्यन्त आत्मीय जन भी उसे अपने पास आने वे वर्जित कर सकते हैं। मनुष्य की अद्‌भुत नियति है कि रूप बदल कर आने वाले आदमी को वह रूप बदले बिना भी नहीं पहचानता। प्रकृति और जीवन की यह परिवर्तनशीलता कितनी अनोखी है कि जिसे हम चाहते हैं उसको पा लेने के बाद हमारा व्यवहार उसके प्रति कितना बेरुखी का होता है, आदमी का अन्त उसके पुनर्जीवित होने को किस तरह गड्डमड्ड कर देता है इस व्यथा का चित्रण करने वाली निम्नलिखित पंक्तियाँ द्रष्टव्य हैं—

''हम रूप बदलकर आएंगे
तुम बिना रूप बदले भी
बदल जाओगे—
हालाँकि घर, बगिया, पक्षी-चिड़िया
हरियाली—फूल-पेड़ वही रहेंगे
हमारी पहचान हमेशा के लिए गड्डमड्ड
कर जाएगा
वह अन्त
जिसके बाद हम वापस आएँगे
और पहचाने न जाएँगे।

अशोक वाजपेयी में अपने परिवेश और समय को अंकित करने की अदम्य चाह है। अपने समय की न्यायहीनता और क्रूरता को इंगित करते हुए भी मनुष्य

की सहज आस्था एवं उसकी नैसर्गिक सौन्दर्य प्रियता एवं प्रकृति सत्ता से जुड़ाव को वे रेखांकित करते हैं। वे कहते हैं न सबूत की जरूरत है जुल्म के इकबाल की क्योंकि बिना जिरह के फैसला पहले से लिखा जा चुका है। समय सबको मारता है लेकिन वह भरता भी है। समय को पहचानते हुए अशोक जी केवल तल्ख अनुभवों एवं कटुताओं को ही नहीं बल्कि सम्पूर्ण प्रकृति बिम्बों में मानवीय भावों की छवि प्रतिछवि अंकित करते हुए अनुभवों को उनकी सम्पूर्णता में अखंडित एवं संलिष्ट रूप में प्रयत्क्ष करते है। 'अकस्मात' शीर्षक कविता में वे निशब्द झरते नीम फूलों, गलियारों में गूँजती स्मारक के गुम्बद की ध्वनि, विस्मृति के किनारे रखी कामातुर चट्टान सबका अनुभव करते हुए कहते हैं—

अरण्य में, एकान्त में
अँधेरे रास्ते पर
पड़ोस के बियाबान और
घर के सन्नाटे में
समय खीचता है आकाश पर सूर्य-चन्द्र
पृथ्वी पर वनस्पतियाँ, प्रियछवियाँ और लोग
मैंने उससे अकस्मात कहा
तुम मेरा समय हो।

वाजपेयी जी अपने समय के यथार्थ का स्थलू एवं इतिवृत्तात्मक ब्यौरा नहीं प्रस्तुत करते बल्कि प्रतीकों एवं बिम्बों में समय की सूक्ष्म स्थितियों को व्यंजित करने का प्रयत्न करते हैं। कहीं कहीं नितान्त सपाट ढंग से वे तीक्ष्ण व्यंग्य को उभारने में सफल हो जाते हैं। निम्नलिखित पंक्तियों में कवि बहुत बड़ी बात को सीधे सरल भाषा में प्रस्तुत करता है—

मुझे पता है कि तुम्हारा समय ऐसा है कि
किसी को किसी जुर्म के लिए नहीं
सिर्फ अपना सिर न झुकाने और ऊँचा
रखने के लिए
सूली पर चढ़ाया जा सकता है।

अशोक वाजपेयी की कविता की एक बहुत बड़ी विशेषता है अति साधारण अनुभव या स्मृति के सूत्र को पकड़कर असाधारण कल्पना एवं अनुभव के क्षितिज तक पहुँचने का अनोखा रचात्मक प्रयत्न। कहाँ है घर अपने पैतृक गाँव का फिर अपना पैतृक नगर; वहाँ की बदलती हुई स्थितियों और परिस्थितियों के चित्रण के साथ कवि ने अतीत के साथा जुड़े सम्मोहन के विखरने के दर्द को

व्यंजित किया है। यथार्थ से शुरू करके कुछ रहस्यवादी ढंग से कविता की निष्पत्ति अत्यन्त प्रभावशाली प्रतीत होती है। राजापुर गढ़ेवा का पैतृक घर जो गिर चुका होगा जो कीड़े, मकोड़ो और नेवला, गिलहरियों का आवास बन चुका होगा, जो वास्तविक घर था वह तो पिता के साथ चला गया, सागर के मकान गोपालगंज में भी वह सब कुछ नहीं बचा जिसे कवि ने यथार्थ रूप में देखा था अब तो वह ऐसा मुहल्ला हो गया है जहाँ मकान दुकान में बदलने लगे हैं। एक मनुष्य की कल्पना का घर है जहाँ पहुँचना बहुत कठिन है—

"वह घर क्षितिज के पार है
जहाँ गन्ध है सदियों की,
जहाँ डेरा है भविष्य के शिशुओं का
जहाँ सारा समय एक-साथ है
जैसे कई सारे यात्री सुस्ताते बरामदे में
जहाँ मृत्यु हमेशा खाली हाथ वापस जाने वाले
अतिथि की तरह बैठी हुई—

घरेलू, स्थितियों और अनुभूतियों के क्रम में जीवन की शाश्वत सच्चाई को उकेरने की कला बाजपेयी की कविताओं में मौजूद है। कविताओं के शीर्षक साधारण हैं परंतु कवि उसमें गहरे पैठते हुए उसी के बीच से चरम सत्य को पाने के लिए लालायित दिखता है। अपने नवजात पाते के लिए एक स्वागत गीत' शीर्षक कविता में कवि ने एक बच्चे के जन्म के साथ जुड़ी हुई भारतीय आस्था के अनेक बिन्दुओं को स्पर्श करने का प्रयास किया है, संसार के भीड़भाड़ और विस्तार में एक नन्हें जीव का आना ऐसे तो कोई बड़ी घटना नहीं है लेकिन जिस परिवार में वह जीव आता है उसके लिए कितना सुखद और रोमांचक क्षण होता है, कवि ने इस अनुभव को इतने प्रभावशाली ढंग से अंकित किया है—

फिर एक रूदन, फिर एक किलकारी, फिर एक आहट,
फिर एक शब्द, फिर एक नाम, फिर एक संख्या,
फिर एक शुभारम्भ।
संसार का सबसे बड़ा अचरज
सारे आकाश और समय को लपेटे हुए
सारी द्युतियों को नन्हीं मुट्ठी में दबाए हुए
एक घरेलू गठरी में
पुराने कपड़ों की—
तिनके-तिनके में एक और तिनका

कविता के अन्तरिक्ष में एक और शब्द
यज्ञ में समिधा देने एक और हाथ।

पारिवारिक संदेवना को इतनी संजीदगी से जीने और लिखने वाले आधुनिक कवियों में अशोक वाजपेयी बिरले ही दिखाई पड़ते हैं। इसी क्रम में वे आज की दुनिया के कड़वे यथार्थ को रूपायित करते हैं। नई आने वाली पीढ़ी के लिए हम इस संसार को कैसा बना रहे हैं, यह मैली कुचैली दुनिया, भीड़ भरा गंधाता सरकारी अस्पताल, पृथ्वी की धूल धक्कड़ के बावजूद नये जन्म के लिए यहाँ जगह रह गयी है। जाने-आने की यह प्रक्रिया मनुष्य की अमरता का लक्षण है। पूरी कविता से फूटता हुआ यही चिरन्तन सत्य है—

जैसे जाना लगातार है
वैसे ही आना भी
जो जा रहा था तभी
उसे शायद ही पता हो कि वह आ रहा है।
पर जब वह आया
तो सब जाना पल भर के लिए थम गया
हम जैसे उस यति में ही अमर हुए।

अशोक वाजपेयी अपने अनुभवों की ताजगी और सूक्ष्म शब्द-विन्यास के कारण पाठकों का ध्यान विशेष रूप से आकृष्ट करते हैं। अनुभवों की निजता शब्दों की दिव्यता में समाविष्ट होकर साधारणीकृत तो हो ही जाती है, एक उदात्त चेतना से सम्पृक्त हो जाती है। यह तथ्य सर्व विदित है कि मानवी राग या स्थायी भाव उतने ही प्राचीन है जितना कि मनुष्य। रति, शोक, क्रोध, घृणा आदि के अनुभव अलग अलग उपादानों से भले ही होते रहे हों लेकिन उनकी अभिव्यक्त के तरीके समय-समय पर अवश्य बदले हें। वात्सल्य की अनुभूति को नये उपमानों और नये प्रतीको से जोड़कर कितना सार्थक अभिव्यक्ति दी गयी है—

''यह क्या है किसी देवालय में देवता जैसा
जिसे देखे बिना अब दिन शुरू नहीं होता
जिसे प्यार किए बिना दोपहर ढलती नहीं,
जिसकी देवनिद्रा में मुस्कान देखे बिना
होती नहीं है रात की शुरूआत,
जिसकी आँखों की चमक बिना अब घर में कुछ जगमगाता नहीं?

अशोक जी आकाश, तारे, ओस, सूर्य, चाँद आदि प्राकृतिक उपमानों को अपनी कविता में खूबसूरती से सजाते हैं। समकालीनता के विरोधाभास शब्दों

के पारस्परिक तनाव और कहीं-कहीं अटपटे विन्यास से व्यंजित होता है। नृत्य, संगीत, चित्र आदि अन्य कला माध्यमों से शब्दों को ग्रहण करके अपनी कविता का कलात्मक विन्यास करने का कौशल वाजपेयी के पास है। शब्दों को रहस्यात्मक, एहसास से भरकर बौद्धिक चिन्तन को उत्प्रेरित करने और अत्यन्त सहज सरल शब्दों के द्वारा किसी बौद्धिक विचार के अत्यन्त सरल क्रियाओं को नये अर्थ से भरते हुए किस तरह भाव व्यंजना प्रस्तुत कविता में की गयी है—

आओ
जैसे अँधेरा आता है अँधेरा के पास
जैसे जल मिलता है जल से
जैसे रोशनी घुलती है रोशनी में।
आओ,
मुझे पहनो
जैसे वृक्ष पहनता है
छाल को
जैसे पगडण्डी पहनती है
हरी घास को।
मुझे लो
जैसे अँधेरा लेता है जड़ों को
जैसे पानी लेता है चन्द्रमा को
जैसे अनन्त लेता है समय को।

अशोक वाजपेयी ने गद्य में भी कविताएँ लिखीं हैं। उन्होंने स्वयं इस बात को स्वीकार किया है—''अपने तीसरे संग्रह 'अगर इतने से', जो दूसरे के प्रकाशन के कुल दो वर्ष बाद 1986 में प्रकाशित हुआ, मैंने गद्य कविता लिखने की भी शुरूआत की। 'विकल्प' शीर्षक कविता न सिर्फ विकल्प के बारे में कविता है, वह कविता के विकल्प में गद्य कविता है। उसमें बतकही का जो लहजा लिया गया है वह आगे मेरी कविता में काफी जगह पाता गया। जैसे रोजमर्रा की जिन्दगी में, जीने की सामान्य प्रक्रिया में, छोटी-छोटी सच्चाईयों में मैने अस्तित्व मात्र का वृहत्तर आयाम पाया, वैसे ही मुझे लगा कि बिलकुल बातचीत के लहजे में गहरी बातें कहना सम्भव है। साधारणीकरण की अवधारणा का एक अर्थ यह भी हो सकना चाहिए। हम विशेष का सामान्यीकृत करें यह ठीक है। लेकिन उतना ही जरूरी है कि हम सामान्य में निपट साधारण में विशेष को खोज-पा सकें।'' कुम्हार, बढ़ई आदि के क्रियाकलापों को बिम्ब के रूप में प्रयुक्त करते हुए बाजपेयी ने अपने समय की सच्चाई को मूर्त्त किया है।

●

चन्द्रकान्त देवताले

देवताले का जन्म 7 नवम्बर 1936 को मध्य प्रदेश के बेतूल जिले जौलखेड़ा गाँव में हुआ था। इन्दौर के होल्कर से 1960 में एम०ए० (हिन्दी) किया। तत्पश्चत् मुक्तिबोध की कविता पर सागर विश्वविद्यालय से पी०एच०डी० की उपाधि प्राप्त की, 1961 से 1996 तक म०प्र० शासन की महाविद्यालयीय सेवा में कार्यरत रहे। अन्ततः प्रोफेसर एवं अध्यक्ष पद से सेवानिवृत्त हुए। 1954 को ही प्रतितिष्ठत पत्रिकाओं में कविताओं का प्रकाशन होने लगा। अभी तक आपके निम्नलिर्खित काव्य संग्रह प्रकाशित हुए हैं—

1. हड्डियों में छिपा ज्वर—1973
2. दीवारों पर खून से—1975
3. लकडबग्घा हँस रहा है—1980
4. रोशनी के मैदान की तरफ—1982
5. भूखण्ड तप रहा है—1982
6. आग हर चीज में बताई गई थी—1987
7. पत्थर की बैंच—1996
8. उसके सपने—(संचयन)

समकालीन कविता के विषय में अनेक लेख तथा टिप्पणियाँ प्रकाशित हैं। अंग्रेजी, मलयालम, मराठी की कविताओं का हिन्दी में अनुवाद किया। सृजनात्मक लेखन के लिए इन्हें 'मुक्तिबोध फेलोशिप' प्राप्त हुई थी। माखन लाल चतुर्वेदी पुरस्कार, मध्यप्रदेश शासन का शिखर सम्मान आदि से भी इन्हें सम्मानित किया गया है। 1987 में भारतीय कवियों के प्रतिनिधि दल के साथ अन्तर्राष्ट्रीय प्रेमिओं लित्तशारिओं मोदेल्लो पालेर्मो साहित्य समारोह में शिरकत किया। सम्प्रति सेवानिवृत्त होकर स्वतंत्र लेखन कर रहे हैं।

अपनी रचना प्रक्रिया को व्यक्त करे हुए देवताले ने इसी शीर्षक की कविता में लिखा है—

एक नदी में नहाकर आता हूँ
और कभी जलते हुए मैदान को
लेगर भागता हूँ

आकाश के दस टुकड़े
उछालता हूँ
और एक ही सड़क पर
एक ही समय में
एक साथ सूरज और अँधेरे को
पुकारता हूँ।

जीवन के विरोधों के सामंजस्य की कोशिश में देवताले की कविता पर्यवसित नहीं होती बल्कि द्वन्द्वात्मक प्रक्रिया को सहेजती प्रकृति सत्य तथा मानव सत्य को उसी रूप में उद्घाटित करने की चेष्टा में सक्रिय होती है। वह शब्दों को न रमणीय बनाकर और न वाक्यों को रसात्मक बनाकर उसकी चासनी लेना चाहता है बल्कि शब्दों को अर्थ के पारे की तरह पकड़ने की चेष्ट करता है। पारे की रेत में रोपने का प्रयत्न तथा फिर उस रेत को अपने भीतर उतारने को कोशिश में देवताले का कवि व्यक्तित्व अग्रसर होता है। उनकी रचना प्रक्रिया में राजनीतिक, सामाजिक, पारिवारिक एवं मानवीय यथार्थ इतने स्थूल नहीं रहते हैं कि उन्हें अखबार की सूचना की तरह पढ़ा जा सके और पढ़कर रद्दी की टोकरी में फेंका जा सके। समकालीन कवि प्रायः समान प्रश्नों से जूझते हुए दिखाई देते हैं लेकिन सबका अनुभव अलग-अलग है प्रतिक्रिया अलग-अलग है और अभिव्यक्ति की भाषा और मुहावरे अलग-अलग हैं। देवताले इस कठिन समय के ऐसे कवि हैं जो पारिवारिक, सामाजिक और मानवीय सन्दर्भों में उठने वाली समस्याओं एवं विडम्बनाओं के बीच संघर्षरत सामान्य लोगों की नियति और यातनाओं का जीवन्त चित्रण करते हैं। चन्द्रकान्त जीवन का साक्षात्कार करते है। विष्णु खरे का कथन है कि 'जो तत्व चन्द्रकान्त के एकान्त निजीपन को हिन्दी कविता में लगभग अद्वितीयता प्रदान करता है वह है उसके कवि का गहरा, व्यक्तिगत अपराध या पाप बोध जो वैसे तो उसकी कुछ ही रचनाओं में उभरकर आया है—यदि कई में आया होता तो 'भेड़िया आया, भेड़िया आया' जैसे धोखा होता था 'मो सम कौन कुटिल खल कामी' जैसी आत्मपावन अतिरंजना जो अरे नहीं नहीं, कैसी बात कर रहे हैं' जैसी प्रतिक्रिया की उम्मीद रखती है—लेकिन जो अपनी बेलौस स्वीकारोक्ति में कोई रियायत नहीं माँगती और नहीं आत्म-प्रदर्शन करती है। उस अपराध या पाप के ब्यौरे नहीं माँगे जाते जिन्हें आदमी अपनों के बीच अपनों से करता है, उन्हें जानना जरूरी भी नहीं होता, इकबाल में ही सारा हलफिया बयान छिपा होता है और उससे ज्यादा जानने की इच्छा एक रुग्ण हवस ही होती है।

चन्द्रकान्त जिस यथार्थ को रूपायित करते हैं, वह तटस्थ द्रष्टा भाव से प्रत्यक्ष किया हुआ नहीं है बल्कि कवि ने उसके बीच से गुजर कर भोक्ता के रूप में उसे सहा है और मन की गहराई में उसकी कचोट का अनुभव किया है।

वर्तमान समय की भाग-दौड़, यान्त्रिकता, आपाधापी आर्थिक तथा सांस्कृतिक विपन्नता नैतिकता एवं मूल्यों के प्रति अनासक्ति अपने व्यक्तित्व को आर्थिक स्तर पर स्थापित करने की चेष्टा के परिणाम स्वरूप बढ़ती हुई प्रतियोगिता औद्योगीकरण के प्रभाव के कारण विविध क्षेत्रों में शोषण की बढ़ती हुई प्रवृत्ति मानवीय सम्वेदना में निरन्तर होता हुआ क्षरण आदि का तीखा चित्रण देवताले की कविताओं में उपलब्ध होता है। दहशत और हिंसा के पीछे राजनीतिज्ञों की मुख्य भूमिका है, चन्द्रकान्त खुले हुए शब्दों में ललकारते हुए कहते हैं—

खून के गाढ़े चकत्तों के भीतर
धँसकर सड़ रही है। जो जहरीली सदी
उसके लिए जिम्मेदार हैं
आदमी की खाल में
गधे और गड़रिये का
आधा-आधा भेजा लिए
घूमते, राजनीति के झण्डाबरदार
पूरा देश बूचड़ खाने की तरह।

बड़ी-बड़ी हिंसक घटनाओं को राजनीतिज्ञ किस तरह गर्व पूर्वक हँसते-हँसते निपटा देता है। उसका उद्घाटन 'लकड़बग्घा हँस रहा है' शीर्षक कविता में किया गया है। कुछ डोमों की हत्या कर दी गई, हत्यारे न्याय की लम्बी सुरंग में घुस गए हैं और फिर कभी भी साबुत निकल सकते हैं। कमजोर लोग जुल्म के पहाड़ों को मजबूत बनाते हैं। डोमों की औरतें और बच्चे रुदन कर रहे हैं। इसी बीच आकाश और हवा से होता हुआ राजदूत आता है और एक माह मुफ्त राशन की घोषणा करता है कवि जैसे वहाँ खड़े-खड़े सब कुछ देख रहा था और प्रश्न खड़ा करता है और साथ ही सबको आगाह भी करता है—

ये तीमारदार नहीं
हत्यारे हैं,
और वह आवाज
खाने की मेज पर
बच्चों की नहीं
लकड़बग्धे की हँसी है
सुनो..
यह दहशत तो है
लेकिन चुनौती भी
लकड़बग्घा हँस रहा है...

देवताले लकड़बग्घे की हँसी का चित्रण करके सामान्य लोगों को भयभीत और निराश नहीं करना चाहते, वे उस बसन्त को लाना चाहते हैं जो पृथ्वी की आँख है जिससे वह सपने देखती है, जिससे हमारा जीवन पूरा होगा वे अन्ततः लकड़बग्घे की हँसी तोड़कर सबका डर भगा देना चाहते हैं। देवताले को मौत से भी भयावह छिपा हुआ कपट दिखाई देता है और आत्मघात से अधिक नुकसान देह वह चुप्पी है जो सच को सच के रूप में प्रकट नहीं करती। देवताले की कविता इसी चुप्पी को तोड़ने की कोशिश है—

क्योंकि मौत से भी भयावह है
चीजों में छिपा हुआ कपट
जो किसी भी बच्चे के जन्म-दिन को
यातना का तहखाना बना सकता है
संगीनों की नोंक से भी ज्यादतर खौफनाक है
सूचननाओं की सदाशयता। जो मौत को ठंड
भूख को मक्खी/बहते खून को पानी का नाम दे
सकी है
ऐसे में आत्मघात से अधिक नुकसान देह होगी
वह चुप्पी। जो दुश्मन को दुश्मन, भेदिय को भेदिया
नहीं कह सकती

देवताले बच्चों के रहन-सहन, उनके जीवनयापन की विषमताओं के यथार्थ की बहुत सधी हुई भाषा में रूपायित करते हैं। समाज में जिनके पास जीवनयापन के जरूरी साधन हैं उनकी संख्या बहुत कम है और ज्यादातर लोग आर्थिक रूप से इतने विपन्न हैं जो अपने बच्चों को न अच्छी शिक्षा दे सकते है और न उचित भोजन दे सकते हैं और न अपने अनुशासन में रख सकते हैं। थोड़े बच्चे हैं जिनके लिये बगीचा है जो कोमल दूब पर दौड़ते हैं परन्तु असंख्य बच्चे हैं जिनकी जिन्दगी कीचड़ और धूल से पटी हुई है। वे एक रोटी के लिए एक दूसरे से संघर्ष कर रहे हैं, ढेर सारे बच्चे सार्वजनिक दीवारों पर गालियाँ लिखते या बीड़ी के अद्धे टूटते या होटलों में बर्तन माँजते हुए या बीस पैसे में भारी सामान ढोते हुए पुलिस वालों के डण्डे खाते हैं। ढेर सारी बच्चियों की भी यही दशा है, उनकी आँखों मे छीना-झपटी, चीखरुदन, गिड़गिड़ाहट, हिंसा और अँधेरा है। इनको देखकर कवि के मन में अनास्था जागती है वह ईश्वर, सत्य और सुन्दर की परम सत्ता को नकारता हुआ कहता है—

ईश्वर होता तो इतनी देर में उसकी देह कोढ़ से
गलने लगती। सत्य होता तो वह अपनी न्यायाधीश

की कुर्सी से उतर जली सलाखे आँखों में
खुपस लेता। सुन्दर होता तो वह अपने चेहरे
पर तेजाब पोत अन्धे कुएँ में कूद गया होता

देवताले ऐसे करोड़ बच्चों-बच्चियों के दिल में छिपे हुए शब्द रहित भय को उजागर करते हैं और उनके पास महासागर की तरह जो आवाजे हैं उन्हें मुखरित करने की कोशिश करते हैं, वे कहते हैं—

पर वे शायद अभी जानते नहीं
वे पृथ्वी के बाशिन्दे हैं करोड़ों
और उनके पास आवाजों का महासागर है
जो छोटे-से गुब्बारे की तरह
फोड़ सकता है किसी भी वक्त
अँधेरे के सबसे बड़े बोगदे को

देवताले हर वर्ग के व्यक्तियों की दिनचर्या की छानबीन करते हुए उस बड़े प्रश्न का उत्तर पाना चाहते हैं जो प्रश्न किसी की बेटी या बेटा कोई भी कर सकता है प्रश्न हैकि वे कौन सी चीजें है जो आदमी को आदमी नहीं रहने देतीं, इस प्रश्न का जबाब न राजा दे सकता है और न राजनेता, ईश्वर के पास भी आदमी के प्रश्नों की ध्वनि नहीं पहुँचती, क्योंकि ईश्वर के सभी टेलीफोन कट गये हैं। कोई मशीन या मसीहा के पास भी इसका उत्तर नहीं है अब करोड़ों आदमियों को अपने से ही सवाल करना पड़ेगा कि आदमी अपनी जड़ों से क्यों कटता जा रहा है किसने दुर्गम दन्त कथाओं को रचकर आदमी को उसमें कैद कर दिया है? वह उगते हुए सूरज को नहीं देख पाता, सुख का स्वाद नहीं रख पाता और खुलकर कह नहीं पाता कि आदमी का कद यह है। शोषकों की बिरादरी चाहे वह राजा हो, चाहे राजनेता हो या सेठ साहूकार हो वह ऐसी कहानियाँ गढ़ता है जो श्रीमंतों की धन सम्पत्ति की रक्षा के उपाय रचती है और उनकी औरतों को दूसरों की सेवा लेने या शोषण का अधिकार प्रदान करती है। काष्ठवत औरतें अपने हरम में आराम फरमाती हैं और सेविकाएँ—'भरती हैं पानी, कूटती हैं मसाला और तानती हैं मसहरी' उनके 'जानवरों को नहलाकर खिलाकर दूध दुहकर उनके घरों में पहुंचाती हैं, रात-रात जागकर बीड़ी फूँकते, तम्बाकू, फाँकते लोग वैभव सम्पन्न लोगों की रखवाली करते हैं। ऐसे शोषित लोग पशुओं की दुनिया में जीने के आदी हो गये हैं। खुरपी और घास के अलावा उनके जीवन का कोई विकल्प नहीं, कवि ऐसे लोगों से पूछता है—

''कब तक तुम सिर्फ घास छीलते रहोगे
सिर्फ कड़वी काटते रहोगे

जब की छीलने ओर काटने को
और भी कितना कुछ है दुनिया में''

कवि को उम्मीद है और चाह भी कुछ और उजाले की जो आदमी और आदमी के बीच वास्तविक सम्बन्धों को प्रकाशित कर सके। जागृत का वह उजाला ही बच्चों की खुशियाँ को उजागर कर सकता है। मनुष्य उसी उजाले की प्रतीक्षा में है—

'थोड़े से और उजाले की प्रतीक्षा है मनुष्यों को
इसी उजाले के बिना कैद है बच्चों तक की खुशी
कसी ठुकी अब तक घोड़ों की नाल में

मनुष्य चुपचाप यदि उजाले की प्रतीक्षा करेगा और अपनी ओर से प्रयत्न नहीं करेगा तो कोई न कोई उसके सपनों को साकार करने का झूठा आश्वासन देकर प्रकट होगा ही। भारतीयों की मानसिकता भी कुछ ऐसे ही है कि वे जादूई कारनामों में बहुत विश्वास करते हैं। राजनीतिक सामाजिक या धार्मिक क्षेत्र का कोई भी मसीहा जब उसके समक्ष जादुई करामात दिखाते हुए उसे मिथ्या सुख सुविधाएँ देने का वादा करता है तो वे उस पर तुरन्त रीझ जाते हैं यद्यपि यथार्थ के स्तर पर वे एक दूसरे की कमी बताते हुए स्वयं दोषमुक्त होने लगते हैं। यह स्थिति राजनीतिक क्षेत्र में विशेष रूप से दिखाई देती है। 'वो पाँचों और हम सब' कविता में बिना किसी राजनीतिक दल या किसी नेता का नाम लिये प्रतीकात्मक पेच का मार्मिक चित्रण प्रस्तुत किया गया है। राजनीति ने शब्दों की दिव्यता को नष्ट कर दिया है। जनता की समस्याओं और प्रश्नों से न जूझ पाने की अपनी दुर्बलता को छिपाने के लिए वे आतंक दहशत और बरबादी में जुट गए हैं, उनकी पहचान मसीहा के रूप में न होकर हत्यारों के रूप में हो रही है । निम्नलिखित पंक्तियों में भयावह परिणतियों को चित्रित करने की कोशिश की गयी है—

'सारे शब्द अपरिचित हो गये थे
उस अंधेरे में
हमारे लिए
उनके चेहरे हत्यारों में
बदल चुके थे
तभी वह बाँध टूटा था
जिसने कब्रों में बदल दिय था घरों को
और अब हम सब फिर से खड़े हैं तबाही
के मानचित्र पर

धूप, खपरैल
धरती और मृतकों के चेहरों को
पहचानते हुए
और वे पाँचों
खिड़कियों से हैलीकाप्टर की
हमें देख रहें है—कोई झण्डा दिखाते हुए।

सामाजिक यथार्थ की सही पहचान के लिए उनके बीच से गुजरना अति आवश्यक है। उसे कल्पना से नहीं अनुभव किया जा सकता है और अखबारों में नहीं पढ़ा जा सकता है, आम आदमी और खास तौर से आदिवासी लड़कियों का जीवन कितना संघर्षपूर्ण होता है उसे समझने के लिए कवि, पत्रकार, नेता, संन्यासी के जीवन की ओर झाँकना होगा। जिस समय शहर और कस्बे में अन्तिम पहर की नींद व्याप्त रहती है, कवि लोग अखबार उलटते रहते हैं और सन्त लोग चिलम फूँकते रहते हैं पत्रकार सनसनी खेज खबरों पर मुग्ध होते रहते हैं और मंत्री कागज पलटता रहता है। उसके बहुत पहले आदिवासी लड़कियाँ अँधेरे को पार करती हुई ककड़ी बेचने पहुँच जाती हैं और ग्राहकों के इन्तजार में घंटों बैठी रहती हैं। ज्यादा देर होने पर संतरी उनसे एक-एक ककड़ी मुफ्त में ले लेता है ओर फोकट में थानेदार के यहाँ भिजवा देता है। इनकी ककड़ियाँ कारों की मुसाफिर बनकर राजभवन तक पहुँच जाती हैं। ये अपनी ककड़ी बेंचकर हँसी-खुशी गीतगाती हुई अपने घर पहुँच जायेगी। रात के अंधेरे में अपनी झोपड़ी में चुपचाप सो जाएंगी। कवि अपने मध्यवर्गी महत्वाकांक्षी सोच को उनके ऊपर आरोपित करने की चेष्टा करता है, वह सोचता है कि श्रम जीवियों के फल का लाभ तो सभी लेते हैं लेकिन उनकी चिन्ता किसी को नहीं रहती। वह कहता है कि—

अड़ोस-पड़ोस तक
महकेगा सैलाना की ककड़ी का स्वाद
याद नहीं आयेंगी
किसी को लड़कियाँ सात
कित्ते अँधरे उठी होंगी
चली होंगी कितने कोस
ये ही ककड़ियाँ पहुंचती होंगी
संभाग से भी आगे राजधानी तक भोपाल।

उत्तरसदी की सबसे बड़ी रिक्तता है स्मृतियों का खो जाना, अब कोई किसी की याद नहीं करता, न बेटों की याद आती है न बापों के दोस्तों की।

अगर कुछ यादें बची रहती हैं तो वे मुख्यता दुश्मनों के द्वारा की गयी हत्याओं, भूकम्प के विषय में। कवि कहता है कि मेरे पास एक जोड़ी आँखें हैं और मैं कुँए के भीतर झाँक कर देख सकता हूँ, स्मृतियों के मरने के आतंक कवि प्रकृति के बिम्बों के द्वारा जनता में सोई हुई आँधी की तरह ताकत को रूपायित करता है। वह सोचता है कि सैकड़ों हाथियों की तरह झूमती, चिग्घाड़ती हवा कहाँ से आती है। यह गुस्सैल हवा तमाम चीजों की मथ देती हैं। पेड़ों को झकझोर देती है बिजली के तार और खम्भे सबको ध्वस्त करते हुए आगे बढ़ती है। कवि को उम्मीद है कि एक दिन अपनी छिपी हुई ताकत के साथ सब लोग उठ खड़े होंगे। आँधी के बिम्ब का पूरी तरह निर्वाह करते हुए वह कहता है कि—

अपनी छिपी हुई ताकत के साथ
उठ खड़े होंगे जिस दिन ये सब
इन आँधियों की तरह
टूटकर गिरेंगी पराये समयकी घड़ियाँ
शिखरों से
ढह जायेंगे नियन्त्रण-कक्ष सब
फूल के छप्पर की तरह छिन्न-भिन्न
उड़ जायेंगी तमाम चौकियाँ
खबरों के अड्डों पर छपेंगी तड़ातड़ इनकी खबरें
फिर कड़कती बिजली के साथ
बजेगी दुन्दुभी इनके अपने
गगन-घोष मुकामों से
जैसे हवा में छिपी हुई हवा से
वैसे ही लोगों में छिपे हुए लोगों से
जैसे आँधी
वैसे ही लोगों का सैलाब
सचमुच जून की इस आँधी की तरह ही
उठेंगे करोड़ों लोग एक दिन

देवताले मरते हुए सपनों पर केवल शोकगीत नहीं लिखते। वीभत्स और घिनौने यथार्थ से भयभीत नहीं होते, बल्कि गरीबों के उत्थान के सपने देखते हैं आदमी के अन्दर सोई हुई आँधी एवं बुझी हुई आग को अपनी रचना के माध्यम से उत्तेजित करने की चेष्टा करते हैं। प्रकृति के साथ तादात्म्य स्थापित करके उनसे जीने की प्रेरणा और उत्साह ग्रहण करते हैं। 'आग हर चीज में बताई गयी

थी' शीर्षक कविता में प्रकृति और मानवीय शक्ति को एक साथ देखते-परखते कवि आश्चर्य करता है कि चारों ओर कितना अत्याचार, कितना भ्रष्टाचार और कितना अमानवीय व्यवहार हो रहा है लेकिन जीवंत आत्माँए बुझी हुई राख की तरह नाटक देख रही हैं—

आग हर चीज में बताई गयी थी
पानी-पत्थर-अन्न
और घोड़ों तक में
अग्नि का वास बताया गया था
मनुष्यों में तो आग होती ही और होनी ही थी
पर आज आग का पता नहीं चल रहा है
जीवित आत्माएँ बुझी हुई राख या भूसे की तरह नाटक
देख रही हैं—

चन्द्रकान्त ने स्त्रियों को कई कोण से समझने की चेष्टा की है उनके यहाँ स्त्री के तीन रूप दिखाई देते हैं एक वह स्त्री है जिसे चाहा गया और जो अब साथ है दूसरी वह जिससे प्रेम किया गया जिसकी वजह से सुखद, त्रासद और सृजनात्मक तनाव पैदा हुए और तीसरी वह है जो समूची स्त्री जाति का प्रतिनिधित्व करती है। तीसरी प्रकार की औरतों के विषय में देवताले जो कविताएँ लिखते हें वे विशिष्ट महत्व की हैं कहीं माँ के रूप में उसका अनिर्वचनीय त्याग है और कहीं स्तनपान कराके मनुष्य के अन्दर दूध के झरने प्रवाहित करने और अपने स्पर्श से जीवन के अर्थ को उद्‌घाटित करने का कला कौशल है। स्त्री की चमकती आँखें साथ होती हैं तो बेजान चीजों में भी मानुषी स्पर्श की आत्मीयता जाग जाती हैं। स्त्री के भीतर निष्कपट पानी का संगीत होता है जिसमें चाकू का कोई खरोंच नहीं होता, स्त्री के आइने में पुरुष का चेहरा कितना खुरदुरा बेस्वाद और भय से पीला दिखता है, वह मायावी झरने के बौछार से पत्थर चेहरे को भी शिशुवत बना देती है। वह इतना जीवन रस कहाँ से ले आती है, उसकी आँखों में समुद्र गिरफ्तार रहता है। इस संदर्भ में निम्नलिखित काव्य पंक्तियाँ द्रष्टव्य है—

क्या तुम्हारे ही भीतर तो नहीं है
वह निष्कपट पानी का संगीत
जिस पर किसी भी चाकू की कोई खरोंच
नहीं है....
तुम्हारे आईने में मेरा यह चेहरा
कितना खुरदुरा, बेस्वाद और कभी

एकदम भय-विवर्ण लगता है
फिर तुम पहाड़ों से बुलाकर अपनी आवाज को
मायावी झरने की बौछार से
पारदर्शी और शिशुवत् बना देती हो एक पत्थर चेहरे को
तुम इतना जीवन-रस कहाँ से ले आती हो।

घर में अकेली औरत पुरष के आतंकवादी मर्यादाओं से मुक्त रहकर किस मानसिकता में जीना चाहती है? तथाकथित मर्यादाओं का झूठा निर्वाह करने की स्थिति का चित्रण करते हुए पति-पत्नी के सम्बन्धों को सूक्ष्म रूप से व्यंजित किया गया है, कहीं-कहीं बहुत व्यापक बिम्बों में स्त्री के संघर्ष को कविता के उदात्त स्वरूप में परिणत किया गया है, शताब्दियों से स्त्री की निर्यात जिस रूप में निर्धारित हो गई है वह उसी रूप में जीती चली आ रही है। वह शताब्दियों से आकाश और पृथ्वी के बीच कपड़े पछीट रही है, धूप के तार में उन्हें सुखा रही है, घुप्प अँधेरी गुफा में आँटा गूँध रही है और असंख्य रोटियाँ सूरज की पीठ पर पका रही है, वह अपनी पहचान पाने के लिए प्रयत्नशील है। 'इस पठार पर' शीर्षक कविता में देह का धन्धा करती हुई औरतों का चित्रण किया गया है यद्यपि वे मानते हैं कि माँ पर कविता लिखना बहुत कठिन है। माँ ही ऐसी होती है जो कि बेटे की भूख और प्यास को रत्ती-रत्ती पहचानती है जिस समाज में औरतों की इतनी व्यापक भूमिका है उस समाज में बेटियों का पिता होना कितना दुखद है। चन्द्रकान्त अपने निजीपन को कविता में व्यापक भावबोध के स्तर पर रूपान्तरित करके अद्वितीयता प्रदान करते हैं उनमें वर्गीय अपराध बोध भी है पाप और पुण्य के बीच तनावों से गुजरते हुए आदमियों की नियति को वे खूब पहचानते हैं, दुनियाँ में पाप कहीं ऊपर से नहीं आया है इसलिए पाप हो जाना मुश्किल नहीं है। संसार में केवल पुण्य का टकसाल नहीं है। पापी ऐसे अनेक सवाल करता है लेकिन अपनी संवेदना के क्षरण के प्रति उसे बेचैनी अवश्य है।

चन्द्रकान्त की कविताओं में शिल्प का नयापन है मामूली से मामूली अनुभव को महत्वपूर्ण एवं उत्तेजक बनाने की कला उनमें है। ज्यादातर उनकी कविताओं में सूक्ष्म कथापरकता है/वे छोटी कविताओं से लेकर लम्बी प्रबन्धात्मक कविताओं के सृजन में सिद्धहस्त हैं। भाषा में अनगढ़ता और कल्पनाशीलता है/वे देशज और स्थानीय शब्दों का सुन्दर उपयोग करते रहते हैं। मुक्तिबोध के रचनाशिल्प का उन पर विशेष प्रभाव है, कहीं-कहीं वे शमशेर और रघुवीर सहाय के नजदीक पहुँचते है। सपाटबयानी से लेकर जटिल शब्द संयोजन उनमें दिखाई देता है। उनमें फैंन्टसी रचने की भी क्षमता है। शब्दों और वाक्यों के विशिष्ट विन्यास से नवीन अर्थव्यंजना होती हैं। गाँव में प्रचलित रिवाजों और मिथकों का भी वे रचनात्मक उपयोग करते हैं। प्रकृति के उपादानों द्वारा वे

प्रतीक आदि गढ़े बिना सीधे उन पर भावारोपण करते हैं। उनकी कविता में हँसती हुई पत्तियाँ हैं, हँसती हुई धूप है, आकाश फेफड़े में दया और नदियों के पेट में कैन्सर। यथार्थ को चित्रित करते समय उनकी भाषा में तल्खी आ जाती है, जैसे—

हत्यारा यहाँ पर हत्यारा नहीं है
क्योंकि झुग्गी झोपड़ियों के बिना
असामाजिक तत्त्व हुआ ही नहीं जा सकता,
'सामाजिक तत्वों का खुलासा कीजिए' यदि यह सवाल
आपसे या मुझसे कर ही लिया जाये
तो हम कीचड़ के किस कुएँ में कूदने जायेंगे?
इसके बाद भी जो लोग
भाषा का सर्वस्व तबाह करने पर आमादा है
वे ही तो हमारी संस्कृति के रक्षक हैं
और वे समझते हैं करोड़ों लोगों को आदमी कहलाने का हक
उनके टुच्चेपन से ही मिलता है।
यह भ्रम इतना पुख्ता है
कि कमीनगी के पत्थर पर इसका इतना भी असर नही होता
कि सिर्फ गरदन नीची हो जाये
और शब्द कण्ठ से अटके रहे।

निष्कर्ष रूप में कहा जा सकता है कि चन्द्रकान्त देवताले काव्यानुभूति की व्यापकता, सूक्ष्मता तथा काव्य-शिल्प के विशिष्ट प्रयोगकर्त्ता के रूप में हिन्दी कविता में अपनी स्वतंत्र और उल्लेखनीय पहचान बनाते हैं।

●

लीलाधर जगूड़ी

लीलाधर जगूड़ी का जन्म 1 जुलाई 1944 को उत्तरांचल के टिहरी जिले में घंगड़ गाँव में हुआ था। 11 वर्ष की अवस्था में घर से निकल पड़े और अनेक

शहरों और प्रान्तों में घूमते घामते कई प्रकार से जीविका चलाते रहे। अन्ततः हिन्दी साहित्य में एम०ए० किया। 1959 में इनका परिवार उत्तरकाशी में जा बसा 1961-62 में गढ़वाल रेजीमेंट में रंगरूट रहे फिर उससे छुटकारा ले लिये। 1966 से 80 से शासकीय विद्यालयों में शिक्षण कार्य करते रहे। कभी स्कूल कभी जेल जीवन का क्रम बन गया। 1960 में एक बहुत बड़ा हादसा हुआ भूस्खलन के कारण परिवार के छः लोगों की मृत्यु हो गयी, खेतीबारी नष्ट हो गयी। जोशियाडा में फिर से घर बनाया। 1981 से उ०प्र० सूचना एवं जनसम्पर्क विभाग से सम्बद्ध हुए। इनके प्रमुख काव्य संकलन इस प्रकार हैं—

शंखमुखी शिखरों पर (1964), नाटक जारी हे (1962), इस यात्रा में (1964), रात अभी भी मौजूद है (1966) बची हुई पृथ्वी (1966), घबराये हुए शब्द (1981), भय भी शक्ति देता है (1991)।

लीलाधर जगूड़ी अपनी कविता में यथार्थ को सम्पूर्णता में रूपायित करने की चेष्टा करते हैं। वे उसकी जटिलता और बारीकियों की भी खोज करते हैं। उनकी कविताओं में अपने परिवेश की गहरी समझ है। 1962 के बाद परिवेश के प्रति विशेष सजगता और उपेक्षित तिरस्कृत लोगों की यातना और शोषण की स्थितियों को विश्लेषित और रूपायित करने की प्रवृत्ति हिन्दी कविता में विशेष रूप से उभर कर आई। जगूड़ी एक रिपोर्टर की तरह यथार्थ का व्यौरा नहीं प्रस्तुत करते बल्कि नित्य अनुभव में आने वाले वृक्षों, चिड़ियों, बाजार, ट्रेफिक, खिलौने आदि में अर्थ की नूतन संभावनाओं का समावेश करते हैं। वे कविता का ऐसा तानाबाना बुनते हैं कि आधुनिक जवीन के मूल्यांकन के नये मापदंडों, नये मनुष्यों की नूतन परिस्थितियों में लड़ने-भिड़ने, हारने-जीतने की नई समस्याएँ संलिष्ट रूप में उपस्थित हो जाती हैं। वे अपनी वैयक्तिक, पारिवारिक और सामाजिक परिस्थितियों से वाकिब हैं। अच्छी कविता से वे स्वयं संवाद करते हैं और पहले ही इस निष्कर्ष से कविता की शुरूआत करते हैं—

'अच्छी कविता मैं तुम तक नहीं पहुँच सकता' जो कवि स्वयं या उसको प्रेरणा देने वाले आमजन महँगाई से जूझ रहे हैं, चोरों और लूटेरों से लुट रहे हैं, परिवार के लिए जरूरी चीजों को जुटाने के लिए बेचैन हैं, अनेक बीमार उधारी से घिरे हुए हैं, निर्दोष लोगों की हत्याएँ हो रही हैं, ऐसी स्थिति में पारम्परिक शिल्प में ढली हुई उदान्त जीवन मूल्यों की कामना से युक्त मनुष्य के सुन्दर स्वरूप को चित्रित करने वाली अच्छी कविता कैसे रची जा सकती है। कवि कहता है कि—

अच्छी कविता क्या क्या चीजें तुम्हें वाकई पसन्द हैं,
मात्र कुछ घटनाएँ या सिर्फ कुछ वाक्य या केवल
शब्द ही
मैं तुम्हारे बारे में बहुत नहीं सोच सकता

मुझे दवाओं के पैसे चुकाने हैं दूध का हिसाब करना है
क्या तुम्हें जिंदा और स्वस्थ और फकत कामयाब
आदमी ही पसंद है
बीमार और उधारी से घिरे हुए लोग नहीं
जो दु:स्वप्नों में भी शब्दों को संगठित करते हैं

वे ऐसी कविता रचते हैं जो सैकड़ों दिनों से मुदी हुई कई हजार आँखों को बाहरी संसार में खोल दें। उनमें उगने की ओर उगाने की महती आकांक्षा है। यही नहीं वे चाहते हैं कि अपनी आत्मा के रेत में यदि पत्थर भी दबा दें तो वह तना बनकर उगे—

'मैं ऐसा चहाता हूँ ओ मेरे अन्तरंग।
कि सैकड़ों दिनों से मुँदी हुई
कई हजार आँखें
बाहर के संसार में खोल दूँ'

अपनी अनेक कविताओं में वे तथाकथित महान लोगों की काली करतूतों और उनकी हरकतों को चित्रित करते हैं। 'तथाकथित महान लोग' शीर्षक कविता नये मुहावरों के साथ व्यंग्य के नये अंदाज में महानता के सत्य को उजागर करती है। इस संदर्भ में कुछ पंक्तियाँ द्रष्टव्य हैं—

तथाकथित महान लोग रात को क्या करते हैं?
महान् लोग रातको लबादे की तरह नहीं ओढ़ते
जैसे कि कैदी ओढ़ते हैं
रात उनके लिए
दिनभर के कुकर्मों पर पड़ा हुआ पर्दा है
रात के सामने वे झुके हुए होते हैं
क्योंकि उनके कहने से
न वह गिरती है न उठती है।

दिन प्रतिदिन घटित होने वाली वारदातों को 'एक दिन की जिन्दगी' शीर्षक कविता में अलग-अलग स्थितियों अलग-अलग परिस्थितियों और अलग-अलग स्तर के लोगों के जीवन संघर्ष के साथ व्यंजित करने का उपक्रम किया गया है। दिन के साथ व्यक्ति भी बीतता है, दिन किसी के लिए पहाड़ जैसा होता है। एक यातना पूर्ण जीवन जीने वाले के लिए दिन का हर प्रहर, हर लम्हा कितना मुश्किल होता है। उसे रतजगा के बाद सुबह मिलती है फिर भन्नाई हुई दोपहर बेचैन लम्बी चौड़ी गहरी शाम और फिर जंगल की तरह स्याह रात। 'उसकी खटाई में पड़ जाती है बहुत-सी उम्मीदें, एकदम काली खटाई में इस तरह का पूरा दिन-दाँत खट्टे कर जाता है।' जीवन में कभी भी जब सुख का

अनुभव होता है तो वही दिन क्षण की तरह बीतता है ऐसा लेकिन बहुत कम होता है। दिन के बीतने के साथ कितना कुछ बीत जाता है लेकिन मनुष्य दिन की जंजीरों में हरदम कसा रहता है। काल के विषय में दर्शनशास्त्री मुद्रा में कवि ने बहुत विचार विमर्श किया है। दिन के माध्यम से मनुष्य की नियति ओर उसकी विवशताओं और उसके सुख:दुख की माप नये रूप में की गयी है। कवि अपना नया जीवन दर्शन प्रस्तुत करता है, वह दुख से भयभीत होकर पलायन नहीं करना चाहता बल्कि दुख का सामना करते हुए साहसिकता प्राप्त करता है। अपने कमजोर और जर्जर पैरों से प्रकृति की भयानक चुनौतियों का सामना करता हुआ मनुष्य अग्रसर है। सुख की ही नहीं बल्कि दुख की स्मृतियों को लेकर वह जी रहा है। निम्नलिखित कविता में समय के साथ आदमी के छीजने और मिटने की पीड़ा के एहसास के साथ कालगति के साथ मनुष्य की गति की सहचरता को निरूपति किया गया है—

'टीसता घिसटता छलाँगता सुबह से शाम तक जब पार होता है एक दिन तो उसमें लाखों-लाख लोग बीत जाते है यादगारों से लबालब लाखो-लाख लोग जूझती हुई खुशी, बरसती हुई उदासी और अकाट्य इंतजार से भरे ऐसे-ऐसे कई सौ दिन लंबी-लंबी सौंकलों जैसे मुझे बाँधे हुए हैं। कही से भी खाली, कही से भी अकेला नहीं हूँ मैं।' बच्चों पर जगूड़ी ने अनेक कविताएँ लिखीं। बच्चों के सहज सपने आज की शिक्षा व्यवस्था और सामाजिक व्यवस्था में किस तरह से विध्वंस हो रहे हैं। उनका वर्णन 'सपने में पाठ्य पुस्तक' के अन्तर्गत देखा जा सकता हे। बच्चे सपनों में परी लोक तथा चाँद लोक में पहुँचने की चाह रखते हैं, लेकिन वे अपनी जन्मभूमि और ननिहाल से आगे कुछ नहीं देखते। प्रकृति के खुले सौन्दर्य और उल्लास में कहाँ एक बच्चा साझीदारी कर सकता है। बस्ते के वजन से दबे हुए बच्चे सपने में ही फुटबाल खेलते हैं। उसे इस बात का एहसास होता है कि पेड़ पौधों को नष्ट करने के क्या परिणाम हो सकते हैं।

जगूड़ी औरतों के दुख:दर्द को भी अनेक कोणों से पहचानने का यत्न करते हैं। एक लड़की के रूप में उसे भविष्य में उठने वाले तूफानों को झेलना ही पड़ेगा। इन तूफानों से वह आहट भी होगी। जीवन के दुख:दर्द के निशानों को अपनी स्मृति में महसूस करती वह जिन्दगी के बीहड़ को पार करेगी। उसके अनुभव में यही आयेगा कि जीवन एक जाना-माना जंगल है जहाँ चिड़ियों के साथ चीते, हिरन, भालू, भेड़िया, लोमड़ी सभी आराम पाते हैं। कवि नारी की पराजय को ही नहीं अंकित करता और न उसमें पलायन की मानसिकता जगाता है। बल्कि मजबूती के साथ जीवन के जंगल में उत्साह लिए बढ़ने का साहस देता है। समाज में चिड़िया जैसी स्थिति में नारी है, उससे अधिक सबल चीते और भेड़िये हैं जो समाज के दरिन्दे हैं, फिर भी नारी उनके बीच जी लेती है। यही नहीं आगे और भी मजबूती से जिएगी। पूरी परिस्थिति में कोई न कोई परिवर्तन होगा—

फिर एक उथल पुथल होगी निकल आएगा
जीवित उत्साह जो उसके घर से पूरी दुनिया में निकल पड़ेगा।

जहाँ गेंद से उछलती हुई एक और लड़की प्रवेश करेगी जो बिलकुल नही जानती होगी कि इससे पहले भी स्त्रियाँ हुई है।

नारी और पुरुष दोनों का सौन्दर्य कर्म से है, श्रम से है। खासतौर से जो देह से सुन्दर नारी होती है वह हमेशा किसी धुन में रहती है जैसे नशे में हो। लेकिन सरल दिखने वाले स्त्रियों के भी कठिन दुख होते हैं, उनके सीधेपन में दिखते रहते हैं उनके नकचढ़े दुख। सुन्दरता और श्रम साथ ही सुन्दरता और विश्राम के संतुलन की बात करके कवि नारी के पक्ष को समर्थन देता है—

दुनिया में बार-बार फूटता है कष्ट साध्य सौन्दर्य
लुभाता है एक स्त्री की तरह
सौन्दर्य मांगता है बड़ी से बड़ी मेहनत
मेहनत करते हुए सुंदर तो वह दिखती ही है
जब जब आराम कर रही होती तो कहीं ज्यादा
सुंदर दिखती है।

धर्म को लेकर कोई कवि या कोई बुद्धिजीवी अपनी राय न जाहिर करे तो जैसे उसकी किसी भी बहस में हिस्सेदारी अधूरी है। व्यक्ति और समुदाय के सम्बन्धों लेकर आधुनिक कविता में भारतेन्दु से लेकर आज तक कोई न कोई टिप्पणी जरूर की जाती रही है। कभी धर्म और जाति, कभी धर्म और सम्प्रदाय, कभी व्यक्ति धर्म और समाज धर्म पर विचार किया गया। समुदाय की तुलना में व्यक्ति की महत्ता जगूड़ी की दृष्टि में विशेष है। वे कहते हैं—

यदि व्यक्तिगत सम्बन्ध मुझे धर्म तक पहुँचाता है
और धर्म समुदाय तक
तो कभी मुझे व्यक्ति से पहला सम्बन्ध रखना है
क्योंकि यह सम्बन्ध मुझे समुदाय से पहले
खुद एक व्यक्ति होने की हैसियत देता है।
जिसकी जरूरत सब समुदायों और सब धर्मों को है।

व्यक्ति के रूप में ही धर्म और समुदाय के गुंडापन के खिलाफ संघर्ष किया जा सकता है। धर्म को परिभाषित करते हुए कवि ने कहा है कि—

धर्म माने स्वभाव तो इसे बिगड़ने नहीं देना चाहिए
धर्म माने आचरण तो इसे सुधारते रहना चाहिए
धर्म माने अच्छाई तो इसे बुराई से बचाना चाहिए
धर्म माने निजी विश्वास तो इसे अपने में ही रखना चाहिए।

धर्म जड़ चीज नहीं है ओर न विज्ञापन की। लेकिन आज लोग रूढ़ि को धर्म मानते हैं और आस्था के अहंकार को प्रदर्शित करते हैं कवि ने अति सरल शब्दों में धर्म पर जो विचार व्यक्त किया है वह लम्बे-चौड़े भाषणों की तुलना में अधिक प्रभावशाली है।

लीलाधर जगूड़ी के काव्य शिल्प की सबसे बड़ी विशेषता यह है कि वे कल्पना एवं परिकल्पना को सपने और कल्पना जनित पुनर्जन्म को अपनी रचनाओं में काव्यवस्तु के भीतर निहित कर देते हैं। मुक्तिबोध की तरह वे फैन्टेसी का जटिल नहीं करते हैं, परन्तु उनमें कायान्तरण या रूपान्तरण बहुत अधिक होता है। दूसरे शरीर की खोज, अंतर राष्ट्रीय बाजार आदि अनेक कविताओं को उदाहरण के लिए प्रस्तुत किया जा सकता है। अन्तरराष्ट्रीय बाजार कविता की कुछ पंक्तियाँ देखिए जिसमें कायान्तरण का चित्रण व्यंग्यात्मक तरीके से हुआ है। नाटक में एब्सर्ड चित्रण के लिए भाषा के लिए भाषा के नये प्रयोग दिखाई देते हैं उसी तरह जगूड़ी की कविताएँ आज की ट्रेजिडी तथा ऊल-जलूलपन की स्थितियों को अंकित करने के लिए नई तकनीक से लैस है—

मेरे अरब पड़ोसी ने देखाकि मैं एक अमर हरियाली में
बदल गया हूँ
पेट्रोल के कुँए पर फैलता हुआ एक मनीप्लान्ट
तभी उसकी बीबी ने मुझे उठा लिया और मैं एक हंटर
में बदल गया जैसे गिरगिट की दुम।

इस तरह की फैन्टेसी से कविता में एक जुदई वातावरण बनता है और कवि बड़े नाटकीय ढंग से अपने समाज के किसी बड़े यथार्थ को सुई की तरह चुभा देता है। स्त्री जलाई जाती है यदि वह भूत बनकर पुरुष को जलाने आए तो भी उसे पता चलेगा—कि स्त्री का भूत भी पुरुष नहीं जीत सकता। विशेषण विपयर्य या विशेषण विधान का यह तीरका छायावाद से अलग होने के कारण अधिक प्रभावशाली है—

दिखता है सफेद प्राकृतिक उजाला मौत के गालों पर
निरक्षर आकाश से आता है नए दिन का प्रसारण।

जगूड़ी का उपमान विधान भाव व्यंजना को तीखा बनाने के लिए है। निषेध और स्वीकार के बीच शब्दों का तनाव अर्थ को और अधिक भास्वर बनाता है—जैसे—

मैं आऊँगा/ मगर उस तरह नहीं/ बर्बर लोग कि जैसे पास आते हैं/ उस तरह भी नहीं/ गोली जैसे कि निशारे पर लगती है/ मैं आऊँगा/आऊँगा तो इस तरह/जैसे कि हारे हुए/ थके हुए मे दम आता है।

क्रिया या विशेषण को नए स्थान पर रखकर नया वाक्य विन्यास तैयार करना जगूड़ी की विशेषता है। जैसे—बच्चों को चारों ओर से सीचों। पता नहीं वे कहाँ से उग रहे हैं। सींचना और उगना क्रिया फसल के लिए है लेकिन इतना प्रयोग बच्चों के साथ करके चमत्कार ही नहीं पैदा किया गया बल्कि नई अर्थवक्ता का उन्मेष किया गया है। इसी तरह चिड़ियों के गुण-धर्म को भाषा पर आरोपित करते हुए कवि कहता है—

'मेरी भाषा पंख फड़फड़ाएगी जब अत्याचार होगा। कई कविताओं में कथात्मक शिल्प का भी प्रयोग है। कवि वाकायदी कहानी की तरह कथावस्तु को नैरेट करता है। सिपाही बलदेव खटिक के चरित्र को उजागर करते हुए कवि ने यह सिद्ध करना चाहता है कि मनुष्य अपनी पद प्रतिष्ठा के बावजूद एक मनुष्य है उसे सामाजिक संवेदना की जरूरतें अवश्य पड़ती हैं। दूसरों से कठोर व्यवहार करने वाला पुलिस का सिपाही अपनी दर्दनाक स्थितियों में सहयोगियों की सहानुभूति न पाकर पागल हो जाता है। निम्नलिखित उत्तेजक पंक्तियां द्रष्टव्य हैं—

''मैं उन्हें बाहर लाना चाहता हूँ।
अन्त:पुर से।
अन्तपुर में
मरे हुए जो अनेक कवि।
मैं उन्हें बाहर लाना चाहता हूँ
ताकि।
जनता की जमीन पर।
उन्हें रफा-दफा किया जा सके
और जिनमें थोड़ा भी प्राण हो
उन्हें खड़ा किया जा सके।''

जगूड़ी मिथकों का एक टुकड़ा लेकर दुर्बल व्यक्ति में भी जुझारू चेतना जगाना चाहते हैं। वे नहीं चाहते कोई व्यक्ति अँधेरे में जिये, रेत होते हुए जिन्दा रहना उनकी दृष्टि में उचित नहीं है। समूची हड्डियों के साथ यदि अत्याचार के खिलाफ कोई खड़ा हो जाये तो उसकी हड्डियों में वज्र की योग्यता आ सकती है। हिम्मत और उत्साह जगाते हुए भी वे असली समस्या पर अपनी उँगली रख देते हैं। वे कहते हैं—

हमने सोचा था कि पलट डालेंगे
मगर भूख आदमी को कायर बना देती है।
मैंने भी सोचा था कि खुद को कतल कर दूँ

लेकिन खुद को मारना।
भूख को मारने का इलाज नहीं है।

जगूड़ी व्यवस्था की विडम्बनाओं को भाषा के नये ताल में व्यंजित करना चाहते हैं। वे कहते हैं कि मरा हुआ मन्त्री अगर किसी खासा मंत्रालय का हुआ तो एक दिन की छुट्टी के बराबर होता है लेकिन एक मरा हुआ बैल पच्चीस जोड़ी जूते के बराबर होता है। अतः किसी से किसी का मिलान करना ठीक नहीं। जिसका भी शोषण होगा, जिसके साथ भी अमानवीय व्यवहार होगा वह व्यवस्था के विरोध में उठ खड़ा होगा उसके द्वारा दागी गयी गोली सदैव सही लक्ष्य को नहीं भेदेगी इसके प्रति भी गफलत नहीं रखनी चाहिए। कवि जगूड़ी कहीं-कहीं आक्रामक मुद्रा में कविता के जरिये ललकारता है। शोषक और शोषित के बीच के सम्बन्धों की तल्खी को शब्दबद्ध करते हुए वह कहते हैं—

''तुम समझ रहे हो कि हवा तुम्हारे पक्ष में है
लेकिन आज ये वक्त है।
तुम्हारे इतने बड़े हाथ की
इतनी बड़ी पहुँच से।
मैं बहुत पीछे छूट गया हूँ
जहाँ तुम मुझे एक फोड़े की तरह महसूस कर रहे हो
ये वक्त है कि न तुम मुझे सहन कर सकते हो
और न मैं तुम्हें जीवित छोड़ सकता हूँ।''

जगूड़ी जनवादी कवि है इसलिए वे जनता को शोषकों के विरुद्ध लड़ने के लिए ललकारते हैं। वे कहते हैं कि उदास लोग उठो, विरोध करो, चोट करो, जिसने कल तुम्हें कुचला था उसे कुचल दो, एक मामूली चिड़िया में भी स्वाभिमान होता है तुम तो मनुष्य हो इसलिए स्वाभिमान का जीवन जियो। मृतप्राय सामन्ती व्यवस्था को जिलाने वाले या अन्तःपुर में दृष्टि केन्द्रित करके नायिकाओं के रूपचित्रण में मस्त रहने वाले कवियों को खींचकर वे सड़क पर लाना चाहते हैं। मरणोंन्मुखी शक्तियों के साथ रहने वाला बुद्धिजीवी मरणोन्मुखी होता है। कवि और कविता दोनों की परीक्षा जनता की जमीन पर होती है। कवियों के प्रति ऐसा तीखा तेवर अन्यत्र कम दिखाई देता है। अन्तःपुर के लय में मिलता हुआ शब्द है अन्तपुर। जो रचनाकार जनता की लड़ाई में शामिल नहीं हो सकता वह अन्तपुर में समा जायेगा। जगूड़ी कई जगह अपने शब्द-प्रयोगों और अभिनव सन्दर्भों से चमत्कृत कर देते हैं।

लेकिन यह रूपवादी रूझान नहीं है। शब्द सीधे रोजमर्रा की जिन्दगी से आए हैं। कवि ने असल में घबराए हुए शब्दों को एक व्यवस्था दी है और सही अर्थवक्ता में उन्हें प्रयुक्त किया है—

चारपाई की रस्सियों जैसा मोटा पानी बरस रहा है,
एक किलोमीटर हरियाली अँगोछे की तरह खिसक आई,
जैसे कोई छोटी लड़की अपने नए झगुले में बड़ी दिखती हो,
ऐसा पत्थर जिसे हर बार हथौड़ा मारकर मिस्त्रियों ने
छोड़ दिया हो,

जरूरी नहीं कि हर विकसित दृष्टि फलों तक पहुँचे फूल भी परिणाम हो सकते हैं।''

इन पंक्तियों का शब्द-विन्यास कवि की प्रभावी एवं कलात्मक व्यंजना के अनुभव परक जीवन दर्शन को प्रमाणित करता है।

हत्यारे माहौल को बदलना चहाते हैं। भय से भी ताकत मिलती हे अगर एक आदमी डरता है तो दूसरा आदमी उसके संक्रमण से मरणासन्न हो जाता है। कविता पापी के पाप की तरह चुभने लगती है, पुण्य की तरह ढाँढस बँधाती है और राहत देती है। मनुष्य में बदलाव लाने की क्षमता कविता में मौजूद है इसीलिए वे चाहते हैं कि मनुष्य को कविता तक पहुँचना है ओर वहाँ भी पहुँचना है जहाँ कविता मनुष्य को पहुचा देना चाहती है।

निष्कर्ष रूप में कहा जा सकता है कि जगूड़ी जनता की लड़ाई में प्रयुक्त करने के लिए शब्दों को छाँटकर धार देना चाहते हैं और धारदार कविता के निर्माण में वे बड़ी संजीदगी के साथ प्रवृत्त होते हैं।

●

मंगलेश डबराल

मंगलेश डबराल का जन्म मई 1948 को टिहरी गढ़वाल, उत्तरांचल में हुआ था। 'घर का रास्ता' एवं 'पहाड़ पर लालटेन' इनके प्रमुख काव्य संग्रह हैं। साहित्य अकादमी के अलावा इन्हें कई सम्मान प्राप्त हो चुके हैं। ये स्वतन्त्र लेखन करते रहे और पत्रकारिता के क्षेत्र में इनका उल्लेखनीय योगदान रहा। जनभावना से सम्पृक्त डबराल बड़े नपे तुले तरीके से सामान्यजन के दैनिक क्रिया-कलापों, संघर्षों एवं सपने से जुड़ी अनुभूतियों को अपनी कविता में [illegible]त करने का प्रयास करते हैं। 'पहाड़ पर लालटेन' संकलन की पहली [illegible]ता' शीर्षक कविता में वे अपनी रचना धर्मिता को व्यंजित करते हैं। उनको

उम्मीद है कि इन ढलानों पर बसन्त फिर आयेगा, ठंड से मरे हुए लोगों की इच्छाएँ पुनर्जीवित हो जायेंगी, अंधकार मुसाफिर की तरह चला जायेगा, चारों ओर पत्थरों में दबे हुए मुख दरार के बीच से झाँकने लगेंगे। शिखरों से टूट कर फूल गिरेंगे/यह मन:स्थिति उनकी समस्त रचनाओं में दिखाई देती है। बहुत छोटी-छोटी आवाजे जिन्हें उपेक्षित तिरस्कृत किया जा सकता है, जिनसे किसी गाँव का परिवेश साकार होता है लेकिन यदि उन्हीं के बीच बाघ की आवाज सुनाई दे तो उसे अनसुना नहीं किया जा सकता। मंगलेश डबराल की कविता में बाघ की ही हुंकार है जिसे अनसुना नहीं किया जा सकता है।

मंगलेश के काव्य की मुख्य चिन्ता है कि भूख और तड़प से मनुष्य के अन्दर व्यवस्था के विरुद्ध जो गुर्राहट उभरनी चाहिए वह मंद क्यों हो जाती है। वास्तव में लोग अँधेरे में हाँफते हुए चुपचाप चले जाते हैं, औरतें डरी-डरी अपना डर छुपाती निकल जाती हैं। कवि की उम्मीदों के विपरीत वह मानवीय त्वरा वह संघर्ष चेतना कैसे कहाँ लुप्तप्राय हो गयी है। वह कहता है—

यहाँ आते-जाते मैंने
उम्मीद के बारे में सोचा
जिसे अभी कई लड़ाइयाँ लड़नी थीं
फैसले सुनाने थे कब से किये हुए
चारों ओर एक विशाल समरांगण होना था
और बच्चों को दौड़ते हुए आना था
हवाएँ चलनी थीं घंटियाँ बजनी थीं
हर किसी के लौट आने की सूचना देती हुई।

अतीत और वर्तमान स्थितियों का तुलनात्मक आकलन करते हुए वे नदी के सूखने के बिम्ब के माध्यम से मानवीय संवेदनाओं के सूख जाने की त्रासदी को व्यंजित करते हैं। बचपन की वह नदी उन्हें याद आती है जिसके जल में चेहरे हिलते हुए दिखाई देते थे जो नदी तटों और पत्थरों को प्यार करती थी उसकी आवाज खिड़कियों के अन्दर प्रवेश कर जाती थी। ऐसा लगता था कि उसकी लहरें दरवाजों को थपथपाकर बुलाती थीं। अब वह नदी नहीं है, वहाँ सिर्फ रेत हैं, कोई नाव का इन्तजार नहीं करता है अब तो वह सपना हो गयी है, कभी-कभी लोग रेत में उसकी आवाज को सुनते हैं। नदी एक तरह से मानवता के प्यार का वह वेग है जो सूख गया है। निराला की प्रसिद्ध कविता जो वैयक्तिक सन्दर्भ में लिखी गयी है 'स्नेह निर्झर बह गया है रेत ज्यों तन रह गया है' से भिन्न यह कविता सामाजिक सम्बन्धों के बीच प्रवाहित स्नेह पयस्वनी के शुष्क हो जाने की व्यथा को निरूपित करती है। मानवीय अवसाद और पीड़ा जिसमें और कुछ भले ही न हो करुण क्रन्दन और कराह तो होनी ही चाहिए। जितनी

आवाजें हैं उन सब पर जैसे खामोश बर्फ गिरती जा रही है। पूरी दुनिया का कोहराम जैसे उसके नीचे ढकता जा रहा है। उसके नीचे घास की हरियाली, चिड़ियों के घोंसले, खण्डहर और टूटे हुए चूल्हें नीचे दब जाते हैं। लोग बिना खाये पिये जब रात में सो जाते हैं उस समय भी बर्फ का यह गिरना चालू रहता है। यह स्थिति आदि अन्तहीन है। इसने जैसे संघर्ष के सारे रास्ते बन्द कर दिये हें। कहीं दूर एक चीख सुनाई देती है बर्फ पर खून की लकीर सी खिंच जाती है। एक मुहावरा है लोगों को जैसे पाला मार गया हो इसी तरह जैसे अभाव ग्रस्त भूखे-प्यासे लोगों को बर्फ की मार लग गयी हो। कवि निराश नहीं है उसे लगता है कहीं न कहीं से आवाज फूटेगी और उस आवाज में सबकी आवाज मिल जायेगी जो अत्याचार के विरुद्ध क्रान्ति की ध्वनि बन जायेगी। निम्नलिखित पंक्तियाँ व्यापक भाव-व्यंजना के कारण हमारा ध्यान आकर्षित करती हैं—

सबसे ज्यादा खामोश चीज है बर्फ
उसके साथ लिपटी होती है उसकी खामोशी
वह तमाम आवाजों पर एक साथ गिरती है
एक पूरी दुनिया
और उसके कोहराम को ढाँपती हुई
बर्फ गिर रही है चारों ओर आदि-अंतहीन
रास्ते बंद हो रहे हैं
उस पार कोई चीखता है
बर्फ पर उसकी आवाज फैलती है
जैसे खून की लकीर

मंगलेश नारी की व्यथा को अलग-अलग कोड़ों से निरखते और महसूस करते हैं। एक घर से दूसरे घर जाने वाली एक औरत जिसकी आँखों में एक सूनापन दिखता है। वह किसी नये अपरचित स्थान पर जाकर दया, प्रेम कुछ पा सकती है लेकिन उसकी वास्तविक स्थिति क्या होगी उसका बयान करती है निम्नलिखित पंक्तियाँ—

अगले दिन उसके भीतर
मिलेंगे झड़े हुए कितने पत्ते
अगले दिन मिलेगी खुरों की छाप
अगले दिन अपनी देह लगेगी बेकार
आत्मा हो जायेगी असमर्थ
कितने कीचड़, कितने खून से भरी
रात होगी उसके भीतर अगले दिन।

पहाड़ पर रहने वाले एक गरीब के घर की तस्वीर खींचते हुए मंगलेश उसके अतीत तथा भविष्य दोनों की स्थितियों का नक्शा पेश कर देते हैं। एक घर है जिसकी दीवालें काठ की बनी हैं, दीवारों में दीमक लगे हैं। उसके अन्दर काठ की एक सन्दूक है जिसमें फटे पुराने कपड़े तथा स्वप्नों का मिला-जुला अंधकार है, यह यहाँ दादा के जमाने से हैं। इस घर में कितने बच्चे पैदा हुए और रोजी रोटी की तलाश में इधर-उधर चले गए, कुछ मर गए जिनके लिए औरतों रोईं। घर के लोगों की बदतर दशा का चित्रण करते हुए कवि बड़ी आत्मीयभाव से कहता है—

दिन भर लकड़ी ढोकर माँ आग जलाती है
पिता डाकखाने में चिट्ठी का इंतजार करके
लौटते हैं हाथ पांव में दर्द की शिकायत के साथ
रात में जब घर काँपता है
पिता सोचते हें जब मैं नहीं हूँगा
क्या होगा इस घर का।

पिता ने दादा से प्राप्त घर में कोई तब्दीली नहीं की, कर भी नहीं सकते थे, अतीत से गरीबी मिली टूटे सपने मिले, अब तक उस गरीबी में ही जिन्दगी जैसे तैसे गतिशील रही है किन्तु भविष्य तो और भी भयावह है, आगे आने वाली चुनौतियों का सामना गरीब तथा जर्जर पीढ़ी कैसे कर पायेगी। उसके टूटने तथा नष्ट होने की पीड़ा पिता को है। एक ही कविता में बिना श्लेष या रूपक विधान के इतने भावों को व्यंजित करने की क्षमता सधे हुए रचनाकार के द्वारा संभव हो पाती है।

स्त्री विमर्श से सम्बन्धित अनेक कविताएँ 'पहाड़ पर लालटेन' संग्रह में मिलती हैं। कवि इन कविताओं में तथाकथित बोल्ड कही जाने वाली उच्च मध्यवर्गीय या मध्यवर्गीय खाती-पीती-मौज उड़ाती नागरिक औरतों की फूहड़ देह प्रदर्शनकारी क्रांति का चित्रण नहीं करता है बल्कि उस आम भारतीय नारी की विवशता तथा परम्परागत जीवन मूल्यों के प्रति पूर्ण आस्थावान घर परिवार के लिए अपनी जवानी को समर्पित कर देने वाली, पुरुष के पद चिन्हों पर आँख मूँदकर कदम रखने वाली नारी का चित्रण करता है। सारा दिन काम करने के बाद एक स्त्री दूसरे दिन के काम के विषय में सोचती है। श्रमरत, कर्मरत नारी के पास सपने बुनने, देखने या सजाने की फुरसत ही नहीं होती। कुछ ऐसी भी स्त्रियाँ है जो आँखे उठाना ही नहीं चाहतीं, कुछ सिसकियों में ही यौवन गुजार देती हैं। स्त्री की यथार्थ दशा को अंकित करने वाली निम्नलिखित पंक्तियाँ देखिए—

एक आदमी के पीछे
चुपचाप एक स्त्री चलती है

उसके पैरों के निशान पर
अपने पैर रखती हुई
रास्ते भर नहीं उठाती निगाह
किसी चट्टान के पीछे
सन्नाटे में एकाएक एक स्त्री सिसकती है
अपनी युवास्था में
अगले ही दिन आने वाले
बुढ़ापे से बेखबर।

स्त्री के ऊपर से कितना दर्द भरा इतिहास गुजर जाता है। वह अपने सपनों को कितना पीछे छोड़ आती है। किसी नए पुरुष का वरण करके भी क्या वह किसी तरह नई जिन्दगी शुरू कर पाती है। एक गरीब असहाय पुरुष का नारी जीवन में अंधकार में अंधकार की तरह ही प्रवेश होता है—

धीरे-धीरे उसकी पथरायी आँखें
मेरी आँखों तक उठती हैं
उसके सर्द हाथ मेरे चहेरे को थामते हैं
और मैं उसके अंधकार में
प्रवेश करता हूँ एक और अंधकार की तरह।

मंगलेश की कविता का विषय चाहे जो हो, सबमें वे दर्द की टीस को उभारते हैं। परछाई, मकान, अकेला आदमी, स्त्री, थकान, दुःस्वप्न, चिड़िया आदि सभी कविताएँ अलग-अलग दुखों की एक सामूहिक परिणति के रूप में दिखाई देती हैं, पाठक की चेतना में उनसे एक महाकरुणा की जागृति होती है। सुमित्रानन्दन पंत की तरह मंगलेश को पहाड़ की शुभ्र बर्फ की ऊँची चोटियाँ, उन पर पड़ती हुई प्रातःकालीन उदित होते सूर्य की सुनहली किरणों का सौन्दर्य वृक्षों की सघन हरियाली, गरजते, बरसते बादल अपने निपेक्ष सौन्दर्य से आकर्षित नहीं करते। उन्हें हर जगह गरीब, विवश जनता का करुणा क्रन्दन ही सुनाई देता है। भयावह सुनसान, अन्धकार पथराई आँखें, व्यर्थ जाती देह में ही उनकी काव्य संवेदना अटक जाती है। यद्यपि वे उन शब्दों की भी तलाश में है जिनके बीच सूर्योदय छिपा हुआ है। 'पानी की रात' शीर्षक कविता का आरंभ गहन त्रासदी से आपूरित है और अंत भी उसी तरह खूंखार। कविता के अंत से कुछ पहले सूर्योदय की लालसा नक्कारों की आवाज में तूती की तरह उभरती है। लगता है कि मंगलेश अभी आश्वस्त नहीं है कि अँधेरे में गूँजते हुए शोकगीत, नौजवानों के चेहरों पर पड़ी धूल, खाँसते हुए बूढ़ों का स्वर यही सब तमाम लोगों के यथार्थ हैं। सूर्योदय होने की संभावना बहुत क्षीण है। मंगलेश केवल ग्राम्य संवेदना तक सीमित नहीं रहते बल्कि शहरों की भी सच्ची पड़ताल

करते हैं। शहर की आपाधापी, भागदौड़, थकान, एकाकीपन, नीरसता, घोर प्रतिस्पर्धा, दिन की चमक में भी शहर के बीचोबीच की धुंध को 'आखिरी वारदात' कविता में रोमांचक ढंग से चित्रित करते हैं। भय और दहशत के माहौल को कुछ-कुछ मुक्तिबोध की फैन्टेन्सी वाली शैली में व्यंजित करने का प्रयत्न दिखाई देता है—

जीभ लपलपाते दिन
मेरे सर से चले जाते हैं
और धूप मुझे कुछ और मूर्ख बनाकर
छोड़ देती है शहर के बीचोबीच
एक अजीब सी धुंध में
चौंककर मैं आँखे साफ करता हूँ
शहर एक स्थायी बाढ़ में बहता चला जाता है
मुझे लकड़ी या पत्थर की तरह
किनारे फेंकता हुआ।

शहरी भीड़भाड़ में भी आदमी कितना अकेला है। कुछ करते रहते हुए भी बहुत कुछ न कर पाने की चिन्ता मध्यवर्गीय व्यक्ति को कितना व्यथित करती है। समष्टि से कटे हुए केवल सोच के स्तर पर जीने के लिए कैसे छटपटाता है। क्योंकि वह पूर्व निर्मित रास्ते को अपनाना नहीं चाहता और नये रास्ते उसे सूझते नहीं। अकेले आदमी की नियति का चित्रण करते हुए उसकी तनाव मुक्त मनः स्थितियों का चित्रण कवि इस प्रकार करता है।

अकेला छोड़ दो मुझे हर बार, अकेला आदमी
चिल्लाता है एक गहरी रात में
संसार को अपने रक्त में अस्त होते देखता।
अकेला आदमी बुदबुदाता है अपनी आखिरी थकान
अपनी छत पर अपने क्रोध में टहलते हुए
हाँफते पैंट कसते बार-बार गले से
एक अश्लील घरघराहट सुनते हुए अकेला आदमी हो चुका है
बिना कुछ किये होते रहने से परेशान।

मंगलेश जीवन की विषमताओं, विरोधों और संकटों से सीधा मुकाबला करने वाले कवि हैं। वे पलायन की प्रवृत्ति से कहीं भी आक्रान्त नहीं हैं। दुनिया में जिन्दा रहने के लिए पत्ते की कोमलता ही नहीं ठूठ की कठोरता भी चाहिए। तभी दुनिया के साथ सामंजस्य बैठाया जा सकता है। वृक्षों के विषय में उनकी सोच मौलिक है। वृक्षों के स्वभाव का असर उनके समीप रहने वाले लोगों पर

भी हो जाता है। वृक्ष अनादिकाल से हमारे साथ हैं। पृथ्वी और आकाश दोनों में उनकी उपस्थिति दर्ज है। शान्त और सचेत होकर गरमी, बरसात और ठंड सहते हुए वे कितने संयत और गम्भीर रहते हैं—

हमने उन्हें कभी नाराज या बौखलाते नहीं देखा
न ही देखा सर धुनते हुए
वे सोचते रहते हैं कुछ
पृथ्वी और आकाश में बराबर बँटे हुए।

जीवन के संघर्षों एवं विपरीत परिस्थितियों में रहकर ही खुशियों की तलाश करनी होगी। समय की प्रतिकूलता मनुष्य की जिजीविषा को क्षीण करे डबराल इसके पक्षधर नहीं है। उनकी स्पष्ट घोषणा है—

"चाहे जैसी भी हवा हो
यहीं हमें जलानी है अपनी आग
जैसी भी वक्त हो
इसी में खोजनी है अपनी हँसी
जब बादल नही होंगे।
खूब तारे होंगे आसमान में।
उन्हें देखते हम याद करेंगे।
अपना रास्ता।"

मंगलेश प्रगतिशील तत्वों की खोज इतिहास में भी करते हैं। समय और परिस्थितियों का बदलाव आदमी के आगे नई चुनौतियाँ पेश करते हैं। बदली हुई परिस्थितियों और पूर्वजों की उपलब्धियों का मिला जुला चित्र निम्नलिखित पंक्तियों में अंकित हुआ है—

"चट्टानें तोड़कर निकाले थे रास्ते
शाम के आसमान में चहकते पक्षियों की तरह
उनके भीतर सपने उड़ते थे।
अँधेरे में पिता माँगते है थोड़ी सी उम्मीद
परदेश गए बेटे के लौटने की
यह जमीन हर साल।
और कठोर हो जाती है
पेड़ हर साल कुछ कम फल देते हैं
बच्चे दिखते हैं और भी दुबले
उनके माँ बाप कुछ और कातर

मौसम बदल रहा है
रात किसी जानवर की तरह
गाँव को दबोचे हुए हैं।''

मंगलेश कहीं तानशाह को और कहीं साम्राज्यवादी को बेनकाब करते हैं और कहीं किसी सफल कवि की किसी नेता की चाटुकारिता पर व्यंग्य करते हैं। मंगलेश सारी स्थितियों को ठीक-ठीक बिना लाग लपेट के समझाना चाहते हैं।

मंगलेश डबराल की भाषा नये प्रतीकों की तलाश करती है, चिड़िया, पत्थर, पेड़, पत्ते, बर्फ, पानी, अंधकार आदि के प्रयोग नये अर्थ की व्यंजना के लिए किये गये हैं। कहीं कहीं नितान्त सपाटबयानी है, फिर भी अभिव्यक्ति सशक्त है। धुआँ, खून, चीख आदि से वे भयानक वातावरण और निराशा के माहौल को रचते हैं। वे ऐसे शब्दों में काव्य रचना करने का संकल्प करते हैं जो इतने सरल हैं कि जिनके बोलने में कुछ लोग शर्म महसूस करते हैं। उनके द्वारा प्रयुक्त कुछ उपमान बड़े रोचक हैं; जैसे 'चौराहे पर अंधेरे से आती सड़के, जैसे दम तोड़ती है रोशनी', 'बच्ची सोती है गाढ़ी दूध की नींद', 'सुख दिन में नदी की तरह था' आदि।

निष्कर्ष रूप में कहा जा सकता है कि मंगलेश डबराल आम आदमी की पीड़ा, टूटे सपनों, जीने की विवश स्थितियों के यथार्थवादी रचनाकार हैं।

●

राजेश जोशी

राजेश जोशी का जन्म 18 जुलाई, 1946 को नरसिंहगढ़ मध्य प्रदेश में हुआ था। इन्होंने स्कूल मास्टरी, अखबार नवीसी और बैंक में नौकरी किया। अब स्वतन्त्र लेखन कर रहे हैं। राजेश जोशी ने अपनी अनुभूतियों भावों और विचारों को व्यक्त करने के लिए कविता, कहानी, नाटक आदि विधाओं को अपनाया। उनकी कविताओं के चार संकलन प्रकाशित हुए हैं। 'एक दिन बोलेंगे पेड़', 'मिट्टी का चेहरा', 'नेपथ्य में हंसी' तथा 'दो पक्तियों के बीच'। इनके द्वारा लिखित कहानियों का संकलन 'सोमवार और अन्य कहानियाँ' शीर्षक से प्रकाशित हुआ है। इन्होंने चार नाटकों की रचना की है 'जादू जंगल', 'अच्छे

आदमी', 'टकरा का गाना', 'हमें जवाब चाहिए'। इन्होंने महत्त्वपूर्ण अनुवाद का भी कार्य किया है। इनकी कविताएँ जर्मन, रूसी, अंग्रेजी के साथ ही अनेक भारतीय भाषाओं में अनूदित हैं। चर्चित पत्रिका 'इसलिए' का इन्होंने लम्बे समय तक सम्पादन एवं प्रकाशन किया। 'वर्तमान साहित्य' के कविता विशेषांक और 'नया पथ' के निराला विशेषांक का सम्पादन भी इनके द्वारा किया गया। इन्हें अनेक पुरस्कारों से सम्मानित किया गया है। 1978 में मुक्तिबोध पुरस्कार, 1985 में माखनलाल चतुर्वेदी पुरस्कार इन्हें प्राप्त हुआ। 1986 में इन्हें श्रीकांत वर्मा सम्मान, 1996 में शमशेर सम्मान, 1998 में पहल सम्मान दिया गया।

राजेश जोशी प्रगतिशील विचार धारा के तेजस्वी रचनाकार हैं। ऋतुराज की टिप्पणी है 'कविता जादू है। जो जैसा है तुरत-फुरत पलक झपकते बदल डालने का जादू है कविता। राजेश जोशी ने यह बात अपने पहले कविता-संग्रह में कही थी। इसी कविता के जादू को समझने के लिए उन्होंने कहा कि एक कबूतर खाली टोकरी से निकलेगा और फिर लम्बी-लम्बी उड़ान भरेगा। यह उड़ान ही कविता के जादू की परिणति है। इसी समझ के कारण राजेश जोशी की कविताओं में यथार्थ और फैंटेसी का अन्तर्गठन संभव हुआ। अपने समय के विरुद्ध तात्कालिक प्रतिक्रिया व्यक्त करते वक्त वे कभी भी अच्छे जीवन का सपना देखना नहीं भूलते।' राजेश जोशी की कविताओं में निश्चित ही जादुई प्रभाव है। इन्होंने गेद, चिड़ियाँ, पेड़, चाकू, पहाड़, अनार आदि छोटे-छोटे विषयों को अपनी कविता का विषय बनाया है। वही कवि महान नहीं होता जो महान चरित्रों, महान घटनाओं को काव्यवस्तु के लिए चयनित करता है। उत्तर आधुनिकता के दौर में महत्ता के बदले तुच्छ से तुच्छ वस्तु में निहित जीवन के रहस्य को तलाशने और उसे गरिमा के साथ सर्जनात्मक प्रतिष्ठा देने वाला रचनाकार भी महान होता है। राजेश जोशी उत्तर आधुनिक संवेदना को रूपायित करने वाले सशक्त रचनाकार हैं। आज की आशंका भरी दुनियाँ में जहाँ आम आदमी का जीवन संघर्ष बहुत प्रखर है। वहाँ राजेश जोशी सपनों की दुनियाँ निर्मित करने की कोशिश करते हैं। वे पूँजीवादी व्यवस्था में शोषित, पीड़ित जनसाधारण को अपनी कविता के माध्यम से जागरुक करने की कोशिश करते हैं। उनकी कविताओं में सीधी उपदेशात्मकता नहीं है और न स्थिति विशेष के विरोध में आक्रोशित होकर गालियाँ देने की प्रवृत्ति है। जैसा कि अनेक प्रगतिवादी रचनाकारों में इस तरह की प्रवृत्तियाँ देखने को मिलती हैं। जोशी अपनी कविता की सघन संरचना के बीच से संदेश का आलोक विकीर्ण करते हैं। कविता में रचनाकार का मंतव्य व्यंजनात्मक ढंग से प्रस्फुटित होता है। चिड़ियाँ कवि के लिए अनेक प्रकार के संकेतों के साथ उपस्थित होती है। कहीं वे चिड़ियों को सावधान करते-करते वे चुपचाप दुख-दर्द सहन करने वालों को भी उत्तेजित कर देते हैं। जोशी जी अपनी कविता में बिम्बों का आरोपण नहीं

करते बल्कि यथास्थिति का ब्यौरा देते हुए बड़ी सावधानी से कविता की परिणति नवीन भाव संकेत में करते हैं। 'देख चिड़िया' शीर्षक कविता में मुक्त जीवन जीने वाले व्यक्तियों और उन्हें अपने शिकंजे में कसने वाले चालबाजों की प्रतीकात्मकता अभिव्यक्ति अत्यन्त रोचक है। इस संदर्भ में निम्नलिखित पंक्तियाँ द्रष्टव्य हैं—

देख चिड़िया
उस हाथ को देख
जो दिखते-दिखते अचानक
सलाखों में बदल जाता है।
इन सबसे निबटने को
काफी नहीं है
पंख होना
या सीख लेना उड़ना।
बारूद के रंग वाली चिड़िया
बारूद का सुभाव भी सीख
उड़ना-गाना
तो ठीक
लेकिन
ताव खाना भी सीख।

चिड़िया कवि के लिए उजाले और आकाश के लिए संघर्षशील उफनती नदी के समान है। उसका संघर्ष दाना-पानी के लिए है। वह उस ताकत के खिलाफ संघर्ष की हिम्मत रखती है जो उसके जीवन के लिए खतरा पैदा करती है। कवि की सोच कितनी व्यापक और उदात्त है वह पेड़ के बारे में सोचता है। और सोचते-सोचते पेड़ के बराबर चौड़ा और ऊँचा हो जाता है—

पेड़ की तरह सोचता हूँ
पेड़ भर ऊँचा उठकर
पेड़ भर सोचता हूँ
पेड़ भर चौड़ा हो जाता हूँ
इसी से जंगल नाराज है।

जो ऊँची सोच रखता है' वही बड़ा रचनाकार होता है। उसी की चेतना में मानवता के उच्च आदर्श आलोकित होते हैं। वही मानवीय समानता के मूल्य को अपनी कविताओं में निरूपित करता है। लेकिन जो लोग शोषणधर्मी हैं वे ऐसी आवाज के खिलाफ खड़े होते हैं जो समता का उद्घोष करती है। एक

लोककथा का आधार लेकर जोशी जी कहते हैं कि चमकदार हरी आँखों वाली बिल्ली एक कबूतर से कहती है कि आँखें बन्द करो मैं एक जादू दिखाऊँ। कबूतर ने जैसे आँख बन्द किया बिल्ली उसे पूरी तरह चट कर गयी। उड़ते-उड़ते बिल्ली कविता के पास पहुँची बिल्ली की आँख और आँत कविता पहचानती है। इससे पहले कि बिल्ली अपना जादू दिखाये कविता ने अपने शब्द अगल-बगल के लोगों को बाँट दिया तब से बिल्ली घर-घर में घुसकर कविता को खोज रही है। सत्ता और व्यवस्था के शोषण और अत्याचार के खिलाफ रचनाकार सदैव प्रतिपक्ष के साथ खड़ा रहा है उसकी बदनियति को उसने पहचाना और कविता के माध्यम से जन-जन को जागृत कर देता है। ऐसी कविता या साहित्य को नष्ट करने का उपक्रम साम्राज्यवादी पूँजीवादी शक्तियाँ हरदम करती रहती हैं। लेकिन कविता है कि उनसे आँख बचाकर जीवित रहती है। राजेश जोशी की हर कविता शोषक-तन्त्र के विरुद्ध सोते हुए लोगों को जगाने की चेष्टा करती है। कवि की आकांक्षा है कि प्रकृति के कोने-कोने में राजा की करतूतों का भेद गूँज जाये। पेड़, चिड़ियाँ, हवायें सभी राजा के भेद को खोल दें। 'रात भर' शीर्षक की निम्नलिखित पंक्तियाँ इसी संदर्भ को उजागर करती हैं—

'राजा के सर पर हैं कितने सींग'
हवाएँ बोलेंगी एक दिन
खोलेंगी भेद सब पर
सपनों ने क्या कहा बच्चों से रात-भर।
मारा जाएगा दुष्ट राजा एक दिन
फिर तारे कभी नहीं रोएँगे रात-भर।'

गरीबी और निराशा के कुहाँसे से निकलने की कुंजी अपने ही हाथों से पाने के प्रयत्न में है। सब ने अपनी ही चाभी से अपना अँधेरा खोला है। हाथों से जब हाथ मिलते हैं तब अँधेरे के खिलाफ लड़ने की बेजोड़ ताकत बनती है। कवि ने इस सिद्धान्त को न किसी किताब से पाया और न प्राकृतिक जीव जन्तुओं से बल्कि यह सूत्र उसे अपने ही खौलते रक्त से मिला है।

जिन अदना व्यक्तियों की ओर किसी की निगाह नहीं गयी उनका स्मरण जोशी की कविताओं में दृष्टिगत होता है। हमारे इतिहास में राजाओं, महाराजाओं के विषय में जानकारियाँ हैं। हमारी स्मृतियों में बड़ी-बड़ी घटनायें, बड़ी-बड़ी इमारतें ही रहती हैं। लेकिन वे छोटे-छोटे लोग जो हमारी मुश्किलों में हमारा साथ देते हैं, उनका ध्यान हमें कहाँ रहता है, उनके घर द्वार के विषय में किसी को भी चिन्ता नहीं रहती है। 'उस पलम्बर का नाम क्या है' शीर्षक कविता में

कवि कहता है कि मैंने तानाशाहों की जीवनियाँ पढ़ी हैं, निर्मम हत्यारों के विषय में जानकारियाँ की हैं। नकारा किस्म के राजनीतिज्ञ को जानता हूँ। लेकिन उस पलम्बर के विषय में नहीं जानता हूँ। जिसने पाइप लाईन की गड़बड़ी ठीक की थी। जबकि किसी तानाशाह ने उसे कभी ठीक नहीं किया स्त्रियों की संवेदनशीलता और जनसाधारण के प्रति उनकी सहानुभूति को उजागर करने वाली निम्नलिखित पंक्तियाँ तथाकथित स्त्री-विमर्श के ऊँचे नारों की तुलना में कितनी महत्वपूर्ण है—

ऐसे वक्त में हमेशा स्त्रियाँ ही मदद कर सकती हैं
यह थोड़ा अजीब ज़रूर लगेगा लेकिन यही सच है
कि स्त्रियाँ ही उन लोगों के बारे में सबसे ज्यादा जानती हैं
जो आड़े वक्त में काम आते हैं
जो जीवन की छोटी-छोटी गड़बड़ियों को
दुरुस्त करने का हुनर जानते हैं।

इसी तरह अँधेरे के विरुद्ध अपना अभियान चलाने वाला बिजली मिस्त्री राजेश जोशी की कविता में जगह बना सका है। धूमिल ने 'मोचीराम' कविता लिखी और वह बहुत प्रसिद्ध भी हुई। लघु मानव के प्रति स्वातंत्र्योत्तर कवियों की रुझान हिन्दी कविता को नये आयाम से सम्पन्न करती है। 'बिजली सुधारने वाले' के प्रति कवि की संवेदना का प्रतिफलन निम्नलिखित पंक्तियों में होता है—

पानी से तर बतर टोप लगाये
पुरानी बरसातियों की दरारों
और कालर से रिसता पानी
अन्दर तक भिगो चुका होता है उन्हें।

जिस बिजली मिस्त्री की ऐसी दशा है वह अपनी लसेनी से तारों को जोड़कर मोहल्ले को रोशन कर देता है। साधारण आदमी के जीवन के यथार्थ को जोशी जी ने बड़ी प्रामाणिकता के साथ अंकित किया है।

रातोरात मालामाल होने के चक्कर में पूँजीपति केवल आदमी का ही शोषण नहीं करता बल्कि प्रकृति का भी शोषण करता है। आम आदमी में प्रकृति के प्रति कितना प्यार और दया भाव होता है। कभी-कभी मौसम भी पेड़ों के साथ निर्दय व्यवहार करता है, वह पेड़ों की सारी पत्तियों को तोड़कर गिरा देता है। एक मुनीर मियाँ हैं जो अपनी बकरियों के लिए पेड़ की पत्तियाँ तोड़ते हैं, साथ में दुखी भी होते हैं। लेकिन यदि सारे पेड़ पत्ती रहित हो जायेंगे तो मुनीर मियाँ की बकरियों का क्या होगा—

क्या होगा कल
जब उतनी बकरियाँ मिमियाएँगी।
चारे के लिए।

चित्रकार, संगीतज्ञ, कवि के लिए यह जरूरी है कि वह अपने कला माध्यमों से मनुष्य को जीवित रखे। मनुष्य की पहचान उसकी संघर्षशीलता में, जूझने, टकराने में है। आदमी के गुस्सैल चेहरे को, उसके हाथ की चमकीली चाकू को रंगीन दीवारों के बीच सजाने वाला रचनाकार मनुष्य को मारने का ही उपक्रम कर रहा है। सोने की मूँढ़ वाली चाकू जिनके पास है अर्थात् पूँजीपति सब कुछ काटकर अपने हिस्से में जमा करता जा रहा है। कवि प्रश्न छोड़कर कविता का अंत करता है—

काँच काटने को/लोहे के चाकू पर/हीरे की कनी होना जरूरी है/और/हीरा काटने के लिए/खटमल का खून चाहिए/और बन्धु/उस चमत्कारिक चाकू की काट के लिए भी......।

जोशी जी खड़े होते हुए बच्चे की भावी ताकत को महसूस करते हैं। अपने पाँव पर खड़े बच्चे को देखकर सारी प्रकृति आन्दोलित हो उठती है। यही नहीं विरोधी शक्तियाँ उसके खिलाफ मोर्चा खोल देती हैं। सैनिकों को आदेश मिल गया है, वे बन्दूक में गोलियाँ भर रहे हैं, अपने घोड़े की जीन कस रहे हैं, वे बच्चे को डराने-धमकाने आ सकते हैं। बच्चे का पाँव रखना एक तरह से भावी क्रान्ति या विद्रोह की तैयारी की सूचना है। इसलिए तो कुछ लोगों में खलबली मच जाती है। जंजीरों का टूटना तथा दरवाजों का खुलना भी इन्हीं पाँवों से संभव है। जीवन की विकास शील चेतना तथा जिजीविषा को उद्घाटित करती हुई पंक्तियाँ देखने लायक हैं—

चारों ओर से उतर रहे
खतरों में बीचोबीच
खिलखिलाता हुआ
बच्चा पाँव ले रहा है।

राजेश जोशी का काव्यमानस क्रान्ति धर्मिता की चेतना से आपूरित है। उनके आस-पास जो भी चीज दिखती है उनका क्रान्तिधर्मी मन उसमें प्रतिरोध एवं संघर्ष की ताकत को पहचान लेता है। 'प्याज की संरचना' में जो उसे एक अद्भुत संगठन, गुस्से और निश्चय में कसी हुई मुट्ठी, पलक झपकते एक से दो, दो से चार, दस होने की प्रक्रिया, जमीन के भीतर की एक मोर्चा बन्द कार्यवाही का बिम्ब दिखाई देता है—

एक संरचना है प्याज
जमीन के भीतर-भीतर

एक मोर्चाबन्द कार्यवाही।
कत्थई देह में रसभरी आत्मा
और मिट्टी की गंध लिए
जो अचानक
फट पड़ेगी/एक दिन/और फैल जाएगी/सारे बाजार पर/एक
संरचना है प्यास।

भारतीय कितने सहनशील और शान्त प्रकृति के होते हैं। अपने देवता महादेव की तरह आँखें बन्द किए समाधिस्थ। उन्हें देवी-देवताओं की रक्षा के लिए तो जगाया जा सकता है लेकिन अपने ही जीवन की बेहतरी के लिए, शोषकों तथा धूर्त राजनीतिज्ञों के खिलाफ जगाना कितना-कितना कठिन है। लेकिन जोशी जी ऐसे कवि हैं जो बहुत आशावादी हैं। विषम परिस्थितियों में भी वे सपने देखने का साहस करते हैं और सोई हुई चिनगारी को अपने प्राणों से धौंकाकर आग की ज्वाला बना देना चाहते हैं। उन्हें इस बात की परवाह नहीं है कि माहौल और साधन अभी माकूल नहीं है। उनका मानना है कि जब 'बच्चा और घोड़ा/दोनों जागेंगे/हवा खुद-ब-खुद/जमा जाएगी।

पत्थर, पहाड़, चिड़ियाँ सभी में विरोध का स्वर फूटता है। फिर आदमी ही चुपचाप क्यों अत्याचार सहता रहेगा। पहाड़ के बिम्ब के माध्यम से कवि कहता है कि ऊँचे होकर सपने देखना ही पर्याप्त नहीं। पहाड़ ऊँचा है, उससे जुड़ी अनेक कहानियाँ तथा किस्से हैं। एक चुनौती की तरह, एक अद्भुत विराट फैन्टेसी की तरह प्रतीत होते हैं पहाड़। लेकिन पहाड़ों की सरलता में गुस्सा भी छिपा हुआ है—

पहाड़ सरल थे
लकड़हारों की तरह
मैंने गुस्से में नहीं देखा उन्हें
लेकिन लोग कहते हैं
निर्णायक होता है पहाड़ों का गुस्सा
और स्वप्न और फूलों के लिए
वे हत्यारों पर
चट्टानों से वार करते हैं।

'पत्थर को प्राय: जड़ता का प्रतीक माना जाता है। जोशी जी ने इस साहित्यिक रूढ़ि को तोड़ने का प्रयास किया है। पत्थर में भी स्वाभिमान है और अपने संस्कार देने वालों के प्रति कृतज्ञ भी हैं। वह उस कलाकार के प्रति अहसान मन्द हैं जिसने उसे तराशकर शक्ल दी, उस मजदूर के प्रति अहसानमन्द

जिसने उसे मकानों और मीनारों में स्थापित किया, वह उस औरत के प्रति अहसानमंद है जिसने उसे अपने घर में आत्मीयवस्तु की तरह रखा, वह अहसानमंद है उस आदिम मनुष्य का जिसने बताया कि उसके अन्दर आग है। उसके पास भाषा नहीं थी जिससे वह मनुष्य की बातचीत, बहसों और तकलीफ में हिस्सा लेता लेकिन उसे खुशी है कि—

जब जब मौका आया लड़ाई का
हमने आगे बढ़कर वार किया
लड़ाई लड़ी
उसके हक की
उसके दुश्मनों के खिलाफ
हम पत्थर थे और अहसान फरामोश नहीं थे।

पत्थर भोला-भाला मूढ़ भले ही था पर मेरे अन्दर भी संवेदना थी। आदमी ने हमें अलग-अलग रूपों में रंगीन बनाया, नुकीला करके हथियार बनाया, आदमी ने सुरंग लगाकर जो धारा बहायी क्या मेरे अन्दर वास्तव में धार नहीं थी। आदमी के क्रियाकलापों का ध्यान करते हुए पत्थर आदमियों पर ही व्यंग्य कर रहा है कि उसकी अपनी आग, अपनी द्रवणशीलता, अपनी जुझारू चेतना कहाँ विलीन हो गयी।

गरीबी तथा अभाव के यथार्थ चित्रण के साथ ही जोशी जी 'लेबर कालोनी के बच्चे' शीर्षक कविता में बच्चों के उल्लास, चुलबुलेपन, साँवले, धुँधले-धुँधले चेहरों के पीछे उगते सूरज का चित्रण किया है। कविता का प्रयोजन केवल नैराश्य, अभाव का वर्णन करना ही नहीं है बल्कि उसके पीछे उगती हुई नई रोशनी को इंगित करना भी है। सही यथार्थ यह नहीं है जो सामने दिख रहा है बल्कि उसके पीछे जो नई सामाजिक शक्ति का उदय हो रहा है उसको उजागर करना सही मायने में प्रगतिशील यथार्थ है। जहाँ ज्यादातर कवि जीवन के अशोभनीय एवं वीभत्स पक्ष को ही अंकित करने में रुचि दिखते हैं वही जोशी जी की प्रस्तुत पंक्तियाँ एकदम नया भाव-बोध जागृत करती है—

ठंड की इस सुबह की तरह
साँवले और धुँधले धुँधले हैं
उनके चेहरे
चेहरों के पीछे
उगता हुआ सूरज है
जिस्मों से फूटती
एक धूप है।

अन्त में कवि उनके द्वारा संभावनाओं के नये द्वार खोलने की आकांक्षा व्यक्त करता है।

जोशी उन सभी दीवारों पर चोट करते हैं जो बीच में खड़ी होकर मनुष्यता को सम्प्रदाय, नस्ल तथा जाति में बाँट देती हैं। 'सलीम और मैं और उनसठ का साल' में कवि ने अपनी वैयक्तिक अनुभूतियों को रूपायित किया है। कविता में घटना की सच्चाई और प्रामाणिकता है। एक हिन्दू, दूसरा मुसलमान दोनों में धर्म के आडम्बरों से उस तरह की दूरियाँ नहीं बनी थी जो दूरी दंगे के बाद बनी। सलीम कवि का पक्का दोस्त था दोनों को लोग बैलों की जोड़ी कहते थे लेकिन दंगों की दहशत ने और घोर हिंसा ने शहर को दो भागों में काटकर रख दिया। कवि को सलीम एक लपलपाती चाकू की शक्ल में बदला हुआ लगता था और कवि भी सलीम को इसी तरह दिखाई देता था। वैयक्तिक प्रसंग की यह कविता दंगों का भयानक चित्र तो खींचती ही है, हिन्दू और मुसलमान के बीच एक-दूसरे के प्रति आशंका और दहशत के स्थायी भावों का भी बेबाक उद्‌घाटन करती है/कवि कहता है कि—

हम दोनों ने छुपाया था अपना डर अपनी घृणा
अपने-अपने अँधेरे के पेड़
एक दूसरे से
लेकिन दंगा ग्रस्त शहर की कटी-पिटी हवाओं
और जली-अधजली गलियों से निकलते हुए
हम दो लँगोटिए यार
शहर के दो विपरीत ध्रुवों की ओर चले गये
दो विपरीत अँधेरों की ओर।

जोशी जी ने मनुष्य की छोटी-छोटी इच्छाओं, परेशानियों, सपनों, सपनों की टूटन आदि पर भी कविताएँ लिखी हैं। समय की गति की उन्हें अच्छी पहचान है। जो कवि अपने समय की सार्थक परख और पहचान करता है वही श्रेष्ठ कवि होता है। समय की मार से बेहाल लोग सपने देखना भूल जाएँगे। जिस तरह धर्म के नाम पर विश्व स्तर पर जिहाद हो रहा है। जिस तरह अपनी दादागिरी दिखाने के लिए अमेरिका अपनी इच्छाओं को दूसरे राष्ट्रों पर थोप रहा है, ऐसी स्थिति में परमाणु बम की विध्वंसक लीला जीवन को कभी भी नष्ट कर देगी।

कभी-कभी खत्म हो सकती है यह दुनिया
खत्म हो सकता है किसी भी पल
सारा जीवन।
खत्म हो जायेगा जब सारा जीवन

तब भी बचे रहेंगे झींगुर
उनपर कोई असर नहीं होगा किसी बम का।

शब्द-ध्वनि से ही संसार का सन्नाटा टूटेगा, लघुत्तम तथा नगण्य जीव ही सही वही धरती को गुंजायमान रखेगा। नितान्त व्यर्थ ध्वनि को भी रचनात्मक सार्थकता प्रदान करके जोशी जी उत्तर आधुनिक मानसिकता को रूपायित करते हैं। भोग वृत्तियाँ सभ्यता के विकास क्रम में बदलती हैं और अतिशयता की स्थिति में भोक्ता का ही विनाश कर देती हैं। लेकिन जीने के लिए तथा प्राणों के संरक्षण के लिए जो मूलभूत चीजें जुटायी जाती हैं उनका महत्त्व आदिम युग में था, आज भी है और शताब्दियों बाद भी रहेगा। श्रमजनित उपलब्धियों का स्वाद शाश्वत होता है—

सारे हत्यारों की इच्छा के बावजूद/नहीं लगा पाएगी फफूँद/शताब्दियों पहले/बड़ी मेहनत से जुटाए गए/अनाज पर/शताब्दियों बाद भी/चटनी से आ रही होगी/कैरी और ताजे पुदीने की गन्ध/बेचैन कर देगी जो/आदमी की भूख को/एक बार फिर/एक बार फिर।

सामाजिक एवं आर्थिक असमानता तथा शोषण की क्रूर व्यवस्था ने आदमियों के मिजाज को अमानवीय तथा हास्यास्पद बना दिया है। प्रेमचंद ने अपनी कफन कहानी में घीसू और माधव का जो चरित्र उपस्थित किया है वह सामाजिक-आर्थिक विषमताओं से ही उपजा है। ऐसे चरित्र समाज में विरल हैं लेकिन असंभाव्य नहीं। कविवर जोशी ने भीख माँगने वाले बच्चों के चरित्र के माध्यम से इसी क्रूर व्यवस्था के कटु यथार्थ को उघाड़ने का प्रयास किया है। भीख माँगने वाले बच्चे अपने छोटे-छोटे हाथ फैलाते, पेट खोलकर दिखाते हैं और अपनी भूख का इजहार करते हैं। दयार्द्र करने के लिए वे तरह-तरह के हथकंडे अपनाते हैं। इनको देखकर हमें कभी खीझ पैदा होती है और कभी थोड़ी भावुकता/लेकिन हमारी बेरुखी अथवा दया सब कुछ उनके लिए स्वाँग है। कवि कहता है—

कैसी भयावह उदासीनता में फेंक दिया है हमने उन्हें
कितना तिक्त है उनका अहसास हमारे समाज के लिए
जिसमें उनका भी कोना है, इसी परिधि के आसपास।

आज के समाज में कितने तरह से ज़हर घोला जा रहा है, कवि उसके प्रभाव को थोड़ा सधे हुए व्यंग्य में उद्‌घाटित करने का प्रयत्न करता है। ज़हर की अनेक किस्मों में सबसे भयानक है वह ज़हर जो हमारी आजादी को धीरे-धीरे मार रहा है। यद्यपि जहर और भी जगह है—

जो जैसा कि सभी जानते हैं
मिलाया जा रहा है

हमारी हवा, पानी और रोटी में
यहाँ उस जहर के बारे में भी कोई वक्तव्य नहीं दूँगा
जो धीरे-धीरे मार रहा है हमारी आजादी को।

हिंसा का ज़हर सबसे ज्यादा उत्तेजक होता है। लेकिन ज़हर देने वालों की चालाकी देखो वह समाज को ज़हर के रूप में ज़हर नहीं देता है।

जोशी जी की कविताओं में मानव अस्तित्व उसकी सुरक्षा और युद्ध की विभीषिका से मुक्त शान्त क्षेत्र की कामना की गयी है। कोई व्यक्ति चाहे जितना आततायी हो लेकिन उसक मन में भी किसी कोने शान्ति की इच्छा रहती है। हिटलर जो दुनियाँ में अपनी तानाशाही तथा क्रूर कर्मों के लिए प्रसिद्ध है उसने एक शान्त गाँव का चित्र बनाया। युद्ध के बाद कोई गाँव बचता ही कहाँ है, कवि ने हिटलर की चित्रकला शीर्षक कविता में इसी भाव को उजागर किया है—खून और दहशत की छाया जो चारों ओर मड़रा रही है उसके बीच मनुष्य की कितनी चीत्कारें शान्त हो जाती हैं जिसकी कोई छाया कहीं नहीं दिखाई देती है। हिंसक वृत्तियाँ इतनी तेज से फैल रही हैं कि उनके रोकने के सारे यत्न विफल हो जाते हैं। कवि कहता है कि—

जब तक मैं एक अपील लिखता हूँ
आग लग चुकी होती है सारे शहर में
हिज्जे ठीक करता हूँ जब तक अपील के
कर्फ्यू का ऐलान करती घूमने लगती है गाड़ी
अपील छपने जाती है जब तक प्रेस में
दुकाने जल चुकी होती हैं
मारे जा चुके होते हैं लोग
छप कर जब तक आती है अपील

अपील की जरूरत खत्म हो चुकी होती है। जोशी अपने समय की विडम्बना और व्यतिरेक को पूरी तरह से पहचानते हैं अपने समय को प्रभावशाली ढंग से निरूपित करने के लिए उन्हें कबीर की तरह उलटवाँसी का प्रयोग करना पड़ता है। 'ऐसा होता तो नहीं' में वे आज के करिश्में को शब्दबद्ध करते हुए कहते हैं—

गलत है सरासर यह सोचना कि जो विजयी है वही श्रेष्ठ है
बर्बरों ने ही अक्सर जीता है सभ्यताओं को
उल्टी घूम रही है घड़ी की सूइयाँ
सदी का अंत कुछ पिछली सदियों को ढो रहा है
ऐसा होता तो नहीं है पर हो रहा है

हमारी कितनी स्मृतियाँ नष्ट हो रही हैं, इतिहास की गलत व्याख्यायें की जा रही हैं। व्यक्तिवाद और स्वार्थी तत्वों के द्वारा देश कमजोर किया जा रहा है जो होता जा रहा है उसे हम कहते हैं कि यह समय की स्वाभाविक परिणति है। इससे बड़ी आत्मप्रवंचना क्या हो सकती है। कवि उलटवाँसी में भी कुछ सीधा कथन करता है और कुछ विपरीत कथन जैसे—

विक्षिप्त विजयोल्लास में ढिंढोरचियों का महादल गा रहा है
हर चीज का अंत करता सदी का अंत आ रहा है
चूहा चीते से पंजा लड़ा रहा है
ऐसा होता तो नहीं है पर हो रहा है
देश अपनी अस्मिता खो रहा है।

जोशी ने भोपाल की गैस त्रासदी पर आर्थिक कवितायें लिखी हैं। उन कविताओं में शोक और संत्रास की कारुणिक अनुभूतियाँ ऐसे आकार में ढलती हैं जिसमें मनुष्य की दुर्दम जिजीविषा अभिव्यंजित होती हैं। मनुष्य का स्वभाव है भूल जाना वह कितने हादसों को कुछ वर्षों बाद इस कदर भुला देता है जैसे कोई घटना हुई ही न हो। लेकिन प्रकृति में हादसों की व्यथा चिह्नित रह जाती है। मानव की पीड़ा को पहले की कवितायें भी प्रकृति के माध्यम से इजहार करती थीं। आलम्बन और उद्दीपन के रूप में प्रकृति चित्रण के पुराने ढाँचे तोड़कर जोशी मनुष्य और प्रकृति के आंतरिक संवदेनात्मक रिश्ते को नये तरीकें से प्रस्तुत करते हैं। भोपाल त्रासदी में मरे हुए बच्चों के कब्र के पास आदमी भले ही न पहुँचता हो लेकिन सरसराती हुई हवा बच्चों के गले में रुँधी हुई आवाज को प्रकट कर देती है। वृक्ष प्रार्थना करते हैं कि वे बसन्त को अपने पास आने से रोकते हैं जो दिन रात मृत्यु का उत्सव देख रहा है उसे वसन्त उत्सव कैसे प्रिय लगे। वृक्ष कहते हैं कि—

हमारे स्वप्न में अब कोई जगह नहीं
फलों और फूलों से लदे होने के
स्वप्न के लिए
अब हमारी रात में हमारी नींद में
सिर्फ मृत्यु घूमती है नंगे पाँव
दौड़ते भागते हाँफते
असमय मरते हैं बच्चे औरतें पुरुष
निरपराध!

डॉ० संतोषी तिवारी के निम्नलिखित विचार बहुत महत्वपूर्ण हैं "जाहिर है राजेश जोशी ने न केवल भुक्तभोगियों के अन्तस की दुखद पर्तों को कुरेदा है बल्कि शताब्दी की इस सर्वाधिक भीषण त्रासदी पर मानवीय यातना को उसकी

अंतरंग धड़कनों के साथ उकेरा है और भोपाल को उसके परिवेश तथा प्रकृति के परिदृश्य के बीच विनाश की गहनतम मनः स्थितियों में देखा सोचा समझा है। ये शोकगीत इस दृष्टि से बिल्कुल अलग हैं। ये कविताएँ प्रत्यक्षतः या अप्रत्यक्षतः पीड़ा के उत्सवधर्मी कर्म से बिलकुल मुक्त हैं क्योंकि ये अन्तरतम से संग्रथित हैं! यहाँ दार्शनिकीकरण नहीं है। बिना अनुभूति प्रवणता के ऐसी कवितायें जन्म नहीं ले सकतीं।"

राजेश जोशी का काव्य-शिला निराला है। उसमें नाटकीय ढंग से संवाद हैं। शब्दों में उत्तेजना के बदले प्रशान्त तरीके से अहिस्ता-अहिस्ता मर्म को उद्घाटित करने की क्षमता है। राजेश जोशी अपनी उबलती अनुभूतियों को अंगारे की तरह कविता में नहीं फेंकते बल्कि धीरे-धीरे उष्मा भरते हैं। उनमें एक कारुणिक लय का विधान रहता है। भाषा को वस्तु के रूप में प्रयोग करने की अद्भुत क्षमता के कारण ही इत्यादि सहायक क्रिया आदि में लाक्षणिकता की नवीन चेतना दिखाई देती है। यह मान्यता है कि श्रेष्ठ कविता के अर्थ की संभावना कभी खत्म नहीं होती जोशी जी का मानना है कि पूरी-पूरी कविता कभी बनती ही नहीं। कवि जैसा रचना चाहता है जो उसके मन में भावनाएँ या विचार उठते हैं उन्हें पूरी तरह वह कविता में उतार नहीं पाता—

वे कुछ कहती नहीं हैं पर लगता है जैसे कहती हों
हम आधे अधूरे ही ठीक हैं
कौन-सी कविता है ऐसी जो पूरी की पूरी आई हो धरती पर
जैसे तैसे कुछ जोड़ घटाकर पूरी या पूरी-सी कर ली जाती हैं
अक्सर कविताएँ।

जोशी जी ज्यादातर बोलचाल की शब्दावली का इस्तेमाल करते हैं। कविता में कहीं-कहीं कथा कहने की प्रवृत्ति भी दिखाई देती है। ऐसी कविताएँ अपने समय की कथा कहती-सी लगती हैं। बीच-बीच में हल्के व्यंग्य के पुट से कथा के बीच दो कविता का वास्तविक कल्प संकेतित हो जाता है। शब्दों के विन्यास का विरोधाभास भी कवि के मंतव्य का निर्देश करता है—

कई बार तो पेशी दर पेशी चक्कर पर चक्कर काटते
ऊपर की अदालत तब पहुँच जाता है आदमी
और नहीं हो पाता इनकी अदालत का फैसला।

× × ×

इन्हें जल्दी जाना है

क्योंकि इन्हें कहीं नहीं पहुँचना है। कविता को सामान्य अदालत से उठाकर एक व्यापक और विशाल चेतना से सम्पृक्त करने के लिए वे फैन्टेसी शिल्प भी अपनाते हैं। कहीं-कहीं उनकी कविता मुक्तिबोध के शिल्प से प्रभावित दीखती

है। क्रान्ति की संभावना उगती पीढ़ी में देखने की मानसिकता से बच्चों के चलने और उठने में बहुत बड़ा डाँवाडोल की कल्पना कर ली जाती है। जो है नहीं मात्र होने की संभावना है। पेड़, चाँद, नदी, चिड़ियाँ आदि प्रकृति के उपादान नये प्रतीकों तथा नये रूप में कविता में अपना स्थान बनाते हैं। कुल-मिलाकर राजेश जोशी ऐसे कवि के रूप में अपनी पहचान बनाते हैं जो मार्क्सवादी विचारधारा से जुड़े रहकर भी कविता को नारेबाजी से बचाकर रखते है। सैद्धान्तिक बातों का प्रचार न करके अपनी अनुभूतियों की ताजगी तथा ईमानदारी से कविता में विचार के मर्म को व्यापक आयाम के साथ सर्जनात्मक परिणति देते हैं। उनके यहाँ ज्ञानात्मक संवेदना तथा संवेदनात्मक ज्ञान का अद्वैत दिखाई देता है।

•

अरुण कमल

अरुण कमल का जन्म 15 फरवरी 1954 ई० को नासरीगंज जिला रोहतास, बिहार में हुआ था। इनकी उच्च शिक्षा पटना विश्वविद्यालय में हुई। वर्तमान समय में ये पटना विश्वविद्यालय में ही अंग्रेजी के प्रोफेसर हैं। अनेक भाषाओं में इनकी रचना अनूदित हैं। समय-समय पर ये देश-विदेश की यात्राएँ भी करते रहे हैं। 1975 में अफ्रोएशियाई युवा लेखक सम्मेलन में भारत का प्रतिनिधित्व कर चुके हैं। अरुण कमल के अब तक कुल तीन काव्य संग्रह 'अपनी केवल धार (1980 ई०) 'सबूत' (1989 ई०), और 'नये इलाके में' (1996 ई०) प्रकाशित हो चुके हैं। 'नये इलाके में' काव्य रचना के लिए अरुण कमल को साहित्य अकादमी पुरस्कार भी मिल चुका है। अरुण कमल प्रसिद्ध पत्रिका आलोचना के सम्पादक हैं। काव्य लेखन के लिए भारतभूषण अग्रवाल पुरस्कार, सोवियत भूमि नेहरू पुरस्कार, श्रीकान्त वर्मा स्मृति पुरस्कार तथा शमशेर सम्मान से अरुण कमल को सम्मानित किया गया है। अरुण कमल मुख्यत: मार्क्सवादी विचारधारा से जुड़े रचनाकार हैं। लेकिन वैचारिक आग्रह रचनाओं में दुराग्रह का रूप कभी भी धारण नहीं करता। अरुण कमल जीवन के विविध क्षेत्रों में जो कुछ घटित हो रहा है उसे इस दृष्टि से देखते-परखते हैं कि मानव जीवन में परिवर्तन के नाम पर कितना जुड़ रहा है और कितना रीत रहा है। 'नये इलाके में' कविता मनुष्य की भौतिक उन्नति शहरीकरण की मानसिकता, परिवर्तन की तेज गति के परिप्रेक्ष्य में मनुष्य की आत्मीय संवेदना के ह्रास को निर्दिष्ट करने वाली कविता है। नये क्षेत्र में जहाँ नये मकान बनते हैं

पुराने निशानों को मिटाकर जहाँ नया भूगोल रचा जाता है वहाँ सामान्य आदमी का मनोवांछित लक्ष्य से चूक जाना स्वभाविक है। किसी स्थान या व्यक्ति की पहचान उसके परिवेश और उसके संसर्ग के संदर्भ में ही होती है जब बदलाव की गति तेज होती है तब स्मृति के चिन्ह जल्दी से बदल जाते हैं वैसे यह स्मृतियों के ह्यास की ही शताब्दी है। अब तो दुनिया एक एक दिन में पुरानी पड़ जाती है, और इन सारे परिवर्तनों में सबसे बड़ी विडम्बना है, मनुष्य की अपनी पहचान खो जाना।

'श्राद्ध का अन्न' कविता हिन्दू परम्परा और रिवाज से जुड़ी कविता है। परम्परा निर्वाह के लिए मृतक की आत्मा की शांति हेतु श्राद्ध का भोजन करके लौटे लोग उसके विषय में तरह-तरह की बातें करते हैं। श्राद्ध का खाना कितना कठिन है। बड़े मुश्किल से निवाला अन्दर जाता है ऐसा लगता है जैसे मृतक स्वयं खड़ा होकर खाने के स्वाद के विषय में पूछ रहा है—

कोई भीतर दोनों हाथों से ठेल रहा है निवाला
अवरुद्ध है कंठ
मुँह चल नहीं पाता
बरौनियाँ हिल नहीं रहीं
पालथी में भर गयी जाँघ—
सामने खड़ा है मृतक हँसता
पूछता, कैसी है बुँदिया कैसे रायता?

कवि श्राद्ध भोज में सम्मिलित लोगों की मानसिकता का यथार्थ चित्रण करते हुए श्राद्ध पर प्रश्नचिह्न लगाकर छोड़ देता है।

अरुण कमल ऐसी तमाम रूढ़ियों और धार्मिक आडम्बरों के विरुद्ध अपनी आवाज बुलन्द करते हैं जो मनुष्य को उन्नत एवं समृद्ध नहीं बनाती बल्कि प्रकारान्तर से धार्मिक ठेकेदारों को तृप्त करती हैं या गरीबों का माखौल उड़ाती हैं। निम्नलिखित काव्य पंक्तियों में इसी तरह का स्वर मुखरित हुआ है—

भगवान महावीर के नाम पर
मारवाड़ी बहुओं ने
लुटाएँ हैं सिक्के खुले हाथ,
खनखनाए हैं कंगन
और एक दूसरे पर गिरते
लहराते लूटने दौड़ें हैं बच्चे।
शान्ति अजेय ओ अहिंसा अजेय।"

गरीबी, भुखमरी एवं आम आदमी की त्रासद स्थितियों के अनेक मार्मिक चित्र अरुण कमल की कविताओं में अंकित मिलते हैं। वे मनुष्य को ऐसे स्तर पर प्रतिष्ठित देखने की चाह रखते हैं जहाँ वह मनुष्य के रूप में शान से जी सके। जब सबका मूल एक ही भूमि, जल, संसार सब एक है। सबका अन्तः प्रदेश एक है तो मनुष्य क्यों एक नहीं हो सकता है। यदि उसमें बाह्यस्तर से कुछ अलगाव है तो वह अलगाव ठीक वैसे है जैसे दो आँखें हैं। देखने में अलग मूलतः एक। नितान्त सरल शब्दों में विश्व मानवता के एकीकरण की यह सार्वभौम दृष्टि अरुण कमल को श्रेष्ठ कवि के दायरे में ला देती है। निम्नलिखित पंक्तियाँ इस संदर्भ में द्रष्टव्य हैं—

"एक ही तो मूल में हम।
एक ही हैं भूमि-जल-संसार अपना।
एक ही अन्तः प्रदेश।
उतने ही अलग।
उतने ही एक।
जितना दो आँखे।"

अरुण कमल केवल दुख, पीड़ा एवं क्रूर यथार्थ का चित्रण करके अपनी कविता की इति श्री नहीं करते बल्कि उनकी कविता से आत्मविश्वास संघर्ष की चेतना भी प्रस्फुटित होती है। वे मनुष्य के अन्दर छिपी हुई सम्भावनाओं को उजागर करने की चेष्टा करते हैं मनुष्य को उसकी ताकत का एहसास दिलाते हैं जो प्रकृति शक्ति की अपेक्षा दुर्बल नहीं है किसी देवी देवता या किसी प्राकृतिक शक्ति के महिमा गान से भीतर का प्रकाश नहीं मिलता है। मनुष्य को इसी धरती पर अपने ही प्रयास से सुख की समस्त वस्तुएँ मिल सकती हैं क्योंकि अरुण कमल मार्क्सवादी विचारधारा से प्रभावित ही नहीं बल्कि आक्रान्त हैं इसलिए वे भक्ति की शक्ति को न अनुभव करना चाहते हैं न उसकी आवश्यकता समझते हैं। आलोक पुंज का महिमा गान करते-करते प्रकृति शक्ति और आत्मशक्ति का एकाकार हो जाता है। राम की शक्ति पूजा में राम ने राष्ट्रशक्ति एवं प्रकृति शक्ति का आह्वाहन किया है और वह उनके अन्दर प्रविष्ट गयी और इस तरह उनकी आत्मशक्ति प्रबल हो गयी। फिर भी अरुण कमल अपने मंतव्य को बाखूबी कविता में व्यंजित करने की क्षमता रखते हैं। कविता की पंक्तियाँ अधोलिखित हैं—

कोई देवी-देव नहीं
कोई सूर्य देव नहीं
तुम्हीं से पूरी होंगी सारी इच्छाएँ
यहीं इस धरती पर मिलते हैं

छप्पन व्यंजन
पढ़े-लिखे बेटे—दामाद और सुखमय जीवन
आज भी सबसे बड़ी इच्छा है,
भरपेट अन्न
पृथ्वी किसलिए घूमती रही तब इतने दिन?

अरुण कमल लोकतंत्र के नाम पर हो रहे नेताओं के अत्याचार को और उनकी राष्ट्रविरोधी गतिविधियों को अपनी रचना में प्रत्यक्ष ढंग से उद्घाटित करते हैं, सत्ता की नियति और चालबाजियाँ और उसके जन विरोधी फैसले 'घोषणा' कविता में अंकित है। कविता में व्यँग्य अत्यन्त महीन होते हुए भी धारदार है। एक भारत के नागरिक की हैसियत से अपने द्वारा चुने गये प्रतिनिधि राष्ट्र के प्रधान के चरित्र का विश्लेषण करते हुए कवि कहता है कि राष्ट्र के प्रधान को जीवन में नींद नहीं आती। वह जरूरी फैसले आधी रात के बाद ही करता है लेकिन हत्यारों से मंत्रणा करने के लिए वह हर क्षण जागता है। पहले राजा लोग प्रजा के सुख-दुख को जानने के लिए या अपने द्वारा नियुक्त कर्मचारियों की गतिविधियों का पता लगाने के लिए रात में वेश बदलकर घूमते थे, लेकिन अब जनप्रतिनिधि रात में भेष बदल कर घूमते हैं और सोये हुए लोगों की तकिया खींच लेते हैं, खलिहान में आग लगा देते हैं, खेत से मूली उखाड़ लेते हैं और किसी की टटिया उघाड़ते हैं। आम आदमी दिन भर रोजी-रोटी जुटाने के लिए खट-खट कर चूर हो जाता है और रात में नींद में ऐसा डूबता है जैसे महासमुद्र में डूब गया हो। आज के राजा की नियति को व्यंजित करने वाली निम्नलिखित पंक्तियाँ देखिए—

राजा चुपके से काटता है चक्कर रात में
नये नये भेष में अलग अलग घात में
जो सोये उनके माथे से तकिया खींचता
फेंकता खलिहान में लुकाठी
मसोमात के खेत से मूली उखाड़ता
खोलता बदरू की पाठी
गुद्दा गटक फेंकता आँगनों में आँठी
जीवन में नींद नहीं।

अरुण कमल कभी-कभी नितान्त संतोषी, सहनशील, निष्क्रिय भारतीय ग्राम्य जन की मानसिकता में सोचने का उपक्रम करते हैं। सत्ता के अत्याचारों और आम नागरिकों की दहशत एवं दर्दनाक जिंदगी से बेखबर शासन के खिलाफ विरोध से व्यग्र न होकर सहजभाव से यह कह देना कि जैसे हम बहुत सी आवाजों को नहीं सुनते हैं। चीटियाँ शक्कर को तोड़ती है तो उसमें आवाज

होती है। फूल की पंखुड़िया जब खुलती है तो उसमें भी कुछ आवाज होती है। अपने शरीर में भी कोशिकायें टूट रही हैं लेकिन यह सारी आवाजें हमारे द्वारा अनसुनी रह जाती हैं। सभ्यता के विकास के साथ हमारी सूक्ष्म संवेदना का क्षरण हुआ है। शासन से जुड़े लोगों की संवेदना और भी अधिक कुंठित हुई है यही कारण है कि—

इस तेज बहुत तेज चलती पृथ्वी के अन्धड़ में
जैसे मैं बहुत सारी आवाजें नहीं सुन रहा हूँ
वैसे ही तो होंगे वे लोग भी
जो सुन नहीं पाते गोली चलने की आवाज ताबड़तोड़
और पूछते हैं—कहाँ पृथ्वी पर चीख?

अरुण कमल की राजनीतिक चेतना बड़ी प्रखर है। संसद अपने लाभ के लिए निजी स्वार्थों की सिद्धि के लिए आये दिन संविधान संशोधन करती रहती है। कवि संविधान के उस संशोधन की ओर व्यंग्यात्मक लहजे में इशारा करता है जिसके बाद किसी संशोधन की आवश्यकता होगी ही नहीं। पक्ष विपक्ष, न्याय अन्याय आदि का स्वरूप व्यक्ति-व्यक्ति के चिन्तन के भेद से स्वरूप ग्रहण करते हैं। एक पक्ष जिसे न्याय कहता है दूसरे पक्ष की दृष्टि में वही अन्याय हो सकता है। सिक्के का एक ही पहलू होगा तो न्याय-अन्याय का भेद ही समाप्त हो जायेगा। सत्ता जिसे न्याय कहेगी वह न्याय होगा। 'संविधान का अंतिम संशोधन' कविता में इसी भाव की अभिव्यक्ति की गयी है। अरुण कमल साम्प्रदायिकता और धर्म के नाम पर हिंसा के विरोधी हैं। उनके शब्द नुकीले हथियार है जो सामाजिक बुराइयों को छिन्न भिन्न करने में सक्रिय हैं। साम्प्रदायिक हिंसा के भय से अपने लोगों के बीच से पलायन किए हुए व्यक्ति की पीड़ा, दर्द, तथा दहशत को व्यक्त करने वाली अधोलिखित पंक्तियाँ अरुण कमल की काव्य संवेदना के इसी स्वर को उद्घाटित करती है—

दोस्त बगलगीर सबने कहा
कहीं चले जाना अच्छा होगा
जहाँ तुम्हारे लोग हों अपने
और मैं वहाँ चला आया जहाँ
कोई मुझे जानता तक न था
सिवा एक दूर की खाला के
जो बूढ़ी और बेवा थी और
जिसकी लेमन चूस नानकी
दुकान थी छोटी-सी

अच्छी कविता, अच्छा आचरण करने वाला आदमी वर्तमान समाज में कितना निरीह है और बेचारा हो गया है। मनुष्यता को जाति-सम्प्रदाय में बाँट दिया गया है। अजनबी जगह, अपनों से बहुत दूर प्राकृतिक मृत्यु नहीं बल्कि आदमी के द्वारा आदमी को निरपराध मारा जाना, यही नहीं मारे जाने की सोच कितनी त्रासद होती है। आधि-व्याधि तो मारने के लिए हैं ही कुछ नई-नई बीमारियाँ भी पैदा हो गयी हैं। मृत्यु के नए कारण विकसित हो गए हैं कवि को ऐसा लगता है कि समाज की नींव में ही हिंसा बलि है—

जैसे कोई तपेदिक से मरता है
कोई पेचिस, पीलिया कालाजार से
वैसे ही कोई धर्म की हिंसा में मरता है
कोई जाति भाषा क्षेत्र की हिंसा में
मरने के लिए बस बहाना चाहिए ठेस का।

अरुण कमल अलग-अलग बिम्बों तथा अलग-अलग शब्द-संयोजनों से आदमी के अन्दर बैठे हुए भय, आतंक, एवं मृत्यु की आशंकाओं को निरूपित करते हैं। कवि को सब ओर घोर आन्दोलन तथा प्रकंपन दिखाई देता है। एक विराट बिम्ब के माध्यम से वह सामाजिक व्यवस्था तथा पर्यावरण के वैषम्य को व्यंजित करता है, प्रकृति, मनुष्य सबसे बीच जो संयमित, समान्वित रागात्मक ध्वनि फूटती थी, जो एक दूसरे को आकर्षित करते थे लेकिन लगता है कि ब्रह्माण्ड का आर्केस्ट्रा टूट गया है, हर दीवारों में दरार आ गयी है, जैसे बूढ़ी पृथ्वी के दाँत उखड़ गए हैं, एक पुराना वृक्ष उसकी दाढ़ में अंतिम दाँत जैसे लगा है। पृथ्वी स्वयं हिल रही है, आम आदमी तो धरती से ही जुड़ा होता है उसके लिए वही आश्रय होती है जो उसकी भी यह दशा है तो आम आदमी की क्या दशा होगी। अनिश्चय के बावजूद वह अपना पाँव तेज धार में रोपता जा रहा है, खुले स्थिर मैदान की खोज में व्यस्त है। समकालीन परिस्थितियों की प्रतिकूलता को अंकित करने वाली कविता ऐसे में हिन्दी की श्रेष्ठ कविताओं में स्थान की अधिकारिणी है। कवि ने पर्यावरण को जो बिम्ब रचा है उसकी व्याप्ति सम्पूर्ण सामाजिक परिवेश को भी समाहित कर लेती है—

भग्न है ब्रह्माण्ड का आर्केस्ट्रा
हर दीवार में पड़ी है दरार
यह इतना पुराना पेड़ अंतिम दाँत सा
बस लगा भर है पृथ्वी के मसूढ़े से
हिल रहा है सब कुछ हिल रहा है
जो अंतिम आधार थी धरती वह भी।

अरुण कमल आम आदमी की उस मानसिकता को आसानी से पकड़ लेते हैं जो अमानवीय परिस्थितियों में भी जीने का साहस जुटा लेता है। हड्डी टूटने के बाद भी अपने जीवन की सार्थकता को परिभाषित कर लेता है किन्तु मार्क्सवादी विचारधारा से जुड़े नौजवानों में क्रान्ति की जो अदम्य चाह होती है, मानवीय यातना के लिए जिम्मेदार ताकतों के विनाश की जो कामना होती है, वह कहीं सफल होती नजर नहीं आती है। अरुण कमल की अनेक कविताओं में नैराश्य का स्वर फूटता है, असमंजस्य एवं किंकर्तव्यविमूढ़ता दिखाई देती है। 'आत्मा का रोकड़' कविता में तेल खुदाई के इंजीनियर के बिम्ब से वे मार्क्सवादी विचारधारा के जरिए लड़ी जानेवाली लड़ाई की असफलता की ओर संकेत करते हैं, यद्यपि उन्हें उम्मीद है कि कुछ न कुछ सार्थक होगा अवश्य। कवि की अपनी धारणा है कि—

लगता है कि कभी-कभी
हमने प्रश्न ही तो किए केवल
उत्तर एक भी न दिया
हर जगह डाली नींव
मकान एक भी खड़ा न किया
क्या कहते हो, शुरू से गलत किया था
मकान का नक्शा?

नदी के बिम्ब से भी इसी ओर इशारा किया गया कि जो नदी अपने रास्ते बदलती रहती है और अपने ही चिन्हों को मिटाती रहती है उसकी नियति यही होती है। ऐसे लोग जो किसी निश्चित विचार के प्रति दृढ़ होकर तथा अपने द्वारा बनाए चिन्हों को सहेजते नहीं वे किसी उद्देश्य की सिद्धि नहीं कर पाते हैं—

बार-बार जो बदलती रही रास्ता
बार-बार जो पोंछती रही अपनी ही छाप
जो एक पल कभी बैठी नहीं थिर
पा न सकी वो रास्ता अब तक
जिसे ढूँढती फिरी सारी धरती उकटेर।

अरुण कमल में काव्य के स्तर पर पराजय की मनःस्थिति नहीं है। चाहे आंधी हो, चाहे तेज धूप हो, चाहे पाला हो, चाहे पाथर आदि सभा के बीच पहुँचना है तो पहुँचना ही चाहिए। सब कुछ खत्म हो जाने के बाद भी एक चीज ऐसी है जिसे बचाए रखने की जरूरत है वह है विश्वास—

वहाँ पहुँचने सभा लगाने से क्या होगा
नहीं जानता

लेकिन इतना तै है कि रुक
जाऊँ अगर तो टूटेगा विश्वास
और यही तो हर हालत में
हमें बचाना, चलिए साथी।

निष्ठावान कवि की निष्ठा अन्त में भरत वाक्य की तरह उद्घोषित होती है। जो कवि जीवन, समाज एवं परिस्थितियों के सच को उघाड़ता रहा, वह बड़ी उम्मीद से कहता है—

खत्म हो जायेगा एक दिन मूर्खों का राज
पकवानों का भोग छकता महन्थ
हथगोलों बारूद का ढेर गिनता सन्त
और माफिया गिराहों के डाँन
नष्ट हो जाएँगे एक दिन
तब जिनकी आत्मा सबसे पवित्र है
तब, जो जगे हैं, रात भर बेचैन ओस से भरे
वे ही आयेंगे आगे
और ले चलेंगे सबको प्रकाश की ओर।

अरुण कमल ध्वंस में निर्माण के आकांक्षी है, प्रलय के बाद भी नवसृजन के पक्षधर हैं, प्रेम की सारी संवेदनाओं में मनुष्य प्रेम को सर्वोपरि मानते हैं। जो आदमी से प्रेम नहीं करते उनकी न कोई गंगा है, न मातृभूमि, न कोई अपना तारा। गन्दे मैलै कुचैले लोगों की सर्जनात्मक महत्ता को निरूपित करते हुए अरुण कमल निचले तल में मनुष्यता की तलाश की सार्थक कोशिश करते हैं और बुझती जिन्दगी के ऊपर की भस्म परतों को हटाकर बुझती आग को दहकाते हैं। दाम्पत्य प्रेम के चित्रण में अरुण कमल ने गार्हास्थिकता को अधिक महत्त्व दिया है। उनकी स्मृति में प्रेयसी या पत्नी का रूप सम्पूर्ण घर गृहस्थी की कर्मशीलता तथा समर्पण के साथ उभरता है। प्याज और हींग की तेज गन्ध में उन्हें औरत की गन्ध महसूस होती है। प्रणय अभिलाषा की पारम्परिक प्रवृत्ति से नितान्त भिन्न कवि की चाह अधोलिखित पंक्तियों में दृष्टिगोचर होती है—

चाहता हूँ एक शाम जब साँकल पीटूँ
तो बहुत फुल्के कोई कुंडी खोले
और देखूँ सामने वृत्त पर वही
जिसकी इतने दिन से गन्ध लग रही है

अरुण कमल कल्पना लोक में आनन्द से विहार करने वाले कवि नहीं हैं, वे जीवन की सच्चाइयों से मुठभेड़ करने वाले रचनाकार हैं। बोलचाल की

अभिधात्मक भाषा ही उनके अनुभव को सम्प्रेषित करने में सक्षम हैं। अंग्रेजी के आचार्य होते हुए भी अरुण कमल हिन्दी साहित्य के भी गहरे अध्येता हैं। लेकिन उनके आचार्यत्व का आतंक उनकी काव्य भाषा पर कहीं भी दृष्टिगोचर नही होता। सरल तथा सीधे शब्द अपने विन्यास में यथार्थ को रूपायित करते हैं साथ ही उनमें से एक अतिरिक्त गूँज निकलती है जो पाठकों को सोचने-समझने के लिए विवश करती है। उन्होंने उपमानों का चयन ज्यादातर ग्राम्य क्षेत्र से किया है। सामान्य जन के दुख-दर्द को सामान्य जन की भाषा में ही अंकित करना इसलिए जरूरी है क्योंकि कविता के भाव को वे भी समझ सकें जहाँ से कविता का जन्म हुआ है। लोक से ही शब्द-लौह को लेकर वे अपनी रचनात्मक ऊर्जा से उसमें धार पैदा करते हैं। उनके सादृश्य विधान का नया अंदाज निम्नलिखित पंक्तियों में दिखाई देता है—'पानी की निचली धार शान्त चुपचाप जैसे कोई लत्तर, 'कितनी कमजोर हो गयी हो तुम, जामुन की डाल सी' ऐसी सुन्दरता कौन काम के जिसके देखे दीदा फूटे।

आदमी की बेबसी को अंकित करने के लिए भाव के तनाव को भाषा के तनाव से व्यक्त करने का अद्‌भुत उपक्रम अरुण की कविताओं में दिखाई देता है—

नाक पर डाले रुमाल गरीब बहन के आँगन से गुजरा और बलवन्त के आगे टाँगे रहा भरा पीकदान। यहाँ बलवन्त शब्द मात्र संज्ञा नहीं है बल्कि उस बलिष्ठ व्यक्ति का प्रतीक है जो आदमी को घिनौना कार्य करने के लिए विवश करता है। नितान्त ठेठ शब्दों को भी ग्रहण करन में अरुण कमल हिचकते नहीं है। तत्सम, तद्‌भव, देशज शब्दों को एक साथ रखकर शब्द चित्र द्वारा भाव-व्यंजना करने वाली अधोलिखित पंक्तियाँ देखिए—

जिसके उर में छत्ता है शहद का आकाश
और मैं इतने काटकूट से भरा इतना गिजविज
इतने खरीदारों ने अपनी निब जाँची मुझ पर
इतने तरह से बुकड़ा, इतनी धारियाँ इतने दस्तखत
कि जरा भी साफ जगह अब नहीं।

कविता में वे कभी-कभी प्रत्येक वाक्य का विन्यास स्वतन्त्र रूप से करते हैं। प्रत्येक वाक्य परस्पर जुड़कर एक व्यापक सत्य को प्रस्तुत करता है लेकिन सूत्र वाक्य की तरह उसका अलग महत्व और अस्तित्व रहता है। एक साथ कई दृष्टान्तों को या भावबिम्बों को नियोजित करते हुए अरुण कमल गागर में सागर भरने की चेष्टा करते हैं। सबसे कमजोर आदमी के लिए वे जिन पंक्तियों की योजना करते हैं वे इस प्रकार हैं—

जो सबसे कमजोर है
जो अपने कौर के लिए भी हाथ उठा नहीं सकता

जो न शासक बनना चाहता है न शासित
पर जो लक्ष्य है केवल लक्ष्य वीर धनुर्धरों का।
दीवारों पर लाल धब्बा या मछली की आँख की पुतली
या बस पत्तागोभी पत्तों को पत्तों में छुपाए
आलोकित स्वयं जैसे संजीवनी बूटी।

इनकी कविताओं में कथा कहने का अंदाज भी है। अलग-अलग व्यक्तियों को पात्र के रूप में खड़ा करके जैसे उनका बयान दर्ज किया गया हो। 'वृतान्त' कविता इसका उदाहरण है।

●●●

लोकभारती प्रकाशन द्वारा उच्चत्तर अध्येताओं एवं प्रतियोगियों हेतु पुस्तकें

हिन्दी साहित्य का इतिहास	*आचार्य रामचन्द्र शुक्ल* *भूमिका : डॉ० रामचन्द्र चतुर्वेदी*
हिन्दी साहित्य का आलोचनात्मक इतिहास	*डॉ० रामकुमार वर्मा*
आधुनिक हिन्दी साहित्य का इतिहास	*डॉ० बच्चन सिंह*
हिन्दी साहित्य और संवेदना का विकास	*डॉ० रामस्वरूप चतुर्वेदी*
हिन्दी गद्य: विन्यास और विकाश	*डॉ० रामस्वरूप चतुर्वेदी*
हिन्दी काव्य का इतिहास	*डॉ० रामस्वरूप चतुर्वेदी*
हिन्दी भाषा का उद्गम और विकास	*डॉ० उदयनारायण तिवारी*
भारतीय काव्यशास्त्र	*डॉ० योगेन्द्र प्रताप सिंह*
भारतीय काव्यशास्त्र की भूमिका	*डॉ० योगेन्द्र प्रताप सिंह*
भारतीय काव्यशास्त्र	*डॉ० निशा अग्रवाल*
भारतीय एवं पाश्चात्य काव्यशास्त्र की रूपरेखा	*डॉ० रामचन्द्र तिवारी*
पाश्चात्य काव्य शास्त्र अधुनातन संदर्भ	*डॉ० सत्यदेव मिश्र*
हिन्दी साहित्य का वैज्ञानिक इतिहास (दो खण्ड)	*डॉ० गणपति चन्द्र गुप्त*
भाषा विज्ञान हिन्दी भाषा और लिपि	*डॉ० रामकिशोर शर्मा*
भाषा चिन्तन के नए आयाम	*डॉ० रामकिशोर शर्मा*
साहित्य का सामाज शास्त्र	*डॉ० बच्चन सिंह*
भाषा एवं भाषा-विज्ञान	*डॉ० महावीर सरन जैन*
भाषा और समीक्षा के बिन्दु	*डॉ० सत्यदेव मिश्र*
उर्दू साहित्य का आलोचनात्मक इतिहास	*प्रो० सैयद एहतेशाम हुसैन*
हिन्दी अनुसंधान	*डॉ० विजयपाल सिंह*
पालि-पीयूष	*डॉ० विजयपाल सिंह*
अनुसन्धान प्रविधि	*डॉ० एस. एन. गणेशन*
संस्कृति के चार अध्याय	*रामधारी सिंह 'दिनकर'*
पंत, प्रसाद और मैथिलीशरण गुप्त	*रामधारी सिंह 'दिनकर'*
नये प्रतिमान पुराने निकष	*डॉ० लक्ष्मीकान्त वर्मा*
नयी सदी की पहचान : श्रेष्ठ महिला कथाकार	*स. ममता कालिया*
नयी सदी की पहचान : श्रेष्ठ दलित कहानियाँ	*स. मुद्राराक्षस*
बिहारी का नया मूल्यांकन	*डॉ० बच्चन सिंह*
महादेवी का नया मूल्यांकन	*डॉ० गणपति चन्द्र गुप्त*
हिन्दी साहित्य बीसवीं शताब्दी	*डॉ० नन्द दुलारे वाजपेयी*
हिन्दी आलोचना के आधार स्तम्भ	*डॉ० रामेश्वर लाल खण्डेलवाल*

महादेवी मूल्यांकन	डॉ० परमानन्द श्रीवास्तव
निराला मूल्यांकन	डॉ० इन्द्रनाथ मदान
गद्य के प्रतिमान	डॉ० विश्वनाथ तिवारी
निराला : आत्महंता आस्था	डॉ० दूधनाथ सिंह
हिन्दी नाटक का आत्म संघर्ष	डॉ० गिरीश रस्तोगी
अनुवाद, सिद्धान्त और प्रयोग	डी० जी० गोपीनाथन
कबीर ग्रंथावली	डॉ० राम किशोर शर्मा
काव्य भाषा : अलंकार रचना तथा अन्य समस्याएँ	डॉ० योगेन्द्र प्रताप सिंह
काव्य सृजन और शिल्प विधान	डॉ० 'रोहिताश्व'
बिहारी रत्नाकर	श्री जगन्नाथ दास रत्नाकर
कबीर : एक नई दृष्टि	डॉ० रघुवंश
कामायनी का पुर्नमूल्यांकन	डॉ० रामस्वरूप चतुर्वेदी
आचार्य रामचन्द्र शुक्ल : आलोचना का अर्थ : अर्थ की आलोचना	डॉ० रामस्वरूप चतुर्वेदी
हिन्दी आलोचना शिखरों से साक्षत्कार	डॉ० रामचन्द्र तिवारी
विद्यापति पदावली	डॉ० रामवृक्ष बेनीपुरी
कवितावली	सुधाकर पाण्डेय
चिंतामणि (समीक्षा सहित)	आचार्य रामचंद्र शुक्ल भूमिका—डॉ० रामचन्द्र चतुर्वेद
प्रबंध प्रभाकर	बाबू गुलाबराय
संत रैदास	डॉ० योगेन्द्र सिंह
सूरदास	डॉ० ब्रजेश्वर वर्मा
भ्रमरगीत सार	आचार्य रामचंद्र शुक्ल, सं० विश्वनाथ प्रसाद मिश्र
प्रसाद निराला अज्ञेय	डॉ० रामस्वरूप चतुर्वेदी
प्रसाद, निराला, पंत, महादेवी	डॉ० वाचस्पति पाठक
भक्ति आंदोलन और भक्ति काव्य	डॉ० शिवकुमार मिश्र
आधुनिक हिन्दी कविता	डॉ० विश्वनाथ प्रसाद त्रिपाठी
समकालीन हिन्दी कविता	डॉ० विश्वनाथ प्रसाद त्रिपाठी
नयी कविता	नन्द दुलारे वाजपेयी
रस सिद्धांत	नन्द दुलारे वाजपेयी
कवि सुमित्रानंदन पंत	नन्द दुलारे वाजपेयी
प्रेमचन्द की विरासत और गोदान	डॉ० शिवकुमार मिश्र
मिट्टी की ओर	रामधारी सिंह 'दिनकर'
काव्य की भूमिका	रामधारी सिंह 'दिनकर'

●